ably hard.**

Franz
Kafka

Copyright by
Lechner Publishing Ltd. Limassol 1998
Alle Rechte vorbehalten
Printed in the European Union 11/1998
ISBN-3-85049-599-X

Vorwort

Franz Kafka wurde am 3. Juli 1883 als Sohn jüdischer Eltern in Prag geboren. Er studierte Jura und promovierte 1906. 1908 begann er, bei der "Arbeiter-Unfall-Versicherungs-Anstalt" zu arbeiten, wurde verbeamtet und blieb dieser Arbeitsstelle bis an sein Lebensende treu. Franz Kafka starb am 3. Juni 1924 an Tuberkulose.

In diesem Sammelband finden Sie die wichtigsten Werke Kafkas, u.a. den "Landarzt", den "Prozess", einen Auszug aus seinen Reisetagebüchern und eine Zusammenstellung seiner Aphorismen.

Verwendet wurden die Originalmanuskripte und die Druckfassungen zu Lebzeiten Kafkas, die wir grammatikalisch und orthografisch für bessere Lesbarkeit vorsichtig angepasst haben.

Wir wünschen Ihnen viel Vergnügen beim Lesen!

Ihre Redaktion

Betrachtung

Kinder auf der Landstraße

Ich hörte die Wagen an dem Gartengitter vorüberfahren, manchmal sah ich sie auch durch die schwach bewegten Lücken im Laub. Wie krachte in dem heißen Sommer das Holz in ihren Speichen und Deichseln! Arbeiter kamen von den Felder und lachten, dass es eine Schande war.

Ich saß auf unserer kleinen Schaukel, ich ruhte mich gerade aus zwischen den Bäumen im Garten meiner Eltern. Vor dem Gitter hörte es nicht auf. Kinder im Laufschritt waren im Augenblick vorüber; Getreidewagen mit Männern und Frauen auf den Garben und rings herum verdunkelten die Blumenbeete; gegen Abend sah ich einen Herrn mit einem Stock langsam spazieren gehn und paar Mädchen, die Arm in Arm ihm entgegenkamen, traten grüßend ins seitliche Gras. Dann flogen Vögel wie sprühend auf, ich folgte ihnen mit den Blicken, sah, wie sie in einem Atemzug stiegen, bis ich nicht mehr glaubte, dass sie stiegen, sondern dass ich falle, und fest mich an den Seilen haltend aus Schwäche ein wenig zu schaukeln anfing. Bald schaukelte ich stärker, als die Luft schon kühler wehte und statt der fliegenden Vögel zitternde Sterne erschienen.

Bei Kerzenlicht bekam ich mein Nachtmahl. Oft hatte ich beide Arme auf der Holzplatte und, schon müde, biss ich in mein Butterbrot. Die stark durchbrochenen Vorhänge bauschten sich im warmen Wind, und manchmal hielt sie einer, der draußen vorüberging, mit seinen Händen fest, wenn er mich besser sehen und mit mir reden wollte. Meistens verlöschte die Kerze bald und in dem dunklen Kerzenrauch trieben sich noch eine Zeit lang die versammelten Mücken herum. Fragte mich einer vom Fenster aus, so sah ich ihn an, als schaue ich ins Gebirge oder in die bloße Luft, und auch ihm war an einer Antwort nicht viel gelegen.

Sprang dann einer über die Fensterbrüstung und meldete, die anderen seien schon vor dem Haus, so stand ich freilich seufzend auf. "Nein, warum seufzst du so? Was ist denn geschehen? Ist es ein besonderes, nie gut zu machendes Unglück? Werden wir uns nie davon erholen können? Ist wirklich alles verloren?" Nichts war verloren. Wir liefen vor das Haus. "Gott sei Dank, da seid ihr endlich!" - "du kommst halt immer zu spät!" - "Wieso denn ich?" - "Gerade du, bleib zu Hause, wenn Du nicht mitwillst." - "Keine Gnaden!" - "Was? Keine Gnaden? Wie redest du?" Wir durchstießen den Abend mit dem Kopf. Es gab keine Tages- und keine Nachtzeit. Bald rieben sich unsere Westenknöpfe aneinander wie Zähne, bald liefen wir in gleich bleibender Entfernung, Feuer im Mund, wie Tiere in den Tropen. Wie Kürassiere in alten Kriegen, stampfend und hoch in der Luft, trieben wir einander die kurze Gasse hinunter und mit diesem Anlauf in den Beinen die Landstraße weiter hinauf. Einzelne traten in den Straßengraben, kaum verschwanden sie vor der dunklen Böschung, standen sie schon wie fremde Leute oben auf dem Feldweg und schauten herab.

"Kommt doch herunter!" - "Kommt zuerst herauf!" - "Damit ihr uns herunterwerft, fällt uns nicht ein, so gescheit sind wir noch." - "So feig seid ihr, wollt ihr sagen. Kommt nur, kommt!" - "Wirklich? Ihr? Gerade ihr werdet uns hinunterwerfen? Wie müsstet ihr aussehen?" Wir machten den Angriff, wurden vor die Brust gestoßen und legten uns in das Gras des Straßengrabens, fallend und freiwillig. Alles war gleichmäßig erwärmt, wir spürten nicht Wärme, nicht Kälte im Gras, nur müde wurde man.

Wenn man sich auf die rechte Seite drehte, die Hand unters Ohr gab, da wollte man gerne einschlafen. Zwar wollte man sich noch einmal aufraffen mit erhobenem Kinn, dafür aber in einen tieferen Graben fallen. Dann wollte man, den Arm quer vorgehalten, die Beine schiefgeweht, sich gegen die Luft werfen und wieder bestimmt in einen noch tieferen Graben fallen. Und damit wollte man gar nicht aufhören.

Wie man sich im letzten Graben richtig zum Schlafen aufs Äußerste strecken würde, besonders in den Knien, daran dachte man noch kaum und lag, zum Weinen aufgelegt, wie krank auf dem Rücken. Man zwinkerte, wenn einmal ein Junge, die Ellbogen bei den Hüften, mit dunklen Sohlen über uns von der Böschung auf die Straße sprang. Den Mond sah man schon in einiger Höhe, ein Postwagen fuhr in seinem Licht vorbei. Ein schwacher Wind erhob sich allgemein, auch im Graben fühlte man ihn, und in der Nähe fing der Wald zu rauschen an. Da lag einem nicht mehr so viel daran, allein zu sein. "Wo seid ihr?" - "Kommt her!" - "Alle zusammen!" - "Was versteckst du dich, lass den Unsinn!" - "Wisst ihr nicht, dass die Post schon vorüber ist?" - "Aber nein! Schon vorüber?" - "Natürlich, während du geschlafen hast, ist sie vorübergefahren." - "Ich habe geschlafen? Nein, so etwas!" - "Schweig nur, man sieht es dir doch an." - "Aber ich bitte dich." - "Kommt!"

Wir liefen enger beisammen, manche reichten einander die Hände, den Kopf konnte man nicht genug hoch haben, weil es abwärts ging. Einer schrie einen indianischen Kriegsruf heraus, wir bekamen in die Beine einen Galopp wie niemals, bei den Sprüngen hob uns in den Hüften der Wind. Nichts hätte uns aufhalten können; wir waren so im Laufe, dass wir selbst beim Überholen die Arme verschränken und ruhig uns umsehen konnten. Auf der Wildbachbrücke blieben wir stehn; wenn sie weiter gelaufen waren, kehrten zurück. Das Wasser unten schlug an Steine und Wurzeln, als wäre es nicht schon spät abend. Es gab keinen Grund dafür, warum nicht einer auf das Geländer der Brücke sprang. Hinter Gebüschen in der Ferne fuhr ein Eisenbahnzug heraus, alle Coupees waren beleuchtet, die Glasfenster sicher herabgelassen. Einer von uns begann einen Gassenhauer zu singen, aber wir alle wollten singen. Wir sangen viel rascher als der Zug fuhr, wir schaukelten die Arme, weil die Stimme nicht genügte, wir kamen mit unseren Stimmen in ein Gedränge, in dem uns wohl war. Wenn man seine Stimme unter andere mischt, ist man wie mit einem Angelhaken gefangen.

So sangen wir, den Wald im Rücken, den fernen Reisenden in die Ohren. Die Erwachsenen wachten noch im Dorfe, die Mütter richteten die Betten für die Nacht. Es war schon Zeit. Ich küsste den, der bei mir stand, reichte den drei Nächsten nur so die Hände, begann den Weg zurückzulaufen, keiner rief mich. Bei der ersten Kreuzung, wo sie mich nicht mehr sehen konnten, bog ich ein und lief auf Feldwegen wieder in den Wald. Ich strebte zu der Stadt im Süden hin, von der es in unserem Dorfe hieß:

"Dort sind Leute! Denkt euch,
die schlafen nicht!"
"Und warum denn nicht?"
"Weil sie nicht müde werden."
"Und warum denn nicht?"
"Weil sie Narren sind."
"Werden denn Narren nicht müde?"
"Wie könnten Narren müde werden!"

Entlarvung eines Bauernfängers

Endlich gegen 10 Uhr abends kam ich mit einem mir von früher her nur flüchtig bekannten Mann, der sich mir diesmal unversehens wieder angeschlossen und mich zwei Stunden lang in den Gassen herumgezogen hatte, vor dem herrschaftlichen Hause an, in das ich zu einer Gesellschaft geladen war.

"So!" sagte ich und klatschte in die Hände zum Zeichen der unbedingten Notwendigkeit des Abschieds. Weniger bestimmte Versuche hatte ich schon einige gemacht. Ich war schon ganz müde. "Gehen Sie gleich hinauf?" fragte er. In seinem Munde hörte ich ein Geräusch wie vom Aneinanderschlagen der Zähne. "Ja". Ich war doch eingeladen, ich hatte es ihm gleich gesagt. Aber ich war eingeladen, hinaufzukommen, wo ich schon so gerne gewesen wäre, und nicht hier unten vor dem Tor zu stehn und an den Ohren meines Gegenübers vorüberzuschauen. Und jetzt noch mit ihm stumm zu werden, als seien wir zu einem langen Aufenthalt auf diesem Fleck entschlossen. Dabei nahmen an diesem Schweigen gleich die Häuser rings herum ihren Anteil, und das Dunkel über ihnen bis zu den Sternen. Und die Schritte unsichtbarer Spaziergänger, deren Wege zu erraten man nicht Lust hatte, der Wind, der immer wieder an die gegenüberliegende Straßenseite sich drückte, ein Grammofon, das gegen die geschlossenen Fenster irgendeines Zimmers sang, - sie ließen aus diesem Schweigen sich hören, als sei es ihr Eigentum seit jeher und für immer.

Und mein Begleiter fügte sich in seinen und - nach einem Lächeln - auch in meinem Namen, streckte die Mauer entlang den rechten Arm aufwärts und lehnte sein Gesicht, die Augen schließend, an ihn. Doch dieses Lächeln sah ich nicht mehr ganz zu Ende, denn Scham drehte mich plötzlich herum. Erst an diesem Lächeln also hatte ich erkannt, dass das ein Bauernfänger war, nichts weiter. Und ich war doch schon Monate lang in dieser Stadt, hatte geglaubt, diese Bauernfänger durch und durch zu kennen, wie sie bei Nacht aus Seitenstraßen, die Hände vorgestreckt, wie Gastwirte uns entgegentreten, wie sie sich um die Anschlagsäule, bei der wir stehen, herumdrücken, wie zum Versteckenspielen und hinter der Säulenrundung hervor zumindest mit einem Auge spionieren, wie sie in Straßenkreuzungen, wenn wir ängstlich werden, auf einmal vor uns schweben auf der Kante unseres Trottoirs! Ich verstand sie doch so gut, sie waren ja meine ersten städtischen Bekannten in den kleinen Wirtshäusern gewesen, und ich verdankte ihnen den ersten Anblick einer Unnachgiebigkeit, die ich mir jetzt so wenig von der Erde wegdenken konnte, dass ich sie schon in mir zu fühlen begann. Wie standen sie einem noch gegenüber, selbst wenn man ihnen schon längst entlaufen war, wenn es also längst nichts mehr zu fangen gab! Wie setzten sie sich nicht, wie fielen sie nicht hin, sondern sahen einen mit Blicken an, die noch immer, wenn auch nur aus der Ferne, überzeugten! Und ihre Mittel waren stets die gleichen: Sie stellten sich vor uns hin, so breit sie konnten; suchten uns abzuhalten von dort, wohin wir strebten; bereiteten uns zum Ersatz eine Wohnung in ihrer eigenen Brust, und bäumten sich endlich das gesammelte Gefühl in uns auf, nahmen sie es als Umarmung, in die sie sich warfen, das Gesicht voran.

Und diese alten Späße hatte ich diesmal erst nach so langem Beisammensein erkannt. Ich zerrieb mir die Fingerspitzen aneinander, um die Schande ungeschehen zu machen. Mein Mann aber lehnte hier noch wie früher, hielt sich noch immer für einen Bauernfänger, und die Zufriedenheit mit seinem Schicksal rötete ihm die freie Wange. "Erkannt!" sagte ich und klopfte ihm noch leicht auf die Schulter. Dann eilte ich die Treppe hinauf und die so grundlos treuen Gesichter der Dienerschaft oben im Vorzimmer freuten mich wie eine schöne Überraschung. Ich sah sie alle der Reihe nach an, während man mir den Mantel abnahm und die Stiefel abstaubte. Aufatmend und lang gestreckt betrat ich dann den Saal.

Der plötzliche Spaziergang

Wenn man sich am Abend endgültig entschlossen zu haben scheint, zu Hause zu bleiben, den Hausrock angezogen hat, nach dem Nachtmahl beim beleuchteten Tische sitzt und jene Arbeit oder jenes Spiel vorgenommen hat, nach dessen Beendigung man gewohnheitsgemäß schlafen geht, wenn draußen ein unfreundliches Wetter ist, welches das Zuhausebleiben selbstverständlich macht, wenn man auch jetzt schon so lange bei Tisch stillgehalten hat, dass das Weggehen allgemeines Erstaunen hervorrufen müsste, wenn nun auch schon das Treppenhaus dunkel und das Haustor gesperrt ist, und wenn man nun trotz alledem in einem plötzlichen Unbehagen aufsteht, den Rock wechselt, sofort straßenmäßig angezogen erscheint, weggehen zu müssen erklärt, es nach kurzem Abschied auch tut, je nach der Schnelligkeit, mit der man die Wohnungstür zuschlägt, mehr oder weniger Ärger zu hinterlassen glaubt, wenn man sich auf der Gasse wieder findet, mit Gliedern, die diese schon unerwartete Freiheit, die man ihnen verschafft hat, mit besonderer Beweglichkeit beantworten, wenn man durch diesen einen Entschluss alle Entschlussfähigkeit in sich gesammelt fühlt, wenn man mit größerer als der gewöhnlichen Bedeutung erkennt, dass man ja mehr Kraft als Bedürfnis hat, die schnellste Veränderung leicht zu bewirken und zu ertragen, und wenn man so die langen Gassen langläuft, - dann ist man für diesen Abend gänzlich aus seiner Familie ausgetreten, die ins Wesenlose abschwenkt, während man selbst, ganz fest, schwarz vor Umrissenheit, hinten die Schenkel schlagend, sich zu seiner wahren Gestalt erhebt.

Verstärkt wird alles noch, wenn man zu dieser späten Abendzeit einen Freund aufsucht, um nachzusehen, wie es ihm geht.

Entschlüsse

Aus einem elenden Zustand sich zu erheben, muss selbst mit gewollter Energie leicht sein. Ich reiße mich vom Sessel los, umlaufe den Tisch, mache Kopf und Hals beweglich, bringe Feuer in die Augen, spanne die Muskeln um sie herum. Arbeite jedem Gefühl entgegen, begrüße A. stürmisch, wenn er jetzt kommen wird, dulde B. freundlich in meinem Zimmer, ziehe bei C. alles, was gesagt wird, trotz Schmerz und Mühe mit langen Zügen in mich hinein.

Aber selbst wenn es so geht, wird mit jedem Fehler, der nicht ausbleiben kann, das Ganze, das Leichte und das Schwere, stocken, und ich werde mich im Kreise zurückdrehen müssen. Deshalb bleibt doch der beste Rat, alles hinzunehmen, als schwere Masse sich verhalten und fühle man sich selbst fortgeblasen, keinen unnötigen Schritt sich ablocken lassen, den anderen mit Tierblick anschaun, keine Reue fühlen, kurz, das, was vom Leben als Gespenst noch übrig ist, mit eigener Hand niederdrücken, d. h., die letzte grabmäßige Ruhe noch vermehren und nichts außer ihr mehr bestehen zu lassen.

Eine charakteristische Bewegung eines solchen Zustandes ist das Hinfahren des kleinen Fingers über die Augenbrauen.

Der Ausflug ins Gebirge

"Ich weiß nicht", rief ich ohne Klang "ich weiß ja nicht. Wenn niemand kommt, dann kommt eben niemand. Ich habe niemandem etwas Böses getan, niemand hat mir etwas Böses getan, niemand aber will mir helfen. Lauter niemand. Aber so ist es doch nicht. Nur dass mir niemand hilft -, sonst wäre lauter niemand hübsch. Ich würde ganz gern - warum denn nicht - einen Ausflug mit einer Gesellschaft von Niemand machen. Natürlich ins Gebirge, wohin denn sonst? Wie sich diese Niemand aneinander drängen, diese vielen quer gestreckten und eingehängten Arme, diese vielen Füße, durch winzige Schritte getrennt! Versteht sich, dass alle in Frack sind. Wir gehen so lala, der Wind fährt durch die Lücken, die wir und unsere Gliedmaßen offen lassen. Die Hälse werden im Gebirge frei! Es ist ein Wunder, dass wir nicht singen."

Das Unglück des Junggesellen

Es scheint so arg, Jungeselle zu bleiben, als alter Mann unter schwerer Wahrung der Würde um Aufnahme zu bitten, wenn man einen Abend mit Menschen verbringen will, krank zu sein und aus dem Winkel seines Bettes wochenlang das leere Zimmer anzusehn, immer vor dem Haustor Abschied zu nehmen, niemals neben seiner Frau sich die Treppe hinaufzudrängen, in seinem Zimmer nur Seitentüren zu haben, die in fremde Wohnungen führen, sein Nachtmahl in einer Hand nach Hause zu tragen, fremde Kinder anstaunen zu müssen und nicht immerfort wiederholen zu dürfen: "Ich habe keine", sich im Aussehen und Benehmen nach ein oder zwei Junggesellen der Jugenderinnerungen auszubilden.

So wird es sein, nur dass man auch in Wirklichkeit heute und später selbst dastehen wird, mit einem Körper und einem wirklichen Kopf, also auch einer Stirn, um mit der Hand an sie zu schlagen.

Der Kaufmann

Es ist möglich, dass einige Leute Mitleid mit mir haben, aber ich spüre nichts davon. Mein kleines Geschäft erfüllt mich mit Sorgen, die mich innen an Stirne und Schläfen schmerzen, aber ohne mir Zufriedenheit in Aussicht zu stellen, denn mein Geschäft ist klein.

Für Stunden im Voraus muss ich Bestimmungen treffen, das Gedächtnis des Hausdieners wachhalten, vor befürchteten Fehlern warnen und in einer Jahreszeit die Moden der folgenden berechnen, nicht wie sie unter Leuten meines Kreises herrschen werden, sondern bei unzugänglichen Bevölkerungen auf dem Lande. Mein Geld haben fremde Leute; ihre Verhältnisse können mir nicht deutlich sein; das Unglück, das sie treffen könnte, ahne ich nicht; wie könnte ich es abwehren! Vielleicht sind sie verschwenderisch geworden und geben ein Fest in einem Wirtshausgarten und andere halten sich für ein Weilchen auf der Flucht nach Amerika bei diesem Feste auf.

Wenn nun am Abend eines Werktages das Geschäft gesperrt wird und ich plötzlich Stunden vor mir sehe, in denen ich für die ununterbrochenen Bedürfnisse meines Geschäftes nichts werde arbeiten können, dann wirft sich meine am Morgen weit vorausgeschickte Aufregung in mich, wie eine zurückkehrende Flut, hält es aber in mir nicht aus und ohne Ziel reißt sie mich mit.

Und doch kann ich diese Laune gar nicht benützen und kann nur nach Hause gehn, denn ich habe Gesicht und Hände schmutzig und verschwitzt, das Kleid fleckig und staubig, die Geschäftsmütze auf dem Kopfe und von Kistennägeln zerkratzte Stiefel. Ich gehe dann wie auf Wellen, klappere mit den Fingern beider Hände und mir entgegenkommenden Kindern fahre ich über das Haar.

Aber der Weg ist zu kurz. Gleich bin ich in meinem Hause, öffne die Lifttür und trete ein. Ich sehe, dass ich jetzt und plötzlich allein bin. Andere, die über Treppen steigen müssen, ermüden dabei ein wenig, müssen mit eilig atmenden Lungen warten, bis man die Tür der Wohnung öffnen kommt, haben dabei einen Grund für Ärger und Ungeduld, kommen jetzt ins Vorzimmer, wo sie den Hut aufhängen, und erst bis sie durch den Gang an einigen Glastüren vorbei in ihr eigenes Zimmer kommen, sind sie allein.

Ich aber bin gleich allein im Lift, und schaue, auf die Knie gestützt, in den schmalen Spiegel. Als der Lift sich zu heben anfängt, sage ich: "Seid still, tretet zurück, wollt ihr in den Schatten der Bäume, hinter die Draperien der Fenster, in das Laubengewölbe?" Ich rede mit den Zähnen und die Treppengeländer gleiten an den Milchglasscheiben hinunter wie stürzendes Wasser.

"Flieget weg; Euere Flügel, die ich niemals gesehen habe, mögen euch ins dörfliche Tal tragen oder nach Paris, wenn es euch dorthin treibt. Doch genießet die Aussicht des Fensters, wenn die Prozessionen aus allen drei Straßen kommen, einander nicht ausweichen, durcheinander gehn und zwischen ihren letzten Reihen den freien Platz wieder entstehen lassen. Winket mit den Tüchern, seid entsetzt, seid gerührt, lobet die schöne Dame, die vorüberfährt. Geht über den Bach auf der hölzernen Brücke, nickt den badenden Kindern zu und staunet über das Hurra der tausend Matrosen auf dem fernen Panzerschiff.

Verfolget nur den unscheinbaren Mann und wenn ihr ihn in einen Torweg gestoßen habt, beraubt ihn und seht ihm dann, jeder die Hände in den Taschen, nach, wie er traurig seines Weges in die linke Gasse geht.

Die verstreut auf ihren Pferden galoppierende Polizei bändigt die Tiere und drängt euch zurück. Lasset sie, die leeren Gassen werden sie unglücklich machen, ich weiß es. Schon reiten sie, ich bitte, paarweise weg, langsam um die Straßenecken, fliegend über die Plätze." Dann muss ich aussteigen, den Aufzug hinunterlassen, an der Türglocke läuten, und das Mädchen öffnet die Tür, während ich grüße.

Zerstreutes Hinausschaun

Was werden wir in diesen Frühlingstagen tun, die jetzt rasch kommen? Heute früh war der Himmel grau, geht man aber jetzt zum Fenster, so ist man überrascht und lehnt die Wange an die Klinke des Fensters. Unten sieht man das Licht der freilich schon sinkenden Sonne auf dem Gesicht des kindlichen Mädchens, das so geht und sich umschaut, und zugleich sieht man den Schatten des Mannes darauf, der hinter ihm rascher kommt.

Dann ist der Mann schon vorübergegangen und das Gesicht des Kindes ist ganz hell.

Der Nachhauseweg

Man sehe die Überzeugungskraft der Luft nach dem Gewitter! Meine Verdienste erscheinen mir und überwältigen mich, wenn ich mich auch nicht sträube. Ich marschiere und mein Tempo ist das Tempo dieser Gassenseite, dieser Gasse, dieses Viertels. Ich bin mit Recht verantwortlich für alle Schläge gegen Türen, auf die Platten der Tische, für alle Trinksprüche, für die Liebespaare in ihren Betten, in den Gerüsten der Neubauten, in dunklen Gassen an die Häusermauern gepresst, auf den Ottomanen der Bordelle.

Ich schätze meine Vergangenheit gegen meine Zukunft, finde aber beide vortrefflich, kann keiner von beiden den Vorzug geben und nur die Ungerechtigkeit der Vorsehung, die mich so begünstigt, muss ich tadeln. Nur als ich in mein Zimmer trete, bin ich ein wenig nachdenklich, aber ohne dass ich während des Treppensteigens etwas Nachdenkenswertes gefunden hätte. Es hilft mir nicht viel, dass ich das Fenster gänzlich öffne und dass in einem Garten die Musik noch spielt.

Die Vorüberlaufenden

Wenn man in der Nacht durch eine Gasse spazieren geht, und ein Mann, von weitem schon sichtbar - denn die Gasse vor uns steigt an und es ist Vollmond - uns entgegenläuft, so werden wir ihn nicht anpacken, selbst wenn er schwach und zerlumpt ist, selbst wenn jemand hinter ihm läuft und schreit, sondern wir werden ihn weiter laufen lassen.

Denn es ist Nacht, und wir können nicht dafür, dass die Gasse im Vollmond vor uns aufsteigt, und überdies, vielleicht haben die zwei die Hetze zu ihrer Unterhaltung veranstaltet, vielleicht verfolgen beide einen Dritten, vielleicht wird der Erste unschuldig verfolgt, vielleicht will der Zweite morden, und wir würden Mitschuldige des Mordes, vielleicht wissen die zwei nichts von einander, und es läuft nur jeder auf eigene Verantwortung in sein Bett, vielleicht sind es Nachtwandler, vielleicht hat der erste Waffen. Und endlich, dürfen wir nicht müde sein, haben wir nicht so viel Wein getrunken? Wir sind froh, dass wir auch den Zweiten nicht mehr sehn.

Der Fahrgast

Ich stehe auf der Plattform des elektrischen Wagens und bin vollständig unsicher in Rücksicht meiner Stellung in dieser Welt, in dieser Stadt, in meiner Familie. Auch nicht beiläufig könnte ich angeben, welche Ansprüche ich in irgendeiner Richtung mit Recht vorbringen könnte. Ich kann es gar nicht verteidigen, dass ich auf dieser Plattform stehe, mich an dieser Schlinge halte, von diesem Wagen mich tragen lasse, dass Leute dem Wagen ausweichen oder still gehn oder vor den Schaufenstern ruhn. - Niemand verlangt es ja von mir, aber das ist gleichgültig.

Der Wagen nähert sich einer Haltestelle, ein Mädchen stellt sich nahe den Stufen, zum Aussteigen bereit. Sie erscheint mir so deutlich, als ob ich sie betastet hätte. Sie ist schwarz gekleidet, die Rockfalten bewegen sich fast nicht, die Bluse ist knapp und hat einen Kragen aus weißer kleinmaschiger Spitze, die linke Hand hält sie flach an die Wand, der Schirm in ihrer Rechten steht auf der zweitobersten Stufe. Ihr Gesicht ist braun, die Nase, an den Seiten schwach gepresst, schließt rund und breit ab. Sie hat viel braunes Haar und verwehte Härchen an der rechten Schläfe, ihr kleines Ohr liegt eng an, doch sehe ich, da ich nahe stehe, den ganzen Rücken der rechten Ohrmuschel und den Schatten an der Wurzel.

Ich fragte mich damals: Wieso kommt es, dass sie nicht über sich verwundert ist, dass sie den Mund geschlossen hält und nichts dergleichen sagt?

Kleider

Oft wenn ich Kleider mit vielfachen Falten, Rüschen und Behängen sehe, die über schönen Körper schön sich legen, dann denke ich, dass sie nicht lange so erhalten bleiben, sondern Falten bekommen, nicht mehr gerade zu glätten, Staub bekommen, der, dick in der Verzierung, nicht mehr zu entfernen ist, und dass niemand so traurig und lächerlich sich wird machen wollen, täglich das gleiche kostbare Kleid früh anzulegen und abends auszuziehn.

Doch sehe ich Mädchen, die wohl schön sind und vielfache reizende Muskeln und Knöchelchen und gespannte Haut und Massen dünner Haare zeigen, und doch tagtäglich in diesem einen natürlichen Maskenanzug erscheinen, immer das gleiche Gesicht in die gleichen Handflächen legen und von ihrem Spiegel widerscheinen lassen.

Nur manchmal am Abend, wenn sie spät von einem Feste kommen, scheint es ihnen im Spiegel abgenützt, gedunsen, verstaubt, von allen schon gesehn und kaum mehr tragbar.

Die Abweisung

Wenn ich einem schönen Mädchen begegne und sie bitte: "Sei so gut, komm mit mir" und sie stumm vorübergeht, so meint sie damit: "Du bist kein Herzog mit fliegendem Namen, kein breiter Amerikaner mit indianischem Wuchs, mit waagrecht ruhenden Augen, mit einer von der Luft der Rasenplätze und der sie durchströmenden Flüsse massierten Haut, du hast keine Reisen gemacht zu den großen Seen und auf ihnen, die ich weiß nicht wo zu finden sind. Also ich bitte, warum soll ich, ein schönes Mädchen, mit dir gehn?"

"Du vergisst, dich trägt kein Automobil in langen Stößen schaukelnd durch die Gasse; ich sehe nicht die in ihre Kleider gepressten Herren deines Gefolges, die Segensprüche für dich murmelnd in genauem Halbkreis hinter dir gehn; deine Brüste sind im Mieder gut geordnet, aber deine Schenkel und Hüften entschädigen sich für jene Enthaltsamkeit; du trägst ein Taffetkleid mit plissierten Falten, wie es im vorigen Herbste uns durchaus allen Freude machte, und doch lächelst du - diese Lebensgefahr auf dem Leibe - bisweilen."

"Ja, wir haben beide Recht und, um uns dessen nicht unwiderleglich bewusst zu werden, wollen wir, nicht wahr, lieber jeder allein nach Hause gehn."

Zum Nachdenken für Herrenreiter

Nichts, wenn man es überlegt, kann dazu verlocken, in einem Wettrennen der Erste sein zu wollen. Der Ruhm, als der beste Reiter eines Landes anerkannt zu werden, freut beim Losgehn des Orchesters zu stark, als dass sich am Morgen danach die Reue verhindern ließe. Der Neid der Gegner, listiger, ziemlich einflussreicher Leute, muss uns in dem engen Spalier schmerzen, das wir nun durchreiten nach jener Ebene, die bald vor uns leer war bis auf einige überrundete Reiter, die klein gegen den Rand des Horizonts anritten.

Viele unserer Freunde eilen den Gewinn zu beheben und nur über die Schultern weg schreien sie von den entlegenen Schaltern ihr Hurra zu uns; die besten Freunde aber haben gar nicht auf unser Pferd gesetzt, da sie fürchteten, käme es zum Verluste, müssten sie uns böse sein, nun aber, da unser Pferd das Erste war und sie nichts gewonnen haben, drehn sie sich um, wenn wir vorüberkommen und schauen lieber die Tribünen entlang.

Die Konkurrenten rückwärts, fest im Sattel, suchen das Unglück zu überblicken, das sie getroffen hat, und das Unrecht, das ihnen irgendwie zugefügt wird; sie nehmen ein frisches Aussehen an, als müsse ein neues Rennen anfangen und ein ernsthaftes nach diesem Kinderspiel.

Vielen Damen scheint der Sieger lächerlich, weil er sich aufbläht und doch nicht weiß, was anzufangen mit dem ewigen Händeschütteln, Salutieren, Sich-Niederbeugen und In-die-Ferne- Grüßen, während die Besiegten den Mund geschlossen haben und die Hälse ihrer meist wiehernden Pferde leichthin klopfen. Endlich fängt es gar aus dem trüb gewordenen Himmel zu regnen an.

Das Gassenfenster

Wer verlassen lebt und sich doch hie und da irgendwo anschließen möchte, wer mit Rücksicht auf die Veränderungen der Tageszeit, der Witterung, der Berufsverhältnisse und dergleichen ohne weiteres irgend einen beliebigen Arm sehen will, an dem er sich halten könnte, - der wird es ohne ein Gassenfenster nicht lange treiben. Und steht es mit ihm so, dass er gar nichts sucht und nur als müder Mann, die Augen auf und ab zwischen Publikum und Himmel, an seine Fensterbrüstung tritt, und er will nicht und hat ein wenig den Kopf zurückgeneigt, so reißen ihn doch unten die Pferde mit in ihr Gefolge von Wagen und Lärm und damit endlich der menschlichen Eintracht zu.

Wunsch, Indianer zu werden

Wenn man doch ein Indianer wäre, gleich bereit, und auf dem rennenden Pferde, schief in der Luft, immer wieder kurz erzitterte über dem zitternden Boden, bis man die Sporen ließ, denn es gab keine Sporen, bis man die Zügel wegwarf, denn es gab keine Zügel, und kaum das Land vor sich als glatt gemähte Heide sah, schon ohne Pferdehals und Pferdekopf.

Die Bäume

Denn wir sind wie Baumstämme im Schnee. Scheinbar liegen sie glatt auf, und mit kleinem Anstoß sollte man sie wegschieben können. Nein, das kann man nicht, denn sie sind fest mit dem Boden verbunden. Aber sieh, sogar das ist nur scheinbar.

Unglücklichsein

Als es schon unerträglich geworden war - einmal gegen Abend im November - und ich über den schmalen Teppich meines Zimmers wie in einer Rennbahn einherlief, durch den Anblick der erleuchteten Gasse erschreckt, wieder wendete, und in der Tiefe des Zimmers, im Grund des Spiegels doch wieder ein neues Ziel bekam, und aufschrie, um nur den Schrei zu hören, dem nichts antwortet und dem auch nichts die Kraft des Schreiens nimmt, der also aufsteigt, ohne Gegengewicht, und nicht aufhören kann, selbst wenn er verstummt, da öffnete sich aus der Wand heraus die Tür, so eilig, weil doch Eile nötig war und selbst die Wagenpferde unten auf dem Pflaster wie wild gewordene Pferde in der Schlacht, die Gurgeln preisgegeben, sich erhoben.

Als kleines Gespenst fuhr ein Kind aus dem ganz dunklen Korridor, in dem die Lampe noch nicht brannte, und blieb auf den Fußspitzen stehn, auf einem unmerklich schaukelnden Fußbodenbalken. Von der Dämmerung des Zimmers gleich geblendet, wollte es mit seinem Gesicht rasch in seine Hände, beruhigte sich aber unversehens mit dem Blick zum Fenster, vor dessen Kreuz der hochgetriebene Dunst der Straßenbeleuchtung endlich unter dem Dunkel liegen blieb. Mit dem rechten Ellbogen hielt es sich vor der offenen Tür aufrecht an der Zimmerwand und ließ den Luftzug von draußen um die Gelenke der Füße streichen, auch den Hals, auch die Schläfen entlang.

Ich sah ein wenig hin, dann sagte ich "Guten Tag" und nahm meinen Rock vom Ofenschirm, weil ich nicht so halb nackt dastehen wollte. Ein Weilchen lang hielt ich den Mund offen, damit mich die Aufregung durch den Mund verlasse. Ich hatte schlechten Speichel in mir, im Gesicht zitterten mir die Augenwimpern, kurz, es fehlte mir nichts, als gerade dieser allerdings erwartete Besuch. Das Kind stand noch an der Wand auf dem gleichen Platz, es hatte die rechte Hand an die Mauer gepresst und konnte, ganz rotwangig, dessen nicht satt werden, dass die weißgetünchte Wand grobkörnig war und die Fingerspitzen rieb. Ich sagte: "Wollen Sie tatsächlich zu mir? Ist es kein Irrtum? Nichts leichter als ein Irrtum in diesem großen Hause. Ich heiße Soundso, wohne im dritten Stock. Bin ich also der, den Sie besuchen wollen?" "Ruhe, Ruhe!" sagte das Kind über die Schulter weg, "alles ist schon richtig." "Dann kommen Sie weiter ins Zimmer herein, ich möchte die Tür schließen."

"Die Tür habe ich jetzt gerade geschlossen. Machen Sie sich keine Mühe. Beruhigen Sie sich überhaupt." "Reden Sie nicht von Mühe. Aber auf diesem Gange wohnt eine Menge Leute, alle sind natürlich meine Bekannten; die meisten kommen jetzt aus den Geschäften; wenn sie in einem Zimmer reden hören, glauben sie einfach das Recht zu haben, aufzumachen und nachzuschauen, was los ist. Es ist einmal schon so. Diese Leute haben die tägliche Arbeit hinter sich; wem würden sie sich in der provisorischen Abendfreiheit unterwerfen! Übrigens wissen Sie es ja auch. Lassen Sie mich die Türe schließen."

"Ja was ist denn? Was haben Sie? Meinetwegen kann das ganze Haus hereinkommen. Und dann noch einmal: Ich habe die Türe schon geschlossen, glauben Sie denn, nur Sie können die Türe schließen? Ich habe sogar mit dem Schlüssel zugesperrt." "Dann ist gut. Mehr will ich ja nicht. Mit dem Schlüssel hätten Sie gar nicht zusperren müssen. Und jetzt machen Sie es sich nur behaglich, wenn Sie schon einmal da sind. Sie sind mein Gast. Vertrauen Sie mir völlig. Machen Sie sich nur breit ohne Angst. Ich werde Sie weder zum Hierbleiben zwingen, noch zum Weggehn. Muss ich das erst sagen? Kennen Sie mich so schlecht?" "Nein. Sie hätten das wirklich nicht sagen müssen. Noch mehr, Sie hätten es gar nicht sagen sollen. Ich bin ein Kind; warum so viel Umstände mit mir machen?" "So schlimm ist es nicht. Natürlich, ein Kind. Aber gar so klein sind Sie nicht. Sie sind schon ganz erwachsen. Wenn Sie ein Mädchen wären, dürften Sie sich nicht so einfach mit mir in einem Zimmer einsperren."

"Darüber müssen wir uns keine Sorgen machen. Ich wollte nur sagen: Dass ich Sie so gut kenne, schützt mich wenig, es enthebt Sie nur der Anstrengung, mir etwas vorzulügen. Trotzdem aber machen Sie mir Komplimente. Lassen Sie das, ich fordere Sie auf, lassen Sie das. Dazu kommt, dass ich Sie nicht überall und immerfort kenne, gar bei dieser Finsternis. Es wäre viel besser, wenn Sie Licht machen ließen. Nein, lieber nicht. Immerhin werde ich mir merken, dass Sie mir schon gedroht haben."

"Wie? Ich hätte Ihnen gedroht? Aber ich bitte Sie. Ich bin ja so froh, dass Sie endlich hier sind. Ich sage 'endlich', weil es schon so spät ist. Es ist mir unbegreiflich, warum Sie so spät gekommen sind. Da ist es möglich, dass ich in der Freude so durcheinander gesprochen habe und dass Sie es gerade so verstanden haben. Dass ich so gesprochen habe, gebe ich zehnmal zu, ja ich habe Ihnen mit allem gedroht, was Sie wollen. - Nur keinen Streit, um Himmelswillen! - Aber wie konnten Sie es glauben? Wie konnten Sie mich so kränken? Warum wollen Sie mir mit aller Gewalt dieses kleine Weilchen Ihres Hierseins verderben? Ein fremder Mensch wäre entgegenkommender als Sie."

"Das glaube ich; das war keine Weisheit. So nah, als Ihnen ein fremder Mensch entgegenkommen kann, bin ich Ihnen schon von Natur aus. Das wissen Sie auch, wozu also die Wehmut? Sagen Sie, dass Sie Komödie spielen wollen, und ich gehe augenblicklich."

"So? Auch das wagen Sie mir zu sagen? Sie sind ein wenig zu kühn. Am Ende sind Sie doch in meinem Zimmer. Sie reiben Ihre Finger wie verrückt an meiner Wand. Mein Zimmer, meine Wand! Und außerdem ist das, was Sie sagen, lächerlich, nicht nur frech. Sie sagen, Ihre Natur zwinge Sie, mit mir in dieser Weise zu reden. Wirklich? Ihre Natur zwingt Sie? Das ist nett von Ihrer Natur. Ihre Natur ist meine, und wenn ich mich von Natur aus freundlich zu Ihnen verhalte, so dürfen auch Sie nicht anders." "Ist das freundlich?" "Ich rede von früher." "Wissen Sie, wie ich später sein werde?" "Nichts weiß ich."

Und ich ging zum Nachttisch hin, auf dem ich die Kerze anzündete. Ich hatte in jener Zeit weder Gas noch elektrisches Licht in meinem Zimmer. Ich saß dann noch eine Weile beim Tisch, bis ich auch dessen müde wurde, den Überzieher anzog, den Hut vom Kanapee nahm und die Kerze ausblies. Beim Hinausgehen verfing ich mich in ein Sesselbein. Auf der Treppe traf ich einen Mieter aus dem gleichen Stockwerk. "Sie gehen schon wieder weg, Sie Lump?" fragte er, auf seinen über zwei Stufen ausgebreiteten Beinen ausruhend. "Was soll ich machen?" sagte ich, "jetzt habe ich ein Gespenst im Zimmer gehabt." "Sie sagen das mit der gleichen Unzufriedenheit, als wenn Sie ein Haar in der Suppe gefunden hätten." "Sie spaßen. Aber merken Sie sich, ein Gespenst ist ein Gespenst." "Sehr wahr. Aber wie, wenn man überhaupt nicht an Gespenster glaubt?" "Ja meinen Sie denn, ich glaube an Gespenster? Was hilft mir aber dieses Nichtglauben?" "Sehr einfach. Sie müssen eben keine Angst mehr haben, wenn ein Gespenst wirklich zu Ihnen kommt." "Ja, aber das ist doch die nebensächliche Angst. Die eigentliche Angst ist die Angst vor der Ursache der Erscheinung. Und diese Angst bleibt. Die habe ich geradezu großartig in mir." Ich fing vor Nervosität an, alle meine Taschen zu durchsuchen.

"Da Sie aber vor der Erscheinung selbst keine Angst hatten, hätten Sie sie doch ruhig nach ihrer Ursache fragen können!" "Sie haben offenbar noch nie mit Gespenstern gesprochen. Aus denen kann man ja niemals eine klare Auskunft bekommen. Das ist ein Hin und Her. Diese Gespenster scheinen über ihre Existenz mehr im Zweifel zu sein, als wir, was übrigens bei ihrer Hinfälligkeit kein Wunder ist." "Ich habe aber gehört, dass man sie auffüttern kann." "Da sind Sie gut berichtet. Das kann man. Aber wer wird das machen?" "Warum nicht? Wenn es ein weibliches Gespenst ist z. B." sagte er und schwang sich auf die obere Stufe.

"Ach so", sagte ich, "aber selbst dann steht es nicht dafür." Ich besann mich. Mein Bekannter war schon so hoch, dass er sich, um mich zu sehen, unter einer Wölbung des Treppenhauses vorbeugen musste. "Aber trotzdem", rief ich, "wenn Sie mir dort oben mein Gespenst wegnehmen, dann ist es zwischen uns aus, für immer." "Aber das war ja nur Spaß", sagte er und zog den Kopf zurück.

"Dann ist es gut", sagte ich und hätte jetzt eigentlich ruhig spazieren gehen können. Aber weil ich mich gar so verlassen fühlte, ging ich lieber hinauf und legte mich schlafen.

Ein Landarzt

Kleine Erzählungen
gewidmet meinem Vater

Der neue Advokat

Wir haben einen neuen Advokaten, den Dr. Bucephalus. In seinem Äußern erinnert wenig an die Zeit, da er noch Streitross Alexanders von Macedonien war. Wer allerdings mit den Umständen vertraut ist, bemerkt einiges. Doch sah ich letzthin auf der Freitreppe selbst einen ganz einfältigen Gerichtsdiener mit dem Fachblick des kleinen Stammgastes der Wettrennen den Advokaten bestaunen, als dieser, hoch die Schenkel hebend, mit auf dem Marmor aufklingendem Schritt von Stufe zu Stufe stieg.

Im Allgemeinen billigt das Barreau die Aufnahme des Bucephalus. Mit erstaunlicher Einsicht sagt man sich, dass Bucephalus bei der heutigen Gesellschaftsordnung in einer schwierigen Lage ist und dass er deshalb, sowie auch wegen seiner weltgeschichtlichen Bedeutung, jedenfalls Entgegenkommen verdient. Heute - das kann niemand leugnen - gibt es keinen großen Alexander. Zu morden verstehen zwar manche; auch an der Geschicklichkeit, mit der Lanze über den Banketttisch hinweg den Freund zu treffen, fehlt es nicht; und vielen ist Macedonien zu eng, sodass sie Philipp, den Vater, verfluchen - aber niemand, niemand kann nach Indien führen. Schon damals waren Indiens Tore unerreichbar, aber ihre Richtung war durch das Königsschwert bezeichnet. Heute sind die Tore ganz anderswohin und weiter und höher vertragen; niemand zeigt die Richtung; viele halten Schwerter, aber nur, um mit ihnen zu fuchteln; und der Blick, der ihnen folgen will, verwirrt sich.

Vielleicht ist es deshalb wirklich das Beste, sich, wie es Bucephalus getan hat, in die Gesetzbücher zu versenken. Frei, unbedrückt die Seiten von den Lenden des Reiters, bei stiller Lampe, fern dem

Getöse der Alexanderschlacht, liest und wendet er die Blätter unserer alten Bücher.

Ein Landarzt

Ich war in großer Verlegenheit: eine dringende Reise stand mir bevor; ein Schwerkranker wartete auf mich in einem zehn Meilen entfernten Dorfe; starkes Schneegestöber füllte den weiten Raum zwischen mir und ihm; einen Wagen hatte ich, leicht, großräderig, ganz wie er für unsere Landstraßen taugt; in den Pelz gepackt, die Instrumententasche in der Hand, stand ich reisefertig schon auf dem Hofe; aber das Pferd fehlte, das Pferd. Mein eigenes Pferd war in der letzten Nacht, infolge der Überanstrengung in diesem eisigen Winter, verendet; mein Dienstmädchen lief jetzt im Dorf umher, um ein Pferd geliehen zu bekommen; aber es war aussichtslos, ich wusste es und immer mehr vom Schnee überhäuft, immer unbeweglicher werdend, stand ich zwecklos da. Am Tor erschien das Mädchen, allein, schwenkte die Laterne; natürlich, wer leiht jetzt sein Pferd her zu solcher Fahrt? Ich durchmaß noch einmal den Hof; ich fand keine Möglichkeit; zerstreut, gequält stieß ich mit dem Fuß an die brüchige Tür des schon seit Jahren unbenützten Schweinestalles. Sie öffnete sich und klappte in den Angeln auf und zu. Wärme und Geruch wie von Pferden kam hervor. Eine trübe Stalllaterne schwankte drin an einem Seil. Ein Mann, zusammengekauert in dem niedrigen Verschlag, zeigte sein offenes blauäugiges Gesicht. "Soll ich anspannen?" fragte er, auf allen Vieren hervorkriechend. Ich wusste nichts zu sagen und beugte mich nur, um zu sehen, was es noch in dem Stalle gab. Das Dienstmädchen stand neben mir. "Man weiß nicht, was für Dinge man im eigenen Hause vorrätig hat", sagte es und wir beide lachten. "Hollah, Bruder, hollah, Schwester!" rief der Pferdeknecht und zwei Pferde, mächtige flankenstarke Tiere schoben sich hintereinander, die Beine eng am Leib, die wohlgeformten Köpfe wie Kamele senkend, nur durch die Kraft der Wendungen ihres Rumpfes aus dem Türloch, das sie restlos ausfüllten. Aber gleich standen sie aufrecht, hochbeinig, mit dicht ausdampfendem Körper. "Hilf ihm", sagte ich und das willige Mädchen eilte, dem Knecht das Geschirr des Wagens zu reichen. Doch kaum war es bei ihm, umfasst es der Knecht und schlägt sein Gesicht an ihres.

Es schreit auf und flüchtet sich zu mir; rot eingedrückt sind zwei Zahnreihen in des Mädchens Wange. "Du Vieh", schreie ich wütend, "willst du die Peitsche?", besinne mich aber gleich, dass es ein Fremder ist; dass ich nicht weiß, woher er kommt und dass er mir freiwillig aushilft, wo alle andern versagen. Als wisse er von meinen Gedanken, nimmt er meine Drohung nicht übel, sondern wendet sich nur einmal, immer mit den Pferden beschäftigt, nach mir um. "Steigt ein", sagt er dann und tatsächlich: alles ist bereit. Mit so schönem Gespann, das merke ich, bin ich noch nie gefahren und ich steige fröhlich ein. "Kutschieren werde aber ich, du kennst nicht den Weg", sage ich. "Gewiss", sagt er, "ich fahre gar nicht mit, ich bleibe bei Rosa." "Nein", schreit Rosa und läuft im richtigen Vorgefühl der Unabwendbarkeit ihres Schicksals ins Haus; ich höre die Türkette klirren, die sie vorlegt; ich höre das Schloss einspringen; ich sehe, wie sie überdies im Flur und weiterjagend durch die Zimmer alle Lichter verlöscht, um sich unauffindbar zu machen. "Du fährst mit", sage ich zu dem Knecht, "oder ich verzichte auf die Fahrt, so dringend sie auch ist. Es fällt mir nicht ein, dir für die Fahrt das Mädchen als Kaufpreis hinzugeben." "Munter!" sagt er; klatscht in die Hände; der Wagen wird fortgerissen, wie Holz in die Strömung; noch höre ich, wie die Tür meines Hauses unter dem Ansturm des Knechtes birst und splittert, dann sind mir Augen und Ohren von einem zu allen Sinnen gleichmäßig dringenden Sausen erfüllt.

Aber auch das nur einen Augenblick, denn, als öffne sich unmittelbar vor meinem Hoftor der Hof meines Kranken, bin ich schon dort; ruhig stehen die Pferde; der Schneefall hat aufgehört; Mondlicht ringsum; die Eltern des Kranken eilen aus dem Haus; seine Schwester hinter ihnen; man hebt mich fast aus dem Wagen; den verwirrten Reden entnehme ich nichts; im Krankenzimmer ist die Luft kaum atembar; der vernachlässigte Herdofen raucht; ich werde das Fenster aufstoßen; zuerst aber will ich den Kranken sehen. Mager, ohne Fieber, nicht kalt, nicht warm, mit leeren Augen, ohne Hemd hebt sich der Junge unter dem Federbett, hängt sich an meinen Hals, flüstert mir ins Ohr: "Doktor, lass mich sterben."Ich sehe mich um; niemand hat es gehört; die Eltern stehen stumm vorgebeugt und erwarten mein Urteil; die Schwester hat einen Stuhl für meine Handtasche gebracht. Ich öffne die Tasche und suche unter meinen Instrumenten; der Junge tastet immerfort aus dem Bett nach mir hin, um mich an seine Bitte zu erinnern; ich fasse eine Pinzette, prüfe sie im Kerzenlicht und lege sie wieder hin. "Ja", denke ich lästernd, "in solchen Fällen helfen die Götter, schicken das fehlende Pferd, fügen der Eile wegen noch ein Zweites hinzu, spenden zum Übermaß noch den Pferdeknecht.." Jetzt erst fällt mir wieder Rosa ein; was tue ich, wie rette ich sie, wie ziehe ich sie unter diesem Pferdeknecht hervor, zehn Meilen von ihr entfernt, unbeherrschbare Pferde vor meinem Wagen? Diese Pferde, die jetzt die Riemen irgendwie gelockert haben; die Fenster, ich weiß nicht wie, von außen aufstoßen; jedes durch ein Fenster den Kopf stecken und, unbeirrt durch den Aufschrei der Familie, den Kranken betrachten. "Ich fahre gleich wieder zurück", denke ich, als forderten mich die Pferde zur Reise auf, aber ich dulde es, dass die Schwester, die mich durch die Hitze betäubt glaubt, den Pelz mir abnimmt. Ein Glas Rum wird mir bereitgestellt, der Alte klopft mir auf die Schulter, die Hingabe seines Schatzes rechtfertigt diese Vertraulichkeit. Ich schüttle den Kopf; in dem engen Denkkreis des Alten würde mir übel; nur aus diesem Grunde lehne ich es ab zu trinken.

Die Mutter steht am Bett und lockt mich hin; ich folge und lege, während ein Pferd laut zur Zimmerdecke wiehert, den Kopf an die Brust des Jungen, der unter meinem nassen Bart erschauert. Es bestätigt sich, was ich weiß: der Junge ist gesund, ein wenig schlecht durchblutet, von der sorgenden Mutter mit Kaffee durchtränkt, aber gesund und am besten mit einem Stoß aus dem Bett zu treiben. Ich bin kein Weltverbesserer und lasse ihn liegen. Ich bin vom Bezirk angestellt und tue meine Pflicht bis zum Rand, bis dorthin, wo es fast zu viel wird. Schlecht bezahlt, bin ich doch freigebig und hilfsbereit gegenüber den Armen. Noch für Rosa muss ich sorgen, dann mag der Junge Recht haben und auch ich will sterben. Was tue ich hier in diesem endlosen Winter! Mein Pferd ist verendet und da ist niemand im Dorf, der mir seines leiht. Aus dem Schweinestall muss ich mein Gespann ziehen; wären es nicht zufällig Pferde, müsste ich mit Säuen fahren. So ist es. Und ich nicke der Familie zu. Sie wissen nichts davon und wenn sie es wüssten, würden sie es nicht glauben. Rezepte schreiben ist leicht, aber im Übrigen sich mit den Leuten verständigen, ist schwer. Nun, hier wäre also mein Besuch zu Ende, man hat mich wieder einmal unnötig bemüht, daran bin ich gewöhnt, mit Hilfe meiner Nachtglocke martert mich der ganze Bezirk, aber dass ich diesmal auch noch Rosa hingeben musste, dieses schöne Mädchen, das jahrelang, von mir kaum beachtet, in meinem Hause lebte – dieses Opfer ist zu groß und ich muss es mir mit Spitzfindigkeiten aushilfsweise in meinem Kopf irgendwie zurechtlegen, um nicht auf diese Familie loszufahren, die mir ja beim besten Willen Rosa nicht zurückgeben kann. Als ich aber meine Handtasche schließe und nach meinem Pelz winke, die Familie beisammensteht, der Vater schnuppernd über dem Rumglas in seiner Hand, die Mutter, von mir wahrscheinlich enttäuscht – ja, was erwartet denn das Volk? – tränenreich in die Lippen beißend und die Schwester ein schwer blutiges Handtuch schwenkend, bin ich irgendwie bereit, unter Umständen zuzugeben, dass der Junge doch vielleicht krank ist. Ich gehe zu ihm, er lächelt mir entgegen, als brächte ich ihm etwa die allerstärkste Suppe – ach, jetzt wiehern beide Pferde; der Lärm soll wohl, höheren Orts angeordnet, die Untersuchung erleichtern – und nun finde ich: ja, der Junge ist krank. In seiner rechten Seite, in der Hüftengegend hat sich eine handtellergroße Wunde aufgetan. Rosa, in vielen Schattierungen, dunkel in der Tiefe, hell werdend zu den Rändern, zartkörnig, mit ungleichmäßig sich aufsammelndem Blut, offen wie ein Bergwerk obertags. So aus der Entfernung. In der Nähe zeigt sich noch eine Erschwerung. Wer kann das ansehen ohne leise zu pfeifen? Würmer, an Stärke und Länge meinem kleinen Finger gleich, rosig aus eigenem und außerdem blutbespritzt, winden sich, im Innern der Wunde fest gehalten, mit weißen Köpfchen, mit vielen Beinchen ans Licht. Armer Junge, dir ist nicht zu helfen. Ich habe deine große Wunde aufgefunden; an dieser Blume in deiner Seite gehst du zu Grunde. Die Familie ist glücklich, sie sieht mich in Tätigkeit; die Schwester sagt's der Mutter, die Mutter dem Vater, der Vater einigen Gästen, die auf den Fußspitzen, mit ausgestreckten Armen balancierend, durch den Mondschein der offenen Tür hereinkommen. "Wirst du mich retten?" flüstert schluchzend der Junge, ganz geblendet durch das Leben in seiner Wunde. So sind die Leute in meiner Gegend. Immer das Unmögliche vom Arzt verlangen. Den alten Glauben haben sie verloren; der Pfarrer sitzt zu Hause und zerzupft die Messgewänder, eines nach dem andern; aber der Arzt soll alles leisten mit seiner zarten chirurgischen Hand. Nun, wie es beliebt: ich habe mich nicht angeboten; verbraucht ihr mich zu heiligen Zwecken, lasse ich auch das mit mir geschehen was will ich Besseres, alter Landarzt, meines Dienstmädchens beraubt! Und sie kommen, die Familie und die Dorfältesten und entkleiden mich; ein Schulchor mit dem Lehrer an der Spitze steht vor dem Haus und singt eine äußerst einfache Melodie auf den Text:

"Entkleidet ihn, dann wird er heilen
Und heilt er nicht, so tötet ihn!
S´ist nur ein Arzt, s´ist nur ein Arzt."

Dann bin ich entkleidet und sehe, die Finger im Barte, mit geneigtem Kopf die Leute ruhig an. Ich bin durchaus gefasst und allen überlegen und bleibe es auch, trotzdem es mir nichts hilft, denn jetzt nehmen sie mich beim Kopf und bei den Füßen und tragen mich ins Bett. Zur Mauer, an die Seite der Wunde legen sie mich. Dann gehen alle aus der Stube; die Tür wird zugemacht; der Gesang verstummt; Wolken treten vor den Mond; warm liegt das Bettzeug um mich; schattenhaft schwanken die Pferdeköpfe in den Fensterlöchern. "Weißt du", höre ich, mir ins Ohr gesagt, "mein Vertrauen zu dir ist sehr gering. Du bist ja auch nur irgendwo abgeschüttelt, kommst nicht auf eigenen Füßen. Statt zu helfen, engst du mir mein Sterbebett ein. Am liebsten kratzte ich dir die Augen aus."

"Richtig", sage ich, "es ist eine Schmach. Nun bin ich aber Arzt. Was soll ich tun? Glaube mir, es wird auch mir nicht leicht." "Mit dieser Entschuldigung soll ich mich begnügen? Ach, ich muss wohl. Immer muss ich mich begnügen. Mit einer schönen Wunde kam ich auf die Welt; das war meine ganze Ausstattung." "Junger Freund", sage ich, "dein Fehler ist: du hast keinen Überblick. Ich, der ich schon in allen Krankenstuben, weit und breit, gewesen bin, sage dir: deine Wunde ist so übel nicht. Im spitzen Winkel mit zwei Hieben der Hacke geschaffen. Viele bieten ihre Seite an und hören kaum die Hacke im Forst, geschweige denn, dass sie ihnen näher kommt." "Ist es wirklich so oder täuschest du mich im Fieber?" "Es ist wirklich so, nimm das Ehrenwort eines Amtsarztes mit hinüber." Und er nahm's und wurde still. Aber jetzt war es Zeit, an meine Rettung zu denken. Noch standen treu die Pferde an ihren Plätzen. Kleider, Pelz und Tasche waren schnell zusammengerafft; mit dem Ankleiden wollte ich mich nicht aufhalten; beeilten sich die Pferde wie auf der Herfahrt, sprang ich ja gewissermaßen aus diesem Bett in meines. Gehorsam zog sich ein Pferd vom Fenster zurück; ich warf den Ballen in den Wagen; der Pelz flog zu weit, nur mit einem Ärmel hielt er sich an einem Haken fest. Gut genug. Ich schwang mich aufs Pferd. Die Riemen lose schleifend, ein Pferd kaum mit dem andern verbunden, der Wagen irrend hinterher, der Pelz als Letzter im Schnee. "Munter!" sagte ich, aber munter ging's nicht; langsam wie alte Männer zogen wir durch die Schneewüste; lange klang hinter uns der neue, aber irrtümliche Gesang der Kinder:

"Freuet euch, ihr Patienten,
Der Arzt ist euch ins Bett gelegt!"

Niemals komme ich so nach Hause; meine blühende Praxis ist verloren; ein Nachfolger bestiehlt mich, aber ohne Nutzen, denn er kann mich nicht ersetzen; in meinem Hause wütet der eklige Pferdeknecht; Rosa ist sein Opfer; ich will es nicht ausdenken. Nackt, dem Froste dieses unglückseligsten Zeitalters ausgesetzt, mit irdischem Wagen, unirdischen Pferden, treibe ich mich alter Mann umher. Mein Pelz hängt hinten am Wagen, ich kann ihn aber nicht erreichen und keiner aus dem beweglichen Gesindel der Patienten rührt den Finger. Betrogen! Betrogen! Einmal dem Fehlläuten der Nachtglocke gefolgt - es ist niemals gutzumachen.

Auf der Galerie

Wenn irgendeine hinfällige, tuberkulöse Kunstreiterin in der Manege auf schwankendem Pferd vor einem unermüdlichen Publikum vom Peitschen schwingenden erbarmungslosen Chef monatelang ohne Unterbrechung im Kreise rundum getrieben würde, auf dem Pferde schwirrend, Küsse werfend, in der Taille sich wiegend und wenn dieses Spiel unter dem nichtaussetzenden Brausen des Orchesters und der Ventilatoren in die immerfort weiter sich öffnende graue Zukunft sich fortsetzte, begleitet vom vergehenden und neu anschwellenden Beifallsklatschen der Hände, die eigentlich Dampfhämmer sind - vielleicht eilte dann ein junger Galeriebesucher die lange Treppe durch alle Ränge hinab, stürzte in die Manege, riefe: Halt! durch die Fanfaren des immer sich anpassenden Orchesters.

Da es aber nicht so ist; eine schöne Dame, weiß und rot, hereinfliegt, zwischen den Vorhängen, welche die stolzen Livrierten vor ihr öffnen; der Direktor, hingebungsvoll ihre Augen suchend, in Tierhaltung ihr entgegenatmet; vorsorglich sie auf den Apfelschimmel hebt, als wäre sie seine über alles geliebte Enkelin, die sich auf gefährliche Fahrt begibt; sich nicht entschließen kann, das Peitschenzeichen zu geben; schließlich in Selbstüberwindung es knallend gibt; neben dem Pferde mit offenem Munde einherläuft; die Sprünge der Reiterin scharfen Blickes verfolgt; ihre Kunstfertigkeit kaum begreifen kann; mit englischen Ausrufen zu warnen versucht; die reifenhaltenden Reitknechte wütend zu peinlichster Achtsamkeit ermahnt; vor dem großen Saltomortale das Orchester mit aufgehobenen Händen beschwört, es möge schweigen; schließlich die Kleine vom zitternden Pferde hebt, auf beide Backen küsst und keine Huldigung des Publikums für genügend erachtet; während sie selbst, von ihm gestützt, hoch auf den Fußspitzen, vom Staub umweht, mit ausgebreiteten Armen, zurückgelehntem Köpfchen ihr Glück mit dem ganzen Zirkus teilen will - da dies so ist, legt der Galeriebesucher das Gesicht auf die Brüstung und, im Schlussmarsch wie in einem schweren Traum versinkend, weint er, ohne es zu wissen.

Ein altes Blatt

Es ist, als wäre viel vernachlässigt worden in der Verteidigung unseres Vaterlandes. Wir haben uns bisher nicht darum gekümmert und sind unserer Arbeit nachgegangen; die Ereignisse der letzten Zeit machen uns aber Sorgen.

Ich habe eine Schusterwerkstatt auf dem Platz vor dem kaiserlichen Palast. Kaum öffne ich in der Morgendämmerung meinen Laden, sehe ich schon die Eingänge aller hier einlaufenden Gassen von Bewaffneten besetzt. Es sind aber nicht unsere Soldaten, sondern offenbar Nomaden aus dem Norden. Auf eine mir unbegreifliche Weise sind sie bis in die Hauptstadt gedrungen, die doch sehr weit von der Grenze entfernt ist. Jedenfalls sind sie also da; es scheint, dass jeden Morgen mehr werden.

Ihrer Natur entsprechend lagern sie unter freiem Himmel, denn Wohnhäuser verabscheuen sie. Sie beschäftigen sich mit dem Schärfen der Schwerter, dem Zuspitzen der Pfeile, mit Übungen zu Pferde. Aus diesem stillen, immer ängstlich rein gehaltenen Platz haben sie einen wahren Stall gemacht.

Wir versuchen zwar manchmal aus unseren Geschäften hervorzulaufen und wenigstens den ärgsten Unrat wegzuschaffen, aber es geschieht immer seltener, denn die Anstrengung ist nutzlos und bringt uns überdies in die Gefahr, unter die wilden Pferde zu kommen oder von den Peitschen verletzt zu werden.

Sprechen kann man mit den Nomaden nicht. Unsere Sprache kennen sie nicht, ja sie haben kaum eine eigene. Unter einander verständigen sie sich ähnlich wie Dohlen. Immer wieder hört man diesen Schrei der Dohlen. Unsere Lebensweise, unsere Einrichtungen sind ihnen ebenso unbegreiflich wie gleichgültig. Infolgedessen zeigen sie sich auch gegen jede Zeichensprache ablehnend. Du magst dir die Kiefer verrenken und die Hände aus den Gelenken winden, sie haben dich doch nicht verstanden und werden dich nie verstehen. Oft machen sie Grimassen; dann dreht sich das Weiß ihrer Augen und Schaum quillt aus ihrem Munde, doch wollen sie damit weder etwas sagen noch auch erschrecken; sie tun es, weil es so ihre Art ist. Was sie brauchen, nehmen sie. Man kann nicht sagen, dass sie Gewalt anwenden. Vor ihrem Zugriff tritt man beiseite und überlässt ihnen alles.

Auch von meinen Vorräten haben sie manches gute Stück genommen. Ich kann aber darüber nicht klagen, wenn ich zum Beispiel zusehe, wie es dem Fleischer gegenüber geht. Kaum bringt er seine Waren ein, ist ihm schon alles entrissen und wird von den Nomaden verschlungen. Auch ihre Pferde fressen Fleisch; oft liegt ein Reiter neben seinem Pferd und beide nähren sich vom gleichen Fleischstück, jeder an einem Ende. Der Fleischhauer ist ängstlich und wagt es nicht, mit den Fleischlieferungen aufzuhören. Wir verstehen das aber, schießen Geld zusammen und unterstützen ihn. Bekämen die Nomaden kein Fleisch, wer weiß, was ihnen zu tun einfiele; wer weiß allerdings, was ihnen einfallen wird, selbst wenn sie täglich Fleisch bekämen.

Letzthin dachte der Fleischer, er könne sich wenigstens die Mühe des Schlachtens sparen und brachte am Morgen einen lebendigen Ochsen. Das darf er nicht mehr wiederholen. Ich lag wohl eine Stunde ganz hinten in meiner Werkstatt platt auf dem Boden und alle meine Kleider, Decken und Polster hatte ich über mir aufgehäuft, nur um das Gebrüll des Ochsen nicht zu hören, den von allen Seiten die Nomaden ansprangen, um mit den Zähnen Stücke aus seinem warmen Fleisch zu reißen. Schon lange war es still, ehe ich mich auszugehen getraute; wie Trinker um ein Weinfass lagen sie müde um die Reste des Ochsen.

Gerade damals glaubte ich den Kaiser selbst in einem Fenster des Palastes gesehen zu haben; niemals sonst kommt er in diese äußeren Gemächer, immer nur lebt er in dem innersten Garten; diesmal aber stand er, so schien es mir wenigstens, an einem der Fenster und blickte mit gesenktem Kopf auf das Treiben vor seinem Schloss.

"Wie wird es werden?" fragen wir uns alle. "Wie lange werden wir diese Last und Qual ertragen? Der kaiserliche Palast hat die Nomaden angelockt, versteht es aber nicht, sie wieder zu vertreiben. Das Tor bleibt verschlossen; die Wache, früher immer festlich ein- und ausmarschierend, hält sich hinter vergitterten Fenstern. Uns Handwerkern und Geschäftsleuten ist die Rettung des Vaterlandes anvertraut; wir sind aber einer solchen Aufgabe nicht gewachsen; haben uns doch auch nie gerühmt, dessen fähig zu sein. Ein Missverständnis ist es und wir gehen daran zu Grunde."

Vor dem Gesetz

Vor dem Gesetz steht ein Türhüter. Zu diesem Türhüter kommt ein Mann vom Lande und bittet um Eintritt in das Gesetz. Aber der Türhüter sagt, dass er ihm jetzt den Eintritt nicht gewähren könne. Der Mann überlegt und fragt dann, ob er also später werde eintreten dürfen. "Es ist möglich", sagt der Türhüter, "jetzt aber nicht." Da das Tor zum Gesetz offen steht wie immer und der Türhüter beiseite tritt, bückt sich der Mann, um durch das Tor in das Innere zu sehen. Als der Türhüter das merkt, lacht er und sagt: "Wenn es dich so lockt, versuche es doch, trotz meines Verbotes hineinzugehen. Merke aber: Ich bin mächtig. Und ich bin nur der unterste Türhüter. Von Saal zu Saal stehen aber Türhüter, einer mächtiger als der andere. Schon den Anblick des Dritten kann nicht einmal ich mehr ertragen." Solche Schwierigkeiten hat der Mann vom Lande nicht erwartet; das Gesetz soll doch jedem und immer zugänglich sein, denkt er, aber als er jetzt den Türhüter in seinem Pelzmantel genauer ansieht, seine große Spitznase, den langen, dünnen, schwarzen tartarischen Bart, entschließt er sich, doch lieber zu warten, bis er die Erlaubnis zum Eintritt bekommt. Der Türhüter gibt ihm einen Schemel und lässt ihn seitwärts von der Tür sich niedersetzen. Dort sitzt er Tage und Jahre. Er macht viele Versuche, eingelassen zu werden und ermüdet den Türhüter durch seine Bitten. Der Türhüter stellt öfter kleine Verhöre mit ihm an, fragt ihn über seine Heimat aus und nach vielem andern, es sind aber teilnahmslose Fragen, wie sie große Herren stellen und zum Schlusse sagt er ihm immer wieder, dass er ihn noch nicht einlassen könne.

Der Mann, der sich für seine Reise mit vielem ausgerüstet hat, verwendet alles und sei es noch so wertvoll, um den Türhüter zu bestechen. Dieser nimmt zwar alles an, aber sagt dabei: "Ich nehme es nur an, damit du nicht glaubst, etwas versäumt zuhaben." Während der vielen Jahre beobachtet der Mann den Türhüter fast ununterbrochen. Er vergisst die andern Türhüter und dieser Erste scheint ihm das einzige Hindernis für den Eintritt in das Gesetz. Er verflucht den unglücklichen Zufall, in den ersten Jahren rücksichtslos und laut, später, als er alt wird, brummt er nur noch vor sich hin. Er wird kindisch und, da er in dem jahrelangen Studium des Türhüters auch die Flöhe in seinem Pelzkragen erkannt hat, bittet er auch die Flöhe, ihm zu helfen und den Türhüter umzustimmen. Schließlich wird sein Augenlicht schwach und er weiß nicht, ob es um ihn wirklich dunkler wird, oder ob ihn nur seine Augen täuschen. Wohl aber erkennt er jetzt im Dunkel einen Glanz, der unauslöschlich aus der Türe des Gesetzes bricht. Nun lebt er nicht mehr lange. Vor seinem Tode sammeln sich in seinem Kopfe alle Erfahrungen der ganzen Zeit zu einer Frage, die er bisher an den Türhüter noch nicht gestellt hat. Er winkt ihm zu, da er seinen erstarrenden Körper nicht mehr aufrichten kann. Der Türhüter muss sich tief zu ihm herunterneigen, denn der Größenunterschied hat sich sehr zu Ungunsten des Mannes verändert.

"Was willst du denn jetzt noch wissen?" fragt der Türhüter, "Du bist unersättlich." "Alle streben doch nach dem Gesetz", sagt der Mann, "wieso kommt es, dass in den vielen Jahren niemand außer mir

Einlass verlangt hat?" Der Türhüter erkennt, dass der Mann schon an seinem Ende ist und, um sein vergehendes Gehör noch zu erreichen, brüllt er ihn an: "Hier konnte niemand sonst Einlass erhalten, denn dieser Eingang war nur für dich bestimmt. Ich gehe jetzt und schließe ihn."

Schakale und Araber

Wir lagerten in der Oase. Die Gefährten schliefen. Ein Araber, hoch und weiß, kam an mir vorüber; er hatte die Kamele versorgt und ging zum Schlafplatz.

Ich warf mich rücklings ins Gras; ich wollte schlafen; ich konnte nicht; das Klagegeheul eines Schakals in der Ferne; ich saß wieder aufrecht. Und was so weit gewesen war, war plötzlich nah. Ein Gewimmel von Schakalen um mich her; in mattem Gold erglänzende, verlöschende Augen; schlanke Leiber, wie unter einer Peitsche gesetzmäßig und flink bewegt.

Einer kam von rückwärts, drängte sich, unter meinem Arm durch, eng an mich, als brauche er meine Wärme, trat dann vor mich und sprach, fast Aug in Aug mit mir: "Ich bin der älteste Schakal, weit und breit. Ich bin glücklich, dich noch hier begrüßen zu können. Ich hatte schon die Hoffnung fast aufgegeben, denn wir warten unendlich lange auf dich; meine Mutter hat gewartet und ihre Mutter und weiter alle ihre Mütter bis hinauf zur Mutter aller Schakale. Glaube es!"

"Das wundert mich", sagte ich und vergaß, den Holzstoß anzuzünden, der bereit lag, um mit seinem Rauch die Schakale abzuhalten, "Das wundert mich sehr zu hören. Nur zufällig komme ich aus dem hohen Norden und bin auf einer kurzen Reise begriffen. Was wollt ihr denn, Schakale?" Und wie ermutigt durch diesen vielleicht allzu freundlichen Zuspruch zogen sie ihren Kreis enger um mich; alle atmeten kurz und fauchend.

"Wir wissen", begann der Älteste, "dass du vom Norden kommst, darauf eben baut sich unsere Hoffnung. Dort ist der Verstand, der hier unter den Arabern nicht zu finden ist. Aus diesem kalten Hochmut, weißt du, ist kein Funken Verstand zu schlagen. Sie töten Tiere, um sie zu fressen und Aas missachten sie."

"Rede nicht so laut", sagte ich, "es schlafen Araber in der Nähe."
"Du bist wirklich ein Fremder", sagte der Schakal, "sonst wüsstest du, dass noch niemals in der Weltgeschichte ein Schakal einen Araber gefürchtet hat. Fürchten sollten wir sie? Ist es nicht Unglück genug, dass wir unter solches Volk verstoßen sind?" "Mag sein, mag sein", sagte ich, "ich maße mir kein Urteil an in Dingen, die mir so fern liegen; es scheint ein sehr alter Streit; liegt also wohl im Blut; wird also vielleicht erst mit dem Blut enden."

"Du bist sehr klug", sagte der alte Schakal; und alle atmeten noch schneller; mit gehetzten Lungen, trotzdem sie doch stille standen; ein bitterer, zeitweilig nur mit zusammengebissenen Zähnen erträglicher Geruch entströmte den offenen Mäulern, "Du bist sehr klug; das, was du sagst, entspricht unserer alten Lehre. Wir nehmen ihnen also ihr Blut und der Streit ist zu Ende." "Oh!" sagte ich wilder als ich wollte, "sie werden sich wehren; sie werden mit ihren Flinten euch rudelweise niederschießen. "

"Du missverstehst uns", sagte er, "nach Menschenart, die sich also auch im hohen Norden nicht verliert. Wir werden sie doch nicht töten. So viel Wasser hätte der Nil nicht, um uns rein zu waschen. Wir laufen doch schon vor dem bloßen Anblick ihres lebenden Leibes weg, in reinere Luft, in die Wüste, die deshalb unsere Heimat ist."

Und alle Schakale ringsum, zu denen inzwischen noch viele von fern her gekommen waren, senkten die Köpfe zwischen die Vorderbeine und putzten sie mit den Pfoten; es war, als wollten sie einen Widerwillen verbergen, der so schrecklich war, dass ich am liebsten mit einem hohen Sprung aus ihrem Kreis entflohen wäre.

"Was beabsichtigt ihr also zu tun", fragte ich und wollte aufstehen; aber ich konnte nicht; zwei junge Tiere hatten sich mir hinten in Rock und Hemd festgebissen; ich musste sitzen bleiben. "Sie halten deine Schleppe", sagte der alte Schakal erklärend und ernsthaft, "eine Ehrbezeugung. " "Sie sollen mich loslassen!" rief ich, bald zum Alten, bald zu den Jungen gewendet. "Sie werden es natürlich", sagte der Alte, "wenn du es verlangst. Es dauert aber ein Weilchen, denn sie haben nach der Sitte tief sich hineingebissen und müssen erst langsam die Gebisse voneinander lösen. Inzwischen höre unsere Bitte. " "Euer Verhalten hat mich dafür nicht sehr empfänglich gemacht", sagte ich. "Lass uns unser Ungeschick nicht entgelten", sagte er und nahm jetzt zum ersten Mal den Klageton seiner natürlichen Stimme zu Hilfe, "wir sind arme Tiere, wir haben nur das Gebiss; für alles, was wir tun wollen, das Gute und das Schlechte, bleibt uns einzig das Gebiss." "Was willst du also?" fragte ich, nur wenig besänftigt.

"Herr", rief er und alle Schakale heulten auf; in fernster Ferne schien es mir eine Melodie zu sein. "Herr, du sollst den Streit beenden, der die Welt entzweit. So wie du bist, haben unsere Alten den beschrieben, der es tun wird. Frieden müssen wir haben von den Arabern; atembare Luft; gereinigt von ihnen den Ausblick rund am Horizont; kein Klagegeschrei eines Hammels, den der Araber absticht; ruhig soll alles Getier krepieren; ungestört soll es von uns leer getrunken und bis auf die Knochen gereinigt werden. Reinheit, nichts als Reinheit wollen wir, " - und nun weinten, schluchzten alle -"wie erträgst nur du es in dieser Welt, du edles Herz und süßes Eingeweide? Schmutz ist ihr Weiß; Schmutz ist ihr Schwarz; ein Grauen ist ihr Bart; speien muss man beim Anblick ihrer Augenwinkel; und heben sie den Arm, tut sich in der Achselhöhle die Hölle auf. Darum, O Herr, darum O teurer Herr, mit Hilfe deiner alles vermögenden Hände, mit Hilfe deiner alles vermögenden Hände schneide ihnen mit dieser Schere die Hälse durch!" Und einem Ruck seines Kopfes folgend kam ein Schakal herbei, der an einem Eckzahn eine kleine, mit altem Rost bedeckte Nähschere trug. "Also endlich die Schere und damit Schluss!" rief der Araberführer unserer Karawane, der sich gegen den Wind an uns herangeschlichen hatte und nun seine riesige Peitsche schwang.

Alles verlief sich eiligst, aber in einiger Entfernung blieben sie doch, eng zusammengekauert, die vielen Tiere so eng und starr, dass es aussah wie eine schmale Hürde, von Irrlichtern umflogen.

"So hast du, Herr, auch dieses Schauspiel gesehen und gehört", sagte der Araber und lachte so fröhlich, als es die Zurückhaltung seines Stammes erlaubte. "Du weißt also, was die Tiere wollen?" fragte ich. "Natürlich, Herr", sagte er, "das ist doch allbekannt; solange es Araber gibt, wandert diese Schere durch die Wüste und wird mit uns wandern bis ans Ende der Tage. Jedem Europäer wird sie angeboten zu dem großen Werk; jeder Europäer ist gerade derjenige, welcher ihnen berufen scheint. Eine unsinnige Hoffnung haben diese Tiere; Narren, wahre Narren sind sie. Wir lieben sie deshalb; es sind unsere Hunde; schöner als die Eurigen. Sieh nur, ein Kamel ist in der Nacht verendet, ich habe es herschaffen lassen."

Vier Träger kamen und warfen den schweren Kadaver vor uns hin. Kaum lag er da, erhoben die Schakale ihre Stimmen. Wie von Stricken unwiderstehlich jeder Einzelne gezogen, kamen sie, stockend, mit dem Leib den Boden streifend, heran. Sie hatten die Araber vergessen, den Hass vergessen, die alles auslöschende Gegenwart des stark ausdünstenden Leichnams bezauberte sie. Schon hing einer am Hals und fand mit dem ersten Biss die Schlagader. Wie eine kleine rasende Pumpe, die ebenso unbedingt wie aussichtslos einen übermächtigen Brand löschen will, zerrte und zuckte jede Muskel seines Körpers an ihrem Platz. Und schon lagen in gleicher Arbeit alle auf dem Leichnam hoch zu Berg.

Da strich der Führer kräftig mit der scharfen Peitsche kreuz und quer über sie. Sie hoben die Köpfe; halb in Rausch und Ohnmacht; sahen die Araber vor sich stehen; bekamen jetzt die Peitsche mit den Schnauzen zu fühlen; zogen sich im Sprung zurück und liefen eine Strecke rückwärts. Aber das Blut des Kamels lag schon in Lachen da, rauchte empor, der Körper war an mehreren Stellen weit aufgerissen. Sie konnten nicht widerstehen; wieder waren sie da; wieder hob der Führer die Peitsche; ich fasste seinen Arm.

"Du hast Recht, Herr", sagte er, "wir lassen sie bei ihrem Beruf; auch ist es Zeit aufzubrechen. Gesehen hast du sie. Wunderbare Tiere, nicht wahr? Und wie sie uns hassen! "

Ein Besuch im Bergwerk

Heute waren die obersten Ingenieure bei uns unten. Es ist irgendein Auftrag der Direktion ergangen, neue Stollen zu legen und da kamen die Ingenieure, um die allerersten Ausmessungen vorzunehmen. Wie jung diese Leute sind und dabei schon so verschiedenartig! Sie haben sich alle frei entwickelt und ungebunden zeigt sich ihr klar bestimmtes Wesen schon in jungen Jahren.

Einer, schwarzhaarig, lebhaft, lässt seine Augen überallhin laufen. Ein Zweiter mit einem Notizblock, macht im Gehen Aufzeichnungen, sieht umher, vergleicht, notiert.

Ein Dritter, die Hände in den Rocktaschen, sodass sich alles an ihm spannt, geht aufrecht; wahrt die Würde; nur im fortwährenden Beißen seiner Lippen zeigt sich die ungeduldige, nicht zu unterdrückende Jugend.

Ein Vierter gibt dem Dritten Erklärungen, die dieser nicht verlangt; kleiner als er, wie ein Versucher neben ihm herlaufend, scheint er, den Zeigefinger immer in der Luft, eine Litanei über alles, was hier zu sehen ist, ihm vorzutragen.

Ein Fünfter, vielleicht der oberste im Rang, duldet keine Begleitung; ist bald vorn, bald hinten; die Gesellschaft richtet ihren Schritt nach ihm; er ist bleich und schwach; die Verantwortung hat seine Augen ausgehöhlt; oft drückt er im Nachdenken die Hand an die Stirn.

Der Sechste und Siebente gehen ein wenig gebückt, Kopf nah an Kopf; Arm in Arm, in vertrautem Gespräch; wäre hier nicht offenbar unser Kohlenbergwerk und unser Arbeitsplatz im tiefsten Stollen, könnte man glauben, diese knochigen, bartlosen, knollennasigen Herren seien junge Geistliche. Der eine lacht meistens mit katzenartigem Schnurren in sich hinein; der andere, gleichfalls lächelnd, führt das Wort und gibt mit der freien Hand irgendeinen Takt dazu. Wie sicher müssen diese zwei Herren ihrer Stellung sein, ja welche Verdienste müssen sie sich trotz ihrer Jugend um unser Bergwerk schon erworben haben, dass sie hier, bei einer so wichtigen Begehung, unter den Augen ihres Chefs, nur mit eigenen oder wenigstens mit solchen Angelegenheiten, die nicht mit der augenblicklichen Aufgabe zusammenhängen, so unbeirrbar sich beschäftigen dürfen. Oder sollte es möglich sein, dass sie, trotz alles Lachens und aller Unaufmerksamkeit, das, was nötig ist, sehr wohl bemerken? Man wagt über solche Herren kaum ein bestimmtes Urteil abzugeben.

Andererseits ist es aber doch wieder zweifellos, dass zum Beispiel der Achte unvergleichlich mehr als diese, ja mehr als alle anderen Herren bei der Sache ist. Er muss alles anfassen und mit einem kleinen Hammer, den er immer wieder aus der Tasche zieht und immer wieder dort verwahrt, beklopfen. Manchmal kniet er trotz seiner eleganten Kleidung in den Schmutz nieder und beklopft den Boden, dann wieder nur im Gehen die Wände oder die Decke über seinem Kopf Einmal hat er sich lang hingelegt und lag dort still; wir dachten schon, es sei ein Unglück geschehen; aber dann sprang er mit einem kleinen Zusammenzucken seines schlanken Körpers auf. Er hatte also wieder nur eine Untersuchung gemacht. Wir glauben unser Bergwerk und seine Steine zu kennen, aber was dieser Ingenieur auf diese Weise hier immerfort untersucht, ist uns unverständlich.

Ein Neunter schiebt vor sich eine Art Kinderwagen, in welchem die Messapparate liegen. Äußerst kostbare Apparate, tief in zarteste Watte eingelegt. Diesen Wagen sollte ja eigentlich der Diener schieben, aber es wird ihm nicht anvertraut; ein Ingenieur musste heran und er tut es gern, wie man sieht. Er ist wohl der Jüngste, vielleicht versteht er noch gar nicht alle Apparate, aber sein Blick ruht immerfort auf ihnen, fast kommt er dadurch manchmal in Gefahr, mit dem Wagen an eine Wand zu stoßen.

Aber da ist ein anderer Ingenieur, der neben dem Wagen hergeht und es verhindert. Dieser versteht offenbar die Apparate von Grund aus und scheint ihr eigentlicher Verwahrer zu sein. Von Zeit zu Zeit nimmt er, ohne den Wagen anzuhalten, einen Bestandteil der Apparate heraus, blickt hindurch, schraubt auf oder zu, schüttelt und beklopft, hält ans Ohr und horcht; und legt schließlich, während der Wagenführer meist stillsteht, das kleine, von der Ferne kaum sichtbare Ding mit aller Vorsicht wieder in den Wagen. Ein wenig herrschsüchtig ist dieser Ingenieur, aber doch nur im Namen der Apparate. Zehn Schritte vor dem Wagen sollen wir schon auf ein wortloses Fingerzeichen hin zur Seite weichen, selbst dort, wo kein Platz zum Ausweichen ist.

Hinter diesen zwei Herren geht der unbeschäftigte Diener. Die Herren haben, wie es bei ihrem großen Wissen selbstverständlich ist, längst jeden Hochmut abgelegt, der Diener dagegen scheint ihn in sich aufgesammelt zu haben. Die eine Hand im Rücken, mit der anderen vorn über seine vergoldeten Knöpfe oder das feine Tuch seines Livreerockes streichend, nickt er öfter nach rechts und links, so als ob wir gegrüßt hätten und er antwortete, oder so, als nehme er an, dass wir gegrüßt hätten, könne es aber von seiner Höhe aus nicht nachprüfen. Natürlich grüßen wir ihn nicht, aber doch möchte man bei seinem Anblick fast glauben, es sei etwas Ungeheures, Kanzleidiener der Bergdirektion zu sein. Hinter ihm lachen wir allerdings, aber da auch ein Donnerschlag ihn nicht veranlassen könnte, sich umzudrehen, bleibt er doch als etwas Unverständliches in unserer Achtung.

Heute wird wenig mehr gearbeitet; die Unterbrechung war zu ausgiebig; ein solcher Besuch nimmt alle Gedanken an Arbeit mit sich fort. Allzu verlockend ist es, den Herren in das Dunkel des Probestollens nachzublicken, in dem sie alle verschwunden sind. Auch geht unsere Arbeitsschicht bald zu Ende; wir werden die Rückkehr der Herren nicht mehr mit ansehen.

Das nächste Dorf

Mein Großvater pflegte zu sagen: "Das Leben ist erstaunlich kurz. Jetzt in der Erinnerung drängt es sich mir so zusammen, dass ich zum Beispiel kaum begreife, wie ein junger Mensch sich entschließen kann ins nächste Dorf zu reiten, ohne zu fürchten, dass - von unglücklichen Zufällen ganz abgesehen - schon die Zeit des gewöhnlichen, glücklich ablaufenden Lebens für einen solchen Ritt bei weitem nicht hinreicht."

Eine kaiserliche Botschaft

Der Kaiser - so heißt es - hat dir, dem Einzelnen, dem jämmerlichen Untertanen, dem winzig vor der kaiserlichen Sonne in die fernste Ferne geflüchteten Schatten, gerade dir hat der Kaiser von seinem Sterbebett aus eine Botschaft gesendet. Den Boten hat er beim Bett niederknien lassen und ihm die Botschaft ins Ohr zugeflüstert; so sehr war ihm an ihr gelegen, dass er sich sie noch ins Ohr wiedersagen ließ. Durch Kopfnicken hat er die Richtigkeit des Gesagten bestätigt. Und vor der ganzen Zuschauerschaft seines Todes - alle hindernden Wände werden niedergerissen und auf den weit und hoch sich schwingenden Freitreppen stehen im Ring die Großen des Reichs - vor allen diesen hat er den Boten abgefertigt. Der Bote hat sich gleich auf den Weg gemacht; ein kräftiger, ein unermüdlicher Mann; einmal diesen, einmal den andern Arm vorstreckend schafft er sich Bahn durch die Menge; findet er Widerstand, zeigt er auf die Brust, wo das Zeichen der Sonne ist; er kommt auch leicht vorwärts, wie kein anderer. Aber die Menge ist so groß; ihre Wohnstätten nehmen kein Ende.

Öffnete sich freies Feld, wie würde er fliegen und bald wohl hörtest du das herrliche Schlagen seiner Fäuste an deiner Tür. Aber stattdessen, wie nutzlos müht er sich ab; immer noch zwängt er sich durch die Gemächer des innersten Palastes; niemals wird er sie überwinden; und gelänge ihm dies, nichts wäre gewonnen; die Treppen hinab müsste er sich kämpfen; und gelänge ihm dies, nichts wäre gewonnen; die Höfe wären zu durchmessen; und nach den Höfen der zweite umschließende Palast; und wieder Treppen und Höfe; und wieder ein Palast; und so weiter durch Jahrtausende; und stürzte er endlich aus dem äußersten Tor - aber niemals, niemals kann es geschehen - liegt erst die Residenzstadt vor ihm, die Mitte der Welt, hoch geschüttet voll ihres Bodensatzes. Niemand dringt hier durch und gar mit der Botschaft eines Toten. Du aber sitzt an deinem Fenster und erträumst sie dir, wenn der Abend kommt.

Die Sorge des Hausvaters

Die einen sagen, das Wort Odradek stamme aus dem Slawischen und sie suchen auf Grund dessen die Bildung des Wortes nachzuweisen. Andere wieder meinen, es stamme aus dem Deutschen, vom Slawischen sei es nur beeinflusst. Die Unsicherheit beider Deutungen aber lässt wohl mit Recht darauf schließen, dass keine zutrifft, zumal man auch mit keiner von ihnen einen Sinn des Wortes finden kann.

Natürlich würde sich niemand mit solchen Studien beschäftigen, wenn es nicht wirklich ein Wesen gäbe, das Odradek heißt. Es sieht zunächst aus wie eine flache sternartige Zwirnspule und tatsächlich scheint es auch mit Zwirn bezogen; allerdings dürften es nur abgerissene, alte, aneinander geknotete, aber auch ineinander verfilzte Zwirnstücke von verschiedenster Art und Farbe sein. Es ist aber nicht nur eine Spule, sondern aus der Mitte des Sternes kommt ein kleines Querstäbchen hervor und an dieses Stäbchen fügt sich dann im rechten Winkel noch eines. Mit Hilfe dieses letzteren Stäbchens auf der einen Seite und einer der Ausstrahlungen des Sternes auf der anderen Seite, kann das Ganze wie auf zwei Beinen aufrecht stehen.

Man wäre versucht zu glauben, dieses Gebilde hätte früher irgendeine zweckmäßige Form gehabt und jetzt sei es nur zerbrochen. Dies scheint aber nicht der Fall zu sein; wenigstens findet sich kein Anzeichen dafür; nirgends sind Ansätze oder Bruchstellen zu sehen, die auf etwas Derartiges hinweisen würden; das Ganze erscheint zwar sinnlos, aber in seiner Art abgeschlossen. Näheres lässt sich übrigens nicht darüber sagen, da der Odradek außerordentlich beweglich und nicht zu fangen ist.

Er hält sich abwechselnd auf dem Dachboden, im Treppenhaus, auf den Gängen, im Flur auf Manchmal ist er monatelang nicht zu sehen; da ist er wohl in andere Häuser übersiedelt; doch kehrt er dann unweigerlich wieder in unser Haus zurück. Manchmal, wenn man aus der Tür tritt und er lehnt gerade unten am Treppengeländer, hat man Lust, ihn anzusprechen. Natürlich stellt man an ihn keine schwierigen Fragen, sondern behandelt ihn - schon seine Winzigkeit verführt dazu - wie ein Kind. "Wie heißt du denn?" fragt man ihn. "Odradek", sagt er. "Und wo wohnst du?" "Unbestimmter Wohnsitz", sagt er und lacht; es ist aber nur ein Lachen, wie man es ohne Lungen hervorbringen kann. Es klingt etwa so wie das Rascheln von gefallenen Blättern. Damit ist die Unterhaltung meist zu Ende. Übrigens sind selbst diese Antworten nicht immer zu erhalten; oft ist er lange stumm, wie das Holz, das er zu sein scheint.

Vergeblich frage ich mich, was mit ihm geschehen wird. Kann er denn sterben? Alles, was stirbt, hat vorher eine Art Ziel, eine Art Tätigkeit gehabt und daran hat es sich zerrieben; das trifft bei Odradek nicht zu. Sollte er also einstmals etwa noch vor den Füßen meiner Kinder und Kindeskinder mit nachschleifendem Zwirnsfaden die Treppe hinunterkollern? Er schadet ja offenbar niemandem; aber die Vorstellung, dass er mich auch noch überleben sollte, ist mir eine fast schmerzliche.

Elf Söhne

Ich habe elf Söhne.

Der Erste ist äußerlich sehr unansehnlich, aber ernsthaft und klug; trotzdem schätze ich ihn, wiewohl ich ihn als Kind wie alle andern liebe, nicht sehr hoch ein. Sein Denken scheint mir zu einfach. Er sieht nicht rechts noch links und nicht in die Weite; in seinem kleinen Gedankenkreis läuft er immerfort rundum oder dreht sich vielmehr.

Der Zweite ist schön, schlank, wohl gebaut; es entzückt, ihn in Fechtstellung zu sehen. Auch er ist klug, aber überdies welterfahren; er hat viel gesehen und deshalb scheint selbst die heimische Natur vertrauter mit ihm zu sprechen, als mit den daheim Gebliebenen. Doch ist gewiss dieser Vorzug nicht nur und nicht einmal wesentlich dem Reisen zu verdanken, er gehört vielmehr zu dem Unnachahmlichen dieses Kindes, das zum Beispiel von jedem anerkannt wird, der etwa seinen vielfach sich überschlagenden und doch geradezu wild beherrschten Kunstsprung ins Wasser ihm nachmachen will. Bis zum Ende des Sprungbrettes reicht der Mut und die Lust, dort aber statt zu springen, setzt sich plötzlich der Nachahmer und hebt entschuldigend die Arme.

Und trotz dem allen (ich sollte doch eigentlich glückselig sein über ein solches Kind) ist mein Verhältnis zu ihm nicht ungetrübt. Sein linkes Auge ist ein wenig kleiner als das rechte und zwinkert viel; ein kleiner Fehler nur, gewiss, der sein Gesicht sogar noch verwegener macht als es sonst gewesen wäre und niemand wird gegenüber der unnahbaren Abgeschlossenheit seines Wesens dieses kleinere zwinkernde Auge tadelnd bemerken. Ich, der Vater, tue es. Es ist natürlich nicht dieser körperliche Fehler, der mir wehtut, sondern eine ihm irgendwie entsprechende kleine Unregelmäßigkeit seines Geistes, irgendein in seinem Blut irrendes Gift, irgendeine Unfähigkeit, die mir allein sichtbare Anlage seines Lebens rund zu vollenden. Gerade dies macht ihn allerdings andererseits wieder zu meinem wahren Sohn, denn dieser sein Fehler ist gleichzeitig der Fehler unserer ganzen Familie und an diesem Sohn nur überdeutlich.

Der dritte Sohn ist gleichfalls schön, aber es ist nicht die Schönheit, die mir gefällt. Es ist die Schönheit des Sängers: der geschwungene Mund; das träumerische Auge; der Kopf; der eine Draperie hinter sich benötigt, um zu wirken; die unmäßig sich wölbende Brust; die leicht auffahrenden und viel zu leicht sinkenden Hände; die Beine, die sich zieren, weil sie nicht tragen können. Und überdies: der Ton seiner Stimme ist nicht voll; trügt einen Augenblick; lässt den Kenner aufhorchen; veratmet aber kurz darauf.

Trotzdem im Allgemeinen alles verlockt, diesen Sohn zur Schau zu stellen, halte ich ihn doch am liebsten im Verborgenen; er selbst drängt sich nicht auf; aber nicht etwa deshalb, weil er seine Mängel kennt, sondern aus Unschuld. Auch fühlt er sich fremd in unserer Zeit; als gehöre er zwar zu meiner Familie, aber überdies noch zu einer andern, ihm für immer verlorenen, ist er oft unlustig und nichts kann ihn aufheitern.

Mein vierter Sohn ist vielleicht der umgänglichste von allen. Ein wahres Kind seiner Zeit, ist er jedermann verständlich, er steht auf dem allen gemeinsamen Boden und jeder ist versucht, ihm zuzunicken. Vielleicht durch diese allgemeine Anerkennung gewinnt sein Wesen etwas Leichtes, seine Bewegungen etwas Freies, seine Urteile etwas Unbekümmertes. Manche seiner Aussprüche möchte man oft wiederholen, allerdings nur manche, denn in seiner Gesamtheit krankt er doch wieder an allzu großer Leichtigkeit. Er ist wie einer, der bewundernswert abspringt, Schwalben gleich die Luft teilt, dann aber doch trostlos im öden Staube endet, ein Nichts. Solche Gedanken vergällen mir den Anblick dieses Kindes.

Der fünfte Sohn ist lieb und gut; versprach viel weniger als er hielt; war so unbedeutend, dass man sich förmlich in seiner Gegenwart allein fühlte; hat es aber doch zu einigem Ansehen gebracht. Fragte man mich, wie das geschehen ist, so könnte ich kaum antworten. Unschuld dringt vielleicht doch noch am leichtesten durch das Toben der Elemente in dieser Welt und unschuldig ist er. Vielleicht allzu unschuldig. Freundlich zu jedermann. Vielleicht allzu freundlich. Ich gestehe: mir wird nicht wohl, wenn man ihn mir gegenüber lobt. Es heißt doch, sich das Loben etwas zu leicht zu machen, wenn man einen so offensichtlich Lobenswürdigen lobt, wie es mein Sohn ist.

Mein sechster Sohn scheint, wenigstens auf den ersten Blick, der tiefsinnigste von allen. Ein Kopfhänger und doch ein Schwätzer. Deshalb kommt man ihm nicht leicht bei. Ist er am Unterliegen, so verfällt er in unbesiegbare Traurigkeit; erlangt er das Übergewicht, so wahrt er es durch Schwätzen. Doch spreche ich ihm eine gewisse selbstvergessene Leidenschaft nicht ab; bei hellem Tag kämpft er sich oft durch das Denken wie im Traum. Ohne krank zu sein - vielmehr hat er eine sehr gute Gesundheit - taumelt er manchmal, besonders in der Dämmerung, braucht aber keine Hilfe, fällt nicht. Vielleicht hat an dieser Erscheinung seine körperliche Entwicklung Schuld, er ist viel zu groß für sein Alter. Das macht ihn unschön im Ganzen, trotz auffallend schöner Einzelheiten, zum Beispiel der Hände und Füße. Unschön ist übrigens auch seine Stirn; sowohl in der Haut, als in der Knochenbildung irgendwie verschrumpft.

Der siebte Sohn gehört mir vielleicht mehr als alle andern. Die Welt versteht ihn nicht zu würdigen; seine besondere Art von Witz versteht sie nicht. Ich überschätze ihn nicht; ich weiß, er ist geringfügig genug; hätte die Welt keinen andern Fehler als den, dass sie ihn nicht zu würdigen weiß, sie wäre noch immer makellos. Aber innerhalb der Familie wollte ich diesen Sohn nicht missen. Sowohl Unruhe bringt er, als auch Ehrfurcht vor der Überlieferung und beides fügt er, wenigstens für mein Gefühl, zu einem unanfechtbaren Ganzen. Mit diesem Ganzen weiß er allerdings selbst am wenigstens etwas anzufangen; das Rad der Zukunft wird er nicht ins Rollen bringen; aber diese seine Anlage ist so aufmunternd, so hoffnungsreich; ich wollte, er hätte Kinder und diese wieder Kinder. Leider scheint sich dieser Wunsch nicht erfüllen zu wollen. In einer mir zwar begreiflichen, aber ebenso unerwünschten Selbstzufriedenheit, die allerdings in großartigem Gegensatz zum Urteil seiner Umgebung steht, treibt er sich allein umher, kümmert sich nicht um Mädchen und wird trotzdem niemals seine gute Laune verlieren.

Mein achter Sohn ist mein Schmerzenskind und ich weiß eigentlich keinen Grund dafür. Er sieht mich fremd an und ich fühle mich doch väterlich eng mit ihm verbunden. Die Zeit hat vieles gut gemacht; früher aber befiel mich manchmal ein Zittern, wenn ich nur an ihn dachte. Er geht seinen eigenen Weg; hat alle Verbindungen mit mir abgebrochen; und wird gewiss mit seinem harten Schädel, seinem kleinen athletischen Körper - nur die Beine hatte er als Junge recht schwach, aber das mag sich inzwischen schon ausgeglichen haben - überall durchkommen, wo es ihm beliebt. Öfter hatte ich Lust, ihn zurückzurufen, ihn zu fragen, wie es eigentlich um ihn steht, warum er sich vom Vater so abschließt und was er im Grunde beabsichtigt, aber nun ist er so weit und so viel Zeit ist schon vergangen, nun mag es so bleiben wie es ist. Ich höre, dass er als der einzige meiner Söhne einen Vollbart trägt; schön ist das bei einem so kleinen Mann natürlich nicht.

Mein neunter Sohn ist sehr elegant und hat den für Frauen bestimmten süßen Blick. So süß, dass er bei Gelegenheit sogar mich verführen kann, der ich doch weiß, dass förmlich ein nasser Schwamm genügt, um allen diesen überirdischen Glanz wegzuwischen. Das Besondere an diesem Jungen aber ist, dass er gar nicht auf Verführung ausgeht; ihm würde es genügen, sein Leben lang auf dem Kanapee zu liegen und seinen Blick an die Zimmerdecke zu verschwenden oder noch viel lieber ihn unter den Augenlidern ruhen zu lassen. Ist er in dieser von ihm bevorzugten Lage, dann spricht er gern und nicht übel; gedrängt und anschaulich; aber doch nur in engen Grenzen; geht er über sie hinaus, was sich bei ihrer Enge nicht vermeiden lässt, wird sein Reden ganz leer. Man würde ihm abwinken, wenn man Hoffnung hätte, dass dieser mit Schlaf gefüllte Blick es bemerken könnte.

Mein zehnter Sohn gilt als unaufrichtiger Charakter. Ich will diesen Fehler nicht ganz in Abrede stellen, nicht ganz bestätigen. Sicher ist, dass, wer ihn in der weit über sein Alter hinausgehenden Feierlichkeit herankommen sieht, im immer fest geschlossenen Gehrock, im alten, aber übersorgfältig geputzten schwarzen Hut, mit dem unbewegten Gesicht, dem etwas vorstehenden Kinn, den schwer über die Augen sich wölbenden Lidern, den manchmal an den Mund geführten zwei Fingern; wer ihn so sieht, denkt: das ist ein grenzenloser Heuchler. Aber, nun höre man ihn reden! Verständig; mit Bedacht; kurz angebunden; mit boshafter Lebendigkeit Fragen durchkreuzend; in erstaunlicher, selbstverständlicher und froher Übereinstimmung mit dem Weltganzen; eine Übereinstimmung, die notwendigerweise den Hals strafft und den Kopf erheben lässt. Viele, die sich sehr klug dünken und die sich, aus diesem Grunde wie sie meinten, von seinem Äußern abgestoßen fühlten, hat er durch sein Wort stark angezogen. Nun gibt es aber wieder Leute, die sein Äußeres gleichgültig lässt, denen aber sein Wort heuchlerisch erscheint. Ich, als Vater, will hier nicht entscheiden, doch muss ich eingestehen, dass die letzteren Beurteiler jedenfalls beachtenswerter sind als die ersteren.

Mein elfter Sohn ist zart, wohl der schwächste unter meinen Söhnen; aber täuschend in seiner Schwäche; er kann nämlich zu Zeiten kräftig und bestimmt sein, doch ist allerdings selbst dann die Schwäche irgendwie grundlegend. Es ist aber keine beschämende Schwäche, sondern etwas, das nur auf diesem unsern Erdboden als Schwäche erscheint. Ist nicht zum Beispiel auch Flugbereitschaft Schwäche, da sie doch Schwanken und Unbestimmtheit und Flattern ist? Etwas Derartiges zeigt mein Sohn. Den Vater freuen natürlich solche Eigenschaften nicht; sie gehen ja offenbar auf Zerstörung der Familie aus. Manchmal blickt er mich an, als wollte er mir sagen: "Ich werde dich mitnehmen, Vater." Dann denke ich: "Du wärst der Letzte, dem ich mich vertraue." Und sein

Blick scheint wieder zu sagen: "Mag ich also wenigstens der Letzte sein."

Das sind meine elf Söhne.

Ein Brudermord

Es ist erwiesen, dass der Mord auf folgende Weise erfolgte:

Schmar, der Mörder, stellte sich gegen neun Uhr abends in der mondklaren Nacht an jener Straßenecke auf, wo Wese, das Opfer, aus der Gasse, in welcher sein Büro lag, in jene Gasse einbiegen musste, in der er wohnte.

Kalte, jeden durchschauernde Nachtluft. Aber Schmar hatte nur ein dünnes blaues Kleid angezogen; das Röckchen war überdies aufgeknöpft. Er fühlte keine Kälte; auch war er immerfort in Bewegung. Seine Mordwaffe, halb Bajonett, halb Küchenmesser, hielt er ganz bloßgelegt immer fest im Griff. Betrachtete das Messer gegen das Mondlicht; die Schneide blitzte auf; nicht genug für Schmar; er hieb mit ihr gegen die Backsteine des Pflasters, dass es Funken gab; bereute es vielleicht; und um den Schaden gut zu machen, strich er mit ihr violinbogenartig über seine Stiefelsohle, während er, auf einem Bein stehend, vorgebeugt, gleichzeitig dem Klang des Messers an seinem Stiefel, gleichzeitig in die schicksalsvolle Seitengasse lauschte.

Warum duldete das alles der Private Pallas, der in der Nähe aus seinem Fenster im zweiten Stockwerk alles beobachtete? Ergründe die Menschennatur! Mit hoch geschlagenem Kragen, den Schlafrock um den weiten Leib gegürtet, kopfschüttelnd, blickte er hinab.

Und fünf Häuser weiter, ihm schräg gegenüber, sah Frau Wese, den Fuchspelz über ihrem Nachthemd, nach ihrem Manne aus, der heute ungewöhnlich lange zögerte. Endlich ertönt die Türglocke vor Weses Büro, zu laut für eine Türglocke, über die Stadt hin, zum

Himmel auf; und Wese, der fleißige Nachtarbeiter, tritt dort, in dieser Gasse noch unsichtbar, nur durch das Glockenzeichen angekündigt, aus dem Haus; gleich zählt das Pflaster seine ruhigen Schritte.

Pallas beugt sich weit hervor; er darf nichts versäumen. Frau Wese schließt, beruhigt durch die Glocke, klirrend ihr Fenster. Schmar aber kniet nieder; da er augenblicklich keine anderen Blößen hat, drückt er nur Gesicht und Hände gegen die Steine; wo alles friert, glüht Schmar.

Gerade an der Grenze, welche die Gassen scheidet, bleibt Wese stehen, nur mit dem Stock stützt er sich in die jenseitige Gasse. Eine Laune. Der Nachthimmel hat ihn angelockt, das Dunkelblaue und das Goldene. Unwissend blickt er es an, unwissend streicht er das Haar unter dem gelüpften Hut; nichts rückt dort oben zusammen, um ihm die allernächste Zukunft anzuzeigen; alles bleibt an seinem unsinnigen, unerforschlichen Platz. An und für sich sehr vernünftig, dass Wese weitergeht, aber er geht ins Messer des Schmar.

"Wese!" schreit Schmar, auf den Fußspitzen stehend, den Arm aufgereckt, das Messer scharf gesenkt, "Wese! Vergebens wartet Julia!" Und rechts in den Hals und links in den Hals und drittens tief in den Bauch sticht Schmar. Wasserratten, aufgeschlitzt, geben einen ähnlichen Laut von sich wie Wese. "Getan", sagt Schmar und wirft das Messer, den überflüssigen blutigen Ballast, gegen die nächste Hausfront. "Seligkeit des Mordes! Erleichterung, Beflügelung durch das Fließen des fremden Blutes! Wese, alter Nachtschatten, Freund, Bierbankgenosse, versickerst im dunklen Straßengrund. Warum bist du nicht einfach eine mit Blut gefüllte Blase, dass ich mich auf dich setzte und du verschwendest ganz und gar. Nicht alles wird erfüllt, nicht alle Blütenträume reiften, dein schwerer Rest liegt hier, schon unzugänglich jedem Tritt. Was soll die stumme Frage, die du damit stellst?"

Pallas, alles Gift durcheinander würgend in seinem Leib, steht in seiner zweiflügeligen Haustür. "Schmar! Schmar! Alles bemerkt, nichts übersehen." Pallas und Schmar prüfen einander. Pallas befriedigt's, Schmar kommt zu keinem Ende.

Frau Wese mit einer Volksmenge zu ihren beiden Seiten eilt mit vor Schrecken ganz gealtertem Gesicht herbei. Der Pelz öffnet sich, sie stürzt über Wese, der nachthemdbekleidete Körper gehört ihm, der über dem Ehepaar sich wie der Rasen eines Grabes schließende Pelz gehört der Menge. Schmar, mit Mühe die letzte Übelkeit verbeißend, den Mund an die Schulter des Schutzmannes gedrückt, der leichtfüßig ihn davonfuhrt.

Ein Traum

Josef K. träumte:

Es war ein schöner Tag und K. wollte spazieren gehen. Kaum aber hatte er zwei Schritte gemacht, war er schon auf dem Friedhof. Es waren dort sehr künstliche, unpraktisch gewundene Wege, aber er glitt über einen solchen Weg wie auf einem reißenden Wasser in unerschütterlich schwebender Haltung. Schon von der Ferne faßte er einen frisch aufgeworfenen Grabhügel ins Auge, bei dem er Halt machen wollte. Dieser Grabhügel übte fast eine Verlockung auf ihn aus und er glaubte, gar nicht eilig genug hinkommen zu können. Manchmal aber sah er den Grabhügel kaum, er wurde ihm verdeckt durch Fahnen, deren Tücher sich wanden und mit großer Kraft aneinanderschlugen; man sah die Fahnenträger nicht, aber es war, als herrsche dort viel Jubel.

Während er den Blick noch in die Ferne gerichtet hatte, sah er plötzlich den gleichen Grabhügel neben sich am Weg, ja fast schon hinter sich. Er sprang eilig ins Gras. Da der Weg unter seinem abspringenden Fuß weiter raste, schwankte er und fiel gerade vor dem Grabhügel ins Knie. Zwei Männer standen hinter dem Grab und hielten zwischen sich einen Grabstein in der Luft; kaum war K. erschienen, stießen sie den Stein in die Erde und er stand wie fest gemauert. Sofort trat aus einem Gebüsch ein dritter Mann hervor, den K. gleich als einen Künstler erkannte. Er war nur mit Hosen und einem schlecht zugeknöpften Hemd bekleidet; auf dem Kopf hatte er eine Samtkappe; in der Hand hielt er einen gewöhnlichen Bleistift, mit dem er schon beim Näherkommen Figuren in der Luft beschrieb.

Mit diesem Bleistift setzte er nun oben auf dem Stein an; der Stein war sehr hoch, er musste sich gar nicht bücken, wohl aber musste er sich vorbeugen, denn der Grabhügel, auf den er nicht treten wollte, trennte ihn von dem Stein. Er stand also auf den Fußspitzen und stützte sich mit der linken Hand auf die Fläche des Steines. Durch eine besonders geschickte Handhabung gelang es ihm, mit dem gewöhnlichen Bleistift Goldbuchstaben zu erzielen; er schrieb: "Hier ruht .."Jeder Buchstabe erschien rein und schön, tief geritzt und in vollkommenem Gold. Als er die zwei Worte geschrieben hatte, sah er nach K. zurück; K., der sehr begierig auf das Fortschreiten der Inschrift war, kümmerte sich kaum um den Mann, sondern blickte nur auf den Stein. Tatsächlich setzte der Mann wieder zum Weiterschreiben an, aber er konnte nicht, es bestand irgendein Hindernis, er ließ den Bleistift sinken und drehte sich wieder nach K. um. Nun sah auch K. den Künstler an und merkte, dass dieser in großer Verlegenheit war, aber die Ursache dessen nicht sagen konnte. Alle seine frühere Lebhaftigkeit war verschwunden. Auch K. geriet dadurch in Verlegenheit; sie wechselten hilflose Blicke; es lag ein hässliches Missverständnis vor, das keiner auflösen konnte. Zur Unzeit begann nun auch eine kleine Glocke von der Grabkapelle zu läuten, aber der Künstler fuchtelte mit der erhobenen Hand und sie hörte auf Nach einem Weilchen begann sie wieder; diesmal ganz leise und, ohne besondere Aufforderung, gleich abbrechend; es war, als wolle sie nur ihren Klang prüfen. K. war untröstlich über die Lage des Künstlers, er begann zu weinen und schluchzte lange in die vorgehaltenen Hände. Der Künstler wartete, bis K. sich beruhigt hatte und entschloss sich dann, da er keinen andern Ausweg fand, dennoch zum Weiterschreiben. Der erste kleine Strich, den er machte, war für K. eine Erlösung, der Künstler brachte ihn aber offenbar nur mit dem äußersten Widerstreben zu Stande; die Schrift war auch nicht mehr so schön, vor allem schien es an Gold zu fehlen, blass und unsicher zog sich der Strich hin, nur sehr groß wurde der Buchstabe. Es war ein J, fast war es schon beendet, da stampfte der Künstler wütend mit einem Fuß in den Grabhügel hinein, dass die Erde ringsum in die Höhe flog.

Endlich verstand ihn K.; ihn abzubitten war keine Zeit mehr; mit allen Fingern grub er in die Erde, die fast keinen Widerstand leistete; alles schien vorbereitet; nur zum Schein war eine dünne Erdkruste aufgerichtet; gleich hinter ihr öffnete sich mit abschüssigen Wänden ein großes Loch, in das K., von einer sanften Strömung auf den Rücken gedreht, versank. Während er aber unten, den Kopf im Genick noch aufgerichtet, schon von der undurchdringlichen Tiefe aufgenommen wurde, jagte oben sein Name mit mächtigen Zierraten über den Stein.

Entzückt von diesem Anblick erwachte er.

Ein Bericht für eine Akademie

Hohe Herren von der Akademie!

Sie erweisen mir die Ehre, mich aufzufordern, der Akademie einen Bericht über mein äffisches Vorleben einzureichen.

In diesem Sinne kann ich leider der Aufforderung nicht nachkommen. Nahezu fünf Jahre trennen mich vom Affentum, eine Zeit, kurz vielleicht am Kalender gemessen, unendlich lang aber durchzugaloppieren, so wie ich es getan habe, streckenweise begleitet von vortrefflichen Menschen, Ratschlägen, Beifall und Orchestralmusik, aber im Grunde allein, denn alle Begleitung hielt sich, um im Bilde zu bleiben, weit vor der Barriere. Diese Leistung wäre unmöglich gewesen, wenn ich eigensinnig hätte an meinem Ursprung, an den Erinnerungen der Jugend fest halten wollen. Gerade Verzicht auf jeden Eigensinn war das oberste Gebot, das ich mir auferlegt hatte; ich, freier Affe, fügte mich diesem Joch.

Dadurch verschlossen sich mir aber ihrerseits die Erinnerungen immer mehr. War mir zuerst die Rückkehr, wenn die Menschen gewollt hätten, freigestellt durch das ganze Tor, das der Himmel über der Erde bildet, wurde es gleichzeitig mit meiner vorwärts gepeitschten Entwicklung immer niedriger und enger; wohler und eingeschlossener fühlte ich mich in der Menschenwelt; der Sturm, der mir aus meiner Vergangenheit nachblies, sänftigte sich; heute ist es nur ein Luftzug, der mir die Fersen kühlt; und das Loch in der Ferne, durch das er kommt und durch das ich einstmals kam, ist so klein geworden, dass ich, wenn überhaupt die Kräfte und der Wille hinreichen würden, um bis dorthin zurückzulaufen, das Fell vom Leib mir schinden müsste, um durchzukommen. Offen gesprochen, so gerne ich auch Bilder wähle für diese Dinge, offen gesprochen: Ihr Affentum, meine Herren, sofern Sie etwas Derartiges hinter sich haben, kann Ihnen nicht ferner sein als mir das meine. An der Ferse aber kitzelt es jeden, der hier auf Erden geht: den kleinen Schimpansen wie den großen Achilles.

Im eingeschränktesten Sinn aber kann ich doch vielleicht Ihre Anfrage beantworten und ich tue es sogar mit großer Freude. Das Erste, was ich lernte, war: den Handschlag geben; Handschlag bezeugt Offenheit; mag nun heute, wo ich auf dem Höhepunkte meiner Laufbahn stehe, zu jenem ersten Handschlag auch das offene Wort hinzukommen. Es wird für die Akademie nichts wesentlich Neues beibringen und weit hinter dem zurückbleiben, was man von mir verlangt hat und was ich beim besten Willen nicht sagen kann - immerhin, es soll die Richtlinie zeigen, auf welcher ein gewesener Affe in die Menschenwelt eingedrungen ist und sich dort festgesetzt hat. Doch dürfte ich selbst das Geringfügige, was folgt, gewiss nicht sagen, wenn ich meiner nicht völlig sicher wäre und meine Stellung auf allen großen Varietebühnen der zivilisierten Welt sich nicht bis zur Unerschütterlichkeit gefestigt hätte:

Ich stamme von der Goldküste. Darüber, wie ich eingefangen wurde, bin ich auf fremde Berichte angewiesen. Eine Jagdexpedition der Firma Hagenbeck - mit dem Führer habe ich übrigens seither schon manche gute Flasche Rotwein geleert - lag im Ufergebüsch auf dem Anstand, als ich am Abend inmitten eines Rudels zur Tränke lief. Man schoss; ich war der Einzige, der getroffen wurde; ich bekam zwei Schüsse.

Einen in die Wange; der war leicht; hinterließ aber eine große, ausrasierte rote Narbe, die mir den widerlichen, ganz und gar unzutreffenden, förmlich von einem Affen erfundenen Namen Rotpeter eingetragen hat, so als unterschiede ich mich von dem unlängst krepierten, hie und da bekannten, dressierten Affentier Peter nur durch den roten Fleck auf der Wange. Dies nebenbei.

Der zweite Schuss traf mich unterhalb der Hüfte. Er war schwer, er hat es verschuldet, dass ich noch heute ein wenig hinke. Letzthin las ich in einem Aufsatz irgendeines der zehntausend Windhunde, die sich in den Zeitungen über mich auslassen: meine Affennatur sei noch nicht ganz unterdrückt; Beweis dessen sei, dass ich, wenn Besucher kommen, mit Vorliebe die Hosen ausziehe, um die Einlaufstelle jenes Schusses zu zeigen. Dem Kerl sollte jedes Finger seiner schreibenden Hand einzeln weggeknallt werden. Ich, ich darf meine Hosen ausziehen, vor wem es mir beliebt; man wird dort nichts finden als einen wohl gepflegten Pelz und die Narbe nach einem - wählen wir hier zu einem bestimmten Zwecke ein bestimmtes Wort, das aber nicht missverstanden werden wolle - die Narbe nach einem frevelhaften Schuss. Alles liegt offen zu Tage; nichts ist zu verbergen; kommt es auf Wahrheit an, wirft jeder Groß gesinnte die allerfeinsten Manieren ab. Würde dagegen jener Schreiber die Hosen ausziehen, wenn Besuch kommt, so hätte dies allerdings ein anderes Ansehen und ich will es als Zeichen der Vernunft gelten lassen, dass er es nicht tut. Aber dann mag er mir auch mit seinem Zartsinn vom Halse bleiben!

Nach jenen Schüssen erwachte ich - und hier beginnt allmählich meine eigene Erinnerung - in einem Käfig im Zwischendeck des Hagenbeckschen Dampfers. Es war kein vierwandiger Gitterkäfig; vielmehr waren nur drei Wände an einer Kiste festgemacht; die

Kiste also bildete die vierte Wand. Das Ganze war zu niedrig zum Aufrechtstehen und zu schmal zum Niedersitzen. Ich hockte deshalb mit eingebogenen, ewig zitternden Knien und zwar, da ich zunächst wahrscheinlich niemanden sehen und immer nur im Dunkel sein wollte, zur Kiste gewendet, während sich mir hinten die Gitterstäbe ins Fleisch einschnitten. Man hält eine solche Verwahrung wilder Tiere in der allerersten Zeit für vorteilhaft und ich kann heute nach meiner Erfahrung nicht leugnen, dass dies im menschlichen Sinn tatsächlich der Fall ist.

Daran dachte ich aber damals nicht. Ich war zum ersten Mal in meinem Leben ohne Ausweg; zumindest geradeaus ging es nicht; geradeaus vor mir war die Kiste, Brett fest an Brett gefügt. Zwar war zwischen den Brettern eine durchlaufende Lücke, die ich, als ich sie zuerst entdeckte, mit dem glückseligen Heulen des Unverstandes begrüßte, aber diese Lücke reichte bei weitem nicht einmal zum Durchstecken des Schwanzes aus und war mit aller Affenkraft nicht zu verbreitern.

Ich soll, wie man mir später sagte, ungewöhnlich wenig Lärm gemacht haben, woraus man schloss, dass ich entweder bald eingehen müsse oder dass ich, falls es mir gelingt, die erste kritische Zeit zu überleben, sehr dressurfähig sein werde. Ich überlebte diese Zeit. Dumpfes Schluchzen, schmerzhaftes Flöhesuchen, müdes Lecken einer Kokosnuss, Beklopfen der Kistenwand mit dem Schädel, zungenblecken, wenn mir jemand nahe kam, - das waren die ersten Beschäftigungen in dem neuen Leben. In alledem aber doch nur das eine Gefühl: kein Ausweg. Ich kann natürlich das damals affenmäßig Gefühlte heute nur mit Menschenworten nachzeichnen und verzeichne es infolgedessen, aber wenn ich auch die alte Affenwahrheit nicht mehr erreichen kann, wenigstens in der Richtung meiner Schilderung liegt sie, daran ist kein Zweifel.

Ich hatte doch so viele Auswege bisher gehabt und nun keinen mehr. Ich war fest gerannt. Hätte man mich angenagelt, meine Freizügigkeit wäre dadurch nicht kleiner geworden. Warum das? Kratz dir das Fleisch zwischen den Fußzehen auf; du wirst den Grund nicht finden. Drück dich hinten gegen die Gitterstange, bis sie dich fast zweiteilt, du wirst den Grund nicht finden. Ich hatte keinen Ausweg, musste mir ihn aber verschaffen, denn ohne ihn konnte ich nicht leben. Immer an dieser Kistenwand - ich wäre unweigerlich verreckt. Aber Affen gehören bei Hagenbeck an die Kistenwand - nun, so hörte ich auf; Affe zu sein. Ein klarer, schöner Gedankengang, den ich irgendwie mit dem Bauch ausgeheckt haben muss, denn Affen denken mit dem Bauch.

Ich habe Angst, dass man nicht genau versteht, was ich unter Ausweg verstehe. Ich gebrauche das Wort in seinem gewöhnlichsten und vollsten Sinn. Ich sage absichtlich nicht Freiheit. Ich meine nicht dieses große Gefühl der Freiheit nach allen Seiten. Als Affe kannte ich es vielleicht und ich habe Menschen kennen gelernt, die sich danach sehnen. Was mich aber anlangt, verlangte ich Freiheit weder damals noch heute. Nebenbei: mit Freiheit betrügt man sich unter Menschen allzu oft. Und so wie die Freiheit zu den erhabensten Gefühlen zählt, so auch die entsprechende Täuschung zu den erhabensten. Oft habe ich in den Varietées vor meinem Auftreten irgendein Künstlerpaar oben an der Decke an Trapezen hantieren sehen. Sie schwangen sich, sie schaukelten, sie sprangen, sie schwebten einander in die Arme, einer trug den anderen an den Haaren mit dem Gebiss. "Auch das ist Menschenfreiheit", dachte ich, "selbstherrliche Bewegung." Du Verspottung der heiligen Natur! Kein Bau würde standhalten vor dem Gelächter des Affentums bei diesem Anblick.

Nein, Freiheit wollte ich nicht. Nur einen Ausweg; rechts, links, wohin immer; ich stellte keine anderen Forderungen; sollte der Ausweg auch nur eine Täuschung sein; die Forderung war klein, die Täuschung würde nicht größer sein. Weiterkommen, weiterkommen! Nur nicht mit aufgehobenen Armen stillestehen, angedrückt an eine Kistenwand.

Heute sehe ich klar; ohne größte innere Ruhe hätte ich nie entkommen können. Und tatsächlich verdanke ich vielleicht alles, was ich geworden bin, der Ruhe, die mich nach den ersten Tagen dort im Schiff überkam. Die Ruhe wiederum aber verdankte ich wohl den Leuten vom Schiff.

Es sind gute Menschen, trotz allem. Gerne erinnere ich mich noch heute an den Klang ihrer schweren Schritte, der damals in meinem Halbschlaf widerhallte. Sie hatten die Gewohnheit, alles äußerst langsam in Angriff zu nehmen. Wollte sich einer die Augen reiben, so hob er die Hand wie ein Hängegewicht. Ihre Scherze waren grob, aber herzlich. Ihr Lachen war immer mit einem gefährlich klingenden aber nichts bedeutenden Husten gemischt. Immer hatten sie im Mund etwas zum Ausspeien und wohin sie ausspien war ihnen gleichgültig. Immer klagten sie, dass meine Flöhe auf sie überspringen; aber doch waren sie mir deshalb niemals ernstlich böse; sie wussten eben, dass in meinem Fell Flöhe gedeihen und dass Flöhe Springer sind; damit fanden sie sich ab. Wenn sie dienstfrei waren, setzten sich manchmal einige im Halbkreis um mich nieder; sprachen kaum, sondern gurrten einander nur zu; rauchten, auf Kisten ausgestreckt, die Pfeife; schlugen sich aufs Knie, sobald ich die geringste Bewegung machte; und hie und da nahm einer einen Stecken und kitzelte mich dort, wo es mir angenehm war. Sollte ich heute eingeladen werden, eine Fahrt auf diesem Schiffe mitzumachen, ich würde die Einladung gewiss ablehnen, aber ebenso gewiss ist, dass es nicht nur hässliche Erinnerungen sind, denen ich dort im Zwischendeck nachhängen könnte.

Die Ruhe, die ich mir im Kreise dieser Leute erwarb, hielt mich vor allem von jedem Fluchtversuch ab. Von heute aus gesehen scheint es mir, als hätte ich zumindest geahnt, dass ich einen Ausweg finden müsse, wenn ich leben wolle, dass dieser Ausweg aber nicht durch Flucht zu erreichen sei. Ich weiß nicht mehr, ob Flucht möglich war, aber ich glaube es; einem Affen sollte Flucht immer möglich sein. Mit meinen heutigen Zähnen muss ich schon beim gewöhnlichen Nüsseknacken vorsichtig sein, damals aber hätte es mir wohl im Lauf der Zeit gelingen müssen, das Türschloss durchzubeißen. Ich tat es nicht: Was wäre damit auch gewonnen gewesen?

Man hätte mich, kaum war der Kopf hinausgesteckt, wieder eingefangen und in einen noch schlimmeren Käfig gesperrt; oder ich hätte mich unbemerkt zu anderen Tieren, etwa zu den Riesenschlangen mir gegenüber flüchten können und mich in ihren Umarmungen ausgehaucht; oder es wäre mir gar gelungen, mich bis aufs Deck zu stehlen und über Bord zu springen, dann hätte ich ein Weilchen auf dem Weltmeer geschaukelt und wäre ersoffen. Verzweiflungstaten. Ich rechnete nicht so menschlich, aber unter dem Einfluss meiner Umgebung verhielt ich mich so, wie wenn ich gerechnet hätte.

Ich rechnete nicht, wohl aber beobachtete ich in aller Ruhe. Ich sah diese Menschen auf und ab gehen, immer die gleichen Gesichter, die gleichen Bewegungen, oft schien es mir, als wäre es nur einer. Dieser Mensch oder diese Menschen gingen also unbehelligt. Ein hohes Ziel dämmerte mir auf Niemand versprach mir, dass, wenn ich so wie sie werden würde, das Gitter aufgezogen werde. Solche Versprechungen für scheinbar unmögliche Erfüllungen werden nicht gegeben. Löst man aber die Erfüllungen ein, erscheinen nachträglich auch die Versprechungen genau dort, wo man sie früher vergeblich gesucht hat. Nun war an diesen Menschen an sich nichts, was mich sehr verlockte. Wäre ich ein Anhänger jener erwähnten Freiheit, ich hätte gewiss das Weltmeer dem Ausweg vorgezogen, der sich mir im trüben Blick dieser Menschen zeigte. Jedenfalls aber beobachtete ich sie schon lange vorher, ehe ich an solche Dinge dachte, ja die angehäuften Beobachtungen drängten mich erst in die bestimmte Richtung.

Es war so leicht, die Leute nachzuahmen. Spucken konnte ich schon in den ersten Tagen. Wir spuckten einander dann gegenseitig ins Gesicht; der Unterschied war nur, dass ich mein Gesicht nachher reinleckte, sie ihres nicht. Die Pfeife rauchte ich bald wie ein Alter; drückte ich dann auch noch den Daumen in den Pfeifenkopf; jauchzte das ganze Zwischendeck; nur den Unterschied zwischen der leeren und der gestopften Pfeife verstand ich lange nicht.

Die meiste Mühe machte mir die Schnapsflasche. Der Geruch peinigte mich; ich zwang mich mit allen Kräften; aber es vergingen Wochen, ehe ich mich überwand. Diese inneren Kämpfe nahmen die Leute merkwürdigerweise ernster als irgendetwas sonst an mir. Ich unterscheide die Leute auch in meiner Erinnerung nicht, aber da war einer, der kam immer wieder, allein oder mit Kameraden, bei Tag, bei Nacht, zu den verschiedensten Stunden; stellte sich mit der Flasche vor mich hin und gab mir Unterricht. Er verstand mich nicht, er wollte das Rätsel meines Seins lösen. Er entkorkte langsam die Flasche und blickte mich dann an, um zu prüfen, ob ich verstanden habe; ich gestehe, ich sah ihm immer mit wilder, mit überstürzter Aufmerksamkeit zu; einen solchen Menschenschüler findet kein Menschenlehrer auf dem ganzen Erdenrund; nachdem die Flasche entkorkt war, hob er sie zum Mund; ich mit meinen Blicken ihm nach bis in die Gurgel; er nickt, zufrieden mit mir und setzt die Flasche an die Lippen; ich, entzückt von allmählicher Erkenntnis, kratze mich quietschend der Länge und Breite nach, wo es sich trifft; er freut sich, setzt die Flasche an und macht einen Schluck; ich, ungeduldig und verzweifelt, ihm nachzueifern, verunreinige mich in meinem Käfig, was wieder ihm große Genugtuung macht; und nun weit die Flasche von sich streckend und im Schwung sie wieder hinaufführend, trinkt er sie, übertrieben lehrhaft zurückgebeugt, mit einem Zuge leer. Ich, ermattet von allzu großem Verlangen, kann nicht mehr folgen und hänge schwach am Gitter, während er den theoretischen Unterricht damit beendet, dass er sich den Bauch streicht und grinst.

Nun erst beginnt die praktische Übung. Bin ich nicht schon allzu erschöpft durch das Theoretische? Wohl, allzu erschöpft. Das gehört zu meinem Schicksal. Trotzdem greife ich, so gut ich kann, nach der hingereichten Flasche; entkorke sie zitternd; mit dem Gelingen stellen sich allmählich neue Kräfte ein; ich hebe die Flasche, vom Original schon kaum zu unterscheiden; setze sie an und werfe sie mit Abscheu, mit Abscheu, trotzdem sie leer ist und nur noch der Geruch sie füllt, werfe sie mit Abscheu auf den Boden. Zur Trauer meines Lehrers, zur größeren Trauer meiner selbst; weder ihn, noch mich versöhne ich dadurch, dass ich auch nach dem Wegwerfen der Flasche nicht vergesse, ausgezeichnet meinen Bauch zu streichen und dabei zu grinsen.

Allzu oft nur verlief so der Unterricht. Und zur Ehre meines Lehrers: er war mir nicht böse; wohl hielt er mir manchmal die brennende Pfeife ans Fell, bis es irgendwo, wo ich nur schwer hinreichte, zu glimmen anfing, aber dann löschte er es selbst wieder mit seiner riesigen guten Hand; er war mir nicht böse, er sah ein, dass wir auf der gleichen Seite gegen die Affennatur kämpften und dass ich den schwereren Teil hatte.

Was für ein Sieg dann allerdings für ihn wie für mich, als ich eines Abends vor großem Zuschauerkreis, vielleicht war ein Fest, ein Grammofon spielte, ein Offizier erging sich zwischen den Leuten, als ich an diesem Abend, gerade unbeachtet, eine vor meinem Käfig versehentlich stehen gelassene Schnapsflasche ergriff; unter steigender Aufmerksamkeit der Gesellschaft sie schulgerecht entkorkte, an den Mund setzte und ohne Zögern, ohne Mundverziehen, als Trinker von Fach, mit rund gewälzten Augen, schwappender Kehle, wirklich und wahrhaftig leer trank; nicht mehr als Verzweifelter, sondern als Künstler die Flasche hinwarf; zwar vergaß den Bauch zu streichen; dafür aber, weil ich nicht anders konnte, weil es mich drängte, weil mir die Sinne rauschten, kurz und gut "Hallo!" ausrief; in Menschenlaut ausbrach, mit diesem Ruf in die Menschengemeinschaft sprang und ihr Echo: "Hört nur, er spricht!" wie einen Kuss auf meinem ganzen schweißtriefenden Körper fühlte.

Ich wiederhole, es verlockte mich nicht, die Menschen nachzuahmen; ich ahmte nach, weil ich einen Ausweg suchte, aus keinem anderen Grund. Auch war mit jenem Sieg noch wenig getan. Die Stimme versagte mir sofort wieder; stellte sich erst nach Monaten ein; der Widerwille gegen die Schnapsflasche kam sogar noch verstärkter. Aber meine Richtung allerdings war mir ein für allemal gegeben.

Als ich in Hamburg dem ersten Dresseur übergeben wurde, erkannte ich bald die zwei Möglichkeiten, die mir offen standen: Zoologischer Garten oder Varietée. Ich zögerte nicht. Ich sagte mir: setze alle Kraft an, um ins Varietée zu kommen; das ist der Ausweg; Zoologischer Garten ist nur ein neuer Gitterkäfig; kommst du in ihn, bist du verloren.

Und ich lernte, meine Herren! Ach, man lernt, wenn man muss; man lernt, wenn man einen Ausweg will; man lernt rücksichtslos. Man beaufsichtigt sich selbst mit der Peitsche; man zerfleischt sich beim geringsten Widerstand. Die Affennatur raste, sich überkugelnd, aus mir hinaus und weg, sodass mein erster Lehrer selbst davon fast äffisch wurde, bald den Unterricht aufgeben und in eine Heilanstalt gebracht werden musste. Glücklicherweise kam er wieder bald hervor.

Aber ich verbrauchte viele Lehrer, ja sogar einige Lehrer gleichzeitig. Als ich meiner Fähigkeiten schon sicherer geworden war, die Öffentlichkeit meinen Fortschritten folgte, meine Zukunft zu leuchten begann, nahm ich selbst Lehrer auf; ließ sie in fünf aufeinander folgenden Zimmern niedersetzen und lernte bei allen zugleich, indem ich ununterbrochen aus einem Zimmer ins andere sprang.

Diese Fortschritte! Dieses Eindringen der Wissensstrahlen von allen Seiten ins erwachende Hirn! Ich leugne nicht: es beglückte mich. Ich gestehe aber auch ein: ich überschätzte es nicht, schon damals nicht, wie viel weniger heute. Durch eine Anstrengung, die sich bisher auf der Erde nicht wiederholt hat, habe ich die Durchschnittsbildung eines Europäers erreicht. Das wäre an sich vielleicht gar nichts, ist aber insofern doch etwas, als es mir aus dem Käfig half und mir diesen besonderen Ausweg, diesen Menschenausweg verschaffte. Es gibt eine ausgezeichnete deutsche Redensart: sich in die Büsche schlagen; das habe ich getan, ich habe mich in die Büsche schlagen. Ich hatte keinen anderen Weg, immer vorausgesetzt, dass nicht die Freiheit zu wählen war.

Überblicke ich meine Entwicklung und ihr bisheriges Ziel, so klage ich weder, noch bin ich zufrieden. Die Hände in den Hosentaschen, die Weinflasche auf dem Tisch, liege ich halb, halb sitze ich im Schaukelstuhl und schaue aus dem Fenster. Kommt Besuch, empfange ich ihn, wie es sich gebührt. Mein Impresario sitzt im Vorzimmer; läute ich, kommt er und hört, was ich zu sagen habe. Am Abend ist fast immer Vorstellung und ich habe wohl kaum mehr zu steigernde Erfolge. Komme ich spät nachts von Banketten, aus wissenschaftlichen Gesellschaften, aus gemütlichem Beisammensein nach Hause, erwartet mich eine kleine halb dressierte Schimpansin und ich lasse es mir nach Affenart bei ihr wohl gehen. Bei Tag will ich sie nicht sehen; sie hat nämlich den Irrsinn des verwirrten dressierten Tieres im Blick; das erkenne nur ich und ich kann es nicht ertragen.

Im Ganzen habe ich jedenfalls erreicht, was ich erreichen wollte. Man sage nicht, es wäre der Mühe nicht wert gewesen. Im Übrigen will ich keines Menschen Urteil, ich will nur Kenntnisse verbreiten, ich berichte nur, auch Ihnen, hohe Herren von der Akademie, habe ich nur berichtet.

Ein Hungerkünstler

Vier Geschichten

Erstes Leid

Ein Trapezkünstler, bekanntlich ist diese hoch in den Kuppeln der großen Varietéebühnen ausgeübte Kunst eine der schwierigsten unter allen, Menschen erreichbaren, hatte, zuerst nur aus dem Streben nach Vervollkommnung, später auch aus tyrannisch gewordener Gewohnheit sein Leben derart eingerichtet, dass er, so lange er im gleichen Unternehmen arbeitete, Tag und Nacht auf dem Trapeze blieb. Allen seinen, übrigens sehr geringen Bedürfnissen wurde durch einander ablösende Diener entsprochen, welche unten wachten und alles, was oben benötigt wurde, in eigens konstruierten Gefäßen hinauf- und hinabzogen. Besondere Schwierigkeiten für die Umwelt ergaben sich aus dieser Lebensweise nicht; nur während der sonstigen Programmnummern war es ein wenig störend, dass er, wie sich nicht verbergen ließ, oben geblieben war und dass, trotzdem er sich in solchen Zeiten meist ruhig verhielt, hie und da ein Blick aus dem Publikum zu ihm abirrte. Doch verziehen ihm dies die Direktionen, weil er ein außerordentlicher, unersetzlicher Künstler war. Auch sah man natürlich ein, dass er nicht aus Mutwillen so lebte und eigentlich nur so sich in dauernder Übung erhalten, nur so seine Kunst in ihrer Vollkommenheit bewahren konnte.

Doch war es oben auch sonst gesund und wenn in der wärmeren Jahreszeit in der ganzen Runde der Wölbung die Seitenfenster aufgeklappt wurden und mit der frischen Luft die Sonne mächtig in den dämmernden Raum eindrang, dann war es dort sogar schön. Freilich, sein menschlicher Verkehr war eingeschränkt, nur manchmal kletterte auf der Strickleiter ein Turnerkollege zu ihm hinauf, dann saßen sie beide auf dem Trapez, lehnten rechts und links an den Haltestricken und plauderten, oder es verbesserten

Bauarbeiter das Dach und wechselten einige Worte mit ihm durch ein offenes Fenster, oder es überprüfte der Feuerwehrmann die Notbeleuchtung auf der obersten Galerie und rief ihm etwas Respektvolles, aber wenig Verständliches zu. Sonst blieb es um ihn still; nachdenklich sah nur manchmal irgendein Angestellter, der sich etwa am Nachmittag in das leere Theater verirrte, in die dem Blick sich fast entziehende Höhe empor, wo der Trapezkünstler, ohne wissen zu können, dass jemand ihn beobachtete, seine Künste trieb oder ruhte.

So hätte der Trapezkünstler ungestört leben können, wären nicht die unvermeidlichen Reisen von Ort zu Ort gewesen, die ihm äußerst lästig waren. Zwar sorgte der Impresario dafür, dass der Trapezkünstler von jeder unnötigen Verlängerung seiner Leiden verschont blieb: für die Fahrten in den Städten benützte man Rennautomobile, mit denen man, womöglich in der Nacht oder in den frühesten Morgenstunden, durch die menschenleeren Straßen mit letzter Geschwindigkeit jagte, aber freilich zu langsam für des Trapezkünstlers Sehnsucht; im Eisenbahnzug war ein ganzes Kupée bestellt, in welchem der Trapezkünstler, zwar in kläglichem, aber doch irgendeinem Ersatz seiner sonstigen Lebensweise die Fahrt oben im Gepäcknetz zubrachte; im nächsten Gastspielort war im Theater lange vor der Ankunft des Trapezkünstlers das Trapez schon an seiner Stelle, auch waren alle zum Theaterraum führenden Türen weit geöffnet, alle Gänge freigehalten; aber es waren doch immer die schönsten Augenblicke im Leben des Impresario, wenn der Trapezkünstler dann den Fuß auf die Strickleiter setzte und im Nu endlich wieder oben an seinem Trapeze hing.

So viele Reisen nun auch schon dem Impresario geglückt waren, jede neue war ihm doch wieder peinlich, denn die Reisen waren, von allem anderen abgesehen, für die Nerven des Trapezkünstlers jedenfalls zerstörend.

So fuhren sie wieder einmal miteinander, der Trapezkünstler lag im Gepäcknetz und träumte, der Impresario lehnte in der Fensterecke gegenüber und las ein Buch, da redete ihn der Trapezkünstler leise an. Der Impresario war gleich zu seinen Diensten. Der Trapezkünstler sagte, die Lippen beißend, er müsse jetzt für sein Turnen, statt des bisherigen einen, immer zwei Trapeze haben, zwei Trapeze einander gegenüber. Der Impresario war damit sofort einverstanden. Der Trapezkünstler aber, so als wolle er zeigen, dass hier die Zustimmung des Impresario ebenso bedeutungslos sei, wie es etwa sein Widerspruch wäre, sagte, dass er nun niemals mehr und unter keinen Umständen nur auf einem Trapez turnen werde. Unter der Vorstellung, dass es vielleicht doch einmal geschehen könnte, schien er zu schaudern. Der Impresario erklärte, zögernd und beobachtend, nochmals sein volles Einverständnis, zwei Trapeze seien besser als eines, auch sonst sei diese neue Einrichtung vorteilhaft, sie mache die Produktion abwechslungsreicher. Da fing der Trapezkünstler plötzlich zu weinen an. Tief erschrocken sprang der Impresario auf und fragte, was denn geschehen sei und da er keine Antwort bekam, stieg er auf die Bank, streichelte ihn und drückte sein Gesicht an das eigene, sodass es auch von des Trapezkünstlers Tränen überflossen wurde. Aber erst nach vielen Fragen und Schmeichelworten sagte der Trapezkünstler schluchzend: "Nur diese eine Stange in den Händen - wie kann ich denn leben!" Nun war es dem Impresario schon leichter, den Trapezkünstler zu trösten; er versprach, gleich aus der nächsten Station an den nächsten Gastspielort wegen des zweiten Trapezes zu telegrafieren; machte sich Vorwürfe, dass er den Trapezkünstler so lange Zeit nur auf einem Trapez hatte arbeiten lassen und dankte ihm und lobte ihn sehr, dass er endlich auf den Fehler aufmerksam gemacht hatte. So gelang es dem Impresario, den Trapezkünstler langsam zu beruhigen und er konnte wieder zurück in seine Ecke gehen. Er selbst aber war nicht beruhigt, mit schwerer Sorge betrachtete er heimlich über das Buch hinweg den Trapezkünstler. Wenn ihn einmal solche Gedanken zu quälen begannen, konnten sie je gänzlich aufhören? Mussten sie sich nicht immerfort steigern? Waren sie nicht existenzbedrohend? Und wirklich glaubte der Impresario zu sehen, wie jetzt im scheinbar ruhigen Schlaf, in welchen das Weinen geendet hatte, die ersten Falten auf des Trapezkünstlers glatter Kinderstirn sich einzuzeichnen begannen.

Eine kleine Frau

Es ist eine kleine Frau; von Natur aus recht schlank, ist sie doch stark geschnürt; ich sehe sie immer im gleichen Kleid, es ist aus gelblich-grauem, gewissermaßen holzfarbigem Stoff und ist ein wenig mit Troddeln oder knopfartigen Behängen von gleicher Farbe versehen; sie ist immer ohne Hut, ihr stumpf-blondes Haar ist glatt und nicht unordentlich, aber sehr locker gehalten. Trotzdem sie geschnürt ist, ist sie doch leicht beweglich, sie übertreibt freilich diese Beweglichkeit, gern hält sie die Hände in den Hüften und wendet den Oberkörper mit einem Wurf überraschend schnell seitlich. Den Eindruck, den ihre Hand auf mich macht, kann ich nur wiedergeben, wenn ich sage, dass ich noch keine Hand gesehen habe, bei der die einzelnen Finger derart scharf voneinander abgegrenzt wären, wie bei der ihren; doch hat ihre Hand keineswegs irgendeine anatomische Merkwürdigkeit, es ist eine völlig normale Hand.

Diese kleine Frau nun ist mit mir sehr unzufrieden, immer hat sie etwas an mir auszusetzen, immer geschieht ihr Unrecht von mir, ich ärgere sie auf Schritt und Tritt; wenn man das Leben in allerkleinste Teile teilen und jedes Teilchen gesondert beurteilen könnte, wäre gewiss jedes Teilchen meines Lebens für sie ein Ärgernis. Ich habe oft darüber nachgedacht, warum ich sie denn so ärgere; mag sein, dass alles an mir ihrem Schönheitssinn, ihrem Gerechtigkeitsgefühl, ihren Gewohnheiten, ihren Überlieferungen, ihren Hoffnungen widerspricht, es gibt derartige einander widersprechende Naturen, aber warum leidet sie so sehr darunter? Es besteht ja gar keine Beziehung zwischen uns, die sie zwingen würde, durch mich zu leiden. Sie müsste sich nur entschließen, mich als völlig Fremden anzusehen, der ich ja auch bin und der ich gegen einen solchen Entschluss mich nicht wehren, sondern ihn sehr begrüßen würde, sie müsste sich nur entschließen, meine Existenz zu vergessen, die ich ihr ja niemals aufgedrängt habe oder aufdrängen würde – und alles Leid wäre offenbar vorüber. Ich sehe hiebei ganz von mir ab und davon, dass ihr Verhalten natürlich auch mir peinlich ist, ich sehe davon ab, weil ich ja wohl erkenne, dass alle diese Peinlichkeit nichts ist im Vergleich mit ihrem Leid.

Wobei ich mir allerdings durchaus dessen bewusst bin, dass es kein liebendes Leid ist; es liegt ihr gar nichts daran, mich wirklich zu bessern, zumal ja auch alles, was sie an mir aussetzt, nicht von einer derartigen Beschaffenheit ist, dass mein Fortkommen dadurch gestört würde. Aber mein Fortkommen kümmert sie eben auch nicht, sie kümmert nichts anderes als ihr persönliches Interesse, nämlich die Qual zu rächen, die ich ihr bereite und die Qual, die ihr in Zukunft von mir droht, zu verhindern. Ich habe schon einmal versucht, sie darauf hinzuweisen, wie diesem fortwährenden Ärger am besten ein Ende gemacht werden könnte, doch habe ich sie gerade dadurch in eine derartige Aufwallung gebracht, dass ich den Versuch nicht mehr wiederholen werde.

Auch liegt ja, wenn man will, eine gewisse Verantwortung auf mir, denn so fremd mir die kleine Frau auch ist und so sehr die einzige Beziehung, die zwischen uns besteht, der Ärger ist, den ich ihr bereite, oder vielmehr der Ärger, den sie sich von mir bereiten lässt, dürfte es mir doch nicht gleichgültig sein, wie sie sichtbar unter diesem Ärger auch körperlich leidet. Es kommen hie und da, sich mehrend in letzter Zeit, Nachrichten zu mir, dass sie wieder einmal am Morgen bleich, übernächtigt, von Kopfschmerzen gequält und fast arbeitsunfähig gewesen sei; sie macht damit ihren Angehörigen Sorgen, man rät hin und her nach den Ursachen ihres Zustandes und hat sie bisher noch nicht gefunden. Ich allein kenne sie, es ist der alte und immer neue Ärger. Nun teile ich freilich die Sorgen ihrer Angehörigen nicht; sie ist stark und zäh; wer sich so zu ärgern vermag, vermag wahrscheinlich auch die Folgen des Ärgers zu überwinden; ich habe sogar den Verdacht, dass sie sich, wenigstens zum Teil, nur leidend stellt, um auf diese Weise den Verdacht der Welt auf mich hinzulenken. Offen zu sagen, wie ich sie durch mein Dasein quäle, ist sie zu stolz; an andere meinetwegen zu appellieren, würde sie als eine Herabwürdigung ihrer selbst empfinden; nur aus Widerwillen, aus einem nicht aufhörenden, ewig sie antreibenden Widerwillen beschäftigt sie sich mit mir; diese unreine Sache auch noch vor der Öffentlichkeit zu besprechen, das wäre für ihre Scham zu viel. Aber es ist doch auch zu viel, von der Sache ganz zu schweigen, unter deren unaufhörlichem Druck sie steht.

Und so versucht sie in ihrer Frauenschlauheit einen Mittelweg; schweigend, nur durch die äußern Zeichen eines geheimen Leides will sie die Angelegenheit vor das Gericht der Öffentlichkeit bringen. Vielleicht hofft sie sogar, dass, wenn die Öffentlichkeit einmal ihren vollen Blick auf mich richtet, ein allgemeiner öffentlicher Ärger gegen mich entstehen und mit seinen großen Machtmitteln mich bis zur vollständigen Endgültigkeit viel kräftiger und schneller richten wird, als es ihr verhältnismäßig doch schwacher privater Ärger im Stande ist; dann aber wird sie sich zurückziehen, aufatmen und mir den Rücken kehren. Nun, sollten dies wirklich ihre Hoffnungen sein, so täuscht sie sich. Die Öffentlichkeit wird nicht ihre Rolle übernehmen; die Öffentlichkeit wird niemals so unendlich viel an mir auszusetzen haben, auch wenn sie mich unter ihre stärkste Lupe nimmt. Ich bin kein so unnützer Mensch, wie sie glaubt; ich will mich nicht rühmen und besonders nicht in diesem Zusammenhang; wenn ich aber auch nicht durch besondere Brauchbarkeit ausgezeichnet sein sollte, werde ich doch auch gewiss nicht gegenteilig auffallen; nur für sie, für ihre fast weiß strahlenden Augen bin ich so, niemanden andern wird sie davon überzeugen können. Also könnte ich in dieser Hinsicht völlig beruhigt sein? Nein, doch nicht; denn wenn es wirklich bekannt wird, dass ich sie geradezu krank mache durch mein Benehmen und einige Aufpasser, eben die fleißigsten Nachrichten-Überbringer, sind schon nahe daran, es zu durchschauen oder sie stellen sich wenigstens so, als durchschauten sie es und es kommt die Welt und wird mir die Frage stellen, warum ich denn die arme kleine Frau durch meine Unverbesserlichkeit quäle und ob ich sie etwa bis in den Tod zu treiben beabsichtige und wann ich endlich die Vernunft und das einfache menschliche Mitgefühl haben werde, damit aufzuhören; wenn mich die Welt so fragen wird, es wird schwer sein, ihr zu antworten.

Soll ich dann eingestehen, dass ich an jene Krankheitszeichen nicht sehr glaube und soll ich damit den unangenehmen Eindruck hervorrufen, dass ich, um von einer Schuld loszukommen, andere beschuldige und gar in so unfeiner Weise? Und könnte ich etwa gar offen sagen, dass ich, selbst wenn ich an ein wirkliches Kranksein glaubte, nicht das Geringste Mitgefühl hätte, da mir ja die Frau völlig fremd ist und die Beziehung, die zwischen uns besteht, nur von ihr hergestellt ist und nur von ihrer Seite aus besteht. Ich will nicht sagen, dass man mir nicht glauben würde; man würde mir vielmehr weder glauben noch nicht glauben; man käme gar nicht so weit, dass davon die Rede sein könnte; man würde lediglich die Antwort registrieren, die ich hinsichtlich einer schwachen, kranken Frau gegeben habe und das wäre wenig günstig für mich. Hier wie bei jeder andern Antwort wird mir eben hartnäckig in die Quere kommen die Unfähigkeit der Welt, in einem Fall wie diesem den Verdacht einer Liebesbeziehung nicht aufkommen zu lassen, trotzdem es bis zur äußersten Deutlichkeit zu Tage liegt, dass eine solche Beziehung nicht besteht und dass, wenn sie bestehen würde, sie eher noch von mir aus ginge, der ich tatsächlich die kleine Frau in der Schlagkraft ihres Urteils und der Unermüdlichkeit ihrer Folgerungen immerhin zu bewundern fähig wäre, wenn ich nicht eben durch ihre Vorzüge immerfort gestraft würde.

Bei ihr aber ist jedenfalls keine Spur einer freundlichen Beziehung zu mir vorhanden; darin ist sie aufrichtig und wahr; darauf ruht meine letzte Hoffnung; nicht einmal, wenn es in ihren Kriegsplan passen würde, an eine solche Beziehung zu mir glauben zu machen, würde sie sich so weit vergessen, etwas Derartiges zu tun. Aber die in dieser Richtung völlig stumpfe Öffentlichkeit wird bei ihrer Meinung bleiben und immer gegen mich entscheiden.

So bliebe mir eigentlich doch nur übrig, rechtzeitig, ehe die Welt eingreift, mich so weit zu ändern, dass ich den Ärger der kleinen

Frau nicht etwa beseitige, was undenkbar ist, aber doch ein wenig mildere. Und ich habe mich tatsächlich öfter gefragt, ob mich denn mein gegenwärtiger Zustand so befriedige, dass ich ihn gar nicht ändern wolle und ob es denn nicht möglich wäre, gewisse Änderungen an mir vorzunehmen, auch wenn ich es nicht täte, weil ich von ihrer Notwendigkeit überzeugt wäre, sondern nur, um die Frau zu besänftigen. Und ich habe es ehrlich versucht, nicht ohne Mühe und Sorgfalt, es entsprach mir sogar, es belustigte mich fast; einzelne Änderungen ergaben sich, waren weithin sichtbar, ich musste die Frau nicht auf sie aufmerksam machen, sie merkt alles derartige früher als ich, sie merkt schon den Ausdruck der Absicht in meinem Wesen; aber ein Erfolg war mir nicht beschieden. Wie wäre es auch möglich? Ihre Unzufriedenheit mit mir ist ja, wie ich jetzt schon einsehe, eine grundsätzliche; nichts kann sie beseitigen, nicht einmal die Beseitigung meiner selbst; ihre Wutanfälle etwa bei der Nachricht meines Selbstmordes wären grenzenlos. Nun kann ich mir nicht vorstellen, dass sie, diese scharfsinnige Frau, dies nicht ebenso einsieht wie ich und zwar sowohl die Aussichtslosigkeit ihrer Bemühungen als auch meine Unschuld, meine Unfähigkeit, selbst bei bestem Willen ihren Forderungen zu entsprechen. Gewiss sieht sie es ein, aber als Kämpfernatur vergisst sie es in der Leidenschaft des Kampfes und meine unglückliche Art, die ich aber nicht anders wählen kann, denn sie ist mir nun einmal so gegeben, besteht darin, dass ich jemandem, der außer Rand und Band geraten ist, eine leise Mahnung zuflüstern will. Auf diese Weise werden wir uns natürlich nie verständigen. Immer wieder werde ich etwa im Glück der ersten Morgenstunden aus dem Hause treten und dieses um meinetwillen vergrämte Gesicht sehen, die verdrießlich aufgestülpten Lippen, den prüfenden und schon vor der Prüfung das Ergebnis kennenden Blick, der über mich hinfährt und dem selbst bei größter Flüchtigkeit nichts entgehen kann, das bittere in die mädchenhafte Wange sich einbohrende Lächeln, das klagende Aufschauen zum Himmel, das Einlegen der Hände in die Hüften, um sich zu festigen und dann in der Empörung das bleich Werden und Erzittern.

Letzthin machte ich, überhaupt zum ersten Mal, wie ich mir bei dieser Gelegenheit erstaunt eingestand, einem guten Freund einige Andeutungen von dieser Sache, nur nebenbei, leicht, mit ein paar Worten, ich drückte die Bedeutung des Ganzen, so klein sie für mich nach außen hin im Grunde ist, noch ein wenig unter die Wahrheit hinab. Sonderbar, dass der Freund dennoch nicht darüber hinweghörte, ja sogar aus eigenem der Sache an Bedeutung hinzugab, sich nicht ablenken ließ und dabei verharrte. Noch sonderbarer allerdings, dass er trotzdem in einem entscheidenden Punkt die Sache unterschätzte, denn er riet mir ernstlich, ein wenig zu verreisen. Kein Rat könnte unverständiger sein; die Dinge liegen zwar einfach, jeder kann sie, wenn er näher hinzutritt, durchschauen, aber so einfach sind sie doch auch nicht, dass durch mein Wegfahren alles oder auch nur das Wichtigste in Ordnung käme. Im Gegenteil, vor dem Wegfahren muss ich mich vielmehr hüten; wenn ich überhaupt irgendeinen Plan befolgen soll, dann jedenfalls den, die Sache in ihren bisherigen, engen, die Außenwelt noch nicht einbeziehenden Grenzen zu halten, also ruhig zu bleiben, wo ich bin und keine großen, durch diese Sache veranlassten, auffallenden Veränderungen zuzulassen, wozu auch gehört, mit niemandem davon zu sprechen, aber dies alles nicht deshalb, weil es irgendein gefährliches Geheimnis wäre, sondern deshalb, weil es eine kleine, rein persönliche und als solche immerhin leicht zu tragende Angelegenheit ist und weil sie dieses auch bleiben soll. Darin waren die Bemerkungen des Freundes doch nicht ohne Nutzen, sie haben mich nichts Neues gelehrt, aber mich in meiner Grundansicht bestärkt.

Wie es sich ja überhaupt bei genauerem Nachdenken zeigt, dass die Veränderungen, welche die Sachlage im Laufe der Zeit erfahren zu haben scheint, keine Veränderungen der Sache selbst sind, sondern nur die Entwicklung meiner Anschauung von ihr, insofern, als diese Anschauung teils ruhiger, männlicher wird, dem Kern näher kommt, teils allerdings auch unter dem nicht zu verwindenden Einfluss der fortwährenden Erschütterungen, seien diese auch noch so leicht, eine gewisse Nervosität annimmt.

Ruhiger werde ich der Sache gegenüber, indem ich zu erkennen glaube, dass eine Entscheidung, so nahe sie manchmal bevorzustehen scheint, doch wohl noch nicht kommen wird; man ist leicht geneigt, besonders in jungen Jahren, das Tempo, in dem Entscheidungen kommen, sehr zu überschätzen; wenn einmal meine kleine Richterin, schwach geworden durch meinen Anblick, seitlich in den Sessel sank, mit der einen Hand sich an der Rückenlehne fest hielt, mit der anderen an ihrem Schnürleib nestelte und Tränen des Zorns und der Verzweiflung ihr die Wangen hinabrollten, dachte ich immer, nun sei die Entscheidung da und gleich würde ich vorgerufen werden, mich zu verantworten. Aber nichts von Entscheidung, nichts von Verantwortung, Frauen wird leicht übel, die Welt hat nicht Zeit, auf alle Fälle aufzupassen. Und was ist denn eigentlich in all den Jahren geschehen? Nichts weiter, als dass sich solche Fälle wiederholten, einmal stärker, einmal schwächer und dass nun also ihre Gesamtzahl größer ist. Und dass Leute sich in der Nähe herumtreiben und gern eingreifen würden, wenn sie eine Möglichkeit dazu finden würden; aber sie finden keine, bisher verlassen sie sich nur auf ihre Witterung und Witterung allein genügt zwar, um ihren Besitzer reichlich zu beschäftigen, aber zu anderem taugt sie nicht. So aber war es im Grunde immer, immer gab es diese unnützen Eckensteher und Lufteinatmer, welche ihre Nähe immer auf irgendeine überschlaue Weise, am liebsten durch Verwandtschaft, entschuldigten, immer haben sie aufgepasst, immer haben sie die Nase voll Witterung gehabt, aber das Ergebnis alles dessen ist nur, dass sie noch immer dastehen. Der ganze Unterschied besteht darin, dass ich sie allmählich erkannt habe, ihre Gesichter unterscheide; früher habe ich geglaubt, sie kämen allmählich von überall her zusammen, die Ausmaße der Angelegenheit vergrößerten sich und würden von selbst die Entscheidung erzwingen; heute glaube ich zu wissen, dass das alles von altersher da war und mit dem Herankommen der Entscheidung sehr wenig oder nichts zu tun hat. Und die Entscheidung selbst, warum benenne ich sie mit einem so großen Wort? Wenn es einmal - und gewiss nicht morgen und übermorgen und wahrscheinlich niemals - dazu kommen sollte, dass sich die Öffentlichkeit doch mit dieser

Sache, für die sie, wie ich immer wiederholen werde, nicht zuständig ist, beschäftigt, werde ich zwar nicht unbeschädigt aus dem Verfahren hervorgehen, aber es wird doch wohl in Betracht gezogen werden, dass ich der Öffentlichkeit nicht unbekannt bin, in ihrem vollen Licht seit jeher lebe, vertrauensvoll und Vertrauen verdienend und dass deshalb diese nachträglich hervorgekommene leidende kleine Frau, die nebenbei bemerkt ein anderer als ich vielleicht längst als Klette erkannt und für die Öffentlichkeit völlig geräuschlos unter seinem Stiefel zertreten hätte, dass diese Frau doch schlimmstenfalls nur einen kleinen hässlichen Schnörkel dem Diplom hinzufügen könnte, in welchem mich die Öffentlichkeit längst als ihr achtungswertes Mitglied erklärt. Das ist der heutige Stand der Dinge, der also wenig geeignet ist, mich zu beunruhigen.

Dass ich mit den Jahren doch ein wenig unruhig geworden bin, hat mit der eigentlichen Bedeutung der Sache gar nichts zu tun; man hält es einfach nicht aus, jemanden immerfort zu ärgern, selbst wenn man die Grundlosigkeit des Ärgers wohl erkennt; man wird unruhig, man fängt an, gewissermaßen nur körperlich, auf Entscheidungen zu lauern, auch wenn man an ihr Kommen vernünftigerweise nicht sehr glaubt. Zum Teil aber handelt es sich auch nur um eine Alterserscheinung; die Jugend kleidet alles gut; unschöne Einzelheiten verlieren sich in der unaufhörlichen Kraftquelle der Jugend; mag einer als Junge einen etwas lauernden Blick gehabt haben, er ist ihm nicht übel genommen, er ist gar nicht bemerkt worden, nicht einmal von ihm selbst, aber, was im Alter übrig bleibt, sind Reste, jeder ist nötig, keiner wird erneut, jeder steht unter Beobachtung und der lauernde Blick eines alternden Mannes ist eben ein ganz deutlich lauernder Blick und es ist nicht schwierig, ihn festzustellen. Nur ist es aber auch hier keine wirkliche sachliche Verschlimmerung.

Von wo aus also ich es auch ansehe, immer wieder zeigt sich und dabei bleibe ich, dass, wenn ich mit der Hand auch nur ganz leicht diese kleine Sache verdeckt halte, ich noch sehr lange, ungestört von der Welt, mein bisheriges Leben ruhig werde fortsetzen dürfen, trotz allen Tobens der Frau.

Ein Hungerkünstler

In den letzten Jahrzehnten ist das Interesse an Hungerkünstlern sehr zurückgegangen. Während es sich früher gut lohnte, große derartige Vorführungen in eigener Regie zu veranstalten, ist dies heute völlig unmöglich. Es waren andere Zeiten. Damals beschäftigte sich die ganze Stadt mit dem Hungerkünstler; von Hungertag zu Hungertag stieg die Teilnahme; jeder wollte den Hungerkünstler zumindest einmal täglich sehen; an den spätem Tagen gab es Abonnenten, welche tagelang vor dem kleinen Gitterkäfig saßen; auch in der Nacht fanden Besichtigungen statt, zur Erhöhung der Wirkung bei Fackelschein; an schönen Tagen wurde der Käfig ins Freie getragen und nun waren es besonders die Kinder, denen der Hungerkünstler gezeigt wurde; während er für die Erwachsenen oft nur ein Spaß war, an dem sie der Mode halber teilnahmen, sahen die Kinder staunend, mit offenem Mund, der Sicherheit halber einander bei der Hand haltend, zu, wie er bleich, im schwarzen Trikot, mit mächtig vortretenden Rippen, sogar einen Sessel verschmähend, auf hingestreutem Stroh saß, einmal höflich nickend, angestrengt lächelnd Fragen beantwortete, auch durch das Gitter den Arm streckte, um seine Magerkeit befühlen zu lassen, dann aber wieder ganz in sich selbst versank, um niemanden sich kümmerte, nicht einmal um den für ihn so wichtigen Schlag der Uhr, die das einzige Möbelstück des Käfigs war, sondern nur vor sich hinsah mit fast geschlossenen Augen und hie und da aus einem winzigen Gläschen Wasser nippte, um sich die Lippen zu feuchten.

Außer den wechselnden Zuschauern waren auch ständige, vom Publikum gewählte Wächter da, merkwürdigerweise gewöhnlich Fleischhauer, welche, immer drei gleichzeitig, die Aufgabe hatten, Tag und Nacht den Hungerkünstler zu beobachten, damit er nicht etwa auf irgendeine heimliche Weise doch Nahrung zu sich nehme. Es war das aber lediglich eine Formalität, eingeführt zur Beruhigung der Massen, denn die Eingeweihten wussten wohl, dass der Hungerkünstler während der Hungerzeit niemals, unter keinen Umständen, selbst unter Zwang nicht, auch das Geringste nur gegessen hätte; die Ehre seiner Kunst verbot dies. Freilich, nicht jeder Wächter konnte das begreifen, es fanden sich manchmal nächtliche Wachgruppen, welche die Bewachung sehr lax durchführten, absichtlich in eine ferne Ecke sich zusammensetzten und dort sich ins Kartenspiel vertieften, in der offenbaren Absicht, dem Hungerkünstler eine kleine Erfrischung zu gönnen, die er ihrer Meinung nach aus irgendwelchen geheimen Vorräten hervorholen konnte. Nichts war dem Hungerkünstler quälender als solche Wächter; sie machten ihn trübselig; sie machten ihm das Hungern entsetzlich schwer; manchmal überwand er seine Schwäche und sang während dieser Wachzeit, solange er es nur aushielt, um den Leuten zu zeigen, wie ungerecht sie ihn verdächtigten. Doch half das wenig; sie wunderten sich dann nur über seine Geschicklichkeit, selbst während des Singens zu essen. Viel lieber waren ihm die Wächter, welche sich eng zum Gitter setzten, mit der trüben Nachtbeleuchtung des Saales sich nicht begnügten, sondern ihn mit den elektrischen Taschenlampen bestrahlten, die ihnen der Impresario zur Verfügung stellte. Das grelle Licht störte ihn gar nicht, schlafen konnte er ja überhaupt nicht und ein wenig hindämmern konnte er immer, bei jeder Beleuchtung und zu jeder Stunde, auch im übervollen, lärmenden Saal. Er war sehr gerne bereit, mit solchen Wächtern die Nacht gänzlich ohne Schlaf zu verbringen; er war bereit, mit ihnen zu scherzen, ihnen Geschichten aus seinem Wanderleben zu erzählen, dann wieder ihre Erzählungen anzuhören, alles nur um sie wachzuhalten, um ihnen immer wieder zeigen zu können, dass er nichts Essbares im Käfig hatte und dass er hungerte, wie keiner von ihnen es könnte. Am glücklichsten aber war er, wenn dann der Morgen kam und ihnen auf seine Rechnung ein überreiches Frühstück gebracht wurde, auf das sie sich warfen mit dem Appetit gesunder Männer nach einer mühevoll durchwachten Nacht.

Es gab zwar sogar Leute, die in diesem Frühstück eine ungebührliche Beeinflussung der Wächter sehen wollten, aber das ging doch zu weit und wenn man sie fragte, ob etwa sie nur um der Sache willen ohne Frühstück die Nachtwache übernehmen wollten, verzogen sie sich, aber bei ihren Verdächtigungen blieben sie dennoch.

Dieses allerdings gehörte schon zu den vom Hungern überhaupt nicht zu trennenden Verdächtigungen. Niemand war ja im Stande, alle die Tage und Nächte beim Hungerkünstler ununterbrochen als Wächter zu verbringen, niemand also konnte aus eigener Anschauung wissen, ob wirklich ununterbrochen, fehlerlos gehungert worden war; nur der Hungerkünstler selbst konnte das wissen, nur er also gleichzeitig der von seinem Hungern vollkommen befriedigte Zuschauer sein. Er aber war wieder aus einem andern Grunde niemals befriedigt; vielleicht war er gar nicht vom Hungern so sehr abgemagert, dass manche zu ihrem Bedauern den Vorführungen fernbleiben mussten, weil sie seinen Anblick nicht ertrugen, sondern er war nur so abgemagert aus Unzufriedenheit mit sich selbst. Er allein nämlich wusste, auch kein Eingeweihter sonst wusste das, wie leicht das Hungern war. Es war die leichteste Sache von der Welt. Er verschwieg es auch nicht, aber man glaubte ihm nicht, hielt ihn günstigstenfalls für bescheiden, meist aber für reklamesüchtig oder gar für einen Schwindler, dem das Hungern allerdings leicht war, weil er es sich leicht zu machen verstand und der auch noch die Stirn hatte, es halb zu gestehen. Das alles musste er hinnehmen, hatte sich auch im Laufe der Jahre daran gewöhnt, aber innerlich nagte diese Unbefriedigtheit immer an ihm und noch niemals, nach keiner Hungerperiode, dieses Zeugnis musste man ihm ausstellen, hatte er freiwillig den Käfig verlassen.

Als Höchstzeit für das Hungern hatte der Impresario vierzig Tage festgesetzt, darüber hinaus ließ er niemals hungern, auch in den Weltstädten nicht und zwar aus gutem Grund. Vierzig Tage etwa konnte man erfahrungsgemäß durch allmählich sich steigernde Reklame das Interesse einer Stadt immer mehr aufstacheln, dann aber versagte das Publikum, eine wesentliche Abnahme des Zuspruchs war festzustellen; es bestanden natürlich in dieser Hinsicht kleine Unterschiede zwischen den Städten und Ländern, als Regel aber galt, dass vierzig Tage die Höchstzeit war. Dann also am vierzigsten Tage wurde die Tür des mit Blumen umkränzten Käfigs geöffnet, eine begeisterte Zuschauerschaft erfüllte das Amphitheater, eine Militärkapelle spielte, zwei Ärzte betraten den Käfig, um die nötigen Messungen am Hungerkünstler vorzunehmen, durch ein Megafon wurden die Resultate dem Saale verkündet und schließlich kamen zwei junge Damen, glücklich darüber, dass gerade sie ausgelost worden waren und wollten den Hungerkünstler aus dem Käfig ein paar Stufen hinabführen, wo auf einem kleinen Tischchen eine sorgfältig ausgewählte Krankenmahlzeit serviert war. Und in diesem Augenblick wehrte sich der Hungerkünstler immer. Zwar legte er noch freiwillig seine Knochenarme in die hilfsbereit ausgestreckten Hände der zu ihm hinabgebeugten Damen, aber aufstehen wollte er nicht. Warum gerade jetzt nach vierzig Tagen aufhören? Er hätte es noch lange, unbeschränkt lange ausgehalten; warum gerade jetzt aufhören, wo er im besten, ja noch nicht einmal im besten Hungern war? Warum wollte man ihn des Ruhmes berauben, weiter zu hungern, nicht nur der größte Hungerkünstler aller Zeiten zu werden, der er ja wahrscheinlich schon war, aber auch noch sich selbst zu übertreffen bis ins Unbegreifliche, denn für seine Fähigkeit zu hungern fühlte er keine Grenzen. Warum hatte diese Menge, die ihn so sehr zu bewundern vorgab, so wenig Geduld mit ihm; wenn er es aushielt, noch weiter zu hungern, warum wollte sie es nicht aushalten? Auch war er müde, saß gut im Stroh und sollte sich nun hoch und lang aufrichten und zu dem Essen gehen, das ihm schon allein in der Vorstellung Übelkeiten verursachte, deren Äußerung er nur mit Rücksicht auf die Damen mühselig unterdrückte. Und er blickte empor in die Augen der scheinbar so freundlichen, in Wirklichkeit so grausamen Damen und schüttelte den auf dem schwachen Halse überschweren Kopf. Aber dann geschah, was immer geschah. Der Impresario kam, hob stumm, die Musik machte das Reden unmöglich, die Arme über dem Hungerkünstler, so, als lade er den Himmel ein, sich sein Werk hier auf dem Stroh einmal anzusehen, diesen bedauernswerten Märtyrer, welcher der Hungerkünstler allerdings war, nur in ganz anderem Sinn; fasste den Hungerkünstler um die dünne Taille, wobei er durch übertriebene Vorsicht glaubhaft machen wollte, mit einem wie gebrechlichen Ding er es hier zu tun habe; und übergab ihn - nicht ohne ihn im Geheimen ein wenig zu schütteln, sodass der Hungerkünstler mit den Beinen und dem Oberkörper unbeherrscht Hin und Her schwankte - den inzwischen totenbleich gewordenen Damen.

Nun duldete der Hungerkünstler alles; der Kopf lag auf der Brust, es war, als sei er hingerollt und halte sich dort unerklärlich; der Leib war ausgehöhlt; die Beine drückten sich im Selbsterhaltungstrieb fest in den Knien aneinander, scharrten aber doch den Boden, so, als sei es nicht der wirkliche, den wirklichen suchten sie erst; und die ganze, allerdings sehr kleine Last des Körpers lag auf einer der Damen, welche Hilfe suchend, mit fliegendem Atem - so hatte sie sich dieses Ehrenamt nicht vorgestellt - zuerst den Hals möglichst streckte, um wenigstens das Gesicht vor der Berührung mit dem Hungerkünstler zu bewahren, dann aber, da ihr dies nicht gelang und ihre glücklichere Gefährtin ihr nicht zu Hilfe kam, sondern sich damit begnügte, zitternd die Hand des Hungerkünstlers, dieses kleine Knochenbündel, vor sich herzutragen, unter dem entzückten Gelächter des Saales in Weinen ausbrach und von einem längst bereitgestellten Diener abgelöst werden musste. Dann kam das Essen, von dem der Impresario dem Hungerkünstler während eines ohnmachtähnlichen Halbschlafes ein wenig einflößte, unter lustigem Plaudern, das die Aufmerksamkeit vom Zustand des Hungerkünstlers ablenken sollte; dann wurde noch ein Trinkspruch auf das Publikum ausgebracht, welcher dem Impresario angeblich vom Hungerkünstler zugeflüstert worden war; das Orchester bekräftigte alles durch einen großen Tusch, man ging auseinander und niemand hatte das Recht, mit dem Gesehenen unzufrieden zu sein, niemand, nur der Hungerkünstler, immer nur er.

So lebte er mit regelmäßigen kleinen Ruhepausen viele Jahre, in scheinbarem Glanz, von der Welt geehrt, bei alledem aber meist in trüber Laune, die immer noch trüber wurde dadurch, dass niemand sie ernst zu nehmen verstand. Womit sollte man ihn auch trösten? Was blieb ihm zu wünschen übrig? Und wenn sich einmal ein Gutmütiger fand, der ihn bedauerte und ihm erklären wollte, dass seine Traurigkeit wahrscheinlich von dem Hungern käme, konnte es, besonders bei vorgeschrittener Hungerzeit, geschehen, dass der

Hungerkünstler mit einem Wutausbruch antwortete und zum Schrecken aller wie ein Tier an dem Gitter zu rütteln begann. Doch hatte für solche Zustände der Impresario ein Strafmittel, das er gern anwandte. Er entschuldigte den Hungerkünstler vor versammeltem Publikum, gab zu, dass nur die durch das Hungern hervorgerufene, für satte Menschen nicht ohne weiteres begreifliche Reizbarkeit das Benehmen des Hungerkünstlers verzeihlich machen könne; kam dann im Zusammenhang damit auch auf die ebenso zu erklärende Behauptung des Hungerkünstlers zu sprechen, er könnte noch viel länger hungern, als er hungere; lobte das hohe Streben, den guten Willen, die große Selbstverleugnung, die gewiss auch in dieser Behauptung enthalten seien; suchte dann aber die Behauptung einfach genug durch Vorzeigen von Fotografien, die gleichzeitig verkauft wurden, zu widerlegen, denn auf den Bildern sah man den Hungerkünstler an seinem vierzigsten Hungertag, im Bett, fast verlöscht vor Entkräftung. Diese dem Hungerkünstler zwar wohlbekannte, immer aber von neuem ihn entnervende Verdrehung der Wahrheit war ihm zu viel.

Was die Folge der vorzeitigen Beendigung des Hungerns war, stellte man hier als die Ursache dar! Gegen diesen Unverstand, gegen diese Welt des Unverstandes zu kämpfen, war unmöglich. Noch hatte er immer wieder in gutem Glauben begierig am Gitter dem Impresario zugehört, beim Erscheinen der Fotografien aber ließ er das Gitter jedesmal los, sank mit Seufzen ins Stroh zurück und das beruhigte Publikum konnte wieder herankommen und ihn besichtigen.

Wenn die Zeugen solcher Szenen ein paar Jahre später daran zurückdachten, wurden sie sich oft selbst unverständlich. Denn inzwischen war jener erwähnte Umschwung eingetreten; fast plötzlich war das geschehen; es mochte tiefere Gründe haben, aber wem lag daran, sie aufzufinden; jedenfalls sah sich eines Tages der verwöhnte Hungerkünstler von der vergnügungssüchtigen Menge verlassen, die lieber zu anderen Schaustellungen strömte. Noch einmal jagte der Impresario mit ihm durch halb Europa, um zu sehen, ob sich nicht noch hie und da das alte Interesse wieder fände; alles vergeblich; wie in einem geheimen Einverständnis hatte sich überall geradezu eine Abneigung gegen das Schauhungern ausgebildet. Natürlich hatte das in Wirklichkeit nicht plötzlich so kommen können und man erinnerte sich jetzt nachträglich an manche zu ihrer Zeit im Rausch der Erfolge nicht genügend beachtete, nicht genügend unterdrückte Vorboten, aber jetzt etwas dagegen zu unternehmen, war zu spät. Zwar war es sicher, dass einmal auch für das Hungern wieder die Zeit kommen werde, aber für die Lebenden war das kein Trost.

Was sollte nun der Hungerkünstler tun? Der, welchen Tausende umjubelt hatten, konnte sich nicht in Schaubuden auf kleinen Jahrmärkten zeigen und um einen andern Beruf zu ergreifen, war der Hungerkünstler nicht nur zu alt, sondern vor allem dem Hungern allzu fanatisch ergeben. So verabschiedete er denn den Impresario, den Genossen einer Laufbahn ohnegleichen und ließ sich von einem großen Zirkus engagieren; um seine Empfindlichkeit zu schonen, sah er die Vertragsbedingungen gar nicht an.

Ein großer Zirkus mit seiner Unzahl von einander immer wieder ausgleichenden und ergänzenden Menschen und Tieren und Apparaten kann jeden und zu jeder Zeit gebrauchen, auch einen Hungerkünstler, bei entsprechend bescheidenen Ansprüchen natürlich und außerdem war es ja in diesem besonderen Fall nicht nur der Hungerkünstler selbst, der engagiert wurde, sondern auch sein alter berühmter Name, ja man konnte bei der Eigenart dieser im zunehmenden Alter nicht abnehmenden Kunst nicht einmal sagen, dass ein ausgedienter, nicht mehr auf der Höhe seines Könnens stehender Künstler sich in einen ruhigen Zirkusposten flüchten wolle, im Gegenteil, der Hungerkünstler versicherte, dass er, was durchaus glaubwürdig war, ebenso gut hungere wie früher, ja er behauptete sogar, er werde, wenn man ihm seinen Willen lasse und dies versprach man ihm ohne weiteres, eigentlich erst jetzt die Welt in berechtigtes Erstaunen setzen, eine Behauptung allerdings, die mit Rücksicht auf die Zeitstimmung, welche der Hungerkünstler im Eifer leicht vergaß, bei den Fachleuten nur ein Lächeln hervorrief.

Im Grunde aber verlor auch der Hungerkünstler den Blick für die wirklichen Verhältnisse nicht und nahm es als selbstverständlich hin, dass man ihn mit seinem Käfig nicht etwa als Glanznummer mitten in die Manege stellte, sondern draußen an einem im Übrigen recht gut zugänglichen Ort in der Nähe der Stallungen unterbrachte. Große, bunt gemalte Aufschriften umrahmten den Käfig und verkündeten, was dort zu sehen war. Wenn das Publikum in den Pausen der Vorstellung zu den Ställen drängte, um die Tiere zu besichtigen, war es fast unvermeidlich, dass es beim Hungerkünstler vorüberkam und ein wenig dort Halt machte, man wäre vielleicht länger bei ihm geblieben, wenn nicht in dem schmalen Gang die Nachdrängenden, welche diesen Aufenthalt auf dem Weg zu den ersehenten Ställen nicht verstanden, eine längere ruhige Betrachtung unmöglich gemacht hätten. Dieses war auch der Grund, warum der Hungerkünstler vor diesen Besuchszeiten, die er als seinen Lebenszweck natürlich herbeiwünschte, doch auch wieder zitterte. In der ersten Zeit hatte er die Vorstellungspausen kaum erwarten können; entzückt hatte er der sich heranwälzenden Menge entgegengesehen, bis er sich nur zu bald - auch die hartnäckigste, fast bewusste Selbsttäuschung hielt den Erfahrungen nicht stand - davon überzeugte, dass es zumeist der Absicht nach, immer wieder, ausnahmslos, lauter Stallbesucher waren.

Und dieser Anblick von der Ferne blieb noch immer der schönste. Denn wenn sie bis zu ihm herangekommen waren, umtobte ihn sofort Geschrei und Schimpfen der ununterbrochen neu sich bildenden Parteien, jener, welche - sie wurde dem Hungerkünstler bald die peinlichere - ihn bequem ansehen wollte, nicht etwa aus Verständnis, sondern aus Laune und Trotz und jener Zweiten, die zunächst nur nach den Ställen verlangte. War der große Haufen vorüber, dann kamen die Nachzügler und diese allerdings, denen es nicht mehr verwehrt war, stehen zu bleiben, solange sie nur Lust hatten, eilten mit langen Schritten, fast ohne Seitenblick, vorüber, um rechtzeitig zu den Tieren zu kommen. Und es war kein allzu häufiger Glücksfall, dass ein Familienvater mit seinen Kindern kam, mit dem Finger auf den Hungerkünstler zeigte, ausführlich erklärte, um was es sich hier handelte, von früheren Jahren erzählte, wo er bei ähnlichen, aber unvergleichlich großartigeren Vorführungen gewesen war und dann die Kinder, wegen ihrer ungenügenden Vorbereitung von Schule und Leben her, zwar immer noch verständnislos blieben, was war ihnen Hungern?, aber doch in dem Glanz ihrer forschenden Augen etwas von neuen, kommenden, gnädigeren Zeiten verrieten. Vielleicht, so sagte sich der Hungerkünstler dann manchmal, würde alles doch ein wenig besser werden, wenn sein Standort nicht gar so nahe bei den Ställen wäre. Den Leuten wurde dadurch die Wahl zu leicht gemacht, nicht zu reden davon, dass ihn die Ausdünstungen der Ställe, die Unruhe der Tiere in der Nacht, das Vorübertragen der rohen Fleischstücke für die Raubtiere, die Schreie bei der Fütterung sehr verletzten und dauernd bedrückten. Aber bei der Direktion vorstellig zu werden, wagte er nicht; immerhin verdankte er ja den Tieren die Menge der Besucher, unter denen sich hie und da auch ein für ihn Bestimmter finden konnte und wer wusste, wohin man ihn verstecken würde, wenn er an seine Existenz erinnern wollte und damit auch daran, dass er, genau genommen, nur ein Hindernis auf dem Weg zu den Ställen war.

Ein kleines Hindernis allerdings, ein immer kleiner werdendes Hindernis. Man gewöhnte sich an die Sonderbarkeit, in den heutigen Zeiten Aufmerksamkeit für einen Hungerkünstler beanspruchen zu wollen und mit dieser Gewöhnung war das Urteil über ihn gesprochen. Er mochte so gut hungern, als er nur konnte und er tat es, aber nichts konnte ihn mehr retten, man ging an ihm vorüber. Versuche, jemandem die Hungerkunst zu erklären! Wer es nicht fühlt, dem kann man es nicht begreiflich machen. Die schönen Aufschriften wurden schmutzig und unleserlich, man riss sie herunter, niemandem fiel es ein, sie zu ersetzen; das Täfelchen mit der Ziffer der abgeleisteten Hungertage, das in der ersten Zeit sorgfältig täglich erneut worden war, blieb schon längst immer das Gleiche, denn nach den ersten Wochen war das Personal selbst dieser kleinen Arbeit überdrüssig geworden; und so hungerte zwar der Hungerkünstler weiter, wie er es früher einmal erträumt hatte und es gelang ihm ohne Mühe ganz so, wie er es damals vorausgesagt hatte, aber niemand zählte die Tage, niemand, nicht einmal der Hungerkünstler selbst wusste, wie groß die Leistung schon war und sein Herz wurde schwer. Und wenn einmal in der Zeit ein Müßiggänger stehen blieb, sich über die alte Ziffer lustig machte und von Schwindel sprach, so war das in diesem Sinn die dümmste Lüge, welche Gleichgültigkeit und eingeborene Bösartigkeit erfinden konnte, denn nicht der Hungerkünstler betrog, er arbeitete ehrlich, aber die Welt betrog ihn um seinen Lohn.

Doch vergingen wieder viele Tage und auch das nahm ein Ende. Einmal fiel einem Aufseher der Käfig auf und er fragte die Diener, warum man hier diesen gut brauchbaren Käfig mit dem verfaulten Stroh drinnen unbenutzt stehen lasse; niemand wusste es, bis sich einer mit Hilfe der Ziffertafel an den Hungerkünstler erinnerte. Man rührte mit Stangen das Stroh auf und fand den Hungerkünstler darin. "Du hungerst noch immer?" fragte der Aufseher, "wann wirst du denn endlich aufhören?" "Verzeiht mir alle", flüsterte der Hungerkünstler; nur der Aufseher, der das Ohr ans Gitter hielt, verstand ihn. "Gewiss", sagte der Aufseher und legte den Finger an die Stirn, um damit den Zustand des Hungerkünstlers dem Personal anzudeuten, "wir verzeihen dir." "Immerfort wollte ich, dass ihr mein Hungern bewundert", sagte der Hungerkünstler. "Wir bewundern es auch", sagte der Aufseher entgegenkommend. "Ihr sollt es aber nicht bewundern", sagte der Hungerkünstler. "Nun, dann bewundern wir es also nicht", sagte der Aufseher, "Warum sollen wir es denn nicht bewundern?" "Weil ich hungern muss, ich kann nicht anders", sagte der Hungerkünstler. "Da sieh mal einer", sagte der Aufseher, "warum kannst du denn nicht anders?" "Weil ich", sagte der Hungerkünstler, hob das Köpfchen ein wenig und sprach mit wie zum Kuss gespitzten Lippen gerade in das Ohr des Aufsehers hinein, damit nichts verloren ginge, "weil ich nicht die Speise finden konnte, die mir schmeckt. Hätte ich sie gefunden, glaube mir, ich hätte kein Aufsehen gemacht und mich voll gegessen wie du und alle." Das waren die letzten Worte, aber noch in seinen gebrochenen Augen war die feste, wenn auch nicht mehr stolze Überzeugung, dass er weiterhungere.

"Nun macht aber Ordnung!" sagte der Aufseher und man begrub den Hungerkünstler samt dem Stroh. In den Käfig aber gab man einen jungen Panter. Es war eine selbst dem stumpfsten Sinn fühlbare Erholung, in dem so lange öden Käfig dieses wilde Tier sich herumwerfen zu sehen. Ihm fehlte nichts. Die Nahrung, die ihm schmeckte, brachten ihm ohne langes Nachdenken die Wächter; nicht einmal die Freiheit schien er zu vermissen; dieser edle, mit allem Nötigen bis knapp zum Zerreißen ausgestattete Körper schien auch die Freiheit mit sich herumzutragen; irgendwo im Gebiss schien sie zu stecken; und die Freude am Leben kam mit derart starker Glut aus seinem Rachen, dass es für die Zuschauer nicht leicht war, ihr standzuhalten. Aber sie überwanden sich, umdrängten den Käfig und wollten sich gar nicht fortrühren.

Josephine, die Sängerin oder Das Volk der Mäuse

Unsere Sängerin heißt Josephine. Wer sie nicht gehört hat, kennt nicht die Macht des Gesanges. Es gibt niemanden, den ihr Gesang nicht fortreißt, was umso höher zu bewerten ist, als unser Geschlecht im Ganzen Musik nicht liebt. Stiller Frieden ist uns die liebste Musik; unser Leben ist schwer, wir können uns, auch wenn wir einmal alle Tagessorgen abzuschütteln versucht haben, nicht mehr zu solchen, unserem sonstigen Leben so fernen Dingen erheben, wie es die Musik ist. Doch beklagen wir es nicht sehr; nicht einmal so weit kommen wir; eine gewisse praktische Schlauheit, die wir freilich auch äußerst dringend brauchen, halten wir für unsern größten Vorzug und mit dem Lächeln dieser Schlauheit pflegen wir uns über alles hinwegzutrösten, auch wenn wir einmal - was aber nicht geschieht - das Verlangen nach dem Glück haben sollten, das von der Musik vielleicht ausgeht. Nur Josephine macht eine Ausnahme; sie liebt die Musik und weiß sie auch zu vermitteln; sie ist die einzige; mit ihrem Hingang wird die Musik - wer weiß wie lange - aus unserem Leben verschwinden.

Ich habe oft darüber nachgedacht, wie es sich mit dieser Musik eigentlich verhält. Wir sind doch ganz unmusikalisch; wie kommt es, dass wir Josephines Gesang verstehen oder, da Josephine unser Verständnis leugnet, wenigstens zu verstehen glauben. Die einfachste Antwort wäre, dass die Schönheit dieses Gesanges so groß ist, dass auch der stumpfste Sinn ihr nicht widerstehen kann, aber diese Antwort ist nicht befriedigend. Wenn es wirklich so wäre, müsste man vor diesem Gesang zunächst und immer das Gefühl des Außerordentlichen haben, das Gefühl, aus dieser Kehle erklinge etwas, was wir nie vorher gehört haben und das zu hören wir auch gar nicht die Fähigkeit haben, etwas, was zu hören uns nur diese eine Josephine und niemand sonst befähigt. Gerade das trifft aber meiner Meinung nach nicht zu, ich fühle es nicht und habe auch bei andern nichts dergleichen bemerkt. Im vertrauten Kreise gestehen wir einander offen, dass Josephines Gesang als Gesang nichts Außerordentliches darstellt.

Ist es denn überhaupt Gesang? Trotz unserer Unmusikalität haben wir Gesangsüberlieferungen; in den alten Zeiten unseres Volkes gab es Gesang; Sagen erzählen davon und sogar Lieder sind erhalten, die freilich niemand mehr singen kann. Eine Ahnung dessen, was Gesang ist, haben wir also und dieser Ahnung nun entspricht Josephines Kunst eigentlich nicht. Ist es denn überhaupt Gesang? Ist es nicht vielleicht doch nur ein Pfeifen? Und Pfeifen allerdings kennen wir alle, es ist die eigentliche Kunstfertigkeit unseres Volkes, oder vielmehr gar keine Fertigkeit, sondern eine charakteristische Lebensäußerung. Alle pfeifen wir, aber freilich denkt niemand daran, das als Kunst auszugeben, wir pfeifen, ohne darauf zu achten, ja, ohne es zu merken und es gibt sogar viele unter uns, die gar nicht wissen, dass das Pfeifen zu unsern Eigentümlichkeiten gehört. Wenn es also wahr wäre, dass Josephine nicht singt, sondern nur pfeift und vielleicht gar, wie es mir wenigstens scheint, über die Grenzen des üblichen Pfeifens kaum hinauskommt -ja vielleicht reicht ihre Kraft für dieses übliche Pfeifen nicht einmal ganz hin, während es ein gewöhnlicher Erdarbeiter ohne Mühe den ganzen Tag über neben seiner Arbeit zu Stande bringt - wenn das alles wahr wäre, dann wäre zwar Josephines angebliche Künstlerschaft widerlegt, aber es wäre dann erst Recht das Rätsel ihrer großen Wirkung zu lösen.

Es ist aber eben doch nicht nur Pfeifen, was sie produziert. Stellt man sich recht weit von ihr hin und horcht, oder noch besser, lässt man sich in dieser Hinsicht prüfen, singt also Josephine etwa unter andern Stimmen und setzt man sich die Aufgabe, ihre Stimme zu erkennen, dann wird man unweigerlich nichts anderes heraushören, als ein gewöhnliches, höchstens durch Zartheit oder Schwäche ein wenig auffallendes Pfeifen. Aber steht man vor ihr, ist es doch nicht nur ein Pfeifen; es ist zum Verständnis ihrer Kunst notwendig, sie nicht nur zu hören sondern auch zu sehen. Selbst wenn es nur unser tagtägliches Pfeifen wäre, so besteht hier doch schon zunächst die Sonderlichkeit, dass jemand sich feierlich hinstellt, um nichts anderes als das Übliche zu tun. Eine Nuss aufknacken ist wahrhaftig keine Kunst, deshalb wird es auch niemand wagen, ein Publikum zusammenzurufen und vor ihm, um es zu unterhalten, Nüsse knacken. Tut er es dennoch und gelingt seine Absicht, dann kann es sich eben doch nicht nur um bloßes Nüsseknacken handeln. Oder es handelt sich um Nüsseknacken, aber es stellt sich heraus, dass wir über diese Kunst hinweggesehen haben, weil wir sie glatt beherrschen und dass uns dieser neue Nussknacker erst ihr eigentliches Wesen zeigt, wobei es dann für die Wirkung sogar nützlich sein könnte, wenn er etwas weniger tüchtig im Nüsseknacken ist als die Mehrzahl von uns.

Vielleicht verhält es sich ähnlich mit Josephines Gesang; wir bewundern an ihr das, was wir an uns gar nicht bewundern; übrigens stimmt sie in letzterer Hinsicht mit uns völlig überein. Ich war einmal zugegen, als sie jemand, wie dies natürlich öfter geschieht, auf das allgemeine Volkspfeifen aufmerksam machte und zwar nur ganz bescheiden, aber für Josephine war es schon zu viel. Ein so freches, hochmütiges Lächeln, wie sie es damals aufsetzte, habe ich noch nicht gesehen; sie, die äußerlich eigentlich vollendete Zartheit ist, auffallend zart selbst in unserem an solchen Frauengestalten reichen Volk, erschien damals geradezu gemein; sie mochte es übrigens in ihrer großen Empfindlichkeit auch gleich selbst fühlen und fasste sich. Jedenfalls leugnet sie also jeden Zusammenhang zwischen ihrer Kunst und dem Pfeifen. Für die, welche gegenteiliger Meinung sind, hat sie nur Verachtung und wahrscheinlich uneingestandenen Hass. Das ist nicht gewöhnliche Eitelkeit, denn diese Opposition, zu der auch ich halb gehöre, bewundert sie gewiss nicht weniger als es die Menge tut, aber Josephine will nicht nur bewundert, sondern genau in der von ihr bestimmten Art bewundert sein, an Bewunderung allein liegt ihr nichts. Und wenn man vor ihr sitzt, versteht man sie; Opposition treibt man nur in der Ferne; wenn man vor ihr sitzt, weiß man: was sie hier pfeift, ist kein Pfeifen.

Da Pfeifen zu unseren gedankenlosen Gewohnheiten gehört, könnte man meinen, dass auch in Josephines Auditorium gepfiffen wird; es wird uns wohl bei ihrer Kunst und wenn uns wohl ist, pfeifen wir; aber ihr Auditorium pfeift nicht, es ist mäuschenstill, so als wären wir des ersehenten Friedens teilhaftig geworden, von dem uns zumindest unser eigenes Pfeifen abhält, schweigen wir. Ist es ihr Gesang, der uns entzückt oder nicht vielmehr die feierliche Stille, von der das schwache Stimmchen umgeben ist? Einmal geschah es, dass irgendein törichtes kleines Ding während Josephines Gesang in aller Unschuld auch zu pfeifen anfing. Nun, es war ganz dasselbe, was wir auch von Josephine hörten; dort vorne das trotz aller Routine immer noch schüchterne Pfeifen und hier im Publikum das selbstvergessene kindliche Gepfeife; den Unterschied zu bezeichnen, wäre unmöglich gewesen; aber doch zischten und pfiffen wir gleich die Störerin nieder, trotzdem es gar nicht nötig gewesen wäre, denn sie hätte sich gewiss auch sonst in Angst und Scham verkrochen, während Josephine ihr Triumphpfeifen anstimmte und ganz außer sich war mit ihren ausgespreizten Armen und dem gar nicht mehr höher dehnbaren Hals. So ist sie übrigens immer, jede Kleinigkeit, jeden jede Widerspenstigkeit, ein Knacken im Parkett, ein Zähneknirschen, eine Beleuchtungsstörung hält sie für die Wirkung ihres Gesanges zu erhöhen; sie singt ja ihre Meinung nach vor tauben Ohren; an Begeisterung und Beifall fehlt es nicht, aber auf wirkliches Verständnis, wie sie meint, hat sie längst verzichten gelernt. Da kommen ihr denn alle Störungen sehr gelegen; alles, was sich von außen her der Reinheit ihres Gesanges entgegenstellt, in leichtem Kampf, ja ohne Kampf, bloß durch die Gegenüberstellung besiegt wird, kann dazu beitragen, die Menge zu erwecken, sie zwar nicht Verständnis, aber ahnungsvollen Respekt zu lehren.

Wenn ihr aber nun das Kleine so dient, wie erst das Große? Unser Leben ist sehr unruhig, jeder Tag bringt Überraschungen, Ängstigungen, Hoffnungen und Schrecken, dass der Einzelne unmöglich dies alles ertragen könnte, hätte er nicht jederzeit bei Tag und Nacht den Rückhalt der Genossen; aber selbst so wird es oft Recht schwer; manchmal zittern selbst tausend Schultern unter der Last, die eigentlich nur für einen bestimmt war. Dann hält Josephine ihre Zeit für gekommen. Schon steht sie da, das zarte Wesen, besonders unterhalb der Brust beängstigend vibrierend, es ist, als hätte sie alle ihre Kraft im Gesang versammelt, als sei allem an ihr, was nicht dem Gesang unmittelbar diene, jede Kraft, fast jede Lebensmöglichkeit entzogen, als sei sie entblößt, preisgegeben, nur dem Schutze guter Geister überantwortet, als könne sie, während sie so, sich völlig entzogen, im Gesang wohnt, ein kalter Hauch im Vorüberwehn töten. Aber gerade bei solchem Anblick pflegen wir angeblichen Gegner uns zu sagen: "Sie kann nicht einmal pfeifen; so entsetzlich muss sie sich anstrengen, um nicht Gesang, reden wir nicht von Gesang, aber um das landesübliche Pfeifen einigermaßen sich abzuzwingen." So scheint es uns, doch ist dies, wie erwähnt, ein zwar unvermeidlicher, aber flüchtiger, schnell vorübergehender Eindruck. Schon tauchen auch wir in das Gefühl der Menge, die warm, Leib an Leib, scheu atmend horcht.

Und um diese Menge unseres fast immer in Bewegung befindlichen, wegen oft nicht sehr klarer Zwecke hin- und herschießenden Volkes um sich zu versammeln, muss Josephine meist nichts anderes tun, als mit zurückgelegtem Köpfchen, halb offenem Mund, der Höhe zugewandten Augen jene Stellung einnehmen, die darauf hindeutet, dass sie zu singen beabsichtigt. Sie kann dies tun, wo sie will, es muss kein weithin sichtbarer Platz sein, irgendein verborgener, in zufälliger Augenblickslaune gewählter Winkel ist ebenso gut brauchbar. Die Nachricht, dass sie singen will, verbreitet sich gleich und bald zieht es in Prozessionen hin. Nun, manchmal treten doch Hindernisse ein, Josephine singt mit Vorliebe gerade in aufgeregten Zeiten, vielfache Sorgen und Nöte zwingen uns dann zu vielerlei Wegen, man kann sich beim besten Willen nicht so schnell versammeln, wie es Josephine wünscht und sie steht dort diesmal in ihrer großen Haltung vielleicht eine Zeit lang ohne genügende Hörerzahl - dann freilich wird sie wütend, dann stampft sie mit den Füßen, flucht ganz unmädchenhaft, ja sie beißt sogar. Aber selbst ein solches Verhalten schadet ihrem Rufe nicht; statt ihre übergroßen Ansprüche ein wenig einzudämmen, strengt man sich an, ihnen zu entsprechen; es werden Boten ausgeschickt, um Hörer herbeizuholen; es wird vor ihr geheim gehalten, dass das geschieht; man sieht dann auf den Wegen im Umkreis Posten aufgestellt, die den Herankommenden zuwinken, sie möchten sich beeilen; dies alles so lange, bis dann schließlich doch eine leidliche Anzahl beisammen ist.

Was treibt das Volk dazu, sich für Josephine so zu bemühen? Eine Frage, nicht leichter zu beantworten als die nach Josephines Gesang, mit der sie ja auch zusammenhängt. Man könnte sie streichen und gänzlich mit der zweiten Frage vereinigen, wenn sich etwa behaupten ließe, dass das Volk wegen des Gesanges Josephine bedingungslos ergeben ist. Dies ist aber eben nicht der Fall; bedingungslose Ergebenheit kennt unser Volk kaum; dieses Volk, das über alles die freilich harmlose Schlauheit liebt, das kindliche Wispern, den freilich unschuldigen, bloß die Lippen bewegenden Tratsch, ein solches Volk kann immerhin nicht bedingungslos sich hingeben, das fühlt wohl auch Josephine, das ist es, was sie bekämpft mit aller Anstrengung ihrer schwachen Kehle.

Nur darf man freilich bei solchen allgemeinen Urteilen nicht zu weit gehen, das Volk ist Josephine doch ergeben, nur nicht bedingungslos. Es wäre z. B. nicht fähig, über Josephine zu lachen. Man kann es sich eingestehen: an Josephine fordert manches zum Lachen auf und an und für sich ist uns das Lachen immer nah; trotz allem Jammer unseres Lebens ist ein leises Lachen bei uns gewissermaßen immer zu Hause; aber über Josephine lachen wir nicht. Manchmal habe ich den Eindruck, das Volk fasse sein Verhältnis zu Josephine derart auf, dass sie, dieses zerbrechliche, schonungsbedürftige, irgendwie ausgezeichnete, ihrer Meinung nach durch Gesang ausgezeichnete Wesen ihm anvertraut sei und es müsse für sie sorgen; der Grund dessen ist niemandem klar, nur die Tatsache scheint festzustehen. Über das aber, was einem anvertraut ist, lacht man nicht; darüber zu lachen, wäre Pflichtverletzung; es ist das Äußerste an Boshaftigkeit, was die Boshaftesten unter uns Josephine zufügen, wenn sie manchmal sagen: "Das Lachen vergeht uns, wenn wir Josephine sehen."

So sorgt also das Volk für Josephine in der Art eines Vaters, der sich eines Kindes annimmt, das sein Händchen, man weiß nicht recht, ob bittend oder fordernd, nach ihm ausstreckt. Man sollte meinen, unser Volk tauge nicht zur Erfüllung solcher väterlicher Pflichten, aber in Wirklichkeit versieht es sie, wenigstens in diesem Falle, musterhaft; kein Einzelner könnte es, was in dieser Hinsicht das Volk als Ganzes zu tun im Stande ist. Freilich, der Kraftunterschied zwischen dem Volk und dem Einzelnen ist so ungeheuer, es genügt, dass es den Schützling in die Wärme seiner Nähe zieht und er ist beschützt genug. Zu Josephine wagt man allerdings von solchen Dingen nicht zu reden. "Ich pfeife auf eueren Schutz", sagt sie dann. "Ja, ja, du pfeifst", denken wir. Und außerdem ist es wahrhaftig keine Widerlegung, wenn sie rebelliert, vielmehr ist das durchaus Kindesart und Kindesdankbarkeit und Art des Vaters ist es, sich nicht daran zu kehren.

Nun spricht aber doch noch anderes mit herein, das schwerer aus diesem Verhältnis zwischen Volk und Josephine zu erklären ist. Josephine ist nämlich der gegenteiligen Meinung, sie glaubt, sie sei es, die das Volk beschütze. Aus schlimmer politischer oder wirtschaftlicher Lage rettet uns angeblich ihr Gesang, nichts weniger als das bringt er zu Wege und wenn er das Unglück nicht vertreibt, so gibt er uns wenigstens die Kraft, es zu ertragen. Sie spricht es nicht so aus und auch nicht anders, sie spricht überhaupt wenig, sie ist schweigsam unter den Plappermäulern, aber aus ihren Augen blitzt es, von ihrem geschlossenen Mund - bei uns können nur wenige den Mund geschlossen halten, sie kann es - ist es abzulesen. Bei jeder schlechten Nachricht, und an manchen Tagen überrennen sie einander, falsche und halbrichtige darunter, erhebt sie sich sofort, während es sie sonst müde zu Boden zieht, erhebt sich und streckt den Hals und sucht den Überblick über ihre Herde wie der Hirt vor dem Gewitter. Gewiss, auch Kinder stellen ähnliche Forderungen in ihrer wilden, unbeherrschten Art, aber bei Josephine sind sie doch nicht so unbegründet wie bei jenen. Freilich, sie rettet uns nicht und gibt uns keine Kräfte, es ist leicht, sich als Retter dieses Volkes aufzuspielen, das leidensgewohnt, sich nicht schonend, schnell in Entschlüssen, den Tod wohl kennend, nur dem Anscheine nach ängstlich in der Atmosphäre von Tollkühnheit, in der es ständig lebt und überdies ebenso fruchtbar wie wagemutig - es ist leicht, sage ich, sich nachträglich als Retter dieses Volkes aufzuspielen, das sich noch immer irgendwie selbst gerettet hat, sei es auch unter Opfern, über die der Geschichtsforscher - im Allgemeinen vernachlässigen wir Geschichtsforschung gänzlich - vor Schrecken erstarrt. Und doch ist es wahr, dass wir gerade in Notlagen noch besser als sonst auf Josephines Stimme horchen. Die Drohungen, die über uns stehen, machen uns stiller, bescheidener, für Josephines Befehlshaberei gefügiger; gern kommen wir zusammen, gern drängen wir uns aneinander, besonders weil es bei einem Anlass geschieht, der ganz abseits liegt von der quälenden Hauptsache; es ist, als tränken wir noch schnell, ja, Eile ist nötig, das vergisst Josephine allzu oft - gemeinsam einen Becher des Friedens vor dem Kampf Es ist nicht so sehr eine Gesangsvorführung als vielmehr eine Volksversammlung und zwar eine Versammlung, bei der es bis auf das kleine Pfeifen vorne völlig still ist; viel zu ernst ist die Stunde, als dass man sie verschwätzen wollte.

Ein solches Verhältnis könnte nun freilich Josephine gar nicht befriedigen. Trotz all ihres nervösen Missbehagens, welches Josephine wegen ihrer niemals ganz geklärten Stellung erfüllt, sieht sie doch, verblendet von ihrem Selbstbewusstsein, manches nicht und kann ohne große Anstrengung dazu gebracht werden, noch viel mehr zu übersehen, ein Schwarm von Schmeichlern ist in diesem Sinne, also eigentlich in einem allgemein nützlichen Sinne, immerfort tätig, - aber nur nebenbei, unbeachtet, im Winkel einer Volksversammlung zu singen, dafür würde sie, trotzdem es an sich gar nicht wenig wäre, ihren Gesang gewiss nicht opfern.

Aber sie muss es auch nicht, denn ihre Kunst bleibt nicht unbeachtet. Trotzdem wir im Grunde mit ganz anderen Dingen beschäftigt sind und die Stille durchaus nicht nur dem Gesange zuliebe herrscht und mancher gar nicht aufschaut, sondern das Gesicht in den Pelz des Nachbars drückt und Josephine also dort oben sich vergeblich abzumühen scheint, dringt doch - das ist nicht zu leugnen - etwas von ihrem Pfeifen unweigerlich auch zu uns. Dieses Pfeifen, das sich erhebt, wo allen anderen Schweigen auferlegt ist, kommt fast wie eine Botschaft des Volkes zu dem Einzelnen; das dünne Pfeifen Josephines mitten in den schweren Entscheidungen ist fast wie die armselige Existenz unseres Volkes mitten im Tumult der feindlichen Welt. Josephine behauptet sich, dieses Nichts an Stimme, dieses Nichts an Leistung behauptet sich und schafft sich den Weg zu uns, es tut wohl, daran zu denken. Einen wirklichen Gesangskünstler, wenn einer einmal sich unter uns finden sollte, würden wir in solcher Zeit gewiss nicht ertragen und die Unsinnigkeit einer solchen Vorführung einmütig abweisen. Möge Josephine beschützt werden vor der Erkenntnis, dass die Tatsache, dass wir ihr zuhören, ein Beweis gegen ihren Gesang ist. Eine Ahnung dessen hat sie wohl, warum würde sie sonst so leidenschaftlich leugnen, dass wir ihr zuhören, aber immer wieder singt pfeift sie sich über diese Ahnung hinweg.

Aber es gäbe auch sonst noch immer einen Trost für sie; wir hören ihr doch auch gewissermaßen wirklich zu, wahrscheinlich ähnlich, wie man einem Gesangskünstler zuhört; sie erreicht Wirkungen, die ein Gesangskünstler vergeblich bei uns anstreben würde und die nur gerade ihren unzureichenden Mitteln verliehen sind. Dies hängt wohl hauptsächlich mit unserer Lebensweise zusammen.

In unserem Volke kennt man keine Jugend, kaum eine winzige Kinderzeit. Es treten zwar regelmäßig Forderungen auf, man möge den Kindern eine besondere Freiheit, eine besondere Schonung Gewähr leisten, ihr Recht auf ein wenig Sorglosigkeit, ein wenig sinnloses Herumtollen, auf ein wenig Spiel, dieses Recht möge man anerkennen und ihm zur Erfüllung verhelfen; solche Forderungen treten auf und fast jedermann billigt sie, es gibt nichts, was mehr zu billigen wäre, aber es gibt auch nichts, was in der Wirklichkeit unseres Lebens weniger zugestanden werden könnte, man billigt die Forderungen, man macht Versuche in ihrem Sinn, aber bald ist wieder alles beim Alten. Unser Leben ist eben derart, dass ein Kind, sobald es nur ein wenig läuft und die Umwelt ein wenig unterscheiden kann, ebenso für sich sorgen muss wie ein Erwachsener; die Gebiete, auf denen wir aus wirtschaftlichen Rücksichten zerstreut leben müssen, sind zu groß, unserer Feinde sind zu viele, die uns überall bereiteten Gefahren zu unberechenbar - wir können die Kinder vom Existenzkampfe nicht fernhalten, täten wir es, es wäre ihr vorzeitiges Ende. Zu diesen traurigen Gründen kommt freilich auch ein erhebender: die Fruchtbarkeit unseres Stammes. Eine Generation - und jede ist zahlreich - drängt die andere, die Kinder haben nicht Zeit, Kinder zu sein. Mögen bei anderen Völkern die Kinder sorgfältig gepflegt werden, mögen dort Schulen für die Kleinen errichtet sein, mögen dort aus diesen Schulen täglich die Kinder strömen, die Zukunft des Volkes, so sind es doch immer lange Zeit Tag für Tag die gleichen Kinder, die dort hervorkommen. Wir haben keine Schulen, aber aus unserem Volke strömen in allerkürzesten Zwischenräumen die unübersehbaren Scharen unserer Kinder, fröhlich zischend oder piepsend, solange sie noch nicht pfeifen können, sich wälzend oder Kraft des Druckes weiterrollend, solange sie noch nicht laufen können, täppisch durch ihre Masse alles mit sich fortreißend, solange sie noch nicht sehen können, unsere Kinder!

Und nicht wie in jenen Schulen die gleichen Kinder, nein, immer, immer wieder neue, ohne Ende, ohne Unterbrechung, kaum erscheint ein Kind, ist es nicht mehr Kind, aber schon drängen hinter ihm die neuen Kindergesichter ununterscheidbar in ihrer Menge und Eile, rosig vor Glück. Freilich, wie schön dies auch sein mag und wie sehr uns andere darum auch mit Recht beneiden mögen, eine wirkliche Kinderzeit können wir eben unseren Kindern nicht geben. Und das hat seine Folgewirkungen. Eine gewisse unsterbliche, unausrottbare Kindlichkeit durchdringt unser Volk; im geraden Widerspruch zu unserem Besten, dem untrüglichen praktischen Verstande, handeln wir manchmal ganz und gar töricht und zwar eben in der Art, wie Kinder töricht handeln, sinnlos, verschwenderisch, großzügig, leichtsinnig und dies alles oft einem kleinen Spaß zuliebe. Und wenn unsere Freude darüber natürlich nicht mehr die volle Kraft der Kinderfreude haben kann, etwas von dieser lebt darin noch gewiss. Von dieser Kindlichkeit unseres Volkes profitiert seit jeher auch Josephine.

Aber unser Volk ist nicht nur kindlich, es ist gewissermaßen auch vorzeitig alt, Kindheit und Alter machen sich bei uns anders als bei anderen. Wir haben keine Jugend, wir sind gleich Erwachsene und Erwachsene sind wir dann zu lange, eine gewisse Müdigkeit und Hoffnungslosigkeit durchzieht von da aus mit breiter Spur das im Ganzen doch so zähe und hoffnungsstarke Wesen unseres Volkes. Damit hängt wohl auch unsere Unmusikalität zusammen; wir sind zu alt für Musik, ihre Erregung, ihr Aufschwung passt nicht für unsere Schwere, müde winken wir ihr ab; wir haben uns auf das Pfeifen zurückgezogen; ein wenig Pfeifen hie und da, das ist das Richtige für uns. Wer weiß, ob es nicht Musiktalente unter uns gibt; wenn es sie aber gäbe, der Charakter der Volksgenossen müsste sie noch vor ihrer Entfaltung unterdrücken. Dagegen mag Josephine nach ihrem Belieben pfeifen oder singen oder wie sie es nennen will, das stört uns nicht, das entspricht uns, das können wir wohl vertragen; wenn darin etwas von Musik enthalten sein sollte, so ist es auf die möglichste Nichtigkeit reduziert; eine gewisse Musiktradition wird gewahrt, aber ohne dass uns dies im geringsten beschweren würde.

Aber Josephine bringt diesem so gestimmten Volke noch mehr. Bei ihren Konzerten, besonders in ernster Zeit, haben nur noch die ganz Jungen Interesse an der Sängerin als solcher, nur sie sehen mit Staunen zu, wie sie ihre Lippen kräuselt, zwischen den niedlichen Vorderzähnen die Luft ausstößt, in Bewunderung der Töne, die sie selbst hervorbringt, erstirbt und dieses Hinsinken benützt, um sich zu neuer, ihr immer unverständlicher werdender Leistung anzufeuern, aber die eigentliche Menge hat sich - das ist deutlich zu erkennen - auf sich selbst zurückgezogen. Hier in den dürftigen Pausen zwischen den Kämpfen träumt das Volk, es ist, als lösten sich dem Einzelnen die Glieder, als dürfte sich der Ruhelose einmal nach seiner Lust im großen warmen Bett des Volkes dehnen und strecken. Und in diese Träume klingt hie und da Josephines Pfeifen; sie nennt es perlend, wir nennen es stoßend; aber jedenfalls ist es hier an seinem Platze, wie nirgends sonst, wie Musik kaum jemals den auf sie wartenden Augenblick findet. Etwas von der armen kurzen Kindheit ist darin, etwas von verlorenem, nie wieder aufzufindendem Glück, aber auch etwas vom tätigen heutigen Leben ist darin, von seiner kleinen, unbegreiflichen und dennoch bestehenden und nicht zu tötenden Munterkeit. Und dies alles ist wahrhaftig nicht mit großen Tönen gesagt, sondern leicht, flüsternd, vertraulich, manchmal ein wenig heiser. Natürlich ist es ein Pfeifen. Wie denn nicht? Pfeifen ist die Sprache unseres Volkes, nur pfeift mancher sein Leben lang und weiß es nicht, hier aber ist das Pfeifen frei gemacht von den Fesseln des täglichen Lebens und befreit auch uns für eine kurze Weile. Gewiss, diese Vorführungen wollten wir nicht missen.

Aber von da bis zu Josephines Behauptung, sie gebe uns in solchen Zeiten neue Kräfte usw. usw., ist noch ein sehr weiter Weg.

Für gewöhnliche Leute allerdings, nicht für Josefinens Schmeichler. "Wie könnte es anders sein" - sagen sie in recht unbefangener Keckheit - "wie könnte man anders den großen Zulauf, besonders unter unmittelbar drängender Gefahr, erklären, der schon manchmal sogar die genügende, rechtzeitige Abwehr eben dieser Gefahr verhindert hat." Nun, dies letztere ist leider richtig, gehört aber doch nicht zu den Ruhmestiteln Josephines, besonders wenn man hinzu fügt, dass, wenn solche Versammlungen unerwartet vom Feind gesprengt wurden und mancher der unserigen dabei sein Leben lassen musste, Josephine, die alles verschuldet, ja, durch ihr Pfeifen den Feind vielleicht angelockt hatte, immer im Besitz des sichersten Plätzchens war und unter dem Schutze ihres Anhanges sehr still und eiligst als erste verschwand. Aber auch dieses wissen im Grunde alle und dennoch eilen sie wieder hin, wenn Josephine nächstens nach ihrem Belieben irgendwo, irgendwann zum Gesange sich erhebt. Daraus könnte man schließen, dass Josephine fast außerhalb des Gesetzes steht, dass sie tun darf, was sie will, selbst wenn es die Gesamtheit gefährdet und dass ihr alles verziehen wird. Wenn dies so wäre, dann wären auch Josephines Ansprüche völlig verständlich, ja, man könnte gewissermaßen in dieser Freiheit, die ihr das Volk geben würde, in diesem außerordentlichen, niemand sonst gewährten, die Gesetze eigentlich widerlegenden Geschenk ein Eingeständnis dessen sehen, dass das Volk Josephine, wie sie es behauptet, nicht versteht, ohnmächtig ihre Kunst anstaunt, sich ihrer nicht würdig fühlt, dieses Leid, das es Josephine tut, durch eine geradezu verzweifelte Leistung auszugleichen strebt und, so wie ihre Kunst außerhalb seines Fassungsvermögens ist, auch ihre Person und deren Wünsche außerhalb seiner Befehlsgewalt stellt. Nun, das ist allerdings ganz und gar nicht richtig, vielleicht kapituliert im Einzelnen das Volk zu schnell vor Josephine, aber wie es bedingungslos vor niemandem kapituliert, also auch nicht vor ihr.

Schon seit langer Zeit, vielleicht schon seit Beginn ihrer Künstlerlaufbahn, kämpft Josephine darum, dass sie mit Rücksicht auf ihren Gesang von jeder Arbeit befreit werde; man solle ihr also die Sorge um das tägliche Brot und alles, was sonst mit unserem Existenzkampf verbunden ist, abnehmen und es wahrscheinlich auf das Volk als Ganzes überwälzen. Ein schnell Begeisterter - es fanden sich auch solche - könnte schon allein aus der Sonderlichkeit dieser Forderung, aus der Geistesverfassung, die eine solche Forderung auszudenken im Stande ist, auf deren innere Berechtigung schließen. Unser Volk zieht aber andere Schlüsse und lehnt ruhig die Forderung ab. Es müht sich auch mit der Widerlegung der Gesuchsbegründung nicht sehr ab. Josephine weist z. B. darauf hin, dass die Anstrengung bei der Arbeit ihrer Stimme schade, dass zwar die Anstrengung bei der Arbeit gering sei im Vergleich zu jener beim Gesang, dass sie ihr aber doch die Möglichkeit nehme, nach dem Gesang sich genügend auszuruhen und für neuen Gesang sich zu stärken, sie müsse sich dabei gänzlich erschöpfen und könne trotzdem unter diesen Umständen ihre Höchstleistung niemals erreichen. Das Volk hört sie an und geht darüber hinweg. Dieses so leicht zu rührende Volk ist manchmal gar nicht zu rühren. Die Abweisung ist manchmal so hart, dass selbst Josephine stutzt, sie scheint sich zu fügen, arbeitet wie es sich gehört, singt so gut sie kann, aber das alles nur eine Weile, dann nimmt sie den Kampf mit neuen Kräften, dafür scheint sie unbeschränkt viele zu haben, wieder auf.

Nun ist es ja klar, dass Josephine nicht eigentlich das anstrebt, was sie wörtlich verlangt. Sie ist vernünftig, sie scheut die Arbeit nicht, wie ja Arbeitsscheu überhaupt bei uns unbekannt ist, sie würde auch nach Bewilligung ihrer Forderung gewiss nicht anders leben als früher, die Arbeit würde ihrem Gesang gar nicht im Wege stehen und der Gesang allerdings würde auch nicht schöner werden - was sie anstrebt, ist also nur die öffentliche, eindeutige, die Zeiten überdauernde, über alles bisher Bekannte sich weit erhebende Anerkennung ihrer Kunst. Während ihr aber fast alles andere erreichbar scheint, versagt sich ihr dieses hartnäckig. Vielleicht hätte sie den Angriff gleich anfangs in andere Richtung lenken sollen, vielleicht sieht sie jetzt selbst den Fehler ein, aber nun kann sie nicht mehr zurück, ein Zurückgehen hieße sich selbst untreu werden, nun muss sie schon mit dieser Forderung stehen oder fallen.

Hätte sie wirklich Feinde, wie sie sagt, sie könnten diesem Kampfe, ohne selbst den Finger rühren zu müssen, belustigt zusehen. Aber sie hat keine Feinde und selbst wenn mancher hie und da Einwände gegen sie hat, dieser Kampf belustigt niemanden. Schon deshalb nicht, weil sich hier das Volk in seiner kalten richterlichen Haltung zeigt, wie man es sonst bei uns nur sehr selten sieht. Und wenn einer auch diese Haltung in diesem Falle billigen mag, so schließt doch die bloße Vorstellung, dass sich einmal das Volk ähnlich gegen ihn selbst verhalten könnte, jede Freude aus.. Es handelt sich eben auch bei der Abweisung, ähnlich wie bei der Forderung, nicht um die Sache selbst, sondern darum, dass sich das Volk gegen einen Volksgenossen derart undurchdringlich abschließen kann und umso undurchdringlicher, als es sonst für eben diesen Genossen väterlich und mehr als väterlich, demütig sorgt.

Stünde hier an Stelle des Volkes ein Einzelner: man könnte glauben, dieser Mann habe die ganze Zeit über Josephine nachgegeben unter dem fortwährenden brennenden Verlangen endlich der Nachgiebigkeit ein Ende zu machen; er habe übermenschlich viel nachgegeben im festen Glauben, dass das Nachgeben trotzdem seine richtige Grenze finden werde; ja, er habe mehr nachgegeben als nötig war, nur um die Sache zu beschleunigen, nur, um Josephine zu verwöhnen und zu immer neuen Wünschen zu treiben, bis sie dann wirklich diese letzte Forderung erhob; da habe er nun freilich, kurz, weil längst vorbereitet, die endgültige Abweisung vorgenommen. Nun, so verhält es sich ganz gewiss nicht, das Volk braucht solche Listen nicht, außerdem ist seine Verehrung für Josephine aufrichtig und erprobt und Josefinens Forderung ist allerdings so stark, dass jedes unbefangene Kind ihr den Ausgang hätte voraussagen können; trotzdem mag es sein, dass in der Auffassung, die Josephine von der Sache hat, auch solche Vermutungen mitspielen und dem Schmerz der Abgewiesenen eine Bitternis hinzufügen.

Aber mag sie auch solche Vermutungen haben, vom Kampf abschrecken lässt sie sich dadurch nicht. In letzter Zeit verschärft sich sogar der Kampf, hat sie ihn bisher nur durch Worte geführt, fängt sie jetzt an, andere Mittel anzuwenden, die ihrer Meinung nach wirksamer, unserer Meinung nach für sie selbst gefährlicher sind.

Manche glauben, Josephine werde deshalb so dringlich, weil sie sich alt werden fühle, die Stimme Schwächen zeige und es ihr daher höchste Zeit zu sein scheine, den letzten Kampf um ihre Anerkennung zu führen. Ich glaube daran nicht. Josephine wäre nicht Josephine, wenn dies wahr wäre. Für sie gibt es kein Altern und keine Schwächen ihrer Stimme. Wenn sie etwas fordert, so wird sie nicht durch äußere Dinge, sondern durch innere Folgerichtigkeit dazu gebracht. Sie greift nach dem höchsten Kranz, nicht, weil er im Augenblick gerade ein wenig tiefer hängt, sondern weil es der Höchste ist; wäre es in ihrer Macht, sie würde ihn noch höher hängen.

Diese Missachtung äußerer Schwierigkeiten hindert sie allerdings nicht, die unwürdigsten Mittel anzuwenden. ihr Recht steht ihr außer Zweifel; was liegt also daran, wie sie es erreicht; besonders da doch in dieser Welt, so wie sie sich ihr darstellt, gerade die würdigen Mittel versagen müssen. Vielleicht hat sie sogar deshalb den Kampf um ihr Recht aus dem Gebiet des Gesanges auf ein anderes ihr wenig teures verlegt. Ihr Anhang hat Aussprüche von ihr in Umlauf gebracht, nach denen sie sich durchaus fähig fühlt, so zu singen, dass es dem Volk in allen seinen Schichten bis in die versteckteste Opposition hinein eine wirkliche Lust wäre, wirkliche Lust nicht im Sinne des Volkes, welches ja behauptet, diese Lust seit jeher bei Josephines Gesang zu fühlen, sondern Lust im Sinne von Josephines Verlangen. Aber, fügt sie hinzu, da sie das Hohe nicht fälschen und dem Gemeinen nicht schmeicheln könne, müsse es eben bleiben, wie es sei. Anders aber ist es bei ihrem Kampf um die Arbeitsbefreiung, zwar ist es auch ein Kampf um ihren Gesang, aber hier kämpft sie nicht unmittelbar mit der kostbaren Waffe des Gesanges, jedes Mittel, das sie anwendet, ist daher gut genug.

So wurde z. B. das Gerücht verbreitet, Josephine beabsichtige, wenn man ihr nicht nachgebe, die Koloraturen zu kürzen. Ich weiß nichts von Koloraturen, habe in ihrem Gesange niemals etwas von Koloraturen bemerkt. Josephine aber will die Koloraturen kürzen, vorläufig nicht beseitigen, sondern nur kürzen. Sie hat angeblich ihre Drohung wahr gemacht, mir allerdings ist kein Unterschied gegenüber ihren früheren Vorführungen aufgefallen. Das Volk als Ganzes hat zugehört wie immer, ohne sich über die Koloraturen zu äußern und auch die Behandlung von Josephines Forderung hat sich nicht geändert. Übrigens hat Josephine, wie in ihrer Gestalt, unleugbar auch in ihrem Denken manchmal etwas recht Graziöses. So hat sie z. B. nach jener Vorführung, so als sei ihr Entschluss hinsichtlich der Koloraturen gegenüber dem Volk zu hart oder zu plötzlich gewesen, erklärt, nächstens werde sie die Koloraturen doch wieder vollständig singen. Aber nach dem nächsten Konzert besann sie sich wieder anders, nun sei es endgültig zu Ende mit den großen Koloraturen und vor einer für Josephine günstigen Entscheidung kämen sie nicht wieder. Nun, das Volk hört über alle diese Erklärungen, Entschlüsse und Änderungen der Entschlüsse hinweg, wie ein Erwachsener in Gedanken über das Plaudern eines Kindes hinweghört, grundsätzlich wohlwollend, aber unerreichbar.

Josephine aber gibt nicht nach. So behauptete sie z. B. neulich, sie habe sich bei der Arbeit eine Fußverletzung zugezogen, die ihr das Stehen während des Gesanges beschwerlich mache; da sie aber nur stehend singen könne, müsse sie jetzt sogar die Gesänge kürzen. Trotzdem sie hinkt und sich von ihrem Anhang stützen lässt, glaubt niemand an eine wirkliche Verletzung. Selbst die besondere Empfindlichkeit ihres Körperchens zugegeben, sind wir doch ein Arbeitsvolk und auch Josephine gehört zu ihm; wenn wir aber wegen jeder Hautabschürfung hinken wollten, dürfte das ganze Volk mit Hinken gar nicht aufhören. Aber mag sie sich wie eine Lahme führen lassen, mag sie sich in diesem bedauernswerten Zustand öfter zeigen als sonst, das Volk hört ihren Gesang dankbar und entzückt wie früher, aber wegen der Kürzung macht es nicht viel Aufhebens.

Da sie nicht immerfort hinken kann, erfindet sie etwas anderes, sie schützt Müdigkeit vor, Missstimmung, Schwäche. Wir haben nun außer dem Konzert auch ein Schauspiel. Wir sehen hinter Josephine ihren Anhang, wie er sie bittet und beschwört zu singen. Sie wollte gern, aber sie kann nicht. Man tröstet sie, umschmeichelt sie, trägt sie fast auf den schon vorher ausgesuchten Platz, wo sie singen soll. Endlich gibt sie mit undeutbaren Tränen nach, aber wie sie mit offenbar letztem Willen zu singen anfangen will, matt, die Arme nicht wie sonst ausgebreitet, sondern am Körper leblos herunterhängend, wobei man den Eindruck erhält, dass sie vielleicht ein wenig zu kurz sind – wie sie so anstimmen will, nun, da geht es doch wieder nicht, ein unwilliger Ruck des Kopfes zeigt es an und sie sinkt vor unseren Augen zusammen. Dann allerdings rafft sie sich doch wieder auf und singt, ich glaube, nicht viel anders als sonst, vielleicht wenn man für feinste Nuancen das Ohr hat, hört man ein wenig außergewöhnliche Erregung heraus, die der Sache aber nur zugute kommt. Und am Ende ist sie sogar weniger müde als vorher, mit festem Gang, so weit man ihr huschendes Trippeln so nennen kann, entfernt sie sich, jede Hilfe des Anhangs ablehnend und mit kalten Blicken die ihr ehrfurchtsvoll ausweichende Menge prüfend.

So war es letzthin, das Neueste aber ist, dass sie zu einer Zeit, wo ihr Gesang erwartet wurde, verschwunden war. Nicht nur der Anhang sucht sie, viele stellen sich in den Dienst des Suchens, es ist vergeblich; Josephine ist verschwunden, sie will nicht singen, sie will nicht einmal darum gebeten werden, sie hat uns diesmal völlig verlassen. Sonderbar, wie falsch sie rechnet, die Kluge, so falsch, dass man glauben sollte, sie rechne gar nicht, sondern werde nur weiter getrieben von ihrem Schicksal, das in unserer Welt nur ein sehr Trauriges werden kann. Selbst entzieht sie sich dem Gesang, selbst zerstört sie die Macht, die sie über die Gemüter erworben hat. Wie konnte sie nur diese Macht erwerben, da sie diese Gemüter so wenig kennt. Sie versteckt sich und singt nicht, aber das Volk, ruhig, ohne sichtbare Enttäuschung, herrisch, eine in sich ruhende Masse, die förmlich, auch wenn der Anschein dagegen spricht, Geschenke nur geben, niemals empfangen kann, auch von Josephine nicht, dieses Volk zieht weiter seines Weges.

Mit Josephine aber muss es abwärts gehen. Bald wird die Zeit kommen, wo ihr letzter Pfiff ertönt und verstummt. Sie ist eine kleine Episode in der ewigen Geschichte unseres Volkes und das Volk wird den Verlust überwinden. Leicht wird es uns ja nicht werden; wie werden die Versammlungen in völliger Stummheit möglich sein? Freilich, waren sie nicht auch mit Josephine stumm? War ihr wirkliches Pfeifen nennenswert lauter und lebendiger, als die Erinnerung daran sein wird? War es denn noch bei ihren Lebzeiten mehr als eine bloße Erinnerung? Hat nicht vielmehr das Volk in seiner Weisheit Josephines Gesang, eben deshalb, weil er in dieser Art unverlierbar war, so hoch gestellt?

Vielleicht werden wir also gar nicht sehr viel entbehren, Josephine aber, erlöst von der irdischen Plage, die aber ihrer Meinung nach Auserwählten bereitet ist, wird fröhlich sich verlieren in der zahllosen Menge der Helden unseres Volkes und bald, da wir keine Geschichte treiben, in gesteigerter Erlösung vergessen sein wie alle ihre Brüder.

In der Strafkolonie

"Es ist ein eigentümlicher Apparat", sagte der Offizier zu dem Forschungsreisenden und überblickte mit einem gewissermaßen bewundernden Blick den ihm doch wohlbekannten Apparat. Der Reisende schien nur aus Höflichkeit der Einladung des Kommandanten gefolgt zu sein, der ihn aufgefordert hatte, der Exekution eines Soldaten beizuwohnen, der wegen Ungehorsam und Beleidigung des Vorgesetzten verurteilt worden war. Das Interesse für diese Exekution war wohl auch in der Strafkolonie nicht sehr groß. Wenigstens war hier in dem tiefen, sandigen, von kahlen Abhängen ringsum abgeschlossenen kleinen Tal außer dem Offizier und dem Reisenden nur der Verurteilte, ein stumpfsinniger breitmäuliger Mensch mit verwahrlostem Haar und Gesicht und ein Soldat zugegen, der die schwere Kette hielt, in welche die kleinen Ketten ausliefen, mit denen der Verurteilte an den Fuß- und Handknöcheln sowie am Hals gefesselt war und die auch untereinander durch Verbindungsketten zusammenhingen. Übrigens sah der Verurteilte so hündisch ergeben aus, dass es den Anschein hatte, als könnte man ihn frei auf den Abhängen herumlaufen lassen und müsse bei Beginn der Exekution nur pfeifen, damit er käme.

Der Reisende hatte wenig Sinn für den Apparat und ging hinter dem Verurteilten fast sichtbar unbeteiligt Auf und Ab, während der Offizier die letzten Vorbereitungen besorgte, bald unter den tief in die Erde eingebauten Apparat kroch, bald auf eine Leiter stieg, um die oberen Teile zu untersuchen. Das waren Arbeiten, die man eigentlich einem Maschinisten hätte überlassen können, aber der Offizier führte sie mit einem großen Eifer aus, sei es, dass er ein besonderer Anhänger dieses Apparates war, sei es, dass man aus anderen Gründen die Arbeit sonst niemandem anvertrauen konnte. "Jetzt ist alles fertig!" rief er endlich und stieg von der Leiter hinunter. Er war ungemein ermattet, atmete mit weit offenem Mund und hatte zwei zarte Damentaschentücher hinter den Uniformkragen gezwängt. "Diese Uniformen sind doch für die Tropen zu schwer", sagte der Reisende, statt sich, wie es der Offizier erwartet hatte, nach dem Apparat zu erkundigen. "Gewiss", sagte der Offizier und wusch sich die von Öl und Fett beschmutzten Hände in einem bereitstehenden Wasserkübel, "aber sie bedeuten die Heimat; wir wollen nicht die Heimat verlieren. - Nun sehen Sie aber diesen Apparat", fügte er gleich hinzu, trocknete die Hände mit einem Tuch und zeigte gleichzeitig auf den Apparat. "Bis jetzt war noch Händearbeit nötig, von jetzt aber arbeitet der Apparat ganz allein." Der Reisende nickte und folgte dem Offizier. Dieser suchte sich für alle Zwischenfälle zu sichern und sagte dann: "Es kommen natürlich Störungen vor; ich hoffe zwar, es wird heute keine eintreten, immerhin muss man mit ihnen rechnen. Der Apparat soll ja zwölf Stunden ununterbrochen im Gang sein. Wenn aber auch Störungen vorkommen, so sind sie doch nur ganz kleine und sie werden sofort behoben sein."

"Wollen Sie sich nicht setzen?" fragte er schließlich, zog aus einem Haufen von Rohrstühlen einen hervor und bot ihn dem Reisenden an; dieser konnte nicht ablehnen. Er saß nun am Rande einer Grube, in die er einen flüchtigen Blick warf. Sie war nicht sehr tief. Zur einen Seite der Grube war die ausgegrabene Erde zu einem Wall aufgehäuft, zur anderen Seite stand der Apparat. "Ich weiß nicht", sagte der Offizier, "ob Ihnen der Kommandant den Apparat schon erklärt hat." Der Reisende machte eine ungewisse Handbewegung; der Offizier verlangte nichts Besseres, denn nun konnte er selbst den Apparat erklären. "Dieser Apparat", sagte er und fasste eine Kurbelstange, auf die er sich stützte, "ist eine Erfindung unseres früheren Kommandanten. Ich habe gleich bei den allerersten Versuchen mitgearbeitet und war auch bei allen Arbeiten bis zur Vollendung beteiligt. Das Verdienst der Erfindung allerdings gebührt ihm ganz allein. Haben Sie von unserem früheren Kommandanten gehört? Nicht? Nun, ich behaupte nicht zu viel, wenn ich sage, dass die Einrichtung der ganzen Strafkolonie sein Werk ist. Wir, seine Freunde, wussten schon bei seinem Tod, dass die Einrichtung der Kolonie so in sich geschlossen ist, dass sein Nachfolger und habe er tausend neue Pläne im Kopf, wenigstens während vieler Jahre nichts von dem Alten wird abändern können. Unsere Voraussage ist auch eingetroffen; der neue Kommandant hat es erkennen müssen. Schade, dass Sie den früheren Kommandanten nicht gekannt haben! - Aber", unterbrach sich der Offizier, "ich schwätze und sein Apparat steht hier vor uns. Er besteht, wie Sie sehen, aus drei Teilen. Es haben sich im Laufe der Zeit für jeden dieser Teile gewissermaßen volkstümliche Bezeichnungen ausgebildet. Der untere heißt das Bett, der obere heißt der Zeichner und hier der mittlere, schwebende Teil heißt die Egge." "Die Egge?" fragte der Reisende. Er hatte nicht ganz aufmerksam zugehört, die Sonne verfing sich allzu stark in dem schattenlosen Tal, man konnte schwer seine Gedanken sammeln. Umso bewunderswerter erschien ihm der Offizier, der im engen, parademäßigen, mit Epauletten beschwerten, mit Schnüren behängten Waffenrock so eifrig seine Sache erklärte und außerdem, während er sprach, mit einem Schraubendreher noch hier und da an einer Schraube sich zu schaffen machte. In ähnlicher Verfassung wie der Reisende schien der Soldat zu sein. Er hatte um beide Handgelenke die Kette des Verurteilten gewickelt, stützte sich mit der Hand auf sein Gewehr, ließ den Kopf im Genick hinunterhängen und kümmerte sich um nichts. Der Reisende wunderte sich nicht darüber, denn der Offizier sprach französisch und Französisch verstand gewiss weder der Soldat noch der Verurteilte. Umso auffallender war es allerdings, dass der Verurteilte sich dennoch bemühte, den Erklärungen des Offiziers zu folgen. Mit einer Art schläfriger Beharrlichkeit richtete er die Blicke immer dorthin, wohin der Offizier gerade zeigte und als dieser jetzt vom Reisenden mit einer Frage unterbrochen wurde, sah auch er, ebenso wie der Offizier, den Reisenden an.

"Ja, die Egge", sagte der Offizier, "der Name passt. Die Nadeln sind eggenartig angeordnet, auch wird das Ganze wie eine Egge geführt, wenn auch bloß auf einem Platz und viel kunstgemäßer. Sie werden es übrigens gleich verstehen. Hier auf das Bett wird der Verurteilte gelegt. - Ich will nämlich den Apparat zuerst beschreiben und dann erst die Prozedur selbst ausführen lassen. Sie werden ihr dann besser folgen können. Auch ist ein Zahnrad im Zeichner zu stark abgeschliffen; es kreischt sehr, wenn es im Gang ist; man kann sich dann kaum verständigen; Ersatzteile sind hier leider nur schwer zu beschaffen. - Also hier ist das Bett, wie ich sagte. Es ist ganz und gar mit einer Watteschicht bedeckt; den Zweck dessen werden Sie noch erfahren. Auf diese Watte wird der Verurteilte bäuchlings gelegt, natürlich nackt; hier sind für die Hände, hier für die Füße, hier für den Hals Riemen, um ihn festzuschnallen. Hier am Kopfende des Bettes, wo der Mann, wie ich gesagt habe, zuerst mit dem Gesicht aufliegt, ist dieser kleine Filzstumpf, der leicht so reguliert werden kann, dass er dem Mann gerade in den Mund dringt. Er hat den Zweck, am Schreien und am Zerbeißen der Zunge zu hindern. Natürlich muss der Mann den Filz aufnehmen, da ihm sonst durch den Halsriemen das Genick gebrochen wird." "Das ist Watte?" fragte der Reisende und beugte sich vor. "Ja, gewiss", sagte der Offizier lächelnd, "befühlen Sie es selbst." Er fasste die Hand des Reisenden und führte sie über das Bett hin. "Es ist eine besonders präparierte Watte, darum sieht sie so unkenntlich aus; ich werde auf ihren Zweck noch zu sprechen kommen." Der Reisende war schon ein wenig für den Apparat gewonnen; die Hand zum Schutz gegen die Sonne über den Augen, sah er an dem Apparat in die Höhe. Es war ein großer Aufbau. Das Bett und der Zeichner hatten gleichen Umfang und sahen wie zwei dunkle Truhen aus. Der Zeichner war etwa zwei Meter über dem Bett angebracht; beide waren in den Ecken durch vier Messingstangen verbunden, die in der Sonne fast Strahlen warfen. Zwischen den Truhen schwebte an einem Stahlband die Egge.

Der Offizier hatte die frühere Gleichgültigkeit des Reisenden kaum bemerkt, wohl aber hatte er für sein jetzt beginnendes Interesse Sinn; er setzte deshalb in seinen Erklärungen aus, um dem Reisenden zur ungestörten Betrachtung Zeit zu lassen. Der Verurteilte ahmte den Reisenden nach; da er die Hand nicht über die Augen legen konnte, blinzelte er mit freien Augen zur Höhe.

"Nun liegt also der Mann", sagte der Reisende, lehnte sich im Sessel zurück und kreuzte die Beine.

"Ja", sagte der Offizier, schob ein wenig die Mütze zurück und fuhr sich mit der Hand über das heiße Gesicht, "nun hören Sie! Sowohl das Bett als auch der Zeichner haben ihre eigene elektrische Batterie; das Bett braucht sie für sich selbst, der Zeichner für die Egge. Sobald der Mann festgeschnallt ist, wird das Bett in Bewegung gesetzt. Es zittert in winzigen, sehr schnellen Zuckungen gleichzeitig seitlich wie auch Auf und Ab. Sie werden ähnliche Apparate in Heilanstalten gesehen haben; nur sind bei unserem Bett alle Bewegungen genau berechnet; sie müssen nämlich peinlich auf die Bewegungen der Egge abgestimmt sein. Dieser Egge aber ist die eigentliche Ausführung des Urteils überlassen."

"Wie lautet denn das Urteil?" fragte der Reisende. "Sie wissen auch das nicht?" sagte der Offizier erstaunt und biss sich auf die Lippen: "Verzeihen Sie, wenn vielleicht meine Erklärungen ungeordnet sind; ich bitte Sie sehr um Entschuldigung. Die Erklärungen pflegte früher nämlich der Kommandant zu geben; der neue Kommandant aber hat sich dieser Ehrenpflicht entzogen; dass er jedoch einen so hohen Besuch" - der Reisende suchte die Ehrung mit beiden Händen abzuwehren, aber der Offizier bestand auf dem Ausdruck - "einen so hohen Besuch nicht einmal von der Form unseres Urteils in Kenntnis setzt, ist wieder eine Neuerung, die -", er hatte einen Fluch auf den Lippen, fasste sich aber und sagte nur: "Ich wurde nicht davon verständigt, mich trifft nicht die Schuld. übrigens bin ich allerdings am besten befähigt, unsere Urteilsarten zu erklären, denn ich trage hier" - er schlug auf seine Brusttasche - "die betreffenden Handzeichnungen des früheren Kommandanten."

"Handzeichnungen des Kommandanten selbst?" fragte der Reisende: "Hat er denn alles in sich vereinigt? War er Soldat, Richter, Konstrukteur, Chemiker, Zeichner?"

"Jawohl", sagte der Offizier kopfnickend, mit starrem, nachdenklichem Blick. Dann sah er prüfend seine Hände an; sie schienen ihm nicht rein genug, um die Zeichnungen anzufassen; er ging daher zum Kübel und wusch sie nochmals. Dann zog er eine kleine

Ledermappe hervor und sagte: "Unser Urteil klingt nicht streng. Dem Verurteilten wird das Gebot, das er übertreten hat, mit der Egge auf den Leib geschrieben. Diesem Verurteilten zum Beispiel" - der Offizier zeigte auf den Mann - "wird auf den Leib geschrieben werden: Ehre deinen Vorgesetzten!"

Der Reisende sah flüchtig auf den Mann hin; er hielt, als der Offizier auf ihn gezeigt hatte, den Kopf gesenkt und schien alle Kraft des Gehörs anzuspannen, um etwas zu erfahren. Aber die Bewegungen seiner wulstig aneinander gedrückten Lippen zeigten offenbar, dass er nichts verstehen konnte. Der Reisende hatte Verschiedenes fragen wollen, fragte aber im Anblick des Mannes nur: "Kennt er sein Urteil?" "Nein", sagte der Offizier und wollte gleich in seinen Erklärungen fortfahren, aber der Reisende unterbrach ihn: "Er kennt sein eigenes Urteil nicht?" "Nein", sagte der Offizier wieder, stockte dann einen Augenblick, als verlange er vom Reisenden eine nähere Begründung seiner Frage und sagte dann: "Es wäre nutzlos, es ihm zu verkünden. Er erfährt es ja auf seinem Leib." Der Reisende wollte schon verstummen, da fühlte er, wie der Verurteilte seinen Blick auf ihn richtete; er schien zu fragen, ob er den geschilderten Vorgang billigen könne. Darum beugte sich der Reisende, der sich bereits zurückgelehnt hatte, wieder vor und fragte noch: "Aber dass er überhaupt verurteilt wurde, das weiß er doch?" "Auch nicht", sagte der Offizier und lächelte den Reisenden an, als erwarte er nun von ihm noch einige sonderbare Eröffnungen. "Nein", sagte der Reisende und strich sich über die Stirn hin, "dann weiß also der Mann auch jetzt noch nicht, wie seine Verteidigung aufgenommen wurde?" "Er hat keine Gelegenheit gehabt, sich zu verteidigen", sagte der Offizier und sah abseits, als rede er zu sich selbst und wolle den Reisenden durch Erzählung dieser ihm selbstverständlichen Dinge nicht beschämen. "Er muss doch Gelegenheit gehabt haben, sich zu verteidigen", sagte der Reisende und stand vom Sessel auf.

Der Offizier erkannte, dass er in Gefahr war, in der Erklärung des Apparates für lange Zeit aufgehalten zu werden; er ging daher zum

Reisenden, hing sich in seinen Arm, zeigte mit der Hand auf den Verurteilten, der sich jetzt, da die Aufmerksamkeit so offenbar auf ihn gerichtet war, stramm aufstellte - auch zog der Soldat die Kette an - und sagte: "Die Sache verhält sich folgendermaßen. Ich bin hier in der Strafkolonie zum Richter bestellt. Trotz meiner Jugend. Denn ich stand auch dem früheren Kommandanten in allen Strafsachen zur Seite und kenne auch den Apparat am besten. Der Grundsatz, nach dem ich entscheide, ist: Die Schuld ist immer zweifellos. Andere Gerichte können diesen Grundsatz nicht befolgen, denn sie sind vielköpfig und haben auch noch höhere Gerichte über sich. Das ist hier nicht der Fall, oder war es wenigstens nicht beim früheren Kommandanten. Der neue hat allerdings schon Lust gezeigt, in mein Gericht sich einzumischen, es ist mir aber bisher gelungen, ihn abzuwehren und wird mir auch weiter gelingen. - Sie wollten diesen Fall erklärt haben; er ist so einfach wie alle. Ein Hauptmann hat heute morgens die Anzeige erstattet, dass dieser Mann, der ihm als Diener zugeteilt ist und vor seiner Türe schläft, den Dienst verschlafen hat. Er hat nämlich die Pflicht, bei jedem Stundenschlag aufzustehen und vor der Tür des Hauptmanns zu salutieren. Gewiss keine schwere Pflicht und eine notwendige, denn er soll sowohl zur Bewachung als auch zur Bedienung frisch bleiben. Der Hauptmann wollte in der gestrigen Nacht nachsehen, ob der Diener seine Pflicht erfülle. Er öffnete Schlag zwei Uhr die Tür und fand ihn zusammengekrümmt schlafen. Er holte die Reitpeitsche und schlug ihm über das Gesicht. Statt nun aufzustehen und um Verzeihung zu bitten, fasste der Mann seinen Herrn bei den Beinen, schüttelte ihn und rief: 'Wirf die Peitsche weg, oder ich fresse dich.' - Das ist der Sachverhalt. Der Hauptmann kam vor einer Stunde zu mir, ich schrieb seine Angaben auf und anschließend gleich das Urteil. Dann ließ ich dem Mann die Ketten anlegen. Das alles war sehr einfach. Hätte ich den Mann zuerst vorgerufen und ausgefragt, so wäre nur Verwirrung entstanden. Er hätte gelogen, hätte, wenn es mir gelungen wäre, die Lügen zu widerlegen, diese durch neue Lügen ersetzt und so fort. Jetzt aber halte ich ihn und lasse ihn nicht mehr. - Ist nun alles erklärt? Aber die Zeit vergeht, die Exekution sollte schon beginnen und ich bin mit der Erklärung des Apparates noch nicht fertig." Er nötigte den Reisenden auf den Sessel nieder, trat wieder zu dem Apparat und begann: "Wie Sie sehen, entspricht die Egge der Form des Menschen; hier ist die Egge für den Oberkörper, hier sind die Eggen für die Beine. Für den Kopf ist nur dieser kleine Stichel bestimmt. Ist Ihnen das klar?" Er beugte sich freundlich zu dem Reisenden vor, bereit zu den umfassendsten Erklärungen.

Der Reisende sah mit gerunzelter Stirn die Egge an. Die Mitteilungen über das Gerichtsverfahren hatten ihn nicht befriedigt. Immerhin musste er sich sagen, dass es sich hier um eine Strafkolonie handelte, dass hier besondere Maßregeln notwendig waren und dass man bis zum Letzten militärisch vorgehen musste. Außerdem aber setzte er einige Hoffnungen auf den neuen Kommandanten, der offenbar, allerdings langsam, ein neues Verfahren einzuführen beabsichtigte, das dem beschränkten Kopf dieses Offiziers nicht eingehen konnte. Aus diesem Gedankengang heraus fragte der Reisende: "Wird der Kommandant der Exekution beiwohnen?" "Es ist nicht gewiss", sagte der Offizier, durch die unvermittelte Frage peinlich berührt und seine freundliche Miene verzerrte sich: "Gerade deshalb müssen wir uns beeilen. Ich werde sogar, so Leid es mir tut, meine Erklärungen abkürzen müssen. Aber ich könnte ja morgen, wenn der Apparat wieder gereinigt ist - dass er so sehr beschmutzt wird, ist sein einziger Fehler -, die näheren Erklärungen nachtragen. Jetzt also nur das Notwendigste. - Wenn der Mann auf dem Bett liegt und dieses ins Zittern gebracht ist, wird die Egge auf den Körper gesenkt. Sie stellt sich von selbst so ein, dass sie nur knapp mit den Spitzen den Körper berührt; ist diese Einstellung vollzogen, strafft sich sofort dieses Stahlseil zu einer Stange. Und nun beginnt das Spiel. Ein Nichteingeweihter merkt äußerlich keinen Unterschied in den Strafen. Die Egge scheint gleichförmig zu arbeiten. Zitternd sticht sie ihre Spitzen in den Körper ein, der überdies vom Bett aus zittert. Um es nun jedem zu ermöglichen, die Ausführung des Urteils zu überprüfen, wurde die Egge aus Glas gemacht. Es hat einige technische Schwierigkeiten verursacht, die Nadeln darin zu befestigen, es ist aber nach vielen Versuchen gelungen. Wir haben eben keine Mühe gescheut. Und nun kann jeder durch das Glas sehen, wie sich die Inschrift im Körper vollzieht. Wollen Sie nicht näher kommen und sich die Nadeln ansehen?"

Der Reisende erhob sich langsam, ging hin und beugte sich über die Egge. "Sie sehen", sagte der Offizier, "zweierlei Nadeln in vielfacher Anordnung. Jede lange hat eine kurze neben sich. Die lange schreibt nämlich und die kurze spritzt Wasser aus, um das Blut abzuwaschen und die Schrift immer klar zu erhalten. Das Blutwasser wird dann hier in kleine Rinnen geleitet und fließt endlich in diese Hauptrinne, deren Abflussrohr in die Grube führt." Der Offizier zeigte mit dem Finger genau den Weg, den das Blutwasser nehmen musste. Als er es, um es möglichst anschaulich zu machen, an der Mündung des Abflussrohres mit beiden Händen förmlich auffing, erhob der Reisende den Kopf und wollte, mit der Hand rückwärts tastend, zu seinem Sessel zurückgehen. Da sah er zu seinem Schrecken, dass auch der Verurteilte gleich ihm der Einladung des Offiziers, sich die Einrichtung der Egge aus der Nähe anzusehen, gefolgt war. Er hatte den verschlafenen Soldaten an der Kette ein wenig vorgezerrt und sich auch über das Glas gebeugt. Man sah, wie er mit unsicheren Augen auch das suchte, was die zwei Herren eben beobachtet hatten, wie es ihm aber, da ihm die Erklärung fehlte, nicht gelingen wollte. Er beugte sich hierhin und dorthin. Immer wieder lief er mit den Augen das Glas ab. Der Reisende wollte ihn zurücktreiben, denn, was er tat, war wahrscheinlich strafbar. Aber der Offizier hielt den Reisenden mit einer Hand fest, nahm mit der anderen eine Erdscholle vom Wall und warf sie nach dem Soldaten. Dieser hob mit einem Ruck die Augen, sah, was der Verurteilte gewagt hatte, ließ das Gewehr fallen, stemmte die Füße mit den Absätzen in den Boden, riss den Verurteilten zurück, dass er gleich niederfiel und sah dann auf ihn hinunter, wie er sich wand und mit seinen Ketten klirrte. "Stell ihn auf!" schrie der Offizier, denn er merkte, dass der Reisende durch den Verurteilten allzu sehr abgelenkt wurde. Der Reisende beugte sich sogar über die Egge hinweg, ohne sich um sie zu kümmern und wollte nur feststellen, was mit dem Verurteilten geschehe. "Behandle ihn sorgfältig!" schrie der Offizier wieder. Er umlief den Apparat, fasste selbst den Verurteilten unter den Achseln und stellte ihn, der öfter mit den Füßen ausglitt, mit Hilfe des Soldaten auf.

"Nun weiß ich schon alles", sagte der Reisende, als der Offizier wieder zu ihm zurückkehrte. "Bis auf das Wichtigste", sagte dieser, ergriff den Reisenden am Arm und zeigte in die Höhe: "Dort im Zeichner ist das Räderwerk, welches die Bewegung der Egge bestimmt und dieses Räderwerk wird nach der Zeichnung, auf welche das Urteil lautet, angeordnet. Ich verwende noch die Zeichnungen des früheren Kommandanten. Hier sind sie" - er zog einige Blätter aus der Ledermappe -, "ich kann sie Ihnen aber leider nicht in die Hand geben, sie sind das Teuerste, was ich habe. Setzen Sie sich, ich zeige sie Ihnen aus dieser Entfernung, dann werden Sie alles gut sehen können." Er zeigte das erste Blatt. Der Reisende hätte gerne etwas Anerkennendes gesagt, aber er sah nur labyrinthartige, einander vielfach kreuzende Linien, die so dicht das Papier bedeckten, dass man nur mit Mühe die weißen Zwischenräume erkannte. "Lesen Sie", sagte der Offizier. "Ich kann nicht", sagte der Reisende. "Es ist doch deutlich", sagte der Offizier. "Es ist sehr kunstvoll", sagte der Reisende ausweichend, "aber ich kann es nicht entziffern." "Ja", sagte der Offizier, lachte und steckte die Mappe wieder ein, "es ist keine Schönschrift für Schulkinder. Man muss lange darin lesen. Auch Sie würden es schließlich gewiss erkennen. Es darf natürlich keine einfache Schrift sein; sie soll ja nicht sofort töten, sondern durchschnittlich erst in einem Zeitraum von zwölf Stunden; für die sechste Stunde ist der Wendepunkt berechnet. Es müssen also viele, viele Zierraten die eigentliche Schrift umgeben; die wirkliche Schrift umzieht den Leib nur in einem schmalen Gürtel; der übrige Körper ist für Verzierungen bestimmt. Können Sie jetzt die Arbeit der Egge und des ganzen Apparates würdigen? - Sehen Sie doch!" Er sprang auf die Leiter, drehte ein Rad, rief hinunter: "Achtung, treten Sie zur Seite!" und alles kam in Gang. Hätte das Rad nicht gekreischt, es wäre herrlich gewesen. Als sei der Offizier von diesem störenden Rad überrascht, drohte er ihm mit der Faust, breitete dann, sich entschuldigend, zum Reisenden hin die Arme aus und kletterte eilig hinunter, um den Gang des Apparates von unten zu beobachten. Noch war etwas nicht in Ordnung, das nur er merkte; er kletterte wieder hinauf, griff mit beiden Händen in das Innere des Zeichners, glitt dann, um rascher hinunterzukommen, statt die Leiter zu benutzen, an der einen Stange hinunter und schrie nun, um sich im Lärm verständlich zu machen, mit äußerster Anspannung dem Reisenden ins Ohr: "Begreifen Sie den Vorgang? Die Egge fängt zu schreiben an; ist sie mit der ersten Anlage der Schrift auf dem Rücken des Mannes fertig, rollt die Wattschicht und wälzt den Körper langsam auf die Seite, um der Egge neuen Raum zu bieten. Inzwischen legen sich die wundbeschriebenen Stellen auf die Watte, welche infolge der besonderen Präparierung sofort die Blutung stillt und zu neuer Vertiefung der Schrift vorbereitet. Hier die Zacken am Rande der Egge reißen dann beim weiteren Umwälzen des Körpers die Watte von den Wunden, schleudern sie in die Grube und die Egge hat wieder Arbeit. So schreibt sie immer tiefer die zwölf Stunden lang. Die Ersten sechs Stunden lebt der Verurteilte fast wie früher, er leidet nur Schmerzen. Nach zwei Stunden wird der Filz entfernt, denn der Mann hat keine Kraft zum Schreien mehr. Hier in diesen elektrisch geheizten Napf am Kopfende wird warmer Reisbrei gelegt, aus dem der Mann, wenn er Lust hat, nehmen kann, was er mit der Zunge erhascht. Keiner versäumt die Gelegenheit. Ich weiß keinen und meine Erfahrung ist groß. Erst um die sechste Stunde verliert er das Vergnügen am Essen. Ich knie dann gewöhnlich hier nieder und beobachte diese Erscheinung. Der Mann schluckt den letzten Bissen selten, er dreht ihn nur im Mund und speit ihn in die Grube. Ich muss mich dann bücken, sonst fährt er mir ins Gesicht. Wie still wird dann aber der Mann um die sechste Stunde! Verstand geht dem Blödesten auf. Um die Augen beginnt es. Von hier aus verbreitet es sich. Ein Anblick, der einen verführen könnte, sich mit unter die Egge zu legen. Es geschieht ja weiter nichts, der Mann fängt bloß an, die Schrift zu entziffern, er spitzt den Mund, als horche er. Sie haben gesehen, es ist nicht leicht, die Schrift mit den Augen zu entziffern; unser Mann entziffert sie aber mit seinen Wunden. Es ist allerdings viel Arbeit; er braucht sechs Stunden zu ihrer Vollendung. Dann aber spießt ihn die Egge vollständig auf und wirft ihn in die Grube, wo er auf das Blutwasser und die Watte niederklatscht. Dann ist das Gericht zu Ende und wir, ich und der Soldat, scharren ihn ein."

Der Reisende hatte das Ohr zum Offizier geneigt und sah, die Hände in den Rocktaschen, der Arbeit der Maschine zu. Auch der Verurteilte sah ihr zu, aber ohne Verständnis. Er bückte sich ein wenig und verfolgte die schwankenden Nadeln, als ihm der Soldat, auf ein Zeichen des Offiziers, mit einem Messer hinten Hemd und Hose durchschnitt, sodass sie von dem Verurteilten abfielen; er wollte nach dem fallenden Zeug greifen, um seine Blöße zu bedecken, aber der Soldat hob ihn in die Höhe und schüttelte die letzten Fetzen von ihm ab. Der Offizier stellte die Maschine ein und in der jetzt eintretenden Stille wurde der Verurteilte unter die Egge gelegt. Die Ketten wurden gelöst und stattdessen die Riemen befestigt; es schien für den Verurteilten im ersten Augenblick fast wie eine Erleichterung zu bedeuten. Und nun senkte sich die Egge noch ein Stück tiefer, denn es war ein magerer Mann. Als ihn die Spitzen berührten, ging ein Schauer über seine Haut; er streckte, während der Soldat mit seiner rechten Hand beschäftigt war, die linke aus, ohne zu wissen wohin; es war aber die Richtung, wo der Reisende stand. Der Offizier sah ununterbrochen den Reisenden von der Seite an, als suche er von seinem Gesicht den Eindruck abzulesen, den die Exekution, die er ihm nun wenigstens oberflächlich erklärt hatte, auf ihn mache.

Der Riemen, der für das Handgelenk bestimmt war, riss; wahrscheinlich hatte ihn der Soldat zu stark angezogen. Der Offizier sollte helfen, der Soldat zeigte ihm das abgerissene Riemenstück. Der Offizier ging auch zu ihm hinüber und sagte, das Gesicht dem Reisenden zugewendet: "Die Maschine ist sehr zusammengesetzt, es muss hie und da etwas reißen oder brechen; dadurch darf man sich aber im Gesamturteil nicht beirren lassen. Für den Riemen ist übrigens sofort Ersatz geschafft; ich werde eine Kette verwenden;

die Zartheit der Schwingung wird dadurch für den rechten Arm allerdings beeinträchtigt." Und während er die Ketten anlegte, sagte er noch: "Die Mittel zur Erhaltung der Maschine sind jetzt sehr eingeschränkt. Unter dem früheren Kommandanten war eine mir frei zugängliche Kassa nur für diesen Zweck bestimmt. Es gab hier ein Magazin, in dem alle möglichen Ersatzstücke aufbewahrt wurden. Ich gestehe, ich trieb damit fast Verschwendung, ich meine früher, nicht jetzt, wie der neue Kommandant behauptet, dem alles nur zum Vorwand dient, alte Einrichtungen zu bekämpfen. Jetzt hat er die Maschinenkassa in eigener Verwaltung und schicke ich um einen neuen Riemen, wird der zerrissene als Beweisstück verlangt, der neue kommt erst in zehn Tagen, ist dann aber von schlechterer Sorte und taugt nicht viel. Wie ich aber in der Zwischenzeit ohne Riemen die Maschine betreiben soll, darum kümmert sich niemand."

Der Reisende überlegte: Es ist immer bedenklich, in fremde Verhältnisse entscheidend einzugreifen. Er war weder Bürger der Strafkolonie, noch Bürger des Staates, dem sie angehörte. Wenn er die Exekution verurteilen oder gar hintertreiben wollte, konnte man ihm sagen: du bist ein Fremder, sei still. Darauf hätte er nichts erwidern, sondern nur hinzufügen können, dass er sich in diesem Falle selbst nicht begreife, denn er reise nur mit der Absicht, zu sehen und keineswegs etwa, um fremde Gerichtsverfassungen zu ändern. Nun lagen aber hier die Dinge allerdings sehr verführerisch. Die Ungerechtigkeit des Verfahrens und die Unmenschlichkeit der Exekution war zweifellos. Niemand konnte irgendeine Eigennützigkeit des Reisenden annehmen, denn der Verurteilte war ihm fremd, kein Landsmann und ein zum Mitleid gar nicht auffordernder Mensch. Der Reisende selbst hatte Empfehlungen hoher Ämter, war hier mit großer Höflichkeit empfangen worden und dass er zu dieser Exekution eingeladen worden war, schien sogar darauf hinzudeuten, dass man sein Urteil über dieses Gericht verlangte. Dies war aber umso wahrscheinlicher, als der Kommandant, wie er jetzt überdeutlich gehört hatte, kein Anhänger dieses Verfahrens war und sich gegenüber dem Offizier fast feindselig verhielt.

Da hörte der Reisende einen Wutschrei des Offiziers. Er hatte gerade, nicht ohne Mühe, dem Verurteilten den Filzstumpf in den Mund geschoben, als der Verurteilte in einem unwiderstehlichen Brechreiz die Augen schloss und sich erbrach. Eilig riss ihn der Offizier vom Stumpf in die Höhe und wollte den Kopf zur Grube hindrehen; aber es war zu spät, der Unrat floss schon an der Maschine hinab. "Alles Schuld des Kommandanten!" schrie der Offizier und rüttelte besinnungslos vorn an den Messingstangen, "die Maschine wird mir verunreinigt wie ein Stall." Er zeigte mit zitternden Händen dem Reisenden, was geschehen war. "Habe ich nicht stundenlang dem Kommandanten begreiflich zu machen gesucht, dass einen Tag vor der Exekution kein Essen mehr verabfolgt werden soll. Aber die neue milde Richtung ist anderer Meinung. Die Damen des Kommandanten stopfen dem Mann, ehe er abgeführt wird, den Hals mit Zuckersachen voll. Sein ganzes Leben hat er sich von stinkenden Fischen genährt und muss jetzt Zuckersachen essen! Aber es wäre ja möglich, ich würde nichts einwenden, aber warum schafft man nicht einen neuen Filz an, wie ich ihn seit einem Vierteljahr erbitte. Wie kann man ohne Ekel diesen Filz in den Mund nehmen, an dem mehr als hundert Männer im Sterben gesaugt und gebissen haben?"

Der Verurteilte hatte den Kopf niedergelegt und sah friedlich aus, der Soldat war damit beschäftigt, mit dem Hemd des Verurteilten die Maschine zu putzen. Der Offizier ging zum Reisenden, der in irgendeiner Ahnung einen Schritt zurücktrat, aber der Offizier fasste ihn bei der Hand und zog ihn zur Seite. "Ich will einige Worte im Vertrauen mit Ihnen sprechen", sagte er, "ich darf das doch?" "Gewiss", sagte der Reisende und hörte mit gesenkten Augen zu.

"Dieses Verfahren und diese Hinrichtung, die Sie jetzt zu bewundern Gelegenheit haben, hat gegenwärtig in unserer Kolonie keinen offenen Anhänger mehr. Ich bin ihr einziger Vertreter, gleichzeitig der einzige Vertreter des Erbes des alten Kommandanten. An einen weiteren Ausbau des Verfahrens kann ich nicht mehr denken, ich verbrauche alle meine Kräfte, um zu erhalten, was vorhanden ist. Als der alte Kommandant lebte, war die Kolonie von seinen Anhängern voll; die Überzeugungskraft des alten Kommandanten habe ich zum Teil, aber seine Macht fehlt mir ganz; infolgedessen haben sich die Anhänger verkrochen, es gibt noch viele, aber keiner gesteht es ein. Wenn Sie heute, also an einem Hinrichtungstag, ins Teehaus gehen und herumhorchen, werden Sie vielleicht nur zweideutige Äußerungen hören. Das sind lauter Anhänger, aber unter dem gegenwärtigen Kommandanten und bei seinen gegenwärtigen Anschauungen für mich ganz unbrauchbar. Und nun frage ich Sie: Soll wegen dieses Kommandanten und seiner Frauen, die ihn beeinflussen, ein solches Lebenswerk" - er zeigte auf die Maschine - "zu Grunde gehen? Darf man das zulassen? Selbst wenn man nur als Fremder ein paar Tage auf unserer Insel ist? Es ist aber keine Zeit zu verlieren, man bereitet schon etwas gegen meine Gerichtsbarkeit vor; es finden schon Beratungen in der Kommandantur statt, zu denen ich nicht zugezogen werde; sogar ihr heutiger Besuch scheint mir für die ganze Lage bezeichnend; man ist feig und schickt Sie, einen Fremden, vor. - Wie war die Exekution anders in früherer Zeit! Schon einen Tag vor der Hinrichtung war das Ganze Tal von Menschen überfüllt; alle kamen nur um zu sehen; früh am Morgen erschien der Kommandant mit seinen Damen; Fanfaren weckten den ganzen Lagerplatz; ich erstattete die Meldung, dass alles vorbereitet sei; die Gesellschaft - kein hoher Beamte durfte fehlen - ordnete sich um die Maschine; dieser Haufen Rohrsessel ist ein armseliges Überbleibsel aus jener Zeit. Die Maschine glänzte frisch geputzt, fast zu jeder Exekution nahm ich neue Ersatzstücke. Vor Hunderten Augen - alle Zuschauer standen auf den Fußspitzen bis dort zu den Anhöhen - wurde der Verurteilte vom Kommandanten selbst unter die Egge gelegt. Was heute ein gemeiner Soldat tun darf, war damals meine, des Gerichtspräsidenten, Arbeit und ehrte mich. Und nun begann die Exekution! Kein Misston störte die Arbeit der Maschine. Manche sahen nun gar nicht mehr zu, sondern lagen mit geschlossenen Augen im Sand; alle wussten: jetzt geschieht Gerechtigkeit. In der Stille hörte man nur das Seufzen des Verurteilten, gedämpft durch den Filz. Heute gelingt es der Maschine nicht mehr, dem Verurteilten ein stärkeres Seufzen auszupressen, als der Filz noch ersticken kann; damals aber tropften die schreibenden Nadeln eine beizende Flüssigkeit aus, die heute nicht mehr verwendet werden darf. Nun und dann kam die sechste Stunde! Es war unmöglich, allen die Bitte, aus der Nähe zuschauen zu dürfen, zu gewähren. Der Kommandant in seiner Einsicht ordnete an, dass vor allem die Kinder berücksichtigt werden sollten; ich allerdings durfte kraft meines Berufes immer dabeistehen; oft hockte ich dort, zwei kleine Kinder rechts und links in meinen Armen. Wie nahmen wir alle den Ausdruck der Verklärung von dem gemarterten Gesicht, wie hielten wir unsere Wangen in den Schein dieser endlich erreichten und schon vergehenden Gerechtigkeit! Was für Zeiten, mein Kamerad!" Der Offizier hatte offenbar vergessen, wer vor ihm stand; er hatte den Reisenden umarmt und den Kopf auf seine Schulter gelegt. Der Reisende war in großer Verlegenheit, ungeduldig sah er über den Offizier hinweg. Der Soldat hatte die Reinigungsarbeit beendet und jetzt noch aus einer Büchse Reisbrei in den Napf geschüttet. Kaum merkte dies der Verurteilte, der sich schon vollständig erholt zu haben schien, als er mit der Zunge nach dem Brei zu schnappen begann. Der Soldat stieß ihn immer wieder weg, denn der Brei war wohl für eine spätere Zeit bestimmt, aber ungehörig war es jedenfalls auch, dass der Soldat mit seinen schmutzigen Händen hineingriff und vor dem gierigen Verurteilten davon aß.

Der Offizier fasste sich schnell. "Ich wollte Sie nicht etwa rühren", sagte er, "ich weiß, es ist unmöglich, jene Zeiten heute begreiflich zu machen. Im Übrigen arbeitet die Maschine noch und wirkt für sich. Sie wirkt für sich, auch wenn sie allein in diesem Tal steht. Und die Leiche fällt zum Schluss noch immer in dem unbegreiflich sanften Flug in die Grube, auch wenn nicht, wie damals, Hunderte wie Fliegen um die Grube sich versammeln. Damals mussten wir ein starkes Geländer um die Grube anbringen, es ist längst weggerissen."

Der Reisende wollte sein Gesicht dem Offizier entziehen und blickte ziellos herum. Der Offizier glaubte, er betrachte die Öde des Tales; er ergriff deshalb seine Hände, drehte sich um ihn, um seine Blicke zu erfassen und fragte: "Merken Sie die Schande?"

Aber der Reisende schwieg. Der Offizier ließ für ein Weilchen von ihm ab; mit auseinandergestellten Beinen, die Hände in den Hüften, stand er still und blickte zu Boden. Dann lächelte er dem Reisenden aufmunternd zu und sagte: "Ich war gestern in Ihrer Nähe, als der Kommandant Sie einlud. Ich hörte die Einladung. Ich kenne den Kommandanten. Ich verstand sofort, was er mit der Einladung bezweckte. Trotzdem seine Macht groß genug wäre, um gegen mich einzuschreiten, wagt er es noch nicht, wohl aber will er mich Ihrem, dem Urteil eines angesehenen Fremden aussetzen. Seine Berechnung ist sorgfältig; Sie sind den zweiten Tag auf der Insel, Sie kannten den alten Kommandanten und seinen Gedankenkreis nicht, Sie sind in europäischen Anschauungen befangen, vielleicht sind Sie ein grundsätzlicher Gegner der Todesstrafe im Allgemeinen und einer derartigen maschinellen Hinrichtungsart im Besonderen, Sie sehen überdies, wie die Hinrichtung ohne öffentliche Anteilnahme, traurig, auf einer bereits etwas beschädigten Maschine vor sich geht - wäre es nun, alles dieses zusammengenommen (so denkt der Kommandant), nicht sehr leicht möglich, dass Sie mein Verfahren nicht für richtig halten? Und wenn Sie es nicht für richtig halten, werden Sie dies (ich rede noch immer im Sinne des Kommandanten) nicht verschweigen, denn Sie vertrauen doch gewiss Ihren vielerprobten Überzeugungen. Sie haben allerdings viele Eigentümlichkeiten vieler Völker gesehen und achten gelernt, Sie werden daher wahrscheinlich sich nicht mit ganzer Kraft, wie Sie es vielleicht in Ihrer Heimat tun würden, gegen das Verfahren aussprechen. Aber dessen bedarf der Kommandant gar nicht. Ein flüchtiges, ein bloß unvorsichtiges Wort genügt. Es muss gar nicht Ihrer Überzeugung entsprechen, wenn es nur scheinbar seinem Wunsche entgegenkommt. Dass er Sie mit aller Schlauheit ausfragen wird, dessen bin ich gewiss. Und seine Damen werden im Kreis herumsitzen und die Ohren spitzen; Sie werden etwa sagen: 'Bei uns ist das Gerichtsverfahren ein anderes', oder 'Bei uns wird der Angeklagte vor dem Urteil verhört', oder 'Bei uns gab es Folterungen nur im Mittelalter'. Das alles sind Bemerkungen, die ebenso richtig sind, als sie Ihnen selbstverständlich erscheinen, unschuldige Bemerkungen, die mein Verfahren nicht antasten. Aber wie wird sie der Kommandant aufnehmen? Ich sehe ihn, den guten Kommandanten, wie er sofort den Stuhl beiseite schiebt und auf den Balkon eilt, ich sehe seine Damen, wie sie ihm nachströmen, ich höre seine Stimme - die Damen nennen sie eine Donnerstimme -, nun und er spricht: 'Ein großer Forscher des Abendlandes, dazu bestimmt, das Gerichtsverfahren in allen Ländern zu überprüfen, hat eben gesagt, dass unser Verfahren nach altem Brauch ein unmenschliches ist. Nach diesem Urteil einer solchen Persönlichkeit ist es mir natürlich nicht mehr möglich, dieses Verfahren zu dulden. Mit dem heutigen Tage also ordne ich an - und so weiter.' Sie wollen eingreifen, Sie haben nicht das gesagt, was er verkündet, Sie haben mein Verfahren nicht unmenschlich genannt, im Gegenteil, Ihrer tiefen Einsicht entsprechend, halten Sie es für das menschlichste und menschenwürdigste, Sie bewundern auch diese Maschinerie - aber es ist zu spät; Sie kommen gar nicht auf den Balkon, der schon voll Damen ist; Sie wollen sich bemerkbar machen; Sie wollen schreien; aber eine Damenhand hält Ihnen den Mund zu - und ich und das Werk des alten Kommandanten sind verloren."

Der Reisende musste ein Lächeln unterdrücken; so leicht war also die Aufgabe, die er für so schwer gehalten hatte. Er sagte ausweichend: "Sie überschätzen meinen Einfluss; der Kommandant hat mein Empfehlungsschreiben gelesen, er weiß, dass ich kein Kenner der gerichtlichen Verfahren bin. Wenn ich eine Meinung aussprechen würde, so wäre es die Meinung eines Privatmannes, um nichts bedeutender als die Meinung eines beliebigen anderen und jedenfalls viel bedeutungsloser als die Meinung des Kommandanten, der in dieser Strafkolonie, wie ich zu wissen glaube, sehr ausgedehnte Rechte hat. Ist seine Meinung über dieses Verfahren eine so bestimmte, wie Sie glauben, dann, fürchte ich, ist allerdings das Ende dieses Verfahrens gekommen, ohne dass es meiner bescheidenen Mithilfe bedürfte."

Begriff es schon der Offizier? Nein, er begriff noch nicht. Er schüttelte lebhaft den Kopf, sah kurz nach dem Verurteilten und dem Soldaten zurück, die zusammenzuckten und vom Reis abließen, ging ganz nahe an den Reisenden heran, blickte ihm nicht ins Gesicht, sondern irgendwohin auf seinen Rock und sagte leiser als früher: "Sie kennen den Kommandanten nicht; Sie stehen ihm und uns allen - verzeihen Sie den Ausdruck - gewissermaßen harmlos gegenüber; ihr Einfluss, glauben Sie mir, kann nicht hoch genug eingeschätzt werden. Ich war ja glückselig, als ich hörte, dass Sie allein der Exekution beiwohnen sollten. Diese Anordnung des Kommandanten sollte mich treffen, nun aber wende ich sie zu meinen Gunsten. Unabgelenkt von falschen Einflüsterungen und verächtlichen Blicken - wie sie bei größerer Teilnahme an der Exekution nicht hätten vermieden werden können - haben Sie meine Erklärungen angehört, die Maschine gesehen und sind nun im Begriffe, die Exekution zu besichtigen. Ihr Urteil steht gewiss schon fest; sollten noch kleine Unsicherheiten bestehen, so wird sie der Anblick der Exekution beseitigen. Und nun stelle ich an Sie die Bitte: helfen Sie mir gegenüber dem Kommandanten!"

Der Reisende ließ ihn nicht weiterreden. "Wie könnte ich denn das", rief er aus, "das ist ganz unmöglich. Ich kann Ihnen ebenso wenig nützen, als ich Ihnen schaden kann."

"Sie können es", sagte der Offizier. Mit einiger Befürchtung sah der Reisende, dass der Offizier die Fäuste ballte. "Sie können es", wiederholte der Offizier noch dringender. "Ich habe einen Plan, der gelingen muss. Sie glauben, Ihr Einfluss genüge nicht. Ich weiß, dass er genügt. Aber zugestanden, dass Sie Recht haben, ist es dann nicht notwendig, zur Erhaltung dieses Verfahrens alles, selbst das möglicherweise Unzureichende zu versuchen? Hören Sie also meinen Plan. Zu seiner Ausführung ist es vor allem nötig, dass Sie heute in der Kolonie mit Ihrem Urteil über das Verfahren möglichst zurückhalten. Wenn man Sie nicht geradezu fragt, dürfen Sie sich keinesfalls äußern; Ihre Äußerungen aber müssen kurz und unbestimmt sein; man soll merken, dass es Ihnen schwer wird, darüber zu sprechen, dass Sie verbittert sind, dass Sie, falls Sie offen reden sollten, geradezu in Verwünschungen ausbrechen müssten. Ich verlange nicht, dass Sie lügen sollen; keineswegs; Sie sollen nur kurz antworten, etwa: 'Ja, ich habe die Exekution gesehen', oder 'Ja, ich habe alle Erklärungen gehört'. Nur das, nichts weiter. Für die Verbitterung, die man Ihnen anmerken soll, ist ja genügend Anlass, wenn auch nicht im Sinne des Kommandanten. Er natürlich wird es vollständig missverstehen und in seinem Sinne deuten. Darauf gründet sich mein Plan. Morgen findet in der Kommandantur unter dem Vorsitz des Kommandanten eine große Sitzung aller höheren Verwaltungsbeamten statt. Der Kommandant hat es natürlich verstanden, aus solchen Sitzungen eine Schaustellung zu machen. Es wurde eine Galerie gebaut, die mit Zuschauern immer besetzt ist. Ich bin gezwungen, an den Beratungen teilzunehmen, aber der Widerwille schüttelt mich. Nun werden Sie gewiss auf jeden Fall zu der Sitzung eingeladen werden; wenn Sie sich heute meinem Plane gemäß verhalten, wird die Einladung zu einer dringenden Bitte werden. Sollten Sie aber aus irgendeinem unerfindlichen Grunde doch nicht eingeladen werden, so müssten Sie allerdings die Einladung verlangen; dass Sie sie dann erhalten, ist zweifellos. Nun sitzen Sie also morgen mit den Damen in der Loge des Kommandanten. Er versichert sich öfter durch Blicke nach oben, dass Sie da sind. Nach verschiedenen gleichgültigen, lächerlichen, nur für die Zuhörer berechneten Verhandlungsgegenständen - meistens sind es Hafenbauten, immer wieder Hafenbauten! - kommt auch das Gerichtsverfahren zur Sprache. Sollte es von Seiten des Kommandanten nicht oder nicht bald genug geschehen, so werde ich dafür sorgen, dass es geschieht. Ich werde aufstehen und die Meldung von der heutigen Exekution erstatten. Ganz kurz, nur diese Meldung. Eine solche Meldung ist zwar dort nicht üblich, aber ich tue es doch. Der Kommandant dankt mir, wie immer, mit freundlichem Lächeln und nun, er kann sich nicht zurückhalten, erfasst er die gute Gelegenheit. 'Es wurde eben', so oder ähnlich wird er sprechen, 'die Meldung von der Exekution erstattet. Ich möchte dieser Meldung nur hinzufügen, dass gerade dieser Exekution der große Forscher beigewohnt hat, von dessen unsere Kolonie so außerordentlich ehrendem Besuch Sie alle wissen. Auch unsere heutige Sitzung ist durch seine Anwesenheit in ihrer Bedeutung erhöht. Wollen wir nun nicht an diesen großen Forscher die Frage richten, wie er die Exekution nach altem Brauch und das Verfahren, das ihr vorausgeht, beurteilt?' Natürlich überall Beifallklatschen, allgemeine Zustimmung, ich bin der Lauteste. Der Kommandant verbeugt sich vor Ihnen und sagt: 'Dann stelle ich im Namen aller die Frage.' Und nun treten Sie an die Brüstung. Legen Sie die Hände für alle sichtbar hin, sonst fassen sie die Damen und spielen mit den Fingern. - Und jetzt kommt endlich Ihr Wort. Ich weiß nicht, wie ich die Spannung der Stunden bis dahin ertragen werde. In Ihrer Rede müssen Sie sich keine Schranken setzen, machen Sie mit der Wahrheit Lärm, beugen Sie sich über die Brüstung, brüllen Sie, aber ja, brüllen Sie dem Kommandanten Ihre Meinung, Ihre unerschütterliche Meinung zu. Aber vielleicht wollen Sie das nicht, es entspricht nicht Ihrem Charakter, in Ihrer Heimat verhält man sich vielleicht in solchen Lagen anders, auch das ist richtig, auch das genügt vollkommen, stehen Sie gar nicht auf, sagen Sie nur ein paar Worte, flüstern Sie sie, dass sie gerade noch die Beamten unter Ihnen hören, es genügt, Sie müssen gar nicht selbst von der mangelnden Teilnahme an der Exekution, von dem kreischenden Rad, dem zerrissenen Riemen, dem widerlichen Filz reden, nein, alles Weitere übernehme ich und, glauben Sie, wenn meine Rede ihn nicht aus dem Saale jagt, so wird sie ihn auf die Knie zwingen, dass er bekennen muss: Alter Kommandant, vor dir beuge ich mich. - Das ist mein Plan; wollen Sie mir zu seiner Ausführung helfen? Aber natürlich wollen Sie, mehr als das, Sie müssen." Und der Offizier fasste den Reisenden an beiden Armen und sah ihm schwer atmend ins Gesicht. Die letzten Sätze hatte er so geschrien, dass selbst der Soldat und der Verurteilte aufmerksam geworden waren; trotzdem sie nichts verstehen konnten, hielten sie doch im Essen inne und sahen kauend zum Reisenden hinüber.

Die Antwort, die er zu geben hatte, war für den Reisenden von allem Anfang an zweifellos; er hatte in seinem Leben zu viel erfahren, als dass er hier hätte schwanken können; er war im Grunde ehrlich und hatte keine Furcht. Trotzdem zögerte er jetzt im Anblick des Soldaten und des Verurteilten einen Atemzug lang. Schließlich aber sagte er, wie er musste: "Nein." Der Offizier blinzelte mehrmals mit den Augen, ließ aber keinen Blick von ihm. "Wollen Sie eine Erklärung?" fragte der Reisende. Der Offizier nickte stumm. "Ich bin ein Gegner dieses Verfahrens", sagte nun der Reisende, "noch ehe Sie mich ins Vertrauen zogen - dieses Vertrauen werde ich natürlich unter keinen Umständen missbrauchen -, habe ich schon überlegt, ob ich berechtigt wäre, gegen dieses Verfahren einzuschreiten und ob mein Einschreiten auch nur eine kleine Aussicht auf Erfolg haben könnte. An wen ich mich dabei zuerst wenden müsste, war mir klar: an den Kommandanten natürlich. Sie haben es mir noch klarer gemacht, ohne aber etwa meinen Entschluss erst befestigt zu haben, im Gegenteil, Ihre ehrliche Überzeugung geht mir nahe, wenn sie mich auch nicht beirren kann."

Der Offizier blieb stumm, wendete sich der Maschine zu, fasste eine der Messingstangen und sah dann, ein wenig zurückgebeugt, zum Zeichner hinauf, als prüfe er, ob alles in Ordnung sei. Der Soldat und der Verurteilte schienen sich miteinander befreundet zu haben; der Verurteilte machte, so schwierig dies bei der festen Einschnallung durchzuführen war, dem Soldaten Zeichen; der Soldat beugte sich zu ihm; der Verurteilte flüsterte ihm etwas zu und der Soldat nickte. Der Reisende ging dem Offizier nach und sagte: "Sie wissen noch nicht, was ich tun will. Ich werde meine Ansicht über das Verfahren dem Kommandanten zwar sagen, aber nicht in einer Sitzung, sondern unter vier Augen; ich werde auch nicht so lange hier bleiben, dass ich irgendeiner Sitzung beigezogen werden könnte; ich fahre schon morgen früh weg oder schiffe mich wenigstens ein."

Es sah nicht aus, als ob der Offizier zugehört hätte. "Das Verfahren hat Sie also nicht überzeugt", sagte er für sich und lächelte, wie ein Alter über den Unsinn eines Kindes lächelt und hinter dem Lächeln sein eigenes wirkliches Nachdenken behält.

"Dann ist es also Zeit", sagte er schließlich und blickte plötzlich mit hellen Augen, die irgendeine Aufforderung, irgendeinen Aufruf zur Beteiligung enthielten, den Reisenden an. "Wozu ist es Zeit?" fragte der Reisende unruhig, bekam aber keine Antwort.

"Du bist frei", sagte der Offizier zum Verurteilten in dessen Sprache. Dieser glaubte es zuerst nicht. "Nun, frei bist du", sagte der Offizier. Zum ersten Mal bekam das Gesicht des Verurteilten wirkliches Leben. War es Wahrheit? War es nur eine Laune des Offiziers, die vorübergehen konnte? Hatte der fremde Reisende ihm Gnade erwirkt? Was war es? So schien sein Gesicht zu fragen. Aber nicht lange. Was immer es sein mochte, er wollte, wenn er durfte, wirklich frei sein und er begann sich zu rütteln, so weit es die Egge erlaubte.

"Du zerreißt mir die Riemen", schrie der Offizier, "sei ruhig! Wir öffnen sie schon." Und er machte sich mit dem Soldaten, dem er ein Zeichen gab, an die Arbeit. Der Verurteilte lachte ohne Worte leise vor sich hin, bald wendete er das Gesicht links zum Offizier, bald rechts zum Soldaten, auch den Reisenden vergaß er nicht.

"Zieh ihn heraus", befahl der Offizier dem Soldaten. Es musste hiebei wegen der Egge einige Vorsicht angewendet werden. Der Verurteilte hatte schon infolge seiner Ungeduld einige kleine Risswunden auf dem Rücken.

Von jetzt ab kümmerte sich aber der Offizier kaum mehr um ihn. Er ging auf den Reisenden zu, zog wieder die kleine Ledermappe hervor, blätterte in ihr, fand schließlich das Blatt, das er suchte und zeigte es dem Reisenden. "Lesen Sie", sagte er. "Ich kann nicht", sagte der Reisende, "ich sagte schon, ich kann diese Blätter nicht lesen." "Sehen Sie das Blatt doch genau an", sagte der Offizier und trat neben den Reisenden, um mit ihm zu lesen. Als auch das nichts half, fuhr er mit dem kleinen Finger in großer Höhe, als dürfe das Blatt auf keinen Fall berührt werden, über das Papier hin, um auf diese Weise dem Reisenden das Lesen zu erleichtern. Der Reisende gab sich auch Mühe, um wenigstens darin dem Offizier gefällig sein zu können, aber es war ihm unmöglich. Nun begann der Offizier die Aufschrift zu buchstabieren und dann las er sie noch einmal im Zusammenhang. "'Sei gerecht!' - heißt es", sagte er, "jetzt können Sie es doch lesen." Der Reisende beugte sich so tief über das Papier, dass der Offizier aus Angst vor einer Berührung es weiter entfernte; nun sagte der Reisende zwar nichts mehr, aber es war klar, dass er es noch immer nicht hatte lesen können. "'Sei gerecht!' - heißt es", sagte der Offizier nochmals. "Mag sein", sagte der Reisende, "ich glaube es, dass es dort steht." "Nun gut", sagte der Offizier, wenigstens teilweise befriedigt und stieg mit dem Blatt auf die Leiter; er bettete das Blatt mit großer Vorsicht im Zeichner und ordnete das Räderwerk scheinbar gänzlich um; es war eine sehr mühselige Arbeit, es musste sich auch um ganz kleine Räder handeln, manchmal verschwand der Kopf des Offiziers völlig im Zeichner, so genau musste er das Räderwerk untersuchen.

Der Reisende verfolgte von unten diese Arbeit ununterbrochen, der Hals wurde ihm steif und die Augen schmerzten ihn von dem mit Sonnenlicht überschütteten Himmel. Der Soldat und der Verurteilte waren nur miteinander beschäftigt. Das Hemd und die Hose des Verurteilten, die schon in der Grube lagen, wurden vom Soldaten mit der Bajonettspitze herausgezogen. Das Hemd war entsetzlich schmutzig und der Verurteilte wusch es in dem Wasserkübel. Als er dann Hemd und Hose anzog, musste der Soldat wie der Verurteilte laut lachen, denn die Kleidungsstücke waren doch hinten entzweigeschnitten. Vielleicht glaubte der Verurteilte, verpflichtet zu sein, den Soldaten zu unterhalten, er drehte sich in der zerschnittenen Kleidung im Kreise vor dem Soldaten, der auf dem Boden hockte und lachend auf seine Knie schlug. Immerhin bezwangen sie sich noch mit Rücksicht auf die Anwesenheit der Herren.

Als der Offizier oben endlich fertiggeworden war, überblickte er noch einmal lächelnd das Ganze in allen seinen Teilen, schlug diesmal den Deckel des Zeichners zu, der bisher offen gewesen war, stieg hinunter, sah in die Grube und dann auf den Verurteilten, merkte befriedigt, dass dieser seine Kleidung herausgenommen hatte, ging dann zu dem Wasserkübel, um die Hände zu waschen, erkannte zu spät den widerlichen Schmutz, war traurig darüber, dass er nun die Hände nicht waschen konnte, tauchte sie schließlich - dieser Ersatz genügte ihm nicht, aber er musste sich fügen - in den Sand, stand dann auf und begann seinen Uniformrock aufzuknöpfen. Hierbei fielen ihm zunächst die zwei Damentaschentücher, die er hinter den Kragen gezwängt hatte, in die Hände. "Hier hast du deine Taschentücher", sagte er und warf sie dem Verurteilten zu. Und zum Reisenden sagte er erklärend: "Geschenke der Damen."

Trotz der offenbaren Eile, mit der er den Uniformrock auszog und sich dann vollständig entkleidete, behandelte er doch jedes Kleidungsstück sehr sorgfältig, über die Silberschnüre an seinem Waffenrock strich er sogar eigens mit den Fingern hin und schüttelte eine Troddel zurecht. Wenig passte es allerdings zu dieser Sorgfalt, dass er, sobald er mit der Behandlung eines Stückes fertig war, es dann sofort mit einem unwilligen Ruck in die Grube warf. Das Letzte, was ihm übrig blieb, war sein kurzer Degen mit dem Tragriemen. Er zog den Degen aus der Scheide, zerbrach ihn, fasste dann alles zusammen, die Degenstücke, die Scheide und den Riemen und warf es so heftig weg, dass es unten in der Grube aneinanderklang.

Nun stand er nackt da. Der Reisende biss sich auf die Lippen und sagte nichts. Er wusste zwar, was geschehen würde, aber er hatte kein Recht, den Offizier an irgendetwas zu hindern. War das Gerichtsverfahren, an dem der Offizier hing, wirklich so nahe daran, behoben zu werden - möglicherweise infolge des Einschreitens des Reisenden, zu dem sich dieser seinerseits verpflichtet fühlte -, dann handelte jetzt der Offizier vollständig richtig; der Reisende hätte an seiner Stelle nicht anders gehandelt.

Der Soldat und der Verurteilte verstanden zuerst nichts, sie sahen anfangs nicht einmal zu. Der Verurteilte war sehr erfreut darüber, die Taschentücher zurückerhalten zu haben, aber er durfte sich nicht lange an ihnen freuen, denn der Soldat nahm sie ihm mit einem raschen, nicht vorherzusehenden Griff. Nun versuchte wieder der Verurteilte, dem Soldaten die Tücher hinter dem Gürtel, hinter dem er sie verwahrt hatte, hervorzuziehen, aber der Soldat war wachsam. So stritten sie in halbem Scherz. Erst als der Offizier vollständig nackt war, wurden sie aufmerksam. Besonders der Verurteilte schien von der Ahnung irgendeines großen Umschwungs getroffen zu sein. Was ihm geschehen war, geschah nun dem Offizier. Vielleicht würde es so bis zum Äußersten gehen. Wahrscheinlich hatte der fremde Reisende den Befehl dazu gegeben. Das war also Rache. Ohne selbst bis zum Ende gelitten zu haben, wurde er doch bis zum Ende gerächt. Ein breites lautloses Lachen erschien nun auf seinem Gesicht und verschwand nicht mehr.

Der Offizier aber hatte sich der Maschine zugewendet. Wenn es schon früher deutlich gewesen war, dass er die Maschine gut verstand, so konnte es jetzt einen fast bestürzt machen, wie er mit ihr umging und wie sie gehorchte. Er hatte die Hand der Egge nur genähert und sie hob und senkte sich mehrmals, bis sie die richtige Lage erreicht hatte, um ihn zu empfangen; er fasste das Bett nur am Rande und es fing schon zu zittern an; der Filzstumpf kam seinem Mund entgegen, man sah, wie der Offizier ihn eigentlich nicht haben wollte, aber das Zögern dauerte nur einen Augenblick, gleich fügte er sich und nahm ihn auf. Alles war bereit, nur die Riemen hingen noch an den Seiten herunter, aber sie waren offenbar unnötig, der Offizier musste nicht angeschnallt sein. Da bemerkte der Verurteilte die losen Riemen, seiner Meinung nach war die Exekution nicht vollkommen, wenn die Riemen nicht festgeschnallt waren, er winkte eifrig dem Soldaten und sie liefen hin, den Offizier anzuschnallen. Dieser hatte schon den einen Fuß ausgestreckt, um in die Kurbel zu stoßen, die den Zeichner in Gang bringen sollte; da sah er, dass die zwei gekommen waren; er zog daher den Fuß zurück und ließ sich anschnallen. Nun konnte er allerdings die Kurbel nicht mehr erreichen; weder der Soldat noch der Verurteilte würden sie auffinden und der Reisende war entschlossen, sich nicht zu rühren. Es war nicht nötig; kaum waren die Riemen angebracht, fing auch schon die Maschine zu arbeiten an; das Bett zitterte, die Nadeln tanzten auf der Haut, die Egge schwebte Auf und Ab. Der Reisende hatte schon eine Weile hingestarrt, ehe er sich erinnerte, dass ein Rad im Zeichner hätte kreischen sollen; aber alles war still, nicht das geringste Surren war zu hören.

Durch diese stille Arbeit entschwand die Maschine förmlich der Aufmerksamkeit. Der Reisende sah zu dem Soldaten und dem Verurteilten hinüber. Der Verurteilte war der Lebhaftere, alles an der Maschine interessierte ihn, bald beugte er sich nieder, bald streckte er sich, immerfort hatte er den Zeigefinger ausgestreckt, um dem Soldaten etwas zu zeigen. Dem Reisenden war es peinlich. Er war entschlossen, hier bis zum Ende zu bleiben, aber den Anblick der zwei hätte er nicht lange ertragen. "Geht nach Hause", sagte er. Der Soldat wäre dazu vielleicht bereit gewesen, aber der Verurteilte empfand den Befehl geradezu als Strafe. Er bat flehentlich mit gefalteten Händen, ihn hier zu lassen und als der Reisende kopfschüttelnd nicht nachgeben wollte, kniete er sogar nieder. Der Reisende sah, dass Befehle hier nichts halfen, er wollte hinüber und die zwei vertreiben. Da hörte er oben im Zeichner ein Geräusch. Er sah hinauf. Störte also das Zahnrad doch? Aber es war etwas anderes. Langsam hob sich der Deckel des Zeichners und klappte dann vollständig auf. Die Zacken eines Zahnrades zeigten und hoben sich, bald erschien das ganze Rad, es war, als presse irgendeine große Macht den Zeichner zusammen, sodass für dieses Rad kein Platz mehr übrig blieb, das Rad drehte sich bis zum Rand des Zeichners, fiel hinunter, kollerte aufrecht ein Stück im Sand und blieb dann liegen. Aber schon stieg oben ein anderes auf, ihm folgten viele, große, kleine und kaum zu unterscheidende, mit allen geschah dasselbe, immer glaubte man, nun müsse der Zeichner jedenfalls schon entleert sein, da erschien eine neue, besonders zahlreiche Gruppe, stieg auf, fiel hinunter, kollerte im Sand und legte sich. Über diesem Vorgang vergaß der Verurteilte ganz den Befehl des Reisenden, die Zahnräder entzückten ihn völlig, er wollte immer eines fassen, trieb gleichzeitig den Soldaten an, ihm zu helfen, zog aber erschreckt die Hand zurück, denn es folgte gleich ein anderes Rad, das ihn, wenigstens im ersten Anrollen, erschreckte.

Der Reisende dagegen war sehr beunruhigt; die Maschine ging offenbar in Trümmer; ihr ruhiger Gang war eine Täuschung; er hatte das Gefühl, als müsse er sich jetzt des Offiziers annehmen, da dieser nicht mehr für sich selbst sorgen konnte. Aber während der Fall der Zahnräder seine ganze Aufmerksamkeit beanspruchte, hatte er versäumt, die übrige Maschine zu beaufsichtigen; als er jedoch jetzt, nachdem das letzte Zahnrad den Zeichner verlassen hatte, sich über die Egge beugte, hatte er eine neue, noch ärgere Überraschung. Die Egge schrieb nicht, sie stach nur und das Bett wälzte den Körper nicht, sondern hob ihn nur zitternd in die Nadeln hinein. Der Reisende wollte eingreifen, möglicherweise das Ganze zum Stehen bringen, das war ja keine Folter, wie sie der Offizier erreichen wollte, das war unmittelbarer Mord. Er streckte die Hände aus. Da hob sich aber schon die Egge mit dem aufgespießten Körper zur Seite, wie sie es sonst erst in der zwölften Stunde tat. Das Blut floss in hundert Strömen, nicht mit Wasser vermischt, auch die Wasserröhrchen hatten diesmal versagt. Und nun versagte noch das Letzte, der Körper löste sich von den Nadeln nicht, strömte sein Blut aus, hing aber über der Grube, ohne zu fallen. Die Egge wollte schon in ihre alte Lage zurückkehren, aber als merke sie selbst, dass sie von ihrer Last noch nicht befreit sei, blieb sie doch über der Grube. "Helft doch!" schrie der Reisende zum Soldaten und zum Verurteilten hinüber und fasste selbst die Füße des Offiziers. Er wollte sich hier gegen die Füße drücken, die zwei sollten auf der anderen Seite den Kopf des Offiziers fassen und so sollte er langsam von den Nadeln gehoben werden. Aber nun konnten sich die zwei nicht entschließen zu kommen; der Verurteilte drehte sich geradezu um; der Reisende musste zu ihnen hinübergehen und sie mit Gewalt zu dem Kopf des Offiziers drängen. Hierbei sah er fast gegen Willen das Gesicht der Leiche. Es war, wie es im Leben gewesen war; kein Zeichen der versprochenen Erlösung war zu entdecken; was alle anderen in der Maschine gefunden hatten, der Offizier fand es nicht; die Lippen waren fest zusammengedrückt, die Augen waren offen, hatten den Ausdruck des Lebens, der Blick war ruhig und überzeugt, durch die Stirn ging die Spitze des großen eisernen Stachels.

Als der Reisende, mit dem Soldaten und dem Verurteilten hinter sich, zu den ersten Häusern der Kolonie kam, zeigte der Soldat auf eins und sagte: "Hier ist das Teehaus."

Im Erdgeschoss eines Hauses war ein tiefer, niedriger, höhlenartiger, an den Wänden und an der Decke verräucherter Raum. Gegen die Straße zu war er in seiner ganzen Breite offen. Trotzdem sich das Teehaus von den übrigen Häusern der Kolonie, die bis auf die Palastbauten der Kommandantur alle sehr verkommen waren, wenig unterschied, übte es auf den Reisenden doch den Eindruck einer historischen Erinnerung aus und er fühlte die Macht der früheren Zeiten. Er trat näher heran, ging, gefolgt von seinen Begleitern, zwischen den unbesetzten Tischen hindurch, die vor dem Teehaus auf der Straße standen und atmete die kühle, dumpfige Luft ein, die aus dem Innern kam. "Der Alte ist hier begraben", sagte der Soldat, "ein Platz auf dem Friedhof ist ihm vom Geistlichen verweigert worden. Man war eine Zeit lang unentschlossen, wo man ihn begraben sollte, schließlich hat man ihn hier begraben. Davon hat Ihnen der Offizier gewiss nichts erzählt, denn dessen hat er sich natürlich am meisten geschämt. Er hat sogar einigemal in der Nacht versucht, den Alten auszugraben, er ist aber immer verjagt worden." "Wo ist das Grab?" fragte der Reisende, der dem Soldaten nicht glauben konnte. Gleich liefen beide, der Soldat wie der Verurteilte, vor ihm her und zeigten mit ausgestreckten Händen dorthin, wo sich das Grab befinden sollte. Sie führten den Reisenden bis zur Rückwand, wo an einigen Tischen Gäste saßen. Es waren wahrscheinlich Hafenarbeiter, starke Männer mit kurzen, glänzend schwarzen Vollbärten. Alle waren ohne Rock, ihre Hemden waren zerrissen, es war armes, gedemütigtes Volk. Als sich der Reisende näherte, erhoben sich einige, drückten sich an die Wand und sahen ihm entgegen. "Es ist ein Fremder", flüsterte es um den Reisenden herum, "er will das Grab ansehen." Sie schoben einen der Tische beiseite, unter dem sich wirklich ein Grabstein befand. Es war ein einfacher Stein, niedrig genug, um unter einem Tisch verborgen werden zu können. Er trug eine Aufschrift mit sehr kleinen Buchstaben, der Reisende musste, um sie zu lesen, niederknien. Sie lautete: 'Hier ruht der alte Kommandant. Seine Anhänger, die jetzt keinen Namen tragen dürfen, haben ihm das Grab gegraben und den Stein gesetzt. Es besteht eine Prophezeiung, dass der Kommandant nach einer bestimmten Anzahl von Jahren auferstehen und aus diesem Hause seine Anhänger zur Wiedereroberung der Kolonie führen wird. Glaubet und wartet!' Als der Reisende das gelesen hatte und sich erhob, sah er rings um sich die Männer stehen und lächeln, als hätten sie mit ihm die Aufschrift gelesen, sie lächerlich gefunden und forderten ihn auf, sich ihrer Meinung anzuschließen. Der Reisende tat, als merke er das nicht, verteilte einige Münzen unter sie, wartete noch, bis der Tisch über das Grab geschoben war, verließ das Teehaus und ging zum Hafen.

Der Soldat und der Verurteilte hatten im Teehaus Bekannte gefunden, die sie zurückhielten. Sie mussten sich aber bald von ihnen losgerissen haben, denn der Reisende befand sich erst in der Mitte der langen Treppe, die zu den Booten führte, als sie ihm schon nachliefen. Sie wollten wahrscheinlich den Reisenden im Letzten Augenblick zwingen, sie mitzunehmen. Während der Reisende unten mit einem Schiffer wegen der Überfahrt zum Dampfer unterhandelte, rasten die zwei die Treppe hinab, schweigend, denn zu schreien wagten sie nicht. Aber als sie unten ankamen, war der Reisende schon im Boot und der Schiffer löste es gerade vom Ufer. Sie hätten noch ins Boot springen können, aber der Reisende hob ein schweres, geknotetes Tau vom Boden, drohte ihnen damit und hielt sie dadurch von dem Sprunge ab.

Die Verwandlung

Als Gregor Samsa eines Morgens aus unruhigen Träumen erwachte, fand er sich in seinem Bett zu einem ungeheuren Ungeziefer verwandelt. Er lag auf seinem panzerartig harten Rücken und sah, wenn er den Kopf ein wenig hob, seinen gewölbten, braunen, von bogenförmigen Versteifungen geteilten Bauch, auf dessen Höhe sich die Bettdecke, zum gänzlichen Niedergleiten bereit, kaum noch erhalten konnte. Seine vielen, im Vergleich zu seinem sonstigen Umfang kläglich dünnen Beine flimmerten ihm hilflos vor den Augen.

"Was ist mit mir geschehen?", dachte er. Es war kein Traum. Sein Zimmer, ein richtiges, nur etwas zu kleines Menschenzimmer, lag ruhig zwischen den vier wohlbekannten Wänden. Über dem Tisch, auf dem eine auseinander gepackte Musterkollektion von Tuchwaren ausgebreitet war - Samsa war Reisender - hing das Bild, das er vor kurzem aus einer illustrierten Zeitschrift ausgeschnitten und in einem hübschen, vergoldeten Rahmen untergebracht hatte. Es stellte eine Dame dar, die mit einem Pelzhut und einer Pelzboa versehen, aufrecht dasaß und einen schweren Pelzmuff, in dem ihr ganzer Unterarm verschwunden war, dem Beschauer entgegenhob.

Gregors Blick richtete sich dann zum Fenster und das trübe Wetter - man hörte Regentropfen auf das Fensterblech aufschlagen - machte ihn ganz melancholisch. "Wie wäre es, wenn ich noch ein wenig weiterschliefe und alle Narrheiten vergäße", dachte er, aber das war gänzlich undurchführbar, denn er war gewöhnt, auf der rechten Seite zu schlafen, konnte sich aber in seinem gegenwärtigen Zustand nicht in diese Lage bringen. Mit welcher Kraft er sich auch auf die rechte Seite warf, immer wieder schaukelte er in die Rückenlage zurück. Er versuchte es wohl hundertmal, schloss die Augen, um die zappelnden Beine nicht sehen zu müssen und ließ erst ab, als er in der Seite einen noch nie gefühlten, leichten, dumpfen Schmerz zu fühlen begann.

"Ach Gott", dachte er, "was für einen anstrengenden Beruf habe ich gewählt! Tag aus, Tag ein auf der Reise. Die geschäftlichen Aufregungen sind viel größer, als im eigentlichen Geschäft zu Hause und außerdem ist mir noch diese Plage des Reisens auferlegt, die Sorgen um die Zuganschlüsse, das unregelmäßige, schlechte Essen, ein immer wechselnder, nie andauernder, nie herzlich werdender menschlicher Verkehr. Der Teufel soll das alles holen!" Er fühlte ein leichtes Jucken oben auf dem Bauch; schob sich auf dem Rücken langsam näher zum Bettpfosten, um den Kopf besser heben zu können; fand die juckende Stelle, die mit lauter kleinen weißen Pünktchen besetzt war, die er nicht zu beurteilen verstand; und wollte mit einem Bein die Stelle betasten, zog es aber gleich zurück, denn bei der Berührung umwehten ihn Kälteschauer.

Er glitt wieder in seine frühere Lage zurück. "Dies frühzeitige Aufstehen", dachte er, "macht einen ganz blödsinnig. Der Mensch muss seinen Schlaf haben. Andere Reisende leben wie Haremsfrauen. Wenn ich zum Beispiel im Laufe des Vormittags ins Gasthaus zurückgehe, um die erlangten Aufträge zu überschreiben, sitzen diese Herren erst beim Frühstück. Das sollte ich bei meinem Chef versuchen; ich würde auf der Stelle hinausfliegen. Wer weiß übrigens, ob das nicht sehr gut für mich wäre. Wenn ich mich nicht wegen meiner Eltern zurückhielte, ich hätte längst gekündigt, ich wäre vor den Chef hin getreten und hätte ihm meine Meinung von Grund des Herzens aus gesagt. Vom Pult hätte er fallen müssen! Es ist auch eine sonderbare Art, sich auf das Pult zu setzen und von der Höhe herab mit dem Angestellten zu reden, der überdies wegen der Schwerhörigkeit des Chefs ganz nahe herantreten muss. Nun, die Hoffnung ist noch nicht gänzlich aufgegeben; habe ich einmal das Geld beisammen, um die Schuld der Eltern an ihn abzuzahlen - es dürfte noch fünf bis sechs Jahre dauern - , mache ich die Sache unbedingt. Dann wird der große Schnitt gemacht. Vorläufig allerdings muss ich aufstehen, denn mein Zug fährt um fünf."

Und er sah zur Weckuhr hinüber, die auf dem Kasten tickte. "Himmlischer Vater!", dachte er. Es war halb sieben Uhr und die Zeiger gingen ruhig vorwärts, es war sogar halb vorüber, es näherte sich schon drei viertel. Sollte der Wecker nicht geläutet haben? Man sah vom Bett aus, dass er auf vier Uhr richtig eingestellt war; gewiss hatte er auch geläutet. Ja, aber war es möglich, dieses möbelerschütternde Läuten ruhig zu verschlafen? Nun, ruhig hatte er ja nicht geschlafen, aber wahrscheinlich desto fester. Was aber sollte er jetzt tun? Der nächste Zug ging um sieben Uhr; um den einzuholen, hätte er sich unsinnig beeilen müssen und die Kollektion war noch nicht eingepackt und er selbst fühlte sich durchaus nicht besonders frisch und beweglich. Und selbst wenn er den Zug einholte, ein Donnerwetter des Chefs war nicht zu vermeiden, denn der Geschäftsdiener hatte beim Fünfuhrzug gewartet und die Meldung von seiner Versäumnis längst erstattet. Es war eine Kreatur des Chefs, ohne Rückgrat und Verstand. Wie nun, wenn er sich krankmeldete? Das wäre aber äußerst peinlich und verdächtig, denn Gregor war während seines fünfjährigen Dienstes noch nicht einmal krank gewesen. Gewiss würde der Chef mit dem Krankenkassenarzt kommen, würde den Eltern wegen des faulen Sohnes Vorwürfe machen und alle Einwände durch den Hinweis auf den Krankenkassenarzt abschneiden, für den es ja überhaupt nur ganz gesunde, aber arbeitsscheue Menschen gibt. Und hätte er übrigens in diesem Falle so ganz Unrecht? Gregor fühlte sich tatsächlich, abgesehen von einer nach dem langen Schlaf wirklich überflüssigen Schläfrigkeit, ganz wohl und hatte sogar einen besonders kräftigen Hunger.

Als er dies alles in größter Eile überlegte, ohne sich entschließen zu können, das Bett zu verlassen - gerade schlug der Wecker drei viertel sieben - klopfte es vorsichtig an die Tür am Kopfende seines Bettes.

"Gregor", rief es - es war die Mutter - , "es ist drei viertel sieben. Wolltest du nicht wegfahren?" Die sanfte Stimme! Gregor erschrak, als er seine antwortende Stimme hörte, die wohl unverkennbar seine frühere war, in die sich aber, wie von unten her, ein nicht zu unterdrückendes, schmerzliches Piepsen mischte, das die Worte förmlich nur im ersten Augenblick in ihrer Deutlichkeit beließ, um sie im Nachklang derart zu zerstören, dass man nicht wusste, ob man Recht gehört hatte. Gregor hatte ausführlich antworten und alles erklären wollen, beschränkte sich aber bei diesen Umständen darauf, zu sagen: "Ja, ja, danke Mutter, ich stehe schon auf." Infolge der Holztür war die Veränderung in Gregors Stimme draußen wohl nicht zu merken, denn die Mutter beruhigte sich mit dieser Erklärung und schlürfte davon. Aber durch das kleine Gespräch waren die anderen Familienmitglieder darauf aufmerksam geworden, dass Gregor wider Erwarten noch zu Hause war und schon klopfte an der einen Seitentür der Vater, schwach, aber mit der Faust. "Gregor, Gregor", rief er, "was ist denn?" Und nach einer kleinen Weile mahnte er nochmals mit tieferer Stimme: "Gregor! Gregor!" An der anderen Seitentür aber klagte leise die Schwester: "Gregor? Ist dir nicht wohl? Brauchst du etwas?" Nach beiden Seiten hin antwortete Gregor: "Bin schon fertig" und bemühte sich, durch die sorgfältigste Aussprache und durch Einschaltung von langen Pausen zwischen den einzelnen Worten seiner Stimme alles Auffallende zu nehmen. Der Vater kehrte auch zu seinem Frühstück zurück, die Schwester aber flüsterte: "Gregor, mach auf, ich beschwöre dich." Gregor aber dachte gar nicht daran aufzumachen, sondern lobte die vom Reisen her übernommene Vorsicht, auch zu Hause alle Türen während der Nacht zu versperren.

Zunächst wollte er ruhig und ungestört aufstehen, sich anziehen und vor allem frühstücken und dann erst das Weitere überlegen, denn, das merkte er wohl, im Bett würde er mit dem Nachdenken zu keinem vernünftigen Ende kommen. Er erinnerte sich, schon öfter im Bett irgendeinen vielleicht durch ungeschicktes Liegen erzeugten, leichten Schmerz empfunden zu haben, der sich dann beim Aufstehen als reine Einbildung herausstellte und er war gespannt, wie sich seine heutigen Vorstellungen allmählich auflösen würden. Dass die Veränderung der Stimme nichts anderes war, als der Vorbote einer tüchtigen Verkühlung, einer Berufskrankheit der Reisenden, daran zweifelte er nicht im Geringsten.

Die Decke abzuwerfen war ganz einfach; er brauchte sich nur ein wenig aufzublasen und sie fiel von selbst. Aber weiterhin wurde es schwierig, besonders weil er so ungemein breit war. Er hätte Arme und Hände gebraucht, um sich aufzurichten; stattdessen aber hatte er nur die vielen Beinchen, die ununterbrochen in der verschiedensten Bewegung waren und die er überdies nicht beherrschen konnte. Wollte er eines einmal einknicken, so war es das Erste, dass es sich streckte; und gelang es ihm endlich, mit diesem Bein das auszuführen, was er wollte, so arbeiteten inzwischen alle anderen, wie freigelassen, in höchster, schmerzlicher Aufregung. "Nur sich nicht im Bett unnütz aufhalten", sagte sich Gregor.

Zuerst wollte er mit dem unteren Teil seines Körpers aus dem Bett hinauskommen, aber dieser untere Teil, den er übrigens noch nicht gesehen hatte und von dem er sich auch keine rechte Vorstellung machen konnte, erwies sich als zu schwer beweglich; es ging so langsam; und als er schließlich, fast wild geworden, mit gesammelter Kraft, ohne Rücksicht sich vorwärtsstieß, hatte er die Richtung falsch gewählt, schlug an den unteren Bettpfosten heftig an und der brennende Schmerz, den er empfand, belehrte ihn, dass gerade der untere Teil seines Körpers augenblicklich vielleicht der empfindlichste war.

Er versuchte es daher, zuerst den Oberkörper aus dem Bett zu bekommen und drehte vorsichtig den Kopf dem Bettrand zu. Dies gelang auch leicht und trotz ihrer Breite und Schwere folgte schließlich die Körpermasse langsam der Wendung des Kopfes. Aber als er den Kopf endlich außerhalb des Bettes in der freien Luft hielt, bekam er Angst, weiter auf diese Weise vorzurücken, denn wenn er sich schließlich so fallen ließ, musste geradezu ein Wunder geschehen, wenn der Kopf nicht verletzt werden sollte. Und die Besinnung durfte er gerade jetzt um keinen Preis verlieren; lieber wollte er im Bett bleiben.

Aber als er wieder nach gleicher Mühe aufseufzend so dalag wie früher und wieder seine Beinchen womöglich noch ärger gegeneinander kämpfen sah und keine Möglichkeit fand, in diese Willkür Ruhe und Ordnung zu bringen, sagte er sich wieder, dass er unmöglich im Bett bleiben könne und dass es das Vernünftigste sei, alles zu opfern, wenn auch nur die kleinste Hoffnung bestünde, sich dadurch vom Bett zu befreien. Gleichzeitig aber vergaß er nicht, sich zwischendurch daran zu erinnern, dass viel besser als verzweifelte Entschlüsse ruhige und ruhigste Überlegung sei. In solchen Augenblicken richtete er die Augen möglichst scharf auf das Fenster, aber leider war aus dem Anblick des Morgennebels, der sogar die andere Seite der engen Straße verhüllte, wenig Zuversicht und Munterkeit zu holen. "Schon sieben Uhr", sagte er sich beim neuerlichen Schlagen des Weckers, "schon sieben Uhr und noch immer ein solcher Nebel." Und ein Weilchen lang lag er ruhig mit schwachem Atem, als erwarte er vielleicht von der völligen Stille die Wiederkehr der wirklichen und selbstverständlichen Verhältnisse.

Dann aber sagte er sich: "Ehe es ein viertel Acht schlägt, muss ich unbedingt das Bett vollständig verlassen haben. Im Übrigen wird auch bis dahin jemand aus dem Geschäft kommen, um nach mir zu fragen, denn das Geschäft wird vor sieben Uhr geöffnet." Und er machte sich nun daran, den Körper in seiner ganzen Länge vollständig gleichmäßig aus dem Bett hinauszuschaukeln. Wenn er sich auf diese Weise aus dem Bett fallen ließ, blieb der Kopf, den er beim Fall scharf heben wollte, voraussichtlich unverletzt. Der Rücken schien hart zu sein; dem würde wohl bei dem Fall auf den Teppich nichts geschehen. Das größte Bedenken machte ihm die Rücksicht auf den lauten Krach, den es geben müsste und der wahrscheinlich hinter allen Türen wenn nicht Schrecken, so doch Besorgnisse erregen würde. Das musste aber gewagt werden.

Als Gregor schon zur Hälfte aus dem Bette ragte - die neue Methode war mehr ein Spiel als eine Anstrengung, er brauchte immer nur ruckweise zu schaukeln - , fiel ihm ein, wie einfach alles wäre, wenn man ihm zu Hilfe käme. Zwei starke Leute - er dachte an seinen Vater und das Dienstmädchen - hätten vollständig genügt;

sie hätten ihre Arme nur unter seinen gewölbten Rücken schieben, ihn so aus dem Bett schälen, sich mit der Last niederbeugen und dann bloß vorsichtig dulden müssen, dass er den Überschwung auf dem Fußboden vollzog, wo dann die Beinchen hoffentlich einen Sinn bekommen würden. Nun, ganz abgesehen davon, dass die Türen versperrt waren, hätte er wirklich um Hilfe rufen sollen? Trotz aller Not konnte er bei diesem Gedanken ein Lächeln nicht unterdrücken.

Schon war er so weit, dass er bei stärkerem Schaukeln kaum das Gleichgewicht noch erhielt und sehr bald musste er sich nun endgültig entscheiden, denn es war in fünf Minuten ein viertel Acht, - als es an der Wohnungstür läutete. "Das ist jemand aus dem Geschäft", sagte er sich und erstarrte fast, während seine Beinchen nur desto eiliger tanzten. Einen Augenblick blieb alles still. "Sie öffnen nicht", sagte sich Gregor, befangen in irgendeiner unsinnigen Hoffnung. Aber dann ging natürlich wie immer das Dienstmädchen festen Schrittes zur Tür und öffnete. Gregor brauchte nur das erste Grußwort des Besuchers zu hören und wusste schon, wer es war - der Prokurist selbst. Warum war nur Gregor dazu verurteilt, bei einer Firma zu dienen, wo man bei der kleinsten Versäumnis gleich den größten Verdacht fasste? Waren denn alle Angestellten samt und sonders Lumpen, gab es denn unter ihnen keinen treuen ergebenen Menschen, der, wenn er auch nur ein paar Morgenstunden für das Geschäft nicht ausgenutzt hatte, vor Gewissensbissen närrisch wurde und geradezu nicht im Stande war, das Bett zu verlassen? Genügte es wirklich nicht, einen Lehrjungen nachfragen zu lassen - wenn überhaupt diese Fragerei nötig war - , musste da der Prokurist selbst kommen und musste dadurch der ganzen unschuldigen Familie gezeigt werden, dass die Untersuchung dieser verdächtigen Angelegenheit nur dem Verstand des Prokuristen anvertraut werden konnte? Und mehr infolge der Erregung, in welche Gregor durch diese Überlegungen versetzt wurde, als infolge eines richtigen Entschlusses, schwang er sich mit aller Macht aus dem Bett. Es gab einen lauten Schlag, aber ein eigentlicher Krach war es nicht. Ein wenig wurde der Fall durch den Teppich abgeschwächt, auch war der Rücken elastischer, als Gregor gedacht hatte, daher kam der nicht gar so auffallende dumpfe Klang. Nur den Kopf hatte er nicht vorsichtig genug gehalten und ihn angeschlagen; er drehte ihn und rieb ihn an dem Teppich vor Ärger und Schmerz.

"Da drin ist etwas gefallen", sagte der Prokurist im Nebenzimmer links. Gregor suchte sich vorzustellen, ob nicht auch einmal dem Prokuristen etwas Ähnliches passieren könnte, wie heute ihm; die Möglichkeit dessen musste man doch eigentlich zugeben. Aber wie zur rohen Antwort auf diese Frage machte jetzt der Prokurist im Nebenzimmer ein paar bestimmte Schritte und ließ seine Lackstiefel knarren. Aus dem Nebenzimmer rechts flüsterte die Schwester, um Gregor zu verständigen: "Gregor, der Prokurist ist da." "Ich weiß", sagte Gregor vor sich hin; aber so laut, dass es die Schwester hätte hören können, wagte er die Stimme nicht zu erheben.

"Gregor", sagte nun der Vater aus dem Nebenzimmer links, "der Herr Prokurist ist gekommen und erkundigt sich, warum du nicht mit dem Frühzug weggefahren bist. Wir wissen nicht, was wir ihm sagen sollen. Übrigens will er auch mit dir persönlich sprechen. Also bitte mach die Tür auf. Er wird die Unordnung im Zimmer zu entschuldigen schon die Güte haben."

"Guten Morgen, Herr Samsa", rief der Prokurist freundlich dazwischen. "Ihm ist nicht wohl", sagte die Mutter zum Prokuristen, während der Vater noch an der Tür redete, "ihm ist nicht wohl, glauben Sie mir, Herr Prokurist. Wie würde denn Gregor sonst einen Zug versäumen! Der Junge hat ja nichts im Kopf als das Geschäft. Ich ärgere mich schon fast, dass er abends niemals ausgeht; jetzt war er doch Acht Tage in der Stadt, aber jeden Abend war er zu Hause. Da sitzt er bei uns am Tisch und liest still die Zeitung oder studiert Fahrpläne. Es ist schon eine Zerstreuung für ihn, wenn er sich mit Laubsägearbeiten beschäftigt. Da hat er zum Beispiel im Laufe von zwei, drei Abenden einen kleinen Rahmen geschnitzt; Sie werden staunen, wie hübsch er ist; er hängt drin im

Zimmer; Sie werden ihn gleich sehen, bis Gregor aufmacht. Ich bin übrigens glücklich, dass Sie da sind, Herr Prokurist; wir allein hätten Gregor nicht dazu gebracht, die Tür zu öffnen; er ist so hartnäckig; und bestimmt ist ihm nicht wohl, trotzdem er es am Morgen geleugnet hat."

"Ich komme gleich", sagte Gregor langsam und bedächtig und rührte sich nicht, um kein Wort der Gespräche zu verlieren. "Anders, gnädige Frau, kann ich es mir auch nicht erklären", sagte der Prokurist, "hoffentlich ist es nichts Ernstes. Wenn ich auch andererseits sagen muss, dass wir Geschäftsleute - wie man will, leider oder glücklicherweise - ein leichtes Unwohlsein sehr oft aus geschäftlichen Rücksichten einfach überwinden müssen." "Also kann der Herr Prokurist schon zu dir hinein?" fragte der ungeduldige Vater und klopfte wiederum an die Tür. "Nein", sagte Gregor. Im Nebenzimmer links trat eine peinliche Stille ein, im Nebenzimmer rechts begann die Schwester zu schluchzen.

Warum ging denn die Schwester nicht zu den anderen? Sie war wohl erst jetzt aus dem Bett aufgestanden und hatte noch gar nicht angefangen sich anzuziehen. Und warum weinte sie denn? Weil er nicht aufstand und den Prokuristen nicht hereinließ, weil er in Gefahr war, den Posten zu verlieren und weil dann der Chef die Eltern mit den alten Forderungen wieder verfolgen würde? Das waren doch vorläufig wohl unnötige Sorgen. Noch war Gregor hier und dachte nicht im Geringsten daran, seine Familie zu verlassen. Augenblicklich lag er wohl da auf dem Teppich und niemand, der seinen Zustand gekannt hätte, hätte im Ernst von ihm verlangt, dass er den Prokuristen hereinlasse. Aber wegen dieser kleinen Unhöflichkeit, für die sich ja später leicht eine passende Ausrede finden würde, konnte Gregor doch nicht gut sofort weggeschickt werden. Und Gregor schien es, dass es viel vernünftiger wäre, ihn jetzt in Ruhe zu lassen, statt ihn mit Weinen und Zureden zu stören. Aber es war eben die Ungewissheit, welche die anderen bedrängte und ihr Benehmen entschuldigte.

"Herr Samsa", rief nun der Prokurist mit erhobener Stimme, "was ist denn los? Sie verbarrikadieren sich da in Ihrem Zimmer, antworten bloß mit ja und nein, machen Ihren Eltern schwere, unnötige Sorgen und versäumen - dies nur nebenbei erwähnt - Ihre geschäftliche Pflichten in einer eigentlich unerhörten Weise. Ich spreche hier im Namen Ihrer Eltern und Ihres Chefs und bitte Sie ganz ernsthaft um eine augenblickliche, deutliche Erklärung. Ich staune, ich staune. Ich glaube Sie als einen ruhigen, vernünftigen Menschen zu kennen und nun scheinen Sie plötzlich anfangen zu wollen, mit sonderbaren Launen zu paradieren. De Chef deutete mir zwar heute früh eine möglich Erklärung für Ihre Versäumnisse an - sie betraf das Ihnen seit kurzem anvertraute Inkasso - , aber ich legte wahrhaftig fast mein Ehrenwort dafür ein, dass diese Erklärung nicht zutreffen könne. Nun aber sehe ich hier Ihren unbegreiflichen Starrsinn und verliere ganz und gar jede Lust, mich auch nur im geringsten für Sie einzusetzen. Und Ihre Stellung ist durchaus nicht die festeste. Ich hatte ursprünglich die Absicht, Ihnen das alles unter vier Augen zu sagen, aber da Sie mich hier nutzlos meine Zeit versäumen lassen, weiß ich nicht, warum es nicht auch ihr Herren Eltern erfahren sollen. Ihre Leistungen in der letzten Zeit waren also sehr unbefriedigend; es ist zwar nicht die Jahreszeit, um besondere Geschäfte zu machen, das erkennen wir an; aber eine Jahreszeit, um keine Geschäfte zu machen, gibt es überhaupt nicht, Herr Samsa, darf es nicht geben."

"Aber Herr Prokurist", rief Gregor außer sich und vergaß in der Aufregung alles andere, "ich mache ja sofort, augenblicklich auf. Ein leichtes Unwohlsein, ein Schwindelanfall, haben mich verhindert aufzustehen. Ich liege noch jetzt im Bett. Jetzt bin ich aber schon wieder ganz frisch. Eben steige ich aus dem Bett. Nur einen kleinen Augenblick Geduld! Es geht noch nicht so gut; wie ich dachte. Es ist mir aber schon wohl. Wie das nur einen Menschen so überfallen kann! Noch gestern Abend war mir ganz gut, meine Eltern wissen es ja, oder besser, schon gestern Abend hatte ich eine kleine Vorahnung. Man hätte es mir ansehen müssen. Warum habe ich es nur im Geschäfte nicht gemeldet! Aber man denkt eben immer, dass man die Krankheit ohne Zu Hausebleiben übersteher wird. Herr Prokurist! Schonen Sie meine Eltern! Für alle die Vorwürfe, die Sie mir jetzt machen, ist ja kein Grund; man hat mir ja davon auch kein Wort gesagt. Sie haben vielleicht die letzten Aufträge, die ich geschickt habe, nicht gelesen. Übrigens, noch mit dem Achtuhrzug fahre ich auf die Reise, die paar Stunden Ruhe haben mich gekräftigt. Halten Sie sich nur nicht auf, Herr Prokurist; ich bin gleich selbst im Geschäft und haben Sie die Güte, das zu sagen und mich dem Herrn Chef zu empfehlen!"

Und während Gregor dies alles hastig ausstieß und kaum wusste, was er sprach, hatte er sich leicht, wohl infolge der im Bett bereits erlangten Übung, dem Kasten genähert und versuchte nun, an ihm sich aufzurichten. Er wollte tatsächlich die Tür aufmachen, tatsächlich sich sehen lassen und mit dem Prokuristen sprechen; er war begierig zu erfahren, was die anderen, die jetzt so nach ihm verlangten, bei seinem Anblick sagen würden. Würden sie erschrecken, dann hatte Gregor keine Verantwortung mehr und konnte ruhig sein. Würden sie aber alles ruhig hinnehmen, dann hatte auch er keinen Grund sich aufzuregen und konnte, wenn er sich beeilte, um acht Uhr tatsächlich auf dem Bahnhof sein.

Zuerst glitt er nun einige Male von dem glatten Kasten ab, aber endlich gab er sich einen letzten Schwung und stand aufrecht da; auf die Schmerzen im Unterleib achtete er gar nicht mehr, so sehr sie auch brannten. Nun ließ er sich gegen die Rückenlehne eines nahen Stuhles fallen, an deren Rändern er sich mit seinen Beinchen fest hielt. Damit hatte er aber auch die Herrschaft über sich erlangt und verstummte, denn nun konnte er den Prokuristen anhören.

"Haben Sie auch nur ein Wort verstanden?", fragte der Prokurist die Eltern, "er macht sich doch wohl nicht einen Narren aus uns?" "Um Gottes willen", rief die Mutter schon unter Weinen, "er ist vielleicht schwer krank und wir quälen ihn. Grete! Grete!" schrie sie dann. "Mutter?" rief die Schwester von der anderen Seite. Sie verständigten sich durch Gregors Zimmer. "Du musst augenblicklich zum

Arzt. Gregor ist krank. Rasch um den Arzt. Hast du Gregor jetzt reden hören?" "Das war eine Tierstimme", sagte der Prokurist, auffallend leise gegenüber dem Schreien der Mutter.

"Anna! Anna!" rief der Vater durch das Vorzimmer in die Küche und klatschte in die Hände, "sofort einen Schlosser holen!" Und schon liefen die zwei Mädchen mit rauschenden Röcken durch das Vorzimmer - wie hatte sich die Schwester denn so schnell angezogen? - und rissen die Wohnungstüre auf. Man hörte gar nicht die Türe zuschlagen; sie hatten sie wohl offen gelassen, wie es in Wohnungen zu sein pflegt, in denen ein großes Unglück geschehen ist.

Gregor war aber viel ruhiger geworden. Man verstand zwar also seine Worte nicht mehr, trotzdem sie ihm genug klar, klarer als früher, vorgekommen waren, vielleicht infolge der Gewöhnung des Ohres. Aber immerhin glaubte man nun schon daran, dass es mit ihm nicht ganz in Ordnung war und war bereit, ihm zu helfen. Die Zuversicht und Sicherheit, mit welchen die ersten Anordnungen getroffen worden waren, taten ihm wohl. Er fühlte sich wieder einbezogen in den menschlichen Kreis und erhoffte von beiden, vom Arzt und vom Schlosser, ohne sie eigentlich genau zu scheiden, großartige und überraschende Leistungen. Um für die sich nähernden entscheidenden Besprechungen eine möglichst klare Stimme zu bekommen, hustete er ein wenig ab, allerdings bemüht, dies ganz gedämpft zu tun, da möglicherweise auch schon dieses Geräusch anders als menschlicher Husten klang, was er selbst zu entscheiden sich nicht mehr getraute. Im Nebenzimmer war es inzwischen ganz still geworden. Vielleicht saßen die Eltern mit dem Prokuristen beim Tisch und tuschelten, vielleicht lehnten alle an der Türe und horchten.

Gregor schob sich langsam mit dem Sessel zur Tür hin, ließ ihn dort los, warf sich gegen die Tür, hielt sich an ihr aufrecht - die Ballen seiner Beinchen hatten ein wenig Klebstoff - und ruhte sich dort einen Augenblick lang von der Anstrengung aus. Dann aber machte er sich daran, mit dem Mund den Schlüssel im Schloss umzudrehen. Es schien leider, dass er keine eigentlichen Zähne hatte, - womit sollte er gleich den Schlüssel fassen? - aber dafür waren die Kiefer freilich sehr stark; mit ihrer Hilfe brachte er auch wirklich den Schlüssel in Bewegung und achtete nicht darauf, dass er sich zweifellos irgendeinen Schaden zufügte, denn eine braune Flüssigkeit kam ihm aus dem Mund, floss über den Schlüssel und tropfte auf den Boden.

"Hören Sie nur", sagte der Prokurist im Nebenzimmer, "er dreht den Schlüssel um." Das war für Gregor eine große Aufmunterung; aber alle hätten ihm zurufen sollen, auch der Vater und die Mutter: "Frisch, Gregor", hätten sie rufen sollen, "immer nur heran, fest an das Schloss heran!" Und in der Vorstellung, dass alle seine Bemühungen mit Spannung verfolgten, verbiss er sich mit allem, was er an Kraft aufbringen konnte, besinnungslos in den Schlüssel. Je nach dem Fortschreiten der Drehung des Schlüssels umtanzte er das Schloss; hielt sich jetzt nur noch mit dem Munde aufrecht und je nach Bedarf hing er sich an den Schlüssel oder drückte ihn dann wieder nieder mit der ganzen Last seines Körpers. Der hellere Klang des endlich zurückschnappenden Schlosses erweckte Gregor förmlich. Aufatmend sagte er sich: "Ich habe also den Schlosser nicht gebraucht" und legte den Kopf auf die Klinke, um die Türe gänzlich zu öffnen.

Da er die Türe auf diese Weise öffnen musste, war sie eigentlich schon recht weit geöffnet und er selbst noch nicht zu sehen. Er musste sich erst langsam um den einen Türflügel herumdrehen und zwar sehr vorsichtig, wenn er nicht gerade vor dem Eintritt ins Zimmer plump auf den Rücken fallen wollte. Er war noch mit jener schwierigen Bewegung beschäftigt und hatte nicht Zeit, auf anderes zu Achten, da hörte er schon den Prokuristen ein lautes "Oh!" ausstoßen - es klang, wie wenn der Wind saust und nun sah er ihn auch, wie er, der der Nächste an der Türe war, die Hand gegen den offenen Mund drückte und langsam zurückwich, als vertreibe ihn eine unsichtbare, gleichmäßig fortwirkende Kraft. Die Mutter - sie stand hier trotz der Anwesenheit des Prokuristen mit von der

Nacht her noch aufgelösten, hoch sich sträubenden Haaren - sah zuerst mit gefalteten Händen den Vater an, ging dann zwei Schritte zu Gregor hin und fiel inmitten ihrer rings um sie herum sich ausbreitenden Röcke nieder, das Gesicht ganz unauffindbar zu ihrer Brust gesenkt. Der Vater ballte mit feindseligem Ausdruck die Faust, als wolle er Gregor in sein Zimmer zurückstoßen, sah sich dann unsicher im Wohnzimmer um, beschattete dann mit den Händen die Augen und weinte, dass sich seine mächtige Brust schüttelte.

Gregor trat nun gar nicht in das Zimmer, sondern lehnte sich von innen an den festgeriegelten Türflügel, sodass sein Leib nur zur Hälfte und darüber der seitlich geneigte Kopf zu sehen war, mit dem er zu den anderen hinüberlugte. Es war inzwischen viel heller geworden; klar stand auf der anderen Straßenseite ein Ausschnitt des gegenüberliegenden, endlosen, grauschwarzen Hauses - es war ein Krankenhaus - mit seinen hart die Front durchbrechenden regelmäßigen Fenstern; der Regen fiel noch nieder, aber nur mit großen, einzeln sichtbaren und förmlich auch einzeln auf die Erde hintergeworfenen Tropfen. Das Frühstücksgeschirr stand in überreicher Zahl auf dem Tisch, denn für den Vater war das Frühstück die wichtigste Mahlzeit des Tages, die er bei der Lektüre verschiedener Zeitungen stundenlang hinzog. Gerade an der gegenüberliegenden Wand hing eine Fotografie Gregors aus seiner Militärzeit, die ihn als Leutnant darstellte, wie er, die Hand am Degen, sorglos lächelnd, Respekt für seine Haltung und Uniform verlangte. Die Tür zum Vorzimmer war geöffnet und man sah, da auch die Wohnungstür offen war, auf den Vorplatz der Wohnung hinaus und auf den Beginn der abwärts führenden Treppe.

"Nun", sagte Gregor und war sich dessen wohl bewusst, dass er der Einzige war, der die Ruhe bewahrt hatte, "ich werde mich gleich anziehen, die Kollektion zusammenpacken und wegfahren. Wollt ihr, wollt ihr mich wegfahren lassen? Nun, Herr Prokurist, Sie sehen, ich bin nicht starrköpfig und ich arbeite gern; das Reisen ist beschwerlich, aber ich könnte ohne das Reisen nicht leben. Wohin gehen Sie denn, Herr Prokurist? Ins Geschäft? Ja? Werden Sie alles wahrheitsgetreu berichten? Man kann im Augenblick unfähig sein zu arbeiten, aber dann ist gerade der richtige Zeitpunkt, sich an die früheren Leistungen zu erinnern und zu bedenken, dass man später, nach Beseitigung des Hindernisses, gewiss desto fleißiger und gesammelter arbeiten wird. Ich bin ja dem Herrn Chef so sehr verpflichtet, das wissen Sie doch Recht gut. Andererseits habe ich die Sorge um meine Eltern und die Schwester. Ich bin in der Klemme, ich werde mich aber auch wieder herausarbeiten. Machen Sie es mir aber nicht schwieriger, als es schon ist. Halten Sie im Geschäft meine Partei! Man liebt den Reisenden nicht, ich weiß. Man denkt, er verdient ein Heidengeld und führt dabei ein schönes Leben. Man hat eben keine besondere Veranlassung, dieses Vorurteil besser zu durchdenken. Sie aber, Herr Prokurist, Sie haben einen besseren Überblick über die Verhältnisse als das sonstige Personal, ja sogar, ganz im Vertrauen gesagt, einen besseren Überblick als der Herr Chef selbst, der in seiner Eigenschaft als Unternehmer sich in seinem Urteil leicht zu Ungunsten eines Angestellten beirren lässt. Sie wissen auch sehr wohl, dass der Reisende, der fast das ganze Jahr außerhalb des Geschäfts ist, so leicht ein Opfer von Klatschereien, Zufälligkeiten und grundlosen Beschwerden werden kann, gegen die sich zu wehren ihm ganz unmöglich ist, da er von ihnen meistens gar nichts erfährt und nur dann, wenn er erschöpft eine Reise beendet hat, zu Hause die schlimmen, auf ihre Ursachen hin nicht mehr zu durchschauenden Folgen am eigenen Leibe zu spüren bekommt. Herr Prokurist, gehen Sie nicht weg, ohne mir ein Wort gesagt zu haben, das mir zeigt, dass Sie mir wenigstens zu einem kleinen Teil Recht geben!"

Aber der Prokurist hatte sich schon bei den ersten Worten Gregors abgewendet und nur über die zuckende Schulter hinweg sah er mit aufgeworfenen Lippen nach Gregor zurück. Und während Gregors Rede stand er keinen Augenblick still, sondern verzog sich, ohne Gregor aus den Augen zu lassen, gegen die Tür, aber ganz allmählich, als bestehe ein geheimes Verbot, das Zimmer zu verlassen. Schon war er im Vorzimmer und nach der plötzlichen Bewegung, mit der er zum letzten Mal den Fuß aus dem Wohnzimmer zog, hätte man glauben können, er habe sich soeben die Sohle verbrannt. Im Vorzimmer aber streckte er die rechte Hand weit von sich zur Treppe hin, als warte dort auf ihn eine geradezu überirdische Erlösung.

Gregor sah ein, dass er den Prokuristen in dieser Stimmung auf keinen Fall weggehen lassen dürfe, wenn dadurch seine Stellung im Geschäft nicht aufs Äußerste gefährdet werden sollte. Die Eltern verstanden das alles nicht so gut; sie hatten sich in den langen Jahren die Überzeugung gebildet, dass Gregor in diesem Geschäft für sein Leben versorgt war und hatten außerdem jetzt mit den augenblicklichen Sorgen so viel zu tun, dass ihnen jede Voraussicht abhanden gekommen war. Aber Gregor hatte diese Voraussicht. Der Prokurist musste gehalten, beruhigt, überzeugt und schließlich gewonnen werden; die Zukunft Gregors und seiner Familie hing doch davon ab! Wäre doch die Schwester hier gewesen! Sie war klug; sie hatte schon geweint, als Gregor noch ruhig auf dem Rücken lag. Und gewiss hätte der Prokurist, dieser Damenfreund, sich von ihr lenken lassen; sie hätte die Wohnungstür zugemacht und ihm im Vorzimmer den Schrecken ausgeredet. Aber die Schwester war eben nicht da, Gregor selbst musste handeln.

Und ohne daran zu denken, dass er seine gegenwärtigen Fähigkeiten, sich zu bewegen, noch gar nicht kannte, ohne auch daran zu denken, dass seine Rede möglicher- ja wahrscheinlicher wieder nicht verstanden worden war, verließ er den Türflügel; schob sich durch die Öffnung; wollte zum Prokuristen hingehen, der sich schon am Geländer des Vorplatzes lächerlicherweise mit beiden Händen fest hielt; fiel aber sofort, nach einem Halt suchend, mit einem kleinen Schrei auf seine vielen Beinchen nieder. Kaum war das geschehen, fühlte er zum ersten Mal an diesem Morgen ein körperliches Wohlbehagen; die Beinchen hatten festen Boden unter sich; sie gehorchten vollkommen, wie er zu seiner Freude merkte; strebten sogar darnach, ihn fortzutragen, wohin er wollte; und schon glaubte er, die endgültige Besserung alles Leidens stehe unmittelbar bevor. Aber im gleichen Augenblick, als er da schaukelnd vor verhaltener Bewegung, gar nicht weit von seiner Mutter entfernt, ihr gerade gegenüber auf dem Boden lag, sprang diese, die doch so ganz in sich versunken schien, mit einem Male in die Höhe, die Arme weit ausgestreckt, die Finger gespreizt, rief: "Hilfe, um Gottes willen Hilfe!", hielt den Kopf geneigt, als wolle sie Gregor besser sehen, lief aber, im Widerspruch dazu, sinnlos zurück; hatte vergessen, dass hinter ihr der gedeckte Tisch stand; setzte sich, als sie bei ihm angekommen war, wie in Zerstreutheit, eilig auf ihn; und schien gar nicht zu merken, dass neben ihr aus der umgeworfenen großen Kanne der Kaffee in vollem Strome auf den Teppich sich ergoss.

"Mutter, Mutter", sagte Gregor leise und sah zu ihr hinauf. Der Prokurist war ihm für einen Augenblick ganz aus dem Sinn gekommen; dagegen konnte er sich nicht versagen, im Anblick des fließenden Kaffees mehrmals mit den Kiefern ins Leere zu schnappen. Darüber schrie die Mutter neuerdings auf, flüchtete vom Tisch und fiel dem ihr entgegeneilenden Vater in die Arme. Aber Gregor hatte jetzt keine Zeit für seine Eltern; der Prokurist war schon auf der Treppe; das Kinn auf dem Geländer, sah er noch zum letzten Male zurück. Gregor nahm einen Anlauf, um ihn möglichst sicher einzuholen; der Prokurist musste etwas ahnen, denn er machte einen Sprung über mehrere Stufen und verschwand; "Huh!" aber schrie er noch, es klang durchs ganze Treppenhaus. Leider schien nun auch diese Flucht des Prokuristen den Vater, der bisher verhältnismäßig gefasst gewesen war, völlig zu verwirren, denn statt selbst dem Prokuristen nachzulaufen oder wenigstens Gregor in der Verfolgung nicht zu hindern, packte er mit der Rechten den Stock des Prokuristen, den dieser mit Hut und Überzieher auf einem Sessel zurückgelassen hatte, holte mit der Linken eine große Zeitung vom Tisch und machte sich unter Füßestampfen daran, Gregor durch Schwenken des Stockes und der Zeitung in sein Zimmer zurückzutreiben. Kein Bitten Gregors half, kein Bitten wurde auch verstanden, er mochte den Kopf noch so demütig drehen, der Vater stampfte nur stärker mit den Füßen.

Drüben hatte die Mutter trotz des kühlen Wetters ein Fenster aufgerissen und hinausgelehnt drückte sie ihr Gesicht weit außerhalb des Fensters in ihre Hände. Zwischen Gasse und Treppenhaus entstand eine starke Zugluft, die Fenstervorhänge flogen auf, die Zeitungen auf dem Tische rauschten, einzelne Blätter wehten über den Boden hin. Unerbittlich drängte der Vater und stieß Zischlaute aus, wie ein Wilder. Nun hatte aber Gregor noch gar keine Übung im Rückwärtsgehen, es ging wirklich sehr langsam. Wenn sich Gregor nur hätte umdrehen dürfen, er wäre gleich in seinem Zimmer gewesen, aber er fürchtete sich, den Vater durch die Zeit raubende Umdrehung ungeduldig zu machen und jeden Augenblick drohte ihm doch von dem Stock in des Vaters Hand der tödliche Schlag auf den Rücken oder auf den Kopf. Endlich aber blieb Gregor doch nichts anderes übrig, denn er merkte mit Entsetzen, dass er im Rückwärtsgehen nicht einmal die Richtung einzuhalten verstand; und so begann er, unter unaufhörlichen ängstlichen Seitenblicken nach dem Vater, sich nach Möglichkeit rasch, in Wirklichkeit aber doch nur sehr langsam umzudrehen. Vielleicht merkte der Vater seinen guten Willen, denn er störte ihn hierbei nicht, sondern dirigierte sogar hie und da die Drehbewegung von der Ferne mit der Spitze seines Stockes.

Wenn nur nicht dieses unerträgliche Zischen des Vaters gewesen wäre! Gregor verlor darüber ganz den Kopf. Er war schon fast ganz umgedreht, als er sich, immer auf dieses Zischen horchend, sogar irrte und sich wieder ein Stück zurückdrehte. Als er aber endlich glücklich mit dem Kopf vor der Türöffnung war, zeigte es sich, dass sein Körper zu breit war, um ohne weiteres durchzukommen. Dem Vater fiel es natürlich in seiner gegenwärtigen Verfassung auch nicht entfernt ein, etwa den anderen Türflügel zu öffnen, um für Gregor einen genügenden Durchgang zu schaffen. Seine fixe Idee war bloß, dass Gregor so rasch als möglich in sein Zimmer müsse. Niemals hätte er auch die umständlichen Vorbereitungen gestattet, die Gregor brauchte, um sich aufzurichten und vielleicht auf diese Weise durch die Tür zu kommen. Vielmehr trieb er, als gäbe es kein Hindernis, Gregor jetzt unter besonderem Lärm vorwärts;

es klang schon hinter Gregor gar nicht mehr wie die Stimme bloß eines einzigen Vaters; nun gab es wirklich keinen Spaß mehr und Gregor drängte sich - geschehe was wolle - in die Tür. Die eine Seite seines Körpers hob sich, er lag schief in der Türöffnung, seine eine Flanke war ganz wund gerieben, an der weißen Tür blieben hässliche Flecken, bald steckte er fest und hätte sich allein nicht mehr rühren können, die Beinchen auf der einen Seite hingen zitternd oben in der Luft, die auf der anderen waren schmerzhaft zu Boden gedrückt - da gab ihm der Vater von hinten einen jetzt wahrhaftig erlösenden starken Stoß und er flog, heftig blutend, weit in sein Zimmer hinein. Die Tür wurde noch mit dem Stock zugeschlagen, dann war es endlich still.

Erst in der Abenddämmerung erwachte Gregor aus seinem schweren ohnmachtsähnlichen Schlaf. Er wäre gewiss nicht viel später auch ohne Störung erwacht, denn er fühlte sich genügend ausgeruht und ausgeschlafen, doch schien es ihm, als hätte ihn ein flüchtiger Schritt und ein vorsichtiges Schließen der zum Vorzimmer führenden Tür geweckt. Der Schein der elektrischen Straßenlampen lag bleich hier und da auf der Zimmerdecke und auf den höheren Teilen der Möbel, aber unten bei Gregor war es finster. Langsam schob er sich, noch ungeschickt mit seinen Fühlern tastend, die er erst jetzt schätzen lernte, zur Türe hin, um nachzusehen, was dort geschehen war. Seine linke Seite schien eine Einzige lange, unangenehm spannende Narbe und er musste auf seinen zwei Beinreihen regelrecht hinken. Ein Beinchen war übrigens im Laufe der vormittägigen Vorfälle schwer verletzt worden - es war fast ein Wunder, dass nur eines verletzt worden war - und schleppte leblos nach.

Erst bei der Tür merkte er, was ihn dorthin eigentlich gelockt hatte; es war der Geruch von etwas Essbarem gewesen. Denn dort stand ein Napf mit süßer Milch gefüllt, in der kleine Schnitten von Weißbrot schwammen. Fast hätte er vor Freude gelacht, denn er hatte noch größeren Hunger, als am Morgen und gleich tauchte er seinen Kopf fast bis über die Augen in die Milch hinein. Aber bald zog er ihn enttäuscht wieder zurück; nicht nur, dass ihm das Essen wegen seiner heiklen linken Seite Schwierigkeiten machte - und er konnte nur essen, wenn der ganze Körper schnaufend mitarbeitete -, so schmeckte ihm überdies die Milch, die sonst sein Lieblingsgetränk war und die ihm gewiss die Schwester deshalb hereingestellt hatte, gar nicht, ja er wandte sich fast mit Widerwillen von dem Napf ab und kroch in die Zimmermitte zurück.

Im Wohnzimmer war, wie Gregor durch die Türspalte sah, das Gas angezündet, aber während sonst zu dieser Tageszeit der Vater seine nachmittags erscheinende Zeitung der Mutter und manchmal auch der Schwester mit erhobener Stimme vorzulegen pflegte, hörte man jetzt keinen Laut. Nun vielleicht war dieses Vorlesen, von dem ihm die Schwester immer erzählte und schrieb, in der letzten Zeit überhaupt aus der Übung gekommen. Aber auch ringsherum war es so still, trotzdem doch gewiss die Wohnung nicht leer war. "Was für ein stilles Leben die Familie doch führte", sagte sich Gregor und fühlte, während er starr vor sich ins Dunkle sah, einen großen Stolz darüber, dass er seinen Eltern und seiner Schwester ein solches Leben in einer so schönen Wohnung hatte verschaffen können. Wie aber, wenn jetzt alle Ruhe, aller Wohlstand, alle Zufriedenheit ein Ende mit Schrecken nehmen sollte? Um sich nicht in solche Gedanken zu verlieren, setzte sich Gregor lieber in Bewegung und kroch im Zimmer Auf und Ab.

Einmal während des langen Abends wurde die eine Seitentüre und einmal die andere bis zu einer kleinen Spalte geöffnet und rasch wieder geschlossen; jemand hatte wohl das Bedürfnis hereinzukommen, aber auch wieder zuviele Bedenken. Gregor machte nun unmittelbar bei der Wohnzimmertür Halt, entschlossen, den zögernden Besucher doch irgendwie hereinzubringen oder doch wenigstens zu erfahren, wer es sei; aber nun wurde die Tür nicht mehr geöffnet und Gregor wartete vergebens. Früh, als die Türen versperrt waren, hatten alle zu ihm hereinkommen wollen, jetzt, da er die eine Tür geöffnet hatte und die anderen offenbar während des Tages geöffnet worden waren, kam keiner mehr und die Schlüssel steckten nun auch von außen.

Spät erst in der Nacht wurde das Licht im Wohnzimmer ausgelöscht und nun war leicht festzustellen, dass die Eltern und die Schwester so lange wachgeblieben waren, denn wie man genau hören konnte, entfernten sich jetzt alle drei auf den Fußspitzen. Nun kam gewiss bis zum Morgen niemand mehr zu Gregor herein; er hatte also eine lange Zeit, um ungestört zu überlegen, wie er sein Leben jetzt neu ordnen sollte. Aber das hohe freie Zimmer, in dem er gezwungen war, flach auf dem Boden zu liegen, ängstigte ihn, ohne dass er die Ursache herausfinden konnte, denn es war ja sein seit fünf Jahren von ihm bewohntes Zimmer - und mit einer halb unbewussten Wendung und nicht ohne eine leichte Scham eilte er unter das Kanapee, wo er sich, trotzdem sein Rücken ein wenig gedrückt wurde und trotzdem er den Kopf nicht mehr erheben konnte, gleich sehr behaglich fühlte und nur bedauerte, dass sein Körper zu breit war, um vollständig unter dem Kanapee untergebracht zu werden.

Dort blieb er die ganze Nacht, die er zum Teil im Halbschlaf, aus dem ihn der Hunger immer wieder aufschreckte, verbrachte, zum Teil aber in Sorgen und undeutlichen Hoffnungen, die aber alle zu dem Schlusse führten, dass er sich vorläufig ruhig verhalten und durch Geduld und größte Rücksichtnahme der Familie die Unannehmlichkeiten erträglich machen müsse, die er ihr in seinem gegenwärtigen Zustand nun einmal zu verursachen gezwungen war.

Schon am frühen Morgen, es war fast noch Nacht, hatte Gregor Gelegenheit, die Kraft seiner eben gefassten Entschlüsse zu prüfen, denn vom Vorzimmer her öffnete die Schwester, fast völlig angezogen, die Tür und sah mit Spannung herein. Sie fand ihn nicht gleich, aber als sie ihn unter dem Kanapee bemerkte - Gott, er musste doch irgendwo sein, er hatte doch nicht wegfliegen können - erschrak sie so sehr, dass sie, ohne sich beherrschen zu können, die Tür von außen wieder zuschlug. Aber als bereue sie ihr Benehmen, öffnete sie die Tür sofort wieder und trat, als sei sie bei einem Schwerkranken oder gar bei einem Fremden, auf den Fußspitzen herein. Gregor hatte den Kopf bis knapp zum Rande des Kanapees vorgeschoben und beobachtete sie. Ob sie wohl bemerken würde, dass er die Milch stehen gelassen hatte und zwar keineswegs aus Mangel an Hunger und ob sie eine andere Speise hereinbringen würde, die ihm besser entsprach? Täte sie es nicht von selbst, er wollte lieber verhungern, als sie darauf aufmerksam machen, trotzdem es ihn eigentlich ungeheuer drängte, unterm Kanapee vorzuschießen, sich der Schwester zu Füßen zu werfen und sie um irgendetwas Gutes zum Essen zu bitten. Aber die Schwester bemerkte sofort mit Verwunderung den noch vollen Napf, aus dem nur ein wenig Milch ringsherum verschüttet war, sie hob ihn gleich auf, zwar nicht mit den bloßen Händen, sondern mit einem Fetzen und trug ihn hinaus. Gregor war äußerst neugierig, was sie zum Ersatz bringen würde und er machte sich die verschiedensten Gedanken darüber. Niemals aber hätte er erraten können, was die Schwester in ihrer Güte wirklich tat. Sie brachte ihm, um seinen Geschmack zu prüfen, eine ganze Auswahl, alles auf einer alten Zeitung ausgebreitet. Da war altes halbverfaultes Gemüse; Knochen vom Nachtmahl her, die von festgewordener weißer Sauce umgeben waren; ein paar Rosinen und Mandeln; ein Käse, den Gregor vor zwei Tagen für ungenießbar erklärt hatte; ein trockenes Brot, ein mit Butter beschmiertes und gesalzenes Brot. Außerdem stellte sie zu dem allen noch den wahrscheinlich ein für allemal für Gregor bestimmten Napf, in den sie Wasser gegossen hatte. Und aus Zartgefühl, da sie wusste, dass Gregor vor ihr nicht essen würde, entfernte sich eiligst und drehte sogar den Schlüssel um, damit nur Gregor merken könne, dass er es so behaglich machen dürfe, wie er wolle. Gregors Beinchen schwirrten, als es jetzt zum Essen ging. Seine Wunden mussten übrigens auch schon vollständig geheilt sein, er fühlte keine Behinderung mehr, er staunte darüber und dachte daran, wie er vor mehr als einem Monat sich mit dem Messer ganz wenig in den Finger geschnitten und wie ihm diese Wunde noch vorgestern genug wehgetan hatte.

"Sollte ich jetzt weniger Feingefühl haben?", dachte er und saugte schon gierig an dem Käse, zu dem es ihn vor allen anderen Speisen sofort und nachdrücklich gezogen hatte. Rasch hintereinander und mit vor Befriedigung tränenden Augen verzehrte er den Käse, das Gemüse und die Sauce; die frischen Speisen dagegen schmeckten ihm nicht, er konnte nicht einmal ihren Geruch vertragen und schleppte sogar die Sachen, die er essen wollte, ein Stückchen weiter weg. Er war schon längst mit allem fertig und lag nun faul auf der gleichen Stelle, als die Schwester zum Zeichen, dass er sich zurückziehen solle, langsam den Schlüssel umdrehte. Das schreckte ihn sofort auf, trotzdem er schon fast schlummerte und er eilte wieder unter das Kanapee. Aber es kostete ihn große Selbstüberwindung, auch nur die kurze Zeit, während welcher die Schwester im Zimmer war, unter dem Kanapee zu bleiben, denn von dem reichlichen Essen hatte sich sein Leib ein wenig gerundet und er konnte dort in der Enge kaum atmen. Unter kleinen Erstickungsanfällen sah er mit etwas hervorgequollenen Augen zu, wie die nichts ahnende Schwester mit einem Besen nicht nur die Überbleibsel zusammenkehrte, sondern selbst die von Gregor gar nicht berührten Speisen, als seien also auch diese nicht mehr zu gebrauchen und wie sie alles hastig in einen Kübel schüttete, den sie mit einem Holzdeckel schloss, worauf sie alles hinaustrug. Kaum hatte sie sich umgedreht, zog sich schon Gregor unter dem Kanapee hervor und streckte und blähte sich.

Auf diese Weise bekam nun Gregor täglich sein Essen, einmal am Morgen, wenn die Eltern und das Dienstmädchen noch schliefen, das zweite Mal nach dem allgemeinen Mittagessen, denn dann schliefen die Eltern gleichfalls noch ein Weilchen und das Dienstmädchen wurde von der Schwester mit irgendeiner Besorgung weggeschickt. Gewiss wollten auch sie nicht, dass Gregor verhungere, aber vielleicht hätten sie es nicht ertragen können, von seinem Essen mehr als durch Hörensagen zu erfahren, vielleicht wollte die Schwester ihnen auch eine möglicherweise nur kleine Trauer ersparen, denn tatsächlich litten sie ja gerade genug.

Mit welchen Ausreden man an jenem ersten Vormittag den Arzt und den Schlosser wieder aus der Wohnung geschafft hatte, konnte Gregor gar nicht erfahren, denn da er nicht verstanden wurde, dachte niemand daran, auch die Schwester nicht, dass er die anderen verstehen könne und so musste er sich, wenn die Schwester in seinem Zimmer war, damit begnügen, nur hier und da ihre Seufzer und Anrufe der Heiligen zu hören. Erst später, als sie sich ein wenig an alles gewöhnt hatte - von vollständiger Gewöhnung konnte natürlich niemals die Rede sein - , erhaschte Gregor manchmal eine Bemerkung, die freundlich gemeint war oder so gedeutet werden konnte. "Heute hat es ihm aber geschmeckt", sagte sie, wenn Gregor unter dem Essen tüchtig aufgeräumt hatte, während sie im gegenteiligen Fall, der sich allmählich immer häufiger wiederholte, fast traurig zu sagen pflegte: "Nun ist wieder alles stehen geblieben."

Während aber Gregor unmittelbar keine Neuigkeit erfahren konnte, erhorchte er manches aus den Nebenzimmern und wo er nur einmal Stimmen hörte, lief er gleich zu der betreffenden Tür und drückte sich mit ganzem Leib an sie. Besonders in der ersten Zeit gab es kein Gespräch, das nicht irgendwie, wenn auch nur im Geheimen, von ihm handelte. Zwei Tage lang waren bei allen Mahlzeiten Beratungen darüber zu hören, wie man sich jetzt verhalten solle; aber auch zwischen den Mahlzeiten sprach man über das Gleiche Thema, denn immer waren zumindest zwei Familienmitglieder zu Hause, da wohl niemand allein zu Hause bleiben wollte und man die Wohnung doch auf keinen Fall gänzlich verlassen konnte. Auch hatte das Dienstmädchen gleich am Ersten Tag - es war nicht ganz klar, was und wie viel sie von dem Vorgefallenen wusste - kniefällig die Mutter gebeten, sie sofort zu entlassen und als sie sich eine Viertelstunde danach verabschiedete, dankte sie für die Entlassung unter Tränen, wie für die größte Wohltat, die man ihr hier erwiesen hatte und gab, ohne dass man es von ihr verlangte, einen fürchterlichen Schwur ab, niemandem auch nur das Geringste zu verraten.

Nun musste die Schwester im Verein mit der Mutter auch kochen; allerdings machte das nicht viel Mühe, denn man aß fast nichts. Immer wieder hörte Gregor, wie der eine den anderen vergebens zum Essen aufforderte und keine andere Antwort bekam, als: "Danke, ich habe genug" oder etwas Ähnliches. Getrunken wurde vielleicht auch nichts. Öfter fragte die Schwester den Vater, ob er Bier haben wolle und herzlich erbot sie sich, es selbst zu holen und als der Vater schwieg, sagte sie, um ihm jedes Bedenken zu nehmen, sie könne auch die Hausmeisterin darum schicken, aber dann sagte der Vater schließlich ein großes "Nein" und es wurde nicht mehr davon gesprochen.

Schon im Laufe des ersten Tages legte der Vater die ganzen Vermögensverhältnisse und Aussichten sowohl der Mutter, als auch der Schwester dar. Hie und da stand er vom Tische auf und holte aus seiner kleinen Wertheimkasse, die er aus dem vor fünf Jahren erfolgten Zusammenbruch seines Geschäftes gerettet hatte, irgendeinen Beleg oder irgendein Vormerkbuch. Man hörte, wie er das komplizierte Schloss aufsperrte und nach Entnahme des Gesuchten wieder verschloss. Diese Erklärungen des Vaters waren zum Teil das erste Erfreuliche, was Gregor seit seiner Gefangenschaft zu hören bekam. Er war der Meinung gewesen, dass dem Vater von jenem Geschäft her nicht das Geringste übrig geblieben war, zumindest hatte ihm der Vater nichts Gegenteiliges gesagt und Gregor allerdings hatte ihn auch nicht darum gefragt. Gregors Sorge war damals nur gewesen, alles daranzusetzen, um die Familie das geschäftliche Unglück, das alle in eine vollständige Hoffnungslosigkeit gebracht hatte, möglichst rasch vergessen zu lassen. Und so hatte er damals mit ganz besonderem Feuer zu arbeiten angefangen und war fast über Nacht aus einem kleinen Kommis ein Reisender geworden, der natürlich ganz andere Möglichkeiten des Geldverdienens hatte und dessen Arbeitserfolge sich sofort in Form der Provision zu Bargeld verwandelten, das der erstaunten und beglückten Familie zu Hause auf den Tisch gelegt werden konnte. Es waren schöne Zeiten gewesen und niemals nachher hatten sie sich, wenigstens in diesem Glanze, wiederholt, trotzdem Gregor später so viel Geld verdiente, dass er den Aufwand der ganzen Familie zu tragen im Stande war und auch trug. Man hatte sich eben daran gewöhnt, sowohl die Familie, als auch Gregor, man nahm das

Geld dankbar an, er lieferte es gern ab, aber eine besondere Wärme wollte sich nicht mehr ergeben. Nur die Schwester war Gregor doch noch nahe geblieben und es war sein geheimer Plan, sie, die zum Unterschied von Gregor Musik sehr liebte und rührend Violine zu spielen verstand, nächstes Jahr, ohne Rücksicht auf die großen Kosten, die das verursachen musste und die man schon auf andere Weise hereinbringen würde, auf das Konservatorium zu schicken. Öfter während der kurzen Aufenthalte Gregors in der Stadt wurde in den Gesprächen mit der Schwester das Konservatorium erwähnt, aber immer nur als schöner Traum, an dessen Verwirklichung nicht zu denken war und die Eltern hörten nicht einmal diese unschuldigen Erwähnungen gern; aber Gregor dachte sehr bestimmt daran und beabsichtigte, es am Weihnachtsabend feierlich zu erklären.

Solche in seinem gegenwärtigen Zustand ganz nutzlose Gedanken gingen ihm durch den Kopf, während er dort aufrecht an der Türe klebte und horchte. Manchmal konnte er vor allgemeiner Müdigkeit gar nicht mehr zuhören und ließ den Kopf nachlässig gegen die Tür schlagen, hielt ihn aber sofort wieder fest, denn selbst das kleine Geräusch, das er damit verursacht hatte, war nebenan gehört worden und hatte alle verstummen lassen. "Was er nur wieder treibt", sagte der Vater nach einer Weile, offenbar zur Türe hingewendet und dann erst wurde das unterbrochene Gespräch allmählich wieder aufgenommen.

Gregor erfuhr nun zur Genüge - denn der Vater pflegte sich in seinen Erklärungen öfter zu wiederholen, teils, weil er selbst sich mit diesen Dingen schon lange nicht beschäftigt hatte, teils auch, weil die Mutter nicht alles gleich beim ersten Mal verstand - , dass trotz allen Unglücks ein allerdings ganz kleines Vermögen aus der alten Zeit noch vorhanden war, das die nicht angerührten Zinsen in der Zwischenzeit ein wenig hatten anwachsen lassen. Außerdem aber war das Geld, das Gregor allmonatlich nach Hause gebracht hatte - er selbst hatte nur ein paar Gulden für sich behalten - , nicht vollständig aufgebraucht worden und hatte sich zu einem kleinen Kapital angesammelt. Gregor, hinter seiner Türe, nickte eifrig, erfreut über diese unerwartete Vorsicht und Sparsamkeit. Eigentlich hätte er ja mit diesen überschüssigen Geldern die Schuld des Vaters gegenüber dem Chef weiter abgetragen haben können und jener Tag, an dem er diesen Posten hätte loswerden können, wäre weit näher gewesen, aber jetzt war es zweifellos besser so, wie es der Vater eingerichtet hatte.

Nun genügte dieses Geld aber ganz und gar nicht, um die Familie etwa von den Zinsen leben zu lassen; es genügte vielleicht, um die Familie ein, höchstens zwei Jahre zu erhalten, mehr war es nicht. Es war also bloß eine Summe, die man eigentlich nicht angreifen durfte und die für den Notfall zurückgelegt werden musste; das Geld zum Leben aber musste man verdienen. Nun war aber der Vater ein zwar gesunder, aber alter Mann, der schon fünf Jahre nichts gearbeitet hatte und sich jedenfalls nicht viel zutrauen durfte; er hatte in diesen fünf Jahren, welche die ersten Ferien seines mühevollen und doch erfolglosen Lebens waren, viel Fett angesetzt und war dadurch Recht schwerfällig geworden. Und die alte Mutter sollte nun vielleicht Geld verdienen, die an Asthma litt, der eine Wanderung durch die Wohnung schon Anstrengung verursachte und die jeden zweiten Tag in Atembeschwerden auf dem Sopha beim offenen Fenster verbrachte? Und die Schwester sollte Geld verdienen, die noch ein Kind war mit ihren siebzehn Jahren und der ihre bisherige Lebensweise so sehr zu gönnen war, die daraus bestanden hatte, sich nett zu kleiden, lange zu schlafen, in der Wirtschaft mitzuhelfen, an ein paar bescheidenen Vergnügungen sich zu beteiligen und vor allem Violine zu spielen? Wenn die Rede auf diese Notwendigkeit des Geldverdienens kam, ließ zuerst immer Gregor die Türe los und warf sich auf das neben der Tür befindliche kühle Ledersofa, denn ihm war ganz heiß vor Beschämung und Trauer.

Oft lag er dort die ganzen langen Nächte über, schlief keinen Augenblick und scharrte nur stundenlang auf dem Leder. Oder er scheute nicht die große Mühe, einen Sessel zum Fenster zu schieben, dann die Fensterbrüstung hinaufzukriechen und, in den Sessel gestemmt, sich ans Fenster zu lehnen, offenbar nur in irgendeiner Erinnerung an das Befreiende, das früher für ihn darin gelegen war, aus dem Fenster zu schauen. Denn tatsächlich sah er von Tag zu Tag die auch nur ein wenig entfernten Dinge immer undeutlicher; das gegenüberliegende Krankenhaus, dessen nur allzu häufigen Anblick er früher verflucht hatte, bekam er überhaupt nicht mehr zu Gesicht und wenn er nicht genau gewusst hätte, dass er in der stillen, aber völlig städtischen Charlottenstraße wohnte, hätte er glauben können, von seinem Fenster aus in eine Einöde zu schauen, in welcher der graue Himmel und die graue Erde ununterscheidbar sich vereinigten. Nur zweimal hatte die aufmerksame Schwester sehen müssen, dass der Sessel beim Fenster stand, als sie schon jedesmal, nachdem sie das Zimmer aufgeräumt hatte, den Sessel wieder genau zum Fenster hinschob, ja sogar von nun ab den inneren Fensterflügel offen ließ.

Hätte Gregor nur mit der Schwester sprechen und ihr für alles danken können, was sie für ihn machen musste, er hätte ihre Dienste leichter ertragen; so aber litt er darunter. Die Schwester suchte freilich die Peinlichkeit des Ganzen möglichst zu verwischen und je längere Zeit verging, desto besser gelang es ihr natürlich auch, aber auch Gregor durchschaute mit der Zeit alles viel genauer. Schon ihr Eintritt war für ihn schrecklich. Kaum war sie eingetreten, lief sie, ohne sich Zeit zu nehmen, die Türe zu schließen, so sehr sie sonst darauf achtete, jedem den Anblick von Gregors Zimmer zu ersparen, geradewegs zum Fenster und riss es, als ersticke sie fast, mit hastigen Händen auf, blieb auch, selbst wenn es noch so kalt war, ein Weilchen beim Fenster und atmete tief. Mit diesem Laufen und Lärmen erschreckte sie Gregor täglich zweimal; die ganze Zeit über zitterte er unter dem Kanapee und wusste doch sehr gut, dass sie ihn gewiss gerne damit verschont hätte, wenn es ihr nur möglich gewesen wäre, sich in einem Zimmer, in dem sich Gregor befand, bei geschlossenem Fenster aufzuhalten.

Einmal, es war wohl schon ein Monat seit Gregors Verwandlung vergangen und es war doch schon für die Schwester kein besonderer Grund mehr, über Gregors Aussehen in Erstaunen zu geraten, kam sie ein wenig früher als sonst und traf Gregor noch an, wie er, unbeweglich und so Recht zum Erschrecken aufgestellt, aus dem Fenster schaute. Es wäre für Gregor nicht unerwartet gewesen, wenn sie nicht eingetreten wäre, da er sie durch seine Stellung verhinderte, sofort das Fenster zu öffnen, aber sie trat nicht nur nicht ein, sie fuhr sogar zurück und schloss die Tür; ein Fremder hätte geradezu denken können, Gregor habe ihr aufgelauert und habe sie beißen wollen. Gregor versteckte sich natürlich sofort unter dem Kanapee, aber er musste bis zum Mittag warten, ehe die Schwester wiederkam und sie schien viel unruhiger als sonst. Er erkannte daraus, dass ihr sein Anblick noch immer unerträglich war und ihr auch weiterhin unerträglich bleiben müsse und dass sie sich wohl sehr überwinden musste, vor dem Anblick auch nur der kleinen Partie seines Körpers nicht davonzulaufen, mit der er unter dem Kanapee hervorragte. Um ihr auch diesen Anblick zu ersparen, trug er eines Tages auf seinem Rücken - er brauchte zu dieser Arbeit vier Stunden - das Leintuch auf das Kanapee und ordnete es in einer solchen Weise an, dass er nun gänzlich verdeckt war und dass die Schwester, selbst wenn sie sich bückte, ihn nicht sehen konnte. Wäre dieses Leintuch ihrer Meinung nach nicht nötig gewesen, dann hätte sie es ja entfernen können, denn dass es nicht zum Vergnügen Gregors gehören konnte, sich so ganz und gar abzusperren, war doch klar genug, aber sie ließ das Leintuch, so wie es war und Gregor glaubte sogar einen dankbaren Blick erhascht zu haben, als er einmal mit dem Kopf vorsichtig das Leintuch ein wenig lüftete, um nachzusehen, wie die Schwester die neue Einrichtung aufnahm.

In den ersten vierzehn Tagen konnten es die Eltern nicht über sich bringen, zu ihm hereinzukommen und er hörte oft, wie sie die jetzige Arbeit der Schwester völlig erkannten, während sie sich bisher häufig über die Schwester geärgert hatten, weil sie ihnen als ein etwas nutzloses Mädchen erschienen war. Nun aber warteten oft beide, der Vater und die Mutter, vor Gregors Zimmer, während die Schwester dort aufräumte und kaum war sie herausgekommen, musste sie ganz genau erzählen, wie es in dem Zimmer aussah, was Gregor gegessen hatte, wie er sich diesmal benommen hatte und ob vielleicht eine kleine Besserung zu bemerken war. Die Mutter übrigens wollte verhältnismäßig bald Gregor besuchen, aber der Vater und die Schwester hielten sie zuerst mit Vernunftgründen zurück, denen Gregor sehr aufmerksam zuhörte und die er vollständig billigte. Später aber musste man sie mit Gewalt zurückhalten und wenn sie dann rief: "Lasst mich doch zu Gregor, er ist ja mein unglücklicher Sohn! Begreift ihr es denn nicht, dass ich zu ihm muss?", dann dachte Gregor, dass es vielleicht doch gut wäre, wenn die Mutter hereinkäme, nicht jeden Tag natürlich, aber vielleicht einmal in der Woche; sie verstand doch alles viel besser als die Schwester, die trotz all ihrem Mute doch nur ein Kind war und im Letzten Grunde vielleicht nur aus kindlichem Leichtsinn eine so schwere Aufgabe übernommen hatte.

Der Wunsch Gregors, die Mutter zu sehen, ging bald in Erfüllung. Während des Tages wollte Gregor schon aus Rücksicht auf seine Eltern sich nicht beim Fenster zeigen, kriechen konnte er aber auf den paar Quadratmetern des Fußbodens auch nicht viel, das ruhige Liegen ertrug er schon während der Nacht schwer, das Essen machte ihm bald nicht mehr das geringste Vergnügen und so nahm er zur Zerstreuung die Gewohnheit an, kreuz und quer über Wände und Plafond zu kriechen. Besonders oben auf der Decke hing er gern; es war ganz anders, als das Liegen auf dem Fußboden; man atmete freier; ein leichtes Schwingen ging durch den Körper; und in der fast glücklichen Zerstreutheit, in der sich Gregor dort oben befand, konnte es geschehen, dass er zu seiner eigenen Überraschung sich losließ und auf den Boden klatschte. Aber nun hatte er natürlich seinen Körper ganz anders in der Gewalt als früher und beschädigte sich selbst bei einem so großen Falle nicht. Die Schwester nun bemerkte sofort die neue Unterhaltung, die Gregor für sich gefunden hatte - er hinterließ ja auch beim Kriechen hie und da Spuren seines Klebstoffes - und da setzte sie es sich in den Kopf, Gregor das Kriechen in größtem Ausmaße zu ermöglichen und die Möbel, die es verhinderten, also vor allem den Kasten und den Schreibtisch, wegzuschaffen.

Nun war sie aber nicht im Stande, dies allein zu tun; den Vater wagte sie nicht um Hilfe zu bitten; das Dienstmädchen hätte ihr ganz gewiss nicht geholfen, denn dieses etwa sechzehnjährige Mädchen harrte zwar tapfer seit Entlassung der früheren Köchin aus, hatte aber um die Vergünstigung gebeten, die Küche unaufhörlich versperrt halten zu dürfen und nur auf besonderen Anruf öffnen zu müssen; so blieb der Schwester also nichts übrig, als einmal in Abwesenheit des Vaters die Mutter zu holen. Mit Ausrufen erregter Freude kam die Mutter auch heran, verstummte aber an der Tür vor Gregors Zimmer. Zuerst sah natürlich die Schwester nach, ob alles im Zimmer in Ordnung war; dann erst ließ sie die Mutter eintreten. Gregor hatte in größter Eile das Leintuch noch tiefer und mehr in Falten gezogen, das Ganze sah wirklich nur wie ein zufällig über das Kanapee geworfenes Leintuch aus. Gregor unterließ auch diesmal, unter dem Leintuch zu spionieren; er verzichtete darauf, die Mutter schon diesmal zu sehen und war nur froh, dass sie nun doch gekommen war. "Komm nur, man sieht ihn nicht", sagte die Schwester und offenbar führte sie die Mutter an der Hand. Gregor hörte nun, wie die zwei schwachen Frauen den immerhin schweren alten Kasten von seinem Platze rückten und wie die Schwester immerfort den größten Teil der Arbeit für sich beanspruchte, ohne auf die Warnungen der Mutter zu hören, welche fürchtete, dass sie sich überanstrengen werde. Es dauerte sehr lange. Wohl nach schon viertelstündiger Arbeit sagte die Mutter, man solle den Kasten doch lieber hier lassen, denn erstens sei er zu schwer, sie würden vor Ankunft des Vaters nicht fertig werden und mit dem Kasten in der Mitte des Zimmers Gregor jeden Weg verrammeln, zweitens aber sei es doch gar nicht sicher, dass Gregor mit der Entfernung der Möbel ein Gefallen geschehe. Ihr scheine das Gegenteil der Fall zu sein; ihr bedrücke der Anblick der leeren Wand geradezu das Herz; und warum solle nicht auch Gregor diese Empfindung haben, da er doch an die Zimmermöbel längst gewöhnt sei und sich deshalb im leeren Zimmer verlassen fühlen werde.

"Und ist es dann nicht so", schloss die Mutter ganz leise, wie sie überhaupt fast flüsterte, als wolle sie vermeiden, dass Gregor, dessen genauen Aufenthalt sie ja nicht kannte, auch nur den Klang der Stimme höre, denn dass er die Worte nicht verstand, davon war sie überzeugt, "und ist es nicht so, als ob wir durch die Entfernung der Möbel zeigten, dass wir jede Hoffnung auf Besserung aufgeben und ihn rücksichtslos sich selbst überlassen? Ich glaube, es wäre das Beste, wir suchen das Zimmer genau in dem Zustand zu erhalten, in dem es früher war, damit Gregor, wenn er wieder zu uns zurückkommt, alles unverändert findet und umso leichter die Zwischenzeit vergessen kann."

Beim Anhören dieser Worte der Mutter erkannte Gregor, dass der Mangel jeder unmittelbaren menschlichen Ansprache, verbunden mit dem einförmigen Leben inmitten der Familie, im Laufe dieser zwei Monate seinen Verstand hatte verwirren müssen, denn anders konnte er es sich nicht erklären, dass er ernsthaft danach hatte verlangen könne, dass sein Zimmer ausgeleert würde. Hatte er wirklich Lust, das warme, mit ererbten Möbeln gemütlich ausgestattete Zimmer in eine Höhle verwandeln zu lassen, in der er dann freilich nach allen Richtungen ungestört würde kriechen können, jedoch auch unter gleichzeitigem schnellen, gänzlichen Vergessen seiner menschlichen Vergangenheit? War er doch jetzt schon nahe daran, zu vergessen und nur die seit langem nicht gehörte Stimme der Mutter hatte ihn aufgerüttelt. Nichts sollte entfernt werden; alles musste bleiben; die guten Einwirkungen der Möbel auf seinen Zustand konnte er nicht entbehren; und wenn die Möbel ihn hinderten, das sinnlose Herumkriechen zu betreiben, so war es kein Schaden, sondern ein großer Vorteil.

Aber die Schwester war leider anderer Meinung; sie hatte sich, allerdings nicht ganz unberechtigt, angewöhnt, bei Besprechung der Angelegenheiten Gregors als besonders Sachverständige gegenüber den Eltern aufzutreten und so war auch jetzt der Rat der Mutter für die Schwester Grund genug, auf der Entfernung nicht nur des Kastens und des Schreibtisches, an die sie zuerst allein gedacht hatte, sondern auf der Entfernung sämtlicher Möbel, mit Ausnahme des unentbehrlichen Kanapees, zu bestehen. Es war natürlich nicht nur kindlicher Trotz und das in der letzten Zeit so unerwartet und schwer erworbene Selbstvertrauen, das sie zu dieser Forderung bestimmte; sie hatte doch auch tatsächlich beobachtet, dass Gregor viel Raum zum Kriechen brauchte, dagegen die Möbel, so weit man sehen konnte, nicht im Geringsten benützte.

Vielleicht aber spielte auch der schwärmerische Sinn der Mädchen ihres Alters mit, der bei jeder Gelegenheit seine Befriedigung sucht und durch den Grete jetzt sich dazu verlocken ließ, die Lage Gregors noch schreckenerregender machen zu wollen, um dann noch mehr als bis jetzt für ihn leisten zu können. Denn in einen Raum, in dem Gregor ganz allein die leeren Wände beherrschte, würde wohl kein Mensch außer Grete jemals einzutreten sich getrauen. Und so ließ sie sich von ihrem Entschlusse durch die Mutter nicht abbringen, die auch in diesem Zimmer vor lauter Unruhe unsicher schien, bald verstummte und der Schwester nach Kräften beim Hinausschaffen des Kastens half. Nun, den Kasten konnte Gregor im Notfall noch entbehren, aber schon der Schreibtisch musste bleiben. Und kaum hatten die Frauen mit dem Kasten, an den sie sich ächzend drückten, das Zimmer verlassen, als Gregor den Kopf unter dem Kanapee hervorstieß, um zu sehen, wie er vorsichtig und möglichst rücksichtsvoll eingreifen könnte. Aber zum Unglück war es gerade die Mutter, welche zuerst zurückkehrte, während Grete im Nebenzimmer den Kasten umfangen hielt und ihn allein hin und her schwang, ohne ihn natürlich von der Stelle zu bringen. Die Mutter aber war Gregors Anblick nicht gewöhnt, er hätte sie krank machen können und so eilte Gregor erschrocken im Rückwärtslauf bis an das andere Ende des Kanapees, konnte es aber nicht mehr verhindern, dass das Leintuch vorne ein wenig sich bewegte. Das genügte, um die Mutter aufmerksam zu machen. Sie stockte, stand einen Augenblick still und ging dann zu Grete zurück.

Trotzdem sich Gregor immer wieder sagte, dass ja nichts Außergewöhnliches geschehe, sondern nur ein paar Möbel umgestellt würden, wirkte doch, wie er sich bald eingestehen musste, dieses Hin- und Hergehen der Frauen, ihre kleinen Zurufe, das Kratzen der Möbel auf dem Boden, wie ein großer, von allen Seiten genährter Trubel auf ihn und er musste sich, so fest er Kopf und Beine an sich zog und den Leib bis an den Boden drückte, unweigerlich sagen, dass er das Ganze nicht lange aushalten werde. Sie räumten ihm sein Zimmer aus; nahmen ihm alles, was ihm lieb war; den Kasten, in dem die Laubsäge und andere Werkzeuge lagen, hatten sie schon hinausgetragen; lockerten jetzt den schon im Boden fest eingegrabenen Schreibtisch, an dem er als Handelsakademiker, als Bürgerschüler, ja sogar schon als Volksschüler seine Aufgaben geschrieben hatte, - da hatte er wirklich keine Zeit mehr, die guten Absichten zu prüfen, welche die zwei Frauen hatten, deren Existenz er übrigens fast vergessen hatte, denn vor Erschöpfung arbeiteten sie schon stumm und man hörte nur das schwere Tappen ihrer Füße.

Und so brach er denn hervor - die Frauen stützten sich gerade im Nebenzimmer an den Schreibtisch, um ein wenig zu verschnaufen - , wechselte viermal die Richtung des Laufes, er wusste wirklich nicht, was er zuerst retten sollte, da sah er an der im Übrigen schon leeren Wand auffallend das Bild der in lauter Pelzwerk gekleideten Dame hängen, kroch eilends hinauf und presste sich an das Glas, das ihn fest hielt und seinem heißen Bauch wohl tat. Dieses Bild wenigstens, das Gregor jetzt ganz verdeckte, würde nun gewiss niemand wegnehmen. Er verdrehte den Kopf nach der Tür des Wohnzimmers, um die Frauen bei ihrer Rückkehr zu beobachten.

Sie hatten sich nicht viel Ruhe gegönnt und kamen schon wieder; Grete hatte den Arm um die Mutter gelegt und trug sie fast. "Also was nehmen wir jetzt?", sagte Grete und sah sich um. Da kreuzten sich ihre Blicke mit denen Gregors an der Wand. Wohl nur infolge der Gegenwart der Mutter behielt sie ihre Fassung, beugte ihr Gesicht zur Mutter, um diese vom Herumschauen abzuhalten und sagte, allerdings zitternd und unüberlegt: "Komm, wollen wir nicht lieber auf einen Augenblick noch ins Wohnzimmer zurückgehen?" Die Absicht Gretes war für Gregor klar, sie wollte die Mutter in Sicherheit bringen und dann ihn von der Wand hinunterjagen. Nun, sie konnte es ja immerhin versuchen! Er saß auf seinem Bild und gab es nicht her. Lieber würde er Grete ins Gesicht springen.

Aber Gretes Worte hatten die Mutter erst Recht beunruhigt, sie trat zur Seite, erblickte den riesigen braunen Fleck auf der geblümten Tapete, rief, ehe ihr eigentlich zum Bewusstsein kam, dass das Gregor war, was sie sah, mit schreiender, rauer Stimme: "Ach Gott, ach Gott!" und fiel mit ausgebreiteten Armen, als gebe sie alles auf, über das Kanapee hin und rührte sich nicht. "Du, Gregor!" rief die Schwester mit erhobener Faust und eindringlichen Blicken. Es waren seit der Verwandlung die ersten Worte, die sie unmittelbar an ihn gerichtet hatte. Sie lief ins Nebenzimmer, um irgendeine Essenz zu holen, mit der sie die Mutter aus ihrer Ohnmacht wecken könnte; Gregor wollte auch helfen - zur Rettung des Bildes war noch Zeit - , er klebte aber fest an dem Glas und musste sich mit Gewalt losreißen; er lief dann auch ins Nebenzimmer, als könne er der Schwester irgendeinen Rat geben, wie in früherer Zeit; musste dann aber untätig hinter ihr stehen; während sie in verschiedenen Fläschchen kramte, erschreckte sie noch, als sie sich umdrehte; eine Flasche fiel auf den Boden und zerbrach; ein Splitter verletzte Gregor im Gesicht, irgendeine ätzende Medizin umfloss ihn; Grete nahm nun, ohne sich länger aufzuhalten, so viel Fläschchen, als sie nur halten konnte und rannte mit ihnen zur Mutter hinein; die Tür schlug sie mit dem Fuße zu. Gregor war nun von der Mutter abgeschlossen, die durch seine Schuld vielleicht dem Tod nahe war; die Tür durfte er nicht öffnen, wollte er die Schwester, die bei der Mutter bleiben musste, nicht verjagen; er hatte jetzt nichts zu tun, als zu warten; und von Selbstvorwürfen und Besorgnis bedrängt, begann er zu kriechen, überkroch alles, Wände, Möbel und Zimmerdecke und fiel endlich in seiner Verzweiflung, als sich das Ganze Zimmer schon um ihn zu drehen anfing, mitten auf den großen Tisch.

Es verging eine kleine Weile, Gregor lag matt da, ringsherum war es still, vielleicht war das ein gutes Zeichen. Da läutete es. Das

Mädchen war natürlich in ihrer Küche eingesperrt und Grete musste daher öffnen gehen. Der Vater war gekommen. "Was ist geschehen?" waren seine ersten Worte; Gretes Aussehen hatte ihm wohl alles verraten. Grete antwortete mit dumpfer Stimme, offenbar drückte sie ihr Gesicht an des Vaters Brust: "Die Mutter war ohnmächtig, aber es geht ihr schon besser. Gregor ist ausgebrochen." "Ich habe es ja erwartet", sagte der Vater, "ich habe es euch ja immer gesagt, aber ihr Frauen wollt nicht hören."

Gregor war es klar, dass der Vater Gretes allzu kurze Mitteilung schlecht gedeutet hatte und annahm, dass Gregor sich irgendeine Gewalttat habe zu Schulden kommen lassen. Deshalb musste Gregor den Vater jetzt zu besänftigen suchen, denn ihn aufzuklären hatte er weder Zeit noch Möglichkeit. Und so flüchtete er sich zur Tür seines Zimmers und drückte sich an sie, damit der Vater beim Eintritt vom Vorzimmer her gleich sehen könne, dass Gregor die beste Absicht habe, sofort in sein Zimmer zurückzukehren und dass es nicht nötig sei, ihn zurückzutreiben, sondern dass man nur die Tür zu öffnen brauche und gleich werde er verschwinden.

Aber der Vater war nicht in der Stimmung, solche Feinheiten zu bemerken; "Ah!" rief er gleich beim Eintritt in einem Tone, als sei er gleichzeitig wütend und froh. Gregor zog den Kopf von der Tür zurück und hob ihn gegen den Vater. So hatte er sich den Vater wirklich nicht vorgestellt, wie er jetzt dastand; allerdings hatte er in der letzten Zeit über dem neuartigen Herumkriechen versäumt, sich so wie früher um die Vorgänge in der übrigen Wohnung zu kümmern und hätte eigentlich darauf gefasst sein müssen, veränderte Verhältnisse anzutreffen. Trotzdem, trotzdem, war das noch der Vater? Der gleiche Mann, der müde im Bett vergraben lag, wenn früher Gregor zu einer Geschäftsreise ausgerückt war; der ihn an Abenden der Heimkehr im Schlafrock im Lehnstuhl empfangen hatte; gar nicht Recht im Stande war, aufzustehen, sondern zum Zeichen der Freude nur die Arme gehoben hatte und der bei den seltenen gemeinsamen Spaziergängen an ein paar Sonntagen im Jahr und an den höchsten Feiertagen zwischen Gregor und der

Mutter, die schon an und für sich langsam gingen, immer noch ein wenig langsamer, in seinen alten Mantel eingepackt, mit stets vorsichtig aufgesetztem Krückstock sich vorwärts arbeitete und, wenn er etwas sagen wollte, fast immer stillstand und seine Begleitung um sich versammelte?

Nun aber war er recht gut aufgerichtet; in eine straffe blaue Uniform mit Goldknöpfen gekleidet, wie sie Diener der Bankinstitute tragen; über dem hohen steifen Kragen des Rockes entwickelte sich sein starkes Doppelkinn; unter den buschigen Augenbrauen drang der Blick der schwarzen Augen frisch und aufmerksam hervor; das sonst zerzauste weiße Haar war zu einer peinlich genauen, leuchtenden Scheitelfrisur niedergekämmt. Er warf seine Mütze, auf der ein Goldmonogramm, wahrscheinlich das einer Bank, angebracht war, über das Ganze Zimmer im Bogen auf das Kanapee hin und ging, die Enden seines langen Uniformrockes zurückgeschlagen, die Hände in den Hosentaschen, mit vebissenem Gesicht auf Gregor zu.

Er wusste wohl selbst nicht, was er vor hatte; immerhin hob er die Füße ungewöhnlich hoch und Gregor staunte über die Riesengröße seiner Stiefelsohlen. Doch hielt er sich dabei nicht auf, er wusste ja noch vom ersten Tage seines neuen Lebens her, dass der Vater ihm gegenüber nur die größte Strenge für angebracht ansah. Und so lief er vor dem Vater her, stockte, wenn der Vater stehen blieb und eilte schon wieder vorwärts, wenn sich der Vater nur rührte. So machten sie mehrmals die Runde um das Zimmer, ohne dass sich etwas Entscheidendes ereignete, ja ohne dass das Ganze infolge seines langsamen Tempos den Anschein einer Verfolgung gehabt hätte. Deshalb blieb auch Gregor vorläufig auf dem Fußboden, zumal er fürchtete, der Vater könnte eine Flucht auf die Wände oder den Plafond für besondere Bosheit halten. Allerdings musste sich Gregor sagen, dass er sogar dieses Laufen nicht lange aushalten würde, denn während der Vater einen Schritt machte, musste er eine Unzahl von Bewegungen ausführen. Atemnot begann sich schon bemerkbar zu machen, wie er ja auch in seiner früheren Zeit keine ganz vertrauenswürdige Lunge besessen hatte. Als er nun so dahintorkelte, um alle Kräfte für den Lauf zu sammeln, kaum die Augen offen hielt; in seiner Stumpfheit an eine andere Rettung als durch Laufen gar nicht dachte; und fast schon vergessen hatte, dass ihm die Wände freistanden, die hier allerdings mit sorgfältig geschnitzten Möbeln voll Zacken und Spitzen verstellt waren - da flog knapp neben ihm, leicht geschleudert, irgendetwas nieder und rollte vor ihm her. Es war ein Apfel; gleich flog ihm ein Zweiter nach; Gregor blieb vor Schrecken stehen; ein Weiterlaufen war nutzlos, denn der Vater hatte sich entschlossen, ihn zu bombardieren.

Aus der Obstschale auf der Kredenz hatte er sich die Taschen gefüllt und warf nun, ohne vorläufig scharf zu zielen, Apfel für Apfel. Diese kleinen roten Äpfel rollten wie elektrisiert auf dem Boden herum und stießen aneinander. Ein schwach geworfener Apfel streifte Gregors Rücken, glitt aber unschädlich ab. Ein ihm sofort nachfliegender drang dagegen förmlich in Gregors Rücken ein; Gregor wollte sich weiterschleppen, als könne der überraschende unglaubliche Schmerz mit dem Ortswechsel vergehen; doch fühlte er sich wie festgenagelt und streckte sich in vollständiger Verwirrung aller Sinne. Nur mit dem letzten Blick sah er noch, wie die Tür seines Zimmers aufgerissen wurde und vor der schreienden Schwester die Mutter hervoreilte, im Hemd, denn die Schwester hatte sie entkleidet, um ihr in der Ohnmacht Atemfreiheit zu verschaffen, wie dann die Mutter auf den Vater zulief und ihr auf dem Weg die aufgebundenen Röcke einer nach dem anderen zu Boden glitten und wie sie stolpernd über die Röcke auf den Vater eindrang und ihn umarmend, in gänzlicher Vereinigung mit ihm - nun versagte aber Gregors Sehkraft schon - die Hände an des Vaters Hinterkopf um Schonung von Gregors Leben bat.

Die schwere Verwundung Gregors, an der er über einen Monat litt - der Apfel blieb, da ihn niemand zu entfernen wagte, als sichtbares Andenken im Fleische sitzen - , schien selbst den Vater daran erinnert zu haben, dass Gregor trotz seiner gegenwärtigen traurigen und ekelhaften Gestalt ein Familienmitglied war, das man nicht wie einen Feind behandeln durfte, sondern dem gegenüber es das Gebot der Familienpflicht war, den Widerwillen hinunterzuschlucken und zu dulden, nichts als zu dulden. Und wenn nun auch Gregor durch seine Wunde an Beweglichkeit wahrscheinlich für immer verloren hatte und vorläufig zur Durchquerung seines Zimmers wie ein alter Invalide lange, lange Minuten brauchte - an das Kriechen in der Höhe war nicht zu denken - , so bekam er für diese Verschlimmerung seines Zustandes einen seiner Meinung nach vollständig genügenden Ersatz dadurch, dass immer gegen Abend die Wohnzimmertür, die er schon ein bis zwei Stunden vorher scharf zu beobachten pflegte, geöffnet wurde, sodass er, im Dunkel seines Zimmers liegend, vom Wohnzimmer aus unsichtbar, die ganze Familie beim beleuchteten Tische sehen und ihre Reden, gewissermaßen mit allgemeiner Erlaubnis, also ganz anders als früher, anhören durfte.

Freilich waren es nicht mehr die lebhaften Unterhaltungen der früheren Zeiten, an die Gregor in den kleinen Hotelzimmern stets mit einigem Verlangen gedacht hatte, wenn er sich müde in das feuchte Bettzeug hatte werfen müssen. Es ging jetzt meist nur sehr still zu. Der Vater schlief bald nach dem Nachtessen in seinem Sessel ein; die Mutter und Schwester ermahnten einander zur Stille; die Mutter nähte, weit unter das Licht vorgebeugt, feine Wäsche für ein Modengeschäft; die Schwester, die eine Stellung als Verkäuferin angenommen hatte, lernte am Abend Stenografie und Französisch, um vielleicht später einmal einen besseren Posten zu erreichen. Manchmal wachte der Vater auf und als wisse er gar nicht, dass er geschlafen habe, sagte er zur Mutter: "Wie lange du heute schon wieder nähst!" und schlief sofort wieder ein, während Mutter und Schwester einander müde zulächelten.

Mit einer Art Eigensinn weigerte sich der Vater, auch zu Hause seine Dieneruniform abzulegen; und während der Schlafrock nutzlos am Kleiderhaken hing, schlummerte der Vater vollständig angezogen auf seinem Platz, als sei er immer zu seinem Dienste bereit und warte auch hier auf die Stimme des Vorgesetzten. Infolgedessen verlor die gleich anfangs nicht neue Uniform trotz aller Sorgfalt von Mutter und Schwester an Reinlichkeit und Gregor sah oft ganze Abende lang auf dieses über und über fleckige, mit seinen stets geputzte Goldknöpfen leuchtende Kleid, in dem der alte Mann höchst unbequem und doch ruhig schlief.

Sobald die Uhr zehn schlug, suchte die Mutter durch leise Zusprache den Vater zu wecken und dann zu überreden, ins Bett zu gehen, denn hier war es doch kein richtiger Schlaf und diesen hatte der Vater, der um sechs Uhr seinen Dienst antreten musste, äußerst nötig. Aber in dem Eigensinn, der ihn, seitdem er Diener war, ergriffen hatte, bestand er immer darauf noch länger bei Tisch zu bleiben, trotzdem er regelmäßig einschlief und war dann überdies nur mit der größten Mühe zu bewegen, den Sessel mit dem Bett zu vertauschen. Da mochten Mutter und Schwester mit kleinen Ermahnungen noch so sehr auf ihn eindringen, viertelstundenlang schüttelte er langsam den Kopf hielt, die Augen geschlossen und stand nicht auf. Die Mutter zupfte ihn am Ärmel, sagte ihm Schmeichelworte ins Ohr, die Schwester verließ ihre Aufgabe, um der Mutter zu helfen, aber beim Vater verfing das nicht. Er versank nur noch tiefer in seinen Sessel. Erst bis ihn die Frauen unter den Achseln fassten, schlug er die Augen auf, sah abwechselnd die Mutter und die Schwester an und pflegte zu sagen: "Das ist ein Leben. Das ist die Ruhe meiner alten Tage." Und auf die beiden Frauen gestützt, erhob er sich, umständlich, als sei er für sich selbst die größte Last, ließ sich von den Frauen bis zur Türe führen, winkte ihnen dort ab und ging nun selbstständig weiter, während die Mutter ihr Nähzeug, die Schwester ihre Feder eiligst hinwarfen, um hinter dem Vater zu laufen und ihm weiter behilflich zu sein.

Wer hatte in dieser abgearbeiteten und übermüdeten Familie Zeit, sich um Gregor mehr zu kümmern, als unbedingt nötig war? Der Haushalt wurde immer mehr eingeschränkt; das Dienstmädchen wurde nun doch entlassen; eine riesige knochige Bedienerin mit weißem, den Kopf umflatterndem Haar kam des Morgens und des Abends, um die schwerste Arbeit zu leisten; alles andere besorgte die Mutter neben ihrer vielen Näharbeit. Es geschah sogar, dass verschiedene Familienschmuckstücke, welche früher die Mutter und die Schwester überglücklich bei Unterhaltungen und Feierlichkeiten getragen hatten, verkauft wurden, wie Gregor am Abend aus der allgemeinen Besprechung der erzielten Preise erfuhr. Die größte Klage war aber stets, dass man diese für die gegenwärtigen Verhältnisse allzu große Wohnung nicht verlassen konnte, da es nicht auszudenken war, wie man Gregor übersiedeln sollte. Aber Gregor sah wohl ein, dass es nicht nur die Rücksicht auf ihn war, welche eine Übersiedlung verhinderte, denn ihn hätte man doch in einer passenden Kiste mit ein paar Luftlöchern leicht transportieren können; was die Familie hauptsächlich vom Wohnungswechsel abhielt, war vielmehr die völlige Hoffnungslosigkeit und der Gedanke daran, dass sie mit einem Unglück geschlagen war, wie niemand sonst im Ganzen Verwandten- und Bekanntenkreis.

Was die Welt von armen Leuten verlangt, erfüllten sie bis zum Äußersten, der Vater holte den kleinen Bankbeamten das Frühstück, die Mutter opferte sich für die Wäsche fremder Leute, die Schwester lief nach dem Befehl der Kunden hinter dem Pulte hin und her, aber weiter reichten die Kräfte der Familie schon nicht. Und die Wunde im Rücken fing Gregor wie neu zu schmerzen an, wenn Mutter und Schwester, nachdem sie den Vater zu Bett gebracht hatten, nun zurückkehrten, die Arbeit liegen ließen, nahe zusammenrückten, schon Wange an Wange saßen; wenn jetzt die Mutter, auf Gregors Zimmer zeigend, sagte: "Mach' dort die Tür zu, Grete" und wenn nun Gregor wieder im Dunkel war, während nebenan die Frauen ihre Tränen vermischten oder gar tränenlos den Tisch anstarrten.

Die Nächte und Tage verbrachte Gregor fast ganz ohne Schlaf. Manchmal dachte er daran, beim nächsten Öffnen der Tür die Angelegenheiten der Familie ganz so wie früher wieder in die Hand zu nehmen; in seinen Gedanken erschienen wieder nach langer

Zeit der Chef und der Prokurist, die Kommis und die Lehrjungen, der so begriffstützige Hausknecht, zwei, drei Freunde aus anderen Geschäften, ein Stubenmädchen aus einem Hotel in der Provinz, eine liebe, flüchtige Erinnerung, eine Kassiererin aus einem Hutgeschäft, um die er sich ernsthaft, aber zu langsam beworben hatte – sie alle erschienen untermischt mit Fremden oder schon Vergessenen, aber statt ihm und seiner Familie zu helfen, waren sie sämtlich unzugänglich und er war froh, wenn sie verschwanden.

Dann aber war er wieder gar nicht in der Laune, sich um seine Familie zu sorgen, bloß Wut über die schlechte Wartung erfüllte ihn und trotzdem er sich nichts vorstellen konnte, worauf er Appetit gehabt hätte, machte er doch Pläne, wie er in die Speisekammer gelangen könnte, um dort zu nehmen, was ihm, auch wenn er keinen Hunger hatte, immerhin gebührte. Ohne jetzt mehr nachzudenken, womit man Gregor einen besonderen Gefallen machen könnte, schob die Schwester eiligst, ehe sie morgens und mittags ins Geschäft lief, mit dem Fuß irgendeine beliebige Speise in Gregors Zimmer hinein, um sie am Abend, gleichgültig dagegen, ob die Speise vielleicht nur verkostet oder – der häufigste Fall – gänzlich unberührt war, mit einem Schwenken des Besens hinauszukehren. Das Aufräumen des Zimmers, das sie nun immer abends besorgte, konnte gar nicht mehr schneller getan sein. Schmutzstreifen zogen sich die Wände entlang, hie und da lagen Knäuel von Staub und Unrat. In der ersten Zeit stellte sich Gregor bei der Ankunft der Schwester in derartige besonders bezeichnende Winkel, um ihr durch diese Stellung gewissermaßen einen Vorwurf zu machen. Aber er hätte wohl wochenlang dort bleiben können, ohne dass sich die Schwester gebessert hätte; sie sah ja den Schmutz genau so wie er, aber sie hatte sich eben entschlossen, ihn zu lassen.

Dabei wachte sie mit einer an ihr ganz neuen Empfindlichkeit, die überhaupt die ganze Familie ergriffen hatte, darüber, dass das Aufräumen von Gregors Zimmer ihr vorbehalten blieb. Einmal hatte die Mutter Gregors Zimmer einer großen Reinigung unterzogen, die ihr nur nach Verbrauch einiger Kübel Wasser gelungen war - die viele Feuchtigkeit kränkte allerdings Gregor auch und er lag breit, verbittert und unbeweglich auf dem Kanapee -, aber die Strafe blieb für die Mutter nicht aus. Denn kaum hatte am Abend die Schwester die Veränderung in Gregors Zimmer bemerkt, als sie, aufs Höchste beleidigt, ins Wohnzimmer lief und, trotz der beschwörend erhobenen Hände der Mutter, in einen Weinkrampf ausbrach, dem die Eltern - der Vater war natürlich aus seinem Sessel aufgeschreckt worden - zuerst erstaunt und hilflos zusahen; bis auch sie sich zu rühren anfingen; der Vater rechts der Mutter Vorwürfe machte, dass sie Gregors Zimmer nicht der Schwester zur Reinigung überließ; links dagegen die Schwester anschrie, sie werde niemals mehr Gregors Zimmer reinigen dürfen; während die Mutter den Vater, der sich vor Erregung nicht mehr kannte, ins Schlafzimmer zu schleppen suchte; die Schwester, von Schluchzen geschüttelt, mit ihren kleinen Fäusten den Tisch bearbeitete; und Gregor laut vor Wut darüber zischte, dass es keinem einfiel, die Tür zu schließen und ihm diesen Anblick und Lärm zu ersparen.

Aber selbst wenn die Schwester, erschöpft von ihrer Berufsarbeit, dessen überdrüssig geworden war, für Gregor, wie früher, zu sorgen, so hätte noch keineswegs die Mutter für sie eintreten müssen und Gregor hätte doch nicht vernachlässigt werden brauchen. Denn nun war die Bedienerin da. Diese alte Witwe, die in ihrem langen Leben mit Hilfe ihres starken Knochenbaues das Ärgste überstanden haben mochte, hatte keinen eigentlichen Abscheu vor Gregor. Ohne irgendwie neugierig zu sein, hatte sie zufällig einmal die Tür von Gregors Zimmer aufgemacht und war im Anblick Gregors, der, gänzlich überrascht, trotzdem ihn niemand jagte, hin und herzulaufen begann, die Hände im Schoß gefaltet staunend stehen geblieben. Seitdem versäumte sie nicht, stets flüchtig morgens und abends die Tür ein wenig zu öffnen und zu Gregor hineinzuschauen. Anfangs rief sie ihn auch zu sich herbei, mit Worten, die sie wahrscheinlich für freundlich hielt, wie "Komm mal herüber, alter Mistkäfer!" oder "Seht mal den alten Mistkäfer!" Auf solche Ansprachen antwortete Gregor mit nichts, sondern blieb unbeweglich auf seinem Platz, als sei die Tür gar nicht geöffnet worden. Hätte man doch dieser Bedienerin, statt sie nach ihrer Laune ihn nutzlos stören zu lassen, lieber den Befehl gegeben, sein Zimmer täglich zu reinigen! Einmal am frühen Morgen - ein heftiger Regen, vielleicht schon ein Zeichen des kommenden Frühjahrs, schlug an die Scheiben - war Gregor, als die Bedienerin mit ihren Redensarten wieder begann, derartig erbittert, dass er, wie zum Angriff, allerdings langsam und hinfällig, sich gegen sie wendete. Die Bedienerin aber, statt sich zu fürchten, hob bloß einen in der Nähe der Tür befindlichen Stuhl hoch empor und wie sie mit groß geöffnetem Munde dastand, war ihre Absicht klar, den Mund erst zu schließen, wenn der Sessel in ihrer Hand auf Gregors Rücken niederschlagen würde. "Also weiter geht es nicht?" fragte sie, als Gregor sich wieder umdrehte und stellte den Sessel ruhig in die Ecke zurück.

Gregor aß nun fast gar nichts mehr. Nur wenn er zufällig an der vorbereiteten Speise vorüberkam, nahm er zum Spiel einen Bissen in den Mund, hielt ihn dort stundenlang und spie ihn dann meist wieder aus. Zuerst dachte er, es sei die Trauer über den Zustand seines Zimmers, die ihn vom Essen abhalte, aber gerade mit den Veränderungen des Zimmers söhnte er sich sehr bald aus. Man hatte sich angewöhnt, Dinge, die man anderswo nicht unterbringen konnte, in dieses Zimmer hineinzustellen und solcher Dinge gab es nun viele, da man ein Zimmer der Wohnung an drei Zimmerherren vermietet hatte. Diese ernsten Herren - alle drei hatten Vollbärte, wie Gregor einmal durch eine Türspalte feststellte - waren peinlich auf Ordnung, nicht nur in ihrem Zimmer, sondern, da sie sich nun einmal hier eingemietet hatten, in der ganzen Wirtschaft, also insbesondere in der Küche, bedacht. Unnützen oder gar schmutzigen Kram ertrugen sie nicht. Überdies hatten sie zum größten Teil ihre eigenen Einrichtungsstücke mitgebracht. Aus diesem Grunde waren viele Dinge überflüssig geworden, die zwar nicht verkäuflich waren, die man aber auch nicht wegwerfen wollte. Alle diese wanderten in Gregors Zimmer. Ebenso auch die Aschenkiste und die Abfallkiste aus der Küche. Was nur im Augenblick unbrauchbar war, schleuderte die Bedienerin, die es immer sehr eilig hatte, einfach in Gregors Zimmer; Gregor sah glücklicherweise meist nur den betreffenden Gegenstand und die Hand, die ihn hielt. Die Bedienerin hatte vielleicht die Absicht, bei Zeit und Gelegenheit die Dinge wieder zu holen oder alle insgesamt mit einemmal hinauszuwerfen, tatsächlich aber blieben sie dort liegen, wohin sie durch den ersten Wurf gekommen waren, wenn nicht Gregor sich durch das Rumpelzeug wand und es in Bewegung brachte, zuerst gezwungen, weil kein sonstiger Platz zum Kriechen frei war, später aber mit wachsendem Vergnügen, obwohl er nach solchen Wanderungen, zum Sterben müde und traurig, wieder stundenlang sich nicht rührte.

Da die Zimmerherren manchmal auch ihr Abendessen zu Hause im gemeinsamen Wohnzimmer einnahmen, blieb die Wohnzimmertür an manchen Abenden geschlossen, aber Gregor verzichtete ganz leicht auf das Öffnen der Tür, hatte er doch schon manche Abende, an denen sie geöffnet war, nicht ausgenutzt, sondern war, ohne dass es die Familie merkte, im dunkelsten Winkel seines Zimmers gelegen. Einmal aber hatte die Bedienerin die Tür zum Wohnzimmer ein wenig offen gelassen und sie blieb so offen, auch als die Zimmerherren am Abend eintraten und Licht gemacht wurde. Sie setzten sich oben an den Tisch, wo in früheren Zeiten der Vater, die Mutter und Gregor gegessen hatten, entfalteten die Servietten und nahmen Messer und Gabel in die Hand. Sofort erschien in der Tür die Mutter mit einer Schüssel Fleisch und knapp hinter ihr die Schwester mit einer Schüssel hochgeschichteter Kartoffeln. Das Essen dampfte mit starkem Rauch. Die Zimmerherren beugten sich über die vor sie hingestellten Schüsseln, als wollten sie sie vor dem Essen prüfen und tatsächlich zerschnitt der, welcher in der Mitte saß und den anderen zwei als Autorität zu gelten schien, ein Stück Fleisch noch auf der Schüssel, offenbar um festzustellen, ob es mürbe genug sei und ob es nicht etwa in die Küche zurückgeschickt werden solle. Er war befriedigt und Mutter und Schwester, die gespannt zugesehen hatten, begannen aufatmend zu lächeln.

Die Familie selbst aß in der Küche. Trotzdem kam der Vater, ehe er in die Küche ging, in dieses Zimmer herein und machte mit einer einzigen Verbeugung, die Kappe in der Hand, einen Rundgang um den Tisch. Die Zimmerherren erhoben sich sämtlich und murmelten etwas in ihre Bärte. Als sie dann allein waren, aßen sie fast unter vollkommenem Stillschweigen. Sonderbar schien es Gregor, dass man aus allen mannigfachen Geräuschen des Essens immer wieder ihre kauenden Zähne heraushörte, als ob damit Gregor gezeigt werden sollte, dass man Zähne brauche, um zu essen und man auch mit den schönsten zahnlosen Kiefern nichts ausrichten könne. "Ich habe ja Appetit", sagte sich Gregor sorgenvoll, "aber nicht auf diese Dinge. Wie sich diese Zimmerherren nähren und ich komme um!"

Gerade an diesem Abend - Gregor erinnerte sich nicht, während der ganzen Zeit die Violine gehört zu haben - ertönte sie von der Küche her. Die Zimmerherren hatten schon ihr Nachtmahl beendet, der mittlere hatte eine Zeitung hervorgezogen, den zwei anderen je ein Blatt gegeben und nun lasen sie zurückgelehnt und rauchten. Als die Violine zu spielen begann, wurden sie aufmerksam, erhoben sich und gingen auf den Fußspitzen zur Vorzimmertür, in der sie aneinandergedrängt stehen blieben. Man musste sie von der Küche aus gehört haben, denn der Vater rief: "Ist den Herren das Spiel vielleicht unangenehm? Es kann sofort eingestellt werden." "Im Gegenteil", sagte der mittlere der Herren, "möchte das Fräulein nicht zu uns hereinkommen und hier im Zimmer spielen, wo es doch viel bequemer und gemütlicher ist?" "O bitte", rief der Vater, als sei er der Violinspieler. Die Herren traten ins Zimmer zurück und warteten. Bald kam der Vater mit dem Notenpult, die Mutter mit den Noten und die Schwester mit der Violine. Die Schwester bereitete alles ruhig zum Spiele vor; die Eltern, die niemals früher Zimmer vermietet hatten und deshalb die Höflichkeit gegen die Zimmerherren übertrieben, wagten gar nicht, sich auf ihre eigenen Sessel zu setzen; der Vater lehnte an der Tür, die rechte Hand zwischen zwei Knöpfe des geschlossenen Livreerockes gesteckt; die Mutter aber erhielt von einem Herrn einen Sessel angeboten und saß, da sie den Sessel dort ließ, wohin ihn der Herr zufällig gestellt hatte, abseits in einem Winkel.

Die Schwester begann zu spielen; Vater und Mutter verfolgten, jeder von seiner Seite, aufmerksam die Bewegungen ihrer Hände. Gregor hatte, von dem Spiele angezogen, sich ein wenig weiter vorgewagt und war schon mit dem Kopf im Wohnzimmer. Er wunderte sich kaum darüber, dass er in letzter Zeit so wenig Rücksicht auf die andern nahm; früher war diese Rücksichtnahme sein Stolz gewesen. Und dabei hätte er gerade jetzt mehr Grund gehabt, sich zu verstecken, denn infolge des Staubes, der in seinem Zimmer überall lag und bei der kleinsten Bewegung umherflog, war auch er ganz staubbedeckt; Fäden, Haare, Speiseüberreste schleppte er auf seinem Rücken und an den Seiten mit sich herum; seine Gleichgültigkeit gegen alles war viel zu groß, als dass er sich, wie früher mehrmals während des Tages, auf den Rücken gelegt und am Teppich gescheuert hätte. Und trotz dieses Zustandes hatte er keine Scheu, ein Stück auf dem makellosen Fußboden des Wohnzimmers vorzurücken.

Allerdings achtete auch niemand auf ihn. Die Familie war gänzlich vom Violinspiel in Anspruch genommen; die Zimmerherren dagegen, die zunächst, die Hände in den Hosentaschen, viel zu nahe hinter dem Notenpult der Schwester sich aufgestellt hatten, sodass sie alle in die Noten hätten sehen können, was sicher die Schwester stören musste, zogen sich bald unter halblauten Gesprächen mit gesenkten Köpfen zum Fenster zurück, wo sie, vom Vater besorgt beobachtet, auch blieben. Es hatte nun wirklich den überdeutlichen Anschein, als wären sie in ihrer Annahme, ein schönes oder unterhaltendes Violinspiel zu hören, enttäuscht, hätten die ganze Vorführung satt und ließen sich nur aus Höflichkeit noch in ihrer Ruhe stören. Besonders die Art, wie sie alle aus Nase und Mund den Rauch ihrer Zigarren in die Höhe bliesen, ließ auf große Nervosität schließen. Und doch spielte die Schwester so schön. Ihr Gesicht war zur Seite geneigt, prüfend und traurig folgten ihre Blicke den Notenzeilen. Gregor kroch noch ein Stück vorwärts und hielt den Kopf eng an den Boden, um möglicherweise ihren Blicken begegnen zu können. War er ein Tier, da ihn Musik so ergriff? Ihm war, als zeige sich ihm der Weg zu der ersehenten unbekannten Nahrung. Er war entschlossen, bis zur Schwester vorzudringen, sie am Rock zu zupfen und ihr dadurch anzudeuten, sie möge doch mit ihrer Violine in sein Zimmer kommen, denn niemand lohnte hier das Spiel so, wie er es lohnen wollte. Er wollte sie nicht mehr aus seinem Zimmer lassen, wenigstens nicht, solange er lebte; seine Schreckgestalt sollte ihm zum ersten Mal nützlich werden; an allen Türen seines Zimmers wollte er gleichzeitig sein und den Angreifern entgegenfauchen; die Schwester aber sollte nicht gezwungen, sondern freiwillig bei ihm bleiben; sie sollte neben ihm auf dem Kanapee sitzen, das Ohr zu ihm herunterneigen und er wollte ihr dann anvertrauen, dass er die feste Absicht gehabt habe, sie auf das Konservatorium zu schicken und dass er dies, wenn nicht das Unglück dazwischen gekommen wäre, vergangene Weihnachten - Weihnachten war doch wohl schon vorüber? - allen gesagt hätte, ohne sich um irgendwelche Widerreden zu kümmern. Nach dieser Erklärung würde die Schwester in Tränen der Rührung ausbrechen und Gregor würde sich bis zu ihrer Achsel erheben und ihren Hals küssen, den sie, seitdem sie ins Geschäft ging, frei ohne Band oder Kragen trug.

"Herr Samsa!" rief der mittlere Herr dem Vater zu und zeigte, ohne ein weiteres Wort zu verlieren, mit dem Zeigefinger auf den langsam sich vorwärtsbewegenden Gregor. Die Violine verstummte, der mittlere Zimmerherr lächelte erst einmal kopfschüttelnd seinen Freunden zu und sah dann wieder auf Gregor hin. Der Vater schien es für nötiger zu halten, statt Gregor zu vertreiben, vorerst die Zimmerherren zu beruhigen, trotzdem diese gar nicht aufgeregt waren und Gregor sie mehr als das Violinspiel zu unterhalten schien. Er eilte zu ihnen und suchte sie mit ausgebreiteten Armen in ihr Zimmer zu drängen und gleichzeitig mit seinem Körper ihnen den Ausblick auf Gregor zu nehmen. Sie wurden nun tatsächlich ein wenig böse, man wusste nicht mehr, ob über das Benehmen des Vaters oder über die ihnen jetzt aufgehende Erkenntnis, ohne es zu wissen, einen solchen Zimmernachbar wie Gregor besessen zu haben. Sie verlangten vom Vater Erklärungen, hoben ihrerseits die Arme, zupften unruhig an ihren Bärten und wichen nur langsam gegen ihr Zimmer zurück. Inzwischen hatte die Schwester die Verlorenheit, in die sie nach dem plötzlich abgebrochenen Spiel verfallen war, überwunden, hatte sich, nachdem sie eine Zeit lang in den lässig hängenden Händen Violine und Bogen gehalten und weiter, als spiele sie noch, in die Noten gesehen hatte, mit einem Male aufgerafft, hatte das Instrument auf den Schoß der Mutter gelegt, die in Atembeschwerden mit heftig arbeitenden Lungen noch auf ihrem Sessel saß und war in das Nebenzimmer gelaufen, dem sich die Zimmerherren unter dem Drängen des Vaters schon schneller näherten. Man sah, wie unter den geübten Händen der Schwester die Decken und Polster in den Betten in die Höhe flogen und sich ordneten. Noch ehe die Herren das Zimmer erreicht hatten, war sie mit dem Aufbetten fertig und schlüpfte heraus. Der Vater schien wieder von seinem Eigensinn derartig ergriffen, dass er jeden Respekt vergaß, den er seinen Mietern immerhin schuldete. Er drängte nur und drängte, bis schon in der Tür des Zimmers der mittlere der Herren donnernd mit dem Fuß aufstampfte und dadurch den Vater zum Stehen brachte. "Ich erkläre hiermit", sagte er, hob die Hand und suchte mit den Blicken auch die Mutter und die Schwester, "dass ich mit Rücksicht auf die in dieser Wohnung und Familie herrschenden widerlichen Verhältnisse" - hierbei spie er kurz entschlossen auf den Boden - "mein Zimmer augenblicklich kündige. Ich werde natürlich auch für die Tage, die ich hier gewohnt habe, nicht das Geringste bezahlen, dagegen werde ich es mir noch überlegen, ob ich nicht mit irgendwelchen - glauben Sie mir - sehr leicht zu begründenden Forderungen gegen Sie auftreten werde." Er schwieg und sah gerade vor sich hin, als erwarte er etwas. Tatsächlich fielen sofort seine zwei Freunde mit den Worten ein: "Auch wir kündigen augenblicklich." Darauf fasste er die Türklinke und schloss mit einem Krach die Tür.

Der Vater wankte mit tastenden Händen zu seinem Sessel und ließ sich in ihn fallen; es sah aus, als strecke er sich zu seinem gewöhnlichen Abendschläfchen, aber das starke Nicken seines wie haltlosen Kopfes zeigte, dass er ganz und gar nicht schlief. Gregor war die ganze Zeit still auf dem Platz gelegen, auf dem ihn die Zimmerherren ertappt hatten. Die Enttäuschung über das Misslingen seines Planes, vielleicht aber auch die durch das viele Hungern verursachte Schwäche machten es ihm unmöglich, sich zu bewegen. Er fürchtete mit einer gewissen Bestimmtheit schon für den nächsten Augenblick einen allgemeinen über ihn sich entladenden Zusammensturz und wartete. Nicht einmal die Violine schreckte ihn auf, die, unter den zitternden Fingern der Mutter hervor, ihr vom Schoße fiel und einen hallenden Ton von sich gab.

"Liebe Eltern", sagte die Schwester und schlug zur Einleitung mit der Hand auf den Tisch, "so geht es nicht weiter. Wenn ihr das vielleicht nicht einseht, ich sehe es ein. Ich will vor diesem Untier nicht den Namen meines Bruders aussprechen und sage daher bloß: wir müssen versuchen, es loszuwerden. Wir haben das Menschenmögliche versucht, es zu pflegen und zu dulden, ich glaube, es kann uns niemand den geringsten Vorwurf machen." "Sie hat tausendmal Recht", sagte der Vater für sich. Die Mutter, die noch immer nicht genug Atem finden konnte, fing in die vorgehaltene Hand mit einem irrsinnigen Ausdruck der Augen dumpf zu husten an.

Die Schwester eilte zur Mutter und hielt ihr die Stirn. Der Vater schien durch die Worte der Schwester auf bestimmtere Gedanken gebracht zu sein, hatte sich aufrecht gesetzt, spielte mit seiner Dienermütze zwischen den Tellern, die noch vom Nachtmahl der Zimmerherren her auf dem Tische lagen und sah bisweilen auf den stillen Gregor hin.

"Wir müssen es loszuwerden suchen", sagte die Schwester nun ausschließlich zum Vater, denn die Mutter hörte in ihrem Husten nichts, "es bringt euch noch beide um, ich sehe es kommen. Wenn man schon so schwer arbeiten muss, wie wir alle, kann man nicht noch zu Hause diese ewige Quälerei ertragen. Ich kann es auch nicht mehr." Und sie brach so heftig in Weinen aus, dass ihre Tränen auf das Gesicht der Mutter niederflossen, von dem sie sie mit mechanischen Handbewegungen wischte.

"Kind", sagte der Vater mitleidig und mit auffallendem Verständnis, "was sollen wir aber tun?" Die Schwester zuckte nur die Achseln zum Zeichen der Ratlosigkeit, die sie nun während des Weinens im Gegensatz zu ihrer früheren Sicherheit ergriffen hatte. "Wenn er uns verstünde", sagte der Vater halb fragend; die Schwester schüttelte aus dem Weinen heraus heftig die Hand zum Zeichen, dass daran nicht zu denken sei. "Wenn er uns verstünde", wiederholte der Vater und nahm durch Schließen der Augen die Überzeugung der Schwester von der Unmöglichkeit dessen in sich auf, "dann wäre vielleicht ein Übereinkommen mit ihm möglich. Aber so –" "Weg muss es", rief die Schwester, "das ist das einzige Mittel, Vater. Du musst bloß den Gedanken loszuwerden suchen, dass es Gregor ist. Dass wir es solange geglaubt haben, das ist ja unser eigentliches Unglück. Aber wie kann es denn Gregor sein? Wenn es Gregor wäre, er hätte längst eingesehen, dass ein Zusammenleben von Menschen mit einem solchen Tier nicht möglich ist und wäre freiwillig fortgegangen. Wir hätten dann keinen Bruder, aber könnten weiter leben und sein Andenken in Ehren halten. So aber verfolgt uns dieses Tier, vertreibt die Zimmerherren, will offenbar die ganze Wohnung einnehmen und uns auf der Gasse übernachten lassen. Sieh nur, Vater", schrie sie plötzlich auf, "er fängt schon wieder an!" Und in einem für Gregor gänzlich unverständlichen Schrecken verließ die Schwester sogar die Mutter, stieß sich förmlich von ihrem Sessel ab, als wollte sie lieber die Mutter opfern, als in Gregors Nähe bleiben und eilte hinter den Vater, der, lediglich durch ihr Benehmen erregt, auch aufstand und die Arme wie zum Schutze der Schwester vor ihr halb erhob.

Aber Gregor fiel es doch gar nicht ein, irgendjemandem und gar seiner Schwester Angst machen zu wollen. Er hatte bloß angefangen sich umzudrehen, um in sein Zimmer zurückzuwandern und das nahm sich allerdings auffallend aus, da er infolge seines leidenden Zustandes bei den schwierigen Umdrehungen mit seinem

Kopfe nachhelfen musste, den er hierbei viele Male hob und gegen den Boden schlug. Er hielt inne und sah sich um. Seine gute Absicht schien erkannt worden zu sein; es war nur ein augenblicklicher Schrecken gewesen. Nun sahen ihn alle schweigend und traurig an. Die Mutter lag, die Beine ausgestreckt und aneinandergedrückt, in ihrem Sessel, die Augen fielen ihr vor Ermattung fast zu; der Vater und die Schwester saßen nebeneinander, die Schwester hatte ihre Hand um des Vaters Hals gelegt.

"Nun darf ich mich schon vielleicht umdrehen", dachte Gregor und begann seine Arbeit wieder. Er konnte das Schnaufen der Anstrengung nicht unterdrücken und musste auch hier und da ausruhen.

Im Übrigen drängte ihn auch niemand, es war alles ihm selbst überlassen. Als er die Umdrehung vollendet hatte, fing er sofort an, geradeaus zurückzuwandern. E staunte über die große Entfernung, die ihn von seinem Zimmer trennte und begriff gar nicht, wie er bei seiner Schwäche vor kurze Zeit den gleichen Weg, fast ohne es zu merken, zurückgelegt hatte. Immerfort nur auf rasches Kriechen bedacht, achtete er kaum da auf, dass kein Wort, kein Ausruf seiner Familie ihn störte.

Erst als er schon in der Tür war, wendete er den Kopf, nicht vollständig, denn er fühlte den Hals steif werden, immerhin sah er noch, dass sich hinter ihm nichts verändert hatte, nur die Schwester war aufgestanden. Sein letzter Blick streifte die Mutter, die nun völlig eingeschlafen war.

Kaum war er innerhalb seines Zimmers, wurde die Tür eiligst zu gedrückt festgeriegelt und versperrt. Über den plötzlichen Lärm hinter sich erschrak Gregor so, dass ihm die Beinchen einknickten. Es war die Schwester, die sich so beeilt hatte. Aufrecht war sie schon da gestanden und hatte gewartet, leichtfüßig war sie dann vorwärtsgesprungen, Gregor hatte sie gar nicht kommen hören und ein "Endlich!" rief sie den Eltern zu, während sie den Schlüssel im Schloss umdrehte.

"Und jetzt?" fragte sich Gregor und sah sich im Dunkeln um. Er machte bald die Entdeckung, dass er sich nun überhaupt nicht mehr rühren konnte. Er wunderte sich darüber nicht, eher kam es ihm unnatürlich vor, dass er sich bis jetzt tatsächlich mit diesen dünnen Beinchen hatte fortbewegen können. Im Übrigen fühlte er sich verhältnismäßig behaglich. Er hatte zwar Schmerzen im Ganzen Leib, aber ihm war, als würden sie allmählich schwächer und schwächer und würden schließlich ganz vergehen. Den verfaulten Apfel in seinem Rücken und die entzündete Umgebung, die ganz von weichem Staub bedeckt waren, spürte er schon kaum. An seine Familie dachte er mit Rührung und Liebe zurück. Seine Meinung darüber, dass er verschwinden müsse, war womöglich noch entschiedener, als die seiner Schwester. In diesem Zustand leeren und friedlichen Nachdenkens blieb er, bis die Turmuhr die dritte Morgenstunde schlug. Den Anfang des allgemeinen Hellerwerdens draußen vor dem Fenster erlebte er noch. Dann sank sein Kopf ohne seinen Willen gänzlich nieder und aus seinen Nüstern strömte sein letzter Atem schwach hervor.

Als am frühen Morgen die Bedienerin kam - vor lauter Kraft und Eile schlug sie, wie oft man sie auch schon gebeten hatte, das zu vermeiden, alle Türen derartig zu, dass in der ganzen Wohnung von ihrem Kommen an kein ruhiger Schlaf mehr möglich war - , fand sie bei ihrem gewöhnlichen kurzen Besuch an Gregor zuerst nichts Besonderes. Sie dachte, er liege absichtlich so unbeweglich da und spiele den Beleidigten; sie traute ihm allen möglichen Verstand zu. Weil sie zufällig den langen Besen in der Hand hielt, suchte sie mit ihm Gregor von der Tür aus zu kitzeln. Als sich auch da kein Erfolg zeigte, wurde sie ärgerlich und stieß ein wenig in Gregor hinein und erst als sie ihn ohne jeden Widerstand von seinem Platze geschoben hatte, wurde sie aufmerksam. Als sie bald den wahren Sachverhalt erkannte, machte sie große Augen, pfiff vor sich hin, hielt sich aber nicht lange auf, sondern riss die Tür des Schlafzimmers auf und rief mit lauter Stimme in das Dunkel hinein: "Sehen Sie nur mal an, es ist krepiert; da liegt es, ganz und gar krepiert!"

Das Ehepaar Samsa saß im Ehebett aufrecht da und hatte zu tun, den Schrecken über die Bedienerin zu verwinden, ehe es dazu kam, ihre Meldung aufzufassen. Dann aber stiegen Herr und Frau Samsa, jeder auf seiner Seite, eiligst aus dem Bett, Herr Samsa warf die Decke über seine Schultern, Frau Samsa kam nur im Nachthemd hervor; so traten sie in Gregors Zimmer. Inzwischen hatte sich auch die Tür des Wohnzimmers geöffnet, in dem Grete seit dem Einzug der Zimmerherren schlief; sie war völlig angezogen, als hätte sie gar nicht geschlafen, auch ihr bleiches Gesicht schien das zu beweisen. "Tot?" sagte Frau Samsa und sah fragend zur Bedienerin auf, trotzdem sie doch alles selbst prüfen und sogar ohne Prüfung erkennen konnte. "Das will ich meinen", sagte die Bedienerin und stieß zum Beweis Gregors Leiche mit dem Besen noch ein großes Stück seitwärts. Frau Samsa machte eine Bewegung, als wolle sie den Besen zurückhalten, tat es aber nicht. "Nun", sagte Herr Samsa, "jetzt können wir Gott danken." Er bekreuzte sich und die drei Frauen folgten seinem Beispiel.

Grete, die kein Auge von der Leiche wendete, sagte: "Seht nur, wie mager er war. Er hat ja auch schon so lange Zeit nichts gegessen. So wie die Speisen hereinkamen, sind sie wieder hinausgekommen." Tatsächlich war Gregors Körper vollständig flach und trocken, man erkannte das eigentlich erst jetzt, da er nicht mehr von den Beinchen gehoben war und auch sonst nichts den Blick ablenkte.

"Komm, Grete, auf ein Weilchen zu uns herein", sagte Frau Samsa mit einem wehmütigen Lächeln und Grete ging, nicht ohne nach der Leiche zurückzusehen, hinter den Eltern in das Schlafzimmer. Die Bedienerin schloss die Tür und öffnete gänzlich das Fenster. Trotz des frühen Morgens war der frischen Luft schon etwas Lauigkeit beigemischt. Es war eben schon Ende März.

Aus ihrem Zimmer traten die drei Zimmerherren und sahen sich erstaunt nach ihrem Frühstück um; man hatte sie vergessen. "Wo ist das Frühstück?" fragte der mittlere der Herren mürrisch die Bedienerin. Diese aber legte den Finger an den Mund und winkte dann hastig und schweigend den Herren zu, sie möchten in Gregors Zimmer kommen. Sie kamen auch und standen dann, die Hände in den Taschen ihrer etwas abgenutzten Röckchen, in dem nun schon ganz hellen Zimmer um Gregors Leiche herum.

Da öffnete sich die Tür des Schlafzimmers und Herr Samsa erschien in seiner Livree an einem Arm seine Frau, am anderen seine Tochter. Alle waren ein wenig verweint; Grete drückte bisweilen ihr Gesicht an den Arm des Vaters.

"Verlassen Sie sofort meine Wohnung!" sagte Herr Samsa und zeigte auf die Tür, ohne die Frauen von sich zu lassen. "Wie meinen Sie das?" sagte der mittlere der Herren etwas bestürzt und lächelte süßlich. Die zwei anderen hielten die Hände auf dem Rücken und rieben sie ununterbrochen aneinander, wie in freudiger Erwartung eines großen Streites, der aber für sie günstig ausfallen musste. "Ich meine es genau so, wie ich es sage", antwortete Herr Samsa und ging in einer Linie mit seinen zwei Begleiterinnen auf den Zimmerherrn zu. Dieser stand zuerst still da und sah zu Boden, als ob sich die Dinge in seinem Kopf zu einer neuen Ordnung zusammenstellten. "Dann gehen wir also", sagte er dann und sah zu Herrn Samsa auf, als verlange er in einer plötzlich ihn überkommenden Demut sogar für diesen Entschluss eine neue Genehmigung. Herr Samsa nickte ihm bloß mehrmals kurz mit großen Augen zu. Daraufhin ging der Herr tatsächlich sofort mit langen Schritten ins Vorzimmer; seine beiden Freunde hatten schon ein Weilchen lang mit ganz ruhigen Händen aufgehorcht und hüpften ihm jetzt geradezu nach, wie in Angst, Herr Samsa könnte vor ihnen ins Vorzimmer eintreten und die Verbindung mit ihrem Führer stören. Im Vorzimmer nahmen alle drei die Hüte vom Kleiderrechen, zogen ihre Stöcke aus dem Stockbehälter, verbeugten sich stumm und verließen die Wohnung. In einem, wie sich zeigte, gänzlich unbegründeten Misstrauen trat Herr Samsa mit den zwei Frauen auf den Vorplatz hinaus; an das Geländer gelehnt, sahen sie zu, wie die drei Herren zwar langsam, aber ständig die lange

Treppe hinunterstiegen, in jedem Stockwerk in einer bestimmten Biegung des Treppenhauses verschwanden und nach ein paar Augenblicken wieder hervorkamen; je tiefer sie gelangten, desto mehr verlor sich das Interesse der Familie Samsa für sie und als ihnen entgegen und dann hoch über sie hinweg ein Fleischergeselle mit der Trage auf dem Kopf in stolzer Haltung heraufstieg, verließ bald Herr Samsa mit den Frauen das Geländer und alle kehrten, wie erleichtert, in ihre Wohnung zurück.

Sie beschlossen, den heutigen Tag zum Ausruhen und Spazierengehen zu verwenden; sie hatten diese Arbeitsunterbrechung nicht nur verdient, sie brauchten sie sogar unbedingt. Und so setzten sie sich zum Tisch und schrieben drei Entschuldigungsbriefe, Herr Samsa an seine Direktion, Frau Samsa an ihren Auftraggeber und Grete an ihren Prinzipal. Während des Schreibens kam die Bedienerin herein, um zu sagen, dass sie fortgehe, denn ihre Morgenarbeit war beendet. Die drei Schreibenden nickten zuerst bloß, ohne aufzuschauen, erst als die Bedienerin sich immer noch nicht entfernen wollte, sah man ärgerlich auf. "Nun?" fragte Herr Samsa. Die Bedienerin stand lächelnd in der Tür, als habe sie der Familie ein großes Glück zu melden, werde es aber nur dann tun, wenn sie gründlich ausgefragt werde. Die fast aufrechte kleine Straußfeder auf ihrem Hut, über die sich Herr Samsa schon während ihrer ganzen Dienstzeit ärgerte, schwankte leicht nach allen Richtungen. "Also was wollen Sie eigentlich?" fragte Frau Samsa, vor welcher die Bedienerin noch am meisten Respekt hatte. "Ja", antwortete die Bedienerin und konnte vor freundlichem Lachen nicht gleich weiter reden, "also darüber, wie das Zeug von nebenan weggeschafft werden soll, müssen Sie sich keine Sorge machen. Es ist schon in Ordnung." Frau Samsa und Grete beugten sich zu ihren Briefen nieder, als wollten sie weiterschreiben; Herr Samsa, welcher merkte, dass die Bedienerin nun alles ausführlich zu beschreiben anfangen wollte, wehrte dies mit ausgestreckter Hand entschieden ab. Da sie aber nicht erzählen durfte, erinnerte sie sich an die große Eile, die sie hatte, rief offenbar beleidigt: "Adjes allseits", drehte sich wild um und verließ unter fürchterlichem Türezuschlagen die Wohnung.

"Abends wird sie entlassen", sagte Herr Samsa, bekam aber weder von seiner Frau, noch von seiner Tochter eine Antwort, denn die Bedienerin schien ihre kaum gewonnene Ruhe wieder gestört zu haben. Sie erhoben sich, gingen zum Fenster und blieben dort, sich umschlungen haltend. Herr Samsa drehte sich in seinem Sessel nach ihnen um und beobachtete sie still ein Weilchen. Dann rief er: "Also kommt doch her. Lasst schon endlich die alten Sachen. Und nehmt auch ein wenig Rücksicht auf mich." Gleich folgten ihm die Frauen, eilten zu ihm, liebkosten ihn und beendeten rasch ihre Briefe.

Dann verließen alle drei gemeinschaftlich die Wohnung, was sie schon seit Monaten nicht getan hatten und fuhren mit der Elektrischen ins Freie vor die Stadt. Der Wagen, in dem sie allein saßen, war ganz von warmer Sonne durchschienen. Sie besprachen, bequem auf ihren Sitzen zurückgelehnt, die Aussichten für die Zukunft und es fand sich, dass diese bei näherer Betrachtung durchaus nicht schlecht waren, denn aller drei Anstellungen waren, worüber sie einander eigentlich noch gar nicht ausgefragt hatten, überaus günstig und besonders für später viel versprechend. Die größte augenblickliche Besserung der Lage musste sich natürlich leicht durch einen Wohnungswechsel ergeben; sie wollten nun eine kleinere und billigere, aber besser gelegene und überhaupt praktischere Wohnung nehmen, als es die jetzige, noch von Gregor ausgesuchte war. Während sie sich so unterhielten, fiel es Herrn und Frau Samsa im Anblick ihrer immer lebhafter werdenden Tochter fast gleichzeitig ein, wie sie in der letzten Zeit trotz aller Plage, die ihre Wangen bleich gemacht hatte, zu einem schönen und üppigen Mädchen aufgeblüht war. Stiller werdend und fast unbewusst durch Blicke sich verständigend, dachten sie daran, dass es nun Zeit sein werde, auch einen braven Mann für sie zu suchen. Und es war ihnen wie eine Bestätigung ihrer neuen Träume und guten Absichten, als am Ziele ihrer Fahrt die Tochter als Erste sich erhob und ihren jungen Körper dehnte.

Der Jäger Gracchus

Zwei Knaben saßen auf der Kaimauer und spielten Würfel. Ein Mann las eine Zeitung auf den Stufen eines Denkmals im Schatten des säbelschwingenden Helden. Ein Mädchen am Brunnen füllte Wasser in ihre Bütte. Ein Obstverkäufer lag neben seiner Ware und blickte auf den See hinaus. In der Tiefe einer Kneipe sah man durch die leeren Tür- und Fensterlöcher zwei Männer beim Wein. Der Wirt saß vorn an einem Tisch und schlummerte. Eine Barke schwebte leise, als werde sie über dem Wasser getragen, in den kleinen Hafen. Ein Mann in blauem Kittel stieg ans Land und zog die Seile durch die Ringe. Zwei andere Männer in dunklen Röcken mit Silberknöpfen trugen hinter dem Bootsmann eine Bahre, auf der unter einem großen blumengemusterten, gefransten Seidentuch offenbar ein Mensch lag.

Auf dem Kai kümmerte sich niemand um die Ankömmlinge, selbst als sie die Bahre niederstellten, um auf den Bootsführer zu warten, der noch an den Seilen arbeitete, trat niemand heran, niemand richtete eine Frage an sie, niemand sah sie genauer an.

Der Führer wurde noch ein wenig aufgehalten durch eine Frau, die, ein Kind an der Brust, mit aufgelösten Haaren sich jetzt auf Deck zeigte. Dann kam er, wies auf ein gelbliches, zweistöckiges Haus, das sich links nahe beim Wasser geradlinig erhob, die Träger nahmen die Last auf und trugen sie durch das niedrige, aber von schlanken Säulen gebildete Tor. Ein kleiner Junge öffnete ein Fenster, bemerkte noch gerade, wie der Trupp im Haus verschwand, und schloss wieder eilig das Fenster. Auch das Tor wurde nun geschlossen, es war aus schwarzem Eichenholz sorgfältig gefügt. Ein Taubenschwarm, der bisher den Glockenturm umflogen hatte, ließ sich jetzt vor dem Hause nieder. Als werde im Hause ihre Nahrung aufbewahrt, sammelten sich die Tauben vor dem Tor. Eine flog bis zum ersten Stock auf und pickte an die Fensterscheibe. Es waren hellfarbige wohlgepflegte, lebhafte Tiere. In großem Schwung warf ihnen die Frau aus der Barke Körner hin, die sammelten sie auf und flogen dann zu der Frau hinüber.

Ein Mann im Zylinderhut mit Trauerband kam eines der schmalen, stark abfallenden Gässchen, die zum Hafen führten, herab. Er blickte aufmerksam umher, alles bekümmerte ihn, der Anblick von Unrat in einem Winkel ließ ihn das Gesicht verzerren. Auf den Stufen des Denkmals lagen Obstschalen, er schob sie im Vorbeigehen mit seinem Stock hinunter. An der Stubentür klopfte er an, gleichzeitig nahm er den Zylinderhut in seine schwarz behandschuhte Rechte. Gleich wurde geöffnet, wohl fünfzig kleine Knaben bildeten ein Spalier im langen Flurgang und verbeugten sich.

Der Bootsführer kam die Treppe herab, begrüßte den Herrn, führte ihn hinauf, im ersten Stockwerk umging er mit ihm den von leicht gebauten, zierlichen Loggien umgebenen Hof und beide traten, während die Knaben in respektvoller Entfernung nachdrängten, in einen kühlen, großen Raum an der Hinterseite des Hauses, dem gegenüber kein Haus mehr, sondern nur eine kahle, grauschwarze Felsenwand zu sehen war. Die Träger waren damit beschäftigt, zu Häupten der Bahre einige lange Kerzen aufzustellen und anzuzünden, aber Licht entstand dadurch nicht, es wurden förmlich nur die früher ruhenden Schatten aufgescheucht und flackerten über die Wände. Von der Bahre war das Tuch zurückgeschlagen. Es lag dort ein Mann mit wild durcheinandergewachsenem Haar und Bart, gebräunter Haut, etwa einem Jäger gleichend. Er lag bewegungslos, scheinbar atemlos mit geschlossenen Augen da, trotzdem deutete nur die Umgebung an, dass es vielleicht ein Toter war.

Der Herr trat zur Bahre, legte eine Hand dem Daliegenden auf die Stirn, kniete dann nieder und betete. Der Bootsführer winkte den Trägern, das Zimmer zu verlassen, sie gingen hinaus, vertrieben die Knaben, die sich draußen angesammelt hatten, und schlossen die Tür. Dem Herrn schien aber auch diese Stille noch nicht zu genügen, er sah den Bootsführer an, dieser verstand und ging durch eine Seitentür ins Nebenzimmer. Sofort schlug der Mann auf der Bahre die Augen auf, wandte schmerzlich lächelnd das Gesicht dem Herrn zu und sagte: "Wer bist du?" - Der Herr erhob sich ohne weiteres Staunen aus seiner knienden Stellung und antwortete: "Der Bürgermeister von Riva."

Der Mann auf der Bahre nickte, zeigte mit schwach ausgestrecktem Arm auf einen Sessel und sagte, nachdem der Bürgermeister seiner Einladung gefolgt war: "Ich wusste es ja, Herr Bürgermeister, aber im ersten Augenblick habe ich immer alles vergessen, alles geht mir in der Runde und es ist besser, ich frage, auch wenn ich alles weiß. Auch Sie wissen wahrscheinlich, dass ich der Jäger Gracchus bin."

"Gewiss", sagte der Bürgermeister. "Sie wurden mir heute in der Nacht angekündigt. Wir schliefen längst. Da rief gegen Mitternacht meine Frau: 'Salvatore', - so heiße ich - 'sieh die Taube am Fenster!' Es war wirklich eine Taube, aber groß wie ein Hahn. Sie flog zu meinem Ohr und sagte: 'Morgen kommt der tote Jäger Gracchus, empfange ihn im Namen der Stadt.'" Der Jäger nickte und zog die Zungenspitze zwischen den Lippen durch: "Ja, die Tauben fliegen vor mir her. Glauben Sie aber, Herr Bürgermeister, dass ich in Riva bleiben soll?" "Das kann ich noch nicht sagen", antwortete der Bürgermeister. "Sind Sie tot?" "Ja", sagte der Jäger, "wie Sie sehen. - Vor vielen Jahren, es müssen aber ungemein viel Jahre sein, stürzte ich im Schwarzwald - das ist in Deutschland - von einem Felsen, als ich eine Gämse verfolgte. Seitdem bin ich tot." "Aber Sie leben doch auch", sagte der Bürgermeister.

"Gewissermaßen", sagte der Jäger, "gewissermaßen lebe ich auch. Mein Todeskahn verfehlte die Fahrt, eine falsche Drehung des Steuers, ein Augenblick der Unaufmerksamkeit des Führers, eine Ablenkung durch meine wunderschöne Heimat, ich weiß nicht, was es war, nur das weiß ich, dass ich auf der Erde blieb und dass mein Kahn seither die irdischen Gewässer befährt. So reise ich, der nur in seinen Bergen leben wollte, nach meinem Tode durch alle Länder der Erde."

"Und Sie haben keinen Teil am Jenseits?" fragte der Bürgermeister mit gerunzelter Stirne. "Ich bin", antwortete der Jäger, "immer auf der großen Treppe, die hinaufführt. Auf dieser unendlich weiten Freitreppe treibe ich mich herum, bald oben, bald unten, bald rechts, bald links, immer in Bewegung. Aus dem Jäger ist ein Schmetterling geworden. Lachen Sie nicht." "Ich lache nicht", verwahrte sich der Bürgermeister. "Sehr einsichtig", sagte der Jäger. "Immer bin ich in Bewegung. Nehme ich aber den größten Aufschwung und leuchtet mir schon oben das Tor, erwache ich auf meinem alten, in irgendeinem irdischen Gewässer öde steckenden Kahn. Der Grundfehler meines einstmaligen Sterbens umgrinst mich in meiner Kajüte. Julia, die Frau des Bootsführers, klopft und bringt mir zu meiner Bahre das Morgengetränk des Landes, dessen Küste wir gerade befahren, Ich liege auf einer Holzpritsche, habe - es ist kein Vergnügen, mich zu betrachten - ein schmutziges Totenhemd an, Haar und Bart, grau und schwarz, geht unentwirrbar durcheinander, meine Beine sind mit einem großen, seidenen, blumengemusterten, langgefransten Frauentuch bedeckt. Zu meinen Häupten steht eine Kirchenkerze und leuchtet mir. An der Wand mir gegenüber ist ein kleines Bild, ein Buschmann offenbar, der mit einem Speer nach mir zielt und hinter einem großartig bemalten Schild sich möglichst deckt. Man begegnet auf Schiffen manchen dummen Darstellungen, diese ist aber eine der dümmsten. Sonst ist mein Holzkäfig ganz leer. Durch eine Luke der Seitenwand kommt die warme Luft der südlichen Nacht, und ich höre das Wasser an die alte Barke schlagen.

Hier liege ich seit damals, als ich, noch lebendiger Jäger Gracchus, zu Hause im Schwarzwald eine Gämse verfolgte und abstürzte. Alles ging der Ordnung nach. Ich verfolgte, stürzte ab, verblutete in einer Schlucht, war tot und diese Barke sollte mich ins Jenseits tragen. Ich erinnere mich noch, wie fröhlich ich mich hier auf der Pritsche ausstreckte zum ersten Mal. Niemals haben die Berge solchen Gesang von mir gehört wie diese vier damals noch dämmerigen Wände.

Ich hatte gern gelebt und war gern gestorben, glücklich warf ich, ehe ich den Bord betrat, das Lumpenpack der Büchse, der Tasche, des Jagdgewehrs vor mir hinunter, das ich immer stolz getragen hatte, und in das Totenhemd schlüpfte ich wie ein Mädchen ins Hochzeitskleid. Hier lag ich und wartete. Dann geschah das Unglück." "Ein schlimmes Schicksal", sagte der Bürgermeister mit abwehrend erhobener Hand. "Und Sie tragen gar keine Schuld daran?" "Keine", sagte der Jäger, "ich war Jäger, ist das etwa eine Schuld? Aufgestellt war ich als Jäger im Schwarzwald, wo es damals noch Wölfe gab. Ich lauerte auf, schoss, traf, zog das Fell ab, ist das eine Schuld? Meine Arbeit wurde gesegnet. 'Der große Jäger vom Schwarzwald' hieß ich. Ist das eine Schuld?"

"Ich bin nicht berufen, das zu entscheiden", sagte der Bürgermeister, "doch scheint auch mir keine Schuld darin zu liegen. Aber wer trägt denn die Schuld?" "Der Bootsmann", sagte der Jäger. "Niemand wird lesen, was ich hier schreibe, niemand wird kommen, mir zu helfen; wäre als Aufgabe gesetzt mir zu helfen, so blieben alle Türen aller Häuser geschlossen, alle Fenster geschlossen, alle liegen in den Betten, die Decken über den Kopf geschlagen, eine nächtliche Herberge die ganze Erde. Das hat guten Sinn, denn niemand weiß von mir, und wüsste er von mir, so wüsste er meinen Aufenthalt nicht, und wüsste er meinen Aufenthalt, so wüsste er mich dort nicht fest zu halten, so wüsste er nicht, wie mir zu helfen. Der Gedanke, mir helfen zu wollen, ist eine Krankheit und muss im Bett geheilt werden.

Das weiß ich und schreie also nicht, um Hilfe herbeizurufen, selbst wenn ich in Augenblicken - unbeherrscht wie ich bin, zum Beispiel gerade jetzt - sehr stark daran denke. Aber es genügt wohl zum Austreiben solcher Gedanken, wenn ich umherblicke und mir vergegenwärtige, wo ich bin und - das darf ich wohl behaupten - seit Jahrhunderten wohne." "Außerordentlich", sagte der Bürgermeister, "außerordentlich. - Und nun gedenken Sie bei uns in Riva zu bleiben?" "Ich gedenke nicht", sagte der Jäger lächelnd und legte, um den Spott gutzumachen, die Hand auf das Knie des Bürgermeisters. "Ich bin hier, mehr weiß ich nicht, mehr kann ich nicht tun. Mein Kahn ist ohne Steuer, er fährt mit dem Wind, der in den untersten Regionen des Todes bläst."

Das Schweigen der Sirenen

Beweis dessen, dass auch unzulängliche, ja kindische Mittel zur Rettung dienen können: Um sich vor den Sirenen zu bewahren, stopfte sich Odysseus Wachs in die Ohren und ließ sich am Mast festschmieden. Ähnliches hätten natürlich seit jeher alle Reisenden tun können, außer denen, welche die Sirenen schon aus der Ferne verlockten, aber es war in der ganzen Welt bekannt, dass dies unmöglich helfen konnte. Der Sang der Sirenen durchdrang alles, und die Leidenschaft der Verführten hätte mehr als Ketten und Mast gesprengt. Daran aber dachte Odysseus nicht, obwohl er davon vielleicht gehört hatte. Er vertraute vollständig der Hand voll Wachs und dem Gebinde Ketten und in unschuldiger Freude über seine Mittelchen fuhr er den Sirenen entgegen.

Nun haben aber die Sirenen eine noch schrecklichere Waffe als den Gesang, nämlich ihr Schweigen. Es ist zwar nicht geschehen, aber vielleicht denkbar, dass sich jemand vor ihrem Gesang gerettet hätte, vor ihrem Schweigen gewiss nicht. Dem Gefühl, aus eigener Kraft sie besiegt zu haben, der daraus folgenden alles fortreißenden Überhebung kann nichts Irdisches widerstehen.

Und tatsächlich sangen, als Odysseus kam, die gewaltigen Sängerinnen nicht, sei es, dass sie glaubten, diesem Gegner könne nur noch das Schweigen beikommen, sei es, dass der Anblick der Glückseligkeit im Gesicht des Odysseus, der an nichts anderes als an Wachs und Ketten dachte, sie allen Gesang vergessen ließ.

Odysseus aber, um es so auszudrücken, hörte ihr Schweigen nicht, er glaubte, sie sängen, und nur er sei behütet, es zu hören. Flüchtig sah er zuerst die Wendungen ihrer Hälse, das tiefe Atmen, die tränenvollen Augen, den halb geöffneten Mund, glaubte aber, dies gehöre zu den Arien, die ungehört um ihn verklangen. Bald aber glitt alles an seinen in die Ferne gerichteten Blicken ab, die Sirenen verschwanden förmlich vor seiner Entschlossenheit, und gerade als er ihnen am Nächsten war, wusste er nichts mehr von ihnen.

Sie aber - schöner als jemals - streckten und drehten sich, ließen das schaurige Haar offen im Winde wehen und spannten die Krallen frei auf den Felsen. Sie wollten nicht mehr verführen, nur noch den Abglanz vom großen Augenpaar des Odysseus wollten sie so lange als möglich erhaschen.

Hätten die Sirenen Bewusstsein, sie wären damals vernichtet worden. So aber blieben sie, nur Odysseus ist ihnen entgangen. Es wird übrigens noch ein Anhang hierzu überliefert. Odysseus, sagt man, war so listenreich, war ein solcher Fuchs, dass selbst die Schicksalsgöttin nicht in sein Innerstes dringen konnte. Vielleicht hat er, obwohl das mit Menschenverstand nicht mehr zu begreifen ist, wirklich gemerkt, dass die Sirenen schwiegen, und hat ihnen und den Göttern den obigen Scheinvorgang nur gewissermaßen als Schild entgegengehalten.

Brief an den Vater

Liebster Vater,

Du hast mich letzthin einmal gefragt, warum ich behaupte, ich hätte Furcht vor dir. Ich wusste dir, wie gewöhnlich, nichts zu antworten, zum Teil eben aus der Furcht, die ich vor dir habe, zum Teil deshalb, weil zur Begründung dieser Furcht zu viele Einzelheiten gehören, als dass ich sie im Reden halbwegs zusammenhalten könnte. Und wenn ich hier versuche, dir schriftlich zu antworten, so wird es doch nur sehr unvollständig sein, weil auch im Schreiben die Furcht und ihre Folgen mich dir gegenüber behindern und weil die Größe des Stoffs über mein Gedächtnis und meinen Verstand weit hinausgeht.

Dir hat sich die Sache immer sehr einfach dargestellt, wenigstens so weit du vor mir und, ohne Auswahl, vor vielen andern davon gesprochen hast. Es schien dir etwa so zu sein: du hast dein ganzes Leben lang schwer gearbeitet, alles für deine Kinder, vor allem für mich geopfert, ich habe infolgedessen "in Saus und Braus" gelebt, habe vollständige Freiheit gehabt zu lernen was ich wollte, habe keinen Anlass zu Nahrungssorgen, also zu Sorgen überhaupt gehabt; du hast dafür keine Dankbarkeit verlangt, du kennst "die Dankbarkeit der Kinder", aber doch wenigstens irgendein Entgegenkommen, Zeichen eines Mitgefühls; stattdessen habe ich mich seit jeher vor dir verkrochen, in mein Zimmer, zu Büchern, zu verrückten Freunden, zu überspannten Ideen; offen gesprochen habe ich mit dir niemals, in den Tempel bin ich nicht zu dir gekommen, in Franzensbad habe ich dich nie besucht, auch sonst nie Familiensinn gehabt, um das Geschäft und deine sonstigen Angelegenheiten habe ich mich nicht gekümmert, die Fabrik habe ich dir aufgehalst und dich dann verlassen, Ottla habe ich in ihrem Eigensinn unterstützt und während ich für dich keinen Finger rühre (nicht einmal eine Theaterkarte bringe ich dir), tue ich für Freunde alles. Fasst du dein Urteil über mich zusammen, so ergibt sich, dass du mir zwar etwas geradezu Unanständiges oder Böses nicht vorwirfst (mit Ausnahme vielleicht meiner letzten Heiratsabsicht), aber Kälte, Fremdheit, Undankbarkeit. Und zwar wirfst du es mir so vor, als wäre es meine Schuld, als hätte ich etwa mit einer Steuerdrehung das Ganze anders einrichten können, während du nicht die geringste Schuld daran hast, es wäre denn die, dass du zu gut zu mir gewesen bist.

Diese deine übliche Darstellung halte ich nur so weit für richtig, dass auch ich glaube, du seist gänzlich schuldlos an unserer Entfremdung. Aber ebenso gänzlich schuldlos bin auch ich. Könnte ich dich dazu bringen, dass du das anerkennst, dann wäre - nicht etwa ein neues Leben möglich, dazu sind wir beide viel zu alt, aber doch eine Art Friede, kein Aufhören, aber doch ein Mildern deiner unaufhörlichen Vorwürfe.

Irgendeine Ahnung dessen, was ich sagen will, hast du merkwürdigerweise. So hast du mir zum Beispiel vor kurzem gesagt: "ich habe dich immer gern gehabt, wenn ich auch äußerlich nicht so zu dir war wie andere Väter zu sein pflegen, eben deshalb weil ich mich nicht verstellen kann wie andere". Nun habe ich, Vater, im Ganzen niemals an deiner Güte mir gegenüber gezweifelt, aber diese Bemerkung halte ich für unrichtig. Du kannst dich nicht verstellen, das ist richtig, aber nur aus diesem Grunde behaupten wollen, dass die andern Väter sich verstellen, ist entweder bloße, nicht weiter diskutierbare Rechthaberei oder aber - und das ist es meiner Meinung nach wirklich - der verhüllte Ausdruck dafür, dass zwischen uns etwas nicht in Ordnung ist und dass du es mitverursacht hast, aber ohne Schuld. Meinst du das wirklich, dann sind wir einig.

Ich sage ja natürlich nicht, dass ich das, was ich bin, nur durch deine Einwirkung geworden bin. Das wäre sehr übertrieben (und ich neige sogar zu dieser Übertreibung). Es ist sehr leicht möglich, dass ich, selbst wenn ich ganz frei von deinem Einfluss aufgewachsen wäre, doch kein Mensch nach deinem Herzen hätte werden können. Ich wäre wahrscheinlich doch ein schwächlicher, ängstlicher, zögernder, unruhiger Mensch geworden, weder Robert Kafka noch Karl Hermann, aber doch ganz anders, als ich wirklich bin, und wir hätten uns ausgezeichnet miteinander vertragen können. Ich wäre glücklich gewesen, dich als Freund, als Chef, als Onkel, als Großvater, ja selbst (wenn auch schon zögernder) als Schwiegervater zu haben. Nur eben als Vater warst du zu stark für mich, besonders da meine Brüder klein starben, die Schwestern erst lange nachher kamen, ich also den ersten Stoß ganz allein aushalten musste, dazu war ich viel zu schwach.

Vergleich uns beide: ich, um es sehr abgekürzt auszudrücken, ein Löwy mit einem gewissen Kafkaschen Fond, der aber eben nicht durch den Kafkaschen Lebens-, Geschäfts-, Eroberungswillen in Bewegung gesetzt wird, sondern durch einen Löwy'schen Stachel, der geheimer, scheuer, in anderer Richtung wirkt und oft überhaupt aussetzt. Du dagegen ein wirklicher Kafka an Stärke, Gesundheit, Appetit, Stimmkraft, Redebegabung, Selbstzufriedenheit, Weltüberlegenheit, Ausdauer, Geistesgegenwart, Menschenkenntnis, einer gewissen Großzügigkeit, natürlich auch mit allen zu diesen Vorzügen gehörigen Fehlern und Schwächen, in welche dich dein Temperament und manchmal dein Jähzorn hineinhetzen. Nicht ganzer Kafka bist du vielleicht in deiner allgemeinen Weltansicht, so weit ich dich mit Onkel Philipp, Ludwig, Heinrich vergleichen kann. Das ist merkwürdig, ich sehe hier auch nicht ganz klar. Sie waren doch alle fröhlicher, frischer, ungezwungener, leichtlebiger, weniger streng als du. (Darin habe ich übrigens viel von dir geerbt und das Erbe viel zu gut verwaltet, ohne allerdings die nötigen Gegengewichte in meinem Wesen zu haben, wie du sie hast.) Doch hast auch andererseits du in dieser Hinsicht verschiedene Zeiten durchgemacht, warst vielleicht fröhlicher, ehe dich deine Kinder, besonders ich, enttäuschten und zu Hause bedrückten (kamen Fremde, warst du ja anders) und bist auch jetzt vielleicht wieder fröhlicher geworden, da dir die Enkel und der Schwiegersohn wieder etwas von jener Wärme geben, die dir die Kinder, bis auf Valli vielleicht, nicht geben konnten. Jedenfalls waren wir so verschieden und in dieser Verschiedenheit einander so gefährlich, dass, wenn man es hätte etwa im Voraus ausrechnen wollen, wie ich, das langsam sich entwickelnde Kind, und du, der fertige Mann, sich zueinander verhalten werden, man hätte annehmen können, dass du mich einfach niederstampfen wirst, dass nichts von mir übrig bleibt. Das ist nun nicht geschehen, das Lebendige lässt sich nicht ausrechnen, aber vielleicht ist Ärgeres geschehen. Wobei ich dich aber immerfort bitte, nicht zu vergessen, dass ich niemals im entferntesten an eine Schuld Deinerseits glaube. Du wirktest so auf mich, wie du wirken musstest, nur sollst du aufhören, es für eine besondere Bosheit meinerseits zu halten, dass ich dieser Wirkung erlegen bin.

Ich war ein ängstliches Kind; trotzdem war ich gewiss auch störrisch, wie Kinder sind; gewiss verwöhnte mich die Mutter auch, aber ich kann nicht glauben, dass ich besonders schwer lenkbar war, ich kann nicht glauben, dass ein freundliches Wort, ein stilles Bei-der-Hand-Nehmen, ein guter Blick mir nicht alles hätten abfordern können, was man wollte. Nun bist du ja im Grunde ein gütiger und weicher Mensch (das Folgende wird dem nicht widersprechen, ich rede ja nur von der Erscheinung, in der du auf das Kind wirktest), aber nicht jedes Kind hat die Ausdauer und Unerschrockenheit, so lange zu suchen, bis es zu der Güte kommt. Du kannst ein Kind nur so behandeln, wie du eben selbst geschaffen bist, mit Kraft, Lärm und Jähzorn, und in diesem Falle schien dir das auch noch überdies deshalb sehr gut geeignet, weil du einen kräftigen mutigen Jungen in mir aufziehen wolltest.

Deine Erziehungsmittel in den allerersten Jahren kann ich heute natürlich nicht unmittelbar beschreiben, aber ich kann sie mir etwa vorstellen durch Rückschluss aus den späteren Jahren und aus deiner Behandlung des Felix. Hiebei kommt verschärfend in Betracht, dass du damals jünger, daher frischer, wilder, ursprünglicher, noch unbekümmerter warst als heute und dass du außerdem ganz an das Geschäft gebunden warst, kaum einmal des Tages dich mir zeigen konntest und deshalb einen umso tieferen Eindruck auf mich machtest, der sich kaum je zur Gewöhnung verflachte.

Direkt erinnere ich mich nur an einen Vorfall aus den ersten Jahren. Du erinnerst dich vielleicht auch daran. Ich winselte einmal in der Nacht immerfort um Wasser, gewiss nicht aus Durst, sondern wahrscheinlich teils um zu ärgern, teils um mich zu unterhalten. Nachdem einige starke Drohungen nicht geholfen hatten, nahmst du mich aus dem Bett, trugst mich auf die Pawlatsche und ließest mich dort allein vor der geschlossenen Tür ein Weilchen im Hemd stehn. Ich will nicht sagen, dass das unrichtig war, vielleicht war damals die Nachtruhe auf andere Weise wirklich nicht zu verschaffen, ich will aber damit deine Erziehungsmittel und ihre Wirkung auf mich charakterisieren. Ich war damals nachher wohl schon folgsam, aber ich hatte einen inneren Schaden davon. Das für mich Selbstverständliche des sinnlosen Ums-Wasser-Bittens und das außerordentlich Schreckliche des Hinausgetragenwerdens konnte ich meiner Natur nach niemals in die richtige Verbindung bringen. Noch nach Jahren litt ich unter der quälenden Vorstellung, dass der riesige Mann, mein Vater, die letzte Instanz, fast ohne Grund kommen und mich in der Nacht aus dem Bett auf die Pawlatsche tragen konnte und dass ich also ein solches Nichts für ihn war.

Das war damals ein kleiner Anfang nur, aber dieses mich oft beherrschende Gefühl der Nichtigkeit (ein in anderer Hinsicht allerdings auch edles und fruchtbares Gefühl) stammt vielfach von deinem Einfluss. Ich hätte ein wenig Aufmunterung, ein wenig Freundlichkeit, ein wenig Offenhalten meines Wegs gebraucht, stattdessen verstelltest du mir ihn, in der guten Absicht freilich, dass ich einen anderen Weg gehen sollte. Aber dazu taugte ich nicht. Du muntertest mich zum Beispiel auf, wenn ich gut salutierte und marschierte, aber ich war kein künftiger Soldat, oder du muntertest mich auf, wenn ich kräftig essen oder sogar Bier dazu trinken konnte, oder wenn ich unverstandene Lieder nachsingen oder deine Lieblingsredensarten dir nachplappern konnte, aber nichts davon gehörte zu meiner Zukunft. Und es ist bezeichnend, dass du selbst heute mich nur dann eigentlich in etwas aufmunterst, wenn du selbst in Mitleidenschaft gezogen bist, wenn es sich um dein Selbstgefühl handelt, das ich verletze (zum Beispiel durch meine Heiratsabsicht) oder das in mir verletzt wird (wenn zum Beispiel Pepa mich beschimpft). Dann werde ich aufgemuntert, an meinen Wert erinnert, auf die Partien hingewiesen, die ich zu machen berechtigt wäre und Pepa wird vollständig verurteilt. Aber abgesehen davon, dass ich für Aufmunterung in meinem jetzigen Alter schon fast unzugänglich bin, was würde sie mir auch helfen, wenn sie nur dann eintritt, wo es nicht in erster Reihe um mich geht.

Damals und damals überall hätte ich die Aufmunterung gebraucht. Ich war ja schon niedergedrückt durch deine bloße Körperlichkeit.

Ich erinnere mich zum Beispiel daran, wie wir uns öfters zusammen in einer Kabine auszogen. Ich mager, schwach, schmal, du stark, groß, breit. Schon in der Kabine kam ich mir jämmerlich vor, und zwar nicht nur vor dir, sondern vor der ganzen Welt, denn du warst für mich das Maß aller Dinge. Traten wir dann aber aus der Kabine vor die Leute hinaus, ich an deiner Hand, ein kleines Gerippe, unsicher, bloßfüßig auf den Planken, in Angst vor dem Wasser, unfähig deine Schwimmbewegungen nachzumachen, die du mir in guter Absicht, aber tatsächlich zu meiner tiefen Beschämung immerfort vormachtest, dann war ich sehr verzweifelt und alle meine schlimmen Erfahrungen auf allen Gebieten stimmten in solchen Augenblicken großartig zusammen. Am wohlsten war mir noch, wenn du dich manchmal zuerst auszogst und ich allein in der Kabine bleiben und die Schande des öffentlichen Auftretens so lange hinauszögern konnte, bis du endlich nachschauen kamst und mich aus der Kabine triebst. Dankbar war ich dir dafür, dass du meine Not nicht zu bemerken schienest, auch war ich stolz auf den Körper meines Vaters. Übrigens besteht zwischen uns dieser Unterschied heute noch ähnlich.

Dem entsprach weiter deine geistige Oberherrschaft. Du hattest dich allein durch eigene Kraft so hoch hinaufgearbeitet, infolgedessen hattest du unbeschränktes Vertrauen zu deiner Meinung. Das war für mich als Kind nicht einmal so blendend wie später für den heranwachsenden jungen Menschen. In deinem Lehnstuhl regiertest du die Welt. Deine Meinung war richtig, jede andere war verrückt, überspannt, meschugge, nicht normal. Dabei war dein Selbstvertrauen so groß, dass du gar nicht konsequent sein musstest und doch nicht aufhörtest Recht zu haben. Es konnte auch vorkommen, dass du in einer Sache gar keine Meinung hattest und infolgedessen alle Meinungen, die hinsichtlich der Sache überhaupt möglich waren, ohne Ausnahme falsch sein mussten. Du konntest zum Beispiel auf die Tschechen schimpfen, dann auf die Deutschen, dann auf die Juden, und zwar nicht nur in Auswahl, sondern in jeder Hinsicht, und schließlich blieb niemand mehr übrig außer dir. Du bekamst für mich das Rätselhafte, das alle Tyrannen haben, deren Recht auf ihrer Person, nicht auf dem Denken begründet ist. Wenigstens schien es mir so.

Nun behieltest du ja mir gegenüber tatsächlich erstaunlich oft Recht, im Gespräch war das selbstverständlich, denn zum Gespräch kam es kaum, aber auch in Wirklichkeit. Doch war auch das nichts besonders Unbegreifliches: Ich stand ja in allem meinem Denken unter deinem schweren Druck, auch in dem Denken, das nicht mit dem deinen übereinstimmte und besonders in diesem. Alle diese von dir scheinbar unabhängigen Gedanken waren von Anfang an belastet mit deinem absprechenden Urteil; bis zur vollständigen und dauernden Ausführung des Gedankens das zu ertragen, war fast unmöglich. Ich rede hier nicht von irgendwelchen hohen Gedanken, sondern von jedem kleinen Unternehmen der Kinderzeit. Man musste nur über irgendeine Sache glücklich sein, von ihr erfüllt sein, nach Hause kommen und es aussprechen und die Antwort war ein ironisches Seufzen, ein Kopfschütteln, ein Fingerklopfen auf den Tisch: "Hab auch schon etwas Schöneres gesehn" oder "Mir gesagt deine Sorgen" oder "ich hab keinen so geruhten Kopf" oder "Kauf dir was dafür!" oder "Auch ein Ereignis!" Natürlich konnte man nicht für jede Kinderkleinigkeit Begeisterung von dir verlangen, wenn du in Sorge und Plage lebtest. Darum handelte es sich auch nicht. Es handelte sich vielmehr darum, dass du solche Enttäuschungen dem Kinde immer und grundsätzlich bereiten musstest kraft deines gegensätzlichen Wesens, weiter dass dieser Gegensatz durch Anhäufung des Materials sich unaufhörlich verstärkte, sodass er sich schließlich auch gewohnheitsmäßig geltend machte, wenn du einmal der gleichen Meinung warst wie ich und dass endlich diese Enttäuschungen des Kindes nicht Enttäuschungen des gewöhnlichen Lebens waren, sondern, da es ja um deine für alles maßgebende Person ging, im Kern trafen. Der Mut, die Entschlossenheit, die Zuversicht, die Freude an dem und jenem hielten nicht bis zum Ende aus, wenn du dagegen warst oder schon wenn deine Gegnerschaft bloß angenommen werden konnte; und angenommen konnte sie wohl bei fast allem werden, was ich tat.

Das bezog sich auf Gedanken so gut wie auf Menschen. Es genügte, dass ich an einem Menschen ein wenig Interesse hatte - es geschah ja infolge meines Wesens nicht sehr oft -, dass du schon ohne jede Rücksicht auf mein Gefühl und ohne Achtung vor meinem Urteil mit Beschimpfung, Verleumdung, Entwürdigung dreinfuhrst. Unschuldige, kindliche Menschen wie zum Beispiel der jiddische Schauspieler Löwy mussten das büßen. Ohne ihn zu kennen, verglichst du ihn in einer schrecklichen Weise, die ich schon vergessen habe, mit Ungeziefer, und wie so oft für Leute, die mir lieb waren, hattest du automatisch das Sprichwort von den Hunden und Flöhen bei der Hand. An den Schauspieler erinnere ich mich hier besonders, weil ich deine Aussprüche über ihn damals mir mit der Bemerkung notierte: "So spricht mein Vater über meinen Freund (den er gar nicht kennt) nur deshalb, weil er mein Freund ist. Das werde ich ihm immer entgegenhalten können, wenn er mir Mangel an kindlicher Liebe und Dankbarkeit vorwerfen wird." Unverständlich war mir immer deine vollständige Empfindungslosigkeit dafür, was für Leid und Schande du mit deinen Worten und Urteilen mir zufügen konntest, es war, als hättest du keine Ahnung von deiner Macht. Auch ich habe dich sicher oft mit Worten gekränkt, aber dann wusste ich es immer, es schmerzte mich, aber ich konnte mich nicht beherrschen, das Wort nicht zurückhalten, ich bereute es schon, während ich es sagte. Du aber schlugst mit deinen Worten ohneweiters los, niemand tat dir Leid, nicht währenddessen, nicht nachher, man war gegen dich vollständig wehrlos.

Aber so war deine ganze Erziehung. Du hast, glaube ich, ein Erziehungstalent; einem Menschen deiner Art hättest du durch Erziehung gewiss nützen können; er hätte die Vernünftigkeit dessen, was du ihm sagtest, eingesehn, sich um nichts Weiteres gekümmert und die Sachen ruhig so ausgeführt. Für mich als Kind war aber alles, was du mir zuriefst, geradezu Himmelsgebot, ich vergaß es nie, es blieb mir das wichtigste Mittel zur Beurteilung der Welt, vor allem zur Beurteilung deiner selbst, und da versagtest du vollständig. Da ich als Kind hauptsächlich beim Essen mit dir beisammen war, war dein Unterricht zum großen Teil Unterricht im richtigen Benehmen bei Tisch. Was auf den Tisch kam, musste aufgegessen, über die Güte des Essens durfte nicht gesprochen werden - du aber fandest das Essen oft ungenießbar; nanntest es "das Fressen" - das "Vieh" (die Köchin) hatte es verdorben. Weil du entsprechend deinem kräftigen Hunger und deiner besonderen Vorliebe alles schnell, heiß und in großen Bissen gegessen hast, musste sich das Kind beeilen, düstere Stille war bei Tisch, unterbrochen von Ermahnungen: "zuerst iss, dann sprich" oder "schneller, schneller, schneller" oder "siehst du, ich habe schon längst aufgegessen". Knochen durfte man nicht zerreißen, du ja. Essig durfte man nicht schlürfen, du ja. Die Hauptsache war, dass man das Brot gerade schnitt; dass du das aber mit einem von Sauce triefenden Messer tatest, war gleichgültig. Man musste Acht geben, dass keine Speisereste auf den Boden fielen, unter dir lag schließlich am meisten. Bei Tisch durfte man sich nur mit Essen beschäftigen, du aber putztest und schnittest dir die Nägel, spitztest Bleistifte, reinigtest mit dem Zahnstocher die Ohren. Bitte, Vater, verstehe mich Recht, das wären an sich vollständig unbedeutende Einzelheiten gewesen, niederdrückend wurden sie für mich erst dadurch, dass du, der für mich so ungeheuer maßgebende Mensch, dich selbst an die Gebote nicht hieltest, die du mir auferlegtest. Dadurch wurde die Welt für mich in drei Teile geteilt, in einen, wo ich, der Sklave, lebte, unter Gesetzen, die nur für mich erfunden waren und denen ich überdies, ich wusste nicht warum, niemals völlig entsprechen konnte, dann in eine zweite Welt, die unendlich von meiner entfernt war, in der du lebtest, beschäftigt mit der Regierung, mit dem Ausgeben der Befehle und mit dem Ärger wegen deren Nichtbefolgung, und schließlich in eine dritte Welt, wo die übrigen Leute glücklich und frei von Befehlen und Gehorchen lebten. Ich war immerfort in Schande, entweder befolgte ich deine Befehle, das war Schande, denn sie galten ja nur für mich; oder ich war trotzig, das war auch Schande, denn wie durfte ich dir gegenüber trotzig sein, oder ich konnte nicht folgen, weil ich zum Beispiel nicht deine Kraft, nicht deinen Appetit, nicht deine Geschicklichkeit hatte, trotzdem du es als etwas Selbstverständliches von mir verlangtest;

das war allerdings die größte Schande. In dieser Weise bewegten sich nicht die Überlegungen, aber das Gefühl des Kindes.

Meine damalige Lage wird vielleicht deutlicher, wenn ich sie mit der von Felix vergleiche. Auch ihn behandelst du ja ähnlich, ja wendest sogar ein besonders fürchterliches Erziehungsmittel gegen ihn an, indem du, wenn er beim Essen etwas deiner Meinung nach Unreines macht, dich nicht damit begnügst, wie damals zu mir zu sagen: "du bist ein großes Schwein", sondern noch hinzufügst: "ein echter Hermann" oder "genau, wie dein Vater". Nun schadet das aber vielleicht - mehr als "vielleicht" kann man nicht sagen - dem Felix wirklich nicht wesentlich, denn für ihn bist du eben nur ein allerdings besonders bedeutender Großvater, aber doch nicht alles, wie du es für mich gewesen bist, außerdem ist Felix ein ruhiger, schon jetzt gewissermaßen männlicher Charakter, der sich durch eine Donnerstimme vielleicht verblüffen, aber nicht für die Dauer bestimmen lässt, vor allem aber ist er doch nur verhältnismäßig selten mit dir beisammen, steht ja auch unter anderen Einflüssen, du bist ihm mehr etwas liebes Kurioses, aus dem er auswählen kann, was er sich nehmen will. Mir warst du nichts Kurioses, ich konnte nicht auswählen, ich musste alles nehmen.

Und zwar ohne etwas dagegen vorbringen zu können, denn es ist dir von vornherein nicht möglich, ruhig über eine Sache zu sprechen, mit der du nicht einverstanden bist oder die bloß nicht von dir ausgeht; dein herrisches Temperament lässt das nicht zu. In den letzten Jahren erklärst du das durch deine Herznervosität, ich wüsste nicht, dass du jemals wesentlich anders gewesen bist, höchstens ist dir die Herznervosität ein Mittel zur strengeren Ausübung der Herrschaft, da der Gedanke daran die letzte Widerrede im anderen ersticken muss. Das ist natürlich kein Vorwurf, nur Feststellung einer Tatsache. Etwa bei Ottla: "Man kann ja mit ihr gar nicht sprechen, sie springt einem gleich ins Gesicht", pflegst du zu sagen, aber in Wirklichkeit springt sie ursprünglich gar nicht; du verwechselst die Sache mit der Person; die Sache springt dir ins Gesicht, und du entscheidest sie sofort ohne Anhören der Person; was nachher noch vorgebracht wird, kann dich nur weiter reizen, niemals überzeugen. Dann hört man von dir nur noch: "Mach, was du willst; von mir aus bist du frei; du bist großjährig; ich habe dir keine Ratschläge zu geben", und alles das mit dem fürchterlichen heiseren Unterton des Zornes und der vollständigen Verurteilung, vor dem ich heute nur deshalb weniger zittere als in der Kinderzeit, weil das ausschließliche Schuldgefühl des Kindes zum Teil ersetzt ist durch den Einblick in unser beider Hilflosigkeit.

Die Unmöglichkeit des ruhigen Verkehrs hatte noch eine weitere eigentlich sehr natürliche Folge: ich verlernte das Reden. Ich wäre ja wohl auch sonst kein großer Redner geworden, aber die gewöhnlich fließende menschliche Sprache hätte ich doch beherrscht. Du hast mir aber schon früh das Wort verboten. deine Drohung: "kein Wort der Widerrede!" und die dazu erhobene Hand begleiten mich schon seit jeher. Ich bekam vor dir - du bist, sobald es um deine Dinge geht, ein ausgezeichneter Redner - eine stockende, stotternde Art des Sprechens, auch das war dir noch zu viel, schließlich schwieg ich, zuerst vielleicht aus Trotz, dann, weil ich vor dir weder denken noch reden konnte. Und weil du mein eigentlicher Erzieher warst, wirkte das überall in meinem Leben nach. Es ist überhaupt ein merkwürdiger Irrtum, wenn du glaubst, ich hätte mich dir nie gefügt. "Immer alles contra" ist wirklich nicht mein Lebensgrundsatz dir gegenüber gewesen, wie du glaubst und mir vorwirfst. Im Gegenteil: hätte ich dir weniger gefolgt, du wärest sicher viel zufriedener mit mir. Vielmehr haben alle deine Erziehungsmaßnahmen genau getroffen; keinem Griff bin ich ausgewichen; so wie ich bin, bin ich (von den Grundlagen und der Einwirkung des Lebens natürlich abgesehen) das Ergebnis deiner Erziehung und meiner Folgsamkeit. Dass dieses Ergebnis dir trotzdem peinlich ist, ja dass du dich unbewusst weigerst, es als dein Erziehungsergebnis anzuerkennen, liegt eben daran, dass deine Hand und mein Material einander so fremd gewesen sind. du sagtest: "Kein Wort der Widerrede!" und wolltest damit die dir unangenehmen Gegenkräfte in mir zum Schweigen bringen, diese Einwirkung war aber für mich zu stark, ich war zu folgsam, ich verstummte gänzlich, verkroch mich vor dir und wagte mich erst zu regen, wenn ich so weit von dir entfernt war, dass deine Macht, wenigstens direkt, nicht mehr hinreichte. Du aber standst davor, und alles schien dir wieder "contra" zu sein, während es nur selbstverständliche Folge deiner Stärke und meiner Schwäche war. Deine äußerst wirkungsvollen, wenigstens mir gegenüber niemals versagenden rednerischen Mittel bei der Erziehung waren: Schimpfen, Drohen, Ironie, böses Lachen und - merkwürdigerweise - Selbstbeklagung.

Dass du mich direkt und mit ausdrücklichen Schimpfwörtern beschimpft hättest, kann ich mich nicht erinnern. Es war auch nicht nötig, du hattest so viele andere Mittel, auch flogen im Gespräch zu Hause und besonders im Geschäft die Schimpfwörter rings um mich in solchen Mengen auf andere nieder, dass ich als kleiner Junge manchmal davon fast betäubt war und keinen Grund hatte, sie nicht auch auf mich zu beziehen, denn die Leute, die du beschimpftest, waren gewiss nicht schlechter als ich, und du warst gewiss mit ihnen nicht unzufriedener als mit mir. Und auch hier war wieder deine rätselhafte Unschuld und Unangreifbarkeit, du schimpftest, ohne dir irgendwelche Bedenken deshalb zu machen, ja du verurteiltest das Schimpfen bei anderen und verbotest es.

Das Schimpfen verstärktest du mit Drohen, und das galt nun auch schon mir. Schrecklich war mir zum Beispiel dieses: "ich zerreiße dich wie einen Fisch", trotzdem ich ja wusste, dass dem nichts Schlimmeres nachfolgte (als kleines Kind wusste ich das allerdings nicht), aber es entsprach fast meinen Vorstellungen von deiner Macht, dass du auch das im Stande gewesen wärest. Schrecklich war es auch, wenn du schreiend um den Tisch herumliefst, um einen zu fassen, offenbar gar nicht fassen wolltest, aber doch so tatest und die Mutter einen schließlich scheinbar rettete. Wieder hatte man einmal, so schien es dem Kind, das Leben durch deine Gnade behalten und trug es als dein unverdientes Geschenk weiter. Hierher gehören auch die Drohungen wegen der Folgen des Ungehorsams. Wenn ich etwas zu tun anfing, was dir nicht gefiel, und du drohtest mir mit dem Misserfolg, so war die Ehrfurcht vor deiner Meinung so groß, dass damit der Misserfolg, wenn auch vielleicht erst für eine spätere Zeit, unaufhaltsam war. Ich verlor das Vertrauen zu eigenem Tun. Ich war unbeständig, zweifelhaft. Je älter ich wurde, desto größer war das Material, das du mir zum Beweis meiner Wertlosigkeit entgegenhalten konntest; allmählich bekamst du in gewisser Hinsicht wirklich Recht. Wieder hüte ich mich zu behaupten, dass ich nur durch dich so wurde; du verstärktest nur, was war, aber du verstärktest es sehr, weil du eben mir gegenüber sehr mächtig warst und alle Macht dazu verwendetest.

Ein besonderes Vertrauen hattest du zur Erziehung durch Ironie, sie entsprach auch am besten deiner Überlegenheit über mich. Eine Ermahnung hatte bei dir gewöhnlich diese Form: "Kannst du das nicht so und so machen? Das ist dir wohl schon zu viel? Dazu hast du natürlich keine Zeit?" und ähnlich. Dabei jede solche Frage begleitet von bösem Lachen und bösem Gesicht. Man wurde gewissermaßen schon bestraft, ehe man noch wusste, dass man etwas Schlechtes getan hatte. Aufreizend waren auch jene Zurechtweisungen, wo man als dritte Person behandelt, also nicht einmal des bösen Ansprechens gewürdigt wurde; wo du also etwa formell zur Mutter sprachst, aber eigentlich zu mir, der dabei saß, zum Beispiel: "Das kann man vom Herrn Sohn natürlich nicht haben" und dergleichen. (Das bekam dann sein Gegenspiel darin, dass ich zum Beispiel nicht wagte und später aus Gewohnheit gar nicht mehr daran dachte, dich direkt zu fragen, wenn die Mutter dabei war. Es war dem Kind viel ungefährlicher, die neben dir sitzende Mutter nach dir auszufragen, man fragte dann die Mutter: "Wie geht es dem Vater?" und sicherte sich so vor Überraschungen.) Es gab natürlich auch Fälle, wo man mit der ärgsten Ironie sehr einverstanden war, nämlich wenn sie einen anderen betraf, zum Beispiel die Elli, mit der ich jahrelang böse war. Es war für mich ein Fest der Bosheit und Schadenfreude, wenn es von ihr fast bei jedem Essen etwa hieß: "Zehn Meter weit vom Tisch muss sie sitzen, die breite Mad" und wenn du dann böse auf deinem Sessel, ohne die leiseste Spur von Freundlichkeit oder Laune, sondern als erbitterter Feind übertrieben ihr nachzumachen suchtest, wie äußerst widerlich für deinen Geschmack sie dasaß. Wie oft hat sich das und Ähnliches wiederholen müssen, wie wenig hast du im Tatsächlichen dadurch erreicht. Ich glaube, es lag daran, dass der Aufwand von Zorn und Bösesein zur Sache selbst in keinem richtigen Verhältnis zu sein schien, man hatte nicht das Gefühl, dass der Zorn durch diese Kleinigkeit des Weit-vom-Tische-Sitzens erzeugt sei, sondern dass er in seiner ganzen Größe von vornherein vorhanden war und nur zufällig gerade diese Sache als Anlass zum Losbrechen genommen habe. Da man überzeugt war, dass sich ein Anlass jedenfalls finden würde, nahm man sich nicht besonders zusammen, auch stumpfte man unter der fortwährenden Drohung ab; dass man nicht geprügelt wurde, dessen war man ja allmählich fast sicher. Man wurde ein mürrisches, unaufmerksames, ungehorsames Kind, immer auf eine Flucht, meist eine innere, bedacht. So littest du, so litten wir. du hattest von deinem Standpunkt ganz Recht, wenn du mit zusammengebissenen Zähnen und dem gurgelnden Lachen, welches dem Kind zum ersten Mal höllische Vorstellungen vermittelt hatte, bitter zu sagen pflegtest (wie erst letzthin wegen eines Konstantinopler Briefes): "Das ist eine Gesellschaft!"

Ganz unverträglich mit dieser Stellung zu deinen Kindern schien es zu sein, wenn du, was ja sehr oft geschah, öffentlich dich beklagtest. Ich gestehe, dass ich als Kind (später wohl) dafür gar kein Gefühl hatte und nicht verstand, wie du überhaupt erwarten konntest, Mitgefühl zu finden. Du warst so riesenhaft in jeder Hinsicht; was konnte dir an unserem Mitleid liegen oder gar an unserer Hilfe? Die musstest du doch eigentlich verachten, wie uns selbst so oft. Ich glaubte daher den Klagen nicht und suchte irgendeine geheime Absicht hinter ihnen. Erst später begriff ich, dass du wirklich durch die Kinder sehr littest, damals aber, wo die Klagen noch unter anderen Umständen einen kindlichen, offenen, bedenkenlosen, zu jeder Hilfe bereiten Sinn hätten antreffen können, mussten sie mir wieder nur überdeutliche Erziehungs- und Demütigungsmittel sein, als solche an sich nicht sehr stark, aber mit der schädlichen Nebenwirkung, dass das Kind sich gewöhnte, gerade Dinge nicht sehr ernst zu nehmen, die es ernst hätte nehmen sollen.

Es gab glücklicherweise davon allerdings auch Ausnahmen, meistens wenn du schweigend littest und Liebe und Güte mit ihrer Kraft alles Entgegenstehende überwand und unmittelbar ergriff. Selten war das allerdings, aber es war wunderbar. Etwa wenn ich dich früher in heißen Sommern mittags nach dem Essen im Geschäft müde ein wenig schlafen sah, den Ellbogen auf dem Pult, oder wenn du sonntags abgehetzt zu uns in die Sommerfrische kamst; oder wenn du bei einer schweren Krankheit der Mutter zitternd vom Weinen dich am Bücherkasten fest hieltest; oder wenn du während meiner letzten Krankheit leise zu mir in Ottlas Zimmer kamst, auf der Schwelle bliebst, nur den Hals strecktest, um mich im Bett zu sehn, und aus Rücksicht nur mit der Hand grüßtest. Zu solchen Zeiten legte man sich hin und weinte vor Glück und weint jetzt wieder, während man es schreibt.

Du hast auch eine besonders schöne, sehr selten zu sehende Art eines stillen, zufriedenen, gutheißenden Lächelns, das den, dem es gilt, ganz glücklich machen kann. Ich kann mich nicht erinnern, dass es in meiner Kindheit ausdrücklich mir zuteil geworden wäre, aber es dürfte wohl geschehen sein, denn warum solltest du es mir damals verweigert haben, da ich dir noch unschuldig schien und deine große Hoffnung war. Übrigens haben auch solche freundliche Eindrücke auf die Dauer nichts anderes erzielt, als mein Schuldbewusstsein vergrößert und die Welt mir noch unverständlicher gemacht.

Lieber hielt ich mich ans Tatsächliche und Fortwährende. Um mich dir gegenüber nur ein wenig zu behaupten, zum Teil auch aus einer Art Rache, fing ich bald an, kleine Lächerlichkeiten, die ich an dir bemerkte, zu beobachten, zu sammeln, zu übertreiben. Wie du zum Beispiel leicht dich von meist nur scheinbar höherstehenden Personen blenden ließest und davon immerfort erzählen konntest, etwa von irgendeinem kaiserlichen Rat oder dergleichen (andrerseits tat mir etwas Derartiges auch weh, dass du, mein Vater, solche nichtige Bestätigungen deines Wertes zu brauchen glaubtest und mit ihnen großtätest). Oder ich beobachtete deine Vorliebe für unanständige, möglichst laut herausgebrachte Redensarten, über die du lachtest, als hättest du etwas besonders Vortreffliches gesagt, während es eben nur eine platte, kleine Unanständigkeit war (gleichzeitig war es allerdings auch wieder eine mich beschämende Äußerung deiner Lebenskraft). Solcher verschiedener Beobachtungen gab es natürlich eine Menge; ich war glücklich über sie, es gab für mich Anlass zu Getuschel und Spaß, du bemerktest es manchmal, ärgertest dich darüber, hieltest es für Bosheit, Respektlosigkeit, aber glaube mir, es war nichts anderes für mich als ein übrigens untaugliches Mittel zur Selbsterhaltung, es waren Scherze, wie man sie über Götter und Könige verbreitet, Scherze, die mit dem tiefsten Respekt nicht nur sich verbinden lassen, sondern sogar zu ihm gehören.

Auch du hast übrigens, entsprechend deiner ähnlichen Lage mir gegenüber, eine Art Gegenwehr versucht. Du pflegtest darauf hinzuweisen, wie übertrieben gut es mir ging und wie gut ich eigentlich behandelt worden bin. Das ist richtig, ich glaube aber nicht, dass es mir unter den einmal vorhandenen Umständen im Wesentlichen genützt hat.

Es ist wahr, dass die Mutter grenzenlos gut zu mir war, aber alles das stand für mich in Beziehung zu dir, also in keiner guten Beziehung. Die Mutter hatte unbewusst die Rolle eines Treibers in der Jagd. Wenn schon deine Erziehung in irgendeinem unwahrscheinlichen Fall mich durch Erzeugung von Trotz, Abneigung oder gar Hass auf eigene Füße hätte stellen können, so glich das die Mutter durch Gutsein, durch vernünftige Rede (sie war im Wirrwarr der Kindheit das Urbild der Vernunft), durch Fürbitte wieder aus, und ich war wieder in deinen Kreis zurückgetrieben, aus dem ich sonst vielleicht, dir und mir zum Vorteil, ausgebrochen wäre. Oder es war so, dass es zu keiner eigentlichen Versöhnung kam, dass die Mutter mich vor dir bloß im Geheimen schützte, mir im Geheimen etwas gab, etwas erlaubte, dann war ich wieder vor dir das lichtscheue Wesen, der Betrüger, der Schuldbewusste, der wegen seiner Nichtigkeit selbst zu dem, was er für sein Recht hielt, nur auf Schleichwegen kommen konnte. Natürlich gewöhnte ich mich dann, auf diesen Wegen auch das zu suchen, worauf ich, selbst meiner Meinung nach, kein Recht hatte. Das war wieder Vergrößerung des Schuldbewusstseins.

Es ist auch wahr, dass du mich kaum einmal wirklich geschlagen hast. Aber das Schreien, das Rotwerden deines Gesichts, das eilige Losmachen der Hosenträger, ihr Bereitliegen auf der Stuhllehne, war für mich fast ärger. Es ist, wie wenn einer gehängt werden soll. Wird er wirklich gehenkt, dann ist er tot und es ist alles vorüber. Wenn er aber alle Vorbereitungen zum Gehenktwerden miterleben muss und erst wenn ihm die Schlinge vor dem Gesicht hängt, von seiner Begnadigung erfährt, so kann er sein Leben lang daran zu leiden haben. Überdies sammelte sich aus diesen vielen Malen, wo ich deiner deutlich gezeigten Meinung nach Prügel verdient hätte, ihnen aber aus deiner Gnade noch knapp entgangen war, wieder nur ein großes Schuldbewusstsein an. Von allen Seiten her kam ich in deine Schuld.

Seit jeher machtest du mir zum Vorwurf (und zwar mir allein oder vor anderen, für das Demütigende des letzteren hattest du kein Gefühl, die Angelegenheiten deiner Kinder waren immer öffentliche), dass ich dank deiner Arbeit ohne alle Entbehrungen in Ruhe, Wärme, Fülle lebte. Ich denke da an Bemerkungen, die in meinem Gehirn förmlich Furchen gezogen haben müssen, wie: "Schon mit sieben Jahren musste ich mit dem Karren durch die Dörfer fahren." "Wir mussten alle in einer Stube schlafen." "Wir waren glücklich, wenn wir Erdäpfel hatten." "Jahrelang hatte ich wegen ungenügender Winterkleidung offene Wunden an den Beinen." "Als kleiner Junge musste ich schon nach Pisek ins Geschäft." "Von zuhause bekam ich gar nichts, nicht einmal beim Militär, ich schickte noch Geld nachhause." "Aber trotzdem, trotzdem - der Vater war mir immer der Vater. Wer weiß das heute! Was wissen die Kinder! Das hat niemand gelitten! Versteht das heute ein Kind?" Solche Erzählungen hätten unter anderen Verhältnissen ein ausgezeichnetes Erziehungsmittel sein können, sie hätten zum Überstehen der gleichen Plagen und Entbehrungen, die der Vater durchgemacht hatte, aufmuntern und kräftigen können. Aber das wolltest du doch gar nicht, die Lage war ja eben durch das Ergebnis deiner Mühe eine andere geworden, Gelegenheit, sich in der Weise auszuzeichnen, wie du es getan hattest, gab es nicht. Eine solche Gelegenheit hätte man erst durch Gewalt und Umsturz schaffen müssen, man hätte von zu Hause ausbrechen müssen (vorausgesetzt, dass man die Entschlussfähigkeit und Kraft dazu gehabt hätte und die Mutter nicht ihrerseits mit anderen Mitteln dagegen gearbeitet hätte). Aber das alles wolltest du doch gar nicht, das bezeichnetest du als Undankbarkeit, Überspanntheit, Ungehorsam, Verrat, Verrücktheit. Während du also von einer Seite durch Beispiel, Erzählung und Beschämung dazu locktest, verbotest du es auf der anderen Seite allerstrengstens. Sonst hättest du zum Beispiel, von den Nebenumständen abgesehen, von Ottlas Züraurer Abenteuer eigentlich entzückt sein müssen. Sie wollte auf das Land, von dem du gekommen warst, sie wollte Arbeit und Entbehrungen haben, wie du sie gehabt hattest, sie wollte nicht deine Arbeitserfolge genießen, wie auch du von deinem Vater unabhängig gewesen bist. Waren das so schreckliche Absichten? So fern deinem Beispiel und deiner Lehre? Gut, die Absichten Ottlas misslangen schließlich im Ergebnis, wurden vielleicht etwas lächerlich, mit zu viel Lärm ausgeführt, sie nahm nicht genug Rücksicht auf ihre Eltern. War das aber ausschließlich ihre Schuld, nicht auch die Schuld der Verhältnisse und vor allem dessen, dass du ihr so entfremdet warst? War sie dir etwa (wie du dir später selbst einreden wolltest) im Geschäft weniger entfremdet, als nachher in Zürau? Und hättest du nicht ganz gewiss die Macht gehabt (vorausgesetzt, dass du dich dazu hättest überwinden können), durch Aufmunterung, Rat und Aufsicht, vielleicht sogar nur durch Duldung aus diesem Abenteuer etwas sehr Gutes zu machen?

Anschließend an solche Erfahrungen pflegtest du in bitterem Scherz zu sagen, dass es uns zu gut ging. Aber dieser Scherz ist in gewissem Sinn keiner. Das, was du dir erkämpfen musstest, bekamen wir aus deiner Hand, aber den Kampf um das äußere Leben, der dir sofort zugänglich war und der natürlich auch uns nicht erspart bleibt, den müssen wir uns erst spät, mit Kinderkraft im Mannesalter erkämpfen. Ich sage nicht, dass unsere Lage deshalb unbedingt ungünstiger ist als es deine war, sie ist jener vielmehr wahrscheinlich gleichwertig – (wobei allerdings die Grundanlagen nicht verglichen sind), nur darin sind wir im Nachteil, dass wir mit unserer Not uns nicht rühmen und niemanden mit ihr demütigen können, wie du es mit deiner Not getan hast. Ich leugne auch nicht, dass es möglich gewesen wäre, dass ich die Früchte deiner großen und erfolgreichen Arbeit wirklich richtig hätte genießen, verwerten und mit ihnen zu deiner Freude hätte weiterarbeiten können, dem aber stand eben unsere Entfremdung entgegen. Ich konnte, was du gabst, genießen, aber nur in Beschämung, Müdigkeit, Schwäche, Schuldbewusstsein. Deshalb konnte ich dir für alles nur bettlerhaft dankbar sein, durch die Tat nicht.

Das Nächste äußere Ergebnis dieser ganzen Erziehung war, dass ich alles floh, was nur von der Ferne an dich erinnerte. Zuerst das Geschäft. An und für sich besonders in der Kinderzeit, solange es ein Gassengeschäft war, hätte es mich sehr freuen müssen, es war so lebendig, abends beleuchtet, man sah, man hörte viel, konnte hie und da helfen, sich auszeichnen, vor allem aber dich bewundern in deinen großartigen kaufmännischen Talenten, wie du verkauftest, Leute behandeltest, Späße machtest, unermüdlich warst, in Zweifelsfällen sofort die Entscheidung wusstest und so weiter; noch wie du einpacktest oder eine Kiste aufmachtest, war ein sehenswertes Schauspiel und das Ganze alles in allem gewiss nicht die schlechteste Kinderschule. Aber da du allmählich von allen Seiten mich erschrecktest und Geschäft und du sich mir deckten, war mir auch das Geschäft nicht mehr behaglich. Dinge, die mir dort zuerst selbstverständlich gewesen waren, quälten, beschämten mich, besonders deine Behandlung des Personals. Ich weiß nicht, vielleicht ist sie in den meisten Geschäften so gewesen (in der Assecurazioni Generali, zum Beispiel, war sie zu meiner Zeit wirklich ähnlich, ich erklärte dort dem Direktor, nicht ganz wahrheitsgemäß, aber auch nicht ganz erlogen, meine Kündigung damit, dass ich das Schimpfen, das übrigens mich direkt gar nicht betroffen hatte, nicht ertragen könne; ich war darin zu schmerzhaft empfindlich schon von Hause her), aber die anderen Geschäfte kümmerten mich in der Kinderzeit nicht. Dich aber hörte und sah ich im Geschäft schreien, schimpfen und wüten, wie es meiner damaligen Meinung nach in der ganzen Welt nicht wieder vorkam. Und nicht nur schimpfen, auch sonstige Tyrannei. Wie du zum Beispiel Waren, die du mit anderen nicht verwechselt haben wolltest, mit einem Ruck vom Pult hinunterwarfst - nur die Besinnungslosigkeit deines Zorns entschuldigte dich ein wenig - und der Kommis sie aufheben musste. Oder deine ständige Redensart hinsichtlich eines lungenkranken Kommis: "Er soll krepieren, der kranke Hund." Du nanntest die Angestellten "bezahlte Feinde", das waren sie auch, aber noch ehe sie es geworden waren, schienst du mir ihr "zahlender Feind" zu sein. Dort bekam ich auch die große Lehre, dass du ungerecht sein könntest; an mir selbst hätte ich es nicht sobald bemerkt, da hatte sich ja zu viel Schuldgefühl angesammelt, das dir Recht gab; aber dort waren nach meiner, später natürlich ein wenig, aber nicht allzu sehr korrigierten Kindermeinung fremde Leute, die doch für uns arbeiteten und dafür in fortwährender Angst vor dir leben mussten. Natürlich übertrieb ich da, und zwar deshalb, weil ich ohneweiters annahm, du wirktest auf die Leute ebenso schrecklich wie auf mich. Wenn das so gewesen wäre, hätten sie wirklich nicht leben können; da sie aber erwachsene Leute mit meist ausgezeichneten Nerven waren, schüttelten sie das Schimpfen ohne Mühe von sich ab und es schadete dir schließlich viel mehr als ihnen. Mir aber machte es das Geschäft unleidlich, es erinnerte mich allzu sehr an mein Verhältnis zu dir: du warst, ganz abgesehen vom Unternehmerinteresse und abgesehen von deiner Herrschsucht schon als Geschäftsmann allen, die jemals bei dir gelernt haben, so sehr überlegen, dass dich keine ihrer Leistungen befriedigen konnte, ähnlich ewig unbefriedigt musstest du auch von mir sein. Deshalb gehörte ich notwendig zur Partei des Personals, übrigens auch deshalb, weil ich schon aus Ängstlichkeit nicht begriff, wie man einen Fremden so beschimpfen konnte, und darum aus Ängstlichkeit das meiner Meinung nach fürchterlich aufgebrachte Personal irgendwie mit dir, mit unserer Familie schon um meiner eigenen Sicherheit willen aussöhnen wollte. Dazu genügte nicht mehr gewöhnliches, anständiges Benehmen gegenüber dem Personal, nicht einmal mehr bescheidenes Benehmen, vielmehr musste ich demütig sein, nicht nur zuerst grüßen, sondern womöglich auch noch den Gegengruß abwehren. Und hätte ich, die unbedeutende Person, ihnen unten die Füße geleckt, es wäre noch immer kein Ausgleich dafür gewesen, wie du, der Herr, oben auf sie loshacktest. Dieses Verhältnis, in das ich hier zu Mitmenschen trat, wirkte über das Geschäft hinaus und in die Zukunft weiter (etwas Ähnliches, aber nicht so gefährlich und tief greifend wie bei mir, ist zum Beispiel auch Ottlas Vorliebe für den Verkehr mit armen Leuten, das dich so ärgernde Zusammensitzen mit den Dienstmädchen und dergleichen). Schließlich fürchtete ich mich fast vor dem Geschäft, und jedenfalls war es schon längst nicht mehr meine Sache, ehe ich noch ins Gymnasium kam und dadurch noch weiter davon fortgeführt wurde. Auch schien es mir für meine Fähigkeiten ganz unerschwinglich, da es, wie du sagtest, selbst die Deinigen verbrauchte. Du suchtest dann (für mich ist das heute rührend und beschämend) aus meiner dich doch sehr schmerzenden Abneigung gegen das Geschäft, gegen dein Werk, doch noch ein wenig Süßigkeit für dich zu ziehen, indem du behauptetest, mir fehle der Geschäftssinn, ich habe höhere Ideen im Kopf und dergleichen. Die Mutter freute sich natürlich über diese Erklärung, die du dir abzwangst, und auch ich in meiner Eitelkeit und Not ließ mich davon beeinflussen. Wären es aber wirklich nur oder hauptsächlich die "höheren Ideen" gewesen, die mich vom Geschäft (das ich jetzt, aber erst jetzt, ehrlich und tatsächlich hasse) abbrachten, sie hätten sich anders äußern müssen, als dass sie mich ruhig und ängstlich durchs Gymnasium und durch das Jusstudium schwimmen ließen, bis ich beim Beamtenschreibtisch endgültig landete.

Wollte ich vor dir fliehn, musste ich auch vor der Familie fliehn, selbst vor der Mutter. Man konnte bei ihr zwar immer Schutz finden, doch nur in Beziehung zu dir. Zu sehr liebte sie dich und war dir zu sehr treu ergeben, als dass sie in dem Kampf des Kindes eine selbstständige geistige Macht für die Dauer hätte sein können. Ein richtiger Instinkt des Kindes übrigens, denn die Mutter wurde dir mit den Jahren immer noch enger verbunden; während sie immer, was sie selbst betraf, ihre Selbstständigkeit in kleinsten Grenzen schön und zart und ohne dich jemals wesentlich zu kränken, bewahrte, nahm sie doch mit den Jahren immer vollständiger, mehr im Gefühl als im Verstand, deine Urteile und Verurteilungen hinsichtlich der Kinder blindlings über, besonders in dem allerdings schweren Fall der Ottla. Freilich muss man immer im Gedächtnis behalten, wie quälend und bis zum Letzten aufreibend die Stellung der Mutter in der Familie war. Sie hat sich im Geschäft, im Haushalt geplagt, alle Krankheiten der Familie doppelt mitgelitten, aber die Krönung alles dessen war das, was sie in ihrer Zwischenstellung zwischen uns und dir gelitten hat. Du bist immer liebend und rücksichtsvoll zu ihr gewesen, aber in dieser Hinsicht hast du sie ganz genau so wenig geschont, wie wir sie geschont haben. Rücksichtslos haben wir auf sie eingehämmert, du von deiner Seite, wir von unserer. Es war eine Ablenkung, man dachte an nichts Böses, man dachte nur an den Kampf, den du mit uns, den wir mit dir führten, und auf der Mutter tobten wir uns aus. Es war auch kein guter Beitrag zur Kindererziehung, wie du sie - ohne jede Schuld Deinerseits natürlich - unseretwegen quältest. Es rechtfertigte sogar scheinbar unser sonst nicht zu rechtfertigendes Benehmen ihr gegenüber. Was hat sie von uns Deinetwegen und von dir unseretwegen gelitten, ganz ungerechnet jene Fälle, wo du Recht hattest, weil sie uns verzog, wenn auch selbst dieses "Verziehn" manchmal nur eine stille, unbewusste Gegendemonstration gegen dein System gewesen sein mag. Natürlich hätte die Mutter das alles nicht ertragen können, wenn sie nicht aus der Liebe zu uns allen und aus dem Glück dieser Liebe die Kraft zum Ertragen genommen hätte.

Die Schwestern gingen nur zum Teil mit mir. Am glücklichsten in ihrer Stellung zu dir war Valli. Am Nächsten der Mutter stehend, fügte sie sich dir auch ähnlich, ohne viel Mühe und Schaden. Du nahmst sie aber auch, eben in Erinnerung an die Mutter, freundlicher hin, trotzdem wenig Kafka'sches Material in ihr war. Aber vielleicht war dir gerade das Recht; wo nichts Kafka'sches war, konntest selbst du nichts Derartiges verlangen; du hattest auch nicht, wie bei uns andern, das Gefühl, dass hier etwas verloren ging, das mit Gewalt gerettet werden müsste. Übrigens magst du das Kafka'sche, so weit es sich in Frauen geäußert hat, niemals besonders geliebt haben. Das Verhältnis Vallis zu dir wäre sogar vielleicht noch freundlicher geworden, wenn wir anderen es nicht ein wenig gestört hätten.

Die Elli ist das einzige Beispiel für das fast vollständige Gelingen eines Durchbruches aus deinem Kreis. Von ihr hätte ich es in ihrer Kindheit am wenigsten erwartet. Sie war doch ein so schwerfälliges, müdes, furchtsames, verdrossenes, schuldbewusstes, überdemütiges, boshaftes, faules, genäschiges, geiziges Kind, ich konnte sie kaum ansehn, gar nicht ansprechen, so sehr erinnerte sie mich an mich selbst, so sehr ähnlich stand sie unter dem gleichen Bann der Erziehung. Besonders ihr Geiz war mir abscheulich, da ich ihn womöglich noch stärker hatte. Geiz ist ja eines der verlässlichsten Anzeichen tiefen Unglücklichseins; ich war so unsicher aller Dinge, dass ich tatsächlich nur das besaß, was ich schon in den Händen oder im Mund hielt oder was wenigstens auf dem Wege dorthin war, und gerade das nahm sie, die in ähnlicher Lage war, mir am liebsten fort. Aber das alles änderte sich, als sie in jungen Jahren - das ist das Wichtigste - von zu Hause wegging, heiratete, Kinder bekam, sie wurde fröhlich, unbekümmert, mutig, freigebig, uneigennützig, hoffnungsvoll. Fast unglaublich ist es, wie du eigentlich diese Veränderung gar nicht bemerkt und jedenfalls nicht nach Verdienst bewertet hast, so geblendet bist du von dem Groll, den du gegen Elli seit jeher hattest und im Grunde unverändert hast, nur dass dieser Groll jetzt viel weniger aktuell geworden ist, da Elli nicht mehr bei uns wohnt und außerdem deine Liebe zu

Felix und die Zuneigung zu Karl ihn unwichtiger gemacht haben. Nur Gerti muss ihn manchmal noch entgelten.

Von Ottla wage ich kaum zu schreiben - ich weiß, ich setze damit die ganze erhoffte Wirkung des Briefes aufs Spiel. Unter gewöhnlichen Umständen, also wenn sie nicht etwa in besondere Not oder Gefahr käme, hast du für sie nur Hass; du hast mir ja selbst zugestanden, dass sie deiner Meinung nach mit Absicht dir immerfort Leid und Ärger macht, und während du ihretwegen leidest, ist sie befriedigt und freut sich. Also eine Art Teufel. Was für eine ungeheure Entfremdung, noch größer als zwischen dir und mir, muss zwischen dir und ihr eingetreten sein, damit eine so ungeheure Verkennung möglich wird. Sie ist so weit von dir, dass du sie kaum mehr siehst, sondern ein Gespenst an die Stelle setzt, wo du sie vermutest. Ich gebe zu, dass du es mit ihr besonders schwer hattest. Ich durchschaue ja den sehr komplizierten Fall nicht ganz, aber jedenfalls war hier etwas wie eine Art Löwy, ausgestattet mit den besten Kafka'schen Waffen. Zwischen uns war es kein eigentlicher Kampf; ich war bald erledigt; was übrig blieb war Flucht, Verbitterung, Trauer, innerer Kampf. Ihr zwei waret aber immer in Kampfstellung, immer frisch, immer bei Kräften. Ein ebenso großartiger wie trostloser Anblick. Zu allererst seid ihr euch ja gewiss sehr nahe gewesen, denn noch heute ist von uns vier Ottla vielleicht die reinste Darstellung der Ehe zwischen dir und der Mutter und der Kräfte, die sich da verbanden. Ich weiß nicht, was euch um das Glück der Eintracht zwischen Vater und Kind gebracht hat, es liegt mir nur nahe zu glauben, dass die Entwicklung ähnlich war wie bei mir. Auf deiner Seite die Tyrannei deines Wesens, auf ihrer Seite Löwyscher Trotz, Empfindlichkeit, Gerechtigkeitsgefühl, Unruhe, und alles das gestützt durch das Bewusstsein Kafka'scher Kraft. Wohl habe auch ich sie beeinflusst, aber kaum aus eigenem Antrieb, sondern durch die bloße Tatsache meines Daseins. Übrigens kam sie doch als Letzte in schon fertige Machtverhältnisse hinein und konnte sich aus dem vielen bereitliegenden Material ihr Urteil selbst bilden. Ich kann mir sogar denken, dass sie in ihrem Wesen eine Zeit lang geschwankt hat, ob sie sich dir an die Brust werfen soll oder den Gegnern, offenbar hast du damals etwas versäumt und sie zurückgestoßen, ihr wäret aber, wenn es eben möglich gewesen wäre, ein prachtvolles Paar an Eintracht geworden. Ich hätte dadurch zwar einen Verbündeten verloren, aber der Anblick von euch beiden hätte mich reich entschädigt, auch wärest ja du durch das unabsehbare Glück, wenigstens in einem Kind volle Befriedigung zu finden, sehr zu meinen Gunsten verwandelt worden. Das alles ist heute allerdings nur ein Traum. Ottla hat keine Verbindung mit dem Vater, muss ihren Weg allein suchen, wie ich, und um das Mehr an Zuversicht, Selbstvertrauen, Gesundheit, Bedenkenlosigkeit, das sie im Vergleich mit mir hat, ist sie in deinen Augen böser und verräterischer als ich. Ich verstehe das; von dir aus gesehen kann sie nicht anders sein. Ja sie selbst ist im Stande, mit deinen Augen sich anzusehen, dein Leid mitzufühlen und darüber - nicht verzweifelt zu sein, Verzweiflung ist meine Sache - aber sehr traurig zu sein. Du siehst uns zwar, in scheinbarem Widerspruch hiezu, oft beisammen, wir flüstern, lachen, hie und da hörst du dich erwähnen. Du hast den Eindruck von frechen Verschwörern. Merkwürdige Verschwörer. Du bist allerdings ein Hauptthema unserer Gespräche wie unseres Denkens seit jeher, aber wahrhaftig nicht, um etwas gegen dich auszudenken, sitzen wir beisammen, sondern um mit aller Anstrengung, mit Spaß, mit Ernst, mit Liebe, Trotz, Zorn, Widerwille, Ergebung, Schuldbewusstsein, mit allen Kräften des Kopfes und Herzens diesen schrecklichen Prozess, der zwischen uns und dir schwebt, in allen Einzelheiten, von allen Seiten, bei allen Anlässen, von fern und nah gemeinsam durchzusprechen, diesen Prozess, in dem du immerfort Richter zu sein behauptest, während du, wenigstens zum größten Teil (hier lasse ich die Tür allen Irrtümern offen, die mir natürlich begegnen können) ebenso schwache und verblendete Partei bist wie wir.

Ein im Zusammenhang des ganzen lehrreiches Beispiel deiner erzieherischen Wirkung war Irma. Einerseits war sie doch eine Fremde, kam schon erwachsen in dein Geschäft, hatte mit dir hauptsächlich als ihrem Chef zu tun, war also nur zum Teil und in einem schon widerstandsfähigen Alter deinem Einfluss ausgesetzt;

andererseits aber war sie doch auch eine Blutsverwandte, verehrte in dir den Bruder ihres Vaters, und du hattest über sie viel mehr als die bloße Macht eines Chefs. Und trotzdem ist sie, die in ihrem schwachen Körper so tüchtig, klug, fleißig, bescheiden, vertrauenswürdig, uneigennützig, treu war, die dich als Onkel liebte und als Chef bewunderte, die in anderen Posten vorher und nachher sich bewährte, dir keine sehr gute Beamtin gewesen. Sie war eben, natürlich auch von uns hingedrängt, dir gegenüber nahe der Kinderstellung, und so groß war noch ihr gegenüber die umbiegende Macht deines Wesens, dass sich bei ihr (allerdings nur dir gegenüber und, hoffentlich, ohne das tiefere Leid des Kindes) Vergesslichkeit, Nachlässigkeit, Galgenhumor, vielleicht sogar ein wenig Trotz, so weit sie dessen überhaupt fähig war, entwickelten, wobei ich gar nicht in Rechnung stelle, dass sie kränklich gewesen ist, auch sonst nicht sehr glücklich war und eine trostlose Häuslichkeit auf ihr lastete. Das für mich Beziehungsreiche deines Verhältnisses zu ihr hast du in einem für uns klassisch gewordenen, fast gotteslästerlichen, aber gerade für die Unschuld in deiner Menschenbehandlung sehr beweisenden Satz zusammengefasst: "Die Gottselige hat mir viel Schweinerei hinterlassen."

Ich könnte noch weitere Kreise deines Einflusses und des Kampfes gegen ihn beschreiben, doch käme ich hier schon ins Unsichere und müsste konstruieren, außerdem wirst du ja, je weiter du von Geschäft und Familie dich entfernst, seit jeher desto freundlicher, nachgiebiger, höflicher, rücksichtsvoller, teilnehmender (ich meine auch äußerlich) ebenso wie ja zum Beispiel auch ein Selbstherrscher, wenn er einmal außerhalb der Grenzen seines Landes ist, keinen Grund hat, noch immer tyrannisch zu sein, und sich gutmütig auch mit den niedrigsten Leuten einlassen kann. Tatsächlich standest du zum Beispiel auf den Gruppenbildern aus Franzensbad immer so groß und fröhlich zwischen den kleinen mürrischen Leuten, wie ein König auf Reisen. Davon hätten allerdings auch die Kinder ihren Vorteil haben können, nur hätten sie schon, was unmöglich war, in der Kinderzeit fähig sein müssen, das zu erkennen, und ich zum Beispiel hätte nicht immerfort gewissermaßen im innersten, strengsten, zuschnürenden Ring deines Einflusses wohnen dürfen, wie ich es ja wirklich getan habe.

Ich verlor dadurch nicht nur den Familiensinn, wie du sagst, im Gegenteil, eher hatte ich noch Sinn für die Familie, allerdings hauptsächlich negativ für die (natürlich nie zu beendigende) innere Ablösung von dir. Die Beziehungen zu den Menschen außerhalb der Familie litten aber durch deinen Einfluss womöglich noch mehr. Du bist durchaus im Irrtum, wenn du glaubst, für die anderen Menschen tue ich aus Liebe und Treue alles, für dich und die Familie aus Kälte und Verrat nichts. Ich wiederhole zum zehnten Mal: ich wäre wahrscheinlich auch sonst ein menschenscheuer, ängstlicher Mensch geworden, aber von da ist noch ein langer, dunkler Weg dorthin, wohin ich wirklich gekommen bin. (Bisher habe ich in diesem Brief verhältnismäßig weniges absichtlich verschwiegen, jetzt und später werde ich aber einiges verschweigen müssen, was - vor dir und mir - einzugestehen, mir noch zu schwer ist. Ich sage das deshalb, damit du, wenn das Gesamtbild hie und da etwas undeutlich werden sollte, nicht glaubst, dass Mangel an Beweisen daran Schuld ist, es sind vielmehr Beweise da, die das Bild unerträglich krass machen könnten. Es ist nicht leicht, darin eine Mitte zu finden.) Hier genügt es übrigens, an Früheres zu erinnern: Ich hatte vor dir das Selbstvertrauen verloren, dafür ein grenzenloses Schuldbewusstsein eingetauscht. (In Erinnerung an diese Grenzenlosigkeit schrieb ich von jemandem einmal richtig: "Er fürchtet, die Scham werde ihn noch überleben.") Ich konnte mich nicht plötzlich verwandeln, wenn ich mit anderen Menschen zusammenkam, ich kam vielmehr ihnen gegenüber noch in tieferes Schuldbewusstsein, denn ich musste ja, wie ich schon sagte, das an ihnen gutmachen, was du unter meiner Mitverantwortung im Geschäft an ihnen verschuldet hattest. Außerdem hattest du ja gegen jeden, mit dem ich verkehrte, offen oder im Geheimen etwas einzuwenden, auch das musste ich ihm abbitten. Das Misstrauen, das du mir in Geschäft und Familie gegen die meisten Menschen beizubringen suchtest (nenne mir einen in der Kinderzeit irgendwie für mich bedeutenden Menschen, den du nicht wenigstens einmal bis in den Grund hinunterkritisiert hättest) und das dich merkwürdigerweise gar nicht besonders beschwerte (du warst eben stark genug es zu ertragen, außerdem war es in Wirklichkeit vielleicht nur ein Emblem des Herrschers) - dieses Misstrauen, das sich mir Kleinem für die eigenen Augen nirgends bestätigte, da ich überall nur unerreichbar ausgezeichnete Menschen sah, wurde in mir zu Misstrauen zu mir selbst und zur fortwährenden Angst vor allem andern. Dort konnte ich mich also im Allgemeinen vor dir gewiss nicht retten. Dass du dich darüber täuschtest, lag vielleicht daran, dass du ja von meinem Menschenverkehr eigentlich gar nichts erfuhrst, und misstrauisch und eifersüchtig (leugne ich denn, dass du mich lieb hast?) annahmst, dass ich mich für den Entgang an Familienleben anderswo entschädigen müsse, da es doch unmöglich wäre, dass ich draußen ebenso lebe. Übrigens hatte ich in dieser Hinsicht gerade in meiner Kinderzeit noch einen gewissen Trost eben im Misstrauen zu meinem Urteil; ich sagte mir: "du übertreibst doch, fühlst, wie das die Jugend immer tut, Kleinigkeiten zu sehr als große Ausnahmen." Diesen Trost habe ich aber später bei steigender Weltübersicht fast verloren.

Ebenso wenig Rettung vor dir fand ich im Judentum. Hier wäre ja an sich Rettung denkbar gewesen, aber noch mehr, es wäre denkbar gewesen, dass wir uns beide im Judentum gefunden hätten oder dass wir gar von dort einig ausgegangen wären. Aber was war das für Judentum, das ich von dir bekam! Ich habe im Laufe der Jahre etwa auf dreierlei Art mich dazu gestellt.

Als Kind machte ich mir, in Übereinstimmung mit dir, Vorwürfe deshalb, weil ich nicht genügend in den Tempel ging, nicht fastete und so weiter. Ich glaubte nicht mir, sondern dir ein Unrecht damit zu tun und Schuldbewusstsein, das ja immer bereit war, durchlief mich.

Später, als junger Mensch, verstand ich nicht, wie du mit dem Nichts von Judentum, über das du verfügtest, mir Vorwürfe deshalb machen konntest, dass ich (schon aus Pietät, wie du dich ausdrücktest) nicht ein ähnliches Nichts auszuführen mich anstrenge. Es war ja wirklich, so weit ich sehen konnte, ein Nichts, ein Spaß, nicht einmal ein Spaß. Du gingst an vier Tagen im Jahr in den Tempel, warst dort den Gleichgültigen zumindest näher als jenen, die es ernst nahmen, erledigtest geduldig die Gebete als Formalität, setztest mich manchmal dadurch in Erstaunen, dass du mir im Gebetbuch die Stelle zeigen konntest, die gerade rezitiert wurde, im Übrigen durfte ich, wenn ich nur (das war die Hauptsache) im Tempel war, mich herumdrücken, wo ich wollte. Ich durchgähnte und durchduselte also dort die vielen Stunden (so gelangweilt habe ich mich später, glaube ich, nur noch in der Tanzstunde) und suchte mich möglichst an den paar kleinen Abwechslungen zu freuen, die es dort gab, etwa wenn die Bundeslade aufgemacht wurde, was mich immer an die Schießbuden erinnerte, wo auch, wenn man in ein Schwarzes traf, eine Kastentür sich aufmachte, nur dass dort aber immer etwas Interessantes herauskam und hier nur immer wieder die alten Puppen ohne Köpfe. Übrigens habe ich dort auch viel Furcht gehabt, nicht nur, wie selbstverständlich, vor den vielen Leuten, mit denen man in nähere Berührung kam, sondern auch deshalb, weil du einmal nebenbei erwähntest, dass auch ich zur Thora aufgerufen werden könne. Davor zitterte ich jahrelang. Sonst aber wurde ich in meiner Langeweile nicht wesentlich gestört, höchstens durch die Barmizwe, die aber nur lächerliches Auswendiglernen verlangte, also nur zu einer lächerlichen Prüfungsleistung führte, und dann, was dich betrifft, durch kleine, wenig bedeutende Vorfälle, etwa wenn du zur Thora gerufen wurdest und dieses für mein Gefühl ausschließlich gesellschaftliche Ereignis gut überstandest oder wenn du bei der Seelengedächtnisfeier im Tempel bliebst und ich weggeschickt wurde, was mir durch lange Zeit, offenbar wegen des Weggeschicktwerdens und mangels jeder tieferen Teilnahme, das kaum bewusst werdende Gefühl hervorrief, dass es sich hier um etwas Unanständiges handle. - So war es im Tempel, zu Hause war es womöglich noch ärmlicher und beschränkte sich auf den ersten Sederabend, der immer mehr zu einer Komödie mit Lachkrämpfen wurde, allerdings unter dem Einfluss der größer werdenden Kinder. (Warum musstest du dich diesem Einfluss fügen? Weil du ihn hervorgerufen hast.) Das war also das Glaubensmaterial, das mir überliefert wurde, dazu kam höchstens noch die ausgestreckte Hand, die auf "die Söhne des Millionärs Fuchs" hinwies, die an hohen Feiertagen mit ihrem Vater im Tempel waren. Wie man mit diesem Material etwas Besseres tun könnte, als es möglichst schnell loszuwerden, verstand ich nicht; gerade dieses Loswerden schien mir die pietätvollste Handlung zu sein.

Noch später sah ich es aber doch wieder anders an und begriff, warum du glauben durftest, dass ich dich auch in dieser Hinsicht böswillig verrate. Du hattest aus der kleinen gettoartigen Dorfgemeinde wirklich noch etwas Judentum mitgebracht, es war nicht viel und verlor sich noch ein wenig in der Stadt und beim Militär, immerhin reichten noch die Eindrücke und Erinnerungen der Jugend knapp zu einer Art jüdischen Lebens aus, besonders da du ja nicht viel derartige Hilfe brauchtest, sondern von einem sehr kräftigen Stamm warst und für deine Person von religiösen Bedenken, wenn sie nicht mit gesellschaftlichen Bedenken sich sehr mischten, kaum erschüttert werden konntest. Im Grund bestand der dein Leben führende Glaube darin, dass du an die unbedingte Richtigkeit der Meinungen einer bestimmten jüdischen Gesellschaftsklasse glaubtest und eigentlich also, da diese Meinungen zu deinem Wesen gehörten, dir selbst glaubtest. Auch darin lag noch genug Judentum, aber zum Weiter-überliefert-werden war es gegenüber dem Kind zu wenig, es vertropfte zur Gänze, während du es weitergabst. Zum Teil waren es unüberlieferbare Jugendeindrücke, zum Teil dein gefürchtetes Wesen. Es war auch unmöglich, einem vor lauter Ängstlichkeit überscharf beobachtenden Kind begreiflich zu machen, dass die paar Nichtigkeiten, die du im Namen des Judentums mit einer ihrer Nichtigkeit entsprechenden Gleichgültigkeit ausführtest, einen höheren Sinn haben konnten. Für dich hatten sie Sinn als kleine Andenken aus früheren Zeiten, und deshalb wolltest du sie mir vermitteln, konntest dies aber, da sie ja auch für dich keinen Selbstwert mehr hatten, nur durch Überredung oder Drohung tun; das konnte einerseits nicht gelingen und musste andererseits dich, da du deine schwache Position hier gar nicht erkanntest, sehr zornig gegen mich wegen meiner scheinbaren Verstocktheit machen.

Das Ganze ist ja keine vereinzelte Erscheinung, ähnlich verhielt es sich bei einem großen Teil dieser jüdischen Übergangsgeneration, welche vom verhältnismäßig noch frommen Land in die Städte auswanderte; das ergab sich von selbst, nur fügte es eben unserem Verhältnis, das ja an Schärfen keinen Mangel hatte, noch eine genug schmerzliche hinzu. Dagegen sollst du zwar auch in diesem Punkt, ebenso wie ich, an deine Schuldlosigkeit glauben, diese Schuldlosigkeit aber durch dein Wesen und durch die Zeitverhältnisse erklären, nicht aber bloß durch die äußeren Umstände, also nicht etwa sagen, du hättest zu viel andere Arbeit und Sorgen gehabt, als dass du dich auch noch mit solchen Dingen hättest abgeben können. Auf diese Weise pflegst du aus deiner zweifellosen Schuldlosigkeit einen ungerechten Vorwurf gegen andere zu drehen. Das ist dann überall und auch hier sehr leicht zu widerlegen. Es hätte sich doch nicht etwa um irgendeinen Unterricht gehandelt, den du deinen Kindern hättest geben sollen, sondern um ein beispielhaftes Leben; wäre dein Judentum stärker gewesen, wäre auch dein Beispiel zwingender gewesen, das ist ja selbstverständlich und wieder gar kein Vorwurf, sondern nur eine Abwehr deiner Vorwürfe. Du hast letzthin Franklins Jugenderinnerungen gelesen. Ich habe sie dir wirklich absichtlich zum Lesen gegeben, aber nicht, wie du ironisch bemerktest, wegen einer kleinen Stelle über Vegetarianismus, sondern wegen des Verhältnisses zwischen dem Verfasser und seinem Vater, wie es dort beschrieben ist, und des Verhältnisses zwischen dem Verfasser und seinem Sohn, wie es sich von selbst in diesen für den Sohn geschriebenen Erinnerungen ausdrückt. Ich will hier nicht Einzelheiten hervorheben.

Eine gewisse nachträgliche Bestätigung dieser Auffassung von deinem Judentum bekam ich auch durch dein Verhalten in den letzten Jahren, als es dir schien, dass ich mich mit jüdischen Dingen mehr beschäftige. Da du von vornherein gegen jede meiner Beschäftigungen und besonders gegen die Art meiner Interessennahme eine Abneigung hast, so hattest du sie auch hier. Aber darüber hinaus hätte man doch erwarten können, dass du hier eine kleine Ausnahme machst. Es war doch Judentum von deinem Judentum, das sich hier regte, und damit also auch die Möglichkeit der Anknüpfung neuer Beziehungen zwischen uns. Ich leugne nicht, dass mir diese Dinge, wenn du für sie Interesse gezeigt hättest, gerade dadurch hätten verdächtig werden können. Es fällt mir ja nicht ein, behaupten zu wollen, dass ich in dieser Hinsicht irgendwie besser bin als du. Aber zu der Probe darauf kam es gar nicht. Durch meine Vermittlung wurde dir das Judentum abscheulich, jüdische Schriften unlesbar, sie "ekelten dich an". Das konnte bedeuten, dass du darauf bestandest, nur gerade das Judentum, wie du es mir in meiner Kinderzeit gezeigt hattest, sei das einzig Richtige, darüber hinaus gebe es nichts. Aber dass du darauf bestehen solltest, war doch kaum denkbar. Dann aber konnte der "Ekel" (abgesehen davon, dass er sich zunächst nicht gegen das Judentum, sondern gegen meine Person richtete) nur bedeuten, dass du unbewusst die Schwäche deines Judentums und meiner jüdischen Erziehung anerkanntest, auf keine Weise daran erinnert werden wolltest und auf alle Erinnerungen mit offenem Hasse antwortetest. Übrigens war deine negative Hochschätzung meines neuen Judentums sehr übertrieben; erstens trug es ja deinen Fluch in sich und zweitens war für seine Entwicklung das grundsätzliche Verhältnis zu den Mitmenschen entscheidend, in meinem Fall also tödlich.

Richtiger trafst du mit deiner Abneigung mein Schreiben und was, dir unbekannt, damit zusammenhing. Hier war ich tatsächlich ein Stück selbstständig von dir weggekommen, wenn es auch ein wenig an den Wurm erinnerte, der, hinten von einem Fuß niedergetreten, sich mit dem Vorderteil losreißt und zur Seite schleppt. Einigermaßen in Sicherheit war ich, es gab ein Aufatmen; die Abneigung, die du natürlich auch gleich gegen mein Schreiben hattest, war mir hier ausnahmsweise willkommen. Meine Eitelkeit, mein Ehrgeiz litten zwar unter deiner für uns berühmt gewordenen Begrüßung meiner Bücher: "Legs auf den Nachttisch!" (meistens spieltest du ja Karten, wenn ein Buch kam), aber im Grunde war mir dabei doch wohl, nicht nur aus aufbegehrender Bosheit, nicht nur aus Freude über eine neue Bestätigung meiner Auffassung unseres Verhältnisses, sondern ganz ursprünglich, weil jene Formel mir klang wie etwa: "Jetzt bist du frei!" Natürlich war es eine Täuschung, ich war nicht oder allergünstigsten Falles noch nicht frei. Mein Schreiben handelte von dir, ich klagte dort ja nur, was ich an deiner Brust nicht klagen konnte. Es war ein absichtlich in die Länge gezogener Abschied von dir, nur dass er zwar von dir erzwungen war, aber in der von mir bestimmten Richtung verlief. Aber wie wenig war das alles! Es ist ja überhaupt nur deshalb der Rede wert, weil es sich in meinem Leben ereignet hat, anderswo wäre es gar nicht zu merken, und dann noch deshalb, weil es mir in der Kindheit als Ahnung, später als Hoffnung, noch später oft als Verzweiflung mein Leben beherrschte und mir - wenn man will, doch wieder in deiner Gestalt - meine paar kleinen Entscheidungen diktierte.

Zum Beispiel die Berufswahl. Gewiss, du gabst mir hier völlige Freiheit in deiner großzügigen und in diesem Sinn sogar geduldigen Art. Allerdings folgtest du hiebei auch der für dich maßgebenden allgemeinen Söhnebehandlung des jüdischen Mittelstandes oder zumindest den Werturteilen dieses Standes. Schließlich wirkte hiebei auch eines deiner Missverständnisse hinsichtlich meiner Person mit. Du hältst mich nämlich seit jeher aus Vaterstolz, aus Unkenntnis meines eigentlichen Daseins, aus Rückschlüssen aus meiner Schwächlichkeit für besonders fleißig. Als Kind habe ich deiner Meinung nach immerfort gelernt und später immerfort geschrieben. Das stimmt nun nicht im Entferntesten. Eher kann man mit viel weniger Übertreibung sagen, dass ich wenig gelernt und nichts erlernt habe; dass etwas in den vielen Jahren bei einem mittleren Gedächtnis, bei nicht allerschlechtester Auffassungskraft hängen geblieben ist, ist ja nicht sehr merkwürdig, aber jedenfalls ist das Gesamtergebnis an Wissen, und besonders an Fundierung des Wissens, äußerst kläglich im Vergleich zu dem Aufwand an Zeit und Geld inmitten eines äußerlich sorglosen, ruhigen Lebens, besonders auch im Vergleich zu fast allen Leuten, die ich kenne. Es ist kläglich, aber für mich verständlich. Ich hatte, seitdem ich denken kann, solche tiefste Sorgen der geistigen Existenzbehauptung, dass mir alles andere gleichgültig war. Jüdische Gymnasiasten bei uns sind leicht merkwürdig, man findet da das Unwahrscheinlichste, aber meine kalte, kaum verhüllte, unzerstörbare, kindlich hilflose, bis ins Lächerliche gehende, tierisch selbstzufriedene Gleichgültigkeit eines für sich genug, aber kalt fantastischen Kindes habe ich sonst nirgends wieder gefunden, allerdings war sie hier auch der einzige Schutz gegen die Nervenzerstörung durch Angst und Schuldbewusstsein. Mich beschäftigte nur die Sorge um mich, diese aber in verschiedenster Weise. Etwa als Sorge um meine Gesundheit; es fing leicht an, hier und dort ergab sich eine kleine Befürchtung wegen der Verdauung, des Haarausfalls, einer Rückgratsverkrümmung und so weiter, das steigerte sich in unzählbaren Abstufungen, schließlich endete es mit einer wirklichen Krankheit. Aber da ich keines Dinges sicher war, von jedem Augenblick eine neue Bestätigung meines Daseins brauchte, nichts in meinem eigentlichen, unzweifelhaften, alleinigen, nur durch mich eindeutig bestimmten Besitz war, in Wahrheit ein enterbter Sohn, wurde mir natürlich auch das Nächste, der eigene Körper unsicher; ich wuchs lang in die Höhe, wusste damit aber nichts anzufangen, die Last war zu schwer, der Rücken wurde krumm; ich wagte mich kaum zu bewegen oder gar zu turnen, ich blieb schwach; staunte alles, worüber ich noch verfügte, als Wunder an, etwa meine gute Verdauung; das genügte, um sie zu verlieren, und damit war der Weg zu aller Hypochondrie frei, bis dann unter der übermenschlichen Anstrengung des Heiraten-Wollens (darüber spreche ich noch) das Blut aus der Lunge kam, woran ja die Wohnung im Schönbornpalais - die ich aber nur deshalb brauchte, weil ich sie für mein Schreiben zu brauchen glaubte, sodass auch das auf dieses Blatt gehört - genug Anteil haben kann. Also das alles stammte nicht von übergroßer Arbeit, wie du dir es immer vorstellst. Es gab Jahre, in denen ich bei voller Gesundheit mehr Zeit auf dem Kanapee verfaulenzt habe, als du in deinem ganzen Leben, alle Krankheiten eingerechnet. Wenn ich höchstbeschäftigt von dir fortlief, war es meist, um mich in meinem Zimmer hinzulegen. Meine Gesamtarbeitsleistung sowohl im Büro (wo allerdings Faulheit nicht sehr auffällt und überdies durch meine Ängstlichkeit in Grenzen gehalten war) als auch zu Hause ist winzig; hättest du darüber einen Überblick, würde es dich entsetzen. Wahrscheinlich bin ich in meiner Anlage gar nicht faul, aber es gab für mich nichts zu tun. Dort, wo ich lebte, war ich verworfen, abgeurteilt, niedergekämpft, und anderswohin mich zu flüchten strengte mich zwar äußerst an, aber das war keine Arbeit, denn es handelte sich um Unmögliches, das für meine Kräfte bis auf kleine Ausnahmen unerreichbar war.

In diesem Zustand bekam ich also die Freiheit der Berufswahl. War ich aber überhaupt noch fähig, eine solche Freiheit eigentlich zu gebrauchen? Traute ich mir es denn noch zu, einen wirklichen Beruf erreichen zu können? Meine Selbstbewertung war von dir viel abhängiger als von irgendetwas sonst, etwa von einem äußeren Erfolg. Der war die Stärkung eines Augenblicks, sonst nichts, aber auf der anderen Seite zog dein Gewicht immer viel stärker hinunter. Niemals würde ich durch die erste Volksschulklasse kommen, dachte ich, aber es gelang, ich bekam sogar eine Prämie; aber die Aufnahmeprüfung ins Gymnasium würde ich gewiss nicht bestehn, aber es gelang; aber nun falle ich in der ersten Gymnasialklasse bestimmt durch, nein, ich fiel nicht durch und es gelang immer weiter und weiter. Daraus ergab sich aber keine Zuversicht, im Gegenteil, immer war ich überzeugt - und in deiner abweisenden Miene halte ich förmlich den Beweis dafür - dass, je mehr mir gelingt, desto schlimmer es schließlich wird ausgehn müssen. Oft sah ich im Geist die schreckliche Versammlung der Professoren (das Gymnasium ist nur das einheitlichste Beispiel, überall um mich war es aber ähnlich), wie sie, wenn ich die Prima überstanden hatte, also in der Sekunda, wenn ich diese überstanden hatte, also in der Tertia und so weiter zusammenkommen würden, um diesen einzigartigen, himmelschreienden Fall zu untersuchen, wie es mir, dem Unfähigsten und jedenfalls Unwissendsten gelungen war, mich bis hinauf in diese Klasse zu schleichen, die mich, da nun die allgemeine Aufmerksamkeit auf mich gelenkt war, natürlich sofort ausspeien würde, zum Jubel aller von diesem Albdruck befreiten Gerechten. - Mit solchen Vorstellungen zu leben ist für ein Kind nicht leicht. Was kümmerte mich unter diesen Umständen der Unterricht. Wer war im Stande, aus mir einen Funken von Anteilnahme herauszuschlagen? Mich interessierte der Unterricht - und nicht nur der Unterricht, sondern alles ringsherum in diesem entscheidenden Alter - etwa so wie einen Bankdefraudanten, der noch in Stellung ist und vor der Entdeckung zittert, das kleine laufende Bankgeschäft interessiert, das er noch immer als Beamter zu erledigen hat. So klein, so fern war alles neben der Hauptsache. Es ging dann weiter bis zur Matura, durch die ich wirklich schon zum Teil nur durch Schwindel kam, und dann stockte es, jetzt war ich frei. Hatte ich schon trotz dem Zwang des Gymnasiums mich nur um mich gekümmert, wie erst jetzt, da ich frei war. Also eigentliche Freiheit der Berufswahl gab es für mich nicht, ich wusste: alles wird mir gegenüber der Hauptsache genau so gleichgültig sein, wie alle Lehrgegenstände im Gymnasium, es handelt sich also darum, einen Beruf zu finden, der mir, ohne meine Eitelkeit allzu sehr zu verletzen, diese Gleichgültigkeit am ehesten erlaubt. Also war Jus das Selbstverständliche. Kleine gegenteilige Versuche der Eitelkeit, der unsinnigen Hoffnung, wie vierzehntägiges Chemiestudium, halbjähriges Deutschstudium, verstärkten nur jene Grundüberzeugung. Ich studierte also Jus. Das bedeutete, dass ich mich in den paar Monaten vor den Prüfungen unter reichlicher Mitnahme der Nerven geistig förmlich von Holzmehl nährte, das mir überdies schon von Tausenden Mäulern vorgekaut war. Aber in gewissem Sinn schmeckte mir das gerade, wie in gewissem Sinn früher auch das Gymnasium und später der Beamtenberuf, denn das alles entsprach vollkommen meiner Lage. Jedenfalls zeigte ich hier erstaunliche Voraussicht, schon als kleines Kind hatte ich hinsichtlich der Studien und des Berufes genug klare Vorahnungen. Von hier aus erwartete ich keine Rettung, hier hatte ich schon längst verzichtet.

Gar keine Voraussicht zeigte ich aber hinsichtlich der Bedeutung und Möglichkeit einer Ehe für mich; dieser bisher größte Schrecken meines Lebens ist fast vollständig unerwartet über mich gekommen. Das Kind hatte sich so langsam entwickelt, diese Dinge lagen ihm äußerlich gar zu abseits; hie und da ergab sich die Notwendigkeit, daran zu denken; dass sich hier aber eine dauernde, entscheidende und sogar die erbittertste Prüfung vorbereite, war nicht zu erkennen. In Wirklichkeit aber wurden die Heiratsversuche der großartigste und hoffnungsreichste Rettungsversuch, entsprechend großartig war dann allerdings auch das Misslingen.

Ich fürchte, weil mir in dieser Gegend alles misslingt, dass es mir auch nicht gelingen wird, dir diese Heiratsversuche verständlich zu machen. Und doch hängt das Gelingen des ganzen Briefes davon ab, denn in diesen Versuchen war einerseits alles versammelt, was ich an positiven Kräften zur Verfügung hatte, andererseits sammelten sich hier auch geradezu mit Wut alle negativen Kräfte, die ich als Mitergebnis deiner Erziehung beschrieben habe, also die Schwäche, der Mangel an Selbstvertrauen, das Schuldbewusstsein, und zogen förmlich einen Kordon zwischen mir und der Heirat. Die Erklärung wird mir auch deshalb schwer werden, weil ich hier alles in so vielen Tagen und Nächten immer wieder durchdacht und durchgraben habe, dass selbst mich jetzt der Anblick schon verwirrt. Erleichtert wird mir die Erklärung nur durch dein meiner Meinung nach vollständiges Missverstehn der Sache; ein so vollständiges Missverstehn ein wenig zu verbessern, scheint nicht übermäßig schwer.

Zunächst stellst du das Misslingen der Heiraten in die Reihe meiner sonstigen Misserfolge; dagegen hätte ich an sich nichts, vorausgesetzt, dass du meine bisherige Erklärung des Misserfolgs annimmst. Es steht tatsächlich in dieser Reihe, nur die Bedeutung der Sache unterschätzt du und unterschätzt sie derartig, dass wir, wenn wir miteinander davon reden, eigentlich von ganz Verschiedenem sprechen. Ich wage zu sagen, dass dir in deinem ganzen Leben nichts geschehen ist, was für dich eine solche Bedeutung gehabt hätte, wie für mich die Heiratsversuche. Damit meine ich nicht, dass du an sich nichts so Bedeutendes erlebt hättest, im Gegenteil, dein Leben war viel reicher und sorgenvoller und gedrängter als meines, aber eben deshalb ist dir nichts Derartiges geschehen. Es ist so, wie wenn einer fünf niedrige Treppenstufen hinaufzusteigen hat und ein Zweiter nur eine Treppenstufe, die aber, wenigstens für ihn, so hoch ist, wie jene fünf zusammen; der Erste wird nicht nur die fünf bewältigen, sondern noch Hunderte und Tausende weitere, er wird ein großes und sehr anstrengendes Leben geführt haben, aber keine der Stufen, die er erstiegen hat, wird für ihn eine solche Bedeutung gehabt haben, wie für den Zweiten jene eine, Erste, hohe, für alle seine Kräfte unmöglich zu ersteigende Stufe, zu der er nicht hinauf- und über die er natürlich auch nicht hinauskommt.

Heiraten, eine Familie gründen, alle Kinder, welche kommen, hinnehmen, in dieser unsicheren Welt erhalten und gar noch ein wenig führen, ist meiner Überzeugung nach das Äußerste, das einem Menschen überhaupt gelingen kann. Dass es scheinbar so vielen leicht gelingt, ist kein Gegenbeweis, denn erstens gelingt es tatsächlich nicht vielen, und zweitens 'tun' es diese Nichtvielen meistens nicht, sondern es 'geschieht' bloß mit ihnen; das ist zwar nicht jenes Äußerste, aber doch noch sehr groß und sehr ehrenvoll (besonders da sich 'tun' und 'geschehn' nicht rein voneinander scheiden lassen). Und schließlich handelt es sich auch gar nicht um dieses Äußerste, sondern nur um irgendeine ferne, aber anständige Annäherung; es ist doch nicht notwendig, mitten in die Sonne hineinzufliegen, aber doch bis zu einem reinen Plätzchen auf der Erde hinzukriechen, wo manchmal die Sonne hinscheint und man sich ein wenig wärmen kann.

Wie war ich nun auf dieses vorbereitet? Möglichst schlecht. Das geht schon aus dem Bisherigen hervor. So weit es aber dafür eine direkte Vorbereitung des Einzelnen und eine direkte Schaffung der allgemeinen Grundbedingungen gibt, hast du äußerlich nicht viel eingegriffen. Es ist auch nicht anders möglich, hier entscheiden die allgemeinen geschlechtlichen Standes-, Volks- und Zeitsitten. Immerhin hast du auch da eingegriffen, nicht viel, denn die Voraussetzung solchen Eingreifens kann nur starkes gegenseitiges Vertrauen sein, und daran fehlte es uns beiden schon längst zur entscheidenden Zeit, und nicht sehr glücklich, weil ja unsere Bedürfnisse ganz verschieden waren; was mich packt, muss dich noch kaum berühren und umgekehrt, was bei dir Unschuld ist, kann bei mir Schuld sein und umgekehrt, was bei dir folgenlos bleibt, kann mein Sargdeckel sein.

Ich erinnere mich, ich ging einmal abends mit dir und der Mutter spazieren, es war auf dem Josephsplatz in der Nähe der heutigen Länderbank, und fing dumm großtuerisch, überlegen, stolz, kühl (das war unwahr), kalt (das war echt) und stotternd, wie ich eben meistens mit dir sprach, von den interessanten Sachen zu reden an, machte euch Vorwürfe, dass ich unbelehrt gelassen worden bin, dass sich erst die Mitschüler meiner hatten annehmen müssen, dass ich in der Nähe großer Gefahren gewesen bin (hier log ich meiner Art nach unverschämt, um mich mutig zu zeigen, denn infolge meiner Ängstlichkeit hatte ich keine genauere Vorstellung von den 'großen Gefahren'), deutete aber zum Schluss an, dass ich jetzt schon glücklicherweise alles wisse, keinen Rat mehr brauche und alles in Ordnung sei. Hauptsächlich hatte ich davon jedenfalls zu reden angefangen, weil es mir Lust machte, davon wenigstens zu reden, dann auch aus Neugierde und schließlich auch, um mich irgendwie für irgendetwas an euch zu rächen. Du nahmst es entsprechend deinem Wesen sehr einfach, du sagtest nur etwa, du könntest mir einen Rat geben, wie ich ohne Gefahr diese Dinge werde betreiben können. Vielleicht hatte ich gerade eine solche Antwort hervorlocken wollen, die entsprach ja der Lüsternheit des mit Fleisch und allen guten Dingen überfütterten, körperlich untätigen, mit sich ewig beschäftigten Kindes, aber doch war meine äußerliche Scham dadurch so verletzt oder ich glaubte, sie müsse so verletzt sein, dass ich gegen meinen Willen nicht mehr mit dir darüber sprechen konnte und hochmütig frech das Gespräch abbrach.

Es ist nicht leicht, deine damalige Antwort zu beurteilen. einerseits hat sie doch etwas niederwerfend Offenes, gewissermaßen Urzeitliches, andererseits ist sie allerdings, was die Lehre selbst betrifft, sehr neuzeitlich bedenkenlos. Ich weiß nicht, wie alt ich damals war, viel älter als sechzehn Jahre gewiss nicht. Für einen solchen Jungen war es aber doch eine sehr merkwürdige Antwort, und der Abstand zwischen uns beiden zeigt sich auch darin, dass das eigentlich die Erste direkte, lebenumfassende Lehre war, die ich von dir bekam. Ihr eigentlicher Sinn aber, der sich schon damals in mich einsenkte, mir aber erst viel später halb zu Bewusstsein kam, war folgender: Das, wozu du mir rietest, war doch das deiner Meinung nach und gar erst meiner damaligen Meinung nach Schmutzigste, was es gab. Dass du dafür sorgen wolltest, dass ich körperlich von dem Schmutz nichts nach Hause bringe, war nebensächlich, dadurch schütztest du ja nur dich, dein Haus. Die Hauptsache war vielmehr, dass du außerhalb deines Rates bliebst, ein Ehemann, ein reiner Mann, erhaben über diese Dinge; das verschärfte sich damals für mich wahrscheinlich noch dadurch, dass mir auch die Ehe schamlos vorkam und es mir daher unmöglich war, das, was ich Allgemeines über die Ehe gehört hatte, auf meine Eltern anzuwenden. Dadurch wurdest du noch reiner, kamst noch höher. Der Gedanke, dass du etwa vor der Ehe auch dir einen ähnlichen Rat hättest geben können, war mir völlig undenkbar. So war also fast kein Restchen irdischen Schmutzes an dir. Und eben du stießest mich, so als wäre ich dazu bestimmt, mit ein paar offenen Worten in diesen Schmutz hinunter. Bestand die Welt also nur aus mir und dir, eine Vorstellung, die mir sehr nahe lag, dann endete also mit dir diese Reinheit der Welt, und mit mir begann kraft deines Rates der Schmutz. An sich war es ja unverständlich, dass du mich so verurteiltest, nur alte Schuld und tiefste Verachtung Deinerseits konnten mir das erklären. Und damit war ich also wieder in meinem innersten Wesen angefasst, und zwar sehr hart.

Hier wird vielleicht auch unser beider Schuldlosigkeit am deutlichsten. A gibt dem B einen offenen, seiner Lebensauffassung entsprechenden, nicht sehr schönen, aber doch auch heute in der Stadt durchaus üblichen, Gesundheitsschädigungen vielleicht verhindernden Rat. Dieser Rat ist für B moralisch nicht sehr stärkend, aber warum sollte er sich aus dem Schaden nicht im Laufe der Jahre herausarbeiten können, übrigens muss er ja dem Rat gar nicht folgen, und jedenfalls liegt in dem Rat allein kein Anlass dafür, dass über B etwa seine ganze Zukunftswelt zusammenbricht. Und doch geschieht etwas in dieser Art, aber eben nur deshalb, weil A du bist und B ich bin.

Diese beiderseitige Schuldlosigkeit kann ich auch deshalb besonders gut überblicken, weil sich ein ähnlicher Zusammenstoß zwischen uns unter ganz anderen Verhältnissen etwa zwanzig Jahre später wieder ereignet hat, als Tatsache grauenhaft, an und für sich allerdings viel unschädlicher, denn wo war da etwas an mir Sechsunddreißigjährigem, dem noch geschadet werden konnte. Ich meine damit eine kleine Aussprache an einem der paar aufgeregten Tage nach Mitteilung meiner letzten Heiratsabsicht. Du sagtest zu mir etwa: "Sie hat wahrscheinlich irgendeine ausgesuchte Bluse angezogen, wie das die Prager Jüdinnen verstehn, und daraufhin hast du dich natürlich entschlossen, sie zu heiraten. Und zwar möglichst rasch, in einer Woche, morgen, heute. Ich begreife dich nicht, du bist doch ein erwachsener Mensch, bist in der Stadt, und weißt dir keinen andern Rat als gleich eine Beliebige zu heiraten. Gibt es da keine anderen Möglichkeiten? Wenn du dich davor fürchtest, werde ich selbst mit dir hingehn." Du sprachst ausführlicher und deutlicher, aber ich kann mich an die Einzelheiten nicht mehr erinnern, vielleicht wurde mir auch ein wenig nebelhaft vor den Augen, fast interessierte mich mehr die Mutter, wie sie, zwar vollständig mit dir einverstanden, immerhin etwas vom Tisch nahm und damit aus dem Zimmer ging.

Tiefer gedemütigt hast du mich mit Worten wohl kaum und deutlicher mir deine Verachtung nie gezeigt. Als du vor zwanzig Jahren ähnlich zu mir gesprochen hattest, hätte man darin mit deinen Augen sogar etwas Respekt für den frühreifen Stadtjungen sehen können, der deiner Meinung nach schon so ohne Umwege ins Leben eingeführt werden konnte. Heute könnte diese Rücksicht die Verachtung nur noch steigern, denn der Junge, der damals einen

Anlauf nahm, ist in ihm stecken geblieben und scheint dir heute um keine Erfahrung reicher, sondern nur um zwanzig Jahre jämmerlicher. Meine Entscheidung für ein Mädchen bedeutete dir gar nichts. Du hattest meine Entscheidungskraft (unbewusst) immer niedergehalten und glaubtest jetzt (unbewusst) zu wissen, was sie wert war. Von meinen Rettungsversuchen in anderen Richtungen wusstest du nichts, daher konntest du auch von den Gedankengängen, die mich zu diesem Heiratsversuch geführt hatten, nichts wissen, musstest sie zu erraten suchen und rietst entsprechend dem Gesamturteil, das du über mich hattest, auf das Abscheulichste, Plumpste, Lächerlichste. Und zögertest keinen Augenblick, mir das auf ebensolche Weise zu sagen. Die Schande, die du damit mir antatest, war dir nichts im Vergleich zu der Schande, die ich deiner Meinung nach deinem Namen durch die Heirat machen würde.

Nun kannst du ja hinsichtlich meiner Heiratsversuche manches mir antworten und hast es auch getan: du könntest nicht viel Respekt vor meiner Entscheidung haben, wenn ich die Verlobung mit F. zweimal aufgelöst und zweimal wieder aufgenommen habe, wenn ich dich und die Mutter nutzlos zu der Verlobung nach Berlin geschleppt habe und dergleichen. Das alles ist wahr, aber wie kam es dazu?

Der Grundgedanke beider Heiratsversuche war ganz korrekt: einen Hausstand gründen, selbstständig werden. Ein Gedanke, der dir ja sympathisch ist, nur dass es dann in Wirklichkeit so ausfällt wie das Kinderspiel, wo einer die Hand des anderen hält und sogar presst und dabei ruft: "Ach geh doch, geh doch, warum gehst du nicht?" Was sich allerdings in unserem Fall dadurch kompliziert hat, dass du das "geh doch!" seit jeher ehrlich gemeint hast, da du ebenso seit jeher, ohne es zu wissen, nur kraft deines Wesens mich gehalten oder richtiger niedergehalten hast.

Beide Mädchen waren zwar durch den Zufall, aber außerordentlich gut gewählt. Wieder ein Zeichen deines vollständigen Missverstehns, dass du glauben kannst, ich, der Ängstliche, Zögernde, Verdächtigende entschließe mich mit einem Ruck für eine Heirat, etwa aus Entzücken über eine Bluse. Beide Ehen wären vielmehr Vernunftehen geworden, so weit damit gesagt ist, dass Tag und Nacht, das erste Mal Jahre, das zweite Mal Monate, alle meine Denkkraft an den Plan gewendet worden ist.

Keines der Mädchen hat mich enttäuscht, nur ich sie beide. Mein Urteil über sie ist heute genau das Gleiche wie damals, als ich sie heiraten wollte.

Es ist auch nicht so, dass ich beim zweiten Heiratsversuch die Erfahrungen des ersten Versuches missachtet hätte, also leichtsinnig gewesen wäre. Die Fälle waren eben ganz verschieden, gerade die früheren Erfahrungen konnten mir im zweiten Fall, der überhaupt viel aussichtsreicher war, Hoffnung geben. Von Einzelheiten will ich hier nicht reden.

Warum also habe ich nicht geheiratet? Es gab einzelne Hindernisse wie überall, aber im Nehmen solcher Hindernisse besteht ja das Leben. Das wesentliche, vom einzelnen Fall leider unabhängige Hindernis war aber, dass ich offenbar geistig unfähig bin zu heiraten. Das äußert sich darin, dass ich von dem Augenblick an, in dem ich mich entschließe zu heiraten, nicht mehr schlafen kann, der Kopf glüht bei Tag und Nacht, es ist kein Leben mehr, ich schwanke verzweifelt herum. Es sind das nicht eigentlich Sorgen, die das verursachen, zwar laufen auch entsprechend meiner Schwerblütigkeit und Pedanterie unzählige Sorgen mit, aber sie sind nicht das Entscheidende, sie vollenden zwar wie Würmer die Arbeit am Leichnam, aber entscheidend getroffen bin ich von anderem. Es ist der allgemeine Druck der Angst, der Schwäche, der Selbstmissachtung.

Ich will es näher zu erklären versuchen: Hier beim Heiratsversuch trifft in meinen Beziehungen zu dir zweierlei scheinbar Entgegengesetztes so stark wie nirgends sonst zusammen. Die Heirat ist gewiss die Bürgschaft für die schärfste Selbstbefreiung und Unabhängigkeit. Ich hätte eine Familie, das Höchste, was man meiner Meinung nach erreichen kann, also auch das Höchste, das du erreicht hast, ich wäre dir ebenbürtig, alle alte und ewig neue Schande und Tyrannei wäre bloß noch Geschichte. Das wäre allerdings märchenhaft, aber darin liegt eben schon das Fragwürdige. Es ist zu viel, so viel kann nicht erreicht werden. Es ist so, wie wenn einer gefangen wäre und er hätte nicht nur die Absicht zu fliehen, was vielleicht erreichbar wäre, sondern auch noch und zwar gleichzeitig die Absicht, das Gefängnis in ein Lustschloss für sich umzubauen. Wenn er aber flieht, kann er nicht umbauen, und wenn er umbaut, kann er nicht fliehen. Wenn ich in dem besonderen Unglücksverhältnis, in welchem ich zu dir stehe, selbstständig werden will, muss ich etwas tun, was möglichst gar keine Beziehung zu dir hat - das Heiraten ist zwar das Größte und gibt die ehrenvollste Selbstständigkeit, aber es ist auch gleichzeitig in engster Beziehung zu dir. Hier hinauskommen zu wollen, hat deshalb etwas von Wahnsinn, und jeder Versuch wird fast damit gestraft.

Gerade diese enge Beziehung lockt mich ja teilweise auch zum Heiraten. Ich denke mir diese Ebenbürtigkeit, die dann zwischen uns entstehen würde und die du verstehen könntest wie keine andere, eben deshalb so schön, weil ich dann ein freier, dankbarer, schuldloser, aufrechter Sohn sein, du ein unbedrückter, untyrannischer, mitfühlender, zufriedener Vater sein könntest. Aber zu dem Zweck müsste eben alles Geschehene ungeschehen gemacht, das heißt wir selbst ausgestrichen werden.

So wie wir aber sind, ist mir das Heiraten dadurch verschlossen, dass es gerade dein eigenstes Gebiet ist. Manchmal stelle ich mir die Erdkarte ausgespannt und dich quer über sie hin ausgestreckt vor. Und es ist mir dann, als kämen für mein Leben nur die Gegenden in Betracht, die du entweder nicht bedeckst oder die nicht in deiner Reichweite liegen. Und das sind entsprechend der Vorstellung, die ich von deiner Größe habe, nicht viele und nicht sehr trostreiche Gegenden und besonders die Ehe ist nicht darunter.

Schon dieser Vergleich beweist, dass ich keineswegs sagen will, du hättest mich durch dein Beispiel aus der Ehe, so etwa wie aus dem Geschäft, verjagt. Im Gegenteil, trotz aller fernen Ähnlichkeit. Ich hatte in eurer Ehe eine in vielem mustergültige Ehe vor mir, mustergültig in Treue, gegenseitiger Hilfe, Kinderzahl, und selbst als dann die Kinder groß wurden und immer mehr den Frieden störten, blieb die Ehe als solche davon unberührt. Gerade an diesem Beispiel bildete sich vielleicht auch mein hoher Begriff von der Ehe; dass das Verlangen nach der Ehe ohnmächtig war, hatte eben andere Gründe. Sie lagen in deinem Verhältnis zu den Kindern, von dem ja der ganze Brief handelt.

Es gibt eine Meinung, nach der die Angst vor der Ehe manchmal davon herrührt, dass man fürchtet, die Kinder würden einem später das heimzahlen, was man selbst an den eigenen Eltern gesündigt hat. Das hat, glaube ich, in meinem Fall keine sehr große Bedeutung, denn mein Schuldbewusstsein stammt ja eigentlich von dir und ist auch zu sehr von seiner Einzigartigkeit durchdrungen, ja dieses Gefühl der Einzigartigkeit gehört zu seinem quälenden Wesen, eine Wiederholung ist unausdenkbar. Immerhin muss ich sagen, dass mir ein solcher stummer, dumpfer, trockener, verfallener Sohn unerträglich wäre, ich würde wohl, wenn keine andere Möglichkeit wäre, vor ihm fliehen, auswandern, wie du es erst wegen meiner Heirat machen wolltest. Also mitbeeinflusst mag ich bei meiner Heiratsunfähigkeit auch davon sein.

Viel wichtiger aber ist dabei die Angst um mich. Das ist so zu verstehn: Ich habe schon angedeutet, dass ich im Schreiben und in dem, was damit zusammenhängt, kleine Selbstständigkeitsversuche, Fluchtversuche mit allerkleinstem Erfolg gemacht, sie werden kaum weiterführen, vieles bestätigt mir das. Trotzdem ist es meine Pflicht oder vielmehr es besteht mein Leben darin, über ihnen zu wachen, keine Gefahr, die ich abwehren kann, ja keine Möglichkeit einer solcher Gefahr an sie herankommen zu lassen. Die Ehe ist die Möglichkeit einer solchen Gefahr, allerdings auch die Möglichkeit der größten Förderung, mir aber genügt, dass es die Möglichkeit einer Gefahr ist. Was würde ich dann anfangen, wenn es doch eine Gefahr wäre! Wie könnte ich in der Ehe weiterleben in dem vielleicht unbeweisbaren, aber jedenfalls unwiderleglichen Gefühl dieser Gefahr! Demgegenüber kann ich zwar schwanken, aber der schließliche Ausgang ist gewiss, ich muss verzichten. Der Vergleich von dem Sperling in der Hand und der Taube auf dem Dach passt hier nur sehr entfernt. In der Hand habe ich nichts, auf dem Dach ist alles und doch muss ich - so entscheiden es die Kampfverhältnisse und die Lebensnot - das Nichts wählen. Ähnlich habe ich ja auch bei der Berufswahl wählen müssen.

Das wichtigste Ehehindernis aber ist die schon unausrottbare Überzeugung, dass zur Familienerhaltung und gar zu ihrer Führung alles das notwendig gehört, was ich an dir erkannt habe, und zwar alles zusammen, Gutes und Schlechtes, so wie es organisch in dir vereinigt ist, also Stärke und Verhöhnung des anderen, Gesundheit und eine gewisse Maßlosigkeit, Redebegabung und Unzulänglichkeit, Selbstvertrauen und Unzufriedenheit mit jedem anderen, Weltüberlegenheit und Tyrannei, Menschenkenntnis und Misstrauen gegenüber den meisten, dann auch Vorzüge ohne jeden Nachteil wie Fleiß, Ausdauer, Geistesgegenwart, Unerschrockenheit. Von alledem hatte ich vergleichsweise fast nichts oder nur sehr wenig und damit wollte ich zu heiraten wagen, während ich doch sah, dass selbst du in der Ehe schwer zu kämpfen hattest und gegenüber den Kindern sogar versagtest? Diese Frage stellte ich mir natürlich nicht ausdrücklich und beantworte sie nicht ausdrücklich, sonst hätte sich ja das gewöhnliche Denken der Sache bemächtigt und mir andere Männer gezeigt, welche anders sind als du (um in der Nähe einen von dir sehr verschiedenen zu nennen: Onkel Richard) und doch geheiratet haben und wenigstens darunter nicht zusammengebrochen sind, was schon sehr viel ist und mir reichlich genügt hätte. Aber diese Frage stellte ich eben nicht, sondern erlebte sie von Kindheit an. Ich prüfte mich ja nicht erst gegenüber der Ehe, sondern gegenüber jeder Kleinigkeit; gegenüber jeder Kleinigkeit überzeugtest du mich durch dein Beispiel und durch deine Erziehung, so wie ich es zu beschreiben versucht habe, von meiner Unfähigkeit, und was bei jeder Kleinigkeit stimmte und dir Recht gab, musste natürlich ungeheuerlich stimmen vor dem Größten, also vor der Ehe. Bis zu den Heiratsversuchen bin ich aufgewachsen etwa wie ein Geschäftsmann, der zwar mit Sorgen und schlimmen Ahnungen, aber ohne genaue Buchführung in den Tag hineinlebt. Er hat ein paar kleine Gewinne, die er infolge ihrer Seltenheit in seiner Vorstellung immerfort hätschelt und übertreibt, und sonst nur tägliche Verluste. Alles wird eingetragen, aber niemals bilanziert. Jetzt kommt der Zwang zur Bilanz, das heißt der Heiratsversuch. Und es ist bei den großen Summen, mit denen hier zu rechnen ist, so, als ob niemals auch nur der kleinste Gewinn gewesen wäre, alles eine Einzige große Schuld. Und jetzt heirate, ohne wahnsinnig zu werden!

So endet mein bisheriges Leben mit dir, und solche Aussichten trägt es in sich für die Zukunft.

Du könntest, wenn du meine Begründung der Furcht, die ich vor dir habe, überblickst, antworten: "du behauptest, ich mache es mir leicht, wenn ich mein Verhältnis zu dir einfach durch dein Verschulden erkläre, ich aber glaube, dass du trotz äußerlicher Anstrengung es dir zumindest nicht schwerer, aber viel einträglicher machst. Zuerst lehnst auch du jede Schuld und Verantwortung von dir ab, darin ist also unser Verfahren das Gleiche. Während ich aber dann so offen, wie ich es auch meine, die alleinige Schuld dir zuschreibe, willst du gleichzeitig 'übergescheit' und 'überzärtlich' sein und auch mich von jeder Schuld freisprechen. Natürlich gelingt dir das letztere nur scheinbar (mehr willst du ja auch nicht), und es ergibt sich zwischen den Zeilen trotz aller 'Redensarten' von Wesen und Natur und Gegensatz und Hilflosigkeit, dass eigentlich ich der Angreifer gewesen bin, während alles, was du getrieben hast, nur Selbstwehr war. Jetzt hättest du also schon durch deine Unaufrichtigkeit genug erreicht, denn du hast dreierlei bewiesen, erstens dass du unschuldig bist, zweitens dass ich schuldig bin und drittens dass du aus lauter Großartigkeit bereit bist, nicht nur mir zu verzeihn, sondern, was mehr und weniger ist, auch noch zu beweisen und es selbst glauben zu wollen, dass ich, allerdings entgegen der Wahrheit, auch unschuldig bin. Das könnte dir jetzt schon genügen, aber es genügt dir noch nicht. Du hast es dir nämlich in den Kopf gesetzt, ganz und gar von mir leben zu wollen. Ich gebe zu, dass wir miteinander kämpfen, aber es gibt zweierlei Kampf. Den ritterlichen Kampf, wo sich die Kräfte selbstständiger Gegner messen, jeder bleibt für sich, verliert für sich, siegt für sich. Und den Kampf des Ungeziefers, welches nicht nur sticht, sondern gleich auch zu seiner Lebenserhaltung das Blut saugt. Das ist ja der eigentliche Berufssoldat und das bist du. Lebensuntüchtig bist du; um es dir aber darin bequem, sorgenlos und ohne Selbstvorwürfe einrichten zu können, beweist du, dass ich alle deine Lebenstüchtigkeit dir genommen und in meine Taschen gesteckt habe. Was kümmert es dich jetzt, wenn du lebensuntüchtig bist, ich habe ja die Verantwortung. Du aber streckst dich ruhig aus und lässt dich, körperlich und geistig, von mir durchs Leben schleifen. Ein Beispiel: Als du letzthin heiraten wolltest, wolltest du, das gibst du ja in diesem Brief zu, gleichzeitig nicht heiraten, wolltest aber, um dich nicht anstrengen zu müssen, dass ich dir zum Nichtheiraten verhelfe, indem ich wegen der 'Schande', die die Verbindung meinem Namen machen würde, dir diese Heirat verbiete. Das fiel mir nun aber gar nicht ein. Erstens wollte ich dir hier wie auch sonst nie 'in deinem Glück hinderlich sein', und zweitens will ich niemals einen derartigen Vorwurf von meinem Kind zu hören bekommen. Hat mir aber die Selbstüberwindung, mit der ich dir die Heirat freistellte, etwas geholfen? Nicht das Geringste. Meine Abneigung gegen die Heirat hätte sie nicht verhindert, im Gegenteil, es wäre an sich noch ein Anreiz mehr für dich gewesen, das Mädchen zu heiraten, denn der 'Fluchtversuch', wie du dich ausdrückst, wäre ja dadurch vollkommen geworden. Und meine Erlaubnis zur Heirat hat deine Vorwürfe nicht verhindert, denn du beweist ja, dass ich auf jeden Fall an deinem Nichtheiraten Schuld bin. Im Grunde aber hast du hier und in allem anderen für mich nichts anderes bewiesen, als dass alle meine Vorwürfe berechtigt waren und dass unter ihnen noch ein besonders berechtigter Vorwurf gefehlt hat, nämlich der Vorwurf der Unaufrichtigkeit, der Liebedienerei, des Schmarotzertums. Wenn ich nicht sehr irre, schmarotzest du an mir auch noch mit diesem Brief als solchem."

Darauf antworte ich, dass zunächst dieser ganze Einwurf, der sich zum Teil auch gegen dich kehren lässt, nicht von dir stammt, sondern eben von mir. So groß ist ja nicht einmal dein Misstrauen gegen andere, wie mein Selbstmisstrauen, zu dem du mich erzogen hast. Eine gewisse Berechtigung des Einwurfes, der ja auch noch an sich zur Charakterisierung unseres Verhältnisses Neues beiträgt, leugne ich nicht. So können natürlich die Dinge in Wirklichkeit nicht aneinanderpassen, wie die Beweise in meinem Brief, das Leben ist mehr als ein Geduldspiel; aber mit der Korrektur, die sich durch diesen Einwurf ergibt, einer Korrektur, die ich im Einzelnen weder ausführen kann noch will, ist meiner Meinung nach doch etwas der Wahrheit so sehr Angenähertes erreicht, dass es uns beide ein wenig beruhigen und Leben und Sterben leichter machen kann.

Franz

Weitere zu Lebzeiten Kafkas veröffentlichte Texte

Ein Damenbrevier

Wenn man sich in die Welt aufatmend entlässt, wie vom hohen Gerüst der Schwimmer in den Fluss, gleich und später manchmal von Gegenstößen wie ein liebes Kind verwirrt, aber immer mit schönen Wellen zur Seite in die Luft der Ferne treibt, dann mag man wie in diesem Buch ziellos mit geheimem Ziel die Blicke über das Wasser richten, das einen trägt und das man trinken kann und das für den auf seiner Fläche ruhenden Kopf grenzenlos geworden ist.

Verschließt man sich jedoch diesem ersten Eindruck, dann erkennt man bis zur Überzeugung, dass der Verfasser hier mit einer förmlich ungestillten Energie gearbeitet hat, die den Bewegungen seines unablässigen Geistes - sie sind zu schnell, als dass sie Zusammenhang verrieten - Kanten zum Erschrecken gibt.

Und dies vor einer Materie, die in der zuckenden Entwicklung, welche sie erfährt, an die Versuchungen erinnert, die vom Schreien unsichtbarer Wüstentiere angetrieben, Einsiedler einst erfrischten. Doch schwebt diese Versuchung nicht vor dem Verfasser als kleines Balletkorps auf ferner Bühne, sondern sie ist ihm nah, sie umarmt ihn stark, bis er sich in sie verschlingt und ehe er es noch von der Dame erfuhr, schrieb er schon: "Aber man muss lieben, um sich mit Grazie hingeben zu können", sagte Annie D., eine schöne blonde Schwedin.

Was ist es nun für ein Anblick, wenn der Verfasser in diese Arbeit so verstrickt uns erscheint, getragen von einer Natur, gleich jenen Wolken aus Stein, die einmal im Barock die Gruppen im Sturmwind sich umarmender Heiliger erhoben. Der Himmel, in den das Buch in der Mitte und gegen Ende ausbrechen muss, um durch ihn die frühere Gegend zu retten, ist fest und überdies durchsichtig.

Natürlich besteht niemand darauf, dass die Damen, für die der Verfasser geschrieben hat, dies wirklich sehen. Ist es doch genügend und mehr als das, wenn sie, vom ersten Absatz schon gezwungen, wie es sein muss, fühlen werden, dass sie in ihren Händen einen Beichtspiegel halten und einen besonders treuen. Denn die Beichte, die man so nennt, geschieht in einem ungewohnten Möbelstück, auf dem Boden eines ungewohnten Raumes im halben Licht, das alles ringsherum und auf und ab mit Zukunft und Vergangenheit nur halb wahr macht, sodass notwendig auch alle Ja und Nein, die gefragten und die beantworteten halb falsch sein müssen, besonders wenn sie ganz ehrlich sind. Wie könnte man aber hier an ein wichtiges Detail vergessen in der gewohnten mitternächtlichen Beleuchtung während eines leisen Gespräches (leise, weil es heiß ist) nahe beim Bett!

Gespräch mit dem Beter

Es gab eine Zeit, in der ich Tag um Tag in eine Kirche ging, denn ein Mädchen, in das ich mich verliebt hatte, betete dort kniend eine halbe Stunde am Abend, unterdessen ich sie in Ruhe betrachten konnte.

Als einmal das Mädchen nicht gekommen war und ich unwillig auf die Betenden blickte, fiel mir ein junger Mensch auf, der sich mit seiner ganzen mageren Gestalt auf den Boden geworfen hatte. Von Zeit zu Zeit packte er mit der ganzen Kraft seines Körpers seinen Schädel und schmetterte ihn seufzend in seine Handflächen, die auf den Steinen auflagen.

In der Kirche waren nur einige alte Weiber, die oft ihr eingewickeltes Köpfchen mit seitlicher Neigung drehten, um nach dem Betenden hinzusehen. Diese Aufmerksamkeit schien ihn glücklich zu machen, denn vor jedem seiner frommen Ausbrüche ließ er seine Augen umgehen, ob die zuschauenden Leute zahlreich wären. Ich fand das ungebührlich und beschloss ihn anzureden, wenn er aus der Kirche ginge und ihn auszufragen, warum er in dieser Weise bete. Ja, ich war ärgerlich, weil mein Mädchen nicht gekommen war. Aber erst nach einer Stunde stand er auf, schlug ein ganz sorgfältiges Kreuz und ging stoßweise zum Becken. Ich stellte mich auf dem Wege zwischen Becken und Türe auf und wusste, dass ich ihn nicht ohne Erklärung durchlassen würde. Ich verzerrte meinen Mund, wie ich es immer als Vorbereitung tue, wenn ich mit Bestimmtheit reden will. Ich trat mit dem rechten Beine vor und stützte mich darauf, während ich das Linke nachlässig auf der Fußspitze hielt; auch das gibt mir Festigkeit.

Nun ist es möglich, dass dieser Mensch schon auf mich schielte, als er das Weihwasser in sein Gesicht spritzte, vielleicht auch hatte er mich schon früher mit Besorgnis bemerkt, denn jetzt unerwartet rannte er zur Türe hinaus. Die Glastür schlug zu. Und als ich gleich nachher aus der Türe trat, sah ich ihn nicht mehr, denn dort gab es einige schmale Gassen und der Verkehr war mannigfaltig.

In den nächsten Tagen blieb er aus, aber mein Mädchen kam. Sie war in dem schwarzen Kleide, welches auf den Schultern durchsichtige Spitzen hatte, - der Halbmond des Hemdrandes lag unter ihnen -, von deren unterem Rande die Seide in einem wohl geschnittenen Kragen niederging. Und da das Mädchen kam, vergaß ich den jungen Mann und selbst dann kümmerte ich mich nicht um ihn, als er später wieder regelmäßig kam und nach seiner Gewohnheit betete. Aber immer ging er mit großer Eile an mir vorüber, mit abgewendetem Gesicht. Vielleicht lag es daran, dass ich mir ihn immer nur in Bewegung denken konnte, sodass es mir, selbst wenn er stand, schien, als schleiche er.

Einmal verspätete ich mich in meinem Zimmer. Trotzdem ging ich noch in die Kirche. Ich fand das Mädchen nicht mehr dort und wollte nach Hause gehen. Da lag dort wieder dieser junge Mensch. Die alte Begebenheit fiel mir jetzt ein und machte mich neugierig. Auf den Fußspitzen glitt ich zum Türgang, gab dem blinden Bettler, der dort saß, eine Münze und drückte mich neben ihn hinter den geöffneten Türflügel; dort saß ich eine Stunde lang und machte vielleicht ein listiges Gesicht. Ich fühlte mich dort wohl und beschloss öfter herzukommen. In der zweiten Stunde fand ich es unsinnig hier wegen des Beters zu sitzen. Und dennoch ließ ich noch eine dritte Stunde schon zornig die Spinnen über meine Kleider kriechen, während die letzten Menschen laut atmend aus dem Dunkel der Kirche traten.

Da kam er auch. Er ging vorsichtig und seine Füße betasteten zuerst leichthin den Boden, ehe sie auftraten.

Ich stand auf, machte einen großen und geraden Schritt und ergriff den jungen Menschen. "Guten Abend", sagte ich und stieß ihn, meine Hand an seinem Kragen, die Stufen hinunter auf den beleuchteten Platz.
Als wir unten waren, sagte er mit einer völlig unbefestigten Stimme: "Guten Abend, lieber, lieber Herr, zürnen Sie mir nicht, Ihrem höchst ergebenen Diener." "Ja", sagte ich, "ich will Sie einiges fragen, mein Herr; voriges Mal entkamen Sie mir, das wird Ihnen heute kaum gelingen."

"Sie sind mitleidig, mein Herr und Sie werden mich nach Hause gehen lassen. Ich bin bedauernswert, das ist die Wahrheit." "Nein", schrie ich in den Lärm der vorüberfahrenden
Straßenbahn, "ich lasse Sie nicht. Gerade solche Geschichten gefallen mir. Sie sind ein Glücksfang. Ich beglückwünsche mich. Da sagte er: "Ach Gott, Sie haben ein lebhaftes Herz und einen Kopf aus einem Block. Sie nennen mich einen Glücksfang, wie glücklich müssen Sie sein! Denn mein Unglück ist ein schwankendes Unglück, ein auf einer dünnen Spitze schwankendes Unglück und berührt man es, so fällt es auf den Frager. Gute Nacht, mein Herr."

"Gut", sagte ich und hielt seine rechte Hand fest, "wenn Sie mir nicht antworten werden, werde ich hier auf der Gasse zu rufen anfangen. Und alle Ladenmädchen, die jetzt aus den Geschäften kommen und alle ihre Liebhaber, die sich auf sie freuen, werden zusammenlaufen, denn sie werden glauben, ein Droschkenpferd sei gestürzt oder etwas dergleichen sei geschehen. Dann werde ich Sie den Leuten zeigen."

Da küsste er weinend abwechselnd meine beiden Hände. "Ich werde Ihnen sagen, was Sie wissen wollen, aber bitte, gehen wir lieber in die Seitengasse drüben. "Ich nickte und wir gingen hin.

Aber er begnügte sich nicht mit dem Dunkel der Gasse, in der nur weit voneinander gelbe Laternen waren, sondern er führte mich in den niedrigen Flurgang eines alten Hauses unter ein Lämpchen, das vor der Holztreppe tropfend hing. Dort nahm er wichtig sein Taschentuch und sagte, es auf eine Stufe breitend: "Setzt euch doch lieber Herr, da könnt ihr besser fragen, ich bleibe stehen, da kann ich besser antworten. Quält mich aber nicht."

Da setzte ich mich und sagte, indem ich mit schmalen Augen zu ihm aufblickte: "ihr seid ein gelungener Irrenhäusler, das seid ihr! Wie benehmt ihr euch doch in der Kirche! Wie ärgerlich ist das und wie unangenehm den Zuschauern! Wie kann man andächtig sein, wenn man euch anschauen muss." Er hatte seinen Körper an die Mauer gepresst, nur den Kopf bewegte er frei in der Luft. "Ärgert euch nicht - warum sollt ihr euch ärgern über Sachen, die euch nicht angehören. Ich ärgere mich, wenn ich mich ungeschickt benehme; benimmt sich aber nur ein anderer schlecht, dann freue ich mich. Also ärgert euch nicht, wenn ich sage, dass es der Zweck meines Lebens ist, von den Leuten angeschaut zu werden."

"Was sagt ihr da", rief ich viel zu laut für den niedrigen Gang, aber ich fürchtete mich dann, die Stimme zu schwächen, "wirklich was sagtet ihr da. Ja ich ahne schon, ja ich ahnte es schon, seit ich euch zum ersten Mal sah, in welchem Zustande ihr seid. Ich habe Erfahrung und es ist nicht scherzend gemeint, wenn ich sage, dass es eine Seekrankheit auf festem Lande ist. Deren Wesen ist so, dass ihr den wahrhaftigen Namen der Dinge vergessen habt und über sie jetzt in einer Eile zufällige Namen schüttet. Nur schnell, nur schnell! Aber kaum seid ihr von ihnen weggelaufen, habt ihr wieder ihre Namen vergessen. Die Pappel in den Feldern, die ihr den "Turm von Babel" genannt habt, denn ihr wusstet nicht oder wolltet nicht wissen, dass es eine Pappel war, schaukelt wieder namenlos und ihr müsst sie nennen 'Noah, wie er betrunken war'."

Ich war ein wenig bestürzt, als er sagte: "Ich bin froh, dass ich das, was ihr sagtet, nicht verstanden habe." Aufgeregt sagte ich rasch: "Dadurch, dass ihr froh seid darüber, zeigt ihr, dass ihr es verstanden habt." "Freilich habe ich es gezeigt, gnädiger Herr, aber auch ihr habt merkwürdig gesprochen." Ich legte meine Hände auf eine obere Stufe, lehnte mich zurück und fragte in dieser fast unangreifbaren Haltung, welche die letzte Rettung der Ringkämpfer ist: "Ihr habt eine lustige Art, euch zu retten, indem ihr Euren Zustand bei den anderen voraussetzt."

Daraufhin wurde er mutig. Er legte die Hände ineinander, um seinem Körper eine Einheit zu geben und sagte unter leichtem Widerstreben: "Nein, ich tue das nicht gegen alle, zum Beispiel auch gegen euch nicht, weil ich es nicht kann. Aber ich wäre froh, wenn ich es könnte, denn dann hätte ich die Aufmerksamkeit der Leute in der Kirche nicht mehr nötig. Wisset ihr, warum ich sie nötig habe?" Diese Frage machte mich unbeholfen. Sicherlich, ich wusste es nicht und ich glaube, ich wollte es auch nicht wissen. Ich hatte ja auch nicht hierher kommen wollen, sagte ich mir damals, aber der Mensch hatte mich gezwungen, ihm zuzuhören. So brauchte ich ja jetzt bloß meinen Kopf zu schütteln, um ihm zu zeigen, dass ich es nicht wusste, aber ich konnte meinen Kopf in keine Bewegung bringen.

Der Mensch, welcher mir gegenüber stand, lächelte. Dann duckte er sich auf seine Knie nieder und erzählte mit schläfriger Grimasse: "Es hat niemals eine Zeit gegeben, in der ich durch mich selbst von meinem Leben überzeugt war. Ich erfasse nämlich die Dinge um mich nur in so hinfälligen Vorstellungen, dass ich immer glaube, die Dinge hätten einmal gelebt, jetzt aber seien sie versinkend.

Immer, lieber Herr, habe ich eine Lust, die Dinge so zu sehen, wie sie sich geben mögen, ehe sie sich mir zeigen. Sie sind da wohl schön und ruhig. Es muss so sein, denn ich höre oft Leute in dieser Weise von ihnen reden."

Da ich schwieg und nur durch unwillkürliche Zuckungen in meinem Gesichte zeigte, wie unbehaglich mir war, fragte er: "Sie glauben nicht daran, dass die Leute so reden?" Ich glaubte, nicken zu müssen, konnte es aber nicht. "Wirklich, Sie glauben nicht daran? Ach hören Sie doch; als ich als Kind nach einem kurzen Mittagsschlaf die Augen öffnete, hörte ich noch ganz im Schlaf befangen meine Mutter in natürlichem Ton vom Balkon hinunterfragen: 'Was machen Sie meine Liebe. Es ist so heiß.' Eine Frau antwortete aus dem Garten: 'Ich jause im Grünen.' Sie sagten es ohne Nachdenken und nicht allzu deutlich, als müsste es jeder erwartet haben."

Ich glaubte, ich sei gefragt, daher griff ich in die hintere Hosentasche und tat, als suchte ich dort etwas. Aber ich suchte nichts, sondern ich wollte nur meinen Anblick verändern, um meine Teilnahme am Gespräch zu zeigen. Dabei sagte ich, dass dieser Vorfall so merkwürdig sei und dass ich ihn keineswegs begreife. Ich fügte auch hinzu, dass ich an dessen Wahrheit nicht glaube und dass er zu einem bestimmten Zweck, den ich gerade nicht einsehe, erfunden sein müsse. Dann schloss ich die Augen, denn sie schmerzten mich. "Oh, das ist doch gut, dass ihr meiner Meinung seid und es war uneigennützig, dass ihr mich angehalten habt, um mir das zu sagen.

Nicht wahr, warum sollte ich mich schämen - oder warum sollten wir uns schämen -, dass ich nicht aufrecht und schwer gehe, nicht mit dem Stock auf das Pflaster schlage und nicht die Kleider der Leute streife, welche laut vorübergehen. Sollte ich nicht vielmehr mit Recht trotzig klagen dürfen, dass ich als Schatten mit eckigen Schultern die Häuser entlang hüpfe, manchmal in den Scheiben der Auslagefenster verschwindend.

Was sind das für Tage, die ich verbringe! Warum ist alles so schlecht gebaut, dass bisweilen hohe Häuser einstürzen, ohne dass man einen äußeren Grund finden könnte. Ich klettere dann über die Schutthaufen und frage jeden, dem ich begegne: 'Wie konnte das nur geschehn! In unserer Stadt - ein neues Haus - das ist heute schon das Fünfte - bedenken Sie doch.' Da kann mir keiner antworten.

Oft fallen Menschen auf der Gasse und bleiben tot liegen. Da öffnen alle Geschäftsleute ihre mit Waren verhangenen Türen, kommen gelenkig herbei, schaffen den Toten in ein Haus, kommen dann, Lächeln um Mund und Augen, heraus und reden: 'Guten Tag - der Himmel ist blass - ich verkaufe viele Kopftücher - ja, der Krieg.' Ich hüpfe ins Haus und nachdem ich mehrere Male die Hand mit dem gebogenen Finger furchtsam gehoben habe, klopfe ich endlich an dem Fensterchen des Hausmeisters. 'Lieber Mann', sage ich freundlich, 'es wurde ein toter Mensch zu Ihnen gebracht. Zeigen Sie mir ihn, ich bitte Sie.' Und als er den Kopf schüttelt, als wäre er unentschlossen, sage ich bestimmt:

'Lieber Mann. Ich bin Geheimpolizist. Zeigen Sie mir gleich den Toten.' 'Einen Toten', fragt er jetzt und ist fast beleidigt. 'Nein, wir haben keinen Toten hier. Es ist ein anständiges Haus.' Ich grüße und gehe.

Dann aber, wenn ich einen großen Platz zu überqueren habe, vergesse ich an alles. Die Schwierigkeit dieses Unternehmens verwirrt mich und ich denke oft bei mir: 'Wenn man so große Plätze nur aus Übermut baut, warum baut man nicht auch ein Steingeländer, das durch den Platz führen könnte. Heute bläst ein Südwestwind. Die Luft auf dem Platz ist aufgeregt. Die Spitze des Rathausturmes beschreibt kleine Kreise. Warum macht man nicht Ruhe in dem Gedränge? Alle Fensterscheiben lärmen und die Laternenpfähle biegen sich wie Bambus. Der Mantel der heiligen Maria auf der Säule windet sich und die stürmische Luft reißt an ihm. Sieht es denn niemand? Die Herren und Damen, die auf den Steinen gehen sollten, schweben. Wenn der Wind Atem holt, bleiben sie stehen, sagen einige Worte zueinander und verneigen sich grüßend, stößt aber der Wind wieder, können sie ihm nicht widerstehen und alle heben gleichzeitig ihre Füße. Zwar müssen sie fest ihre Hüte halten, aber ihre Augen schauen lustig, als wäre milde Witterung. Nur ich fürchte mich." "Misshandelt, wie ich war, sagte ich: "Die Geschichte, die Sie früher erzählt haben von Ihrer Frau Mutter und der Frau im Garten finde ich gar nicht merkwürdig. Nicht nur, dass ich viele derartige Geschichten gehört und erlebt habe, so habe ich sogar bei manchen mitgewirkt. Diese Sache ist doch ganz natürlich. Meinen Sie, ich hätte, wenn ich am Balkon gewesen wäre, nicht dasselbe sagen können und aus dem Garten dasselbe antworten können? Ein so einfacher Vorfall."

Als ich das gesagt hatte, schien er sehr beglückt. Er sagte, dass ich hübsch gekleidet sei und dass ihm meine Halsbinde sehr gefalle. Und was für eine feine Haut ich hätte. Und Geständnisse würden am klarsten, wenn man sie widerriefe.

Gespräch mit dem Betrunkenen

Als ich aus dem Haustor mit kleinem Schritte trat, wurde ich von dem Himmel mit Mond und Sternen und großer Wölbung und von dem Ringplatz mit Rathaus, Mariensäule und Kirche überfallen.

Ich ging ruhig aus dem Schatten ins Mondlicht, knöpfte den Überzieher auf und wärmte mich; dann ließ ich durch Erheben der Hände das Sausen der Nacht schweigen und fing zu überlegen an:

"Was ist es doch, dass ihr tut, als wenn ihr wirklich wäret. Wollt ihr mich glauben machen, dass ich unwirklich bin, komisch auf dem grünen Pflaster stehend? Aber doch ist es schon lange her, dass du wirklich warst, du Himmel und du Ringplatz bist niemals wirklich gewesen."

"Es ist ja wahr, noch immer seid ihr mir überlegen, aber doch nur dann, wenn ich euch in Ruhe lasse." "Gott sei Dank, Mond, du bist nicht mehr Mond, aber vielleicht ist es nachlässig von mir, dass ich dich Mondbenannten noch immer Mond nenne. Warum bist du nicht mehr so übermütig, wenn ich dich nenne 'Vergessene Papierlaterne in merkwürdiger Farbe'. Und warum ziehst du dich fast zurück, wenn ich dich 'Mariensäule' nenne und ich erkenne deine drohende Haltung nicht mehr Mariensäule, wenn ich dich nenne 'Mond, der gelbes Licht wirft'."

"Es scheint nun wirklich, dass es euch nicht gut tut, wenn man über euch nachdenkt; ihr nehmt ab an Mut und Gesundheit. " "Gott, wie zuträglich muss es erst sein, wenn Nachdenkender vom Betrunkenen lernt!" "Warum ist alles still geworden. Ich glaube es ist kein Wind mehr. Und die Häuschen, die oft wie auf kleinen Rädern über den Platz rollen, sind ganz festgestampft - still - still - man sieht gar nicht den dünnen, schwarzen Strich, der sie sonst vom Boden trennt."

Und ich setzte mich in Lauf Ich lief ohne Hindernis dreimal um den großen Platz herum und da ich keinen Betrunkenen traf, lief ich ohne die Schnelligkeit zu unterbrechen und ohne Anstrengung zu verspüren gegen die Karlsgasse. Mein Schatten lief oft kleiner als ich neben mir an der Wand, wie in einem Hohlweg zwischen Mauer und Straßengrund.

Als ich bei dem Hause der Feuerwehr vorüberkam, hörte ich vom kleinen Ring her Lärm und als ich dort einbog, sah ich einen Betrunkenen am Gitterwerk des Brunnens stehen, die Arme waagrecht haltend und mit den Füßen, die in Holzpantoffeln staken, auf die Erde stampfend. Ich blieb zuerst stehen, um meine Atmung ruhig werden zu lassen, dann ging ich zu ihm, nahm meinen Zylinder vom Kopfe und stellte mich vor:

"Guten Abend, zarter Edelmann, ich bin dreiundzwanzig Jahre alt, aber ich habe noch keinen Namen. Sie aber kommen sicher mit erstaunlichen, ja mit singbaren Namen aus dieser großen Stadt Paris. Der ganz unnatürliche Geruch des ausgleitenden Hofes von Frankreich umgibt Sie."

"Sicher haben Sie mit Ihren gefärbten Augen jene großen Damen gesehen, die schon auf der hohen und lichten Terrasse stehen, sich in schmaler Taille ironisch umwendend, während das Ende ihrer auch auf der Treppe ausgebreiteten bemalten Schleppe noch über dem Sand des Gartens liegt. - Nicht wahr, auf langen Stangen, überall verteilt, steigen Diener in grauen frech geschnittenen Fräcken und weißen Hosen, die Beine um die Stange gelegt, den Oberkörper aber oft nach hinten und zur Seite gebogen, denn sie müssen an Stricken riesige graue Leinwandtücher von der Erde heben und in der Höhe spannen, weil die große Dame einen nebligen Morgen wünscht." Da er sich rülpste, sagte ich fast erschrocken: "Wirklich, ist es wahr, Sie kommen Herr aus unserem Paris, aus dem stürmischen Paris, ach, aus diesem schwärmerischen Hagelwetter?" Als er sich wieder rülpste, sagte ich verlegen: "Ich weiß, es widerfährt mir eine große Ehre."

Und ich knöpfte mit raschen Fingern meinen Überzieher zu, dann redete ich inbrünstig und schüchtern: "Ich weiß, Sie halten mich einer Antwort nicht für würdig, aber ich müsste ein verweintes Leben führen, wenn ich Sie heute nicht fragte." "Ich bitte Sie, so geschmückter Herr, ist das wahr, was man mir erzählt hat. Gibt es in Paris Menschen, die nur aus verzierten Kleidern bestehen und gibt es dort Häuser, die bloß Portale haben und ist es wahr, dass an Sommertagen der Himmel über der Stadt fliehend blau ist, nur verschönt durch angepresste weiße Wölkchen, die alle die Form von Herzen haben? Und gibt es dort ein Panoptikum mit großem Zulauf, in dem bloß Bäume stehen mit den Namen der berühmtesten Helden, Verbrecher und Verliebten auf kleinen angehängten Tafeln." "Und dann noch diese Nachricht! Diese offenbar lügnerische Nachricht!" "Nicht wahr, diese Straßen von Paris sind plötzlich verzweigt; sie sind unruhig, nicht wahr? Es ist nicht immer alles in Ordnung, wie könnte es auch sein! Es geschieht einmal ein Unfall, Leute sammeln sich, aus den Nebenstraßen kommend mit dem großstädtischen Schritt, der das Pflaster nur wenig berührt; alle sind zwar in Neugierde, aber auch in Furcht vor Enttäuschung; sie atmen schnell und strecken ihre kleinen Köpfe vor. Wenn sie aber einander berühren, so verbeugen sie sich tief und bitten um Verzeihung: 'Es tut mir sehr Leid, - es geschah ohne Absicht - das Gedränge ist groß, verzeihen Sie, ich bitte - es war sehr ungeschickt von mir - ich gebe das zu. Mein Name ist - mein Name ist Jerome Faroche, Gewürzkrämer bin ich in der rue du Cabotin - gestatten Sie, dass ich Sie für morgen zum Mittagessen einlade - auch meine Frau würde so große Freude haben.' So reden sie, während doch die Gasse betäubt ist und der Rauch der Schornsteine zwischen die Häuser fällt. So ist es doch. Und wäre es möglich, dass da einmal auf einem belebten Boulevard eines vornehmen Viertels zwei Wagen halten. Diener öffnen ernst die Türen. Acht edle sibirische Wolfshunde tänzeln hinunter und jagen bellend über die Fahrbahn in Sprüngen. Und da sagt man, dass es verkleidete junge Pariser Stutzer sind."

Er hatte die Augen fast geschlossen. Als ich schwieg, steckte er beide Hände in den Mund und riss am Unterkiefer. Sein Kleid war ganz beschmutzt. Man hatte ihn vielleicht aus einer Weinstube hinausgeworfen und er war darüber noch nicht im Klaren. Es war vielleicht diese kleine, ganz ruhige Pause zwischen Tag und Nacht, wo uns der Kopf, ohne dass wir es erwarten, im Genicke hängt und wo alles, ohne dass wir es merken, still steht, da wir es nicht betrachten und dann verschwindet. Während wir mit gebogenem Leib allein bleiben, uns dann umschauen, aber nichts mehr sehen, auch keinen Widerstand der Luft mehr fühlen, aber innerlich uns an der Erinnerung halten, dass in gewissem Abstand von uns Häuser stehen mit Dächern und glücklicherweise eckigen Schornsteinen, durch die das Dunkel in die Häuser fließt, durch die Dachkammern in die verschiedenartigen Zimmer. Und es ist ein Glück, dass morgen ein Tag sein wird, an dem, so unglaublich es ist, man alles wird sehen können.

Da riss der Betrunkene seine Augenbrauen hoch, sodass zwischen ihnen und den Augen ein Glanz entstand und er klärte in Absätzen: "Das ist so nämlich - ich bin nämlich schläfrig, daher werde ich schlafen gehen. - Ich habe nämlich einen Schwager am Wenzelsplatz - dorthin geh ich, denn dort wohne ich, denn dort habe ich mein Bett. - Ich geh jetzt. - Ich weiß nämlich nur nicht, wie er heißt und wo er wohnt - mir scheint, das habe ich vergessen - aber das macht nichts, denn ich weiß ja nicht einmal, ob ich überhaupt einen Schwager habe. - Jetzt gehe ich nämlich. - Glauben Sie, dass ich ihn finden werde?" Darauf sagte ich ohne Bedenken: "Das ist sicher. Aber Sie kommen aus der Fremde und Ihre Dienerschaft ist zufällig nicht bei Ihnen. Gestatten Sie, dass ich Sie führe." Er antwortete nicht. Da reichte ich ihm meinen Arm, damit er sich einhänge.

Die Aeroplane in Brescia

Wir sind angekommen. Vor dem Aerodrom liegt noch ein großer Platz mit verdächtigen Holzhäuschen, für die wir andere Aufschriften erwartet hätten, als: Garage, Grand Büfett International und so weiter. Ungeheure in ihren Wägelchen fett gewordene Bettler strecken uns ihre Arme in den Weg, man ist in der Eile versucht, über sie zu springen. Wir überholen viele Leute und werden von vielen überholt. Wir schauen in die Luft, um die es sich hier ja handelt. Gott sei Dank, noch fliegt keiner! Wir weichen nicht aus und werden doch nicht überfahren. Zwischen und hinter den Tausend Fuhrwerken und ihnen entgegen hüpft italienische Kavallerie. Ordnung und Unglücksfälle scheinen gleich unmöglich.

Einmal in Brescia spät am Abend wollten wir rasch in eine bestimmte Gasse kommen, die unserer Meinung nach ziemlich weit entfernt war. Ein Kutscher verlangt drei Lire, wir bieten zwei. Der Kutscher verzichtet auf die Fahrt und nur aus Freundschaft beschreibt er uns die geradezu entsetzliche Entfernung dieser Gasse. Wir fangen an, uns unseres Anbotes zu schämen. Gut, drei Lire. Wir steigen ein, drei Drehungen des Wagens durch kurze Gassen, wir sind dort, wohin wir wollten. Otto, energischer als wir zwei andern, erklärt, es falle ihm natürlich nicht im Geringsten ein, für die Fahrt, die eine Minute gedauert hat, drei Lire zu geben. Ein Lire sei mehr als genug. Da sei ein Lire. Es ist schon Nacht, das Gässchen ist leer, der Kutscher ist stark. Er kommt gleich in einen Eifer, als dauere der Streit schon eine Stunde: Was? - Das sei Betrug. - Was man sich denn denke. - Drei Lire seien vereinbart, drei Lire müssen gezahlt werden, drei Lire her oder wir würden staunen. Otto: "Den Tarif oder die Wache!" Tarif? Da sei kein Tarif - Wo gäbe es dafür einen Tarif? - Es sei eine Vereinbarung über eine Nachtfahrt gewesen, wenn wir ihm aber zwei Lire geben, so lasse er uns laufen. Otto zum Angst bekommen: "Den Tarif oder die Wache!" Noch einiges Geschrei und Suchen, dann wird ein Tarif herausgezogen, auf dem nichts zu sehen ist als Schmutz. Wir einigen uns daher auf ein Lire fünfzig und der Kutscher fährt weiter in die enge Gasse, in der er nicht wenden kann, nicht nur wütend, sondern auch wehmütig, wie mir scheinen will. Denn unser Benehmen ist leider nicht das Richtige gewesen; so darf man in Italien nicht auftreten, anderswo mag das Recht sein, hier nicht. Nun wer überlegt das in der Eile! Da ist nichts zu beklagen, man kann eben in einer kleinen Flugwoche nicht Italiener werden.

Aber Reue soll uns nicht die Freude auf dem Flugfeld verderben, das gäbe doch nur wieder frische Reue und wir springen ins Aerodrom mehr als wir gehen in dieser Begeisterung aller Gelenke, die uns, einen nach dem andern, unter dieser Sonne hier plötzlich manchmal erfasst.

Wir kommen an den Hangars vorüber, die mit ihren zusammengezogenen Vorhängen dastehen, wie geschlossene Bühnen wandernder Komödianten. Auf ihren Giebelfeldern stehen die Namen der Aviatiker, deren Apparate sie verbergen, darüber die Trikolore ihrer Heimat. Wir lesen die Namen Cobianchi, Cagno, Calderara, Rougier, Curtiss, Moncher (ein Tridentiner, der italienische Farben trägt, er vertraut ihnen mehr, als unseren, Anzani, Klub der römischen Aviatiker. Und Bleriot? fragen wir. Bleriot, an den wir die ganze Zeit über dachten, wo ist Bleriot?

In dem eingezäunten Platz vor seinem Hangar läuft Rougier, ein kleiner Mensch mit auffallender Nase, in Hemdsärmeln Auf und Ab.

Er ist in äußerster, etwas unklarer Tätigkeit, er wirft die Arme mit den stark bewegten Händen, betastet sich im Gehen überall, schickt seine Arbeiter hinter den Vorhang des Hangars, ruft sie zurück, geht selbst, alle vor sich drängend, hinein, während abseits seine Frau in engem, weißen Kleid, einen kleinen schwarzen Hut stark ins Haar gepresst, die Beine im kurzen Rock zart auseinander gestellt, in die leere Hitze schaut, eine Geschäftsfrau mit allen Sorgen des Geschäftes in ihrem kleinen Kopf.

Vor dem benachbarten Hangar sitzt Curtiss ganz allein. Durch die ein wenig gelüfteten Vorhänge ist sein Apparat zu sehen; er ist größer, als man erzählt. Als wir vorüberkommen, hält Curtiss den Newyork Herald in der Höhe vor sich und liest eine Zeile oben auf einer Seite; nach einer halben Stunde kommen wir wieder vorbei, er hält schon in der Mitte dieser Seite; wieder nach einer halben Stunde ist er mit der Seite fertig und fängt eine neue an. Fliegen will er heute offenbar nicht.

Wir wenden uns und sehen das weite Feld. Es ist so groß, dass alles, was sich auf ihm befindet, verlassen scheint: die Zielstange nahe bei uns, der Signalmast in der Ferne, der Startkatapult irgendwo rechts, ein Komiteeautomobil, das mit im Wind gespanntem gelben Fähnchen einen Bogen über das Feld beschreibt, in seinem eigenen Staub stehen bleibt und wieder fährt.

Eine künstliche Einöde ist hier eingerichtet worden in einem fast tropischen Lande und der Hochadel Italiens, glänzende Damen aus Paris und alle andern Tausende sind hier beisammen, um viele Stunden mit schmalen Augen in diese sonnige Einöde zu schauen. Nichts ist auf diesem Platz, was sonst auf Sportfeldern Abwechslung bringt. Es fehlen die hübschen Hürden der Pferderennen, die weißen Zeichnungen der Tennisplätze, der frische Rasen der Fußballspiele, das steinerne Auf und Ab der Automobil- und Radrennbahnen. Nur zwei- oder dreimal während des Nachmittags trabt ein Zug farbiger Reiterei quer über die Ebene. Die Füße der Pferde sind unsichtbar im Staub, das gleichmäßige Licht der Sonne ändert sich bis gegen die fünfte Nachmittagsstunde nicht. Und damit nichts im Anblick dieser Ebene störe, fehlt auch jede Musik, nur das Pfeifen der Massen auf den billigen Plätzen sucht die Bedürfnisse des Ohres und der Ungeduld zu erfüllen. Von den teueren Tribünen aus, die hinter uns stehen, mag allerdings jenes Volk mit der leeren Ebene ohne Unterschied in eins zusammenfließen.

An einer Stelle des Holzgeländers stehen viele Leute aneinander. "Wie klein!" ruft eine französische Gruppe gleichsam seufzend. Was ist denn los? Wir drängen uns durch. Aber da steht ja auf dem Felde, ganz nahe, mit wirklicher gelblicher Farbe ein kleiner Aeroplan, den man zum Fliegen vorbereitet. Nun sehen wir auch den Hangar Bleriots, neben ihm den seines Schülers Leblanc, sie sind auf dem Felde selbst aufgebaut. An einen der zwei Flügel des Apparats gelehnt steht, gleich erkannt, Bleriot und schaut, den Kopf fest auf dem Halse, seinen Mechanikern in die Finger, wie sie am Motor arbeiten.

Ein Arbeiter fasst den einen Flügel der Schraube um sie anzudrehn, er reißt an ihr, es gibt auch einen Ruck, man hört etwas wie den Atemzug eines starken Mannes im Schlaf, aber die Schraube rührt sich nicht weiter. Noch einmal wird es versucht, zehnmal wird es versucht, manchmal bleibt die Schraube gleich stehen, manchmal gibt sie sich für ein paar Wendungen her. Es liegt am Motor. Neue Arbeiten fangen an, die Zuschauer ermüden mehr als die nahe Beteiligten. Der Motor wird von allen Seiten geölt; verborgene Schrauben werden gelockert und zugeschnürt; ein Mann läuft ins Hangar, holt ein Ersatzstück; da passt es wieder nicht; er eilt zurück und hockend auf dem Boden des Hangar bearbeitet er es mit einem Hammer zwischen seinen Beinen. Bleriot wechselt den Sitz mit einem Mechaniker, der Mechaniker mit Leblanc. Bald reißt dieser Mann an der Schraube, bald jener. Aber der Motor ist unbarmherzig, wie ein Schüler, dem man immer hilft, die ganze Klasse sagt ihm ein, nein, er kann es nicht, immer wieder bleibt er stecken, immer wieder bei der gleichen Stelle bleibt er stecken, versagt. Ein Weilchen lang sitzt Bleriot ganz still in seinem Sitz; seine sechs

Mitarbeiter stehen um ihn herum, ohne sich zu rühren; alle scheinen zu träumen.

Die Zuschauer können einmal aufatmen und sich umsehen. Die junge Frau Bleriot mit mütterlichem Gesicht kommt vorüber, zwei Kinder hinter ihr. Wenn ihr Mann nicht fliegen kann, ist es ihr nicht Recht und wenn er fliegt, hat sie Angst; überdies ist ihr schönes Kleid ein bisschen zu schwer für diese Temperatur.

Wieder wird die Schraube angedreht, vielleicht besser als früher, vielleicht auch nicht; der Motor kommt mit Lärm in Gang, als sei er ein anderer; vier Männer halten rückwärts den Apparat und inmitten der Windstille ringsherum fährt der Luftzug von der schwingenden Schraube her in Stößen durch die Arbeitsmäntel dieser Männer. Man hört kein Wort, nur der Lärm der Schraube scheint zu kommandieren, acht Hände entlassen den Apparat, der lange über die Erdschollen hinläuft, wie ein Ungeschickter auf Parkett.

Viele solche Versuche werden gemacht und alle enden unabsichtlich. Jeder treibt das Publikum in die Höhe, auf die Strohsessel hinauf, auf denen man mit ausgestreckten Armen zugleich sich in Balance erhält, zugleich auch Hoffnung, Angst und Freude zeigen kann. In den Pausen aber zieht die Gesellschaft des italienischen Adels die Tribünen entlang. Man begrüßt einander, verneigt sich, erkennt einander wieder, es gibt Umarmungen, man steigt die Treppen zu den Tribünen hinauf und hinab. Man zeigt einander die Principessa Laetitia Savoia Bonaparte, die Principessa Borghese, eine ältliche Dame, deren Gesicht die Farbe dunkelgelber Weintrauben hat, die Contessa Morosini. Marcello Borghese ist bei allen Damen und keiner, er scheint von der Ferne ein verständliches Gesicht zu haben, in der Nähe aber schließen sich seine Wangen über den Mundwinkeln ganz fremd. Gabriele d'Annunzio, klein und schwach, tanzt scheinbar schüchtern vor dem Conte Oldofredi, einem der bedeutendsten Herren des Komitees. Von der Tribüne schaut über das Geländer das starke Gesicht Puccinis mit einer Nase, die man eine Trinkernase nennen könnte.

Aber diese Personen erblickt man nur, wenn man sie sucht, sonst sieht man überall alles entwertend die langen Damen der heutigen Mode. Sie ziehen das Gehen dem Sitzen vor, in ihren Kleidern sitzt es sich nicht gut. Alle Gesichter, asiatisch verschleiert, werden in einer leichten Dämmerung getragen. Das am Oberkörper lose Kleid lässt die ganze Gestalt von rückwärts etwas zaghaft erscheinen; ein wie gemischter, ruheloser Eindruck entsteht, wenn solche Damen zaghaft erscheinen! Das Mieder liegt tief, kaum noch zu fassen; die Taille scheint breiter, als gewöhnlich, weil alles schmal ist; diese Frauen wollen tiefer umarmt sein.

Es war nur der Apparat Leblancs, der bisher gezeigt wurde. Nun aber kommt der Apparat, mit dem Bleriot den Kanal überflogen hat; keiner hat es gesagt, alle wissen es. Eine lange Pause und Bleriot ist in der Luft, man sieht seinen geraden Oberkörper über den Flügeln, seine Beine stecken tief als Teil der Maschinerie. Die Sonne hat sich geneigt und unter dem Baldachin der Tribünen durch beleuchtet sie die schwebenden Flügel. Hingegeben sehen alle zu ihm auf, in keinem Herzen ist für einen andern Platz. Er fliegt eine kleine Runde und zeigt sich dann fast senkrecht über uns. Und alles sieht mit gerecktem Hals, wie der Monoplan schwankt, von Bleriot gepackt wird und sogar steigt. Was geschieht denn? Hier oben ist zwanzig Meter über der Erde ein Mensch in einem Holzgestell verfangen und wehrt sich gegen eine freiwillig übernommene unsichtbare Gefahr. Wir aber stehen unten ganz zurückgedrängt und wesenlos und sehen diesem Menschen zu.

Alles geht gut vorüber. Der Signalmast zeigt gleichzeitig an, dass der Wind günstiger geworden ist und Curtiss um den großen Preis von Brescia fliegen wird. Also doch? Kaum verständigt man sich darüber, schon rauscht der Motor des Curtiss, kaum sieht man hin, schon fliegt er von uns weg, fliegt über die Ebene, die sich vor ihm vergrößert, zu den Wäldern in der Ferne, die jetzt erst aufzusteigen scheinen. Lange geht sein Flug über jene Wälder, er verschwindet, wir sehen die Wälder an, nicht ihn. Hinter Häusern, Gott weiß wo, kommt er in gleicher Höhe wie früher hervor, jagt gegen uns zu; steigt er, dann sieht man die unteren Flächen des Biplans dunkel sich neigen, sinkt er, dann glänzen die oberen Flächen in der Sonne. Er kommt um den Signalmast herum und wendet, gleichgültig gegen den Lärm der Begrüßung, geradeaus dorthin, von wo er gekommen ist, um nur schnell wieder klein und einsam zu werden. Er führt fünf solche Runden aus, fliegt 50 km in 49, 24 und gewinnt damit den großen Preis von Brescia, 30.000 L.. Es ist eine vollkommene Leistung, aber vollkommene Leistungen können nicht gewürdigt werden, vollkommener Leistungen hält sich am Ende jeder für fähig, zu vollkommenen Leistungen scheint kein Mut nötig. Und während Curtiss allein dort über den Wäldern arbeitet, während seine allen bekannte Frau um ihn sich sorgt, hat die Menge fast an ihn vergessen. Überall wird nur darüber geklagt, dass Calderara nicht fliegen wird (sein Apparat ist zerbrochen), dass Rougier schon zwei Tage lang an seinem Voisinflieger herumhantiert, ohne ihn loszulassen dass Zodiac, der italienische Lenkballon, noch immer nicht gekommen ist. Über Calderaras Unglück laufen so rühmliche Gerüchte um, dass man glauben will, die Liebe der Nation sollte ihn sicherer in die Luft heben, als sein Wrightflieger.

Noch hat Curtiss seinen Flug nicht beendet und schon fangen wie vor Begeisterung in drei Hangars die Motors zu arbeiten an. Wind und Staub schlägt aus entgegengesetzten Richtungen zusammen. Zwei Augen genügen nicht. Man dreht sich auf seinem Sessel, schwankt, hält sich an irgendjemandem fest, bittet um Verzeihung, irgendjemand schwankt, reißt einen mit, man bekommt Dank. Der frühe Abend des italienischen Herbstes beginnt, auf dem Felde ist nicht mehr alles deutlich zu sehen.

Gerade als Curtiss nach seinem Siegesflug vorüberkommt, ohne herzuschauen ein bisschen lächelnd die Mütze abnimmt, fängt Bleriot einen kleinen Kreisflug an, den ihm alle schon vorher zutrauen! Man weiß nicht, ob man Curtiss applaudiert oder Bleriot oder schon Rougier, dessen großer schwerer Apparat sich jetzt in die Luft wirft. Rougier sitzt an seinen Hebeln wie ein Herr an einem

Schreibtisch, zu dem man hinter seinem Rücken auf einer kleinen Leiter kommen kann. Er steigt in kleinen Runden, überfliegt Bleriot, macht ihn zum Zuschauer und hört nicht auf zu steigen.

Wenn wir noch einen Wagen bekommen wollen, ist es höchste Zeit wegzugehen; viele Leute drängen schon an uns vorüber. Man weiß ja, dieser Flug ist nur ein Experiment, da es schon gegen 7 Uhr geht, wird er nicht mehr offiziell registriert. In dem Vorhof des Aerodroms stehen die Chauffeure und Diener auf ihren Sitzen und zeigen auf Rougier; vor dem Aerodrom stehen die Kutscher auf den verstreuten vielen Wagen und zeigen auf Rougier; drei Züge voll bis zum letzten Puffer rühren sich nicht wegen Rougiers. Wir bekommen glücklich einen Wagen, der Kutscher hockt sich vor uns nieder (einen Kutschbock gibt es nicht) und endlich wieder selbstständige Existenzen geworden fahren wir los. Max macht die sehr richtige Bemerkung, dass man etwas Ähnliches wie hier auch in Prag veranstalten könnte und sollte. Es müsste ja kein Wettfliegen sein, meint er, trotzdem auch das sich lohnen würde, aber einen Aviatiker einladen, das wäre doch sicher eine Leichtigkeit und kein Beteiligter würde es zu bereuen haben. Die Sache wäre ja so einfach; jetzt fliegt Wright in Berlin, nächstens wird Bleriot in Wien fliegen, Latham in Berlin. Man müsste also die Leute nur zu dem kleinen Umweg überreden. Wir zwei andern antworten nichts, da wir erstens müde sind und zweitens auch sonst nichts einzuwenden hätten. Der Weg dreht sich und Rougier erscheint so hoch, dass man glaubt, seine Lage könne bald nur nach den Sternen bestimmt werden, die sich gleich auf dem Himmel zeigen werden, der sich schon dunkel verfärbt. Wir hören nicht auf, uns umzudrehen; gerade steigt noch Rougier, mit uns aber geht es endgültig tiefer in die Campagna.

Ein Roman der Jugend

Ob es will, oder nicht, es ist ein Buch um junge Leute glücklich zu machen. Vielleicht muss der Leser, während er diesen Roman in Briefform zu lesen beginnt, aus Not ein wenig einfältig werden, denn ein Leser kann nicht gedeihen, beugt man seinen Kopf sogleich mit dem ersten Ruck über den unveränderlichen Strom eines Gefühls. Und vielleicht ist diese Einfalt des Lesers die Ursache, dass ihm die Schwächen des Autors hier im Anfang geradezu morgendlich klar erscheinen: Eine beschränkte Terminologie von Werthers Schatten umkreist, schmerzlich den Ohren mit immer "süß" und immer "hold". Ein beständig wiederkehrendes Entzücken, dessen Fülle niemals aufgegeben wird, das aber, oft nur noch gerade an den Worten hängend, tot durch die Seiten geht.

Wird dann aber der Leser vertrauter, bekommt er einen geschützten Platz, dessen Boden schon gemeinsam mit dem Boden der Geschichte zittert, dann ist die Einsicht nicht mehr schwierig, dass die Briefform des Romans den Autor fast mehr braucht, als er sie. Die Briefform gestattet, einen raschen Wechsel aus einem dauernden Zustand herauszuschildern, ohne dass der rasche Wechsel um seine Raschheit kommt; sie gestattet, einen dauernden Zustand durch einen Aufschrei bekannt zu machen und die Dauer bleibt daneben bestehen. Sie erlaubt ohne Schaden die Entwicklung aufzuhalten, denn während der Mann, dessen berechtigte Hitze uns erregt, seine Briefe schreibt, schonen ihn alle Mächte, die Vorhänge sind herabgelassen und bei Ruhigsein des ganzen Körpers schiebt er gleichmäßig seine Hand über das Briefpapier. Es wird des Nachts im Halbschlaf geschrieben; je größer die Augen hierbei sind, desto früher fallen sie zu. Es werden zwei Briefe hinter einander an verschiedene Adressaten geschrieben und der Zweite mit einem Kopf, der nur an den Ersten denkt. Es werden Briefe abends, in der Nacht und am Morgen geschrieben und das Gesicht am Morgen schaut über das schon unkenntliche Nachtgesicht hinweg, dem Gesicht vom Abend noch mit Verständnis in die Augen. Die Worte "Liebstes, liebstes Gretchen!" kommen verdeckt zwischen zwei großen Sätzen hervor, stoßen durch die Überraschung beide zurück und bekommen alle Freiheit.

Und wir verlassen alles, den Ruhm, die Dichtkunst, die Musik und verlieren uns, wie wir sind, in jenes sommerliche Land, wo die Felder und Wiesen "ähnlich wie im Holländischen, von schmalen, dunklen Wasserarmen durchzogen sind", wo im Kreise erwachsener Mädchen, kleiner Kinder und einer klugen Frau Oswald in das Gretchen beim Tiktak kleiner gesprochener Sätze sich verliebt. Dieses Gretchen lebt in der tiefsten Stelle des Romans; von allen Seiten, immer wieder, stürzen wir ihm zu. Selbst Oswald verlieren wir hie und da aus den Augen, sie nicht, selbst durch das lauteste Lachen ihrer kleinen Gesellschaft sehen wir sie wie durch ein Gebüsch. Jedoch kaum sehen wir sie, ihre einfache Gestalt, schon sind wir ihr so nahe, dass wir sie nicht mehr sehen können, kaum fühlen wir sie nahe, sind wir ihr schon entrissen und sehen sie klein in der Ferne. "Sie lehnte ihr Köpfchen an das Birkengeländer, sodass der Mond zur Hälfte ihr Gesicht beschien. "

Die Bewunderung für diesen Sommer im Herzen - wer wagte zu sagen oder besser wer wagte die leichte Beweisführung, dass sich von da ab das Buch zugleich mit dem Helden, mit der Liebe, der Treue, zugleich mit allen guten Dingen geradewegs totschlägt, während bloß die Dichtkunst des Helden siegt, eine Angelegenheit, die nur infolge ihrer Gleichgültigkeit nicht fraglich ist? So geschieht es, dass der Leset, je mehr es gegen Ende geht, desto stärker zu jenem anfänglichen Sommer sich zurückwünscht und schließlich, statt dem Helden auf den Selbstmordfelsen zu folgen, glücklich zu jenem Sommer zurückkehrt und für immer sich dort fest halten möchte.

Eine entschlafene Zeitschrift

Die Zeitschrift "Hyperion" hat ihre Arbeit halb gezwungen, halb freiwillig beendet und ihre zwölf wie Steinplatten großen, weißen Hefte sollen jetzt abgeschlossen sein. Unmittelbar erinnern an sie nur noch die Hyperionalmanache 1910 und 1911, um die sich das Publikum wie um die unterhaltenden Reliquien eines unbequemen Toten reißt. Der wesentliche Herausgeber war Franz Blei, dieser bewundernswerte Mann, den die Mannigfaltigkeit seiner Talente in die dichteste Literatur hineintreibt, wo er sich aber nicht befreien und halten kann, sondern mit verwandelter Energie zu Zeitschriftengründungen entläuft. Der Verleger war Hans von Weber, dessen Verlag zuerst vom "Hyperion" ganz überdeckt war, heute aber, ohne sich in einer Seitengasse der Literatur zu verstecken, ohne aber auch mit allgemeinen Programmen zu strahlen, einer der zielbewusstesten großen deutschen Verlage geworden ist.

Die Absicht der Gründer des "Hyperion" war, mit ihm in jene Lücke des literarischen Zeitschriftenwesens zu treten, die zuerst der "Pan" erkannt, nach ihm die "Insel" auszufüllen versucht hatte und die seitdem scheinbar offen stand. Hier fängt schon der Irrtum des "Hyperion" an. Freilich hat kaum je eine literarische Zeitschrift edler geirrt. Der "Pan" brachte zu seiner Zeit über Deutschland die Wohltat eines Schreckens, indem er die wesentlichen zeitgemäßen, aber noch unerkannten Kräfte einigte und durch einander stärkte. Die "Insel" erschmeichelte sich dort, wo ihr jene äußerste Notwendigkeit fehlte, eine andere, wenn auch niedrigere. Der "Hyperion" hatte keine. Er sollte denen, die an den Grenzen der Literatur wohnen, eine große lebendige Repräsentation geben; aber sie gebührte jenen nicht und sie wollten sie im Grunde auch nicht haben. Diejenigen, die ihre Natur von der Gemeinschaft fernhält, können nicht ohne Verlust regelmäßig in einer Zeitschrift auftreten, wo sie sich zwischen den andern Arbeiten in eine Art bühnenmäßigen Lichts gestellt fühlen müssen und fremder aussehen, als sie sind; sie brauchen auch keine Verteidigung, denn das Unverständnis kann sie nicht treffen und die Liebe findet sie überall. Sie brauchen auch keine Kräftigung, denn, wenn sie wahrhaftig bleiben wollen, können sie nur von sich selbst zehren, sodass man ihnen nicht helfen kann, ohne ihnen vorher zu schaden. Wenn also die Möglichkeiten anderer Zeitschriften, zu repräsentieren, zu zeigen, zu verteidigen, zu kräftigen, sich dem "Hyperion" versagten, konnten überdies peinliche Nachteile nicht vermieden werden: Eine solche Literaturversammlung, wie sie im "Hyperion" beisammen war, zieht mit Macht und ohne die Fähigkeit sich zu wehren, Lügenhaftes an; dagegen gab es dort, wo die beste allgemeine Literatur und Kunst in den "Hyperion" eintrat, keineswegs immer einen vollkommenen Zusammenklang und jedenfalls keinen besonderen anders wo nicht zu erreichenden Gewinn. Alle diese Bedenken aber konnten in den zwei Jahren den Genuss des "Hyperion" nicht stören, denn schon der Reiz des Versuches machte alles vergessen; dem "Hyperion" selbst allerdings gingen diese Bedenken wohl an den Leib. Sein Andenken aber wird schon deshalb nicht verschwinden können, weil in den nächsten Generationen sich sicher keiner finden wird, der den Willen, die Kraft, den Opfermut und die begeisterte Verblendung hätte, ein ähnliches Unternehmen wieder anzufangen; und deshalb beginnt der unvergessene "Hyperion" jeder Feindschaft schon zu entrücken und wird in zehn oder zwanzig Jahren einfach ein bibliografischer Schatz sein.

Die erste lange Eisenbahnfahrt

Unter dem Titel "Richard und Samuel - Eine kleine Reise durch mitteleuropäische Gegenden", wird ein Bändchen die parallelen Reisetagebücher zweier Freunde verschiedenartigen Charakters enthalten.

Samuel ist ein weitläufiger junger Mann, der mit vielem Ernst sich Kenntnisse im großen Stil und ein richtiges Urteil über alle Gegenstände des Lebens und der Kunst zu bilden bestrebt ist, ohne doch jemals nüchtern oder gar pedantisch zu werden. Richard hat keinen bestimmten Interessekreis, lässt sich von rätselhaften Gefühlen, noch mehr von seiner Schwäche treiben, zeigt aber in seinem engen und zufälligen Kreise so viel Intensität und naive Selbstständigkeit, dass er nie zu schrullenhafter Komik ausartet. Dem Berufe nach ist Samuel Sekretär eines Kunstvereines, Richard Bankbeamter. Richard hat Vermögen, arbeitet nur, weil er sich nicht für fähig hält, freie Tage zu ertragen; Samuel muss von seiner (überdies erfolgreichen und sehr geschätzten) Arbeit leben.

Die beiden, obwohl Schulkollegen, sind während dieser beschriebenen Reise zum ersten Mal andauernd mit einander allein. Sie schätzen einander, obwohl sie einander unbegreiflich erscheinen. Anziehung und Abstoßung wird vielartig gefühlt. Es wird beschrieben, wie sich dieses Verhältnis zunächst zu überhitzter Intimität anstachelt, dann nach manchen Zwischenfällen auf dem gefährlichen Boden von Mailand und Paris in männliches Verständnis gegenseitig beruhigt und ganz befestigt. Die Reise schließt damit, dass die beiden Freunde ihre Fähigkeiten zu einem neuen eigenartigen Kunstunternehmen vereinigen.

Die vielen Nuancen, deren Freundschaftsbeziehungen zwischen Männern fähig sind, darzustellen und zugleich die bereisten Länder durch eine widerspruchsvolle Doppelbeleuchtung in einer Frische und Bedeutung sehen zu lassen, wie sie oft mit Unrecht nur exotischen Gegenden zugeschrieben werden: ist der Sinn dieses Buches.

Samuel: Abfahrt 26. VIII. 1911 Mittag 1 Uhr 2 Min.
Richard: Beim Anblick Samuels, der in seinen bekannten winzigen Taschenkalender etwas Kurzes einträgt, habe ich wieder die alte schöne Idee, jeder von uns solle ein Tagebuch über diese Reise führen. Ich sage es ihm. Er lehnt zuerst ab, dann stimmt er zu, er begründet beides, ich verstehe es beidemal nur oberflächlich, aber das macht nichts, wenn wir nur Tagebücher führen werden. - Jetzt lacht er schon wieder über mein Notizbuch, welches allerdings, in Glanzleinen schwarz eingebunden, neu, sehr groß, quadratisch, eher einem Schulheft ähnelt. Ich sehe voraus, dass es schwer und jedenfalls lästig sein wird, dieses Heft während der ganzen Reise

in der Tasche zu tragen. Übrigens kann ich mir auch in Zürich mit ihm zugleich ein praktisches kaufen. Er hat auch eine Füllfeder. Ich werde mir sie hie und da ausborgen.

Samuel: In einer Station unserem Fenster gegenüber ein Wagon mit Bäuerinnen. Im Schoße einer, die lacht, schläft eine. Aufwachend winkt sie uns, unanständig in ihrem Halbschlaf "Komm". Als verspotte sie uns, weil wir nicht hinüberkönnen. Im Nebenkoupee eine dunkle, heroische, ganz unbeweglich. Den Kopf tief zurückgelehnt schaut sie entlang der Scheibe hinaus. Delfische Sibylle.
Richard: Aber was mir nicht gefüllt, ist sein anknüpferischer, fälschlich Vertrautheit vorgebender, fast liebesdienerischer Gruß an die Bäuerinnen. Nun setzt sich gar der Zug in Bewegung und Samuel bleibt mit seinem zu groß angefangenen Lächeln und Mützeschwenken allein. – Übertreibe ich nicht? – Samuel liest mir seine erste Bemerkung vor, sie macht auf mich einen großen Eindruck. Ich hätte auf die Bäuerinnen mehr Acht geben sollen. – Der Kondukteur fragt, übrigens sehr undeutlich, als hätte er es mit lauter Leuten zu tun, die diese Strecke schon oft gefahren sind, ob jemand für Pilsen Kaffee bestellen wolle. Bestellt man, so klebt er einen schmalen grünen Zettel für jede Portion ans Koupeefenster, so wie in Misdroy ehemals, so lange es keine Landungsbrücke gab, der ferne Dampfer durch Wimpel die Zahl der Boote, die zum Ausbooten benötigt wurden, anzeigte. Samuel kennt Misdroy gar nicht. Schade, dass ich nicht mit ihm dort war. Es war damals sehr schön. Diesmal wird es auch wunderbar schön werden. Die Fahrt ist zu schnell, es vergeht zu rasch; die Begierde nach weiten Reisen, die ich jetzt habe! – Welch ein altertümlicher Vergleich ist der obige, da seit fünf Jahren der Landungssteg in Misdroy steht. Der Kaffee in Pilsen auf dem Perron. Man muss ihn mit Zettel nicht nehmen und bekommt ihn auch ohne.

Samuel: Vom Perron aus sehen wir ein fremdes Mädchen aus unserem Koupee herausschauen, die spätere Dora Lippert. Hübsch, dicknasig, kleiner Halsausschnitt in weißer Spitzenbluse. Erste gemeinschaftliche Tatsache bei der Weiterfahrt: ihr großer Hut in seiner Papierhülle schwebt aus dem Gepäcknetz leicht auf meinen Kopf herab. - Wir erfahren, dass sie die Tochter eines nach Innsbruck versetzten Offiziers ist und zu ihren Eltern fährt, die sie schon so lange nicht gesehen hat. Sie arbeitet in einem technischen Büro in Pilsen, den ganzen Tag, hat sehr viel zu tun, aber es macht ihr Freude, sie ist sehr zufrieden mit ihrem Leben. Im Büro heißt sie: unser Nesthäkchen, unsere kleine Schwalbe. Sie ist dort unter lauter Männern, die jüngste. O es ist lustig im Büro! Man verwechselt die Hüte in der Garderobe, nagelt die Zehnuhrkipfel an oder klebt einem den Federstiel mit Gummiarabicum an die Schreibmappe. Wir selbst haben Gelegenheit an einem solchen "tadellosen" Witz mitzuwirken. Sie schreibt nämlich eine Karte an ihre Bürokollegen, in der es heißt: "Das Vorausgesagte ist leider eingetroffen. Ich bin in einen falschen Zug eingestiegen und befinde mich jetzt in Zürich. Herzliche Grüße. " Wir sollen diese Karte in Zürich aufgeben. Sie erwartet aber von uns als "Ehrenmännern", dass wir nichts dazuschreiben. Im Büro wird man natürlich Sorge haben, telegrafieren und Gott weiß, was noch. - Sie ist Wagnerianerin, fehlt bei keiner Wagnervorstellung, "diese Kurz neulich als Isolde", auch den Briefwechsel Wagners mit der Wesendonck liest sie eben, sie nimmt ihn sogar nach Innsbruck mit, ein Herr, natürlich jener, der ihr die Klavierauszüge vorspielt, hat ihr das Buch geborgt. Sie selbst hat leider wenig Talent zum Klavierspiel, wir wissen es aber schon, seitdem sie uns einige Leitmotive vorgesummt hat. - Sie sammelt Schokoladenpapier, aus dem sie eine große Staniolkugel macht, die sie auch mit hat. Diese Kugel ist für eine Freundin bestimmt, weiterer Zweck unbekannt. Sie sammelt aber auch Zigarrenbinden, diese ganz bestimmt für ein Tablett. - Der Erste bayerische Kondukteur bringt sie darauf, ihre sehr widerspruchsvollen und dunklen Ansichten einer Offizierstochter über das österreichische Militär und Militär überhaupt kurz und mit großer Entschiedenheit zu äußern. Sie hält nämlich nicht nur das österreichische Militär für schlapp, sondern auch das deutsche und jedes Militär überhaupt. Aber läuft sie nicht im Büro zum Fenster, wenn Militärmusik vorüberkommt? Eben nicht, denn das ist kein Militär. Ja, ihre jüngere Schwester, die ist anders. Die tanzt fleißig

im Innsbrucker Offizierskasino. Also Uniformen imponieren ihr gar nicht und Offiziere sind für sie Luft. Offenbar ist daran zum Teil jener Herr schuld, der ihr die Klavierauszüge borgt, zum Teil aber unser Hin- und Herspazieren auf dem Perron des Further Bahnhofs, denn sie fühlt sich nach der Fahrt im Gehen so frisch und streicht mit den Handflächen ihre Hüften. Richard verteidigt das Militär, aber ganz im Ernst. – Ihre Lieblingsausdrücke: tadellos – mit Null Komma fünf Beschleunigung – herausfeuern – prompt – schlapp.
Richard: Dora L. hat runde Wangen mit viel blondem Flaum; sie sind aber so blutleer, dass man sehr lange die Hände in sie drücken müsste, ehe sich eine Rötung zeigte. Das Mieder ist schlecht, über seinem Rande auf der Brust zerknittert sich die Bluse; davon muss man absehen. Froh bin ich, dass ich ihr gegenüber und nicht neben ihr sitze, ich kann nämlich mit einem, der neben mir sitzt, nicht reden. Samuel z.B. setzt sich wieder mit Vorliebe neben mich; er sitzt auch gern neben Dora. Ich dagegen fühle mich ausgehorcht, wenn sich jemand neben mich setzt. Schließlich hat man ja wirklich gegen einen solchen Menschen von vornherein kein Auge in Bereitschaft, man muss sie erst zu ihm hinüberdrehen. Allerdings bin ich infolge meines Gegenübersitzens von der Unterhaltung Doras und Samuels, besonders wenn der Zug fährt, zeitweilig ausgeschlossen; alle Vorteile kann man nicht haben. Dafür sah ich sie aber schon, wenn auch nur Augenblicke lang, stumm neben einandersitzen; natürlich ohne meine Schuld.

Ich bewundere sie; sie ist so musikalisch. Samuel allerdings scheint ironisch zu lächeln, als sie ihm etwas leise vorsingt. Vielleicht war es nicht ganz korrekt, aber immerhin, verdient es nicht Bewunderung, dass sich ein in einer großen Stadt allein stehendes Mädchen so herzlich für Musik interessiert? Sie hat sogar in ihr Zimmer, das doch nur gemietet ist, ein gemietetes Klavier schaffen lassen. Man muss sich nur vorstellen: eine so umständliche Angelegenheit wie ein Klaviertransport, die selbst ganzen Familien Schwierigkeiten macht und das schwache Mädchen! Wie viel Selbstständigkeit und Entschiedenheit gehört dazu!

Ich frage sie nach ihrem Haushalt. Sie wohnt mit zwei Freundinnen, abends kauft eine von ihnen das Nachtmahl in einem Delikatessengeschäft, sie unterhalten sich sehr gut und lachen viel. Dass das alles bei Petroleumbeleuchtung geschieht, kommt mir, als ich es höre, merkwürdig vor, aber ich will es ihr nicht sagen. Offenbar liegt ihr auch an dieser schlechten Beleuchtung nichts, denn bei ihrer Energie könnte sie von ihrer Wirtin gewiss auch eine bessere erzwingen, wenn es ihr einmal einfiele.

Da sie im Laufe des Gespräches alles vorzeigen muss, was sie in ihrem Täschchen hat, sehen wir auch eine Medizinflasche mit irgendetwas Abscheulichem Gelbem drin. Jetzt erst erfahren wir, dass sie nicht ganz gesund ist, sogar lange krank gelegen ist. Und nachher war sie noch sehr schwach. Damals hat ihr der Chef selbst geraten (so anständig ist man gegen sie), nur halbe Tage ins Büro zu kommen. Jetzt geht es ihr besser, sie muss aber dieses Eisenpräparat nehmen. Ich rate ihr, es lieber zum Fenster hinauszuschütten. Sie stimmt zwar leicht zu (denn das Zeug schmeckt elend), ist aber nicht zum Ernst zu bringen, trotzdem ich, näher zu ihr vorgebeugt als jemals, meine gerade darin so klaren Ansichten über eine naturgemäße Behandlung des menschlichen Organismus darlegen will und zwar in der aufrichtigen Absicht, ihr zu helfen oder zumindest dieses unberatene Mädchen vor Schaden zu bewahren und mich so wenigstens für einen Augenblick lang als glücklichen Zufall dieses Mädchens fühle. - Als sie nicht aufhört zu lachen, breche ich ab. Geschadet hat mir auch, dass Samuel während meiner ganzen Rede mit dem Kopf gewackelt hat. Ich kenne ihn ja. Er glaubt an die Ärzte und hält die Naturheilmethode für lächerlich. Ich verstehe das sehr gut: er hat nie einen Arzt gebraucht und daher nie ernstliche selbstständige Gedanken über diese Sache gehabt, kann beispielsweise dieses ekelhafte Präparat gar nicht auf sich beziehen. - Wäre ich mit dem Fräulein allein gewesen, so hätte ich sie schon überzeugt. Denn: wenn ich in dieser Sache nicht Recht habe, habe ich es in keiner!

Die Ursache ihrer Blutarmut ist mir ja von allem Anfang an klar gewesen. Das Büro. Man kann ja wie alles auch das Büroleben als etwas Scherzhaftes empfinden (und dieses Mädchen empfindet es ehrlich so, ist ja vollständig getäuscht), aber im Wesen, in den unglücklichen Folgen!? - Ich weiß ja, woran ich z.B. bin. Und jetzt soll gar ein Mädchen im Büro sitzen, der Frauenrock ist gar nicht dazu gemacht, wie muss er sich überall spannen, um dauernd, stundenlang auf einem harten Holzsessel sich hin- und herzuschieben. Und so werden diese runden Popos gedrückt und zugleich die Brust an der Schreibtischkante. - Übertrieben? - Ein Mädchen im Büro ist mir doch jedesmal ein trauriger Anblick.

Samuel ist schon ziemlich intim mit ihr geworden. Er hat sie sogar, was ich eigentlich nie gedacht hätte dazu gebracht, mit uns in den Speisewagen zu gehen. In diesen Wagon zwischen fremde Passagiere treten wir schon mit einer geradezu unglaublichen Zusammengehörigkeit ein, alle drei. Das muss man sich merken, dass man zur Verstärkung der Freundschaft eine neue Umgebung aufsuchen soll. Ich sitze jetzt sogar neben ihr, wir trinken Wein, unsere Arme berühren einander, unsere gemeinsame Ferienfreude macht wirklich eine Familie aus uns.

Dieser Samuel hat sie trotz ihres lebhaften und durch den Regenguss unterstützten Sträubens überredet, den halbstündigen Aufenthalt in München zu einer Autofahrt zu benützen. Während er ein Auto holt, sagt sie zu mir in der Bahnhofsarkade und sie nimmt mich dabei beim Arm: "Bitte, verhindern Sie diese Fahrt. Ich darf nicht mit. Es ist ganz ausgeschlossen. Ich sage es Ihnen, weil ich zu Ihnen Vertrauen habe. Mit Ihrem Freund kann man ja nicht reden. Er ist so verrückt!" - Wir steigen ein, mir ist das Ganze peinlich, es erinnert mich auch genau an das Kinematografenstück "Die weiße Sklavin", in dem die unschuldige Heldin gleich am Bahnhofsausgang im Dunkel von fremden Männern in ein Automobil gedrängt und weggeführt wird. Samuel dagegen ist guter Laune. Da der große Schirm des Autos uns die Aussicht nimmt, sehen wir eigentlich von allen Gebäuden nur den ersten Stock zur Not. Es ist

Nacht. Perspektiven einer Kellerwohnung. Samuel dagegen leitet daraus fantastische Vorstellungen über die Höhe der Schlösser und Kirchen ab. Da Dora in ihrem dunklen Rücksitz noch immer schweigt und ich schon fast einen Ausbruch fürchte, wird er endlich doch stutzig und fragt sie, für mein Gefühl etwas zu konventionell: "Nun, Sie sind doch nicht bös auf mich, Fräulein? Habe ich Ihnen etwas getan u.s.w.?" Sie erwidert: "Da ich einmal hier bin, will ich Ihnen das Vergnügen nicht stören. Sie hätten mich aber nicht zwingen sollen. Wenn ich 'Nein' sage, so sage ich es nicht ohne Grund. Ich darf eben nicht fahren." "Warum?" fragt er. "Das kann ich Ihnen nicht sagen. Sie müssen doch selbst einsehen, dass es sich für ein nicht schickt, Nachts mit Herren herumzufahren.

Außerdem ist noch etwas dabei. Nehmen Sie nur an, ich wäre schon gebunden ... " Wir erraten, jeder für uns, mit stillem Respekt, dass diese Sache irgendwie mit dem Wagner-Herren zusammenhängt. Nun, ich habe mir keine Vorwürfe zu machen, versuche sie aber trotzdem aufzuheitern. Auch Samuel, der sie bisher ein wenig von oben herab behandelt hat, scheint zu bereuen und will nur mehr von der Fahrt sprechen. Der Chauffeur, von uns aufgefordert, ruft die Namen der unsichtbaren Sehenswürdigkeiten aus. Die Pneus rauschen auf dem nassen Asphalt wie der Apparat im Kinematografen. Wieder diese "weiße Sklavin". Diese leeren langen gewaschenen schwarzen Gassen. Das Deutlichste sind die unverhängten großen Fenster des Restaurants "Vier Jahreszeiten", dessen Name uns als des elegantesten irgendwie bekannt war. Verbeugung eines livrierten Kellners vor einer Tischgesellschaft. Bei einem Denkmal, das wir in einem glücklichen Einfall für das berühmte Wagnerdenkmal erklären, zeigt sie Teilnahme. Nur beim Freiheitsmonument mit seinen im Regen klatschenden Fontänen ist längerer Aufenthalt gegönnt. Brücke über die nur geahnte Isar. Schöne herrschaftliche Villen längs des Englischen Gartens. Ludwigsstraße, Theatinerkirche, Feldherrnhalle, Pschorrbräu. Ich weiß nicht, wieso das kommt: ich erkenne nichts wieder, obwohl ich doch schon mehrmals in München war. Sendlinger Tor. Bahnhof, den rechtzeitig zu erreichen ich (besonders Doras wegen) Sorge hatte. So sind wir wie eine daraufhin ausgerechnete Feder in genau zwanzig Minuten durch die Stadt geschnurrt, nach dem Taxameter.

Wir bringen unsere Dora, als wären wir ihre Münchner Verwandten, in einem direkten Koupee nach Innsbruck unter, wo eine schwarz gekleidete Dame, die mehr zu fürchten ist als wir, ihr für die Nacht ihren Schutz anbietet. Da sehe ich erst, dass man uns Zweien mit Beruhigung ein Mädchen anvertrauen kann.

Samuel: Die Sache mit Dora ist gründlich misslungen. Je weiter es ging, desto schlimmer. Ich hatte die Absicht, die Reise zu unterbrechen und in München zu übernachten. Bis zum Nachtmahl, etwa Station Regensburg, war ich überzeugt, dass es gehen würde. Ich versuchte mich mit Richard durch ein paar Worte auf einem Zettel zu verständigen. Er scheint ihn gar nicht gelesen zu haben, nur darauf bedacht, ihn zu verstecken. Schließlich liegt ja nichts daran, ich hatte gar keine Lust auf das fade Frauenzimmer. Nur Richard machte so ein Wesen aus ihr, mit seinen umständlichen Ansprachen und Gefälligkeiten. Dadurch wurde sie auch in ihrer dummen Ziererei bekräftigt, die schließlich im Automobil ganz unerträglich wurde. Beim Abschied wurde sie folgerecht ein sentimentales deutsches Gretchen, Richard, der ihr natürlich den Koffer trug, benahm sich, wie wenn sie ihn unverdient beglückt hätte, ich hatte nur ein peinliches Gefühl. Um es kurz zu formulieren: Frauen, die allein reisen oder sonst irgendwie als selbstständig betrachtet sein wollen, dürfen dann nicht wieder in die übliche, vielleicht heute schon veraltete Koketterie verfallen, indem sie bald anziehn, bald abstoßen und in der dadurch erzeugten Verwirrung ihren Vorteil suchen. Denn das durchschaut man und lässt sich bald mit Vergnügen stärker abstoßen, als sie wahrscheinlich gewünscht haben.

Nach dieser nicht ganz sauberen Reisebekanntschaft war es ein besonderes Vergnügen, eine eigens für Hände- und Gesichtswaschen eingerichtete Anstalt auf dem Bahnhof zu finden. Man öffnet uns eine "Kabine"; allerdings könnte man sich schönere Waschgelegenheiten denken, auch haben wir nur gerade noch Zeit, mit unseren Kleidern bepackt uns in der Enge zwischen den zwei Waschbecken Hin und Her zu drehen, trotzdem sind wir einig, dass Kultur in dieser reichsdeutschen Einrichtung liegt. In Prag könnte man lange auf den Bahnhöfen herumsuchen, ehe man so etwas fände.

Wir steigen in das Koupee ein, in dem wir zu Richards Herzklopfen unser Gepäck gelassen hatten. Richard macht seine bekannten Schlafvorbereitungen, indem er sein Plaid als Kopfpolster unterlegt und den aufgehängten Havelock als Baldachin um sein Gesicht herabhängen lässt. Es gefällt mir, dass er, wenigstens wenn es sich um seinen Schlaf handelt, rücksichtslos ist, z. B. die Lampe verdunkelt, ohne zu fragen, trotzdem er weiß, dass ich in der Eisenbahn nicht schlafen kann. Er streckt sich auf seiner Bank aus, als ob er ein besonderes Recht vor den Mitreisenden hätte. Er schläft auch sofort friedlich ein. Und dabei hat der Mensch immerfort über Schlaflosigkeit zu klagen.

Im Koupee sitzen noch zwei junge Franzosen. (Genfer Gymnasiasten.) Der eine, schwarzhaarige, lacht immerfort, sogar darüber, dass ihn Richard kaum sitzen lässt (so streckt er sich aus), dann darüber, dass er einen Augenblick, in dem sich Richard erhebt und die Gesellschaft bittet nicht so viel zu rauchen, benützt um einen Teil von Richards Lagerplatz zu besetzen. Solche kleine Kämpfe werden unter Fremdsprachigen stumm und daher mit großer Leichtigkeit ausgefochten, ohne Entschuldigungen und ohne Vorwürfe. - Die Franzosen verkürzen sich die Nacht, indem sie eine Blechbüchse mit Cakes einander hin- und herreichen oder Zigaretten drehn oder jeden Augenblick auf den Gang hinausgehen, einander rufen, wieder hereinkommen. In Lindau (sie sagen "Lendö") lachen sie herzlich und für diese Nachtzeit überraschend hell über den österreichischen Kondukteur. Kondukteure eines fremden Staates wirken unwiderstehlich komisch, so auch auf uns der bayrische in Fürth mit seiner großen roten Tasche, die ihm tief unten um die Beine schlenkerte. - Lang dauernde Aussicht auf den von den Zugslichtern beleuchteten und geglätteten Bodensee bis hinüber zu den fernen Lichtern der jenseitigen Ufer, finster und dunstig. Mir fällt ein altes Schulgedicht ein, "Der Reiter über den Bodensee". Ich verbringe eine hübsche Zeit damit, es mir aus dem Gedächtnis wiederherzustellen. - Eindringen dreier Schweizer. Einer raucht. Einer, der dann auch nach dem Aussteigen der zwei andern zurückbleibt, ist zuerst unwesentlich, klärt sich aber gegen Morgen auf Er hat den Streitigkeiten zwischen Richard und dem schwarzen Franzosen ein Ende gemacht, indem er gleichsam beiden Unrecht gab und sich für den ganzen Rest der Nacht steif zwischen sie setzte, den Bergstock zwischen den Beinen. Richard zeigt, dass er auch sitzend schlafen kann.

Die Schweiz überrascht durch die allein stehenden, daher scheinbar besonders aufrechten Selbstständigen Häuser in allen Städtchen, Dörfern längs der ganzen Eisenbahnstrecke. Keine Gassenbildung in St. Gallen. Vielleicht drückt sich darin der gut deutsche Partikularismus jedes Einzelnen aus, von Terrainschwierigkeiten unterstützt. Jedes Haus mit seinen dunkelgrünen Fensterläden und viel grüner Farbe in Fachwerk und Geländer hat einen villenähnlichen Charakter. Trägt trotzdem eine Firma, nur eine, Familie und Geschäft scheinen nicht unterschieden. Diese Einrichtung, Geschäftsunternehmungen in Villen zu betreiben, erinnert mich stark an R. Walsers Roman "Der Gehülfe".

Es ist Sonntag, fünf Uhr früh, 27. August. Alle Fenster noch geschlossen, alles schläft. Immer das Gefühl, dass wir, in diesen Zug gesperrt, die Einzige schlechte Luft weit und breit atmen, während das Land draußen in natürlicher Weise, die man nur aus einem Nachtzug heraus, unter einer weiterbrennenden Lampe, richtig beobachten kann, sich entschleiert. Es ist zuerst von den dunklen Bergen als besonders schmales Tal zwischen ihnen und unserem Zug hergeschoben, dann durch den Morgendunst wie durch Oberlichtfenster weißlich aufgehellt, die Matten erscheinen allmählich frisch, wie nie zuvor berührt, saftig grün, was mich in diesem trockenen Jahr sehr in Erstaunen setzt, endlich erbleicht das Gras bei steigender Sonne in langsamer Verwandlung. - Bäume mit schweren großen Nadelästen, die längs des ganzen Stammes bis zum Fuße niederwallen.

Solche Formen sieht man häufig in Bildern Schweizer Maler und ich hielt sie bis heute für nichts als stylisiert. Eine Mutter mit ihren Kindern beginnt auf der sauberen Straße den Sonntagsspaziergang. Das erinnert mich an Gottfried Keller, der von seiner Mutter erzogen wurde.

Im Wiesenland überall die sorgfältigsten Zäune; manche sind aus grauen wie Bleistifte zugespitzten Stämmen gebaut, oft aus halbierten solchen Stämmen. So teilten wir als Kinder Bleistifte, um den Grafit herauszubekommen. Derartige Zäune habe ich noch nie gesehen. So bietet jedes Land Neues im Alltäglichen und man muss sich hüten, der Freude über solche Eindrücke nachgebend das Seltene zu übersehen.

Richard: Die Schweiz in den ersten Morgenstunden sich selbst überlassen. Samuel weckt mich angeblich beim Anblick einer sehenswerten Brücke, die aber schon vorbei ist, ehe ich aufschaue und verschafft sich durch diesen Griff vielleicht den Ersten starken Eindruck von der Schweiz. Ich sehe sie zuerst, viel zu lange Zeit, aus innerer in äußerer Dämmerung an.

Ich habe in der Nacht ungewöhnlich gut geschlafen, wie in der Eisenbahn fast immer. Mein Schlaf in der Eisenbahn ist förmlich eine reinliche Arbeit. Ich lege mich hin, den Kopf zu allerletzt, probiere kurz zum Vorspiel einige Lagen, sondere mich von der ganzen Gesellschaft ab, wie sie mich auch von allen Seiten anschauen möge, indem ich mit dem Überzieher oder der Reisemütze mein Gesicht verdecke und werde von dem anfänglichen Behagen einer neu eingenommenen Körperlage in den Schlaf geweht. Am Anfang ist das Dunkel natürlich eine gute Hilfe, im weiteren Verlaufe ist es fast überflüssig. Auch die Unterhaltung könnte fortgehen wie früher nur ist es schon so, dass der Mahnung, die ein ernsthaft Schlafender bildet, auch ein entfernt sitzender Schwätzer nicht widerstehen kann. Denn es gibt kaum einen Ort, wo die größten Gegensätze in der Lebensführung so nah, unvermittelt und überraschend neben einander sitzen wie im Koupee und infolge der fortwährenden gegenseitigen Betrachtung in der kürzesten Zeit auf einander zu wirken anfangen. Und wenn auch ein Schlafender die andern nicht gleich wieder einschläfert, so macht er sie doch stiller oder steigert gar ganz gegen seinen Willen ihre Nachdenklichkeit zum Rauchen, so wie es leider bei dieser Fahrt geschehen ist, wo ich in der guten Luft unaufdringlicher Träume Wolken von Zigarettenrauch eingeatmet habe.

Meinen guten Schlaf in der Eisenbahn erkläre ich damit, dass mich sonst meine aus Überarbeitung stammende Nervosität durch den Lärm nicht schlafen lässt, den sie in mir anrichtet und der in der Nacht von allen zufälligen Geräuschen des großen Wohnhauses und der Gasse, von jedem aus der Ferne herannahenden Wagenrollen, jedem Zanken Betrunkener, jedem Schritt auf der Treppe angefeuert wird, dass ich oft ärgerlich alle Schuld auf diesen äußeren Lärm schiebe - während in der Eisenbahn die Gleichmäßigkeit der Fahrtgeräusche, ob es nun gerade die arbeitende Federung des Wagons ist, oder das sich Reiben der Räder, das Aneinanderschlagen der Schienen, das Zittern des ganzen Holz-, Glas- und Eisenbaues ein Niveau wie von vollkommener Ruhe bilden, auf dem ich schlafen kann, scheinbar wie ein gesunder Mensch. Dieser Schein weicht natürlich sofort z.B. einem vordringenden Pfiff der Lokomotive oder einer Veränderung des Fahrttempos oder ganz bestimmt dem Eindruck in den Stationen, der sich genau wie durch den ganzen Zug auch durch meinen ganzen Schlaf fortsetzt bis zum Erwachen. Dann höre ich ohne Erstaunen die Namen von Orten ausrufen, die ich nie zu passieren erwartet habe, wie dieses Mal Lindau, Konstanz, ich glaube auch Romanshorn und habe von ihnen weniger Gewinn, als wenn ich von ihnen nur geträumt hätte, im Gegenteil nur Störung. Erwache ich während der Fahrt, dann ist das Erwachen stärker, weil es wie gegen die Natur des Eisenbahnschlafes ist. Ich öffne die Augen und wende mich einen Augenblick zum Fenster. Viel sehe ich da nicht und was ich sehe, ist mit dem nachlässigen Gedächtnis des Träumenden erfasst.

Doch möchte ich schwören, dass ich irgendwo im Württembergischen, wie wenn ich auch dieses Württembergische ausdrücklich erkannt hätte, um zwei Uhr in der Nacht einen Mann gesehen habe, der auf der Veranda seines Landhauses sich zum Geländer beugte. Hinter ihm war die Tür seines beleuchteten Schreibzimmers halb geöffnet, als sei er nur herausgekommen, um vor dem Schlaf noch den Kopf zu kühlen. In Lindau war im Bahnhof, aber auch während der Einfahrt und der Ausfahrt viel Gesang in der Nacht und weil man überhaupt in einer solchen Fahrt in der Nacht von Samstag auf Sonntag viel nächtliches Leben auf weiten Strecken, nur leicht im Schlaf beirrt, zusammenkehrt, scheint einem der Schlaf besonders tief und die Unruhe draußen besonders laut zu sein. Auch die Schaffner, die ich öfter an meiner getrübten Fensterscheibe vorüberlaufen sah und die niemanden wecken, sondern nur ihre Pflicht erfüllen wollten, riefen in der Leere der Bahnhofsräume überlaut eine Silbe des Stationsnamens zu uns herein und weiterhin die andern. Dann lockte es meine Reisegenossen sich den Namen zusammenzusetzen oder sie erhoben sich, um durch die immer wieder abgewischte Scheibe den Namen selbst zu lesen; mein Kopf aber fiel schon zurück aufs Holz.

Wenn man aber schon einmal so gut im Fahren schlafen kann wie ich - Samuel durchsitzt die ganze Nacht mit offenen Augen, wie er behauptet - dann sollte man auch erst bei der Ankunft erwachen dürfen, um sich nicht im Augenblick des Aufwachens aus gesundem Schlaf mit fettigem Gesicht, nassem Körper, kreuz und quer gedrückten Haaren, in Wäsche und Kleidern, die 24 Stunden, ohne geputzt und gelüftet zu werden, im Eisenbahnstaub bestanden habend, in einen Winkel des Koupees gekrümmt zu finden und in diesem Zustand weiterfahren zu müssen. Hätte man jetzt die Kraft dazu, würde man den Schlaf verfluchen, so aber beneidet man nur im Stillen Leute, die wie Samuel, vielleicht nur weilchenweise geschlafen haben, aber dafür auch besser auf sich achten konnten, fast die ganze Fahrt mit Bewusstsein gemacht haben und die durch die Unterdrückung des Schlafes, dessen sie schließlich auch fähig gewesen wären, bei ununterbrochenem klarem Verstande geblieben sind. Ich war ja Samuel am Morgen ausgeliefert.

Wir standen nebeneinander beim Fenster, ich nur seinetwegen und während er mir zeigte, was von der Schweiz zu sehen war und von dem erzählte, was ich verschlafen hatte, nickte ich und bewunderte, wie er wollte. Es ist noch ein Glück, dass er solche Zustände an mir entweder nicht merkt oder nicht richtig beurteilt, denn gerade zu solchen Zeiten ist er freundlicher zu mir, als dann, wenn ich es besser verdiene. Ernsthaft aber dachte ich damals nur an die Lippert. Ein wahres Urteil über neue kurze Bekanntschaften, besonders mit Frauen, kann ich mir ja nur schwer bilden. In der Zeit nämlich, in der die Bekanntschaft im Gange ist, beaufsichtige ich lieber mich selbst, weil da viel zu tun ist und so habe ich auch an ihr nur einen lächerlichen Teil von dem bemerkt, was ich flüchtig und gleich verloren an ihr ahnte. In der Erinnerung wiederum nehmen diese Bekanntschaften sofort große anbetungswürdige Formen an, da sie dort stumm sind, nur ihrer eigenen Beschäftigung nachgehen und durch ihr völliges Vergessen unserer Person ihre Missachtung unserer Bekanntschaft zeigen. Doch war noch ein anderer Grund, weshalb ich mich nach Dora, dem nächsten Mädchen meiner Erinnerung, so sehnte. Samuel genügte mir an diesem Morgen nicht. Er wollte als mein Freund eine Reise mit mir machen, aber das war nicht viel. Das bedeutete nur, dass ich an allen Tagen dieser Reise einen angezogenen Mann neben mir haben werde, dessen Körper ich nur im Bade sehen kann, ohne auch nach diesem Anblick das geringste Verlangen zu haben. Samuel würde ja schließlich meinen Kopf an seiner Brust dulden, wenn ich dort weinen wollte, aber können mir beim Anblick seines männlichen Gesichts, seines knapp wehenden Spitzbartes, seines zusammengeklappten Mundes - da höre ich schon auf - können mir denn ihm gegenüber die erlösenden Tränen in die Augen kommen?

Großer Lärm

Ich sitze in meinem Zimmer im Hauptquartier des Lärms der ganzen Wohnung. Alle Türen höre ich schlagen, durch ihren Lärm bleiben mir nur die Schritte der zwischen ihnen Laufenden erspart, noch das Zuklappen der Herdtüre in der Küche höre ich. Der Vater durchbricht die Türen meines Zimmers und zieht im nachschleppenden Schlafrock durch, aus dem Ofen im Nebenzimmer wird die Asche gekratzt, Valli fragt, durch das Vorzimmer Wort für Wort rufend, ob des Vaters Hut schon geputzt ist, ein Zischen, das mir befreundet sein will, erhebt noch das Geschrei einer antwortenden Stimme. Die Wohnungstüre wird aufgeklinkt und lärmt, wie aus katarralischem Hals, öffnet sich dann weiterhin mit dem Singen einer Frauenstimme und schließt sich endlich mit einem dumpfen, männlichen Ruck, der sich am rücksichtslosesten anhört. Der Vater ist weg, jetzt beginnt der zartere, zerstreutere, hoffnungslosere Lärm, von den Stimmen der zwei Kanarienvögel angeführt. Schon früher dachte ich daran, bei den Kanarienvögeln fällt es mir von neuem ein, ob ich nicht die Türe bis zu einer kleinen Spalte öffnen, schlangengleich ins Nebenzimmer kriechen und so auf dem Boden meine Schwestern und ihr Fräulein um Ruhe bitten sollte.

Der Kübelreiter

Verbraucht alle Kohle; leer der Kübel; sinnlos die Schaufel; Kälte atmend der Ofen; das Zimmer vollgeblasen von Frost; vor dem Fenster Bäume starr im Reif, der Himmel, ein silberner Schild gegen den, der von ihm Hilfe will. Ich muss Kohle haben; ich darf doch nicht erfrieren; hinter mir der erbarmungslose Ofen, vor mir der Himmel ebenso; infolgedessen muss ich scharf zwischendurch reiten und in der Mitte beim Kohlenhändler Hilfe suchen. Gegen meine gewöhnlichen Bitten aber ist er schon abgestumpft; ich muss ihm ganz genau nachweisen, dass ich kein einziges Kohlenstäubchen mehr habe und dass er daher für mich geradezu die Sonne am Firmament bedeutet. Ich muss kommen, wie der Bettler, der röchelnd vor Hunger an der Türschwelle verenden will und dem deshalb die Herrschaftsköchin den Bodensatz des letzten Kaffees einzuflößen sich entscheidet; ebenso muss mir der Händler, wütend, aber unter dem Strahl des Gebotes "du sollst nicht töten!" eine Schaufel voll in den Kübel schleudern.

Meine Auffahrt schon muss es entscheiden; ich reite deshalb auf dem Kübel hin. Als Kübelreiter, die Hand oben am Griff, dem einfachsten Zaumzeug, drehe ich mich beschwerlich die Treppe hinab; unten aber steigt mein Kübel auf, prächtig, prächtig; Kamele, niedrig am Boden hingelagert, steigen, sich schüttelnd unter dem Stock des Führers, nicht schöner auf Durch die fest gefrorene Gasse geht es in ebenmäßigem Trab; oft werde ich bis zur Höhe der ersten Stockwerke gehoben; niemals sinke ich bis zur Haustüre hinab. Und außergewöhnlich hoch schwebe ich vor dem Kellergewölbe des Händlers, in dem er tief unten an seinem Tischchen kauert und schreibt; um die übergroße Hitze abzulassen, hat er die Tür geöffnet.

"Kohlenhändler!" rufe ich mit vor Kälte hohl gebrannter Stimme, in Rauchwolken des Atems gehüllt, "bitte Kohlenhändler, gib mir ein wenig Kohle. Mein Kübel ist schon so leer, dass ich auf ihm reiten kann. Sei so gut. Bis ich kann, bezahl ich's."

Der Händler legt die Hand ans Ohr. "Hör ich recht?" fragt er über die Schulter weg seine Frau, die auf der Ofenbank strickt, "hör ich recht? Eine Kundschaft." "Ich höre gar nichts", sagt die Frau, ruhig aus- und einatmend über den Stricknadeln, wohlig im Rücken gewärmt. "O ja", rufe ich, "ich bin es; eine alte Kundschaft; treu ergeben; nur augenblicklich mittellos." "Frau", sagt der Händler, "es ist, es ist jemand; so sehr kann ich mich doch nicht täuschen; eine alte, eine sehr alte Kundschaft muss es sein, die mir so zum Herzen zu sprechen weiß." "Was hast du, Mann?" sagt die Frau und drückt, einen Augenblick ausruhend, die Handarbeit an die Brust, "niemand ist es; die Gasse ist leer; alle unsere Kundschaft ist versorgt; wir könnten für Tage das Geschäft sperren und ausruhen."
"Aber ich sitze doch hier auf dem Kübel", rufe ich und gefühllose

Tränen der Kälte verschleiern mir die Augen, "bitte seht doch herauf, ihr werdet mich gleich entdecken; um eine Schaufel voll bitte ich; und gebt ihr zwei, macht ihr mich überglücklich. Es ist doch schon alle übrige Kundschaft versorgt. Ach, hörte ich es doch schon in dem Kübel klappern! " "Ich komme", sagt der Händler und kurzbeinig will er die Kellertreppe emporsteigen, aber die Frau ist schon bei ihm, hält ihn beim Arm fest und sagt: "Du bleibst. Lässt du von deinem Eigensinn nicht ab, so gehe ich hinauf Erinnere dich an deinen schweren Husten heute nachts. Aber für ein Geschäft und sei es auch ein eingebildetes, vergisst du Frau und Kind und opferst deine Lungen. Ich gehe." "Dann nenn ihm aber alle Sorten, die wir auf Lager haben; die Preise rufe ich dir nach." "Gut", sagt die Frau und steigt zur Gasse auf Natürlich sieht sie mich gleich.

"Frau Kohlenhändlerin", rufe ich, "ergebenen Gruß; nur eine Schaufel Kohle; gleich hier in den Kübel; ich führe sie selbst nach Hause; eine Schaufel von der schlechtesten. Ich bezahle sie natürlich voll, aber nicht gleich, nicht gleich." Was für ein Glockenklang sind die zwei Worte "nicht gleich" und wie sinnverwirrend mischen sie sich mit dem Abendläuten, das eben vom nahen Kirchturm zu hören ist. "Was will er also haben?" ruft der Händler. "Nichts", ruft die Frau zurück, "es ist ja nichts; ich sehe nichts, ich höre nichts; nur sechs Uhr läutet es und wir schließen. Ungeheuer ist die Kälte; morgen werden wir wahrscheinlich doch viel Arbeit haben." Sie sieht nichts und hört nichts; aber dennoch löst sie das Schürzenband und versucht mich mit der Schürze fortzuwehen. Leider gelingt es. Alle Vorzüge eines guten Reittieres hat mein Kübel; Widerstandskraft hat er nicht; zu leicht ist er; eine Frauenschürze jagt ihm die Beine vom Boden.

"Du Böse!" rufe ich noch zurück, während sie, zum Geschäft sich wendend, halb verächtlich, halb befriedigt mit der Hand in die Luft schlägt, "du Böse! Um eine Schaufel von der schlechtesten habe ich gebeten und du hast sie mir nicht gegeben." Und damit steige ich in die Regionen der Eisgebirge und verliere mich auf Nimmerwiedersehen.

Erzählung: Blumfeld, ein älterer Junggeselle

Blumfeld, ein älterer Junggeselle, stieg eines Abends zu seiner Wohnung hinauf, was eine mühselige Arbeit war, denn er wohnte im sechsten Stock. Während des Hinaufsteigens dachte er, wie öfters in der letzten Zeit, darin, dass dieses vollständig einsame Leben Recht lästig sei, dass er jetzt diese sechs Stockwerke förmlich im Geheimen hinaufsteigen müsse, um oben in seinen leeren Zimmern anzukommen, dort wieder förmlich im Geheimen den Schlafrock anzuziehn, die Pfeife anzustecken, in der französischen Zeitschrift, die er schon seit Jahren abonniert hatte, ein wenig zu lesen, dazu an einem von ihm selbst bereiteten Kirschenschnaps zu nippen und schließlich nach einer halben Stunde zu Bett zu gehn, nicht ohne vorher das Bettzeug vollständig umordnen zu müssen, das die jeder Belehrung unzugängliche Bedienerin immer nach ihrer Laune hinwarf. Irgendein Begleiter, irgendein Zuschauer für diese Tätigkeiten wäre Blumfeld sehr willkommen gewesen. Er hatte schon überlegt, ob er sich nicht einen kleinen Hund anschaffen solle. Ein solches Tier ist lustig und vor allem dankbar und treu; ein Kollege von Blumfeld hat einen solchen Hund, er schließt sich niemandem an, außer seinem Herrn, und hat er ihn ein paar Augenblicke nicht gesehn, empfängt er ihn gleich mit großem Bellen, womit er offenbar seine Freude darüber ausdrücken will, seinen Herrn, diesen außerordentlichen Wohltäter wieder gefunden zu haben. Allerdings hat ein Hund auch Nachteile. Selbst wenn er noch so reinlich gehalten wird, verunreinigt er das Zimmer. Das ist gar nicht zu vermeiden, man kann ihn nicht jedesmal, ehe man ihn ins Zimmer hineinnimmt, in heißem Wasser baden, auch würde das seine Gesundheit nicht vertragen. Unreinlichkeit in seinem Zimmer aber verträgt wieder Blumfeld nicht, die Reinheit seines Zimmers ist ihm etwas Unentbehrliches, mehrmals in der Woche hat er mit der in diesem Punkte leider nicht sehr peinlichen Bedienerin Streit. Da sie schwerhörig ist, zieht er sie gewöhnlich am Arm zu jenen Stellen des Zimmers, wo er an der Reinlichkeit etwas auszusetzen hat. Durch diese Strenge hat er es erreicht, dass die Ordnung im

Zimmer annähernd seinen Wünschen entspricht. Mit der Einführung eines Hundes würde er aber geradezu den bisher so sorgfältig abgewehrten Schmutz freiwillig in sein Zimmer leiten. Flöhe, die ständigen Begleiter der Hunde, würden sich einstellen. Waren aber einmal Flöhe da, dann war auch der Augenblick nicht mehr fern, an dem Blumfeld sein behagliches Zimmer dem Hund überlassen und ein anderes Zimmer suchen würde. Unreinlichkeit war aber nur *ein* Nachteil der Hunde. Hunde werden auch krank und Hundekrankheiten versteht doch eigentlich niemand. Dann hockt dieses Tier in einem Winkel oder hinkt herum, winselt, hüstelt, würgt an irgendeinem Schmerz, man umwickelt es mit einer Decke, pfeift ihm etwas vor, schiebt ihm Milch hin, kurz, pflegt es in der Hoffnung, dass es sich, wie es ja auch möglich ist, um ein vorübergehendes Leiden handelt, indessen aber kann es eine ernsthafte, widerliche und ansteckende Krankheit sein. Und selbst wenn der Hund gesund bleibt, so wird er doch später einmal alt, man hat sich nicht entschließen können, das treue Tier rechtzeitig wegzugeben, und es kommt dann die Zeit, wo einen das eigene Alter aus den tränenden Hundeaugen anschaut. Dann muss man sich aber mit dem halb blinden, lungenschwachen, vor Fett fast unbeweglichen Tier quälen und damit die Freuden, die der Hund früher gemacht hat, teuer bezahlen. So gern Blumfeld einen Hund jetzt hätte, so will er doch lieber noch dreißig Jahre allein die Treppe hinaufsteigen, statt später von einem solchen alten Hund belästigt zu werden, der, noch lauter seufzend als er selbst, sich neben ihm von Stufe zu Stufe hinaufschleppt.

So wird also Blumfeld doch allein bleiben, er hat nicht etwa die Gelüste einer alten Jungfer, die irgendein untergeordnetes lebendiges Wesen in ihrer Nähe haben will, das sie beschützen darf, mit dem sie zärtlich sein kann, welches sie immerfort bedienen will, sodass ihr also zu diesem Zweck eine Katze, ein Kanarienvogel oder selbst Goldfische genügen. Und kann es das nicht sein, so ist sie sogar mit Blumen vor dem Fenster zufrieden. Blumfeld dagegen will nur einen Begleiter haben, ein Tier, um das er sich nicht viel kümmern muss, dem ein gelegentlicher Fußtritt nicht schadet, das im Notfall auch auf der Gasse übernachten kann, das aber, wenn es Blumfeld danach verlangt, gleich mit Bellen, Springen, Händelecken zur Verfügung steht. Etwas Derartiges will Blumfeld, da er es aber, wie er einsieht, ohne allzugroße Nachteile nicht haben kann, so verzichtet er darauf, kommt aber seiner gründlichen Natur entsprechend von Zeit zu Zeit, zum Beispiel an diesem Abend, wieder auf die gleichen Gedanken zurück.

Als er oben vor seiner Zimmertür den Schlüssel aus der Tasche holt, fällt ihm ein Geräusch auf, das aus seinem Zimmer kommt. Ein eigentümliches klapperndes Geräusch, sehr lebhaft aber, sehr regelmäßig. Da Blumfeld gerade an Hunde gedacht hat, erinnert es ihn an das Geräusch, das Pfoten hervorbringen, wenn sie abwechselnd auf den Boden schlagen. Aber Pfoten klappern nicht, es sind nicht Pfoten. Er schließt eilig die Tür auf und dreht das elektrische Licht auf. Auf diesen Anblick war er nicht vorbereitet. Das ist ja Zauberei, zwei kleine, weiße blau gestreifte Zelluloidbälle springen auf dem Parkett nebeneinander Auf und Ab, schlägt der eine auf den Boden, ist der andere in der Höhe, und unermüdlich führen sie ihr Spiel aus. Einmal im Gymnasium hat Blumfeld bei einem bekannten elektrischen Experiment kleine Kügelchen ähnlich springen sehn, diese aber sind verhältnismäßig große Bälle, springen im freien Zimmer und es wird kein elektrisches Experiment angestellt. Blumfeld bückt sich zu ihnen hinab, um sie genauer anzusehen. Es sind ohne Zweifel gewöhnliche Bälle, sie enthalten wahrscheinlich in ihrem Innern noch einige kleinere Bälle und diese erzeugen das klappernde Geräusch. Blumfeld greift in die Luft, um festzustellen, ob sie nicht etwa an irgendwelchen Fäden hängen, nein, sie bewegen sich ganz selbstständig. Schade, dass Blumfeld nicht ein kleines Kind ist, zwei solche Bälle wären für ihn eine freudige Überraschung gewesen, während jetzt das Ganze einen mehr unangenehmen Eindruck auf ihn macht. Es ist doch nicht ganz wertlos, als ein unbeachteter Junggeselle nur im Geheimen zu leben, jetzt hat irgendjemand, gleichgültig wer, dieses Geheimnis gelüftet und ihm diese zwei komischen Bälle hereingeschickt.

Er will einen fassen, aber sie weichen vor ihm zurück und locken ihn im Zimmer hinter sich her. Es ist doch zu dumm, denkt er, so hinter den Bällen herzulaufen, bleibt stehen und sieht ihnen nach, wie sie, da die Verfolgung aufgegeben scheint, auch auf der gleichen Stelle bleiben. Ich werde sie aber doch zu fangen suchen, denkt er dann wieder und eilt zu ihnen. Sofort flüchten sie sich, aber Blumfeld drängt sie mit auseinandergestellten Beinen in eine Zimmerecke, und vor dem Koffer, der dort steht, gelingt es ihm, einen Ball zu fangen. Es ist ein kühler, kleiner Ball und dreht sich in seiner Hand, offenbar begierig zu entschlüpfen. Und auch der andere Ball, als sehe er die Not seines Kameraden, springt höher als früher, und dehnt die Sprünge, bis er Blumfelds Hand berührt. Er schlägt gegen die Hand, schlägt in immer schnelleren Sprüngen, ändert die Angriffspunkte, springt dann, da er gegen die Hand, die den Ball ganz umschließt, nichts ausrichten kann, noch höher und will wahrscheinlich Blumfelds Gesicht erreichen. Blumfeld könnte auch diesen Ball fangen und beide irgendwo einsperren, aber es scheint ihm im Augenblick zu entwürdigend, solche Maßnahmen gegen zwei kleine Bälle zu ergreifen. Es ist doch auch ein Spaß, zwei solche Bälle zu besitzen, auch werden sie bald genug müde werden, unter einen Schrank rollen und Ruhe geben. Trotz dieser Überlegung schleudert aber Blumfeld in einer Art Zorn den Ball zu Boden, es ist ein Wunder, dass hiebei die schwache, fast durchsichtige Zelluloidhülle nicht zerbricht. Ohne Übergang nehmen die zwei Bälle ihre frühern niedrigen, gegenseitig abgestimmten Sprünge wieder auf.

Blumfeld entkleidet sich ruhig, ordnet die Kleider im Kasten, er pflegt immer genau nachzusehn, ob die Bedienerin alles in Ordnung zurückgelassen hat. Ein- oder zweimal schaut er über die Schulter weg nach den Bällen, die unverfolgt jetzt sogar ihn zu verfolgen scheinen, sie sind ihm nachgerückt und springen nun knapp hinter ihm. Blumfeld zieht den Schlafrock an und will zu der gegenüberliegenden Wand, um eine der Pfeifen zu holen, die dort in einem Gestell hängen. Unwillkürlich schlägt er, ehe er sich umdreht, mit einem Fuß nach hinten aus, die Bälle aber verstehen es auszuweichen und werden nicht getroffen. Als er nun um die Pfeife geht, schließen sich ihm die Bälle gleich an, er schlurft mit den Pantoffeln, macht unregelmäßige Schritte, aber doch folgt jedem Auftreten fast ohne Pause ein Aufschlag der Bälle, sie halten mit ihm Schritt. Blumfeld dreht sich unerwartet um, um zu sehn, wie die Bälle das zu Stande bringen. Aber kaum hat er sich umgedreht, beschreiben die Bälle einen Halbkreis und sind schon wieder hinter ihm und das wiederholt sich, sooft er sich umdreht. Wie untergeordnete Begleiter, suchen sie es zu vermeiden, vor Blumfeld sich aufzuhalten. Bis jetzt haben sie es scheinbar nur gewagt, um sich ihm vorzustellen, jetzt aber haben sie bereits ihren Dienst angetreten.

Bisher hat Blumfeld immer in allen Ausnahmsfällen, wo seine Kraft nicht hinreichte, um die Lage zu beherrschen, das Aushilfsmittel gewählt, so zu tun, als bemerke er nichts. Es hat oft geholfen und meistens die Lage wenigstens verbessert. Er verhält sich also auch jetzt so, steht vor dem Pfeifengestell, wählt mit aufgestülpten Lippen eine Pfeife, stopft sie besonders gründlich aus dem bereitgestellten Tabaksbeutel und lässt unbekümmert hinter sich die Bälle ihre Sprünge machen. Nur zum Tisch zu gehn zögert er, den Gleichtakt der Sprünge und seiner eigenen Schritte zu hören, schmerzt ihn fast. So steht er, stopft die Pfeife unnötig lange und prüft die Entfernung, die ihn vom Tische trennt. Endlich aber überwindet er seine Schwäche und legt die Strecke unter solchem Fußstampfen zurück, dass er die Bälle gar nicht hört. Als er sitzt, springen sie allerdings hinter seinem Sessel wieder vernehmlich wie früher.

Über dem Tisch ist in Griffnähe an der Wand ein Brett angebracht, auf dem die Flasche mit dem Kirschenschnaps von kleinen Gläschen umgeben steht. Neben ihr liegt ein Stoß von Heften der französischen Zeitschrift. (Gerade heute ist ein neues Heft gekommen und Blumfeld holt es herunter. Den Schnaps vergisst er ganz, er hat selbst das Gefühl, als ob er heute nur aus Trost an seinen gewöhnlichen Beschäftigungen sich nicht hindern ließe, auch ein wirkliches Bedürfnis zu lesen hat er nicht. Er schlägt das Heft, entgegen seiner sonstigen Gewohnheit, Blatt für Blatt sorgfältig zu wenden, an einer beliebigen Stelle auf und findet dort ein großes Bild. Er zwingt sich es genauer anzusehn. Es stellt die Begegnung zwischen dem Kaiser von Russland und dem Präsidenten von Frankreich dar. Sie findet auf einem Schiff statt. Ringsherum bis in die Ferne sind noch viele andere Schiffe, der Rauch ihrer Schornsteine verflüchtigt sich im hellen Himmel. Beide, der Kaiser und der Präsident, sind eben in langen Schritten einander entgegengeeilt und fassen einander gerade bei der Hand. Hinter dem Kaiser wie hinter dem Präsidenten stehen je zwei Herren. Gegenüber den freudigen Gesichtern des Kaisers und des Präsidenten sind die Gesichter der Begleiter sehr ernst, die Blicke jeder Begleitgruppe vereinigen sich auf ihren Herrscher. Tiefer unten, der Vorgang spielt sich offenbar auf dem höchsten Deck des Schiffes ab, stehen vom Bildrand abgeschnitten lange Reihen salutierender Matrosen. Blumfeld betrachtet allmählich das Bild mit mehr Teilnahme, hält es dann ein wenig entfernt und sieht es so mit blinzelnden Augen an. Er hat immer viel Sinn für solche großartige Szenen gehabt. Dass die Hauptpersonen so unbefangen, herzlich und leichtsinnig einander die Hände drücken, findet er sehr wahrheitsgetreu. Und ebenso richtig ist es, dass die Begleiter - übrigens natürlich sehr hohe Herren, deren Namen unten verzeichnet sind - in ihrer Haltung den Ernst des historischen Augenblicks wahren.)

Und statt alles, was er benötigt, herunterzuholen, sitzt Blumfeld still und blickt in den noch immer nicht entzündeten Pfeifenkopf. Er ist auf der Lauer, plötzlich, ganz unerwartet weicht sein Erstarren und er dreht sich in einem Ruck mit dem Sessel um. Aber auch die Bälle sind entsprechend wachsam oder folgen gedankenlos dem sie beherrschenden Gesetz, gleichzeitig mit Blumfelds Umdrehung verändern auch sie ihren Ort und verbergen sich hinter seinem Rücken. Nun sitzt Blumfeld mit dem Rücken zum Tisch, die kalte Pfeife in der Hand. Die Bälle springen jetzt unter dem Tisch und sind, da dort ein Teppich ist, nur wenig zu hören. Das ist ein großer Vorteil es gibt nur ganz schwache dumpfe Geräusche, man muss sehr aufmerken, um sie mit dem Gehör noch zu erfassen. Blumfeld allerdings ist sehr aufmerksam und hört sie genau. Aber das ist nur jetzt so, in einem Weilchen wird er sie wahrscheinlich gar nicht mehr hören. Dass sie sich auf Teppichen so wenig bemerkbar machen können, scheint Blumfeld eine große Schwäche der Bälle zu sein. Man muss ihnen nur einen oder noch besser zwei Teppiche unterschieben und sie sind fast machtlos. Allerdings nur für eine bestimmte Zeit, und außerdem bedeutet schon ihr Dasein eine gewisse Macht.

Jetzt könnte Blumfeld einen Hund gut brauchen, so ein junges, wildes Tier würde mit den Bällen bald fertig werden; er stellt sich vor, wie dieser Hund mit den Pfoten nach ihnen hascht, wie er sie von ihrem Posten vertreibt, wie er sie kreuz und quer durchs Zimmer jagt und sie schließlich zwischen seine Zähne bekommt. Es ist leicht möglich, dass sich Blumfeld in nächster Zeit einen Hund anschafft.

Vorläufig aber müssen die Bälle nur Blumfeld fürchten und er hat jetzt keine Lust sie zu zerstören, vielleicht fehlt es ihm auch nur an Entschlusskraft dazu. Er kommt abends müde aus der Arbeit und nun, wo er Ruhe nötig hat, wird ihm diese Überraschung bereitet. Er fühlt erst jetzt, wie müde er eigentlich ist. Zerstören wird er ja die Bälle gewiss, und zwar in allernächster Zeit, aber vorläufig nicht und wahrscheinlich erst am nächsten Tag. Wenn man das Ganze unvoreingenommen ansieht, führen sich übrigens die Bälle genügend bescheiden auf. Sie könnten beispielsweise von Zeit zu Zeit vorspringen, sich zeigen und wieder an ihren Ort zurückkehren, oder sie könnten höher springen, um an die Tischplatte zu schlagen und sich für die Dämpfung durch den Teppich so entschädigen. Aber das tun sie nicht, sie wollen Blumfeld nicht unnötig reizen, sie beschränken sich offenbar nur auf das unbedingt Notwendige.

Allerdings genügt auch dieses Notwendige, um Blumfeld den Aufenthalt beim Tisch zu verleiden. Er sitzt erst ein paar Minuten dort und denkt schon daran, schlafen zu gehn. Einer der Beweggründe dafür ist auch der, dass er hier nicht rauchen kann, denn er hat die Zündhölzer auf das Nachttischchen gelegt. Er müsste also diese Zündhölzchen holen, wenn er aber einmal beim Nachttisch ist, ist es wohl besser schon dort zu bleiben und sich niederzulegen. Er hat hiebei auch noch einen Hintergedanken, er glaubt nämlich, dass die Bälle, in ihrer blinden Sucht, sich immer hinter ihm zu halten, auf das Bett springen werden und dass er sie dort, wenn er sich dann niederlegt, mit oder ohne Willen zerdrücken wird. Den Einwand, dass etwa auch noch die Reste der Bälle springen könnten, lehnt er ab. Auch das Ungewöhnliche muss Grenzen haben. Ganze Bälle springen auch sonst, wenn auch nicht ununterbrochen, Bruchstücke von Bällen dagegen springen niemals, und werden also auch hier nicht springen.

"Auf!" ruft er durch diese Überlegung fast mutwillig gemacht und stampft wieder mit den Bällen hinter sich zum Bett. Seine Hoffnung scheint sich zu bestätigen, wie er sich absichtlich ganz nahe ans Bett stellt, springt sofort ein Ball auf das Bett hinauf. Dagegen tritt das Unerwartete ein, dass der andere Ball sich unter das Bett begibt. An die Möglichkeit, dass die Bälle auch unter dem Bett springen könnten, hat Blumfeld gar nicht gedacht. Er ist über den einen Ball entrüstet, trotzdem er fühlt, wie ungerecht das ist, denn durch das Springen unter dem Bett erfüllt der Ball seine Aufgabe vielleicht noch besser als der Ball auf dem Bett. Nun kommt alles darauf an, für welchen Ort sich die Bälle entscheiden, denn, dass sie lang getrennt arbeiten könnten, glaubt Blumfeld nicht. Und tatsächlich springt im nächsten Augenblick auch der untere Ball auf das Bett hinauf. Jetzt habe ich sie, denkt Blumfeld, heiß vor Freude, und reißt den Schlafrock vom Leib, um sich ins Bett zu werfen. Aber gerade springt der gleiche Ball wieder unter das Bett. Übermäßig enttäuscht sinkt Blumfeld förmlich zusammen. Der Ball hat sich wahrscheinlich oben nur umgesehn und es hat ihm nicht gefallen. Und nun folgt ihm auch der andere und bleibt natürlich unten, denn unten ist es besser. 'Nun werde ich diese Trommler die ganze Nacht hier haben', denkt Blumfeld, beißt die Lippen zusammen und nickt mit dem Kopf.

Er ist traurig, ohne eigentlich zu wissen, womit ihm die Bälle in der Nacht schaden könnten. Sein Schlaf ist ausgezeichnet, er wird das kleine Geräusch leicht überwinden. Um dessen ganz sicher zu sein, schiebt er ihnen entsprechend der gewonnenen Erfahrung zwei Teppiche unter. Es ist, als hätte er einen kleinen Hund, den er weich betten will. Und als wären auch die Bälle müde und schläfrig, sind auch ihre Sprünge niedriger und langsamer als früher. Wie Blumfeld vor dem Bett kniet und mit der Nachtlampe hinunterleuchtet, glaubt er manchmal, dass die Bälle auf den Teppichen für immer liegen bleiben werden, so schwach fallen sie, so langsam rollen sie ein Stückchen weit. Dann allerdings erheben sie sich wieder pflichtgemäß. Es ist aber leicht möglich, dass Blumfeld, wenn er früh unter das Bett schaut, dort zwei stille harmlose Kinderbälle finden wird.

Aber sie scheinen die Sprünge nicht einmal bis zum Morgen aushalten zu können, denn schon als Blumfeld im Bett liegt, hört er sie gar nicht mehr. Er strengt sich an, etwas zu hören, lauscht aus dem Bett vorgebeugt – kein Laut. So stark können die Teppiche nicht wirken, die einzige Erklärung ist, dass die Bälle nicht mehr springen, entweder können sie sich von den weichen Teppichen nicht genügend abstoßen und haben deshalb das Springen vorläufig aufgegeben, oder aber, was das Wahrscheinlichere ist, sie werden niemals mehr springen. Blumfeld könnte aufstehn und nachschauen, wie es sich eigentlich verhält, aber in seiner Zufriedenheit darüber, dass endlich Ruhe ist, bleibt er lieber liegen, er will an die ruhiggewordenen Bälle nicht einmal mit den Blicken rühren. Sogar auf das Rauchen verzichtet er gern, dreht sich zur Seite und schläft gleich ein.

Doch bleibt er nicht ungestört; wie sonst immer, ist sein Schlaf auch diesmal traumlos, aber sehr unruhig. Unzählige Male in der Nacht wird er durch die Täuschung aufgeschreckt, als ob jemand an die Tür klopfe. Er weiß auch bestimmt, dass niemand klopft; wer wollte in der Nacht klopfen und an seine, eines einsamen Junggesellen Tür. Obwohl er es aber bestimmt weiß, fährt er doch immer wieder auf und blickt einen Augenblick lang gespannt zur Türe, den Mund offen, die Augen aufgerissen und die Haarsträhnen schütteln sich auf seiner feuchten Stirn. Er macht Versuche zu zählen, wie oft er geweckt wird, aber besinnungslos von den ungeheuern Zahlen, die sich ergeben, fällt er wieder in den Schlaf zurück. Er glaubt zu wissen, woher das Klopfen stammt, es wird nicht an der Tür ausgeführt, sondern ganz anderswo, aber er kann sich in der Befangenheit des Schlafes nicht erinnern, worauf sich seine Vermutungen gründen. Er weiß nur, dass viele winzige widerliche Schläge sich sammeln, ehe sie das große starke Klopfen ergeben. Er würde alle Widerlichkeit der kleinen Schläge erdulden wollen, wenn er das Klopfen vermeiden könnte, aber es ist aus irgendeinem Grunde zu spät, er kann hier nicht eingreifen, es ist versäumt, er hat nicht einmal Worte, nur zum stummen Gähnen öffnet sich sein Mund, und wütend darüber schlägt er das Gesicht in die Kissen. So vergeht die Nacht.

Am Morgen weckt ihn das Klopfen der Bedienerin, mit einem Seufzer der Erlösung begrüßt er das sanfte Klopfen, über dessen Unhörbarkeit er sich immer beklagt hat, und will schon "herein" rufen, da hört er noch ein anderes lebhaftes, zwar schwaches, aber förmlich kriegerisches Klopfen. Es sind die Bälle unter dem Bett. Sind sie aufgewacht, haben sie im Gegensatz zu ihm über die Nacht neue Kräfte gesammelt? "Gleich", ruft Blumfeld der Bedienerin zu, springt aus dem Bett, aber vorsichtigerweise so, dass er die Bälle im Rücken behält, wirft sich, immer den Rücken ihnen zugekehrt, auf den Boden, blickt mit verdrehtem Kopf zu den Bällen und - möchte fast fluchen. Wie Kinder, die in der Nacht die lästigen Decken von sich schieben, haben die Bälle wahrscheinlich durch kleine, während der ganzen Nacht fortgesetzte Zuckungen die Teppiche so weit unter dem Bett hervorgeschoben, dass sie selbst wieder das freie Parkett unter sich haben und Lärm machen können. "Zurück auf die Teppiche", sagt Blumfeld mit bösem Gesicht, und erst, als die Bälle dank der Teppiche wieder still geworden sind, ruft er die Bedienerin herein. Während diese, ein fettes, stumpfsinniges, immer steif aufrecht gehendes Weib, das Frühstück auf den Tisch stellt und die paar Handreichungen macht, die nötig sind, steht Blumfeld unbeweglich im Schlafrock bei seinem Bett, um die Bälle unten fest zu halten. Er folgt der Bedienerin mit den Blicken, um festzustellen, ob sie etwas merkt. Bei ihrer Schwerhörigkeit ist das sehr unwahrscheinlich und Blumfeld schreibt es seiner durch den schlechten Schlaf erzeugten Überreiztheit zu, wenn er zu sehen glaubt, dass die Bedienerin doch hie und da stockt, sich an irgendeinem Möbel fest hält und mit hochgezogenen Brauen horcht. Er wäre glücklich, wenn er die Bedienerin dazu bringen könnte, ihre Arbeit ein wenig zu beschleunigen, aber sie ist fast langsamer als sonst. Umständlich belädt sie sich mit Blumfelds Kleidern und Stiefeln und zieht damit auf den Gang, lange bleibt sie weg, eintönig und ganz vereinzelt klingen die Schläge herüber, mit denen sie draußen die Kleider bearbeitet. Und während dieser ganzen Zeit muss Blumfeld auf dem Bett ausharren, darf sich nicht rühren, wenn er nicht die Bälle hinter sich herziehen will, muss den Kaffee, den er so gern möglichst warm trinkt, auskühlen lassen und kann nichts anderes tun, als den herabgelassenen Fenstervorhang anstarren, hinter dem der Tag trübe herandämmert. Endlich ist die Bedienerin fertig, wünscht einen guten Morgen und will schon gehn. Aber ehe sie sich endgültig entfernt, bleibt sie noch bei der Tür stehn, bewegt ein wenig die Lippen und sieht Blumfeld mit langem Blicke an. Blumfeld will sie schon zur Rede stellen, da geht sie schließlich. Am liebsten möchte Blumfeld die Tür aufreißen und ihr nachschreien, was für ein dummes, altes, stumpfsinniges Weib sie ist. Als er aber darüber nachdenkt, was er gegen sie eigentlich einzuwenden hat, findet er nur den Widersinn, dass sie zweifellos nichts bemerkt hat und sich doch den Anschein geben wollte, als hätte sie etwas bemerkt. Wie verwirrt seine Gedanken sind! Und das nur von einer schlecht durchschlafenen Nacht! Für den schlechten Schlaf findet er eine kleine Erklärung darin, dass er gestern Abend von seinen Gewohnheiten abgewichen ist, nicht geraucht und nicht Schnaps getrunken hat. Wenn ich einmal, und das ist das Endergebnis seines Nachdenkens, nicht rauche und nicht Schnaps trinke, schlafe ich schlecht.

Er wird von jetzt ab mehr auf sein Wohlbefinden Achten, und beginnt damit, dass er aus seiner Hausapotheke, die über dem Nachttischchen hängt, Watte nimmt und zwei Wattekügelchen sich in die Ohren stopft. Dann steht er auf und macht einen Probeschritt. Die Bälle folgen zwar, aber er hört sie fast nicht, noch ein Nachschub von Watte macht sie ganz unhörbar. Blumfeld führt noch einige Schritte aus, es geht ohne besondere Unannehmlichkeit. Jeder ist für sich, Blumfeld wie die Bälle, sie sind zwar aneinander gebunden, aber sie stören einander nicht. Nur als Blumfeld sich einmal rascher umwendet und ein Ball die Gegenbewegung nicht rasch genug machen kann, stößt Blumfeld mit dem Knie an ihn. Es ist der einzige Zwischenfall, im Übrigen trinkt Blumfeld ruhig den Kaffee, er hat Hunger, als hätte er in dieser Nacht nicht geschlafen, sondern einen langen Weg gemacht, wäscht sich mit kaltem, ungemein erfrischendem Wasser und kleidet sich an. Bisher hat er die Vorhänge nicht hochgezogen, sondern ist aus Vorsicht lieber im Halbdunkel geblieben, für die Bälle braucht er keine fremden Augen. Aber als er jetzt zum Weggehn bereit ist, muss er die Bälle für den Fall, dass sie es wagen sollten - er glaubt es nicht - ihm auch auf die Gasse zu folgen, irgendwie versorgen. Er hat dafür einen guten Einfall, er öffnet den großen Kleiderkasten und stellt sich mit dem Rücken gegen ihn. Als hätten die Bälle eine Ahnung dessen, was beabsichtigt wird, hüten sie sich vor dem Inneren des Kastens, jedes Plätzchen, das zwischen Blumfeld und dem Kasten bleibt, nützen sie aus, springen, wenn es nicht anders geht, für einen Augenblick in den Kasten, flüchten sich aber vor dem Dunkel gleich wieder hinaus, über die Kante weiter in dein Kasten sind sie gar nicht zu bringen, lieber verletzen sie ihre Pflicht und halten sich fast zur Seite Blumfelds. Aber ihre kleinen Listen sollen ihnen nichts helfen, denn jetzt steigt Blumfeld selbst rücklings in den Kasten und nun müssen sie allerdings folgen. Damit ist aber auch über sie entschieden, denn auf dem Kastenboden liegen verschiedene kleinere Gegenstände, wie Stiefel, Schachteln, kleine Koffer, die alle zwar - jetzt bedauert es Blumfeld - wohl geordnet sind, aber doch die Bälle sehr behindern. Und als nun Blumfeld, der inzwischen die Tür des Kastens fast zugezogen hat, mit einem großen

Sprung, wie er ihn schon seit Jahren nicht ausgeführt hat, den Kasten verlässt, die Tür zudrückt und den Schlüssel umdreht, sind die Bälle eingesperrt. 'Das ist also gelungen', denkt Blumfeld und wischt sich den Schweiß vom Gesicht. Wie die Bälle in dem Kasten lärmen! Es macht den Eindruck, als wären sie verzweifelt. Blumfeld dagegen ist sehr zufrieden. Er verlässt das Zimmer und schon der öde Korridor wirkt wohl tuend auf ihn ein. Er befreit die Ohren von der Watte und die vielen Geräusche des erwachenden Hauses entzücken ihn. Menschen sieht man nur wenig, es ist noch sehr früh.

Unten im Flur vor der niedrigen Tür, durch die man in die Kellerwohnung der Bedienerin kommt, steht ihr kleiner zehnjähriger Junge. Ein Ebenbild seiner Mutter, keine Hässlichkeit der Alten ist in diesem Kindergesicht vergessen worden. Krummbeinig, die Hände in den Hosentaschen steht er dort und faucht, weil er schon jetzt einen Kropf hat und nur schwer Atem holen kann. Während aber Blumfeld sonst, wenn ihm der Junge in den Weg kommt, einen eiligeren Schritt einschlägt, um sich dieses Schauspiel möglichst zu ersparen, möchte er heute bei ihm fast stehnbleiben wollen. Wenn der Junge auch von diesem Weib in die Welt gesetzt ist und alle Zeichen seines Ursprungs trägt, so ist er vorläufig doch ein Kind, in diesem unförmigen Kopf sind doch Kindergedanken, wenn man ihn verständig ansprechen und etwas fragen wird, so wird er wahrscheinlich mit heller Stimme, unschuldig und ehrerbietig antworten, und man wird nach einiger Überwindung auch diese Wangen streicheln können. So denkt Blumfeld, geht aber doch vorüber. Auf der Gasse merkt er, dass das Wetter freundlicher ist, als er in seinem Zimmer gedacht hat. Die Morgennebel teilen sich und Stellen blauen, von kräftigem Wind gefegten Himmels erscheinen. Blumfeld verdankt es den Bällen, dass er viel früher aus seinem Zimmer herausgekommen ist als sonst, sogar die Zeitung hat er ungelesen auf dem Tisch vergessen, jedenfalls hat er dadurch viel Zeit gewonnen und kann jetzt langsam gehn. Es ist merkwürdig, wie wenig Sorge ihm die Bälle machen, seitdem er sie von sich getrennt hat. Solange sie hinter ihm her waren, konnte man sie für etwas zu ihm Gehöriges halten, für etwas, das bei Beurteilung seiner Person irgendwie mit herangezogen werden musste, jetzt dagegen waren sie nur ein Spielzeug zu Hause im Kasten. Und es fällt hiebei Blumfeld ein, dass er die Bälle vielleicht am besten dadurch unschädlich machen könnte, dass er sie ihrer eigentlichen Bestimmung zuführt. Dort im Flur steht noch der Junge, Blumfeld wird ihm die Bälle schenken, und zwar nicht etwa borgen, sondern ausdrücklich schenken, was gewiss gleichbedeutend ist mit dem Befehl zu ihrer Vernichtung. Und selbst wenn sie heil bleiben sollten, so werden sie doch in den Händen des Jungen noch weniger bedeuten als im Kasten, das Ganze Haus wird sehn, wie der Junge mit ihnen spielt, andere Kinder werden sich anschließen, die allgemeine Meinung, dass es sich hier um Spielbälle und nicht etwa um Lebensbegleiter Blumfelds handelt, wird unerschütterlich und unwiderstehlich werden. Blumfeld läuft ins Haus zurück. Gerade ist der Junge die Kellertreppe hinuntergestiegen und will unten die Tür öffnen. Blumfeld muss den Jungen also rufen und seinen Namen aussprechen, der lächerlich ist wie alles, was mit dem Jungen in Verbindung gebracht wird. "Alfred, Alfred", ruft er. Der Junge zögert lange. "Also komm doch", ruft Blumfeld, "ich gebe dir etwas." Die kleinen zwei Mädchen des Hausmeisters sind aus der gegenüberliegenden Tür herausgekommen und stellen sich neugierig rechts und links von Blumfeld auf. Sie fassen viel schneller auf als der Junge und verstehen nicht, warum er nicht gleich kommt. Sie winken ihm, lassen dabei Blumfeld nicht aus den Augen, können aber nicht ergründen, was für ein Geschenk Alfred erwartet. Die Neugierde plagt sie und sie hüpfen von einem Fuß auf den andern. Blumfeld lacht sowohl über sie als über den Jungen. Dieser scheint sich endlich alles zurechtgelegt zu haben und steigt steif und schwerfällig die Treppe hinauf. Nicht einmal im Gang verleugnet er seine Mutter, die übrigens unten in der Kellertür erscheint. Blumfeld schreit überlaut, damit ihn auch die Bedienerin versteht und die Ausführung seines Auftrags, falls es nötig sein sollte, überwacht. "Ich habe oben", sagt Blumfeld, "in meinem Zimmer zwei schöne Bälle. Willst du sie haben?" Der Junge verzieht bloß den Mund, er weiß nicht, wie er sich verhalten soll, er dreht sich um und sieht fragend zu seiner Mutter hinunter. Die Mädchen aber fangen gleich an, um Blumfeld herumzuspringen und bitten um die Bälle. "Ihr werdet auch mit ihnen spielen dürfen", sagt Blumfeld zu ihnen, wartet aber auf die Antwort des Jungen. Er könnte die Bälle gleich den Mädchen schenken, aber sie scheinen ihm zu leichtsinnig und er hat jetzt mehr Vertrauen zu dem Jungen. Dieser hat sich inzwischen bei seiner Mutter, ohne dass Worte gewechselt worden wären, Rat geholt und nickt auf eine neuerliche Frage Blumfelds zustimmend. "Dann gib Acht", sagte Blumfeld, der gern übersieht, dass er hier für sein Geschenk keinen Dank bekommen wird, "den Schlüssel zu meinem Zimmer hat deine Mutter, den musst du dir von ihr ausborgen, hier gebe ich dir den Schlüssel von meinem Kleiderkasten und in diesem Kleiderkasten sind die Bälle. Sperr den Kasten und das Zimmer wieder vorsichtig zu. Mit den Bällen aber kannst du machen was du willst und musst sie nicht wieder zurückbringen. Hast du mich verstanden?" Der Junge hat aber leider nicht verstanden. Blumfeld hat diesem grenzenlos begriffstutzigen Wesen alles besonders klar machen wollen, hat aber gerade infolge dieser Absicht alles zu oft wiederholt, zu oft abwechselnd von Schlüsseln, Zimmer und Kasten gesprochen, und der Junge starrt ihn infolgedessen nicht wie seinen Wohltäter, sondern wie einen Versucher an. Die Mädchen allerdings haben gleich alles begriffen, drängen sich an Blumfeld und strecken die Hände nach dem Schlüssel aus. "Wartet doch", sagt Blumfeld und ärgert sich schon über alle. Auch vergeht die Zeit, er kann sich nicht mehr lange aufhalten. Wenn doch die Bedienerin endlich sagen wollte, dass sie ihn verstanden hat und alles richtig für den Jungen besorgen wird. Stattdessen steht sie aber noch immer unten an der Tür, lächelt geziert wie verschämte Schwerhörige und glaubt vielleicht, dass Blumfeld oben über ihren Jungen in plötzliches Entzücken geraten sei und ihm das kleine Einmaleins abhöre. Blumfeld wieder kann aber doch nicht die Kellertreppe hinuntersteigen und der Bedienerin seine Bitte ins Ohr schreien, ihr Junge möge ihn doch um Gottes Barmherzigkeit willen von den Bällen befreien. Er hat sich schon genug bezwungen, wenn er den Schlüssel zu seinem Kleiderkasten für einen ganzen Tag dieser Familie anvertrauen will. Nicht um sich zu schonen, reicht er hier den Schlüssel dem Jungen, statt ihn selbst hinaufzuführen und ihm dort die Bälle zu übergeben. Aber er kann doch nicht oben die Bälle zuerst wegschenken und sie dann, wie es voraussichtlich geschehen müsste, dem Jungen gleich wieder nehmen, indem er sie als Gefolge hinter sich herzieht. "du verstehst mich also noch immer nicht?" fragt Blumfeld fast wehmütig, nachdem er zu einer neuen Erklärung angesetzt, sie aber unter dem leeren Blick des Jungen gleich wieder abgebrochen hat. Ein solcher leerer Blick macht einen wehrlos. Er könnte einen dazu verführen, mehr zu sagen als man will, nur damit man diese Leere mit Verstand erfülle.

"Wir werden ihm die Bälle holen", rufen da die Mädchen. Sie sind schlau, sie haben erkannt, dass sie die Bälle nur durch irgendeine Vermittlung des Jungen erhalten können, dass sie aber auch noch diese Vermittlung selbst bewerkstelligen müssen. Aus dem Zimmer des Hausmeisters schlägt eine Uhr und mahnt Blumfeld zur Eile. "Dann nehmt also den Schlüssel", sagt Blumfeld, und der Schlüssel wird ihm mehr aus der Hand gezogen, als dass er ihn hergibt. Die Sicherheit, mit der er den Schlüssel dem Jungen gegeben hätte, wäre unvergleichlich größer gewesen. "Den Schlüssel zum Zimmer holt unten von der Frau", sagt Blumfeld noch, "und wenn ihr mit den Bällen zurückkommt, müsst ihr beide Schlüssel der Frau geben." "Ja, ja", rufen die Mädchen und laufen die Treppe hinunter. Sie wissen alles, durchaus alles, und als sei Blumfeld von der Begriffstutzigkeit des Jungen angesteckt, versteht er jetzt selbst nicht, wie sie seinen Erklärungen alles so schnell hatten entnehmen können.

Nun zerren sie schon unten am Rock der Bedienerin, aber Blumfeld kann, so verlockend es wäre, nicht länger zusehn, wie sie ihre Aufgabe ausführen werden, und zwar nicht nur weil es schon spät ist, sondern auch deshalb, weil er nicht zugegen sein will, wenn die Bälle ins Freie kommen. Er will sogar schon einige Gassen weit entfernt sein, wenn die Mädchen oben erst die Türe seines Zimmers öffnen. Er weiß ja gar nicht, wessen er sich von den Bällen noch versehen kann. Und so tritt er zum zweiten Mal an diesem Morgen ins Freie. Er hat noch gesehen, wie die Bedienerin sich gegen die Mädchen förmlich wehrt und der Junge die krummen Beine rührt, um der Mutter zu Hilfe zu kommen. Blumfeld begreift es nicht, warum solche Menschen wie die Bedienerin auf der Welt gedeihen und sich fortpflanzen.

Während des Weges in die Wäschefabrik, in der Blumfeld angestellt ist, bekommen die Gedanken an die Arbeit allmählich über alles andere die Oberhand. Er beschleunigt seine Schritte und trotz der Verzögerung, die der Junge verschuldet hat, ist er der Erste in seinem Büro. Dieses Büro ist ein mit Glas verschalter Raum, es enthält einen Schreibtisch für Blumfeld und zwei Stehpulte für die Blumfeld untergeordneten Praktikanten. Obwohl diese Stehpulte so klein und schmal sind, als seien sie für Schulkinder bestimmt, ist es doch in diesem Büro sehr eng und die Praktikanten dürfen sich nicht setzen, weil dann für Blumfelds Sessel kein Platz mehr wäre. So stehen sie den ganzen Tag an ihre Pulte gedrückt. Das ist für sie gewiss sehr unbequem, es wird aber dadurch auch Blumfeld erschwert, sie zu beobachten. Oft drängen sie sich eifrig an das Pult, aber nicht etwa um zu arbeiten, sondern um miteinander zu flüstern oder sogar einzunicken. Blumfeld hat viel Ärger mit ihnen, sie unterstützen ihn bei weitem nicht genügend in der riesenhaften Arbeit, die ihm auferlegt ist. Diese Arbeit besteht darin, dass er den gesamten Waren- und Geldverkehr mit den Heimarbeiterinnen besorgt, welche von der Fabrik für die Herstellung gewisser feinerer Waren beschäftigt werden. Um die Größe dieser Arbeit beurteilen zu können, muss man einen näheren Einblick in die ganzen Verhältnisse haben. Diesen Einblick aber hat, seitdem der unmittelbare Vorgesetzte Blumfelds vor einigen Jahren gestorben ist, niemand mehr, deshalb kann auch Blumfeld niemandem die Berechtigung zu einem Urteil über seine Arbeit zugestehn. Der Fabrikant, Herr Ottomar zum Beispiel, unterschätzt Blumfelds Arbeit offensichtlich, er erkennt natürlich die Verdienste an, die sich Blumfeld in der Fabrik im Laufe der zwanzig Jahre erworben hat, und er erkennt sie an, nicht nur weil er muss, sondern auch, weil er Blumfeld als treuen, vertrauenswürdigen Menschen achtet, - aber seine Arbeit unterschätzt er doch, er glaubt nämlich, sie könne einfacher und deshalb in jeder Hinsicht vorteilhafter eingerichtet werden, als sie Blumfeld betreibt. Man sagt, und es ist wohl nicht unglaubwürdig, dass Ottomar nur deshalb sich so selten in der Abteilung Blumfelds zeige, um sich den Ärger zu ersparen, den ihm der Anblick der Arbeitsmethoden Blumfelds verursacht. So verkannt zu werden, ist für Blumfeld gewiss traurig, aber es gibt keine Abhilfe, denn er kann doch Ottomar nicht zwingen, etwa einen Monat ununterbrochen in Blumfelds Abteilung zu bleiben, die vielfachen Arten der hier zu bewältigenden Arbeiten zu studieren, seine eigenen angeblich besseren Methoden anzuwenden und sich durch den Zusammenbruch der Abteilung, den das notwendig zur Folge hätte, von Blumfelds Recht überzeugen zu lassen. Deshalb also versieht Blumfeld seine Arbeit unbeirrt wie vorher, erschrickt ein wenig, wenn nach langer Zeit einmal Ottomar erscheint, macht dann im Pflichtgefühl des Untergeordneten doch einen schwachen Versuch, Ottomar diese oder jene Einrichtung zu erklären, worauf dieser stumm nickend mit gesenkten Augen weitergeht, und leidet im Übrigen weniger unter dieser Verkennung als unter dem Gedanken daran, dass, wenn er einmal von seinem Posten wird abtreten müssen, die sofortige Folge dessen ein großes, von niemandem aufzulösendes Durcheinander sein wird, denn er kennt niemanden in der Fabrik, der ihn ersetzen und seinen Posten in der Weise übernehmen könnte, dass für den Betrieb durch Monate hindurch auch nur die schwersten Stockungen vermieden würden. Wenn der Chef jemanden unterschätzt, so suchen ihn darin natürlich die Angestellten womöglich noch zu übertreffen. Es unterschätzt daher jeder Blumfelds Arbeit, niemand hält es für notwendig, zu seiner Ausbildung eine Zeit lang in Blumfelds Abteilung zu arbeiten, und wenn neue Angestellte aufgenommen werden, wird niemand aus eigenem Antrieb Blumfeld zugeteilt. Infolgedessen fehlt es für die Abteilung Blumfelds an Nachwuchs. Es waren Wochen des härtesten Kampfes, als Blumfeld, der bis dahin in der Abteilung ganz allein, nur von einem Diener unterstützt, alles besorgt hatte, die Beistellung eines Praktikanten forderte. Fast jeden Tag erschien Blumfeld im Büro Ottomars und erklärte ihm in ruhiger und ausführlicher Weise, warum ein Praktikant in dieser Abteilung notwendig sei. Er sei nicht etwa deshalb notwendig, weil Blumfeld sich schonen wolle, Blumfeld wolle sich nicht schonen, er arbeite seinen überreichlichen Teil und gedenke damit nicht aufzuhören, aber Herr Ottomar möge nur überlegen, wie sich das Geschäft im Laufe der Zeit entwickelt habe, alle Abteilungen seien entsprechend vergrößert worden, nur Blumfelds Abteilung werde immer vergessen. Und wie sei gerade dort die Arbeit angewachsen! Als Blumfeld eintrat, an diese Zeiten könne sich Herr Ottomar gewiss nicht mehr erinnern, hatte man dort mit etwa zehn Näherinnen zu tun, heute schwankt ihre Zahl zwischen fünfzig und sechzig. Eine solche Arbeit verlangt Kräfte, Blumfeld könne dafür bürgen, dass er sich vollständig für die Arbeit verbrauche, dafür aber, dass er sie vollständig bewältigen werde, könne er von jetzt ab nicht mehr bürgen. Nun lehnte ja Herr Ottomar niemals Blumfelds Ansuchen geradezu ab, das konnte er einem alten Beamten gegenüber nicht tun, aber die Art, wie er kaum zuhörte, über den bittenden Blumfeld hinweg mit andern Leuten sprach, halbe Zusagen machte, in einigen Tagen alles wieder vergessen hatte, - diese Art war recht beleidigend. Nicht eigentlich für Blumfeld, Blumfeld ist kein Fantast, so schön Ehre und Anerkennung ist, Blumfeld kann sie entbehren, er wird trotz allem auf seiner Stelle ausharren, so lange es irgendwie geht, jedenfalls ist er im Recht, und Recht muss sich schließlich, wenn es auch manchmal lange dauert, Anerkennung verschaffen. So hat ja auch tatsächlich Blumfeld sogar zwei Praktikanten schließlich bekommen, was für Praktikanten allerdings. Man hätte glauben, können, Ottomar habe eingesehn, er könne seine Missachtung der Abteilung noch deutlicher als durch Verweigerung von Praktikanten durch Gewährung dieser Praktikanten zeigen. Es war sogar möglich, dass Ottomar nur deshalb Blumfeld so lange vertröstet hatte, weil er zwei solche Praktikanten gesucht und sie, was begreiflich war, so lange nicht hatte finden können. Und beklagen konnte sich jetzt Blumfeld nicht, die Antwort war ja vorauszusehn, er hatte doch zwei Praktikanten bekommen, während er nur einen verlangt hatte; so geschickt war alles von Ottomar eingeleitet. Natürlich beklagte sich Blumfeld doch, aber nur weil ihn förmlich seine Notlage dazu drängte, nicht weil er jetzt noch Abhilfe erhoffte. Er beklagte sich auch nicht nachdrücklich, sondern nur nebenbei, wenn sich eine passende Gelegenheit ergab. Trotzdem verbreitete sich bald unter den übel wollenden Kollegen das Gerücht, jemand habe Ottomar gefragt, ob es denn möglich sei, dass sich Blumfeld, der doch jetzt eine so außerordentliche Beihilfe bekommen habe, noch immer beklage. Darauf habe Ottomar geantwortet, es sei richtig, Blumfeld beklage sich noch immer, aber mit Recht. Er, Ottomar, habe es endlich eingesehn und er beabsichtige Blumfeld nach und nach für jede Näherin einen Praktikanten, also im Ganzen etwa sechzig zuzuteilen. Sollten aber diese noch nicht genügen, werde er noch mehr hinschicken und er werde damit nicht früher aufhören, bis das Tollhaus vollkommen sei, welches in der Abteilung Blumfelds schon seit Jahren sich entwickle. Nun war allerdings in dieser Bemerkung die Redeweise Ottomars gut nachgeahmt, er selbst aber, daran zweifelte Blumfeld nicht, war weit davon entfernt, sich jemals auch nur in ähnlicher Weise über Blumfeld zu äußern. Das Ganze war eine Erfindung der Faulenzer aus den Büros im ersten Stock, Blumfeld ging darüber hinweg, - hätte er nur auch über das Vorhandensein der Praktikanten so ruhig hinweggehn können. Die standen aber da und waren nicht mehr wegzubringen. Blasse, schwache Kinder. Nach ihren Dokumenten sollten sie das schulfreie Alter schon erreicht haben, in Wirklichkeit konnte man es aber nicht glauben. Ja, man hätte sie noch einmal einem Lehrer anvertrauen wollen, so deutlich gehörten sie noch an die Hand der Mutter. Sie konnten sich noch nicht vernünftig bewegen, langes Stehn ermüdete sie besonders in der ersten Zeit ungemein. Ließ man sie unbeobachtet, so knickten sie in ihrer Schwäche gleich ein, standen schief und gebückt in einem Winkel. Blumfeld suchte ihnen begreiflich zu machen, dass sie sich für das ganze Leben zu Krüppeln machen würden, wenn sie immer der Bequemlichkeit so nachgäben. Den Praktikanten eine kleine Bewegung aufzutragen, war gewagt, einmal hatte einer etwas nur ein paar Schritte weit bringen sollen, war übereifrig hingelaufen und hatte sich am Pult das Knie wundgeschlagen. Das Zimmer war voll Näherinnen gewesen, die Pulte voll Ware, aber Blumfeld hatte alles vernachlässigen, den weinenden Praktikanten ins Büro führen und ihm dort einen kleinen Verband machen müssen. Aber auch dieser Eifer der Praktikanten war nur äußerlich, wie richtige Kinder wollten sie sich manchmal auszeichnen, aber noch viel öfters oder vielmehr fast immer wollten sie die Aufmerksamkeit des Vorgesetzten nur täuschen und ihn betrügen. Zurzeit der größten Arbeit war Blumfeld einmal schweißtriefend an ihnen vorübergejagt und hatte bemerkt, wie sie zwischen Warenballen versteckt Marken tauschten. Er hätte mit den Fäusten auf ihre Köpfe niederfahren wollen, für ein solches Verhalten wäre es die einzig mögliche Strafe gewesen, aber es waren Kinder, Blumfeld konnte doch nicht Kinder totschlagen. Und so quälte er sich mit ihnen weiter. Ursprünglich hatte er sich vorgestellt, dass die Praktikanten ihn in den unmittelbaren Handreichungen unterstützen würden, welche zur Zeit der Warenverteilung so viel Anstrengung und Wachsamkeit erforderten. Er hatte gedacht, er würde etwa in der Mitte hinter dem Pult stehn, immer die Übersicht über alles behalten und die Eintragungen besorgen, während die Praktikanten nach seinem Befehl hin- und herlaufen und alles verteilen würden. Er hatte sich vorgestellt, dass seine Beaufsichtigung, die, so scharf sie war, für ein solches Gedränge nicht genügen konnte, durch die Aufmerksamkeit der Praktikanten ergänzt werden würde und dass diese Praktikanten allmählich Erfahrungen sammeln, nicht in jeder Einzelheit auf seine Befehle angewiesen bleiben und endlich selbst lernen würden, die Näherinnen, was Warenbedarf und Vertrauenswürdigkeit anlangt, voneinander zu unterscheiden. An diesen Praktikanten gemessen, waren es ganz leere Hoffnungen gewesen, Blumfeld sah bald ein, dass er sie überhaupt mit den Näherinnen nicht reden lassen durfte. Zu manchen Näherinnen waren sie nämlich von allem Anfang gar nicht gegangen, weil sie Abneigung oder Angst vor ihnen gehabt hatten, andern dagegen, für welche sie Vorliebe hatten, waren sie oft bis zur Tür entgegengelaufen. Diesen brachten sie, was sie nur wünschten, drückten es ihnen, auch wenn die Näherinnen zur Empfangnahme berechtigt waren, mit einer Art Heimlichkeit in die

Hände, sammelten in einem leeren Regal für diese Bevorzugten verschiedene Abschnitzel, wertlose Reste, aber doch auch noch brauchbare Kleinigkeiten, winkten ihnen damit hinter dem Rücken Blumfelds glückselig schon von weitem zu und bekamen dafür Bonbons in den Mund gesteckt. Blumfeld machte diesem Unwesen allerdings bald ein Ende und trieb sie, wenn die Näherinnen kamen, in den Verschlag. Aber noch lange hielten sie das für eine große Ungerechtigkeit, trotzten, zerbrachen mutwillig die Federn und klopften manchmal, ohne dass sie allerdings den Kopf zu heben wagten, laut an die Glasscheiben, um die Näherinnen auf die schlechte Behandlung aufmerksam zu machen, die sie ihrer Meinung nach von Blumfeld zu erleiden hatten.

Das Unrecht, das sie selbst begehn, das können sie nicht begreifen. So kommen sie zum Beispiel fast immer zu spät ins Büro. Blumfeld, ihr Vorgesetzter, der es von frühester Jugend an für selbstverständlich gehalten hat, dass man wenigstens eine halbe Stunde vor Bürobeginn erscheint, - nicht Streberei, nicht übertriebenes Pflichtbewusstsein, nur ein gewisses Gefühl für Anstand veranlasst ihn dazu, - Blumfeld muss auf seine Praktikanten meist länger als eine Stunde warten. Die Frühstückssemmel kauend steht er gewöhnlich hinter dem Pult im Saal und führt die Rechnungsabschlüsse in den kleinen Büchern der Näherinnen durch. Bald vertieft er sich in die Arbeit und denkt an nichts anderes. Da wird er plötzlich so erschreckt, dass ihm noch ein Weilchen danach die Feder in den Händen zittert. Der eine Praktikant ist hereingestürmt, es ist, als wolle er umfallen, mit einer Hand hält er sich irgendwo fest, mit der anderen drückt er die schwer atmende Brust - aber das Ganze bedeutet nichts weiter, als dass er wegen seines Zuspätkommens eine Entschuldigung vorbringt, die so lächerlich ist, dass sie Blumfeld absichtlich überhört, denn täte er es nicht, müsste er den Jungen verdienterweise prügeln. So aber sieht er ihn nur ein Weilchen an, zeigt dann mit ausgestreckter Hand auf den Verschlag und wendet sich wieder seiner Arbeit zu. Nun dürfte man doch erwarten, dass der Praktikant die Güte des Vorgesetzten einsieht und zu seinem Standort eilt. Nein, er eilt nicht, er tänzelt, er geht auf den Fußspitzen, jetzt Fuß vor Fuß. Will er seinen Vorgesetzten verlachen? Auch das nicht. Es ist nur wieder diese Mischung von Furcht und Selbstzufriedenheit, gegen die man wehrlos ist. Wie wäre es denn sonst zu erklären, dass Blumfeld heute, wo er doch selbst ungewöhnlich spät ins Büro gekommen ist, jetzt nach langem Warten - zum Nachprüfen der Büchlein hat er keine Lust - durch die Staubwolken, die der unvernünftige Diener vor ihm mit dem Besen in die Höhe treibt, auf der Gasse die beiden Praktikanten erblickt, wie sie friedlich daherkommen. Sie halten sich fest umschlungen und scheinen einander wichtige Dinge zu erzählen, die aber gewiss mit dem Geschäft höchstens in einem unerlaubten Zusammenhange stehn. Je näher sie der Glastür kommen, desto mehr verlangsamen sie ihre Schritte. Endlich erfasst der eine schon die Klinke, drückt sie aber nicht nieder, noch immer erzählen sie einander, hören zu und lachen. "Öffne doch unseren Herren", schreit Blumfeld mit erhobenen Händen den Diener an. Aber als die Praktikanten eintreten, will Blumfeld nicht mehr zanken, antwortet auf ihren Gruß nicht und geht zu seinem Schreibtisch. Er beginnt zu rechnen, blickt aber manchmal auf, um zu sehn, was die Praktikanten machen. Der eine scheint sehr müde zu sein und reibt die Augen; als er seinen Überrock an den Nagel gehängt hat, benützt er die Gelegenheit und bleibt noch ein wenig an der Wand lehnen, auf der Gasse war er frisch, aber die Nähe der Arbeit macht ihn müde. Der andere Praktikant dagegen hat Lust zur Arbeit, aber nur zu mancher. So ist es seit jeher sein Wunsch, auskehren zu dürfen. Nun ist das aber eine Arbeit, die ihm nicht gebührt, das Auskehren steht nur dem Diener zu; an und für sich hätte ja Blumfeld nichts dagegen, dass der Praktikant auskehrt, mag der Praktikant auskehren, schlechter als der Diener kann man es nicht machen, wenn aber der Praktikant auskehren will, dann soll er eben früher kommen, ehe der Diener zu kehren beginnt, und soll nicht die Zeit dazu verwenden, während er ausschließlich zu Büroarbeiten verpflichtet ist. Wenn nun aber schon der kleine Junge jeder vernünftigen Überlegung unzugänglich ist, so könnte doch wenigstens der Diener, dieser halb blinde Greis, den der Chef gewiss in keiner andern Abteilung als in der Blumfelds dulden würde und der nur noch von Gottes und des Chefs Gnaden lebt, so könnte doch wenigstens dieser Diener nachgiebig sein und für einen Augenblick den Besen dem Jungen überlassen, der doch ungeschickt ist, gleich die Lust am Kehren verlieren und dem Diener mit dem Besen nachlaufen wird, um ihn wieder zum Kehren zu bewegen. Nun scheint aber der Diener gerade für das Kehren sich besonders verantwortlich zu fühlen, man sieht, wie er, kaum dass sich ihm der Junge nähert, den Besen mit den zitternden Händen besser zu fassen sucht, lieber steht er still und lässt das Kehren, um nur alle Aufmerksamkeit auf den Besitz des Besens richten zu können. Der Praktikant bittet nun nicht durch Worte, denn er fürchtet doch Blumfeld, welcher scheinbar rechnet, auch wären gewöhnliche Worte nutzlos, denn der Diener ist nur durch stärkstes Schreien zu erreichen. Der Praktikant zupft also zunächst den Diener am Ärmel. Der Diener weiß natürlich, um was es sich handelt, finster sieht er den Praktikanten an, schüttelt den Kopf und zieht den Besen näher, bis an die Brust. Nun faltet der Praktikant die Hände und bittet. Er hat allerdings keine Hoffnung, durch Bitten etwas zu erreichen, das Bitten belustigt ihn nur und deshalb bittet er. Der andere Praktikant begleitet den Vorgang mit leisem Lachen und glaubt offenbar, wenn auch unbegreiflicherweise, dass Blumfeld ihn nicht hört. Auf den Diener macht das Bitten nicht den geringsten Eindruck, er dreht sich um und glaubt jetzt den Besen in Sicherheit wieder gebrauchen zu können. Aber der Praktikant ist ihm auf den Fußspitzen hüpfend und die beiden Hände flehentlich aneinanderreibend gefolgt und bittet nun von dieser Seite. Diese Wendungen des Dieners und das Nachhüpfen des Praktikanten wiederholen sich mehrmals. Schließlich fühlt sich der Diener von allen Seiten abgesperrt und merkt, was er bei einer nur ein wenig geringeren Einfalt gleich am Anfang hätte merken können, dass er früher ermüden wird als der Praktikant. Infolgedessen sucht er fremde Hilfe, droht dem Praktikanten mit dem Finger und zeigt auf Blumfeld, bei dem er, wenn der Praktikant nicht ablässt, Klage führen wird. Der Praktikant erkennt, dass er sich jetzt, wenn er überhaupt den Besen bekommen will, sehr beeilen muss, also greift er frech nach dem Besen. Ein unwillkürlicher Aufschrei des andern Praktikanten deutet die kommende Entscheidung an. Zwar rettet noch der Diener diesmal den Besen, indem er einen Schritt zurück macht und ihn nachzieht. Aber nun gibt der Praktikant nicht mehr nach, mit offenem Mund und blitzenden Augen springt er vor, der Diener will flüchten, aber seine alten Beine schlottern statt zu laufen, der Praktikant reißt an dem Besen, und wenn er ihn auch nicht erfasst, so erreicht er doch, dass der Besen fällt und damit ist er für den Diener verloren. Scheinbar allerdings auch für den Praktikanten, denn beim Fallen des Besens erstarren zunächst alle drei, die Praktikanten und der Diener, denn jetzt muss Blumfeld alles offenbar werden. Tatsächlich blickt Blumfeld an seinem Guckfenster auf, als sei er erst jetzt aufmerksam geworden, strenge und prüfend fasst er jeden ins Auge, auch der Besen auf dem Boden entgeht ihm nicht. Sei es, dass das Schweigen zu lange andauert, sei es, dass der schuldige Praktikant die Begierde zu kehren nicht unterdrücken kann, jedenfalls bückt er sich, allerdings sehr vorsichtig, als greife er nach einem Tier und nicht nach dem Besen, nimmt den Besen, streicht mit ihm über den Boden, wirft ihn aber sofort erschrocken weg, als Blumfeld aufspringt und aus dem Verschlage tritt. "Beide an die Arbeit und nicht mehr gemuckst", schreit Blumfeld und zeigt mit ausgestreckter Hand den beiden Praktikanten den Weg zu ihren Pulten. Sie folgen gleich, aber nicht etwa beschämt mit gesenkten Köpfen, vielmehr drehn sie sich steif an Blumfeld vorüber und sehn ihm starr in die Augen, als wollten sie ihn dadurch abhalten, sie zu schlagen. Und doch könnten sie durch die Erfahrung genügend darüber belehrt sein, dass Blumfeld grundsätzlich niemals schlägt. Aber sie sind überängstlich und suchen immer und ohne jedes Zartgefühl ihre wirklichen oder scheinbaren Rechte zu wahren.

DER PROZESS

Verhaftung

Jemand musste Josef K. verleumdet haben, denn ohne dass er etwas Böses getan hätte, wurde er eines Morgens verhaftet. Die Köchin der Frau Grubach, seiner Zimmervermieterin, die ihm jeden Tag gegen acht Uhr früh das Frühstück brachte, kam diesmal nicht. Das war noch niemals geschehen. K. wartete noch ein Weilchen, sah von seinem Kopfkissen aus die alte Frau die ihm gegenüber wohnte und die ihn mit einer an ihr ganz ungewöhnlichen Neugierde beobachtete, dann aber, gleichzeitig befremdet und hungrig, läutete er. Sofort klopfte es und ein Mann, den er in dieser Wohnung noch niemals gesehen hatte trat ein. Er war schlank und doch fest gebaut, er trug ein anliegendes schwarzes Kleid, das ähnlich den Reiseanzügen mit verschiedenen Falten, Taschen, Schnallen, Knöpfen und einem Gürtel versehen war und infolgedessen, ohne dass man sich darüber klar wurde, wozu es dienen sollte, besonders praktisch erschien. "Wer sind Sie?" fragte K. und saß gleich halb aufrecht im Bett. Der Mann aber ging über die Frage hinweg, als müsse man seine Erscheinung hinnehmen und sagte bloß seinerseits:" Sie haben geläutet?" "Anna soll mir das Frühstück bringen", sagte K. und versuchte zunächst stillschweigend durch Aufmerksamkeit und Überlegung festzustellen, wer der Mann eigentlich war. Aber dieser setzte sich nicht allzu lange seinen Blicken aus, sondern wandte sich zur Tür; die er ein wenig öffnete, um jemandem, der offenbar knapp hinter der Tür stand, zu sagen: "Er will, dass Anna ihm das Frühstück bringt." Ein kleines Gelächter im Nebenzimmer folgte, es war nach dem Klang nicht sicher ob nicht mehrere Personen daran beteiligt waren. Trotzdem der fremde Mann dadurch nichts erfahren haben konnte, was er nicht schon früher gewusst hätte, sagte er nun doch zu K. im Tone einer Meldung: "Es ist unmöglich. " "Das wäre neu", sagte K., sprang aus dem Bett und zog rasch seine Hosen an. "Ich will doch sehen, was für Leute im Nebenzimmer sind und wie Frau Grubach diese Störung mir gegenüber verantworten wird." Es fiel ihm zwar gleich ein, dass er das nicht hätte laut sagen müssen und dass er dadurch gewissermaßen ein Beaufsichtigungsrecht des Fremden anerkannte, aber es schien ihm jetzt nicht wichtig. Immerhin fasste es der Fremde so auf, denn er sagte: "Wollen Sie nicht lieber hier bleiben?" "Ich will weder hier bleiben noch von Ihnen angesprochen werden, solange Sie sich mir nicht vorstellen. "Es war gut gemeint", sagte der Fremde und öffnete nun freiwillig die Tür. Im Nebenzimmer, in das K. langsamer eintrat als er wollte, sah es auf den ersten Blick fast genau so aus, wie am Abend vorher. Es war das Wohnzimmer der Frau Grubach, vielleicht war in diesem mit Möbeln Decken Porzellan und Fotografien überfüllten Zimmer heute ein wenig mehr Raum als sonst, man erkannte das nicht gleich, umso weniger als die Hauptveränderung in der Anwesenheit eines Mannes bestand, der beim offenen Fenster mit einem Buch saß, von dem er jetzt aufblickte. "Sie hätten in Ihrem Zimmer bleiben sollen! Hat es Ihnen denn Franz nicht gesagt?" "Ja, was wollen Sie denn?" sagte K. und sah von der neuen Bekanntschaft zu dem mit Franz Benannten, der in der Tür stehen geblieben war und dann wieder zurück. Durch das offene Fenster erblickte man wieder die alte Frau, die mit wahrhaft greisenhafter Neugierde zu dem jetzt gegenüberliegenden Fenster getreten war; um auch weiterhin alles zu sehen. "Ich will doch Frau Grubach -", sagte K., machte eine Bewegung, als reiße er sich von den zwei Männern los, die aber weit von ihm entfernt standen und wollte weitergehen. "Nein", sagte der Mann beim Fenster, warf das Buch auf ein Tischchen und stand auf. "Sie dürfen nicht weggehen, Sie sind ja gefangen. "Es sieht so aus", sagte K. "Und warum denn?" fragte er dann. "Wir sind nicht dazu bestellt, Ihnen das zu sagen. Gehen Sie in ihr Zimmer und warten Sie. Das Verfahren ist nun einmal eingeleitet und Sie werden alles zur richtigen Zeit erfahren. Ich gehe über meinen Auftrag hinaus, wenn ich Ihnen so freundschaftlich zurede. Aber ich hoffe, es hört es niemand sonst als Franz und der ist selbst gegen alle Vorschrift freundlich zu Ihnen. Wenn Sie auch weiterhin so viel Glück haben, wie bei der Bestimmung Ihrer Wächter, dann können Sie zuversichtlich sein." K. wollte sich setzen, aber nun sah er, dass im Ganzen Zimmer keine Sitzgelegenheit war, außer dem Sessel beim Fenster. "Sie werden noch einsehen, wie wahr das alles ist", sagte Franz und ging gleichzeitig mit dem andern Mann auf ihn zu. Besonders der letztere überragte K. bedeutend und klopfte ihm öfter auf die Schulter. Beide prüften K.`s Nachthemd und sagten, dass er jetzt ein viel schlechteres Hemd werde anziehn müssen, dass sie aber dieses Hemd wie auch seine übrige Wäsche aufbewahren und, wenn seine Sache günstig ausfallen sollte, ihm wieder zurückgeben würden. "Es ist besser, Sie geben die Sachen uns, als ins Depot", sagten sie, "denn im Depot kommen öfter Unterschleife vor und außerdem verkauft man dort alle Sachen nach einer gewissen Zeit, ohne Rücksicht ob das betreffende Verfahren zuende ist, oder nicht. Und wie lange dauern doch derartige Prozesse besonders in letzter Zeit! Sie bekämen dann schließlich allerdings vom Depot den Erlös, aber dieser Erlös ist erstens an sich schon gering, denn beim Verkauf entscheidet nicht die Höhe des Angebotes sondern die Höhe der Bestechung und zweitens verringern sich solche Erlöse erfahrungsgemäß, wenn sie von Hand zu Hand und von Jahr zu Jahr weitergegeben werden." K. achtete auf diese Reden kaum, das Verfügungsrecht über seine Sachen, das er vielleicht noch besaß, schätzte er nicht hoch ein, viel wichtiger war es ihm Klarheit über seine Lage zu bekommen; in Gegenwart dieser Leute konnte er aber nicht einmal nachdenken, immer wieder stieß der Bauch des zweiten Wächters - es konnten ja nur Wächter sein - förmlich freundschaftlich an ihn, sah er aber auf, dann erblickte er ein zu diesem dicken Körper gar nicht passendes trockenes knochiges Gesicht, mit starker seitlich gedrehter Nase, das sich über ihn hinweg mit dem andern Wächter verständigte. Was waren denn das für Menschen? Wovon sprachen sie? Welcher Behörde gehörten sie an? K. lebte doch in einem Rechtsstaat, überall herrschte Friede, alle Gesetze bestanden aufrecht, wer wagte ihn in seiner Wohnung zu überfallen? Er neigte stets dazu, alles möglichst leicht zu nehmen, das Schlimmste erst beim Eintritt des Schlimmsten zu glauben, keine Vorsorge für die Zukunft zu treffen, selbst wenn alles drohte. Hier schien ihm das aber nicht richtig, man konnte zwar das Ganze als Spaß ansehen, als einen groben Spaß, den ihm aus unbekannten Gründen, vielleicht weil heute sein dreißigster Geburtstag war, die Kollegen in der Bank veranstaltet hatten, es war natürlich möglich, vielleicht brauchte er nur auf irgendeine Weise den Wächtern ins Gesicht zu lachen und sie würden mitlachen, vielleicht waren es Dienstmänner von der Straßenecke, sie sahen ihnen nicht unähnlich - trotzdem war er diesmal förmlich schon seit dem ersten Anblick des Wächters Franz entschlossen nicht den geringsten Vorteil, den er vielleicht gegenüber diesen Leuten besaß, aus der Hand zu geben. Darin dass man später sagen würde, er habe keinen Spaß verstanden, sah K. eine ganz geringe Gefahr, wohl aber erinnerte er sich - ohne dass es sonst seine Gewohnheit gewesen wäre, aus Erfahrungen zu lernen - an einige an sich unbedeutende Fälle, in denen er zum Unterschied von seinen Freunden mit Bewusstsein, ohne das geringste Gefühl für die möglichen Folgen sich unvorsichtig benommen hatte und dafür durch das Ergebnis gestraft worden war. Es sollte nicht wieder geschehn, zumindest nicht diesmal, war es eine Komödie, so wollte er mitspielen.

Noch war er frei. "Erlauben Sie", sagte er und ging eilig zwischen den Wächtern durch in sein Zimmer. "Er scheint vernünftig zu sein", hörte er hinter sich sagen. In seinem Zimmer riss er gleich die Schubladen des Schreibtisches auf, es lag dort alles in großer Ordnung, aber gerade die Legitimationspapiere, die er suchte, konnte er in der Aufregung nicht gleich finden. Schließlich fand er seine Radfahrlegitimation und wollte schon mit ihr zu den Wächtern gehen, dann aber schien ihm das Papier zu geringfügig und er suchte weiter, bis er den Geburtsschein fand. Als er wieder in das Nebenzimmer zurückkam, öffnete sich gerade die gegenüberliegende Tür und Frau Grubach wollte dort eintreten. Man sah sie nur einen Augenblick, denn kaum hatte sie K. erkannt, als sie offenbar verlegen wurde, um Verzeihung bat, verschwand und äußerst vorsichtig die Türe schloss. "Kommen Sie doch herein", hatte K. gerade noch sagen können. Nun aber stand er mit seinen

Papieren in der Mitte des Zimmers, sah noch auf die Tür hin, die sich nicht wieder öffnete und wurde erst durch einen Anruf der Wächter aufgeschreckt, die bei dem Tischchen am offenen Fenster saßen und wie K. jetzt erkannte, sein Frühstück verzehrten. "Warum ist sie nicht eingetreten?" fragte er. "Sie darf nicht", sagte der große Wächter, "Sie sind doch verhaftet." "Wie kann ich denn verhaftet sein? Und gar auf diese Weise?" "Nun fangen Sie also wieder an", sagte der Wächter und tauchte ein Butterbrot ins Honigfässchen. "Solche Fragen beantworten wir nicht." "Sie werden sie beantworten müssen", sagte K. "Hier sind meine Legitimationspapiere, zeigen Sie mir jetzt die Ihrigen und vor allem den Verhaftbefehl. "Du lieber Himmel!" sagte der Wächter, "dass Sie sich in Ihre Lage nicht fügen können und dass Sie es darauf angelegt zu haben scheinen, uns, die wir Ihnen jetzt wahrscheinlich von allen Ihren Mitmenschen am Nächsten stehen, nutzlos zu reizen." "Es ist so, glauben Sie es doch", sagte Franz, führte die Kaffeetasse die er in der Hand hielt nicht zum Mund sondern sah K. mit einem langen wahrscheinlich bedeutungsvollen, aber unverständlichen Blicke an. K. ließ sich ohne es zu wollen in ein Zwiegespräch der Blicke mit Franz ein, schlug dann aber doch auf seine Papiere und sagte: "Hier sind meine Legitimationspapiere. " "Was kümmern uns denn die?" rief nun schon der große Wächter, "Sie führen sich ärger auf als ein Kind. Was wollen Sie denn? Wollen Sie Ihren großen verfluchten Prozess dadurch zu einem raschen Ende bringen, dass Sie mit uns den Wächtern über Legitimation und Verhaftbefehl diskutieren? Wir sind niedrige Angestellte, die sich in einem Legitimationspapier kaum auskennen und die mit Ihrer Sache nichts anderes zu tun haben, als dass sie zehn Stunden täglich bei Ihnen Wache halten und dafür bezahlt werden. Das ist alles, was wir sind, trotzdem aber sind wir fähig einzusehen, dass die hohen Behörden, in deren Dienst wir stehen, ehe sie eine solche Verhaftung verfügen, sich sehr genau über die Gründe der Verhaftung und die Person des Verhafteten unterrichten. Es gibt darin keinen Irrtum. Unsere Behörde, so weit ich sie kenne und ich kenne nur die niedrigsten Grade, sucht doch nicht etwa die Schuld in der Bevölkerung, sondern wird wie es im Gesetz heißt von der Schuld angezogen und muss uns Wächter ausschicken. Das ist Gesetz. Wo gäbe es da einen Irrtum?" "Dieses Gesetz kenne ich nicht", sagte K. "Desto schlimmer für Sie", sagte der Wächter. "Es besteht wohl auch nur in Ihren Köpfen", sagte K., er wollte sich irgendwie in die Gedanken der Wächter einschleichen, sie zu seinen Gunsten wenden oder sich dort einbürgern. Aber der Wächter sagte nur abweisend: "Sie werden es zu fühlen bekommen." Franz mischte sich ein und sagte: "Sieh Willem er gibt zu, er kenne das Gesetz nicht und behauptet gleichzeitig schuldlos zu sein. "Du hast ganz recht, aber ihm kann man nichts begreiflich machen", sagte der andere. K. antwortete nichts mehr; muss ich, dachte er, durch das Geschwätz dieser niedrigsten Organe - sie geben selbst zu, es zu sein - mich noch mehr verwirren lassen? Sie reden doch jedenfalls von Dingen, die sie gar nicht verstehen. Ihre Sicherheit ist nur durch ihre Dummheit möglich. Ein paar Worte, die ich mit einem mir ebenbürtigen Menschen sprechen werde, werden alles unvergleichlich klarer machen, als die längsten Reden mit diesen. Er ging einige Male in dem freien Raum des Zimmers auf und ab, drüben sah er die alte Frau die einen noch viel ältern Greis zum Fenster gezerrt hatte, den sie umschlungen hielt; K. musste dieser Schaustellung ein Ende machen: "Führen Sie mich zu Ihrem Vorge-setzten", sagte er. "Bis er es wünscht; nicht früher", sagte der Wächter, der Willem genannt worden war. "Und nun rate ich Ihnen", fügte er hinzu, "in Ihr Zimmer zu gehen, sich ruhig zu verhalten und darauf zu warten, was über Sie verfügt werden wird. Wir raten Ihnen, zerstreuen Sie sich nicht durch nutzlose Gedanken, sondern sammeln Sie sich, es werden große Anforderungen an Sie gestellt werden. Sie haben uns nicht so behandelt, wie es unser Entgegenkommen verdient hätte, Sie haben vergessen, dass wir, mögen wir auch sein was immer, zumindest jetzt Ihnen gegenüber freie Männer sind, das ist kein kleines Übergewicht. Trotzdem sind wir bereit, falls Sie Geld haben, Ihnen ein kleines Frühstück aus dem Kaffeehaus drüben zu bringen."

Ohne auf dieses Angebot zu antworten, stand K. ein Weilchen lang still. Vielleicht würden ihn die Beiden, wenn er die Tür des folgenden Zimmers oder gar die Tür des Vorzimmers öffnen würde, gar nicht zu hindern wagen, vielleicht wäre es die einfachste Lösung des Ganzen, dass er es auf die Spitze trieb. Aber vielleicht würden sie ihn doch packen und war er einmal niedergeworfen, so war auch alle Überlegenheit verloren, die er ihnen jetzt gegenüber in gewisser Hinsicht doch wahrte. Deshalb zog er die Sicherheit der Lösung vor, wie sie der natürliche Verlauf bringen musste und ging in sein Zimmer zurück, ohne dass von seiner Seite oder von Seite der Wächter ein weiteres Wort gefallen wäre.

Er warf sich auf sein Bett und nahm vom Nachttisch einen schönen Apfel, den er sich gestern Abend für das Frühstück vorbereitet hatte. Jetzt war er sein einziges Frühstück und jedenfalls, wie er sich beim Ersten großen Bissen versicherte, viel besser, als das Frühstück aus dem schmutzigen Nachtkaffee gewesen wäre, das er durch die Gnade der Wächter hätte bekommen können. Er fühlte sich wohl und zuversichtlich, in der Bank versäumte er zwar heute Vormittag seinen Dienst, aber das war bei der verhältnismäßig hohen Stellung die er dort einnahm, leicht entschuldigt. Sollte er die wirkliche Entschuldigung anführen? Er gedachte es zu tun. Würde man ihm nicht glauben, was in diesem Fall begreiflich war, so konnte er Frau Grubach als Zeugin führen oder auch die beiden Alten von drüben, die wohl jetzt auf dem Marsch zum gegenüberliegenden Fenster waren. Es wunderte K., wenigstens aus dem Gedankengang der Wächter wunderte es ihn, dass sie ihn in das Zimmer getrieben und ihn hier allein gelassen hatten, wo er doch zehnfache Möglichkeit hatte sich umzubringen. Gleichzeitig allerdings fragte er sich, mal aus seinem Gedankengang, was für einen Grund er haben könnte, es zu tun. Etwa weil die zwei nebenan saßen und sein Frühstück abgefangen hatten? Es wäre so sinnlos gewesen sich umzubringen, dass er, selbst wenn er es hätte tun wollen, infolge der Sinnlosigkeit dessen dazu nicht im Stande gewesen wäre. Wäre die geistige Beschränktheit der Wächter nicht so auffallend gewesen, so hätte man annehmen können, dass auch sie infolge der gleichen Überzeugung keine Gefahr darin gesehen hätten, ihn allein zu lassen. Sie mochten jetzt, wenn sie wollten zusehen, wie er zu einem Wandschränkchen ging, in dem er einen guten Schnaps aufbewahrte, wie er ein Gläschen zuerst zum Ersatz des Frühstücks leerte und wie er ein zweites Gläschen dazu bestimmte, ihm Mut zu machen, das letztere nur aus Vorsicht für den unwahrscheinlichen Fall, dass es nötig sein sollte.

Da erschreckte ihn ein Zuruf aus dem Nebenzimmer derartig, dass er mit den Zähnen ans Glas schlug. "Der Aufseher ruft Sie", hieß es. Es war nur das Schreien, das ihn erschreckte, dieses kurze abgehackte militärische Schreien, das er dem Wächter Franz gar nicht zugetraut hätte. Der Befehl selbst war ihm sehr willkommen, "endlich" rief er zurück, versperrte den Wandschrank und eilte sofort ins Nebenzimmer. Dort standen die zwei Wächter und jagten ihn, als wäre das selbstverständlich, wieder in sein Zimmer zurück. "Was fällt euch ein?" riefen sie, "im Hemd wollt ihr vor den Aufseher? Er lässt euch durchprügeln und uns mit!" "Lasst mich, zum Teufel", rief K., der schon bis zu seinem Kleiderkasten zurückgedrängt war, "wenn man mich im Bett überfällt, kann man nicht erwarten mich im Festanzug zu finden." "Es hilft nichts", sagten die Wächter, die immer wenn K. schrie, ganz ruhig, ja fast traurig wurden und ihn dadurch verwirrten oder gewissermaßen zur Besinnung brachten. "Lächerliche Ceremonien!" brummte er noch, hob aber schon einen Rock vom Stuhl und hielt ihn ein Weilchen mit beiden Händen, als unterbreite er ihn dem Urteil der Wächter. Sie schüttelten die Köpfe. "Es muss ein schwarzer Rock sein", sagten sie. K. warf daraufhin den Rock zu Boden und sagte - er wusste selbst nicht, in welchem Sinn er es sagte -: "Es ist doch noch nicht die Hauptverhandlung." Die Wächter lächelten, blieben aber bei ihrem: "Es muss ein schwarzer Rock sein." "Wenn ich dadurch die Sache beschleunige, soll es mir Recht sein", sagte K., öffnete selbst den Kleiderkasten, suchte lange unter den vielen Kleidern, wählte sein bestes schwarzes Kleid, ein Jakettkleid, das durch seine Taille unter den Bekannten fast Aufsehen gemacht hatte, zog nun auch ein anderes Hemd an und begann sich sorgfältig anzuziehn. Im Geheimen glaubte er eine Beschleunigung des Ganzen damit erreicht zu haben, dass die Wächter vergessen hatten, ihn zum Bad zu zwingen. Er beobachtete sie, ob sie sich vielleicht daran doch erinnern würden, aber das fiel ihnen natürlich gar nicht ein, dagegen vergaß Willem nicht, Franz mit der Meldung, dass sich K. anziehe, zum Aufseher zu schicken.

Als er vollständig angezogen war, musste er knapp vor Willem durch das leere Nebenzimmer in das folgende Zimmer gehen, dessen Tür mit beiden Flügeln bereits geöffnet war. Dieses Zimmer wurde wie K. genau wusste seit kurzer Zeit von einem Fräulein Bürstner, einer Schreibmaschinistin bewohnt, die sehr früh in die Arbeit zu gehen pflegte, spät nach Hause kam und mit der K. nicht viel mehr als die Grußworte gewechselt hatte. Jetzt war das Nachttischchen von ihrem Bett als Verhandlungstisch in die Mitte des Zimmers gerückt und der Aufseher saß hinter ihm. Er hatte die Beine über einander geschlagen und einen Arm auf die Rückenlehne des Stuhles gelegt. In einer Ecke des Zimmers standen drei junge Leute und sahen die Fotografien des Fräulein Bürstner an, die in einer an der Wand aufgehängten Matte steckten. An der Klinke des offenen Fensters hing eine weiße Bluse. Im gegenüberliegenden Fenster lagen wieder die zwei Alten, doch hatte sich ihre Gesellschaft vergrößert, denn hinter ihnen sie weit überragend stand ein Mann mit einem auf der Brust offenen Hemd, der seinen rötlichen Spitzbart mit den Fingern drückte und drehte.

"Josef K.?" fragte der Aufseher, vielleicht nur um K.´s zerstreute Blicke auf sich zu lenken. K. nickte. "Sie sind durch die Vorgänge des heutigen Morgens wohl sehr überrascht?" fragte der Aufseher und verschob dabei mit beiden Händen die paar Gegenstände die auf dem Nachttischchen lagen, die Kerze mit Zündhölzchen, ein Buch und ein Nadelkissen, als seien es Gegenstände, die er zur Verhandlung benötige. "Gewiss", sagte K. und das Wohlgefühl endlich einem vernünftigen Menschen gegenüberzustehen und über seine Angelegen-heit mit ihm sprechen zu können ergriff ihn, "gewiss ich bin überrascht, aber ich bin keineswegs sehr überrascht. "Nicht sehr überrascht?" fragte der Aufseher und stellte nun die Kerze in die Mitte des Tischchens, während er die andern Sachen um sie gruppierte. "Sie missverstehen mich vielleicht", beeilte sich K. zu bemerken. "Ich meine –" Hier unterbrach sich K. und sah sich nach einem Sessel um. "Ich kann mich doch setzen?" fragte er. "Es ist nicht üblich", antwortete der Aufseher. "Ich meine", sagte nun K. ohne weitere Pause, "ich bin allerdings sehr überrascht, aber man ist, wenn man dreißig Jahre auf der Welt ist und sich allein hat durchschlagen müssen, wie es mir beschieden war, gegen Überraschungen abgehärtet und nimmt sie nicht zu schwer. Besonders die heutige nicht." "Warum besonders die heutige nicht?" "Ich will nicht sagen, dass ich das Ganze für einen Spaß ansehe, dafür scheinen mir die Veranstaltungen die gemacht wurden, doch zu umfangreich. Es müssten alle Mitglieder der Pension daran beteiligt sein und auch Sie alle, das ginge über die Grenzen eines Spaßes. Ich will also nicht sagen, dass es ein Spaß ist. "Ganz richtig", sagte der Aufseher und sah nach, wie viel Zündhölzchen in der Zündhölzchenschachtel waren. "Anderseits aber", fuhr K. fort und wandte sich hiebei an alle und hätte gern sogar den drei bei den Fotografien sich zugewendet, "anderseits aber kann die Sache auch nicht viel Wichtigkeit haben. Ich folgere das daraus, dass ich angeklagt bin, aber nicht die geringste Schuld auffinden kann wegen deren man mich anklagen könnte. Aber auch das ist nebensächlich, die Hauptfrage ist: von wem bin ich angeklagt? Welche Behörde führt das Verfahren? Sind Sie Beamte? Keiner hat eine Uniform, wenn man nicht ihr Kleid" – hier wandte er sich an Franz – "eine Uniform nennen will, aber es ist doch eher ein Reiseanzug. In diesen Fragen verlange ich Klarheit und ich bin überzeugt, dass wir nach dieser Klarstellung von einander den herzlichsten Abschied werden nehmen können."

Der Aufseher schlug die Zündhölzchenschachtel auf den Tisch nieder. "Sie befinden sich in einem großen Irrtum", sagte er. "Diese Herren hier und ich sind für Ihre Angelegenheit vollständig nebensächlich, ja wir wissen sogar von ihr fast nichts. Wir könnten die regelrechtesten Uniformen tragen und Ihre Sache würde um nichts schlechter stehen. Ich kann Ihnen auch durchaus nicht sagen, dass Sie angeklagt sind oder vielmehr ich weiß nicht, ob Sie es sind. Sie sind verhaftet, das ist richtig, mehr weiß ich nicht. Vielleicht haben die Wächter etwas anderes geschwätzt, dann ist eben nur Geschwätz gewesen. Wenn ich nun also auch Ihre Fragen nicht beantworten kann, so kann ich Ihnen doch raten, denken Sie weniger an uns und an das, was mit Ihnen geschehen wird, denken Sie lieber mehr an sich. Und machen Sie keinen solchen Lärm mit dem Gefühl Ihrer Unschuld, es stört den nicht gerade schlechten Eindruck, den Sie im Übrigen machen. Auch sollten Sie überhaupt im Reden zurückhaltender sein, fast alles was Sie vorhin gesagt haben, hätte man auch wenn Sie nur paar Worte gesagt hätten, Ihrem Verhalten entnehmen können, außerdem war es nichts übermäßig für Sie Günstiges."

K. starrte den Aufseher an. Schulmäßige Lehren bekam er hier von einem vielleicht jüngern Menschen? Für seine Offenheit wurde er mit einer Rüge bestraft? Und über den Grund seiner Verhaftung und über deren Auftraggeber erfuhr er nichts? Er geriet in eine gewisse Aufregung, ging auf und ab, woran ihn niemand hinderte, schob seine Manschetten zurück, befühlte die Brust, strich sein Haar zurecht, kam an den drei Herren vorüber, sagte "es ist ja sinnlos", worauf sich diese zu ihm umdrehten und ihn entgegenkommend aber ernst ansahen und machte endlich wieder vor dem Tisch des Aufsehers Halt. "Der Staatsanwalt Hasterer ist mein guter Freund", sagte er, "kann ich ihm telefonieren?" "Gewiss", sagte der Aufseher, "aber ich weiß nicht, welchen Sinn das haben sollte, es müsste denn sein, dass Sie irgendeine private Angelegenheit mit ihm zu besprechen haben." "Welchen Sinn?" rief K. mehr bestürzt, als geärgert. "Wer sind Sie denn? Sie wollen einen Sinn und führen das Sinnloseste auf was es gibt? Ist es nicht zum Steinerweichen? Die Herren haben mich zuerst überfallen und jetzt sitzen oder stehen sie hier herum und lassen mich vor Ihnen die hohe Schule reiten. Welchen Sinn es hätte, an einen Staatsanwalt zu telefonieren, wenn ich angeblich verhaftet bin? Gut, ich werde nicht telefonieren." "Aber doch", sagte der Aufseher und streckte die Hand zum Vorzimmer aus, wo das Telefon war, "bitte telefonieren Sie doch." "Nein, ich will nicht mehr", sagte K. und ging zum Fenster. Drüben war noch die Gesellschaft beim Fenster und schien nur jetzt dadurch, dass K. ans Fenster herangetreten war, in der Ruhe des Zuschauens ein wenig gestört. Die Alten wollten sich erheben, aber der Mann hinter ihnen beruhigte sie. "Dort sind auch solche Zuschauer", rief K. ganz laut dem Aufseher zu und zeigte mit dem Zeigefinger hinaus. "Weg von dort", rief er dann hinüber Die drei wichen auch sofort ein paar Schritte zurück, die beiden Alten sogar noch hinter den Mann, der sie mit seinem breiten Körper deckte und nach seinen Mundbewegungen zu schließen, irgendetwas auf die Entfernung hin unverständliches sagte. Ganz aber verschwanden sie nicht, sondern schienen auf den Augenblick zu warten, bis sie sich unbemerkt wieder dem Fenster nähern könnten. "Zudringliche, rücksichtslose Leute!" sagte K., als er sich ins Zimmer zurückwendete. Der Aufseher stimmte ihm möglicherweise zu, wie K. mit einem Seitenblick zu erkennen glaubte. Aber es war ebenso gut möglich dass er gar nicht zugehört hatte, denn er hatte eine Hand fest auf den Tisch gedrückt und schien die Finger ihrer Länge nach zu vergleichen. Die zwei Wächter saßen auf einem mit einer Schmuckdecke verhüllten Koffer und neben ihre Knie. Die drei jungen Leute hatten die Hände in die Hüften gelegt und sahen ziellos herum. Es war still wie in irgendeinem vergessenen Büro. "Nun meine Herren", rief K., es schien ihm einen Augenblick lang, als trage er alle auf seinen Schultern, "Ihrem Aussehen nach zu schließen, dürfte meine Angelegenheit beendet sein. Ich bin der Ansicht, dass es am besten ist, über die Berechtigung oder Nichtberechtigung Ihres Vorgehens nicht mehr nachzudenken und der Sache durch einen gegenseitigen Händedruck einen versöhnlichen Abschluss zu geben. Wenn auch Sie meiner Ansicht sind, dann bitte -" und er trat an den Tisch des Aufsehers hin und reichte ihm die Hand. Der Aufseher hob die Augen, nagte an den Lippen und sah auf K.'s ausgestreckte Hand, noch immer glaubte K. der Aufseher werde einschlagen. Dieser aber stand auf, nahm einen harten runden Hut, der auf Fräulein Bürstners Bett lag und setzte sich ihn vorsichtig mit beiden Händen auf, wie man es bei der Anprobe neuer Hüte tut. "Wie einfach Ihnen alles scheint!" sagte er dabei zu K. "Wir sollten der Sache einen versöhnlichen Abschluss geben, meinten Sie? Nein, nein, das geht wirklich nicht. Womit ich andererseits durchaus nicht sagen will, dass Sie verzweifeln sollen. Nein, warum denn? Sie sind nur verhaftet, nichts weiten Das hatte ich Ihnen mitzuteilen, habe es getan und habe auch gesehen, wie Sie es aufgenommen haben. Damit ist es für heute genug und wir können uns verabschieden, allerdings nur vorläufig. Sie werden wohl jetzt in die Bank gehen wollen?" "In die Bank?" fragte K. "Ich dachte, ich wäre verhaftet." K. fragte mit einem gewissen Trotz, denn obwohl sein Handschlag nicht angenommen worden war, fühlte er sich insbesondere seitdem der Aufseher aufgestanden war immer unabhängiger von allen diesen Leuten. Er spielte mit ihnen. Er hatte die Absicht, falls sie weggehen sollten, bis zum Haustor nachzulaufen und ihnen seine Verhaftung anzubieten. Darum wiederholte er auch: "Wie kann ich denn in die Bank gehen, da ich verhaftet bin?" "Ach so", sagte der Aufseher, der schon bei der Tür war, "Sie haben mich missverstanden, Sie sind verhaftet, gewiss, aber das soll Sie nicht hindern Ihren Beruf zu erfüllen. Sie sollen auch in Ihrer gewöhnlichen Lebensweise nicht gehindert sein." "Dann ist das Verhaftet sein nicht sehr schlimm", sagte K. und ging nahe an den Aufseher heran. "Ich meinte es niemals anders", sagte dieser. "Es scheint aber dann nicht einmal die Mitteilung der Verhaftung sehr notwendig gewesen zu sein", sagte K. und ging noch nähen. Auch die andern hatten sich genähert. Alle waren jetzt auf einem engen Raum bei der Tür versammelt. "Es war meine Pflicht", sagte der Aufsehen "Eine dumme Pflicht", sagte K. unnachgiebig. "Mag sein", antwortete der Aufseher, "aber wir wollen mit solchen Reden nicht unsere Zeit verlieren. Ich hatte angenommen, dass Sie in die Bank gehen wollen. Da Sie auf alle Worte aufpassen, füge ich hinzu: ich zwinge Sie nicht in die Bank zu gehen, ich hatte nur angenommen, dass Sie es wollen. Und um Ihnen das zu erleichtern und Ihre Ankunft in der Bank möglichst unauffällig zu machen, habe ich diese drei Herren Ihre Kollegen hier zu Ihrer Verfügung gehalten." "Wie?" rief K. und staunte die drei an. Diese so uncharakteristischen blutarmen jungen Leute, die er immer noch nur als Gruppe bei den Fotografien in der Erinnerung hatte, waren tatsächlich Beamte aus seiner Bank, nicht Kollegen, das war zu viel gesagt und bewies eine Lücke in der Allwissenheit des Aufsehers, aber untergeordnete Beamte aus der Bank waren es allerdings. Wie hatte K. das übersehen können? Wie hatte er doch hingenommen sein müssen, von dem Aufseher und den Wächtern, um diese drei nicht zu erkennen. Den steifen, die Hände schwingenden Rabensteiner, den blonden Kullich mit den tief liegenden Augen und Kammer mit dem unausstehlichen durch eine chronische Muskelzerrung bewirkten Lächeln. "Guten Morgen!" sagte K. nach einem Weilchen und reichte den sich korrekt verbeugenden Herren die Hand. "Ich habe Sie gar nicht erkannt. Nun werden wir also an die Arbeit gehen, nicht?" Die Herren nickten lachend und eifrig, als hätten sie die ganze Zeit über darauf gewartet, nur als K. seinen Hut vermisste, der in seinem Zimmer liegen geblieben war, liefen sie sämtlich hintereinander ihn holen, was immerhin auf eine gewisse Verlegenheit schließen ließ. K. stand still und sah ihnen durch die zwei offenen Türen nach, der Letzte war natürlich der gleichgültige Rabensteiner, der bloß einen eleganten Trab angeschlagen hatte. Kammer überreichte den Hut und K. musste sich, wie dies übrigens auch öfter in der Bank nötig war, ausdrücklich sagen, dass Kaminers Lächeln nicht Absicht war, ja dass er überhaupt absichtlich nicht lächeln konnte. Im Vorzimmer öffnete dann Frau Grubach, die gar nicht sehr schuldbewusst aussah, der ganzen Gesellschaft die Wohnungstür und K. sah, wie so oft, auf ihr Schürzenband nieder, das so unnötig tief in ihren mächtigen Leib einschnitt. Unten entschloss sich K., die Uhr in der Hand, ein Automobil zu nehmen, um die schon halbstündige Verspätung nicht unnötig zu vergrößern. Kammer lief zur Ecke, um den Wagen zu holen, die zwei andern versuchten offensichtlich K. zu zerstreuen, als plötzlich Kullich auf das gegenüberliegende Haustor zeigte, in dem eben der Mann mit dem blonden Spitzbart erschien und im ersten Augenblick ein wenig verlegen darüber, dass er sich jetzt in seiner ganzen Größe zeigte, zur Wand zurücktrat und sich anlehnte. Die Alten waren wohl noch auf der Treppe. K. ärgerte sich über Kullich, dass dieser auf den Mann aufmerksam machte, den er selbst schon früher gesehen, ja den er sogar erwartet hatte. "Schauen Sie nicht hin", stieß er hervor ohne zu bemerken, wie auffallend eine solche Redeweise gegenüber selbstständigen Männern war. Es war aber auch keine Erklärung nötig, denn gerade kam das Automobil, man setzte sich und fuhr los. Da erinnerte sich K. dass er das Weggehen des Aufsehers und der Wächter gar nicht bemerkt hatte, der Aufseher hatte ihm die drei Beamten verdeckt und nun wieder die Beamten den Aufseher. Viel Geistesgegenwart bewies das nicht und K. nahm sich vor, sich in dieser Hinsicht genauer zu beobachten. Doch drehte er sich noch unwillkürlich um und beugte sich über das Hinterdeck des Automobils vor, um möglicherweise den Aufseher und die Wächter noch zu sehen. Aber gleich wendete er sich wieder zurück ohne auch nur den Versuch gemacht zu haben jemanden zu suchen und lehnte sich bequem in die Wagenecke. Trotzdem es nicht den Anschein hatte, hätte er gerade jetzt Zuspruch nötig gehabt, aber nun schienen die Herren ermüdet, Rabensteiner sah rechts aus dem Wagen, Kullich links und nur Kaminer stand mit seinem Grinsen zur Verfügung, über das einen Spaß zu machen leider die Menschlichkeit verbot.

Gespräch mit Frau Grubach / Dann Fräulein Bürstner

In diesem Frühjahr pflegte K. die Abende in der Weise zu verbringen, dass er nach der Arbeit wenn dies noch möglich war - er saß meistens bis neun Uhr im Büro - einen kleinen Spaziergang allein oder mit Bekannten machte und dann in eine Bierstube ging, wo er an einem Stammtisch mit meist älteren Herren gewöhnlich bis elf Uhr beisammensaß. Es gab aber auch Ausnahmen von dieser Einteilung, wenn K. z. B. vom Bankdirektor der seine Arbeitskraft und Vertrauenswürdigkeit sehr schätzte zu einer Autofahrt oder zu einem Abendessen in seiner Villa eingeladen wurde. Außerdem ging K. einmal in der Woche zu einem Mädchen namens Elsa, die während der Nacht bis in den späten Morgen als Kellnerin in einer Weinstube bediente und während des Tages nur vom Bett aus Besuche empfing.

An diesem Abend aber - der Tag war unter angestrengter Arbeit und vielen ehrenden und freundschaftlichen Geburtstagswünschen schnell verlaufen - wollte K. sofort nach Hause gehen. In allen kleinen Pausen der Tagesarbeit hatte er daran gedacht; ohne genau zu wissen, was er meinte, schien es ihm, als ob durch die Vorfälle des Morgens eine große Unordnung in der ganzen Wohnung der Frau Grubach verursacht worden sei und dass gerade er nötig sei, um die Ordnung wieder herzustellen. War aber einmal diese Ordnung hergestellt, dann war jede Spur jener Vorfälle ausgelöscht und alles nahm seinen alten Gang wieder auf Insbesondere von den drei Beamten war nichts zu befürchten, sie waren wieder in die große Beamtenschaft der Bank versenkt, es war keine Veränderung an ihnen zu bemerken. K. hatte sie öfter einzeln und gemeinsam in sein Büro berufen, zu keinem andern Zweck als um sie zu beobachten; immer hatte er sie befriedigt entlassen können.

Als er um halb zehn Uhr abends vor dem Hause, in dem er wohnte ankam, traf er im Haustor einen jungen Burschen, der dort breitbeinig stand und eine Pfeife rauchte. "Wer sind Sie", fragte K. sofort und brachte sein Gesicht nahe an den Burschen, man sah nicht viel im Halbdunkel des Flurs. "Ich bin der Sohn des Hausmeisters, gnädiger Herr", antwortete der Bursche, nahm die Pfeife aus dem Mund und trat zur Seite. "Der Sohn des Hausmeisters?" fragte K. und klopfte mit seinem Stock ungeduldig den Boden. "Wünscht der gnädige Herr etwas? Soll ich den Vater holen?" "Nein, nein", sagte K., in seiner Stimme lag etwas Verzeihendes, als habe der Bursche etwas Böses ausgeführt, er aber verzeihe ihm. "Es ist gut", sagte er dann und ging weiter, aber ehe er die Treppe hinaufstieg, drehte er sich noch einmal um.

Er hätte geradewegs in sein Zimmer gehen können, aber da er mit Frau Grubach sprechen wollte, klopfte er gleich an ihre Türe an. Sie saß mit einem Strickstrumpf am Tisch, auf dem noch ein Haufen alter Strümpfe lag. K. entschuldigte sich zerstreut, dass er so spät komme, aber Frau Grubach war sehr freundlich und wollte keine Entschuldigung hören: für ihn sei sie immer zu sprechen, er wisse sehr gut, dass er ihr bester und liebster Mieter sei. K. sah sich im Zimmer um, es war wieder vollkommen in seinem alten Zustand, das Frühstücksgeschirr, das früh auf dem Tischchen beim Fenster gestanden hatte, war auch schon weggeräumt. Frauenhände bringen doch im Stillen viel fertig, dachte er, er hätte das Geschirr vielleicht auf der Stelle zerschlagen, aber gewiss nicht hinaustragen können. Er sah Frau Grubach mit einer gewissen Dankbarkeit an. "Warum arbeiten Sie noch so spät", fragte er. Sie saßen nun beide am Tisch und K. vergrub von Zeit zu Zeit eine Hand in die Strümpfe. "Es gibt viel Arbeit", sagte sie, "während des Tages gehöre ich den Mietern; wenn ich meine Sachen in Ordnung bringen will, bleiben mir nur die Abende. "Ich habe Ihnen heute wohl noch eine außergewöhnliche Arbeit gemacht." "Wieso denn", fragte sie etwas eifriger werdend, die Arbeit ruhte in ihrem Schoß. "Ich meine die Männer, die heute früh hier waren." "Ach so", sagte sie und kehrte wieder in ihre Ruhe zurück, "das hat mir keine besondere Arbeit gemacht." K. sah schweigend zu, wie sie den Strickstrumpf wieder vornahm. "Sie scheint sich zu wundern, dass ich davon spreche", dachte er, "sie scheint es nicht für richtig zu halten dass ich davon spreche. Desto wichtiger ist es dass ich es tue. Nur mit einer alten Frau kann ich davon sprechen." "Doch, Arbeit hat es gewiss gemacht", sagte er dann, "aber es wird nicht wieder vorkommen." "Nein, das kann nicht wieder vorkommen", sagte sie bekräftigend und lächelte K. fast wehmütig an. "Meinen Sie das ernstlich?" fragte K. "Ja", sagte sie leiser, "aber vor allem dürfen Sie es nicht zu schwer nehmen. Was geschieht nicht alles in der Welt! Da Sie so vertraulich mit mir reden Herr K., kann ich Ihnen ja eingestehen, dass ich ein wenig hinter der Tür gehorcht habe und dass mir auch die beiden Wächter einiges erzählt haben. Es handelt sich ja um Ihr Glück und das liegt mir wirklich am Herzen, mehr als mir vielleicht zusteht, denn ich bin ja bloß die Vermieterin. Nun, ich habe also einiges gehört, aber ich kann nicht sagen, dass es etwas besonders Schlimmes war. Nein. Sie sind zwar verhaftet, aber nicht so wie ein Dieb verhaftet wird. Wenn man wie ein Dieb verhaftet wird, so ist es schlimm, aber diese Verhaftung - . Es kommt mir wie etwas Gelehrtes vor, entschuldigen Sie wenn ich etwas Dummes sage, es kommt mir wie etwas Gelehrtes vor, das ich zwar nicht verstehe, das man aber auch nicht verstehen muss."

"Es ist gar nichts Dummes, was Sie gesagt haben Frau Grubach, wenigstens bin auch ich zum Teil Ihrer Meinung, nur urteile ich über das Ganze noch schärfer als Sie und halte es einfach nicht einmal für etwas Gelehrtes sondern überhaupt für nichts. Ich wurde überrumpelt, das war es. Wäre ich gleich nach dem Erwachen, ohne mich durch das Ausbleiben der Anna beirren zu lassen, gleich aufgestanden und ohne Rücksicht auf irgendjemand, der mir in den Weg getreten wäre, zu Ihnen gegangen, hätte ich diesmal ausnahmsweise etwa in der Küche gefrühstückt, hätte mir von Ihnen die Kleidungsstücke aus meinem Zimmer bringen lassen, kurz hätte ich vernünftig gehandelt, es wäre nichts weiter geschehen, es wäre alles, was werden wollte, erstickt worden. Man ist aber so wenig vorbereitet. In der Bank z. B. bin ich vorbereitet, dort könnte mir etwas Derartiges unmöglich geschehen, ich habe dort einen eigenen Diener, das allgemeine Telefon und das Bürotelefon stehen vor mir auf dem Tisch, immerfort kommen Leute, Parteien und Beamte; außerdem aber und vor allem bin ich dort immerfort im Zusammenhang der Arbeit, daher geistesgegenwärtig, es würde mir geradezu ein Vergnügen machen dort einer solchen Sache gegenübergestellt zu werden. Nun es ist vorüber und ich wollte eigentlich auch gar nicht mehr darüber sprechen, nur ihr Urteil, das Urteil einer vernünftigen Frau wollte ich hören und bin sehr froh, dass wir darin übereinstimmen. Nun müssen Sie mir aber die Hand reichen, eine solche Übereinstimmung muss durch Handschlag bekräftigt werden."

Ob sie mir die Hand reichen wird? Der Aufseher hat mir die Hand nicht gereicht, dachte er und sah die Frau anders als früher, prüfend an. Sie stand auf weil auch er aufgestanden war, sie war ein wenig befangen, weil ihr nicht alles was K. gesagt hatte verständlich gewesen war. Infolge dieser Befangenheit sagte sie aber etwas, was sie gar nicht wollte und was auch gar nicht am Platze war: "Nehmen Sie es doch nicht so schwer, Herr K.", sagte sie, hatte Tränen in der Stimme und vergaß natürlich auch an den Handschlag. "Ich wüsste nicht, dass ich es schwer nehme", sagte K. plötzlich ermüdet und das Wertlose aller Zustimmungen dieser Frau einsehend. Bei der Tür fragte er noch: "Ist Fräulein Bürstner zu Hause?" "Nein", sagte Frau Grubach und lächelte bei dieser trockenen Auskunft mit einer verspäteten vernünftigen Teilnahme. "Sie ist im Theater. Wollten Sie etwas von ihr? Soll ich ihr etwas ausrichten?" "Ach, ich wollte nur paar Worte mit ihr reden. "Ich weiß leider nicht, wann sie kommt; wenn sie im Theater ist, kommt sie gewöhnlich spät." "Das ist ja ganz gleichgültig", sagte K. und drehte schon den gesenkten Kopf der Tür zu, um wegzugehen, "ich wollte mich nur bei ihr entschuldigen, dass ich heute ihr Zimmer in Anspruch genommen habe." "Das ist nicht nötig, Herr K., Sie sind zu rücksichtsvoll, das Fräulein weiß ja von gar nichts, sie war seit dem frühen Morgen noch nicht Zu Hause, es ist auch schon alles in Ordnung gebracht, sehen Sie selbst." Und sie öffnete die Tür zu Fräulein Bürstners Zimmer. "Danke, ich glaube es", sagte K., ging dann aber doch zu der offenen Tür. Der Mond schien still in das dunkle Zimmer. So viel man sehen konnte war wirklich alles an seinem Platz, auch die Bluse hing nicht mehr an der Fensterklinke. Auffallend hoch schienen die Polster im Bett, sie lagen zum Teil im Mondlicht. "Das Fräulein kommt oft spät nach Hause", sagte K. und sah Frau Grubach an, als trage sie die Verantwortung dafür. "Wie eben junge Leute sind!" sagte Frau Grubach entschuldigend. "Gewiss, gewiss", sagte K., "es kann aber zu weit gehen." "Das kann es", sagte Frau Grubach, "wie sehr haben Sie Recht Herr K. Vielleicht sogar in diesem Fall. Ich will Fräulein Bürstner gewiss nicht verleumden, sie ist ein gutes liebes Mädchen, freundlich, ordentlich, pünktlich, arbeitsam, ich schätze das alles sehr, aber eines ist wahr, sie sollte stolzer, zurückhaltender sein. Ich habe sie in diesem Monat schon zweimal in entlegenen Straßen immer mit einem andern Herrn gesehen. Es ist mir sehr peinlich, ich erzähle es beim wahrhaftigen Gott nur Ihnen Herr K., aber es wird sich nicht vermeiden lassen, dass ich auch mit dem Fräulein selbst darüber spreche. Es ist übrigens nicht das einzige, das sie mir verdächtig macht." "Sie sind auf ganz falschem Weg", sagte K., wütend und fast unfähig es zu verbergen, "übrigens haben Sie offenbar auch meine Bemerkung über das Fräulein missverstanden, so war es nicht gemeint. Ich warne Sie sogar aufrichtig, dem Fräulein irgendetwas zu sagen, Sie sind durchaus im Irrtum, ich kenne das Fräulein sehr gut, es ist nichts davon wahr was Sie sagten. Übrigens vielleicht gehe ich zu weit, ich will Sie nicht hindern, sagen Sie ihr, was Sie wollen. Gute Nacht." "Herr K. ", sagte Frau Grubach bittend und eilte K. bis zu seiner Tür nach, die er schon geöffnet hatte, "ich will ja noch gar nicht mit dem Fräulein reden, natürlich will ich sie vorher noch weiter beobachten, nur Ihnen habe ich anvertraut was ich wusste. Schließlich muss es doch im Sinne jedes Mieters sein, wenn man die Pension rein zu erhalten sucht und nichts anderes ist mein Bestreben dabei." "Die Reinheit!" rief K. noch durch die Spalte der Tür, "wenn Sie die Pension rein erhalten wollen, müssen Sie zuerst mir kündigen." Dann schlug er die Tür zu, ein leises Klopfen beachtete er nicht mehr.

Dagegen beschloss er, da er gar keine Lust zum Schlafen hatte, noch wachzubleiben und bei dieser Gelegenheit auch festzustellen wann Fräulein Bürstner kommen würde. Vielleicht wäre es dann auch möglich, so unpassend es sein mochte, noch paar Worte mit ihr zu reden. Als er im Fenster lag und die müden Augen drückte, dachte er einen Augenblick sogar daran, Frau Grubach zu bestrafen und Fräulein Bürstner zu überreden, gemeinsam mit ihm zu kündigen. Sofort aber erschien ihm das entsetzlich übertrieben und er hatte sogar den Verdacht gegen sich, dass er darauf ausging, die Wohnung wegen der Vorfälle am Morgen zu wechseln. Nichts wäre unsinniger und vor allem zweckloser und verächtlicher gewesen.

Als er des Hinausschauens auf die leere Straße überdrüssig geworden war, legte er sich auf das Kanapee, nachdem er die Tür zum Vorzimmer ein wenig geöffnet hatte, um jeden der die Wohnung betrat, gleich vom Kanapee aus sehen zu können. Etwa bis elf Uhr lag er ruhig eine Zigarre rauchend auf dem Kanapee. Von da ab hielt er es aber nicht mehr dort aus, sondern ging ein wenig ins Vorzimmer, als könne er dadurch die Ankunft des Fräulein Bürstner beschleunigen. Er hatte kein besonderes Verlangen nach ihr, er konnte sich nicht einmal genau erinnern, wie sie aussah, aber nun wollte er mit ihr reden und es reizte ihn, dass sie durch ihr spätes Kommen auch noch in den Abschluss dieses Tages Unruhe und Unordnung brachte. Sie war auch Schuld daran, dass er heute nicht zu abend gegessen und dass er den für heute beabsichtigten Besuch bei Elsa unterlassen hatte. Beides konnte er allerdings noch dadurch nachholen, dass er jetzt in das Weinlokal ging, in dem Elsa bedienstet war. Er wollte es auch noch später nach der Unterredung mit Fräulein Bürstner tun.

Es war halb zwölf vorüber, als jemand im Treppenhaus zu hören war. K., der seinen Gedanken hingegeben im Vorzimmer, so als wäre es sein eigenes Zimmer, laut auf und abging, flüchtete hinter seine Tür. Es war Fräulein Bürstner, die gekommen war. Fröstelnd zog sie, während sie die Tür versperrte, einen seidenen Schal um ihre schmalen Schultern zusammen. Im nächsten Augenblick musste sie in ihr Zimmer gehen, in das K. gewiss um Mitternacht nicht eindringen durfte; er musste sie also jetzt ansprechen, hatte aber unglücklicherweise versäumt, das elektrische Licht in seinem Zimmer anzudrehn, sodass sein Vortreten aus dem dunklen Zimmer den Anschein eines Überfalls hatte und wenigstens sehr erschrecken musste. In seiner Hilflosigkeit und da keine Zeit zu verlieren war, flüsterte er durch den Türspalt: "Fräulein Bürstner. " Es klang wie eine Bitte, nicht wie ein Anruf "Ist jemand hier", fragte Fräulein Bürstner und sah sich mit großen Augen um. "Ich bin es", sagte K. und trat vor. "Ach Herr K.!" sagte Fräulein Bürstner lächelnd, "Guten Abend" und sie reichte ihm die Hand. "Ich wollte ein paar Worte mit Ihnen sprechen, wollen Sie mir das jetzt erlauben?" "Jetzt?" fragte Fräulein Bürstner, "muss es jetzt sein? Es ist ein wenig sonderbar, nicht?" "Ich warte seit neun Uhr auf Sie." "Nun ja, ich war im Theater, ich wusste doch nichts von Ihnen." "Der Anlass für das was ich Ihnen sagen will hat sich erst heute ergeben." "So, nun ich habe ja nichts grundsätzliches dagegen, außer dass ich zum Hinfallen müde bin. Also kommen Sie auf paar Minuten in mein Zimmer Hier können wir uns auf keinen Fall unterhalten, wir wecken ja alle und das wäre mir unseretwegen noch unangenehmer als der Leute wegen. Warten Sie hier; bis ich in meinem Zimmer angezündet habe und drehen Sie dann hier das Licht ab." K. tat so, wartete dann aber noch, bis Fräulein Bürstner ihn aus ihrem Zimmer nochmals leise aufforderte zu kommen. "Setzen Sie sich", sagte sie und zeigte auf die Ottomane, sie selbst blieb aufrecht am Bettpfosten trotz der Müdigkeit, von der sie gesprochen hatte; nicht einmal ihren kleinen, aber mit einer Überfülle von Blumen geschmückten Hut legte sie ab. "Was wollten Sie also? Ich bin wirklich neugierig." Sie kreuzte leicht die Beine. "Sie werden vielleicht sagen", begann K., "dass die Sache nicht so dringend war, um jetzt besprochen zu werden, aber -" "Einleitungen überhöre ich immer", sagte Fräulein Bürstner. "Das erleichtert meine Aufgabe", sagte K. "Ihr Zimmer ist heute früh, gewissermaßen durch meine Schuld, ein wenig in Unordnung gebracht worden, es geschah durch fremde Leute gegen meinen Willen und doch wie gesagt durch meine Schuld; dafür wollte ich um Entschuldigung bitten." "Mein Zimmer?" fragte Fräulein Bürstner und sah statt des Zimmers, K. prüfend an. "Es ist so", sagte K. und nun sahen sich beide zum ersten Mal in die Augen, "die Art und Weise in der es geschah, ist an sich keines Wortes wert. " "Aber doch das eigentlich Interessante", sagte Fräulein Bürstner. "Nein", sagte K. "Nun", sagte Fräulein Bürstner, "ich will mich nicht in Geheimnisse eindrängen, bestehen Sie darauf, dass es uninteressant ist, so will ich auch nichts dagegen einwenden. Die Entschuldigung um die Sie bitten gebe ich Ihnen hiermit gern, besonders da ich keine Spur einer Unordnung finden kann." Sie machte, die flachen Hände tief an die Hüften gelegt, einen Rundgang durch das Zimmer. Bei der Matte mit den Fotografien blieb sie stehen. "Sehen Sie doch", rief sie, "meine Fotografien sind wirklich durcheinandergeworfen. Das ist aber hässlich. Es ist also jemand unberechtigter Weise in meinem Zimmer gewesen." K. nickte und verfluchte im Stillen den Beamten Kammer, der seine öde sinnlose Lebhaftigkeit niemals zähmen konnte. "Es ist sonderbar", sagte Fräulein Bürstner, "dass ich gezwungen bin, Ihnen etwas zu verbieten was Sie sich selbst verbieten müssten, nämlich in meiner Abwesenheit mein Zimmer zu betreten." "Ich erklärte Ihnen doch Fräulein", sagte K. und ging auch zu den Fotografien, "dass nicht ich es war, der sich an Ihren Fotografien vergangen hat; aber da Sie mir nicht glauben, so muss ich also eingestehen, dass die Untersuchungskommission drei Bankbeamte mitgebracht hat, von denen der eine, den ich bei nächster Gelegenheit aus der Bank hinausbefördern werde, die Fotografien wahrscheinlich in die Hand genommen hat." "Ja es war eine Untersuchungskommission hier", fügte K. hinzu, da ihn das Fräulein mit einem fragenden Blick ansah. "Ihretwegen?" fragte das Fräulein. "Ja", antwortete K. "Nein", rief das Fräulein und lachte. "Doch", sagte K., "glauben Sie denn dass ich schuldlos bin?" "Nun schuldlos ...", sagte das Fräulein, "ich will nicht gleich ein vielleicht folgenschweres Urteil aussprechen, auch kenne ich Sie doch nicht, immerhin, es muss doch schon ein schwerer Verbrecher sein, dem man gleich eine Untersuchungskommission auf den Leib schickt. Da Sie aber doch frei sind - ich schließe wenigstens aus Ihrer Ruhe, dass Sie nicht aus dem Gefängnis entlaufen sind - so können Sie doch kein solches Verbrechen begangen haben." "Ja", sagte K., "aber die Untersuchungskommission kann doch eingesehen haben, dass ich unschuldig bin oder doch nicht so schuldig wie angenommen wurde. "Gewiss, das kann sein", sagte Fräulein Bürstner sehr aufmerksam. "Sehen Sie", sagte K., "Sie haben nicht viel Erfahrung in Gerichtssachen. " "Nein das habe ich nicht", sagte Fräulein Bürstner, "und habe es auch schon oft bedauert, denn ich möchte alles wissen und gerade Gerichtssachen interessieren mich ungemein. Das Gericht hat eine eigentümliche Anziehungskraft, nicht? Aber ich werde in dieser Richtung meine Kenntnisse sicher vervollständigen, denn ich trete nächsten Monat als Kanzleikraft in ein Advokatenbüro ein." "Das ist sehr gut", sagte K., "Sie werden mir dann in meinem Prozess ein wenig helfen können." "Das könnte sein", sagte Fräulein Bürstner; "warum denn nicht? Ich verwende gern meine Kenntnisse." "Ich meine es auch im Ernst", sagte K., "oder zumindest in dem halben Ernst, in dem Sie es meinen. Um einen Advokaten heranzuziehn, dazu ist die Sache doch zu kleinlich, aber einen Ratgeber könnte ich gut brauchen." "Ja, aber wenn ich Ratgeber sein soll, müsste ich wissen, um was es sich handelt", sagte Fräulein Bürstner. "Das ist eben der Haken", sagte K., "das weiß ich selbst nicht." "Dann haben Sie sich also einen Spaß aus mir gemacht", sagte Fräulein Bürstner übermäßig enttäuscht, "es war höchst unnötig sich diese späte Nachtzeit dazu auszusuchen." Und sie ging von den Fotografien weg, wo sie so lang vereinigt gestanden waren. "Aber nein Fräulein", sagte K., "ich mache keinen Spaß. Dass Sie mir nicht glauben wollen! Was ich weiß habe ich Ihnen schon gesagt. Sogar mehr als ich weiß, denn es war gar keine Untersuchungskommission, ich nenne es so weil ich keinen andern Namen dafür weiß. Es wurde gar nichts untersucht, ich wurde nur verhaftet, aber von einer Kommission." Fräulein Bürstner saß auf der Ottomane und lachte wieder:

"Wie war es denn?" fragte sie. "Schrecklich", sagte K. aber er dachte jetzt gar nicht daran, sondern war ganz vom Anblick des Fräulein Bürstner ergriffen, die das Gesicht auf eine Hand stützte - der Ellbogen ruhte auf dem Kissen der Ottomane - während die andere Hand langsam die Hüfte strich. "Das ist zu allgemein", sagte Fräulein Bürstner. "Was ist zu allgmein?" fragte K. Dann erinnerte er sich und fragte: "Soll ich Ihnen zeigen, wie es gewesen ist?" Er wollte Bewegung machen und doch nicht weggehen. "Ich bin schon müde", sagte Fräulein Bürstner. "Sie kamen so spät", sagte K. "Nun endet es damit, dass ich Vorwürfe bekomme, es ist auch berechtigt, denn ich hätte Sie nicht mehr hereinlassen sollen. Notwendig war es ja auch nicht, wie sich gezeigt hat." "Es war notwendig, das werden Sie erst jetzt sehen", sagte K. "Darf ich das Nachttischchen von Ihrem Bett herrücken?" "Was fällt Ihnen ein?" sagte Fräulein Bürstner; "das dürfen Sie natürlich nicht!" "Dann kann ich es Ihnen nicht zeigen", sagte K. aufgeregt, als füge man ihm dadurch einen unermesslichen Schaden zu. "Ja wenn Sie es zur Darstellung brauchen, dann rücken Sie das Tischchen nur ruhig fort", sagte Fräulein Bürstner und fügte nach einem Weilchen mit schwächerer Stimme hinzu: "Ich bin so müde, dass ich mehr erlaube, als gut ist." K. stellte das Tischchen in die Mitte des Zimmers und setzte sich dahinter. "Sie müssen sich die Verteilung der Personen richtig vorstellen, es ist sehr interessant. Ich bin der Aufseher, dort auf dem Koffer sitzen zwei Wächter, bei den Fotografien stehen drei junge Leute. An der Fensterklinke hängt, was ich nur nebenbei erwähne, eine weiße Bluse. Und jetzt fängt es an. Ja, ich vergesse mich, die wichtigste Person, also ich stehe hier vor dem Tischchen. Der Aufseher sitzt äußerst bequem, die Beine übereinander gelegt, den Arm hier über die Lehne hinunterhängend, ein Lümmel sondergleichen. Und jetzt fängt es also wirklich an. Der Aufseher ruft als ob er mich wecken müsste, er schreit geradezu, ich muss leider, wenn ich es Ihnen begreiflich machen will, auch schreien, es ist übrigens nur mein Name, den er so schreit." Fräulein Bürstner die lachend zuhörte legte den Zeigefinger an den Mund, um K. am Schreien zu hindern, aber es war zu spät, K. war zu sehr in der Rolle, er rief langsam "Josef K.!", übrigens nicht so laut wie er gedroht hatte, aber doch sodass sich der Ruf, nachdem er plötzlich ausgestoßen war, erst allmählich im Zimmer zu verbreiten schien.

Da klopfte es an die Tür des Nebenzimmers einigemal, stark, kurz und regelmäßig. Fräulein Bürstner erbleichte und legte die Hand aufs Herz. K. erschrak deshalb besonders stark, weil er noch ein Weilchen ganz unfähig gewesen war, an etwas anderes zu denken, als an die Vorfälle des Morgens und an das Mädchen, dem er sie vorführte. Kaum hatte er sich gefasst sprang er zu Fräulein Bürstner und nahm ihre Hand. "Fürchten Sie nichts", flüsterte er, "ich werde alles in Ordnung bringen. Wer kann es aber sein? Hier nebenan ist doch nur das Wohnzimmer, in dem niemand schläft." "Doch", flüsterte Fräulein Bürstner an K. `s Ohr, "Seit gestern schläft hier ein Neffe von Frau Grubach, ein Hauptmann. Es ist gerade kein anderes Zimmer frei. Auch ich habe daran vergessen. Dass Sie so schreien mussten! Ich bin unglücklich darüber. "Dafür ist gar kein Grund", sagte K. und küsste, als sie jetzt auf das Kissen zurücksank, ihre Stirn. "Weg, weg", sagte sie und richtete sich eilig wieder auf, "gehen Sie doch, gehen Sie doch. Was wollen Sie, er horcht doch an der Tür, er hört doch alles. Wie Sie mich quälen!" "Ich gehe nicht früher", sagte K., "bis Sie ein wenig beruhigt sind. Kommen Sie in die andere Ecke des Zimmers, dort kann er uns nicht hören." Sie ließ sich dorthin führen. "Sie überlegen nicht", sagte er, "dass es sich zwar um eine Unannehmlichkeit für Sie handelt, aber durchaus nicht um eine Gefahr. Sie wissen wie mich Frau

Grubach, die in dieser Sache doch entscheidet, besonders da der Hauptmann ihr Neffe ist, geradezu verehrt und alles was ich sage unbedingt glaubt. Sie ist auch im Übrigen von mir abhängig, denn sie hat eine größere Summe von mir geliehen. Jeden Ihrer Vorschläge über eine Erklärung für unser Beisammen nehme ich an, wenn er nur ein wenig zweckentsprechend ist und verbürge mich Frau Grubach dazu zu bringen, die Erklärung nicht nur vor der Öffentlichkeit, sondern wirklich und aufrichtig zu glauben. Mich müssen Sie dabei in keiner Weise schonen. Wollen Sie verbreitet haben, dass ich Sie überfallen hat, so wird Frau Grubach in diesem Sinne unterrichtet werden und wird es glauben, ohne das Vertrauen zu mir zu verlieren, so sehr hängt sie an mir." Fräulein Bürstner sah still und ein wenig zusammengesunken vor sich auf den Boden. "Warum sollte Frau Grubach nicht glauben, dass ich Sie überfallen habe", fügte K. hinzu. Vor sich sah er ihr Haar, geteiltes, niedrig gebauschtes, fest zusammengehaltenes rötliches Haar. Er glaubte sie werde ihm den Blick zuwenden, aber sie sagte in unveränderter Haltung: "Verzeihen Sie, ich bin durch das plötzliche Klopfen so erschreckt worden, nicht so sehr durch die Folgen, die die Anwesenheit des Hauptmanns haben könnte. Es war so still nach Ihrem Schrei und da klopfte es, deshalb bin ich so erschrocken, ich saß auch in der Nähe der Tür, es klopfte fast neben mir. Für Ihre Vorschläge danke ich, aber ich nehme sie nicht an. Ich kann für alles, was in meinem Zimmer geschieht die Verantwortung tragen und zwar gegenüber jedem. Ich wundere mich, dass Sie nicht merken, was für eine Beleidigung für mich in Ihren Vorschlägen liegt, neben den guten Absichten natürlich, die ich gewiss anerkenne. Aber nun gehen Sie, lassen Sie mich allein, ich habe es jetzt noch nötiger als früher. Aus den paar Minuten, um die Sie gebeten haben, ist nun eine halbe Stunde und mehr geworden." K. fasste sie bei der Hand und dann beim Handgelenk: "Sie sind mir aber nicht böse?" sagte er. Sie streifte seine Hand ab und antwortete: "Nein, nein, ich bin niemals und niemandem böse." Er fasste wieder nach ihrem Handgelenk, sie duldete es jetzt und führte ihn so zur Tür. Er war fest entschlossen wegzugehen. Aber vor der Tür, als hätte er nicht erwartet, hier eine Tür zu finden, stockte er, diesen Augenblick benützte Fräulein Bürstner sich loszumachen, die Tür zu öffnen, ins Vorzimmer zu schlüpfen und von dort aus K. leise zu sagen: "Nun kommen Sie doch, bitte. Sehen Sie" - sie zeigte auf die Tür des Hauptmanns, unter der ein Lichtschein hervorkam - "er hat angezündet und unterhält sich über uns." "Ich komme schon", sagte K., lief vor, fasste sie, küsste sie auf den Mund und dann über das ganze Gesicht, wie ein durstiges Tier mit der Zunge über das endlich gefundene Quellwasser hinjagt. Schließlich küsste er sie auf den Hals, wo die Gurgel ist und dort ließ er die Lippen lange liegen. Ein Geräusch aus dem Zimmer des Hauptmanns ließ ihn aufschauen. "Jetzt werde ich gehen", sagte er, er wollte Fräulein Bürstner beim Taufnamen nennen, wusste ihn aber nicht. Sie nickte müde, überließ ihm schon halb abgewendet die Hand zum Küssen, als wisse sie nichts davon und ging gebückt in ihr Zimmer. Kurz darauf lag K. in seinem Bett. Er schlief sehr bald ein, vor dem Einschlafen dachte er noch ein Weilchen über sein Verhalten nach, er war damit zufrieden, wunderte sich aber, dass er nicht noch zufriedener war; wegen des Hauptmanns machte er sich für Fräulein Bürstner ernstliche Sorgen.

Erste Untersuchung

K. war telefonisch verständigt worden, dass am nächsten Sonntag eine kleine Untersuchung in seiner Angelegenheit stattfinden würde. Man machte ihn darauf aufmerksam, dass diese Untersuchungen nun regelmäßig, wenn auch vielleicht nicht jede Woche so doch häufiger einander folgen würden. Es liege einerseits im allgemeinen Interesse, den Prozess rasch zu Ende zu führen, anderseits aber müssen die Untersuchungen in jeder Hinsicht gründlich sein und doch wegen der damit verbundenen Anstrengung niemals allzu lange dauern. Deshalb habe man den Ausweg dieser rasch aufeinander folgenden aber kurzen Untersuchungen gewählt. Die Bestimmung des Sonntags als Untersuchungstag habe man deshalb vorgenommen, um K. in seiner beruflichen Arbeit nicht zu stören. Man setze voraus, dass er damit einverstanden sei, sollte er einen andern Termin wünschen, so würde man ihm so gut es ginge entgegenkommen. Die Untersuchungen wären beispielsweise auch in der Nacht möglich, aber da sei wohl K. nicht genug frisch. Jedenfalls werde man es, solange K. nichts einwende, beim Sonntag belassen. Es sei selbstverständlich, dass er bestimmt erscheinen müsse, darauf müsse man ihn wohl nicht erst aufmerksam machen. Es wurde ihm die Nummer des Hauses genannt, in dem er sich einfinden solle, es war ein Haus in einer entlegenen Vorstadtstraße, in der K. noch niemals gewesen war.

K. hängte, als er diese Meldung erhalten hatte, ohne zu antworten, den Hörer an; er war gleich entschlossen, Sonntag zu gehen, es war gewiss notwendig, der Prozess kam in Gang und er musste sich dem entgegenstellen, diese erste Untersuchung sollte auch die Letzte sein. Er stand noch nachdenklich beim Apparat, da hörte er hinter sich die Stimme des Direktor-Stellvertreters, der telefonieren wollte, dem aber K. den Weg verstellte. "Schlechte Nachrichten?" fragte der Direktor-Stellvertreter leichthin, nicht um etwas zu erfahren, sondern um K. vom Apparat wegzubringen. "Nein, nein", sagte K., trat beiseite, ging aber nicht weg. Der Direktor-Stellvertreter nahm den Hörer und sagte, während er auf die telefonische Verbindung wartete, über das Hörrohr hinweg: "Eine Frage, Herr K.? Möchten Sie mir Sonntag früh das Vergnügen machen, eine Partie auf meinem Segelboot mitzumachen? Es wird eine größere Gesellschaft sein, gewiss auch Ihre Bekannten darunter. Unter anderem Staatsanwalt Hasterer. Wollen Sie kommen? Kommen Sie doch!" K. versuchte darauf Acht zu geben, was der Direktor-Stellvertreter sagte. Es war nicht unwichtig für ihn, denn diese Einladung des Direktor-Stellvertreters, mit dem er sich niemals sehr gut vertragen hatte, bedeutete einen Versöhnungsversuch von dessen Seite und zeigte, wie wichtig K. in der Bank geworden war und wie wertvoll seine Freundschaft oder wenigstens seine Unparteilichkeit dem zweithöchsten Beamten der Bank erschien. Diese Einladung war eine Demütigung des Direktor-Stellvertreters, mochte sie auch nur in Erwartung der telefonischen Verbindung über das Hörrohr hinweg gesagt sein. Aber K. musste eine zweite Demütigung folgen lassen, er sagte: "Vielen Dank! Aber ich habe leider

Sonntag keine Zeit, ich habe schon eine Verpflichtung." "Schade", sagte der Direktor-Stellvertreter und wandte sich dem telefonischen Gespräch zu, das gerade hergestellt worden war. Es war kein kurzes Gespräch, aber K. blieb in seiner Zerstreutheit die ganze Zeit über neben dem Apparat stehen. Erst als der Direktor-Stellvertreter abläutete, erschrak er und sagte, um sein unnützes Dastehen nur ein wenig zu entschuldigen: "Ich bin jetzt antelefoniert worden, ich möchte irgendwo hinkommen, aber man hat vergessen, mir zu sagen zu welcher Stunde." "Fragen Sie doch noch einmal nach", sagte der Direktor-Stellvertreter. "Es ist nicht so wichtig", sagte K., trotzdem dadurch seine frühere schon an sich mangelhafte Entschuldigung noch weiter zerfiel. Der Direktor-Stellvertreter sprach noch im Weggehen über andere Dinge, K. zwang sich auch zu antworten, dachte aber hauptsächlich daran, dass es am besten sein werde, Sonntag um neun Uhr vormittag hinzukommen, da zu dieser Stunde an Werketagen alle Gerichte zu arbeiten anfangen.

Sonntag war trübes Wetter, K. war sehr ermüdet, da er wegen einer Stammtischfeierlichkeit bis spät in die Nacht im Gasthaus geblieben war, er hätte fast verschlafen. Eilig, ohne Zeit zu haben, zu überlegen und die verschiedenen Pläne, die er während der Woche ausgedacht hatte, zusammenzustellen, kleidete er sich an und lief, ohne zu frühstücken in die ihm bezeichnete Vorstadt. Eigentümlicher Weise traf er, trotzdem er wenig Zeit hatte umherzublicken, die drei an seiner Angelegenheit beteiligten Beamten, Rabensteiner, Kullych und Kammer. Die ersten zwei fuhren in einer Elektrischen quer über K. `s Weg, Kammer aber saß auf der Terrasse eines Kaffeehauses und beugte sich gerade als K. vorüberkam, neugierig über die Brüstung. Alle sahen ihm wohl nach und wunderten sich, wie ihr Vorgesetzter lief, es war irgendein Trotz, der K. davon abgehalten hatte zu fahren, er hatte Abscheu vor jeder, selbst der geringsten fremden Hilfe in dieser seiner Sache, auch wollte er niemanden in Anspruch nehmen und dadurch selbst nur im allerentferntesten einweihen, schließlich hatte er aber auch nicht die geringste Lust sich durch allzu große Pünktlichkeit vor der

Untersuchungskommission zu erniedrigen. Allerdings lief er jetzt, um nur möglichst um neun Uhr einzutreffen trotzdem er nicht einmal für eine bestimmte Stunde bestellt war.

Er hatte gedacht das Haus schon von der Ferne an irgendeinem Zeichen, das er sich selbst nicht genau vorgestellt hatte, oder an einer besonderen Bewegung vor dem Eingang schon von weitem zu erkennen. Aber die Juliusstraße, in der es sein sollte und an deren Beginn K. einen Augenblick lang stehen blieb, enthielt auf beiden Seiten fast ganz einförmige Häuser, hohe graue von armen Leuten bewohnte Miethäuser. Jetzt am Sonntagmorgen waren die meisten Fenster besetzt, Männer in Hemdsärmeln lehnten dort und rauchten oder hielten kleine Kinder vorsichtig und zärtlich an den Fensterrand. Andere Fenster waren hoch mit Bettzeug angefüllt, über dem flüchtig der zerraufte Kopf einer Frau erschien. Man rief einander über die Gasse zu, ein solcher Zuruf bewirkte gerade über K. ein großes Gelächter. Regelmäßig verteilt befanden sich in der langen Straße kleine unter dem Straßenniveau liegende, durch paar Treppen erreichbare Läden mit verschiedenen Lebensmitteln. Dort gingen Frauen aus und ein oder standen auf den Stufen und plauderten. Ein Obsthändler, der seine Waren zu den Fenstern hinauf empfahl, hätte ebenso unaufmerksam wie K. mit seinem Karren diesen fast niedergeworfen. Eben begann ein in bessern Stadtvierteln ausgedientes Grammofon mörderisch zu spielen.

K. ging tiefer in die Gasse hinein, langsam, als hätte er nun schon Zeit oder als sähe ihn der Untersuchungsrichter aus irgendeinem Fenster und wisse also dass sich K. eingefunden habe. Es war kurz nach neun. Das Haus lag ziemlich weit, es war fast ungewöhnlich ausgedehnt, besonders die Toreinfahrt war hoch und weit. Sie war offenbar für Lastfuhren bestimmt, die zu den verschiedenen Warenmagazinen gehörten, die, jetzt versperrt, den großen Hof umgaben und Aufschriften von Firmen trugen, von denen K. einige aus dem Bankgeschäft kannte. Gegen seine sonstige Gewohnheit sich mit allen diesen Äußerlichkeiten genauer befassend, blieb er auch ein wenig am Eingang des Hofes stehen. In seiner Nähe auf einer Kiste saß ein bloßfüßiger Mann und las eine Zeitung. Auf einem Handkarren schaukelten zwei Jungen. Vor einer Pumpe stand ein schwaches junges Mädchen in einer Nachtjoppe und blickte, während das Wasser in ihre Kanne strömte, auf K. hin. In einer Ecke des Hofes wurde zwischen zwei Fenstern ein Strick gespannt, auf dem die zum Trocknen bestimmte Wäsche schon hing. Ein Mann stand unten und leitete die Arbeit durch ein paar Zurufe.

K. wandte sich der Treppe zu, um zum Untersuchungszimmer zu kommen, stand dann aber wieder still, denn außer dieser Treppe sah er im Hof noch drei verschiedene Treppenaufgänge und überdies schien ein kleiner Durchgang am Ende des Hofes noch in einen zweiten Hof zu führen. Er ärgerte sich dass man ihm die Lage des Zimmers nicht näher bezeichnet hatte, es war doch eine sonderbare Nachlässigkeit oder Gleichgültigkeit, mit der man ihn behandelte, er beabsichtigte, das sehr laut und deutlich festzustellen. Schließlich stieg er doch die erste Treppe hinauf und spielte in Gedanken mit einer Erinnerung an den Ausspruch des Wächters Willem, dass das Gericht von der Schuld angezogen werde, woraus eigentlich folgte, dass das Untersuchungszimmer an der Treppe liegen musste, die K. zufällig wählte.

Er störte im Hinaufgehen viele Kinder, die auf der Treppe spielten und ihn, wenn er durch ihre Reihe schritt, böse ansahen. "Wenn ich nächstens wieder hergehen sollte", sagte er sich, "muss ich entweder Zuckerwerk mitnehmen, um sie zu gewinnen oder den Stock um sie zu prügeln." Knapp vor dem ersten Stockwerk musste er sogar ein Weilchen warten, bis eine Spielkugel ihren Weg vollendet hatte, zwei kleine Jungen mit den verzwickten Gesichtern erwachsener Strolche hielten ihn indessen an den Beinkleidern; hätte er sie abschütteln wollen, hätte er ihnen wehtun müssen und er fürchtete ihr Geschrei.

Im ersten Stockwerk begann die eigentliche Suche. Da er doch nicht nach der Untersuchungskommission fragen konnte, erfand er einen Tischler Lanz - der Name fiel ihm ein weil der Hauptmann, der Neffe der Frau Grubach, so hieß – und wollte nun in allen Wohnungen nachfragen, ob hier ein Tischler Lanz wohne, umso die Möglichkeit zu bekommen, in die Zimmer hineinzusehen. Es zeigte sich aber, dass das meistens ohne weiters möglich war; denn fast alle Türen standen offen und die Kinder liefen ein und aus. Es waren in der Regel kleine einfenstrige Zimmer, in denen auch gekocht wurde. Manche Frauen hielten Säuglinge im Arm und arbeiteten mit der freien Hand auf dem Herd. Halbwüchsige scheinbar nur mit Schürzen bekleidete Mädchen liefen am fleißigsten hin und her. In allen Zimmern standen die Betten noch in Benützung, es lagen dort Kranke oder noch Schlafende oder Leute die sich dort in Kleidern streckten. An den Wohnungen, deren Türen geschlossen waren, klopfte K. an und fragte, ob hier ein Tischler Lanz wohne. Meistens öffnete eine Frau, hörte die Frage an und wandte sich ins Zimmer zu jemanden der sich aus dem Bett erhob. "Der Herr fragt ob ein Tischler Lanz hier wohnt." "Tischler Lanz?" fragte der aus dem Bett. "Ja", sagte K., trotzdem sich hier die Untersuchungskommission zweifellos nicht befand und daher seine Aufgabe beendet war. Viele glaubten es liege K. sehr viel daran den Tischler Lanz zu finden, dachten lange nach, nannten einen Tischler, der aber nicht Lanz hieß, oder einen Namen, der mit Lanz eine ganz entfernte Ähnlichkeit hatte, oder sie fragten bei Nachbarn oder begleiteten K. zu einer weit entfernten Tür, wo ihrer Meinung nach ein derartiger Mann möglicherweise in Untermiete wohne oder wo jemand sei, der bessere Auskunft als sie selbst geben könne. Schließlich musste K. kaum mehr selbst fragen, sondern wurde auf diese Weise durch die Stockwerke gezogen. Er bedauerte seinen Plan, der ihm zuerst so praktisch erschienen war. Vor dem fünften Stockwerk entschloss er sich die Suche aufzugeben, verabschiedete sich von einem freundlichen jungen Arbeiter, der ihn weiter hinaufführen wollte und ging hinunter. Dann aber ärgerte ihn wieder das Nutzlose dieser ganzen Unternehmung, er ging nochmals zurück und klopfte an die erste Tür des fünften Stockwerks. Das Erste was er in dem kleinen Zimmer sah, war eine große Wanduhr, die schon zehn Uhr zeigte. "Wohnt ein Tischler Lanz hier?" fragte er. "Bitte", sagte eine junge Frau mit schwarzen leuchtenden

Augen, die gerade in einem Kübel Kinderwäsche wusch und zeigte mit der nassen Hand auf die offene Tür des Nebenzimmers.

K. glaubte in eine Versammlung einzutreten. Ein Gedränge der verschiedensten Leute - niemand kümmerte sich um den Eintretenden - füllte ein mittelgroßes zweifenstriges Zimmer, das knapp an der Decke von einer Galerie umgeben war, die gleichfalls vollständig besetzt war und wo die Leute nur gebückt stehen konnten und mit Kopf und Rücken an die Decke stießen. K., dem die Luft zu dumpf war, trat wieder hinaus und sagte zu der jungen Frau, die ihn wahrscheinlich falsch verstanden hatte: "Ich habe nach einem Tischler, einem gewissen Lanz gefragt?" "Ja", sagte die Frau, "gehen Sie bitte hinein." K. hätte ihr vielleicht nicht gefolgt, wenn die Frau nicht auf ihn zugegangen wäre, die Türklinke ergriffen und gesagt hätte: "Nach Ihnen muss ich schließen, es darf niemand mehr hinein." "Sehr vernünftig", sagte K., "es ist aber schon jetzt zu voll." Dann ging er aber doch wieder hinein.

Zwischen zwei Männern hindurch, die sich unmittelbar bei der Tür unterhielten - der eine machte mit beiden weit vorgestreckten Händen die Bewegung des Geldaufzählens, der andere sah ihm scharf in die Augen - fasste eine Hand nach K. Es war ein kleiner rotbäckiger Junge. "Kommen Sie, kommen Sie", sagte er. K. ließ sich von ihm führen, es zeigte sich, dass in dem durcheinanderwimmelnden Gedränge doch ein schmaler Weg frei war; der möglicherweise zwei Parteien schied; dafür sprach auch dass K. in den ersten Reihen rechts und links kaum ein ihm zugewendetes Gesicht sah, sondern nur die Rücken von Leuten, welche ihre Reden und Bewegungen nur an Leute ihrer Partei richteten. Die meisten waren schwarz angezogen, in alten lange und lose hinunterhängenden Feiertagsröcken. Nur diese Kleidung beirrte K., sonst hätte er das Ganze als eine politische Bezirksversammlung angesehen.

Am andern Ende des Saales, zu dem K. geführt wurde, stand auf einem sehr niedrigen gleichfalls überfüllten Podium ein kleiner Tisch der Quere nach aufgestellt und hinter ihm, nahe am Rand des Podiums, saß ein kleiner dicker schnaufender Mann, der sich gerade mit einem hinter ihm Stehenden - dieser hatte den Ellbogen auf die Sessellehne gestützt und die Beine gekreuzt - unter großem Gelächter unterhielt. Manchmal warf er den Arm in die Luft, als karikiere er jemanden. Der Junge, der K. führte, hatte Mühe seine Meldung vorzubringen. Zweimal hatte er schon auf den Fußspitzen stehend etwas auszurichten versucht, ohne von dem Mann oben beachtet worden zu sein. Erst als einer der Leute oben auf dem Podium auf den Jungen aufmerksam machte, wandte sich der Mann ihm zu und hörte heruntergebeugt seinen leisen Bericht an. Dann zog er seine Uhr und sah schnell nach K. hin. "Sie hätten vor einer Stunde und fünf Minuten erscheinen sollen", sagte er K. wollte etwas antworten, aber er hatte keine Zeit, denn kaum hatte der Mann ausgesprochen, erhob sich in der rechten Saalhälfte ein allgemeines Murren. "Sie hätten vor einer Stunde und fünf Minuten erscheinen sollen", wiederholte nun der Mann mit erhobener Stimme und sah nun auch schnell in den Saal hinunter. Sofort wurde auch das Murren stärker und verlor sich, da der Mann nichts mehr sagte, nur allmählich. Es war jetzt im Saal viel stiller als bei K. `s Eintritt. Nur die Leute auf der Gallerie hörten nicht auf, ihre Bemerkungen zu machen. Sie schienen so weit man oben in dem Halbdunkel, Dunst und Staub etwas unterscheiden konnte schlechter angezogen zu sein, als die unten. Manche hatten Polster mitgebracht, die sie zwischen den Kopf und die Zimmerdecke gelegt hatten, um sich nicht wundzudrücken.

K. hatte sich entschlossen mehr zu beobachten als zu reden, infolgedessen verzichtete er auf die Verteidigung wegen seines angeblichen Zuspätkommende und sagte bloß: "Mag ich zu spät gekommen sein, jetzt bin ich hier " Ein Beifallsklatschen wieder aus der rechten Saalhälfte folgte. "Leicht zu gewinnende Leute", dachte K. und war nur gestört durch die Stille in der linken Saalhälfte, die gerade hinter ihm lag und aus der sich nur ganz vereinzeltes Händeklatschen erhoben hatte. Er dachte nach, was er sagen könnte, um alle auf einmal oder wenn das nicht möglich sein sollte, wenigstens zeitweilig auch die andern zu gewinnen.

"Ja", sagte der Mann, "aber ich bin nicht mehr verpflichtet, Sie jetzt zu verhören" - wieder das Murren, diesmal aber missverständlich, denn der Mann fuhr, indem er den Leuten mit der Hand abwinkte, fort - "ich will es jedoch ausnahmsweise heute noch tun. Eine solche Verspätung darf sich aber nicht mehr wiederholen. Und nun treten Sie vor! " Irgendjemand sprang vom Podium herunter; sodass für K. ein Platz frei wurde, auf den er hinaufstieg. Er stand eng an den Tisch gedrückt, das Gedränge hinter ihm war so groß, dass er ihm Widerstand leisten musste, wollte er nicht den Tisch des Untersuchungsrichters und vielleicht auch diesen selbst vom Podium hinunterstoßen.

Der Untersuchungsrichter kümmerte sich aber nicht darum, sondern saß genug bequem auf seinem Sessel und griff, nachdem er dem Mann hinter ihm ein abschließendes Wort gesagt hatte, nach einem kleinen Anmerkungsbuch, dem einzigen Gegenstand auf seinem Tisch. Es war schulheftartig, alt, durch vieles Blättern ganz aus der Form gebracht. "Also", sagte der Untersuchungsrichter, blätterte in dem Heft und wendete sich im Tone einer Feststellung an K.: "Sie sind Zimmermaler?" "Nein", sagte K., "sondern erster Prokurist einer großen Bank." Dieser Antwort folgte bei der rechten Partei unten ein Gelächter; das so herzlich war, dass K. mitlachen musste. Die Leute stützten sich mit den Händen auf ihre Knie und schüttelten sich wie unter schweren Hustenanfällen. Es lachten sogar Einzelne auf der Gallerie. Der ganz böse gewordene Untersuchungsrichter; der wahrscheinlich gegen die Leute unten machtlos war, suchte sich an der Gallerie zu entschädigen, sprang auf, drohte der Gallerie und seine sonst wenig auffallenden Augenbrauen drängten sich buschig schwarz und groß über seinen Augen.

Die linke Saalhälfte war aber noch immer still, die Leute standen dort in Reihen, hatten ihre Gesichter dem Podium zugewendet und hörten den Worten die oben gewechselt wurden ebenso ruhig zu wie dem Lärm der andern Partei, sie duldeten sogar; dass Einzelne aus ihren Reihen mit der andern Partei hie und da gemeinsam vorgingen. Die Leute der linken Partei, die übrigens weniger zahlreich war, mochten im Grunde ebenso unbedeutend sein wie die der rechten Partei, aber die Ruhe ihres Verhaltens ließ sie bedeutungsvoller erscheinen. Als K. jetzt zu reden begann, war er überzeugt, in ihrem Sinne zu sprechen.

"Ihre Frage Herr Untersuchungsrichter ob ich Zimmermaler bin - vielmehr Sie haben gar nicht gefragt, sondern es mir auf den Kopf zugesagt - ist bezeichnend für die ganze Art des Verfahrens, das gegen mich geführt wird. Sie können einwenden, dass es ja überhaupt kein Verfahren ist, Sie haben sehr Recht, denn es ist ja nur ein Verfahren, wenn ich es als solches anerkenne. Aber ich erkenne es also für den Augenblick jetzt an, aus Mitleid gewissermaßen. Man kann sich nicht anders als mitleidig dazu stellen, wenn man es überhaupt beachten will. Ich sage nicht, dass es ein liderliches Verfahren ist, aber ich möchte Ihnen diese Bezeichnung zur Selbsterkenntnis angeboten haben."

K. unterbrach sich und sah in den Saal hinunter. Was er gesagt hatte, war scharf, schärfer als er es beabsichtigt hatte, aber doch richtig. Es hätte Beifall hier oder dort verdient, es war jedoch alles still, man wartete offenbar gespannt auf das Folgende, es bereitete sich vielleicht in der Stille ein Ausbruch vor, der allem ein Ende machen würde. Störend war es, dass sich jetzt die Tür am Saalende öffnete, die junge Wäscherin; die ihre Arbeit wahrscheinlich beendet hatte, eintrat und trotz aller Vorsicht die sie aufwendete, einige Blicke auf sich zog. Nur der Untersuchungsrichter machte K. unmittelbare Freude, denn er schien von den Worten sofort getroffen zu werden. Er hatte bisher stehend zugehört, denn er war von K.`s Ansprache überrascht worden, während er sich für die Gallerie aufgerichtet hatte. Jetzt in der Pause setzte er sich allmählich als sollte es nicht bemerkt werden. Wahrscheinlich um seine Miene zu beruhigen nahm er wieder das Heftchen vor.

"Es hilft nichts", fuhr K. fort, "auch ihr Heftchen Herr Untersuchungsrichter bestätigt was ich sage." Zufrieden damit, nur seine ruhigen Worte in der fremden Versammlung zu hören, wagte es K. sogar; kurzerhand das Heft dem Untersuchungsrichter wegzunehmen und es mit den Fingerspitzen, als scheue er sich davor, an einem mittleren Blatte hochzuheben, sodass beiderseits die eng beschriebenen fleckigen, gelbrandigen Blätter hinunterhingen. "Das sind die Akten des Untersuchungsrichters", sagte er und ließ das Heft auf den Tisch hinunterfallen. "Lesen Sie darin ruhig weiter Herr Untersuchungsrichter, vor diesem Schuldbuch fürchte ich mich wahrhaftig nicht, trotzdem es mir unzugänglich ist, denn ich kann es nur mit zwei Fingerspitzen anfassen." Es konnte nur ein Zeichen tiefer Demütigung sein oder es musste zumindest so aufgefasst werden, dass der Untersuchungsrichter nach dem Heftchen, wie es auf den Tisch gefallen war, griff, es ein wenig in Ordnung zu bringen suchte und es wieder vornahm, um darin zu lesen.

Die Gesichter der Leute in der ersten Reihe waren so gespannt auf K. gerichtet, dass er ein Weilchen lang zu ihnen hinuntersah. Es waren durchwegs ältere Männer, einige waren weißbärtig. Waren vielleicht sie die Entscheidenden, die die ganze Versammlung beeinflussen konnten, welche auch durch die Demütigung des Untersuchungsrichters sich nicht aus der Regungslosigkeit bringen ließ, in welche sie seit K.'s Rede versunken war. "Was mir geschehen ist", fuhr K. fort etwas leiser als früher und suchte immer wieder die Gesichter der ersten Reihe ab, was seiner Rede einen etwas fahrigen Ausdruck gab, "was mir geschehen ist, ist ja nur ein einzelner Fall und als solcher nicht sehr wichtig, da ich es nicht sehr schwer nehme, aber es ist das Zeichen eines Verfahrens wie es gegen viele geübt wird. Für diese stehe ich hier ein, nicht für mich."

Er hatte unwillkürlich seine Stimme gehoben. Irgendwo klatschte jemand mit erhobenen Händen und rief: "Bravo! Warum denn nicht? Bravo! Und wieder Bravo! " Die in der ersten Reihe griffen hie und da in ihre Bärte, keiner kehrte sich wegen des Ausrufs um. Auch K. maß ihm keine Bedeutung bei, war aber doch aufgemuntert; er hielt es jetzt gar nicht mehr für nötig, dass alle Beifall klatschten, es genügte wenn die Allgemeinheit über die Sache nachzudenken begann und nur manchmal einer durch Überredung gewonnen wurde. "Ich will nicht Rednererfolg", sagte K. aus dieser Überlegung heraus, "er dürfte mir auch nicht erreichbar sein. Der Herr Untersuchungsrichter spricht wahrscheinlich viel besser, es gehört ja zu seinem Beruf Was ich will, ist nur die öffentliche Besprechung eines öffentlichen Missstandes. Hören Sie: Ich bin vor etwa zehn Tagen verhaftet worden, über die Tatsache der Verhaftung selbst lache ich, aber das gehört jetzt nicht hierher. Ich wurde früh im Bett überfallen, vielleicht hatte man - es ist nach dem was der Untersuchungsrichter sagte nicht ausgeschlossen - den Befehl irgendeinen Zimmermaler der ebenso unschuldig ist, wie ich zu verhaften, aber man wählte mich. Das Nebenzimmer war von zwei groben Wächtern besetzt. Wenn ich ein gefährlicher Räuber wäre, hätte man nicht bessere Vorsorge treffen können. Diese Wächter waren überdies demoralisiertes Gesindel, sie schwätzten mir die Ohren voll, sie wollten sich bestechen lassen, sie wollten mir unter Vorspiegelungen Wäsche und Kleider herauslocken, sie wollten Geld, um mir angeblich ein Frühstück zu bringen, nachdem sie mein eigenes Frühstück vor meinen Augen schamlos aufgegessen hatten. Nicht genug daran. Ich wurde in ein drittes Zimmer vor den Aufseher geführt. Es war das Zimmer einer Dame die ich sehr schätze und ich musste zusehen, wie dieses Zimmer meinetwegen aber ohne meine Schuld durch die Anwesenheit der Wächter und des Aufsehers gewissermaßen verunreinigt wurde. Es war nicht leicht ruhig zu bleiben. Es gelang mir aber und ich fragte den Aufseher vollständig ruhig - wenn er hier wäre, müsste er es bestätigen - warum ich verhaftet sei. Was antwortete nun dieser Aufseher den ich jetzt noch vor mir sehe, wie er auf dem Sessel der erwähnten Dame als eine Darstellung des stumpfsinnigsten Hochmuts sitzt? Meine Herren, er antwortete im Grunde nichts, vielleicht wusste er wirklich nichts, er hatte mich verhaftet und war damit zufrieden. Er hat sogar noch ein Übriges getan und in das Zimmer jener Dame drei niedrige Angestellte meiner Bank gebracht, die sich damit beschäftigten, Fotografien, Eigentum der Dame, zu betasten und in Unordnung zu bringen. Die Anwesenheit dieser Angestellten hatte natürlich noch einen andern Zweck, sie sollten, ebenso wie meine Vermieterin und ihr Dienstmädchen die Nachricht von meiner Verhaftung verbreiten, mein öffentliches Ansehen schädigen und insbesondere in der Bank meine Stellung erschüttern. Nun ist nichts davon auch nicht im Geringsten gelungen, selbst meine Vermieterin, eine ganz einfache Person - ich will ihren Namen hier in ehrendem Sinne nennen, sie heißt Frau Grubach - selbst Frau Grubach war verständig genug einzusehen, dass eine solche Verhaftung nicht mehr bedeutet, als ein Anschlag, den nicht genügend beaufsichtigte Jungen auf der Gasse ausführen. Ich wiederhole, mir hat das Ganze nur Unannehmlichkeiten und vorübergehenden Ärger bereitet, hätte es aber nicht auch schlimmere Folgen haben können?"

Als K. sich hier unterbrach und nach dem stillen Untersuchungsrichter hinsah, glaubte er zu bemerken, dass dieser gerade mit einem Blick jemandem in der Menge ein Zeichen gab. K. lächelte und sagte: "Eben gibt hier neben mir der Herr Untersuchungsrichter jemandem von Ihnen ein geheimes Zeichen. Es sind also Leute unter Ihnen, die von hier oben dirigiert werden. Ich weiß nicht, ob das Zeichen jetzt Zischen oder Beifall bewirken sollte und verzichte dadurch, dass ich die Sache vorzeitig verrate, ganz bewusst darauf, die Bedeutung des Zeichens zu erfahren. Es ist mir vollständig gleichgültig und ich ermächtige den Herrn Untersuchungsrichter öffentlich, seine bezahlten Angestellten dort unten statt mit geheimen Zeichen, laut mit Worten zu befehligen, indem er etwa einmal sagt: "Jetzt zischt" und das nächste Mal: "Jetzt klatscht."

In Verlegenheit oder Ungeduld rückte der Untersuchungsrichter auf seinem Sessel hin und her. Der Mann hinter ihm, mit dem er sich schon früher unterhalten hatte, beugte sich wieder zu ihm, sei es um ihm im Allgemeinen Mut zuzusprechen oder um ihm einen besonderen Rat zu geben. Unten unterhielten sich die Leute leise, aber lebhaft. Die zwei Parteien, die früher so entgegengesetzte Meinungen gehabt zu haben schienen, vermischten sich, einzelne Leute zeigten mit dem Finger auf K., andere auf den Untersuchungsrichter. Der neblige Dunst im Zimmer war äußerst lästig, er verhinderte sogar eine genauere Beobachtung der ferner Stehenden. Besonders für die Galleriebesucher musste er störend sein, sie waren gezwungen, allerdings unter scheuen Seitenblicken nach dem Untersuchungsrichter, leise Fragen an die Versammlungsteilnehmer zu stellen, um sich näher zu unterrichten. Die Antworten wurden im Schutz der vorgehaltenen Hände ebenso leise gegeben.

"Ich bin gleich zu Ende", sagte K. und schlug, da keine Glocke vorhanden war mit der Faust auf den Tisch, im Schrecken darüber fuhren die Köpfe des Untersuchungsrichters und seines Ratgebers augenblicklich auseinander: "Mir steht die ganze Sache fern, ich beurteile sie daher ruhig und Sie können, vorausgesetzt dass Ihnen an diesem angeblichen Gericht etwas gelegen ist, großen Vorteil davon haben, wenn Sie mir zuhören. Ihre gegenseitigen Besprechungen dessen, was ich vorbringe, bitte ich Sie für späterhin zu verschieben, denn ich habe keine Zeit und werde bald weggehen. "

Sofort war es still, so sehr beherrschte schon K. die Versammlung. Man schrie nicht mehr durcheinander wie am Anfang, man klatschte nicht einmal mehr Beifall, aber man schien schon überzeugt oder auf dem nächsten Wege dazu. "Es ist kein Zweifel", sagte K. sehr leise, denn ihn freute das angespannte Aufhorchen der ganzen Versammlung, in dieser Stille entstand ein Sausen, das aufreizender war als der verzückteste Beifall, "es ist kein Zweifel, dass hinter allen Äußerungen dieses Gerichtes, in meinem Fall also hinter der Verhaftung und der heutigen Untersuchung eine große Organisation sich befindet. Eine Organisation, die nicht nur bestechliche Wächter; läppische Aufseher und Untersuchungsrichter, die günstigsten Falles bescheiden sind, beschäftigt, sondern die weiterhin jedenfalls eine Richterschaft hohen und höchsten Grades unterhält mit dem zahllosen unumgänglichen Gefolge von Dienern, Schreibern, Gendarmen und andern Hilfskräften, vielleicht sogar Henkern, ich scheue vor dem Wort nicht zurück. Und der Sinn dieser großen Organisation, meine Herren? Er besteht darin, dass unschuldige Personen verhaftet und gegen sie ein sinnloses und meistens wie in meinem Fall ergebnisloses Verfahren eingeleitet wird. Wie ließe sich bei dieser Sinnlosigkeit des Ganzen, die schlimmste Korruption der Beamtenschaft vermeiden? Das ist unmöglich, das brächte auch der höchste Richter nicht einmal für sich selbst zu Stande. Darum suchen die Wächter den Verhafteten die Kleider vom Leib zu stehlen, darum brechen Aufseher in fremde Wohnungen ein, darum sollen Unschuldige statt verhört lieber vor ganzen Versammlungen entwürdigt werden. Die Wächter haben mir von Depots erzählt, in die man das Eigentum der Verhafteten bringt, ich wollte einmal diese Depotsplätze sehen, in denen das mühsam erarbeitete Vermögen der Verhafteten fault so weit es nicht von diebischen Depotbeamten gestohlen ist."

K. wurde durch ein Kreischen vom Saalende unterbrochen, er beschattete die Augen um hinsehen zu können, denn das trübe Tageslicht machte den Dunst weißlich und blendete. Es handelte sich um die Waschfrau, die K. gleich bei ihrem Eintritt als eine wesentliche Störung erkannt hatte. Ob sie jetzt schuldig war oder nicht konnte man nicht erkennen. K. sah nur, dass ein Mann sie in einen Winkel bei der Tür gezogen hatte und dort an sich drückte. Aber nicht sie kreischte sondern der Mann, er hatte den Mund breit gezogen und blickte zur Decke. Ein kleiner Kreis hatte sich um beide gebildet, die Galleriebesucher in der Nähe schienen darüber begeistert, dass der Ernst, den K. in die Versammlung eingeführt hatte, auf diese Weise unterbrochen wurde. K. wollte unter dem ersten Eindruck gleich hinlaufen, auch dachte er allen würde daran gelegen sein, dort Ordnung zu schaffen und zumindest das Paar aus dem Saal zu weisen, aber die ersten Reihen vor ihm blieben ganz fest, keiner rührte sich und keiner ließ K. durch. Im Gegenteil man hinderte ihn, alte Männer hielten den Arm vor und irgendeine Hand - er hatte nicht Zeit sich umzudrehn - fasste ihn hinten am Kragen, K. dachte nicht eigentlich mehr an das Paar, ihm war; als werde seine Freiheit eingeschränkt, als mache man mit der Verhaftung ernst und er sprang rücksichtslos vom Podium hinunter. Nun stand er Aug' in Aug' dem Gedränge gegenüber. Hatte er die Leute nicht richtig beurteilt? Hatte er seiner Rede zu viel Wirkung zugetraut? Hatte man sich verstellt, solange er gesprochen hatte und hatte man jetzt, da er zu den Schlussfolgerungen kam, die Verstellung satt? Was für Gesichter rings um ihn! Kleine schwarze Äuglein huschten Hin und Her, die Wangen hingen herab, wie bei Säufern, die langen Bärte waren steif und schütter und griff man in sie, so war es als bilde man bloß Krallen, nicht als griffe man in Bärte. Unter den Bärten aber - und das war die eigentliche Entdeckung, die K. machte - schimmerten am Rockkragen Abzeichen in verschiedener Größe und Farbe. Alle hatten diese Abzeichen, so weit man sehen konnte. Alle gehörten zu einander; die scheinbaren Parteien rechts und links und als er sich plötzlich umdrehte, sah er die gleichen Abzeichen am Kragen des Untersuchungsrichters, der, die Hände im Schoß, ruhig hinuntersah. "So!" rief K. und warf die Arme in die Höhe, die plötzliche Erkenntnis wollte Raum, - "Ihr seid ja alle Beamte wie ich sehe, Ihr seid ja die korrupte Bande, gegen die ich sprach, ihr habt euch hier gedrängt, als Zuhörer und Schnüffler, habt scheinbare Parteien gebildet und eine hat applaudiert um mich zu prüfen, ihr wolltet lernen, wie man Unschuldige verführen soll. Nun ihr seid nicht nutzlos hier gewesen, hoffe ich, entweder habt ihr euch darüber unterhalten, dass jemand die Verteidigung der Unschuld von euch erwartet hat oder aber - lass mich oder ich schlage", rief K. einem zitternden Greis zu, der sich besonders nahe an ihn geschoben hatte - "oder aber ihr habt wirklich etwas gelernt. Und damit wünsche ich euch Glück zu Euerem Gewerbe." Er nahm schnell seinen Hut, der am Rand des Tisches lag und drängte sich unter allgemeiner Stille, jedenfalls der Stille vollkommenster Überraschung, zum Ausgang. Der Untersuchungsrichter schien aber noch schneller als K. gewesen zu sein, denn er erwartete ihn bei der Tür. "Einen Augenblick", sagte er, K. blieb stehen, sah aber nicht auf den Untersuchungsrichter sondern auf die Tür, deren Klinke er schon ergriffen hatte. "Ich wollte Sie nur darauf aufmerksam machen", sagte der Untersuchungsrichter, "dass Sie sich heute - es dürfte Ihnen noch nicht zu Bewusstsein gekommen sein - des Vorteils beraubt haben, den ein Verhör für den Verhafteten in jedem Falle bedeutet." K. lachte die

Tür an. "Ihr Lumpen", rief er, "ich schenke euch alle Verhöre", öffnete die Tür und eilte die Treppe hinunter. Hinter ihm erhob sich der Lärm der wieder lebendig gewordenen Versammlung, welche die Vorfälle wahrscheinlich nach Art von Studierenden zu besprechen begann.

Im leeren Sitzungssaal
Der Student
Die Kanzleien

K. wartete während der nächsten Woche von Tag zu Tag auf eine neuerliche Verständigung, er konnte nicht glauben, dass man seinen Verzicht auf Verhöre wörtlich genommen hatte und als die erwartete Verständigung bis Samstagabend wirklich nicht kam, nahm er an, er sei stillschweigend in das gleiche Haus für die gleiche Zeit wieder vorgeladen. Er begab sich daher Sonntags wieder hin, ging diesmal geradewegs über Treppen und Gänge, einige Leute, die sich seiner erinnerten, grüßten ihn an ihren Türen, aber er musste niemanden mehr fragen und kam bald zu der richtigen Tür. Auf sein Klopfen wurde ihm gleich aufgemacht und ohne sich weiter nach der bekannten Frau umzusehen, die bei der Tür stehen blieb, wollte er gleich ins Nebenzimmer. "Heute ist keine Sitzung", sagte die Frau. "Warum sollte keine Sitzung sein?" fragte er und wollte es nicht glauben. Aber die Frau überzeugte ihn, indem sie die Tür des Nebenzimmers öffnete. Es war wirklich leer und sah in seiner Leere noch kläglicher aus, als am letzten Sonntag. Auf dem Tisch, der unverändert auf dem Podium stand, lagen einige Bücher. "Kann ich mir die Bücher anschauen", fragte K., nicht aus besonderer Neugierde, sondern nur um nicht vollständig nutzlos hier gewesen zu sein. "Nein", sagte die Frau und schloss wieder die Tür, "das ist nicht erlaubt. Die Bücher gehören dem Untersuchungsrichter. " "Ach so", sagte K. und nickte, "die Bücher sind wohl Gesetzbücher und es gehört zu der Art dieses Gerichtswesens, dass man nicht nur unschuldig, sondern auch unwissend verurteilt wird." "Es wird so sein", sagte die Frau, die ihn nicht genau verstanden hatte. "Nun, dann gehe ich wieder", sagte K. "Soll ich dem Untersuchungsrichter etwas melden?" fragte die Frau. "Sie kennen ihn?" fragte K. "Natürlich", sagte die Frau, "mein Mann ist ja Gerichtsdiener." Erst jetzt merkte K. dass das Zimmer, in dem letzthin nur ein Waschbottich gestanden war, jetzt ein völlig eingerichtetes Wohnzimmer bildete. Die Frau bemerkte sein Staunen und sagte: "Ja, wir haben hier freie Wohnung, müssen aber an Sitzungstagen das Zimmer ausräumen. Die Stellung meines Mannes hat manche Nachteile." "Ich staune nicht so sehr über das Zimmer", sagte K. und blickte sie böse an, "als vielmehr darüber, dass Sie verheiratet sind." "Spielen Sie vielleicht auf den Vorfall in der letzten Sitzung an, durch den ich Ihre Rede störte", fragte die Frau. "Natürlich", sagte K., "heute ist es ja schon vorüber und fast vergessen, aber damals hat es mich geradezu wütend gemacht. Und nun sagen Sie selbst, dass Sie eine verheiratete Frau sind." "Es war nicht zu Ihrem Nachteil, dass Ihre Rede abgebrochen wurde. Man hat nachher noch sehr ungünstig über sie geurteilt." "Mag sein", sagte K. ablenkend, "aber Sie entschuldigt das nicht." "Ich bin vor allen entschuldigt, die mich kennen", sagte die Frau, "der welcher mich damals umarmt hat, verfolgt mich schon seit langem. Ich mag im Allgemeinen nicht verlockend sein, für ihn bin ich es aber. Es gibt hierfür keinen Schutz, auch mein Mann hat sich schon damit abgefunden; will er seine Stellung behalten muss er es dulden, denn jener Mann ist Student und wird voraussichtlich zu größerer Macht kommen. Er ist immerfort hinter mir her, gerade ehe Sie kamen, ist er fortgegangen." "Es passt zu allem andern", sagte K., "es überrascht mich nicht." "Sie wollen hier wohl einiges verbessern?" fragte die Frau langsam und prüfend, als sage sie etwas was sowohl für sie als für K. gefährlich war. "Ich habe das schon aus Ihrer Rede geschlossen, die mir persönlich sehr gut gefallen hat. Ich habe allerdings nur einen Teil gehört, den Anfang habe ich versäumt und während des Schlusses lag ich mit dem Studenten auf dem Boden. "Es ist ja so widerlich hier", sagte sie nach einer Pause und fasste K.'s Hand. "Glauben Sie, dass es Ihnen gelingen wird, eine Besserung zu erreichen?" K. lächelte und drehte seine Hand ein wenig in ihren weichen Händen. "Eigentlich", sagte er, "bin ich nicht dazu angestellt, Besserungen hier zu erreichen, wie Sie sich ausdrücken und wenn Sie es z.

B. dem Untersuchungsrichter sagen würden, würden Sie ausgelacht oder bestraft werden. Tatsächlich hätte ich mich auch aus freiem Willen in diese Dinge gewiss nicht eingemischt und meinen Schlaf hätte die Verbesserungsbedürftigkeit dieses Gerichtswesens niemals gestört. Aber ich bin, dadurch dass ich angeblich verhaftet wurde - ich bin nämlich verhaftet - gezwungen worden, hier einzugreifen und zwar um meinetwillen. Wenn ich aber dabei auch Ihnen irgendwie nützlich sein kann, werde ich es natürlich sehr gerne tun. Nicht etwa nur aus Nächstenliebe, sondern außerdem deshalb, weil auch Sie mir helfen können. "Wie könnte ich denn das", fragte die Frau. "Indem Sie mir z. B. jetzt die Bücher dort auf dem Tisch zeigen." "Aber gewiss", rief die Frau und zog ihn eiligst hinter sich her. Es waren alte abgegriffene Bücher, ein Einbanddeckel war in der Mitte fast zerbrochen, die Stücke hingen nur durch Fasern zusammen. "Wie schmutzig hier alles ist", sagte K. kopfschüttelnd und die Frau wischte mit ihrer Schürze, ehe K. nach den Büchern greifen konnte wenigstens oberflächlich den Staub weg. K. schlug das oberste Buch auf, es erschien ein unanständiges Bild. Ein Mann und eine Frau saßen nackt auf einem Kanapee, die gemeine Absicht des Zeichners war deutlich zu erkennen, aber seine Ungeschicklichkeit war so groß gewesen, dass schließlich doch nur ein Mann und eine Frau zu sehen waren, die allzu körperlich aus dem Bilde hervorragten, übermäßig aufrecht dasaßen und infolge falscher Perspektive nur mühsam sich einander zuwendeten. K. blätterte nicht weiter sondern schlug nur noch das Titelblatt des zweiten Buches auf, es war ein Roman mit dem Titel: "Die Plagen, welche Grete von ihrem Manne Hans zu erleiden hatte." "Das sind die Gesetzbücher, die hier studiert werden", sagte K. "Von solchen Menschen soll ich gerichtet werden." "Ich werde Ihnen helfen", sagte die Frau. "Wollen Sie?" "Könnten Sie denn das wirklich ohne sich selbst in Gefahr zu bringen, Sie sagten doch vorhin, Ihr Mann sei sehr abhängig von Vorgesetzten." "Trotzdem will ich Ihnen helfen", sagte die Frau. "Kommen Sie, wir müssen es besprechen. Über meine Gefahr reden Sie nicht mehr, ich fürchte die Gefahr nur dort, wo ich sie fürchten will. Kommen Sie." Sie zeigte auf das Podium und bat ihn sich mit ihr auf die Stufe zu setzen. "Sie haben schöne dunkle Augen", sagte sie, nachdem sie sich gesetzt hatten und sah K. von unten ins Gesicht, "man sagt mir ich hätte auch schöne Augen, aber Ihre sind viel schöner. Sie fielen mir übrigens gleich damals auf, als Sie zum ersten Mal hier eintraten. Sie waren auch der Grund, warum ich dann später hierher ins Versammlungszimmer ging, was ich sonst niemals tue und was mir sogar gewissermaßen verboten ist." "Das ist also alles", dachte K., "sie bietet sich mir an, sie ist verdorben wie alle hier ringsherum, sie hat die Gerichtsbeamten satt, was ja begreiflich ist und begrüßt deshalb jeden beliebigen Fremden mit einem Kompliment wegen seiner Augen." Und K. stand stillschweigend auf, als hätte er seine Gedanken laut ausgesprochen und dadurch der Frau sein Verhalten erklärt. "Ich glaube nicht, dass Sie mir helfen könnten", sagte er, "um mir wirklich zu helfen, müsste man Beziehungen zu hohen Beamten haben. Sie aber kennen gewiss nur die niedrigen Angestellten, die sich hier in Mengen herumtreiben. Diese kennen Sie gewiss sehr gut und könnten bei ihnen auch manches durchsetzen, das bezweifle ich nicht, aber das Größte, was man bei ihnen durchsetzen könnte, wäre für den endgültigen Ausgang des Prozesses gänzlich belanglos. Sie aber hätten sich dadurch doch einige Freunde verscherzt. Das will ich nicht. Führen Sie ihr bisheriges Verhältnis zu diesen Leuten weiter; es scheint mir nämlich dass es Ihnen unentbehrlich ist. Ich sage das nicht ohne Bedauern, denn, um Ihr Kompliment doch auch irgendwie zu erwidern, auch Sie gefallen mir gut, besonders wenn Sie mich wie jetzt so traurig ansehen, wozu übrigens für Sie gar kein Grund ist. Sie gehören zu der Gesellschaft, die ich bekämpfen muss, befinden sich aber in ihr sehr wohl, Sie lieben sogar den Studenten und wenn Sie ihn nicht lieben, so ziehen Sie ihn doch wenigstens Ihrem Manne vor. Das konnte man aus Ihren Worten leicht erkennen." "Nein", rief sie, blieb sitzen und griff nur nach K.`s Hand, die er ihr nicht rasch genug entzog, "Sie dürfen jetzt nicht weggehen, Sie dürfen nicht mit einem falschen Urteil über mich weggehen. Brächten Sie es wirklich zu Stande, jetzt wegzugehen? Bin ich wirklich so wertlos, dass Sie mir nicht einmal den Gefallen tun wollen noch ein kleines Weilchen hier zu bleiben?" "Sie missverstehen mich", sagte K. und setzte sich, "wenn Ihnen wirklich daran liegt, dass ich hier bleibe, bleibe ich gern, ich habe ja Zeit, ich kam doch in der Erwartung her, dass heute eine Verhandlung sein werde. Mit dem, was ich früher sagte, wollte ich Sie nur bitten, in meinem Prozess nichts für mich zu unternehmen. Aber auch das muss Sie nicht kränken, wenn Sie bedenken, dass mir am Ausgang des Prozesses gar nichts liegt und dass ich über eine Verurteilung nur lachen werde. Vorausgesetzt dass es überhaupt zu einem wirklichen Abschluss des Prozesses kommt, was ich sehr bezweifle. Ich glaube vielmehr, dass das Verfahren infolge Faulheit oder Vergesslichkeit oder vielleicht sogar infolge Angst der Beamtenschaft schon abgebrochen ist oder in der nächsten Zeit abgebrochen werden wird.

Möglich ist allerdings auch, dass man in Hoffnung auf irgendeine größere Bestechung den Prozess scheinbar weiterführen wird, ganz vergeblich, wie ich heute schon sagen kann, denn ich besteche niemanden. Es wäre immerhin eine Gefälligkeit, die Sie mir leisten könnten, wenn Sie dem Untersuchungsrichter oder irgendjemandem sonst, der wichtige Nachrichten gern verbreitet, mitteilen würden, dass ich niemals und durch keine Kunststücke, an denen die Herren wohl reich sind, zu einer Bestechung zu bewegen sein werde. Es wäre ganz aussichtslos, das können Sie ihnen offen sagen. Übrigens wird man es vielleicht selbst schon bemerkt haben und selbst wenn dies nicht sein sollte, liegt mir gar nicht so viel daran, dass man es jetzt schon erfährt. Es würde ja dadurch den Herren nur Arbeit erspart werden, allerdings auch mir einige Unannehmlichkeiten, die ich aber gern auf mich nehme, wenn ich weiß, dass jede gleichzeitig ein Hieb für die andern ist. Und dass es so wird, dafür will ich sorgen. Kennen Sie eigentlich den Untersuchungsrichter?" "Natürlich", sagte die Frau, "an den dachte ich sogar zuerst, als ich Ihnen Hilfe anbot. Ich wusste nicht dass er nur ein niedriger Beamter ist, aber da Sie es sagen, wird es wahrscheinlich richtig sein. Trotzdem glaube ich dass der Bericht, den er nach oben liefert, immerhin einigen Einfluss hat. Und er schreibt so viel Berichte. Sie sagen, dass die Beamten faul sind, alle gewiss nicht, besonders dieser Untersuchungsrichter nicht, er schreibt sehr viel. Letzten Sonntag z. B. dauerte die Sitzung bis gegen Abend. Alle

Leute gingen weg, der Untersuchungsrichter aber blieb im Saal, ich musste ihm eine Lampe bringen, ich hatte nur eine kleine Küchenlampe, aber er war mit ihr zufrieden und fing gleich zu schreiben an. Inzwischen war auch mein Mann gekommen, der an jenem Sonntag gerade Urlaub hatte, wir holten die Möbel, richteten wieder unser Zimmer ein, es kamen dann noch Nachbarn ein, wir unterhielten uns noch bei einer Kerze, kurz wir vergaßen an den Untersuchungsrichter und gingen schlafen. Plötzlich in der Nacht, es muss schon tief in der Nacht gewesen sein, wache ich auf, neben dem Bett steht der Untersuchungsrichter und blendet die Lampe mit der Hand ab, sodass auf meinen Mann kein Licht fällt, es war unnötige Vorsicht, mein Mann hat einen solchen Schlaf dass ihn auch das Licht nicht geweckt hätte. Ich war so erschrocken, dass ich fast geschrien hätte, aber der Untersuchungsrichter war sehr freundlich, ermahnte mich zur Vorsicht, flüsterte mir zu, dass er bis jetzt geschrieben habe, dass er mir jetzt die Lampe zurückbringe und dass er niemals den Anblick vergessen werde, wie er mich schlafend gefunden habe. Mit dem allen wollte ich Ihnen nur sagen, dass der Untersuchungsrichter tatsächlich viel Berichte schreibt, insbesondere über Sie: denn Ihre Einvernahme war gewiss einer der Hauptgegenstände der sonntäglichen Sitzung. Solche lange Berichte können aber doch nicht ganz bedeutungslos sein. Außerdem aber können Sie doch auch aus dem Vorfall sehen, dass sich der Untersuchungsrichter um mich bewirbt und dass ich gerade jetzt in der ersten Zeit, er muss mich überhaupt erst jetzt bemerkt haben, großen Einfluss auf ihn haben kann. Dass ihm viel an mir liegt, dafür habe ich jetzt auch noch andere Beweise. Er hat mir gestern durch den Studenten, zu dem er viel Vertrauen hat und der sein Mitarbeiter ist, seidene Strümpfe zum Geschenk geschickt, angeblich dafür, dass ich das Sitzungszimmer aufräume, aber das ist nur ein Vorwand, denn diese Arbeit ist doch meine Pflicht und für sie wird mein Mann bezahlt. Es sind schöne Strümpfe, sehen Sie" - sie streckte die Beine, zog die Röcke bis zum Knie hinauf und sah auch selbst die Strümpfe an - "es sind schöne Strümpfe aber doch eigentlich zu fein und für mich nicht geeignet."

Plötzlich unterbrach sie sich, legte ihre Hand auf K.`s Hand, als wolle sie ihn beruhigen und flüsterte: "Still, Bertold sieht uns zu!" K. hob langsam den Blick. In der Tür des Sitzungszimmers stand ein junger Mann, er war klein, hatte nicht ganz gerade Beine und suchte sich durch einen kurzen schütteren rötlichen Vollbart, in dem er die Finger fortwährend herumführte, Würde zu geben. K. sah ihn neugierig an, es war ja der erste Student der unbekannten Rechtswissenschaft, dem er gewissermaßen menschlich beggegnete, ein Mann, der wahrscheinlich auch einmal zu höheren Beamtenstellen gelangen würde. Der Student dagegen kümmerte sich um K. scheinbar gar nicht, er winkte nur mit einem Finger, den er für einen Augenblick aus seinem Bart zog, der Frau und ging zum Fenster, die Frau beugte sich zu K. und flüsterte: "Seien Sie mir nicht böse, ich bitte Sie vielmals, denken Sie auch nicht schlecht von mir, ich muss jetzt zu ihm gehen, zu diesem scheußlichen Menschen, sehen Sie nur seine krummen Beine an. Aber ich komme gleich zurück und dann geh ich mit Ihnen, wenn Sie mich mitnehmen, ich gehe wohin Sie wollen, Sie können mit mir tun, was Sie wollen, ich werde glücklich sein, wenn ich von hier für möglichst lange Zeit fort bin, am liebsten allerdings für immer " Sie streichelte noch K.`s Hand, sprang auf und lief zum Fenster. Unwillkürlich haschte noch K. nach ihrer Hand ins Leere. Die Frau verlockte ihn wirklich, er fand trotz alles Nachdenkens keinen haltbaren Grund dafür, warum er der Verlockung nicht nachgeben sollte. Den flüchtigen Einwand, dass ihn die Frau für das Gericht einfange, wehrte er ohne Mühe ab. Auf welche Weise konnte sie ihn einfangen? Blieb er nicht immer so frei, dass er das Ganze Gericht, wenigstens so weit es ihn betraf, sofort zerschlagen konnte? Konnte er nicht dieses geringe Vertrauen zu sich haben? Und ihr Anerbieten einer Hilfe klang aufrichtig und war vielleicht nicht wertlos. Und es gab vielleicht keine bessere Rache an dem Untersuchungsrichter und seinem Anhang, als dass er ihnen diese Frau entzog und an sich nahm. Es könnte sich dann einmal der Fall ereignen, dass der Untersuchungsrichter nach mühevoller Arbeit an Lügenberichten über K. in später Nacht das Bett der Frau leer fand. Und leer deshalb, weil sie K. gehörte, weil diese Frau am Fenster, dieser üppige gelenkige warme Körper im dunklen Kleid aus grobem schweren Stoff durchaus nur K. gehörte.

Nachdem er auf diese Weise die Bedenken gegen die Frau beseitigt hatte, wurde ihm das leise Zwiegespräch am Fenster zu lang, er klopfte mit den Knöcheln auf das Podium und dann auch mit der Faust. Der Student sah kurz über die Schulter der Frau hinweg nach K. hin, ließ sich aber nicht stören, ja drückte sich sogar enger an die Frau und umfasste sie. Sie senkte tief den Kopf, als höre sie ihm aufmerksam zu, er küsste sie, als sie sich bückte, laut auf den Hals, ohne sich im Reden wesentlich zu unterbrechen. K. sah darin die Tyrannei bestätigt, die der Student nach den Klagen der Frau über sie ausübte, stand auf und ging im Zimmer Auf und Ab. Er überlegte unter Seitenblicken nach dem Studenten wie er ihn möglichst schnell wegschaffen könnte und es war ihm daher nicht unwillkommen, als der Student, offenbar gestört durch K.`s Herumgehen, das schon zeitweilig zu einem Trampeln ausgeartet war, bemerkte: "Wenn Sie ungeduldig sind, können Sie weg gehen. Sie hätten auch schon früher weg gehen können, es hätte Sie niemand vermisst. Ja, Sie hätten sogar weggehen sollen und zwar schon bei meinem Eintritt und zwar schleunigst." Es mochte in dieser Bemerkung alle mögliche Wut zum Ausbruch kommen, jedenfalls lag darin aber auch der Hochmut des künftigen Gerichtsbeamten der zu einem missliebigen Angeklagten sprach. K. blieb ganz nahe bei ihm stehen und sagte lächelnd: "Ich bin ungeduldig das ist richtig, aber diese Ungeduld wird am leichtesten dadurch zu beseitigen sein, dass Sie uns verlassen. Wenn Sie aber vielleicht hergekommen sind, um zu studieren - ich hörte dass Sie Student sind - so will ich Ihnen gerne Platz machen und mit der Frau weggehen. Sie werden übrigens noch viel studieren müssen, ehe Sie Richter werden. Ich kenne zwar Ihr Gerichtswesen noch nicht sehr genau, nehme aber an, dass es mit groben Reden allein, die Sie allerdings schon unverschämt gut zu führen wissen, noch lange nicht getan ist." "Man hätte ihn nicht so frei herumlaufen lassen sollen", sagte der Student, als wolle er der Frau eine Erklärung für K.`s beleidigende Rede geben, "es war ein Missgriff. Ich habe es dem Untersuchungsrichter gesagt. Man hätte ihn zwischen den Verhören zumindest in seinem Zimmer halten sollen. Der Untersuchungsrichter ist manchmal unbegreiflich." "Unnütze Reden", sagte K. und streckte die Hand nach der Frau aus. "Kommen Sie. "Ach so", sagte der Student, "nein, nein, die bekommen Sie nicht" und mit einer Kraft, die man ihm nicht zugetraut hätte, hob er sie auf einen Arm und lief mit gebeugtem Rücken, zärtlich zu ihr aufsehend zur Tür. Eine gewisse Angst vor K. war hierbei nicht zu verkennen, trotzdem wagte er es K. noch zu reizen, indem er mit der freien Hand den Arm der Frau streichelte und drückte. K. lief paar Schritte neben ihm her, bereit ihn zu fassen und wenn es sein musste zu würgen, da sagte die Frau: "Es hilft nichts, der Untersuchungsrichter lässt mich holen, ich darf nicht mit Ihnen gehen, dieses kleine Scheusal", sie fuhr hierbei dem Studenten mit der Hand übers Gesicht, "dieses kleine Scheusal lässt mich nicht. "Und Sie wollen nicht befreit werden", schrie K. und legte die Hand auf die Schulter des Studenten, der mit den Zähnen nach ihr schnappte. "Nein", rief die Frau und wehrte K. mit beiden Händen ab, "nein, nein nur das nicht, woran denken Sie denn! Das wäre mein Verderben. Lassen Sie ihn doch, O bitte, lassen Sie ihn doch. Er führt ja nur den Befehl des Untersuchungsrichters aus und trägt mich zu ihm." "Dann mag er laufen und Sie will ich nie mehr sehen", sagte K. wütend vor Enttäuschung und gab dem Studenten einen Stoß in den Rücken, dass er kurz stolperte, um gleich darauf, vor Vergnügen darüber, dass er nicht gefallen war, mit seiner Last desto höher zu springen. K. ging ihnen langsam nach, er sah ein, dass dies die erste zweifellose Niederlage war, die er von diesen Leuten erfahren hatte. Es war natürlich gar kein Grund, sich deshalb zu ängstigen, er erhielt die Niederlage nur deshalb, weil er den Kampf aufsuchte. Wenn er zu Hause bliebe und sein gewohntes Leben führen würde, war er jedem dieser Leute tausendfach überlegen und konnte jeden mit einem Fußtritt von seinem Wege räumen. Und er stellte sich die allerlächerlichste Szene vor, die es z. B. geben würde, wenn dieser klägliche Student, dieses aufgeblasene Kind, dieser krumme Bartträger vor Elsas Bett knien und mit gefalteten Händen um Gnade bitten würde. K. gefiel diese Vorstellung so, dass er beschloss, wenn sich nur irgendeine Gelegenheit dafür ergeben sollte, den Studenten einmal zu Elsa mitzunehmen.

Aus Neugierde eilte K. noch zur Tür; er wollte sehen, wohin die Frau getragen wurde, der Student würde sie doch nicht etwa über die Straßen auf dem Arm tragen. Es zeigte sich, dass der Weg viel kürzer war. Gleich gegenüber der Wohnungstür führte eine schmale hölzerne Treppe wahrscheinlich zum Dachboden, sie machte eine Wendung, sodass man ihr Ende nicht sah. Über diese Treppe trug der Student die Frau hinauf, schon sehr langsam und stöhnend, denn er war durch das bisherige Laufen geschwächt. Die Frau grüßte mit der Hand zu K. hinunter und suchte durch Auf- und Abziehen der Schultern zu zeigen, dass sie an der Entführung unschuldig sei, viel Bedauern lag aber in dieser Bewegung nicht. K. sah sie ausdruckslos, wie eine Fremde an, er wollte weder verraten, dass er enttäuscht war, noch auch dass er die Enttäuschung leicht überwinden könne.

Die zwei waren schon verschwunden, K. aber stand noch immer in der Tür. Er musste annehmen, dass ihn die Frau nicht nur betrogen, sondern mit der Angabe dass sie zum Untersuchungsrichter getragen werde, auch belogen habe. Der Untersuchungsrichter würde doch nicht auf dem Dachboden sitzen und warten. Die Holztreppe erklärte nichts, solange man sie auch ansah. Da bemerkte K. einen kleinen Zettel neben dem Aufgang, ging hinüber und las in einer kindlichen, ungeübten Schrift: "Aufgang zu den Gerichtskanzleien. "Hier auf dem Dachboden dieses Miethauses waren also die Gerichtskanzleien? Das war keine Einrichtung, die viel Achtung einzuflößen im Stande war und es war für einen Angeklagten beruhigend, sich vorzustellen, wie wenig Geldmittel diesem Gericht zur Verfügung standen, wenn es seine Kanzleien dort unterbrachte, wo die Mietparteien, die schon selbst zu den Ärmsten gehörten, ihren unnützen Kram hinwarfen. Allerdings war es nicht ausgeschlossen, dass man Geld genug hatte, dass aber die Beamtenschaft sich darüber warf, ehe es für Gerichtszwecke verwendet wurde. Das war nach den bisherigen Erfahrungen K. `s sogar sehr wahrscheinlich, nur war dann eine solche Verlotterung des Gerichtes für einen Angeklagten zwar entwürdigend, aber im Grunde noch beruhigender, als es die Armut des Gerichtes gewesen wäre. Nun war es K. auch begreiflich, dass man sich beim ersten Verhör schämte, den Angeklagten auf den Dachboden vorzuladen und es vorzog, ihn in seiner Wohnung zu belästigen. In welcher Stellung befand sich doch K. gegenüber dem Richter, der auf dem Dachboden saß, während er selbst in der Bank ein großes Zimmer mit einem Vorzimmer hatte und durch eine riesige Fensterscheibe auf den belebten Stadtplatz hinuntersehen konnte. Allerdings hatte er keine Nebeneinkünfte aus Bestechungen oder Unterschlagungen und konnte sich auch vom Diener keine Frau auf dem Arm ins Büro tragen lassen. Darauf wollte K. aber, wenigstens in diesem Leben, gerne verzichten.

K. stand noch vor dem Anschlagzettel, als ein Mann die Treppe heraufkam, durch die offene Tür ins Wohnzimmer sah, aus dem man auch in das Sitzungszimmer sehen konnte und schließlich K. fragte, ob er hier nicht vor kurzem eine Frau gesehen habe. "Sie sind der Gerichtsdiener, nicht?" fragte K. "Ja", sagte der Mann, "ach so, Sie sind der Angeklagte K., jetzt erkenne ich Sie auch, seien Sie willkommen." Und er reichte K., der es gar nicht erwartet hatte, die Hand. "Heute ist aber keine Sitzung angezeigt", sagte dann der Gerichtsdiener, als K. schwieg. "Ich weiß", sagte K. und betrachtete den Zivilrock des Gerichtsdieners, der als einziges amtliches Abzeichen neben einigen gewöhnlichen Knöpfen auch zwei vergoldete Knöpfe aufwies, die von einem alten Offiziersmantel abgetrennt zu sein schienen. "Ich habe vor einem Weilchen mit Ihrer Frau gesprochen. Sie ist nicht mehr hier. Der Student hat sie zum Untersuchungsrichter getragen." "Sehen Sie", sagte der Gerichtsdiener; "immer trägt man sie mir weg. Heute ist doch Sonntag und ich bin zu keiner Arbeit verpflichtet, aber nur, um mich von hier zu entfernen, schickt man mich mit einer jedenfalls unnützen Meldung weg. Und zwar schickt man mich nicht weit weg, sodass ich die Hoffnung habe, wenn ich mich sehr beeile, vielleicht noch rechtzeitig zurückzukommen. Ich laufe also, so sehr ich kann,

schreie dem Amt, zu dem ich geschickt wurde, meine Meldung durch den Türspalt so atemlos zu, dass man sie kaum verstanden haben wird, laufe wieder zurück, aber der Student hat sich noch mehr beeilt als ich, er hatte allerdings auch einen kürzern Weg, er musste nur die Bodentreppe hinunterlaufen. Wäre ich nicht so abhängig, ich hätte den Studenten schon längst hier an der Wand zerdrückt. Hier neben dem Anschlagzettel. Davon träume ich immer. Hier ein wenig über dem Fußboden ist er fest gedrückt, die Arme gestreckt, die Finger gespreizt, die krummen Beine zum Kreis gedreht und ringsherum Blutspritzer. Bisher war es aber nur Traum."
"Eine andere Hilfe gibt es nicht?" fragte K. lächelnd. "Ich wüsste keine", sagte der Gerichtsdiener. "Und jetzt wird es ja noch ärger, bisher hat er sie nur zu sich getragen, jetzt trägt er sie, was ich allerdings längst erwartet habe, auch zum Untersuchungsrichter."
"Hat denn Ihre Frau gar keine Schuld dabei", fragte K., er musste sich bei dieser Frage bezwingen, so sehr fühlte auch er jetzt die Eifersucht. "Aber gewiss", sagte der Gerichtsdiener; "sie hat sogar die größte Schuld. Sie hat sich ja an ihn gehängt. Was ihn betrifft, er läuft allen Weibern nach. In diesem Hause allein, ist er schon aus fünf Wohnungen in die er sich eingeschlichen hat, herausgeworfen worden. Meine Frau ist allerdings die schönste im ganzen Haus und gerade ich darf mich nicht wehren." "Wenn es sich so verhält, dann gibt es allerdings keine Hilfe", sagte K. "Warum denn nicht", fragte der Gerichtsdiener. "Man müsste den Studenten, der ein Feigling ist, einmal wenn er meine Frau anrühren will so durchprügeln, dass er es niemals mehr wagt. Aber ich darf es nicht und andere machen mir den Gefallen nicht, denn alle fürchten seine Macht. Nur ein Mann, wie Sie, könnte es tun." "Wieso denn ich?" fragte K. erstaunt. "Sie sind doch angeklagt", sagte der Gerichtsdiener. "Ja", sagte K., "aber desto mehr müsste ich doch fürchten, dass er wenn auch vielleicht nicht Einfluss auf den Ausgang des Prozesses, so doch wahrscheinlich auf die Voruntersuchung hat." "Ja, gewiss", sagte der Gerichtsdiener; als sei die Ansicht K.'s genau so richtig wie seine eigene. "Es werden aber bei uns in der Regel keine aussichtslosen Prozesse geführt." "Ich bin nicht Ihrer Meinung", sagte K., "das soll mich aber nicht hindern, gelegentlich den Studenten

in Behandlung zunehmen." "Ich wäre Ihnen sehr dankbar", sagte der Gerichtsdiener etwas förmlich, er schien eigentlich doch nicht an die Erfüllbarkeit seines höchsten Wunsches zu glauben. "Es würden vielleicht", fuhr K. fort, "auch noch andere Ihrer Beamten und vielleicht sogar alle das Gleiche verdienen." "Ja, ja", sagte der Gerichtsdiener als handle es sich um etwas Selbstverständliches. Dann sah er K. mit einem zutraulichen Blick an, wie er es bisher trotz aller Freundlichkeit nicht getan hatte und fügte hinzu: "Man rebelliert eben immer. " Aber das Gespräch schien ihm doch ein wenig unbehaglich geworden zu sein, denn er brach es ab, indem er sagte: "Jetzt muss ich mich in der Kanzlei melden. Wollen Sie mitkommen?" "Ich habe dort nichts zu tun", sagte K. "Sie könnten die Kanzleien ansehen. Es wird sich niemand um Sie kümmern." "Ist es denn sehenswert?" fragte K. zögernd, hatte aber große Lust mitzugehen. "Nun", sagte der Gerichtsdiener, "ich dachte es würde Sie interessieren." "Gut", sagte K. schließlich, "ich gehe mit" und er lief schneller als der Gerichts diener die Treppe hinauf.

Beim Eintritt wäre er fast hingefallen, denn hinter der Tür war noch eine Stufe. "Auf das Publikum nimmt man nicht viel Rücksicht", sagte er. "Man nimmt überhaupt keine Rücksicht", sagte der Gerichtsdiener, "sehen Sie nur hier das Wartezimmer." Es war ein langer Gang, von dem aus roh gezimmerte Türen zu den einzelnen Abteilungen des Dachbodens führten. Trotzdem kein unmittelbarer Lichtzutritt bestand, war es doch nicht vollständig dunkel, denn manche Abteilungen hatten gegen den Gang zu statt einheitlicher Bretterwände, bloße allerdings bis zur Decke reichende Holzgitter; durch die einiges Licht drang und durch die man auch einzelne Beamte sehen konnte, wie sie an Tischen schrieben oder geradezu am Gitter standen und durch die Lücken die Leute auf dem Gang beobachteten. Es waren, wahrscheinlich weil Sonntag war, nur wenig Leute auf dem Gang. Sie machten einen sehr bescheidenen Eindruck. In fast regelmäßigen Entfernungen von einander saßen sie auf den zwei Reihen langer Holzbänke, die zu beiden Seiten des Ganges angebracht waren. Alle waren vernachlässigt angezogen, trotzdem die meisten nach dem Gesichtsausdruck, der Haltung, der Barttracht und vielen kaum sicherzustellenden kleinen Einzelheiten den höheren Klassen angehörten. Da keine Kleiderhaken vorhanden waren, hatten sie die Hüte, wahrscheinlich einer dem Beispiel des andern folgend, unter die Bank gestellt. Als die, welche zunächst der Tür saßen, K. und den Gerichtsdiener erblickten, erhoben sie sich zum Gruß; da das die folgenden sahen, glaubten sie auch grüßen zu müssen, sodass alle beim Vorbeigehen der zwei sich erhoben. Sie standen niemals vollständig aufrecht, der Rücken war geneigt, die Knie geknickt, sie standen wie Straßenbettler. K. wartete auf den ein wenig hinter ihm gehenden Gerichts diener und sagte: "Wie gedemütigt die sein müssen." "Ja", sagte der Gerichtsdiener, "es sind Angeklagte, alle die Sie hier sehen, sind Angeklagte." "Wirklich?" sagte K. "Dann sind es ja meine Kollegen." Und er wandte sich an den Nächsten, einen großen schlanken schon fast grauhaarigen Mann. "Worauf warten Sie hier?" fragte K. höflich. Die unerwartete Ansprache aber machte den Mann verwirrt, was umso peinlicher aussah, da es sich offenbar um einen welterfahrenen Menschen handelte, der anderswo gewiss sich zu beherrschen verstand und die Überlegenheit, die er sich über viele erworben hatte, nicht leicht aufgab. Hier aber wusste er auf eine so einfache Frage nicht zu antworten und sah auf die andern hin, als seien sie verpflichtet ihm zu helfen und als könne niemand von ihm eine Antwort verlangen, wenn diese Hilfe ausblieb. Da trat der Gerichts diener hinzu und sagte, um den Mann zu beruhigen und aufzumuntern: "Der Herr hier fragt ja nur, auf was Sie warten. Antworten Sie doch." Die ihm wahrscheinlich bekannte Stimme des Gerichtsdieners wirkte besser: "Ich warte -" begann er und stockte. Offenbar hatte er diesen Anfang gewählt, um ganz genau auf die Fragestellung zu antworten, fand aber jetzt die Fortsetzung nicht. Einige der Wartenden hatten sich genähert und umstanden die Gruppe, der Gerichtsdiener sagte zu ihnen: "Weg, weg, macht den Gang frei." Sie wichen ein wenig zurück, aber nicht bis zu ihren früheren Sitzen. Inzwischen hatte sich der Gefragte gesammelt und antwortete sogar mit einem kleinen Lächeln: "Ich habe vor einem Monat einige Beweisanträge in meiner Sache gemacht und warte auf die Erledigung. "Sie scheinen sich ja viele

Mühe zu geben", sagte K. "Ja", sagte der Mann, "es ist ja meine Sache." "Jeder denkt nicht so wie Sie", sagte K., "ich z.B. bin auch angeklagt, habe aber, so wahr ich selig werden will, weder einen Beweisantrag gestellt noch auch sonst irgendetwas Derartiges unternommen. Halten Sie denn das für nötig?" "Ich weiß nicht genau", sagte der Mann wieder in vollständiger Unsicherheit; er glaubte offenbar K. mache mit ihm einen Scherz, deshalb hätte er wahrscheinlich am liebsten, aus Furcht irgendeinen neuen Fehler zu machen, seine frühere Antwort ganz wiederholt, vor K.'s ungeduldigem Blick aber sagte er nur: "was mich betrifft, ich habe Beweisanträge gestellt. "Sie glauben wohl nicht dass ich angeklagt bin", fragte K. "Oh bitte gewiss", sagte der Mann und trat ein wenig zur Seite, aber in der Antwort war nicht Glaube, sondern nur Angst. "Sie glauben mir also nicht?" fragte K. und fasste ihn, unbewusst durch das demütige Wesen des Mannes dazu aufgefordert, beim Arm, als wolle er ihn zum Glauben zwingen. Aber er wollte ihm nicht Schmerz bereiten, hatte ihn auch nur ganz leicht angegriffen, trotzdem aber schrie der Mann auf, als habe K. ihn nicht mit zwei Fingern, sondern mit einer glühenden Zange erfasst. Dieses lächerliche Schreien machte ihn K. endgültig überdrüssig; glaubte man ihm nicht dass er angeklagt war, so war es desto besser; vielleicht hielt er ihn sogar für einen Richter. Und er fasste ihn nun zum Abschied wirklich fester, stieß ihn auf die Bank zurück und ging weiter. "Die meisten Angeklagten sind so empfindlich", sagte der Gerichtsdiener. Hinter ihnen sammelten sich jetzt fast alle Wartenden um den Mann, der schon zu schreien aufgehört hatte und schienen ihn über den Zwischenfall genau auszufragen. K. entgegen kam jetzt ein Wächter, der hauptsächlich an einem Säbel kenntlich war; dessen Scheide, wenigstens der Farbe nach, aus Aluminium bestand. K. staunte darüber und griff sogar mit der Hand hin. Der Wächter, der wegen des Schreiens gekommen war, fragte nach dem Vorgefallenen. Der Gerichtsdiener suchte ihn mit einigen Worten zu beruhigen, aber der Wächter erklärte doch noch selbst nachsehen zu müssen, salutierte und ging weiter mit sehr eiligen aber sehr kurzen, wahrscheinlich durch Gicht abgemessenen Schritten.

K. kümmerte sich nicht lange um ihn und die Gesellschaft auf dem Gang, besonders da er etwa in der Hälfte des Ganges die Möglichkeit sah, rechts durch eine türlose Öffnung einzubiegen. Er verständigte sich mit dem Gerichtsdiener darüber, ob das der richtige Weg sei, der Gerichtsdiener nickte und K. bog nun wirklich dort ein. Es war ihm lästig, dass er immer einen oder zwei Schritte vor dem Gerichtsdiener gehen musste, es konnte wenigstens an diesem Ort den Anschein haben, als ob er verhaftet vorgeführt werde. Er wartete also öfter auf den Gerichtsdiener, aber dieser blieb gleich wieder zurück. Schließlich sagte K. um seinem Unbehagen ein Ende zu machen: "Nun habe ich gesehen wie es hier aussieht, ich will jetzt weggehen." "Sie haben noch nicht alles gesehen", sagte der Gerichtsdiener vollständig unverfänglich. "Ich will nicht alles sehen", sagte K., der sich übrigens wirklich müde fühlte, "ich will gehen, wie kommt man zum Ausgang?" "Sie haben sich doch nicht schon verirrt", fragte der Gerichtsdiener erstaunt, "Sie gehen hier bis zur Ecke und dann rechts den Gang hinunter geradeaus zur Tür. " "Kommen Sie mit", sagte K. "Zeigen Sie mir den Weg, ich werde ihn verfehlen, es sind hier so viele Wege." "Es ist der einzige Weg", sagte der Gerichtsdiener nun schon vorwurfsvoll, "ich kann nicht wieder mit Ihnen zurückgehen, ich muss doch meine Meldung vorbringen und habe schon viel Zeit durch Sie versäumt." "Kommen Sie mit", wiederholte K. jetzt schärfer, als habe er endlich den Gerichtsdiener auf einer Unwahrheit ertappt. "Schreien Sie doch nicht so", flüsterte der Gerichtsdiener, "es sind ja hier überall Büros. Wenn Sie nicht allein zurückgehen wollen, so gehen Sie noch ein Stückchen mit mir oder warten Sie hier bis ich meine Meldung erledigt habe, dann will ich ja gern mit Ihnen wieder zurückgehen. " "Nein, nein", sagte K., "ich werde nicht warten und Sie müssen jetzt mit mir gehen." K. hatte sich noch gar nicht in dem Raum umgesehen in dem er sich befand, erst als jetzt eine der vielen Holztüren, die ringsherum standen sich öffnete blickte er hin. Ein Mädchen, das wohl durch K.`s lautes Sprechen herbeigerufen war, trat ein und fragte: "Was wünscht der Herr?" Hinter ihr in der Ferne sah man im Halbdunkel noch einen Mann sich nähern. K. blickte den Gerichtsdiener an. Dieser hatte doch gesagt, dass sich niemand um K. kümmern werde und nun kamen schon zwei, es brauchte nur wenig und die Beamtenschaft wurde auf ihn aufmerksam, würde eine Erklärung seiner Anwesenheit haben wollen. Die einzig verständliche und annehmbare war die, dass er Angeklagter war und das Datum des nächsten Verhöres erfahren wollte, gerade diese Erklärung aber wollte er nicht geben, besonders da sie auch nicht wahrheitsgemäß war, denn er war nur aus Neugierde gekommen oder, was als Erklärung noch unmöglicher war, aus dem Verlangen festzustellen, dass das Innere dieses Gerichtswesens ebenso widerlich war wie sein Äußeres. Und es schien ja, dass er mit dieser Annahme Recht hatte, er wollte nicht weiter eindringen, er war beengt genug von dem, was er bisher gesehen hatte, er war gerade jetzt nicht in der Verfassung einem höheren Beamten gegenüberzutreten, wie er hinter jeder Tür auftauchen konnte, er wollte weggehen und zwar mit dem Gerichtsdiener oder allein wenn es sein musste.

Aber sein stummes Dastehen musste auffallend sein und wirklich sahen ihn das Mädchen und der Gerichtsdiener derartig an, als ob in der nächsten Minute irgendeine große Verwandlung mit ihm geschehen müsse, die sie zu beobachten nicht versäumen wollten. Und in der Türöffnung stand der Mann, den K. früher in der Ferne bemerkt hatte, er hielt sich am Deckbalken der niedrigen Tür fest und schaukelte ein wenig auf den Fußspitzen, wie ein ungeduldiger Zuschauer Das Mädchen aber erkannte doch zuerst, dass das Benehmen K. `s in einem leichten Unwohlsein seinen Grund hatte, sie brachte einen Sessel und fragte: "Wollen Sie sich nicht setzen?" K. setzte sich sofort und stützte, um noch bessern Halt zu bekommen, die Ellbogen auf die Lehnen. "Sie haben ein wenig Schwindel, nicht?" fragte sie ihn. Er hatte nun ihr Gesicht nahe vor sich, es hatte den strengen Ausdruck, wie ihn manche Frauen gerade in ihrer schönsten Jugend haben. "Machen Sie sich darüber keine Gedanken", sagte sie, "das ist hier nichts Außergewöhnliches, fast jeder bekommt einen solchen Anfall, wenn er zum Ersten Mal herkommt. Sie sind zum ersten Mal hier? Nun ja, das ist also nichts Außergewöhnliches. Die Sonne brennt hier auf das

Dachgerüst und das heiße Holz macht die Luft so dumpf und schwer. Der Ort ist deshalb für Büroräumlichkeiten nicht sehr geeignet, so große Vorteile er allerdings sonst bietet. Aber was die Luft betrifft, so ist sie an Tagen großen Parteienverkehrs und das ist fast jeder Tag, kaum mehr atembar. Wenn Sie dann noch bedenken, dass hier auch vielfach Wäsche zum Trocknen ausgehängt wird – man kann es den Mietern nicht gänzlich untersagen, – so werden Sie sich nicht mehr wundern, dass Ihnen ein wenig übel wurde. Aber man gewöhnt sich schließlich an die Luft sehr gut. Wenn Sie zum zweiten oder dritten Mal herkommen, werden Sie das Drückende hier kaum mehr spüren. Fühlen Sie sich schon besser?" K. antwortete nicht, es war ihm zu peinlich, durch diese plötzliche Schwäche den Leuten hier ausgeliefert zu sein, überdies war ihm, da er jetzt die Ursachen seiner Übelkeit erfahren hatte nicht besser, sondern noch ein wenig schlechter. Das Mädchen merkte es gleich, nahm, um K. eine Erfrischung zu bereiten, eine Hakenstange die an der Wand lehnte und stieß damit eine kleine Luke auf, die gerade über K. angebracht war und ins Freie führte. Aber es fiel so viel Ruß herein, dass das Mädchen die Luke gleich wieder zuziehen und mit ihrem Taschentuch die Hände K.'s vom Ruß reinigen musste, denn K. war zu müde, um das selbst zu besorgen. Er wäre gern hier ruhig sitzen geblieben, bis er sich zum Weggehen genügend gekräftigt hatte, das musste aber umso früher geschehen je weniger man sich um ihn kümmern würde. Nun sagte aber überdies das Mädchen: "Hier können Sie nicht bleiben, hier stören wir den Verkehr" – K. fragte mit den Blicken, welchen Verkehr er denn hier störe – "ich werde Sie, wenn Sie wollen, ins Krankenzimmer führen. "Helfen Sie mir bitte", sagte sie zu dem Mann in der Tür, der auch gleich näher kam. Aber K. wollte nicht ins Krankenzimmer, gerade das wollte er ja vermeiden, weiter geführt zu werden, je weiter er kam, desto ärger musste es werden. "Ich kann schon gehen", sagte er deshalb und stand, durch das bequeme Sitzen verwöhnt, zitternd auf Dann aber konnte er sich nicht aufrecht halten. "Es geht doch nicht", sagte er kopfschüttelnd und setzte sich seufzend wieder nieder. Er erinnerte sich an den Gerichtsdiener, der ihn trotz allem leicht herausführen könnte, aber der schien schon längst weg zu sein, K. sah zwischen dem Mädchen und dem Mann, die vor ihm standen, hindurch, konnte aber den Gerichtsdiener nicht finden.

"Ich glaube", sagte der Mann, der übrigens elegant gekleidet war und besonders durch eine graue Weste auffiel, die in zwei langen scharf geschnittenen Spitzen endigte, "das Unwohlsein des Herrn geht auf die Atmosphäre hier zurück, es wird daher am besten und auch ihm am liebsten sein wenn wir ihn nicht erst ins Krankenzimmer sondern überhaupt aus den Kanzleien hinausführen. " "Das ist es", rief K. und fuhr vor lauter Freude fast noch in die Rede des Mannes hinein, "mir wird gewiss sofort besser werden, ich bin auch gar nicht so schwach, nur ein wenig Unterstützung unter den Achseln brauche ich, ich werde Ihnen nicht viel Mühe machen, es ist ja auch kein langer Weg, führen Sie mich nur zur Tür; ich setze mich dann noch ein wenig auf die Stufen und werde gleich erholt sein, ich leide nämlich gar nicht unter solchen Anfällen, es kommt mir selbst überraschend. Ich bin doch auch Beamter und an Büroluft gewöhnt, aber hier scheint es doch zu arg, Sie sagen es selbst. Wollen Sie also die Freundlichkeit haben, mich ein wenig zu führen, ich habe nämlich Schwindel und es wird mir schlecht, wenn ich allein aufstehe." Und er hob die Schultern, um es den beiden zu erleichtern ihm unter die Arme zu greifen.

Aber der Mann folgte der Aufforderung nicht, sondern hielt die Hände ruhig in den Hosentaschen und lachte laut. "Sehen Sie", sagte er zu dem Mädchen, "ich habe also doch das Richtige getroffen. Dem Herrn ist nur hier nicht wohl, nicht im Allgemeinen." Das Mädchen lächelte auch, schlug aber dem Mann leicht mit den Fingerspitzen auf den Arm, als hätte er sich mit K. einen zu starken Spaß erlaubt. "Aber was denken Sie denn", sagte der Mann noch immer lachend, "ich will ja den Herrn wirklich hinausführen." "Dann ist es gut", sagte das Mädchen indem sie ihren zierlichen Kopf für einen Augenblick neigte. "Messen Sie dem Lachen nicht zuviel Bedeutung zu", sagte das Mädchen zu K., der wieder traurig geworden vor sich hinstarrte und keine Erklärung zu brauchen schien, "dieser Herr – ich darf Sie doch vorstellen?" (der Herr gab mit einer Handbewegung die Erlaubnis) "– dieser Herr also ist der Auskunftgeber. Er gibt den wartenden Parteien alle Auskünfte, die sie brauchen und da unser Gerichtswesen in der Bevölkerung nicht sehr bekannt ist, werden viele Auskünfte verlangt. Er weiß auf alle Fragen eine Antwort, Sie können ihn, wenn Sie einmal Lust dazu haben, daraufhin erproben. Das ist aber nicht sein einziger Vorzug, sein zweiter Vorzug ist die elegante Kleidung. Wir d.h. die Beamtenschaft meinte einmal, man müsse den Auskunftgeber, der immerfort und zwar als Erster mit Parteien verhandle, des würdigen ersten Eindrucks halber, auch elegant anziehen. Wir andern sind, wie Sie gleich an mir sehen können, leider sehr schlecht und altmodisch angezogen; es hat auch nicht viel Sinn für die Kleidung etwas zu verwenden, da wir fast unaufhörlich in den Kanzleien sind, wir schlafen ja auch hier. Aber wie gesagt für den Auskunftgeber hielten wir einmal schöne Kleidung für nötig. Da sie aber von unserer Verwaltung, die in dieser Hinsicht etwas sonderbar ist, nicht erhältlich war, machten wir eine Sammlung – auch Parteien steuerten bei – und wir kauften ihm dieses schöne Kleid und noch andere. Alles wäre jetzt vorbereitet einen guten Eindruck zu machen, aber durch sein Lachen verdirbt er es wieder und erschreckt die Leute." "So ist es", sagte der Herr spöttisch, "aber ich verstehe nicht, Fräulein, warum Sie dem Herrn alle unsere Intimitäten erzählen, oder besser aufdrängen, denn er will sie ja gar nicht erfahren. Sehen Sie nur, wie er, offenbar mit seinen eigenen Angelegenheiten beschäftigt, dasitzt." K. hatte nicht einmal Lust zu widersprechen, die Absicht des Mädchens mochte eine gute sein, sie war vielleicht darauf gerichtet ihn zu zerstreuen oder ihm die Möglichkeit zu geben sich zu sammeln, aber das Mittel war verfehlt. "Ich musste ihm Ihr Lachen erklären", sagte das Mädchen. "Es war ja beleidigend. " "Ich glaube, er würde noch ärgere Beleidigungen verzeihen, wenn ich ihn schließlich hinausführe. " K. sagte nichts, sah nicht einmal auf, er duldete es, dass die zwei über ihn wie über eine Sache verhandelten, es war ihm sogar am liebsten. Aber plötzlich fühlte er die Hand des Auskunftgebers an einem Arm und die Hand des Mädchens am andern. "Also auf, Sie schwacher Mann", sagte der Auskunftgeber. "Ich danke Ihnen beiden vielmals", sagte K. freudig überrascht, erhob sich langsam und führte selbst die fremden Hände an die Stellen, an denen er die Stütze am meisten brauchte. "Es sieht so aus", sagte das Mädchen leise in K.'s Ohr, während sie sich dem Gang näherten, "als ob mir besonders viel daran gelegen wäre, den Auskunftgeber in ein gutes Licht zu stellen, aber man mag es glauben, ich will doch die Wahrheit sagen. Er hat kein hartes Herz. Er ist nicht verpflichtet, kranke Parteien hinauszuführen und tut es doch, wie Sie sehen. Vielleicht ist niemand von uns hartherzig, wir wollten vielleicht alle gern helfen, aber als Gerichtsbeamte bekommen wir leicht den Anschein als ob wir hartherzig wären und niemandem helfen wollten. Ich leide geradezu darunter." "Wollen Sie sich nicht hier ein wenig setzen", fragte der Auskunftgeber, sie waren schon im Gang und gerade vor dem Angeklagten, den K. früher angesprochen hatte. K. schämte sich fast vor ihm, früher war er so aufrecht vor ihm gestanden, jetzt mussten ihn zwei stützen, seinen Hut balancierte der Auskunftgeber auf den gespreizten Fingern, die Frisur war zerstört, die Haare hingen ihm in die schweißbedeckte Stirn. Aber der Angeklagte schien nichts davon zu bemerken, demütig stand er vor dem Auskunftgeber, der über ihn hinwegsah und suchte nur seine Anwesenheit zu entschuldigen. "Ich weiß", sagte er, "dass die Erledigung meiner Anträge heute noch nicht gegeben werden kann. Ich bin aber doch gekommen, ich dachte ich könnte doch hier warten, es ist Sonntag, ich habe ja Zeit und hier störe ich nicht." "Sie müssen das nicht so sehr entschuldigen", sagte der Auskunftgeber, "Ihre Sorgsamkeit ist ja ganz lobenswert, Sie nehmen hier zwar unnötiger Weise den Platz weg, aber ich will Sie trotzdem solange es mir nicht lästig wird, durchaus nicht hindern, den Gang Ihrer Angelegenheit genau zu verfolgen. Wenn man Leute gesehen hat, die ihre Pflicht schändlich vernachlässigen, lernt man es mit Leuten wie Sie sind Geduld zu haben. Setzen Sie sich." "Wie er mit den Parteien zu reden versteht", flüsterte das Mädchen. K. nickte, fuhr aber gleich auf, als ihn der Auskunftgeber wieder fragte: "Wollen Sie sich nicht hier niedersetzen." "Nein", sagte K., "ich will mich nicht ausruhen." Er hatte das mit möglichster Bestimmtheit gesagt, in

Wirklichkeit hätte es ihm aber sehr wohl getan sich niederzusetzen; er war wie seekrank. Er glaubte auf einem Schiff zu sein, das sich in schwerem Seegang befand. Es war ihm als stürze das Wasser gegen die Holzwände, als komme aus der Tiefe des Ganges ein Brausen her, wie von überschlagendem Wasser, als schaukle der Gang in der Quere und als würden die wartenden Parteien zu beiden Seiten gesenkt und gehoben. Desto unbegreiflicher war die Ruhe des Mädchens und des Mannes, die ihn führten. Er war ihnen ausgeliefert, ließen sie ihn los, so musste er hinfallen wie ein Brett. Aus ihren kleinen Augen gingen scharfe Blicke hin und her; ihre gleichmäßigen Schritte fühlte K. ohne sie mitzumachen, denn er wurde fast von Schritt zu Schritt getragen. Endlich merkte er, dass sie zu ihm sprachen, aber er verstand sie nicht, er hörte nur den Lärm der alles erfüllte und durch den hindurch ein unveränderlicher hoher Ton wie von einer Sirene zu klingen schien. "Lauter", flüsterte er mit gesenktem Kopf und schämte sich, denn er wusste, dass sie laut genug, wenn auch für ihn unverständlich gesprochen hatten. Da kam endlich, als wäre die Wand vor ihm durchrissen ein frischer Luftzug ihm entgegen und er hörte neben sich sagen: "Zuerst will er weg, dann aber kann man ihm hundertmal sagen, dass hier der Ausgang ist und er rührt sich nicht." K. merkte, dass er vor der Ausgangstür stand, die das Mädchen geöffnet hatte. Ihm war als wären alle seine Kräfte mit einem Mal zurückgekehrt, um einen Vorgeschmack der Freiheit zu gewinnen, trat er gleich auf eine Treppenstufe und verabschiedete sich von dort aus von seinen Begleitern, die sich zu ihm herabbeugten. "Vielen Dank", wiederholte er, drückte beiden wiederholt die Hände und ließ erst ab, als er zu sehen glaubte, dass sie, an die Kanzleiluft gewöhnt, die verhältnismäßig frische Luft, die von der Treppe kam, schlecht ertrugen. Sie konnten kaum antworten und das Mädchen wäre vielleicht abgestürzt, wenn nicht K. äußerst schnell die Tür geschlossen hätte. K. stand dann noch einen Augenblick still, strich sich mit Hilfe eines Taschenspiegels das Haar zurecht, hob seinen Hut auf, der auf dem nächsten Treppenabsatz lag - der Auskunftgeber hatte ihn wohl hingeworfen - und lief dann die Treppe hinunter so frisch und in so langen Sprüngen, dass er vor diesem Umschwung fast Angst bekam. Solche Überraschungen hatte ihm sein sonst ganz gefestigter Gesundheitszustand noch nie bereitet. Wollte etwa sein Körper revolutionieren und ihm einen neuen Prozess bereiten, da er den alten so mühelos ertrug? Er lehnte den Gedanken nicht ganz ab, bei nächster Gelegenheit zu einem Arzt zu gehen, jedenfalls aber wollte er - darin konnte er sich selbst beraten - alle zukünftigen Sonntagvormittage besser als diesen verwenden.

Der Prügler

Als K. an einem der nächsten Abende den Korridor passierte, der sein Büro von der Haupttreppe trennte - er ging diesmal fast als der Letzte nach Hause, nur in der Expedition arbeiteten noch zwei Diener im kleinen Lichtfeld einer Glühlampe - hörte er hinter einer Tür, hinter der er immer nur eine Rumpelkammer vermutet hatte, ohne sie jemals selbst gesehen zu haben, Seufzer ausstoßen. Er blieb erstaunt stehen und horchte noch einmal auf um festzustellen ob er sich nicht irrte, - es wurde ein Weilchen still, dann waren es aber doch wieder Seufzer. - Zuerst wollte er einen der Diener holen, man konnte vielleicht einen Zeugen brauchen, dann aber fasste ihn eine derart unbezähmbare Neugierde, dass er die Tür förmlich aufriss. Es war, wie er richtig vermutet hatte, eine Rumpelkammer. Unbrauchbare alte Drucksorten, umgeworfene leere irdene Tintenflaschen lagen hinter der Schwelle. In der Kammer selbst aber standen drei Männer, gebückt in dem niedrigen Raum. Eine auf einem Regal festgemachte Kerze gab ihnen Licht. "Was treibt ihr hier?" fragte K. sich vor Aufregung überstürzend, aber nicht laut. Der eine Mann, der die andern offenbar beherrschte und zuerst den Blick auf sich lenkte, stak in einer Art dunkler Lederkleidung, die den Hals bis tief zur Brust und die ganzen Arme nackt ließ. Er antwortete nicht. Aber die zwei andern riefen: "Herr! Wir sollen geprügelt werden, weil du dich beim Untersuchungsrichter über uns beklagt hast." Und nun erst erkannte K., dass es wirklich die Wächter Franz und Willem waren und dass der Dritte eine Rute in der Hand hielt, um sie zu prügeln. "Nun", sagte K. und starrte sie an, "ich habe mich nicht beklagt, ich habe nur gesagt, wie es sich in meiner Wohnung zugetragen hat. Und einwandfrei habt ihr Euch ja nicht benommen." "Herr", sagte Willem während Franz sich hinter ihm vor dem Dritten offenbar zu sichern suchte, "wenn ihr wüsstet wie schlecht wir gezahlt sind, ihr würdet besser über uns urteilen. Ich habe eine Familie zu ernähren und Franz hier wollte heiraten, man sucht sich zu bereichern, wie es geht, durch bloße Arbeit gelingt es nicht, selbst durch die angestrengteste, Euere feine Wäsche hat mich verlockt, es ist natürlich den Wächtern verboten, so zu handeln, es war Unrecht, aber Tradition ist es, dass die Wäsche den Wächtern gehört, es ist immer so gewesen, glaubt es mir; es ist ja auch verständlich, was bedeuten denn noch solche Dinge für den, welcher so unglücklich ist verhaftet zu werden. Bringt er es dann allerdings öffentlich zur Sprache, dann muss die Strafe erfolgen. "Was Ihr jetzt sagt, wusste ich nicht, ich habe auch keineswegs Euere Bestrafung verlangt, mir ging es um ein Prinzip. "Franz", wandte sich Willem zum andern Wächter, "sagte ich dir nicht, dass der Herr unsere Bestrafung nicht verlangt hat. Jetzt hörst du, dass er nicht einmal gewusst hat, dass wir bestraft werden müssen. "Lass dich nicht durch solche Reden rühren", sagte der Dritte zu K., "die Strafe ist ebenso gerecht als unvermeidlich." "Höre nicht auf ihn", sagte Willem und unterbrach sich nur um die Hand, über die er einen Rutenhieb bekommen hatte schnell an den Mund zu führen, "wir werden nur gestraft, weil du uns angezeigt hast. Sonst wäre uns nichts geschehen, selbst wenn man erfahren hätte, was wir getan haben. Kann man das Gerechtigkeit nennen? Wir zwei, insbesondere aber ich, hatten uns als Wächter durch lange Zeit sehr bewährt - du selbst musst eingestehen, dass wir vom Gesichtspunkt der Behörde gesehen, gut gewacht haben - wir hatten Aussicht vorwärts zu kommen und wären gewiss bald auch Prügler geworden, wie dieser, der eben das Glück hatte, von niemandem angezeigt worden zu sein, denn eine solche Anzeige kommt wirklich nur sehr selten vor. Und jetzt Herr ist alles verloren, unsere Laufbahn beendet, wir werden noch viel untergeordnetere Arbeiten leisten müssen, als der Wachdienst ist und überdies bekommen wir jetzt diese schrecklich schmerzhaften

Prügel." "Kann denn die Rute solche Schmerzen machen", fragte K. und prüfte die Rute, die der Prügler vor ihm schwang. "Wir werden uns ja ganz nackt auszielin müssen", sagte Willem. "Ach so", sagte K. und sah den Prügler genauer an, er war braun gebrannt wie ein Matrose und hatte ein wildes frisches Gesicht. "Gibt es keine Möglichkeit den Zweien die Prügel zu ersparen", fragte er ihn. "Nein", sagte der Prügler und schüttelte lächelnd den Kopf "Zieht euch aus", befahl er den Wächtern. Und zu K. sagte er: "du musst ihnen nicht alles glauben. Sie sind durch die Angst vor den Prügeln schon ein wenig schwachsinnig geworden. Was dieser hier z.B." - er zeigte auf Willem - "über seine mögliche Laufbahn erzählt hat, ist geradezu lächerlich. Sieh an, wie fett er ist,- die ersten Rutenstreiche werden überhaupt im Fett verloren gehen. - Weißt du wodurch er so fett geworden ist? Er hat die Gewohnheit allen Verhafteten das Frühstück aufzuessen. Hat er nicht auch dein Frühstück aufgegessen? Nun ich sagte es ja. Aber ein Mann mit einem solchen Bauch kann nie und nimmermehr Prügler werden, das ist ganz ausgeschlossen." "Es gibt auch solche Prügler", behauptete Willem der gerade seinen Hosengürtel löste. "Nein!" sagte der Prügler und strich ihm mit der Rute derartig über den Hals, dass er zusammenzuckte, "Du sollst nicht zuhören, sondern dich ausziehen. "Ich würde dich gut belohnen, wenn du sie laufen lässt", sagte K. und zog ohne den Prügler nochmals anzusehen - solche Geschäfte werden beiderseits mit niedergeschlagenen Augen am besten abgewickelt - seine Brieftasche hervor. "Du willst wohl dann auch mich anzeigen", sagte der Prügler, "und auch noch mir Prügel verschaffen. Nein, nein!" "Sei doch vernünftig", sagte K., "wenn ich gewollt hätte, dass diese zwei bestraft werden, würde ich sie doch jetzt nicht loskaufen wollen. Ich könnte einfach die Tür hier zuschlagen, nichts weiter sehen und hören wollen und nach Hause gehen. Nun tue ich das aber nicht, vielmehr liegt mir ernstlich daran sie zu befreien; hätte ich geahnt, dass sie bestraft werden sollen oder auch nur bestraft werden können hätte ich ihre Namen nie genannt. Ich halte sie nämlich gar nicht für schuldig, schuldig ist die Organisation, schuldig sind die hohen Beamten." "So ist es", riefen die Wächter und bekamen sofort einen Hieb über ihren schon entkleideten Rücken. "Hättest du hier unter deiner Rute einen hohen Richter", sagte K. und drückte während er sprach die Rute, die sich schon wieder erheben wollte, nieder, "ich würde dich wahrhaftig nicht hindern loszuschlagen, im Gegenteil ich würde dir noch Geld geben, damit du dich für die gute Sache kräftigst." "Was du sagst, klingt ja glaubwürdig", sagte der Prügler, "aber ich lasse mich nicht bestechen. Ich bin zum Prügeln angestellt, also prügle ich." Der Wächter Franz, der vielleicht in Erwartung eines guten Ausganges des Eingreifens von K. bisher ziemlich zurückhaltend gewesen war, trat jetzt nur noch mit den Hosen bekleidet zur Tür, hing sich niederkniend an K.`sArm und flüsterte: "Wenn du für uns beide Schonung nicht durchsetzen kannst, so versuche wenigstens mich zu befreien. Willem ist älter als ich, in jeder Hinsicht weniger empfindlich, auch hat er schon einmal vor paar Jahren eine leichte Prügelstrafe bekommen, ich aber bin noch nicht entehrt und bin doch zu meiner Handlungsweise nur durch Willem gebracht worden, der in Gutem und Schlechtem mein Lehrer ist. Unten vor der Bank wartet meine arme Braut auf den Ausgang, ich schäme mich ja so erbärmlich." Er trocknete mit K.`sRock sein von Tränen ganz überlaufenes Gesicht. "Ich warte nicht mehr", sagte der Prügler, fasste die Rute mit beiden Händen und hieb auf Franz ein, während Willem in einem Winkel kauerte und heimlich zusah, ohne eine Kopfwendung zu wagen. Da erhob sich der Schrei, den Franz ausstieß, ungeteilt und unveränderlich, er schien nicht von einem Menschen, sondern von einem gemarterten Instrument zu stammen, der ganze Korridor tönte von ihm, das ganze Haus musste es hören, "schrei nicht", rief er, konnte sich nicht zurückhalten und während er gespannt in die Richtung sah, aus der die Diener kommen mussten, stieß er in Franz, nicht stark aber doch stark genug, dass der Besinnungslose niederfiel und im Krampf mit den Händen den Boden absuchte; den Schlägen entging er aber nicht, die Rute fand ihn auch auf der Erde, während er sich unter ihr wälzte, schwang sich ihre Spitze regelmäßig auf und ab. Und schon erschien in der Ferne ein Diener und ein paar Schritte hinter ihm ein zweiter. K. hatte schnell die Tür zugeworfen, war zu einem nahen Hoffenster getreten und öffnete es. Das Schreien hatte vollständig aufgehört.

Um die Diener nicht herankommen zu lassen, rief er: "Ich bin es."
"Guten Abend, Herr Prokurist", rief es zurück. "Ist etwas geschehn?" "Nein nein", antwortete K., "es schreit nur ein Hund auf dem Hof " Als die Diener sich doch nicht rührten, fügte er hinzu: "Sie können bei Ihrer Arbeit bleiben." Um sich in kein Gespräch mit den Dienern einlassen zu müssen, beugte er sich aus dem Fenster. Als er nach einem Weilchen wieder in den Korridor sah, waren sie schon weg. K. aber blieb nun beim Fenster, in die Rumpelkammer wagte er nicht zu gehen und nach Hause gehen wollte er auch nicht. Es war ein kleiner viereckiger Hof in den er hinunter sah, ringsherum waren Büroräume untergebracht, alle Fenster waren jetzt schon dunkel, nur die obersten fingen einen Widerschein des Mondes auf K. suchte angestrengt mit den Blicken in das Dunkel eines Hofwinkels einzudringen, in dem einige Handkarren ineinandergefahren waren. Es quälte ihn, dass es ihm nicht gelungen war, das Prügeln zu verhindern, aber es war nicht seine Schuld, dass es nicht gelungen war, hätte Franz nicht geschrien - gewiss es musste sehr wehgetan haben, aber in einem entscheidenden Augenblick muss man sich beherrschen - hätte er nicht geschrien, so hätte K., wenigstens sehr wahrscheinlich, noch ein Mittel gefunden, den Prügler zu überreden. Wenn die ganze unterste Beamtenschaft Gesindel war, warum hätte gerade der Prügler; der das unmenschlichste Amt hatte, eine Ausnahme machen sollen, K. hatte auch gut beobachtet, wie ihm beim Anblick der Banknote die Augen geleuchtet hatten, er hatte mit dem Prügeln offenbar nur deshalb Ernst gemacht, um die Bestechungssumme noch ein wenig zu erhöhen. Und K. hätte nicht gespart, es lag ihm wirklich daran die Wächter zu befreien; wenn er nun schon angefangen hatte die Verderbnis dieses Gerichtswesens zu bekämpfen, so war es selbstverständlich, dass er auch von dieser Seite eingriff Aber in dem Augenblick, wo Franz zu schreien angefangen hatte, war natürlich alles zu Ende. K. konnte nicht zulassen, dass die Diener und vielleicht noch alle möglichen Leute kämen und ihn in Unterhandlungen mit der Gesellschaft in der Rumpelkammer überraschten. Diese Aufopferung konnte wirklich niemand von K. verlangen. Wenn er das zu tun beabsichtigt hätte, so wäre es ja fast

einfacher gewesen, K. hätte sich selbst ausgezogen und dem Prügler als Ersatz für die Wächter angeboten. Übrigens hätte der Prügler diese Vertretung gewiss nicht angenommen, da er dadurch, ohne einen Vorteil zu gewinnen, dennoch seine Pflicht schwer verletzt hätte und wahrscheinlich doppelt verletzt hätte, denn K. musste wohl, solange er im Verfahren stand, für alle Angestellten des Gerichtes unverletzlich sein. Allerdings konnten hier auch besondere Bestimmungen gelten. Jedenfalls hatte K. nichts anderes tun können, als die Tür zuschlagen, trotzdem dadurch auch jetzt noch für K. durchaus nicht jede Gefahr beseitigt blieb. Dass er noch zuletzt Franz einen Stoß gegeben hatte, war bedauerlich und nur durch seine Aufregung zu entschuldigen.

In der Ferne hörte er die Schritte der Diener; um ihnen nicht auffällig zu werden, schloss er das Fenster und ging in der Richtung zur Haupttreppe. Bei der Tür zur Rumpelkammer blieb er ein wenig stehen und horchte. Es war ganz still. Der Mann konnte die Wächter totgeprügelt haben, sie waren ja ganz in seine Macht gegeben. K. hatte schon die Hand nach der Klinke ausgestreckt, zog sie dann aber wieder zurück. Helfen konnte er niemandem mehr und die Diener mussten gleich kommen; er gelobte sich aber, die Sache noch zur Sprache zu bringen und die wirklich Schuldigen, die hohen Beamten, von denen sich ihm noch keiner zu zeigen gewagt hatte, so weit es in seinen Kräften war, gebührend zu bestrafen. Als er die Freitreppe der Bank hinunterging, beobachtete er sorgfältig alle Passanten, aber selbst in der weiteren Umgebung war kein Mädchen zu sehen, das auf jemanden gewartet hätte. Die Bemerkung Franzens, dass seine Braut auf ihn warte, erwies sich als eine allerdings verzeihliche Lüge, die nur den Zweck gehabt hatte größeres Mitleid zu erwecken.

Auch noch am nächsten Tage kamen K. die Wächter nicht aus dem Sinn; er war bei der Arbeit zerstreut und musste, um sie zu bewältigen, noch ein wenig länger im Büro bleiben als am Tag vorher Als er auf dem Nach Hauseweg wieder an der Rumpelkammer vorüberkam, öffnete er sie wie aus Gewohnheit. Vor dem, was er statt des erwarteten Dunkels erblickte, wusste er sich nicht zu fassen. Alles war unverändert, so wie er es am Abend vorher beim Öffnen der Tür gefunden hatte. Die Drucksorten und Tintenflaschen gleich hinter der Schwelle, der Prügler mit der Rute, die noch vollständig angezogenen Wächter, die Kerze auf dem Regal und die Wächter begannen zu klagen und riefen: "Herr!" Sofort warf K. die Tür zu und schlug noch mit den Fäusten gegen sie, als sei sie dann fester verschlossen. Fast weinend lief er zu den Dienern, die ruhig an der Kopiermaschine arbeiteten und erstaunt in ihrer Arbeit innehielten. "Räumt doch endlich die Rumpelkammer aus", rief er. "Wir versinken ja im Schmutz." Die Diener waren bereit es am nächsten Tag zu tun, K. nickte, jetzt spät am Abend konnte er sie nicht mehr zu der Arbeit zwingen, wie er es eigentlich beabsichtigt hatte. Er setzte sich ein wenig, um die Diener ein Weilchen lang in der Nähe zu behalten, warf einige Kopien durcheinander, wodurch er den Anschein zu erwecken glaubte, dass er sie überprüfe und ging dann, da er einsah, dass die Diener nicht wagen würden, gleichzeitig mit ihm wegzugehen, müde und gedankenlos nach Hause.

Der Onkel
Leni

Eines Nachmittags - K. war gerade vor dem Postabschluss sehr beschäftigt - drängte sich zwischen zwei Dienern, die Schriftstücke hereintrugen K.`s Onkel Karl, ein kleiner Grundbesitzer vom Lande, ins Zimmer. K. erschrak bei dem Anblick weniger, als er schon vor längerer Zeit bei der Vorstellung vom Kommen des Onkels erschrocken war. Der Onkel musste kommen, das stand bei K. schon etwa einen Monat lang fest. Schon damals hatte er ihn zu sehen geglaubt, wie er ein wenig gebückt, den eingedrückten Panamahut in der Linken die Rechte schon von weitem ihm entgegenstreckte und sie mit rücksichtsloser Eile über den Schreibtisch hin reichte, alles umstoßend, was ihm im Wege war. Der Onkel befand sich immer in Eile, denn er war von dem unglücklichen Gedanken verfolgt, bei seinem immer nur eintägigen Aufenthalt in der Hauptstadt müsse er alles erledigen können, was er sich vorgenommen hatte und dürfe überdies auch kein gelegentlich sich darbietendes Gespräch oder Geschäft oder Vergnügen sich entgehen lassen. Dabei musste ihm K., der ihm als seinem gewesenen Vormund besonders verpflichtet war; in allem möglichen behilflich sein und ihn außerdem bei sich übernachten lassen. "Das Gespenst vom Lande" pflegte er ihn zu nennen.

Gleich nach der Begrüßung - sich in das Fauteuil zu setzen, wozu ihn K. einlud, hatte er keine Zeit - bat er K. um ein kurzes Gespräch unter vier Augen. "Es ist notwendig", sagte er, mühselig schluckend, "zu meiner Beruhigung ist es notwendig." K. schickte sofort die Diener aus dem Zimmer mit der Weisung niemand einzulassen. "Was habe ich gehört, Josef?" rief der Onkel, als sie allein waren, setzte sich auf den Tisch und stopfte unter sich ohne hinzusehen verschiedene Papiere, um besser zu sitzen. K. schwieg, er wusste was kommen würde, aber, plötzlich von der anstrengenden Arbeit entspannt, wie er war, gab er sich zunächst einer angenehmen Mattigkeit hin und sah durch das Fenster auf die gegenüberliegende Straßenseite, von der von seinem Sitz aus nur ein kleiner dreieckiger Ausschnitt zu sehen war, ein Stück leerer Häusermauer zwischen zwei Geschäftsauslagen. "Du schaust aus dem Fenster", rief der Onkel mit erhobenen Armen, "um Himmels Willen Josef antworte mir doch. Ist es wahr, kann es denn wahr sein?" "Lieber Onkel", sagte K. und riss sich von seiner Zerstreutheit los, "ich weiß ja gar nicht, was du von mir willst. Josef", sagte der Onkel warnend, "die Wahrheit hast du immer gesagt so viel ich weiß. Soll ich deine letzten Worte als schlimmes Zeichen auffassen." "Ich ahne ja, was du willst", sagte K. folgsam, "du hast wahrscheinlich von meinem Prozess gehört." "So ist es", antwortete der Onkel, langsam nickend, "ich habe von deinem Prozess gehört." "Von wem denn?" fragte K. "Erna hat es mir geschrieben", sagte der Onkel, "sie hat ja keinen Verkehr mit dir, du kümmerst dich leider nicht viel um sie, trotzdem hat sie es erfahren. Heute habe ich den Brief bekommen und bin natürlich sofort hergefahren. Aus keinem andern Grund, aber es scheint ein genügender Grund zu sein. Ich kann dir die Briefstelle die dich betrifft vorlesen." Er zog den Brief aus der Brieftasche. "Hier ist es. Sie schreibt: "Josef habe ich schon lange nicht gesehen, vorige Woche war ich einmal in der Bank, aber Josef war so beschäftigt, dass ich nicht vorgelassen wurde; ich habe fast eine Stunde gewartet, musste dann aber nach Hause, weil ich Klavierstunde hatte. Ich hätte gern mit ihm gesprochen, vielleicht wird sich nächstens eine Gelegenheit finden. Zu meinem Namenstag hat er mir eine große Schachtel Schokolade geschickt, es war sehr lieb und aufmerksam. Ich hatte vergessen, es euch damals zu schreiben, erst jetzt da ihr mich fragt, erinnere ich mich daran. Schokolade müsst ihr wissen verschwindet nämlich in der Pension sofort, kaum ist man zum Bewusstsein dessen gekommen, dass man mit Schokolade beschenkt worden ist, ist sie auch schon weg. Aber was Josef betrifft, wollte ich euch noch etwas sagen: Wie erwähnt, wurde ich in der Bank nicht zu ihm vorgelassen, weil er gerade mit einem Herrn verhandelte. Nachdem ich eine Zeit lang ruhig gewartet hatte, fragte ich einen Diener, ob die Verhandlung noch lange dauern werde. Er sagte das dürfte wohl sein, denn es handle sich wahrscheinlich um den Prozess, der gegen den Herrn Prokuristen geführt werde. Ich fragte, was denn das für ein Prozess sei, ob er sich nicht irre, er aber sagte, er irre sich nicht, es sei ein Prozess und zwar ein schwerer Prozess, mehr aber wisse er nicht. Er selbst möchte dem Herrn Prokuristen gerne helfen, denn dieser sei ein sehr guter und gerechter Herr, aber er wisse nicht wie er es anfangen sollte und er möchte nur wünschen, dass sich einflussreiche Herren seiner annehmen würden. Dies werde auch sicher geschehen und es werde schließlich ein gutes Ende nehmen, vorläufig aber stehe es, wie er aus der Laune des Herrn Prokuristen entnehmen könne, gar nicht gut. Ich legte diesen Reden natürlich nicht viel Bedeutung bei, suchte auch den einfältigen Diener zu beruhigen, verbot ihm andern gegenüber davon zu sprechen und halte das Ganze für ein Geschwätz. Trotzdem wäre es vielleicht gut, wenn du, liebster Vater, bei deinem nächsten Besuch der Sache nachgehen wolltest, es wird dir leicht sein, Genaueres zu erfahren und wenn es wirklich nötig sein sollte, durch deine großen einflussreichen Bekanntschaften einzugreifen. Sollte es aber nicht nötig sein, was ja das Wahrscheinlichste ist, so wird es wenigstens deiner Tochter bald Gelegenheit geben dich zu umarmen, was sie freuen würde." Ein gutes Kind", sagte der Onkel als er die Vorlesung beendet hatte und wischte einige Tränen aus den Augen fort. K. nickte, er hatte einige der verschiedenen Störungen der letzten Zeit vollständig an Erna vergessen, sogar an ihren Geburtstag hatte er vergessen und die Geschichte von der Schokolade war offenbar nur zu dem Zweck erfunden, um ihn vor Onkel und Tante in Schutz zu nehmen. Es war sehr rührend und mit den Theaterkarten, die er ihr von jetzt ab regelmäßig schicken wollte, gewiss nicht genügend belohnt, aber zu Besuchen in der Pension und zu Unterhaltungen mit einer kleinen siebzehnjährigen Gymnasiastin fühlte er sich jetzt nicht geeignet. "Und was sagst du jetzt?" fragte der Onkel, der durch den Brief an alle Eile und Aufregung vergessen hatte und ihn noch einmal zu lesen schien. "Ja, Onkel", sagte K., "es ist wahr." "Wahr?" rief der Onkel. "Was ist wahr? Wie kann es denn wahr sein? Was für ein Prozess? Doch nicht ein Strafprozess?" "Ein Strafprozess", antwortete K. "Und du sitzt ruhig hier und hast einen Strafprozess auf dem Halse?" rief der Onkel, der immer lauter wurde. "Je ruhiger ich bin, desto besser ist es für den Ausgang", sagte K. müde. "Fürchte nichts." "Das kann mich nicht beruhigen", rief der Onkel, "Josef, lieber Josef, denke an dich, an deine Verwandten, an unsern guten Namen. Du warst bisher unsere Ehre, du darfst nicht unsere Schande werden. Deine Haltung", er sah K. mit schief geneigtem Kopfe an, "gefällt mir nicht, so verhält sich kein unschuldig Angeklagter, der noch bei Kräften ist. Sag mir nur schnell, um was es sich handelt, damit ich dir helfen kann. Es handelt sich natürlich um die Bank?" "Nein", sagte K. und stand auf, "du sprichst aber zu laut, lieber Onkel, der Diener steht wahrscheinlich an der Tür und horcht. Das ist mir unangenehm. Wir wollen lieber weggehen. Ich werde dir dann alle Fragen so gut es geht beantworten. Ich weiß sehr gut, dass ich der Familie Rechenschaft schuldig bin." "Richtig", schrie der Onkel, "sehr richtig, beeile dich nur, Josef, beeile dich." "Ich muss nur noch einige Aufträge geben", sagte K. und berief telefonisch seinen Vertreter zu sich, der in wenigen Augenblicken eintrat. Der Onkel in seiner Aufregung zeigte ihm mit der Hand, dass K. ihn habe rufen lassen, woran auch sonst kein Zweifel gewesen wäre. K., der vor dem Schreibtisch stand, erklärte dem jungen Mann, der kühl aber aufmerksam zuhörte, mit leiser Stimme unter Zuhilfenahme verschiedener Schriftstücke, was in seiner Abwesenheit heute noch erledigt werden müsse. Der Onkel störte, indem er zuerst mit großen Augen und nervösem Lippenbeißen dabeistand, ohne allerdings zuzuhören, aber der Anschein dessen war schon störend genug. Dann aber ging er im Zimmer auf und ab und blieb hie und da vor dem Fenster oder vor einem Bild stehen, wobei er immer in verschiedene Ausrufe ausbrach, wie: "Mir ist es vollständig unbegreiflich" oder "Jetzt sagt mir nur was soll denn daraus werden". Der junge Mann tat, als bemerke er nichts davon, hörte ruhig K.`s Aufträge bis zu Ende an, notierte sich auch einiges und ging, nachdem er sich vor K. wie auch vor dem Onkel verneigt hatte, der ihm aber gerade den Rücken zukehrte, aus dem Fenster sah und mit ausgestreckten Händen die Vorhänge zusammenknüllte. Die Tür hatte sich noch kaum geschlossen, als der Onkel ausrief: "Endlich ist der Hampelmann weggegangen, jetzt können doch auch wir gehen. Endlich!" Es gab leider kein Mittel, den Onkel zu bewegen, in der Vorhalle, wo einige Beamte und Diener herumstanden und die gerade auch der Direktor-Stellvertreter kreuzte, die Fragen wegen des Prozesses zu unterlassen. "Also, Josef", begann der Onkel, während er die Verbeugungen der Umstehenden durch leichtes Salutieren beantwortete, "jetzt sag' mir offen, was es für ein Prozess ist." K. machte einige nichts sagende Bemerkungen, lachte auch ein wenig und erst auf der Treppe erklärte er dem Onkel, dass er vor den Leuten nicht habe offen reden wollen. "Richtig", sagte der Onkel, "aber jetzt rede." Mit geneigtem Kopf, eine Zigarre in kurzen, eiligen Zügen rauchend hörte er zu. "Vor allem, Onkel", sagte K., "handelt es sich gar nicht um einen Prozess vor dem gewöhnlichen Gericht." "Das ist schlimm", sagte der Onkel. "Wie?" sagte K. und sah den Onkel an. "Dass das schlimm ist, meine ich", wiederholte der Onkel. Sie standen auf der Freitreppe, die zur Straße führte; da der Portier zu horchen schien, zog K. den Onkel hinunter; der lebhafte Straßenverkehr nahm sie auf Der Onkel der sich in K. eingehängt hatte, fragte nicht mehr so dringend nach dem Prozess, sie gingen sogar eine Zeit lang schweigend weiter. "Wie ist es aber geschehen?" fragte endlich der Onkel so plötzlich stehen bleibend, dass die hinter ihm gehenden Leute erschreckt auswichen. "Solche Dinge kommen doch nicht plötzlich, sie bereiten sich seit langem vor, es müssen Anzeichen dessen gewesen sein, warum hast du mir nicht geschrieben. Du weißt dass ich für dich alles tue, ich bin ja gewissermaßen noch dein Vormund und war bis heute stolz darauf. Ich werde dir natürlich auch jetzt noch helfen, nur ist es jetzt, wenn der Prozess schon im Gange ist, sehr schwer. Am besten wäre es jedenfalls, wenn du dir jetzt einen kleinen Urlaub nimmst und zu uns aufs Land kommst. Du bist auch ein wenig abgemagert, jetzt merke ich es. Auf dem Land wirst du dich kräftigen, das wird gut sein, es stehen dir ja gewiss Anstrengungen bevor. Außerdem aber wirst du dadurch dem Gericht gewissermaßen entzogen sein. Hier haben sie alle möglichen Machtmittel, die sie notwendiger Weise, automatischer Weise auch dir gegenüber anwenden; auf das Land müssten sie aber erst Organe delegieren oder nur brieflich telegrafisch telefonisch auf dich einzuwirken suchen. Das schwächt natürlich die Wirkung ab, befreit dich zwar nicht, aber lässt dich aufatmen." "Sie könnten mir ja verbieten, wegzufahren", sagte K. den die Rede des Onkels ein wenig in ihren Gedankengang gezogen hatte. "Ich glaube nicht dass sie das tun werden", sagte der Onkel nachdenklich, "so groß ist der Verlust an Macht nicht, den sie durch deine Abreise erleiden. "Ich dachte", sagte K. und fasste den Onkel unterm Arm, um ihn am Stehenbleiben hindern zu können, "dass du dem Ganzen noch weniger Bedeutung beimessen würdest als ich und jetzt nimmst du es selbst so schwer." "Josef", rief der Onkel und wollte sich ihm entwinden um stehen bleiben zu können aber K. ließ ihn nicht, "Du bist verwandelt, du hattest doch immer ein so richtiges Auffassungsvermögen und gerade jetzt verlässt es dich? Willst du denn den Prozess verlieren? Weißt du was das bedeutet? Das bedeutet, dass du einfach gestrichen wirst. Und dass die ganze Verwandtschaft mitgerissen oder wenigstens bis auf den Boden gedemütigt wird. Josef, nimm dich doch zusammen. Deine Gleichgültigkeit bringt mich um den Verstand. Wenn man dich ansieht möchte man fast dem Sprichwort glauben: "Einen solchen Prozess haben, heißt ihn schon verloren haben"." "Lieber Onkel", sagte K., "die Aufregung ist so unnütz, sie ist es auf deiner Seite und wäre es auch auf meiner. Mit Aufregung gewinnt man die Prozesse nicht, lass auch meine praktischen Erfahrungen ein wenig gelten, so wie ich deine, selbst wenn sie mich überraschen, immer und auch jetzt sehr achte. Da du sagst, dass auch die Familie durch den Prozess in Mitleidenschaft gezogen würde,- was ich für meinen Teil durchaus nicht begreifen kann, das ist aber Nebensache - so will ich dir gerne in allem folgen. Nur den Landaufenthalt halte ich selbst in deinem Sinn nicht für vorteilhaft, denn das würde Flucht und Schuldbewusstsein bedeuten. Überdies bin ich hier zwar mehr verfolgt, kann aber auch selbst die Sache mehr betreiben." "Richtig", sagte der Onkel in einem Ton als kämen sie jetzt endlich einander naher, "ich machte den Vorschlag nur, weil ich wenn du hier bliebst die Sache von deiner Gleichgültigkeit gefährdet sah und es für besser hielt, wenn ich statt deiner für dich arbeitete. Willst du es aber mit aller Kraft selbst betreiben, so ist es natürlich weit besser." "Darin wären wir also einig", sagte K. "Und hast du jetzt einen Vorschlag dafür, was ich zunächst machen soll?" "Ich muss mir natürlich die Sache noch überlegen", sagte der Onkel, "du musst bedenken, dass ich jetzt schon zwanzig Jahre fast ununterbrochen auf dem Land bin, dabei lässt der Spürsinn in diesen Richtungen nach. Verschiedene wichtige Verbindungen mit Persönlichkeiten, die sich hier vielleicht besser auskennen, haben sich von selbst gelockert. Ich bin auf dem Land ein wenig verlassen, das weißt du ja. Selbst merkt man es eigentlich erst bei solchen Gelegenheiten. Zum Teil kam mir deine Sache auch unerwartet, wenn ich auch merkwürdiger Weise nach Ernas Brief schon etwas Derartiges ahnte und es heute bei deinem Anblick fast mit Bestimmtheit wusste. Aber das ist gleichgültig, das Wichtigste ist jetzt, keine Zeit zu verlieren." Schon während seiner Rede hatte er auf den Fußspitzen stehend einem Automobil gewinkt und zog jetzt während er gleichzeitig dem Wagenlenker eine Adresse zurief K. hinter sich in den Wagen. "Wir fahren jetzt zum Advokaten Huld", sagte er, "er war mein

Schulkollege. Du kennst den Namen gewiss auch? Nicht? Das ist aber merkwürdig. Er hat doch als Verteidiger und Armenadvokat einen bedeutenden Ruf Ich aber habe besonders zu ihm als Menschen großes Vertrauen." "Mir ist alles Recht, was du unternimmst", sagte K., trotzdem ihm die eilige und dringliche Art mit der der Onkel die Angelegenheit behandelte, Unbehagen verursachte. Es war nicht sehr erfreulich, als Angeklagter zu einem Armenadvokaten zu fahren. "Ich wusste nicht", sagte er, "dass man in einer solchen Sache auch einen Advokaten zuziehn könne." "Aber natürlich", sagte der Onkel, "das ist ja selbstverständlich. Warum denn nicht? Und nun erzähle mir, damit ich über die Sache genau unterrichtet bin, alles was bisher geschehen ist." K. begann sofort zu erzählen, ohne irgendetwas zu verschweigen, seine vollständige Offenheit war der einzige Protest, den er sich gegen des Onkels Ansicht, der Prozess sei eine große Schande, erlauben konnte. Fräulein Bürstners Namen erwähnte er nur einmal und flüchtig, aber das beeinträchtigte nicht die Offenheit, denn Fräulein Bürstner stand mit dem Prozess in keiner Verbindung. Während er erzählte, sah er aus dem Fenster und beobachtete, wie sie sich gerade jener Vorstadt näherten, in der die Gerichtskanzleien waren, er machte den Onkel darauf aufmerksam, der aber das Zusammentreffen nicht besonders auffallend fand.

Der Wagen hielt vor einem dunklen Haus. Der Onkel läutete gleich im Parterre bei der ersten Tür; während sie warteten, fletschte er lächelnd seine großen Zähne und flüsterte: "Acht Uhr, eine ungewöhnliche Zeit für Parteienbesuche. Huld nimmt es mir aber nicht übel." Im Guckfenster der Tür erschienen zwei große schwarze Augen, sahen ein Weilchen die zwei Gäste an und verschwanden; die Tür öffnete sich aber nicht. Der Onkel und K. bestätigten einander gegenseitig die Tatsache, die zwei Augen gesehen zu haben. "Ein neues Stubenmädchen, das sich vor Fremden fürchtet", sagte der Onkel und klopfte nochmals. Wieder erschienen die Augen, man konnte sie jetzt fast für traurig halten, vielleicht war das aber auch nur eine Täuschung, hervorgerufen durch die offne Gasflamme, die nahe über den Köpfen stark zischend brannte, aber wenig Licht gab. "Öffnen Sie", rief der Onkel und hieb mit der Faust gegen die Tür, "es sind Freunde des Herrn Advokaten." "Der Herr Advokat ist krank", flüsterte es hinter ihnen.

In einer Tür am andern Ende des kleinen Ganges stand ein Herr im Schlafrock und machte mit äußerst leiser Stimme diese Mitteilung. Der Onkel, der schon wegen des langen Wartens wütend war, wandte sich mit einem Ruck um, rief: "Krank? Sie sagen, er ist krank?" und ging fast drohend, als sei der Herr die Krankheit, auf ihn zu. "Man hat schon geöffnet", sagte der Herr, zeigte auf die Tür des Advokaten, raffte seinen Schlafrock zusammen und verschwand. Die Tür war wirklich geöffnet worden, ein junges Mädchen - K. erkannte die dunklen ein wenig hervorgestülpten Augen wieder -stand in langer weißer Schürze im Vorzimmer und hielt eine Kerze in der Hand. "Nächstens öffnen Sie früher", sagte der Onkel statt einer Begrüßung, während das Mädchen einen kleinen Knicks machte. "Komm, Josef", sagte er dann zu K., der sich langsam an dem Mädchen vorüberschob. "Der Herr Advokat ist krank", sagte das Mädchen, da der Onkel ohne sich aufzuhalten auf eine Tür zueilte. K. staunte das Mädchen noch an, während es sich schon umgedreht hatte, um die Wohnungstüre wieder zu versperren, es hatte ein puppenförmig gerundetes Gesicht, nicht nur die bleichen Wangen und das Kinn verliefen rund, auch die Schläfen und die Stirnränder. "Josef", rief der Onkel wieder und das Mädchen fragte er: "Es ist das Herzleiden?" "Ich glaube wohl", sagte das Mädchen, es hatte Zeit gefunden mit der Kerze voranzugehen und die Zimmertür zu öffnen. In einem Winkel des Zimmers, wohin das Kerzenlicht noch nicht drang, erhob sich im Bett ein Gesicht mit langem Bart. "Leni, wer kommt denn", fragte der Advokat, der durch die Kerze geblendet die Gäste noch nicht erkannte. "Albert, dein alter Freund ist es", sagte der Onkel. "Ach Albert", sagte der Advokat und ließ sich auf die Kissen zurückfallen, als bedürfe es diesem Besuch gegenüber keiner Verstellung. "Steht es wirklich so schlecht?" fragte der Onkel und setzte sich auf den Bettrand. "Ich glaube es nicht. Es ist ein Anfall deines Herzleidens und wird vorübergehen wie die früheren." "Möglich", sagte der Advokat leise, "es ist aber ärger als es jemals gewesen ist. Ich atme schwer, schlafe gar nicht und verliere täglich an Kraft. "So", sagte der Onkel und drückte den Panamahut mit seiner großen Hand fest aufs Knie. "Das sind schlechte Nachrichten. Hast du übrigens die richtige Pflege? Es ist auch so traurig hier, so dunkel. Es ist schon lange her, seitdem ich zum letzten Mal hier war, damals schien es mir freundlicher. Auch dein kleines Fräulein hier scheint nicht sehr lustig oder sie verstellt sich." Das Mädchen stand noch immer mit der Kerze nahe bei der Tür, so weit ihr unbestimmter Blick erkennen ließ sah sie eher K. an als den Onkel, selbst als dieser jetzt von ihr sprach. K. lehnte an einem Sessel, den er in die Nähe des Mädchens geschoben hatte. "Wenn man so krank ist, wie ich", sagte der Advokat, "muss man Ruhe haben. Mir ist es nicht traurig." Nach einer kleinen Pause fügte er hinzu: "Und Leni pflegt mich gut, sie ist brav." Den Onkel konnte das aber nicht überzeugen, er war sichtlich gegen die Pflegerin voreingenommen und wenn er jetzt auch dem Kranken nichts entgegnete so verfolgte er doch die Pflegerin mit strengen Blicken, als sie jetzt zum Bett hinging, die Kerze auf das Nachttischchen stellte, sich über den Kranken hinbeugte und beim Ordnen der Kissen mit ihm flüsterte. Er vergaß fast die Rücksicht auf den Kranken, stand auf, ging hinter der Pflegerin hin und her und K. hätte es nicht gewundert, wenn er sie hinten an den Röcken erfasst und vom Bett fortgezogen hätte. K. selbst sah allem ruhig zu, die Krankheit des Advokaten war ihm sogar nicht ganz unwillkommen, dem Eifer, den der Onkel für seine Sache entwickelt hatte, hatte er sich nicht entgegenstellen können, die Ablenkung, die dieser Eifer jetzt ohne sein Zutun erfuhr, nahm er gerne hin. Da sagte der Onkel, vielleicht nur in der Absicht die Pflegerin zu beleidigen: "Fräulein bitte, lassen Sie uns ein Weilchen allein, ich habe mit meinem Freund eine persönliche Angelegenheit zu besprechen." Die Pflegerin, die noch weit über den Kranken hingebeugt war und gerade das Leintuch an der Wand glättete, wendete nur den Kopf und sagte sehr ruhig, was einen auffallenden Unterschied zu dem von Wut stockenden und dann wieder überfließenden Reden des Onkels bildete: "Sie sehen, der Herr ist so krank, er kann keine Angelegenheiten besprechen." Sie hatte die

Worte des Onkels wahrscheinlich nur aus Bequemlichkeit wiederholt, immerhin konnte es selbst von einem Unbeteiligten als spöttisch aufgefasst werden, der Onkel aber fuhr natürlich wie ein Gestochener auf. "Du Verdammte", sagte er im ersten Gurgeln der Aufregung noch ziemlich unverständlich, K. erschrak trotzdem er etwas Ähnliches erwartet hatte und lief auf den Onkel zu mit der bestimmten Absicht ihm mit beiden Händen den Mund zu schließen. Glücklicherweise erhob sich aber hinter dem Mädchen der Kranke, der Onkel machte ein finsteres Gesicht, als schlucke er etwas Abscheuliches hinunter und sagte dann ruhiger: "Wir haben natürlich auch noch den Verstand nicht verloren; wäre das was ich verlange nicht möglich, würde ich es nicht verlangen. Bitte gehen Sie jetzt." Die Pflegerin stand aufgerichtet am Bett, dem Onkel voll zugewendet, mit der einen Hand streichelte sie, wie K. zu bemerken glaubte die Hand des Advokaten. "Du kannst vor Leni alles sagen", sagte der Kranke zweifellos im Ton einer dringenden Bitte. "Es betrifft nicht mich", sagte der Onkel, "es ist nicht mein Geheimnis." Und er drehte sich um, als gedenke er in keine Verhandlungen mehr einzugehen, gebe aber noch eine kleine Bedenkzeit. "Wen betrifft es denn?" fragte der Advokat mit erlöschender Stimme und legte sich wieder zurück. "Meinen Neffen", sagte der Onkel, "ich habe ihn auch mitgebracht." Und er stellte vor: "Prokurist Josef K." "Oh", sagte der Kranke viel lebhafter und streckte K. die Hand entgegen, "verzeihen Sie, ich habe Sie gar nicht bemerkt. "Geh, Leni", sagte er dann zu der Pflegerin, die sich auch gar nicht mehr wehrte und reichte ihr die Hand, als gelte es einen Abschied für lange Zeit. "Du bist also", sagte er endlich zum Onkel, der auch versöhnt näher getreten war, "nicht gekommen, mir einen Krankenbesuch zu machen, sondern du kommst in Geschäften." Es war als hätte die Vorstellung eines Krankenbesuches den Advokaten bisher gelähmt, so gekräftigt sah er jetzt aus, blieb ständig auf einen Ellbogen aufgestützt, was ziemlich anstrengend sein musste und zog immer wieder an einem Bartstrang in der Mitte seines Bartes. "Du siehst schon viel gesünder aus", sagte der Onkel, "seitdem diese Hexe draußen ist." Er unterbrach sich, flüsterte: "Ich wette dass sie horcht" und sprang zur Tür. Aber hinter der

Tür war niemand, der Onkel kam zurück, nicht enttäuscht, denn ihr Nichthorchen erschien ihm als eine noch größere Bosheit, wohl aber verbittert. "Du verkennst sie", sagte der Advokat, ohne die Pflegerin weiter in Schutz zu nehmen; vielleicht wollte er damit ausdrücken, dass sie nicht schutzbedürftig sei. Aber in viel teilnehmenderem Tone fuhr er fort: "Was die Angelegenheit deines Herrn Neffen betrifft, so würde ich mich allerdings glücklich schätzen, wenn meine Kraft für diese äußerst schwierige Aufgabe ausreichen könnte; ich fürchte sehr, dass sie nicht ausreichen wird, jedenfalls will ich nichts unversucht lassen; wenn ich nicht ausreiche könnte man ja noch jemanden andern zuziehen. Um aufrichtig zu sein, interessiert mich die Sache zu sehr, als dass ich es über mich bringen könnte, auf jede Beteiligung zu verzichten. Hält es mein Herz nicht aus, so wird es doch wenigstens hier eine würdige Gelegenheit finden, gänzlich zu versagen." K. glaubte kein Wort dieser ganzen Rede zu verstehen, er sah den Onkel an, um dort eine Erklärung zu finden, aber dieser saß mit der Kerze in der Hand auf dem Nachttischchen, von dem bereits eine Arzneiflasche auf den Teppich gerollt war, nickte zu allem, was der Advokat sagte, war mit allem einverstanden und sah hie und da auf K. mit der Aufforderung zu gleichem Einverständnis hin. Hatte vielleicht der Onkel schon früher dem Advokaten von dem Prozess erzählt, aber das war unmöglich, alles was vorhergegangen war, sprach dagegen. "Ich verstehe nicht –" sagte er deshalb. "Ja, habe vielleicht ich Sie missverstanden?" fragte der Advokat ebenso erstaunt und verlegen wie K. "Ich war vielleicht voreilig. Worüber wollten Sie denn mit mir sprechen? Ich dachte es handle sich um Ihren Prozess?" "Natürlich", sagte der Onkel und fragte dann K.: "Was willst du denn?" "Ja, aber woher wissen Sie denn etwas über mich und meinen Prozess?" fragte K. "Ach so", sagte der Advokat lächelnd, "ich bin doch Advokat, ich verkehre in Gerichtskreisen, man spricht über verschiedene Prozesse und auffallendere, besonders wenn es den Neffen eines Freundes betrifft, behält man im Gedächtnis. Das ist doch nichts Merkwürdiges." "Was willst du denn?" fragte der Onkel K. nochmals, "du bist so unruhig." "Sie verkehren in diesen Gerichtskreisen", fragte K. "Ja", sagte der Advokat. "Du fragst wie ein Kind", sagte der Onkel. "Mit wem sollte ich denn verkehren, wenn nicht mit Leuten meines Faches?" fügte der Advokat hinzu. Es klang so unwiderleglich, dass K. gar nicht antwortete. "Sie arbeiten doch bei dem Gericht im Justizpalast und nicht bei dem auf dem Dachboden", hatte er sagen wollen, konnte sich aber nicht überwinden, es wirklich zusagen. "Sie müssen doch bedenken", fuhr der Advokat fort, in einem Tone, als erkläre er etwas Selbstverständliches, überflüssigerweise und nebenbei, "Sie müssen doch bedenken, dass ich aus einem solchen Verkehr auch große Vorteile für meine Klientel ziehe und zwar in vielfacher Hinsicht, man darf nicht einmal immer davon reden. Natürlich bin ich jetzt infolge meiner Krankheit ein wenig behindert, aber ich bekomme trotzdem Besuch von guten Freunden vom Gericht und erfahre doch einiges. Erfahre vielleicht mehr, als manche die in bester Gesundheit den ganzen Tag bei Gericht verbringen. So habe ich z. B. gerade jetzt einen lieben Besuch." Und er zeigte in eine dunkle Zimmerecke. "Wo denn?" fragte K. in der ersten Überraschung fast grob. Er sah unsicher herum; das Licht der kleinen Kerze drang bis zur gegenüberliegenden Wand bei weitem nicht. Und wirklich begann sich dort in der Ecke etwas zu rühren. Im Licht der Kerze die der Onkel jetzt hochhielt, sah man dort bei einem kleinen Tischchen einen älteren Herrn sitzen. Er hatte wohl gar nicht geatmet, dass er solange unbemerkt geblieben war. Jetzt stand er umständlich auf, offenbar unzufrieden damit dass man auf ihn aufmerksam gemacht hatte. Es war als wolle er mit den Händen, die er wie kurze Flügel bewegte, alle Vorstellungen und Begrüßungen abwehren, als wolle er auf keinen Fall die andern durch seine Anwesenheit stören und als bitte er dringend wieder um die Versetzung ins Dunkel und um das Vergessen seiner Anwesenheit. Das konnte man ihm nun aber nicht mehr zugestehen. "Ihr habt uns nämlich überrascht", sagte der Advokat zur Erklärung und winkte dabei dem Herrn aufmunternd zu, näher zu kommen, was dieser langsam, zögernd herumblickend und doch mit einer gewissen Würde tat, "der Herr Kanzleidirektor, ach so, Verzeihung, ich habe nicht vorgestellt - hier mein Freund Albert K., hier sein Neffe Prokurist Josef K. und hier der Herr Kanzleidirektor - der Herr Kanzleidirektor also war so freundlich mich zu besuchen. Den Wert eines solchen Besuches kann eigentlich nur der Eingeweihte würdigen, welcher weiß, wie der Herr Kanzleidirektor mit Arbeit überhäuft ist. Nun er kam also trotzdem, wir unterhielten uns friedlich, so weit meine Schwäche es erlaubte, wir hatten zwar Leni nicht verboten Besuche einzulassen, denn es waren keine zu erwarten, aber unsere Meinung war doch, dass wir allein bleiben sollten, dann aber kamen deine Fausthiebe, Albert, der Herr Kanzleidirektor rückte mit Sessel und Tisch in den Winkel, nun aber zeigt sich, dass wir möglicherweise, d.h. wenn der Wunsch danach besteht, eine gemeinsame Angelegenheit zu besprechen haben und sehr gut wieder zusammenrücken können. Herr Kanzleidirektor", sagte er mit Kopfneigen und unterwürfigem Lächeln und zeigte auf einen Lehnstuhl in der Nähe des Bettes. "Ich kann leider nur noch paar Minuten bleiben", sagte der Kanzleidirektor freundlich, setzte sich breit in den Lehnstuhl und sah auf die Uhr, "die Geschäfte rufen mich. Jedenfalls will ich nicht die Gelegenheit vorübergehen lassen, einen Freund meines Freundes kennen zu lernen." Er neigte den Kopf leicht gegen den Onkel, der von der neuen Bekanntschaft sehr befriedigt schien, aber infolge seiner Natur Gefühle der Ergebenheit nicht ausdrücken konnte und die Worte des Kanzleidirektors mit verlegenem aber lautem Lachen begleitete. Ein hässlicher Anblick! K. konnte ruhig alles beobachten, denn um ihn kümmerte sich niemand, der Kanzleidirektor nahm, wie es seine Gewohnheit schien, da er nun schon einmal hervorgezogen war die Herrschaft über das Gespräch an sich, der Advokat, dessen erste Schwäche vielleicht nur dazu hatte dienen sollen, den neuen Besuch zu vertreiben, hörte aufmerksam, die Hand am Ohr zu, der Onkel als Kerzenträger - er balancierte die Kerze auf seinem Schenkel, der Advokat sah öfter besorgt hin - war bald frei von Verlegenheit und nur noch entzückt sowohl von der Art der Rede des Kanzleidirektors als auch von den sanften wellenförmigen Handbewegungen, mit denen er sie begleitete. K., der am Bettpfosten lehnte, wurde vom Kanzleidirektor vielleicht sogar mit Absicht vollständig vernachlässigt und diente den alten Herren nur als Zuhörer.

Übrigens wusste er kaum wovon die Rede war und dachte bald an die Pflegerin und an die schlechte Behandlung, die sie vom Onkel erfahren hatte, bald daran, ob er den Kanzleidirektor nicht schon einmal gesehen hatte, vielleicht sogar in der Versammlung bei seiner ersten Untersuchung. Wenn er sich auch vielleicht täuschte, so hätte sich doch der Kanzleidirektor den Versammlungsteilnehmern in der ersten Reihe, den alten Herren mit den schütteren Bärten vorzüglich eingefügt. Da ließ ein Lärm aus dem Vorzimmer wie von zerbrechendem Porzellan alle aufhorchen. "Ich will nachsehen, was geschehen ist", sagte K. und ging langsam hinaus als gebe er den andern noch Gelegenheit ihn zurückzuhalten. Kaum war er ins Vorzimmer getreten und wollte sich im Dunkel zurechtfinden, als sich auf die Hand, mit der er die Tür noch fest hielt, eine kleine Hand legte, viel kleiner als K.´s Hand und die Tür leise schloss. Es war die Pflegerin, die hier gewartet hatte. "Es ist nichts geschehen", flüsterte sie, "ich habe nur einen Teller gegen die Mauer geworfen, um Sie herauszuholen. "In seiner Befangenheit sagte K.: "Ich habe auch an Sie gedacht." "Desto besser", sagte die Pflegerin. "Kommen Sie." Nach ein paar Schritten kamen sie zu einer Tür aus mattem Glas, welche die Pflegerin vor K. öffnete. "Treten Sie doch ein", sagte sie. Es war jedenfalls das Arbeitszimmer des Advokaten; so weit man im Mondlicht sehen konnte, das jetzt nur einen kleinen viereckigen Teil des Fußbodens an jedem der zwei großen Fenster stark erhellte, war es mit schweren alten Möbeln ausgestattet. "Hierher", sagte die Pflegerin und zeigte auf eine dunkle Truhe mit holzgeschnitzter Lehne. Noch als er sich gesetzt hatte, sah sich K. im Zimmer um, es war ein hohes großes Zimmer, die Kundschaft des Armenadvokaten musste sich hier verloren vorkommen. K. glaubte die kleinen Schritte zu sehen, mit denen die Besucher zu dem gewaltigen Schreibtisch vorrückten. Dann aber vergaß er daran und hatte nur noch Augen für die Pflegerin, die ganz nahe neben ihm saß und ihn fast an die Seitenlehne drückte. "Ich dachte", sagte sie, "Sie würden allein zu mir herauskommen ohne dass ich Sie erst rufen müsste. Es war doch merkwürdig. Zuerst sahen Sie mich gleich beim Eintritt ununterbrochen an und dann ließen Sie mich warten." "Nennen Sie mich übrigens Leni", fügte sie noch rasch und unvermittelt ein, als solle kein Augenblick dieser Aussprache versäumt werden. "Gern", sagte K. "Was aber die Merkwürdigkeit betrifft, Leni, so ist sie leicht zu erklären. Erstens musste ich doch das Geschwätz der alten Herren anhören und konnte nicht grundlos weglaufen, zweitens aber bin ich nicht frech, sondern eher schüchtern und auch Sie Leni sahen wahrhaftig nicht so aus, als ob Sie in einem Sprung zu gewinnen wären." "Das ist es nicht", sagte Leni, legte den Arm über die Lehne und sah K. an, "aber ich gefiel Ihnen nicht und gefalle Ihnen wahrscheinlich auch jetzt nicht." "Gefallen wäre ja nicht viel", sagte K. ausweichend. "Oh!" sagte sie lächelnd und gewann durch K.'s Bemerkung und diesen kleinen Ausruf eine gewisse Überlegenheit. Deshalb schwieg K. ein Weilchen. Da er sich an das Dunkel im Zimmer schon gewöhnt hatte, konnte er verschiedene Einzelheiten der Einrichtung unterscheiden. Besonders fiel ihm ein großes Bild auf, das rechts von der Tür hing, er beugte sich vor, um es besser zu sehen. Es stellte einen Mann im Richtertalar dar; er saß auf einem hohen Thronsessel, dessen Vergoldung vielfach aus dem Bilde hervorstach. Das Ungewöhnliche war, dass dieser Richter nicht in Ruhe und Würde dort saß, sondern den linken Arm fest an Rücken- und Seitenlehne drückte, den rechten Arm aber völlig frei hatte und nur mit der Hand die Seitenlehne umfasste, als wolle er im nächsten Augenblick mit einer heftigen und vielleicht empörten Wendung aufspringen um etwas Entscheidendes zu sagen oder gar das Urteil zu verkünden. Der Angeklagte war wohl zu Füßen der Treppe zu denken, deren oberste mit einem gelben Teppich bedeckte Stufen noch auf dem Bilde zu sehen waren. "Vielleicht ist das mein Richter", sagte K. und zeigte mit einem Finger auf das Bild. "Ich kenne ihn", sagte Leni und sah auch zum Bilde auf, "er kommt öfter hierher. Das Bild stammt aus seiner Jugend, er kann aber niemals dem Bilde auch nur ähnlich gewesen sein, denn er ist fast winzig klein. Trotzdem hat er sich auf dem Bild so in die Länge ziehen lassen, denn er ist unsinnig eitel, wie alle hier. Aber auch ich bin eitel und sehr unzufrieden damit, dass ich Ihnen gar nicht gefalle." Zu der letzten Bemerkung antwortete K. nur damit, dass er Leni umfasste und an sich zog, sie lehnte still den

Kopf an seine Schulter. Zu dem übrigen aber sagte er: "Was für einen Rang hat er?" "Er ist Untersuchungsrichter", sagte sie, ergriff K.'s Hand mit der er sie umfasst hielt und spielte mit seinen Fingern. "Wieder nur Untersuchungsrichter", sagte K. enttäuscht, "die hohen Beamten verstecken sich. Aber er sitzt doch auf einem Thronsessel." "Das ist alles Erfindung", sagte Leni, das Gesicht über K.'s Hand gebeugt, "in Wirklichkeit sitzt er auf einem Küchensessel, auf dem eine alte Pferdedecke zusammengelegt ist. Aber müssen Sie denn immerfort an Ihren Prozess denken?" fügte sie langsam hinzu. "Nein, durchaus nicht", sagte K., "ich denke wahrscheinlich sogar zu wenig an ihn. "Das ist nicht der Fehler, den Sie machen", sagte Leni, "Sie sind zu unnachgiebig, so habe ich es gehört." "Wer hat das gesagt?" fragte K., er fühlte ihren Körper an seiner Brust und sah auf ihr reiches dunkles fest gedrehtes Haar hinab. "Ich würde zu viel verraten, wenn ich das sagte", antwortete Leni. "Fragen Sie bitte nicht nach Namen, stellen Sie aber Ihren Fehler ab, seien Sie nicht mehr so unnachgiebig, gegen dieses Gericht kann man sich ja nicht wehren, man muss das Geständnis machen. Machen Sie doch bei nächster Gelegenheit das Geständnis. Erst dann ist die Möglichkeit zu entschlüpfen gegeben, erst dann. Jedoch selbst das ist ohne fremde Hilfe nicht möglich, wegen dieser Hilfe aber müssen Sie sich nicht ängstigen, die will ich Ihnen selbst leisten. "Sie verstehen viel von diesem Gericht und von den Betrügereien, die hier nötig sind", sagte K. und hob sie, da sie sich allzu stark an ihn drängte, auf seinen Schoß. "So ist es gut", sagte sie und richtete sich auf seinem Schoß ein, indem sie den Rock glättete und die Bluse zurechtzog. Dann hing sie sich mit beiden Händen an seinen Hals, lehnte sich zurück und sah ihn lange an. "Und wenn ich das Geständnis nicht mache, dann können Sie mir nicht helfen?" fragte K. versuchsweise. Ich werbe Helferinnen, dachte er fast verwundert, zuerst Fräulein Bürstner, dann die Frau des Gerichtsdieners und endlich diese kleine Pflegerin, die ein unbegreifliches Bedürfnis nach mir zu haben scheint. Wie sie auf meinem Schoß sitzt, als sei es ihr einzig richtiger Platz! "Nein", antwortete Leni und schüttelte langsam den Kopf, "dann kann ich Ihnen nicht helfen. Aber Sie wollen ja meine Hilfe gar nicht, es liegt

Ihnen nichts daran, Sie sind eigensinnig und lassen sich nicht überzeugen." "Haben Sie eine Geliebte?" fragte sie nach einem Weilchen. "Nein", sagte K. "Oh doch", sagte sie. "Ja, wirklich", sagte K., "denken Sie nur, ich habe sie verleugnet und trage doch sogar ihre Fotografie bei mir." Auf ihre Bitten zeigte er ihr eine Fotografie Elsas, zusammengekrümmt auf seinem Schoß studierte sie das Bild. Es war eine Momentfotografie, Elsa war nach einem Wirbeltanz aufgenommen, wie sie ihn in dem Weinlokal gern tanzte, ihr Rock flog noch im Faltenwurf der Drehung um sie her, die Hände hatte sie auf die Hüften gelegt und sah mit straffem Hals lachend zur Seite; wem ihr Lachen galt, konnte man aus dem Bild nicht erkennen. "Sie ist stark geschnürt", sagte Leni und zeigte auf die Stelle, wo dies ihrer Meinung nach zu sehen war. "Sie gefällt mir nicht, sie ist unbeholfen und roh. Vielleicht ist sie aber Ihnen gegenüber sanft und freundlich, darauf könnte man nach dem Bilde schließen. So große starke Mädchen wissen oft nichts anderes als sanft und freundlich zu sein. Würde sie sich aber für Sie opfern können?" "Nein", sagte K., "sie ist weder sanft und freundlich noch würde sie sich für mich opfern können. Auch habe ich bisher weder das eine noch das andere von ihr verlangt. Ja ich habe noch nicht einmal das Bild so genau angesehen, wie Sie." "Es liegt Ihnen also gar nicht viel an ihr", sagte Leni, "sie ist also gar nicht Ihre Geliebte." "Doch", sagte K. "Ich nehme mein Wort nicht zurück." "Mag sie also jetzt Ihre Geliebte sein", sagte Leni, "Sie würden sie aber nicht sehr vermissen, wenn Sie sie verlieren oder für jemand andern z. B. für mich eintauschen würden." "Gewiss", sagte K. lächelnd, "das wäre denkbar, aber sie hat einen großen Vorteil Ihnen gegenüber, sie weiß nichts von meinem Prozess und selbst wenn sie etwas davon wüsste, würde sie nicht daran denken. Sie würde mich nicht zur Nachgiebigkeit zu überreden suchen." "Das ist kein Vorteil", sagte Leni. "Wenn sie keine sonstigen Vorteile hat, verliere ich nicht den Mut. Hat sie irgendeinen körperlichen Fehler?" "Einen körperlichen Fehler?" fragte K. "Ja", sagte Leni, "ich habe nämlich einen solchen kleinen Fehler, sehen Sie." Sie spannte den Mittel- und Ringfinger ihrer rechten Hand auseinander, zwischen denen das Verbindungshäutchen fast bis zum obersten Gelenk der kurzen Finger reichte. K. merkte im Dunkel nicht gleich, was sie ihm zeigen wollte, sie führte deshalb seine Hand hin, damit er es abtaste. "Was für ein Naturspiel", sagte K. und fügte, als er die ganze Hand überblickt hatte, hinzu: "Was für eine hübsche Kralle!" Mit einer Art Stolz sah Leni zu, wie K. staunend immer wieder ihre zwei Finger auseinander zog und zusammenlegte, bis er sie schließlich flüchtig küsste und losließ. "Oh!" rief sie aber sofort, "Sie haben mich geküsst!" Eilig, mit offenem Mund erkletterte sie mit den Knien seinen Schoß, K. sah fast bestürzt zu ihr auf, jetzt da sie ihm so nahe war ging ein bitterer aufreizender Geruch wie von Pfeffer von ihr aus, sie nahm seinen Kopf an sich, beugte sich über ihn hinweg und biss und küsste seinen Hals, biss selbst in seine Haare. "Sie haben mich eingetauscht", rief sie von Zeit zu Zeit, "sehen Sie nun haben Sie mich doch eingetauscht!" Da glitt ihr Knie aus, mit einem kleinen Schrei fiel sie fast auf den Teppich, K. umfasste sie, um sie noch zu halten und wurde zu ihr hinabgezogen. "Jetzt gehörst du mir", sagte sie.

"Hier hast du den Hausschlüssel, komm wann du willst", waren ihre letzten Worte und ein zielloser Kuss traf ihn noch im Weggehen auf den Rücken. Als er aus dem Haustor trat, fiel ein leichter Regen, er wollte in die Mitte der Straße gehen, um vielleicht Leni noch beim Fenster erblicken zu können, da stürzte aus einem Automobil, das vor dem Hause wartete und das K. in seiner Zerstreutheit gar nicht bemerkt hatte, der Onkel, fasste ihn bei den Armen und stieß ihn gegen das Haustor, als wolle er ihn dort festnageln. "Junge", rief er, "wie konntest du nur das tun! Du hast deiner Sache, die auf gutem Wege war, schrecklich geschadet. Verkriechst dich mit einem kleinen schmutzigen Ding, das überdies offensichtlich die Geliebte des Advokaten ist und bleibst stundenlang weg. Suchst nicht einmal einen Vorwand, verheimlichst nichts, nein, bist ganz offen, läufst zu ihr und bleibst bei ihr. Und unterdessen sitzen wir beisammen, der Onkel, der sich für dich abmüht, der Advokat, der für dich gewonnen werden soll, der Kanzleidirektor vor allem, dieser große Herr, der deine Sache in ihrem jetzigen Stadium geradezu beherrscht. Wir wollen beraten wie dir zu helfen wäre, ich muss den Advokaten vorsichtig behandeln, dieser wieder den Kanzleidirektor und du hättest doch allen Grund mich wenigstens zu unterstützen. Stattdessen bleibst du fort. Schließlich lässt es sich nicht verheimlichen, nun es sind höfliche gewandte Männer, sie sprechen nicht davon, sie schonen mich, schließlich können aber auch sie sich nicht mehr überwinden und da sie von der Sache nicht reden können, verstummen sie. Wir sind minutenlang schweigend dagesessen und haben gehorcht ob du nicht doch endlich kämest. Alles vergebens. Endlich steht der Kanzleidirektor, der viel länger geblieben ist, als er ursprünglich wollte, auf, verabschiedet sich, bedauert mich sichtlich ohne mir helfen zu können, wartet in unbegreiflicher Liebenswürdigkeit noch eine Zeit lang in der Tür, dann geht er. Ich war natürlich glücklich, dass er weg war, mir war schon die Luft zum Atmen ausgegangen. Auf den kranken Advokaten hat alles noch stärker eingewirkt, er konnte, der gute Mann, gar nicht sprechen als ich mich von ihm verabschiedete. Du hast wahrscheinlich zu seinem vollständigen Zusammenbrechen beigetragen und beschleunigst so den Tod eines Mannes auf den du angewiesen bist. Und mich deinen Onkel lässt du hier im Regen, fühle nur, ich bin ganz durchnässt, stundenlang warten."

Advokat
Fabrikant
Maler

An einem Wintervormittag - draußen fiel Schnee im trüben Licht - saß K. trotz der frühen Stunde schon äußerst müde in seinem Büro. Um sich wenigstens vor den unteren Beamten zu schützen, hatte er dem Diener den Auftrag gegeben, niemanden von ihnen einzulassen, da er mit einer größeren Arbeit beschäftigt sei. Aber statt zu arbeiten drehte er sich in seinem Sessel, verschob langsam einige Gegenstände auf dem Tisch, ließ dann aber, ohne es zu wissen den ganzen Arm ausgestreckt auf der Tischplatte liegen und blieb mit gesenktem Kopf unbeweglich sitzen.

Der Gedanke an den Prozess verließ ihn nicht mehr. Öfter schon hatte er überlegt, ob es nicht gut wäre, eine Verteidigungsschrift auszuarbeiten und bei Gericht einzureichen. Er wollte darin eine kurze Lebensbeschreibung vorlegen und bei jedem irgendwie wichtigem Ereignis erklären, aus welchen Gründen er so gehandelt hatte, ob diese Handlungsweise nach seinem gegenwärtigen Urteil zu verwerfen oder zu billigen war und welche Gründe er für dieses oder jenes anführen konnte. Die Vorteile einer solchen Verteidigungsschrift gegenüber der bloßen Verteidigung durch den übrigens auch sonst nicht einwandfreien Advokaten waren zweifellos. K. wusste ja gar nicht was der Advokat unternahm; viel war es jedenfalls nicht, schon einen Monat lang hatte er ihn nicht mehr zu sich berufen und auch bei keiner der früheren Besprechungen hatte K. den Eindruck gehabt, dass dieser Mann viel für ihn erreichen könne. Vor allem hatte er ihn fast gar nicht ausgefragt. Und hier war doch so viel zu fragen. Fragen war die Hauptsache. K. hatte das Gefühl, als ob er selbst alle hier nötigen Fragen stellen könnte. Der Advokat dagegen statt zu fragen erzählte selbst oder saß ihm stumm gegenüber, beugte sich, wahrscheinlich wegen seines schwachen Gehörs ein wenig über den Schreibtisch vor, zog an einem Bartstrang innerhalb seines Bartes und blickte auf den Teppich nieder, vielleicht gerade auf die Stelle, wo K. mit Leni gelegen war. Hie und da gab er K. einige leere Ermahnungen, wie man sie Kindern gibt. Ebenso nutzlose wie langweilige Reden, die K. in der Schlussabrechnung mit keinem Heller zu bezahlen gedachte. Nachdem der Advokat ihn genügend gedemütigt zu haben glaubte, fing er gewöhnlich an, ihn wieder ein wenig aufzumuntern. Er habe schon, erzählte er dann, viele ähnliche Prozesse ganz oder teilweise gewonnen, Prozesse, die wenn auch in Wirklichkeit vielleicht nicht so schwierig wie dieser, äußerlich noch hoffnungsloser waren. Ein Verzeichnis dieser Prozesse habe er hier in der Schublade - hierbei klopfte er an irgendeine Lade des Tisches -, die Schriften könne er leider nicht zeigen, da es sich um Amtsgeheimnisse handle. Trotzdem komme jetzt natürlich die große Erfahrung die er durch alle diese Prozesse erworben habe, K. zugute. Er habe natürlich sofort zu arbeiten begonnen und die erste Eingabe sei schon fast fertig gestellt. Sie sei sehr wichtig, weil der erste Eindruck den die Verteidigung mache, oft die ganze Richtung des Verfahrens bestimme. Leider, darauf müsse er K. allerdings aufmerksam machen, geschehe es manchmal, dass die ersten Eingaben bei Gericht gar nicht gelesen werden. Man lege sie einfach zu den Akten und weise daraufhin, dass vorläufig die Einvernahme und Beobachtung des Angeklagten wichtiger sei als alles Geschriebene. Man fügt wenn der Petent dringlich wird, hinzu, dass man vor der Entscheidung bis alles Material gesammelt ist, im Zusammenhang natürlich alle Akten, also auch diese erste Eingabe überprüfen wird. Leider sei aber auch dies meistens nicht richtig, die erste Eingabe werde gewöhnlich verlegt oder gehe gänzlich verloren und selbst wenn sie bis zum Ende erhalten bleibt, werde sie, wie der Advokat allerdings nur gerüchteweise erfahren hat, kaum gelesen. Das alles sei bedauerlich, aber nicht ganz ohne Berechtigung, K. möge doch nicht außer Acht lassen, dass das Verfahren nicht öffentlich sei, es kann, wenn das Gericht es für nötig hält, öffentlich werden, das Gesetz aber schreibt Öffentlichkeit nicht vor. Infolgedessen sind auch die Schriften des Gerichtes, vor allem die Anklageschrift dem Angeklagten und seiner Verteidigung unzugänglich, man weiß daher im Allgemeinen nicht oder wenigstens nicht genau, wogegen sich die erste Eingabe zu richten hat, sie kann daher eigentlich nur zufälliger Weise etwas enthalten, was für die Sache von Bedeutung ist. Wirklich zutreffende und beweisführende Eingaben kann man erst später ausarbeiten, wenn im Laufe der Einvernahmen des Angeklagten die einzelnen Anklagepunkte und ihre Begründung deutlicher hervortreten oder erraten werden können. Unter diesen Verhältnissen ist natürlich die Verteidigung in einer sehr ungünstigen und schwierigen Lage. Aber auch das ist beabsichtigt. Die Verteidigung ist nämlich durch das Gesetz nicht eigentlich gestattet, sondern nur geduldet und selbst darüber, ob aus der betreffenden Gesetzesstelle wenigstens Duldung herausgelesen werden soll, besteht Streit. Es gibt daher streng genommen gar keine vom Gericht anerkannten Advokaten, alle die vor diesem Gericht als Advokaten auftreten, sind im Grunde nur Winkeladvokaten. Das wirkt natürlich auf den ganzen Stand sehr entwürdigend ein und wenn K. nächstens einmal in die Gerichtskanzleien gehen werde, könne er sich ja, um auch das einmal gesehen zu haben, das Advokatenzimmer ansehen. Er werde vor der Gesellschaft, die dort beisammen sei, vermutlich erschrecken. Schon die ihnen zugewiesene enge niedrige Kammer zeige die Verachtung, die das Gericht für diese Leute hat. Licht bekommt die Kammer nur durch eine kleine Luke, die so hoch gelegen ist, dass, wenn jemand hinausschauen will, wo ihm übrigens der Rauch eines knapp davor gelegenen Kamins in die Nase fährt und das Gesicht schwärzt, er erst einen Kollegen suchen muss der ihn auf den Rücken nimmt. Im Fußboden dieser Kammer - um nur noch ein Beispiel für diese Zustände anzuführen - ist nun schon seit mehr als einem Jahr ein Loch, nicht so groß dass ein Mensch durchfallen könnte, aber groß genug, dass man mit einem Bein ganz einsinkt. Das Advokatenzimmer liegt auf dem zweiten Dachboden, sinkt also einer ein, so hängt sein Bein in den ersten Dachboden hinunter und zwar gerade in den Gang, wo die Parteien warten. Es ist nicht zu viel gesagt, wenn man in Advokatenkreisen solche Verhältnisse schändlich nennt. Beschwerden an die Verwaltung haben nicht den geringsten Erfolg, wohl aber ist es den Advokaten auf das Strengste verboten irgendetwas in dem Zimmer auf eigene Kosten ändern zu lassen. Aber auch diese Behandlung der Advokaten hat ihre Begründung. Man will die Verteidigung möglichst ausschalten, alles soll auf den Angeklagten selbst gestellt sein. Kein schlechter Standpunkt im Grunde, nichts wäre aber verfehlter als daraus zu folgern, dass bei diesem Gericht die Advokaten für den Angeklagten unnötig sind. Im Gegenteil, bei keinem andern Gericht sind sie so notwendig wie bei diesem. Das Verfahren ist nämlich im Allgemeinen nicht nur vor der Öffentlichkeit geheim, sondern auch vor dem Angeklagten. Natürlich nur so weit dies möglich ist, es ist aber in sehr weitem Ausmaß möglich. Auch der Angeklagte hat nämlich keinen Einblick in die Gerichtsschriften und aus den Verhören auf die ihnen zu Grunde liegenden Schriften zu schließen ist sehr schwierig, insbesondere aber für den Angeklagten der doch befangen ist und alle möglichen Sorgen hat, die ihn zerstreuen. Hier greift nun die Verteidigung ein. Bei den Verhören dürfen im Allgemeinen Verteidiger nicht anwesend sein, sie müssen daher nach den Verhören und zwar möglichst noch an der Tür des Untersuchungszimmers den Angeklagten über das Verhör ausforschen und diesen oft schon sehr verwischten Berichten das für die Verteidigung taugliche entnehmen. Aber das Wichtigste ist dies nicht, denn viel kann man auf diese Weise nicht erfahren, wenn natürlich auch hier wie überall ein tüchtiger Mann mehr erfährt als andere. Das Wichtigste bleiben trotzdem die persönlichen Beziehungen des Advokaten, in ihnen liegt der Hauptwert der Verteidigung. Nun habe ja wohl K. schon aus seinen eigenen Erlebnissen entnommen, dass die alleruntere Organisation des Gerichtes nicht ganz vollkommen ist, pflichtvergessene und bestechliche Angestellte aufweist, wodurch gewissermaßen die strenge Abschließung des Gerichtes Lücken bekommt. Hier nun drängt sich die Mehrzahl der Advokaten ein, hier wird bestochen und ausgehorcht, ja es kamen wenigstens in früherer Zeit sogar Fälle von Aktendiebstählen vor. Es ist nicht zu leugnen, dass auf diese Weise für den Augenblick einige sogar überraschende günstige Resultate für den Angeklagten sich erzielen lassen, damit stolzieren auch diese kleinen Advokaten herum und locken neue Kundschaft an, aber für den weiteren Fortgang des Prozesses bedeutet es entweder nichts oder nichts Gutes. Wirklichen Wert aber haben nur ehrliche persönliche Beziehungen und zwar mit höheren Beamten, womit natürlich nur höhere Beamte der unteren Grade gemeint sind. Nur dadurch kann der Fortgang des Prozesses wenn auch zunächst nur unmerklich später aber immer deutlicher beeinflusst werden. Das können natürlich nur wenige Advokaten und hier sei die Wahl K.`s sehr günstig gewesen. Nur noch vielleicht ein oder zwei Advokaten konnten sich mit ähnlichen Beziehungen ausweisen wie Dr. Huld. Diese kümmern sich allerdings um Gesellschaft im Advokatenzimmer nicht und haben auch nichts mit ihr zu tun. Umso enger sei aber die Verbindung mit den die Gerichtsbeamten. Es sei nicht einmal immer nötig, dass Dr. Huld zu Gericht gehe, in den Vorzimmern der Untersuchungsrichter auf ihr zufälliges Erscheinen warte und je nach ihrer Laune einen meist nur scheinbaren Erfolg erziele oder auch nicht einmal diesen. Nein, K. habe es ja selbst gesehen, die Beamten und darunter recht hohe kommen selbst, geben bereitwillig Auskunft, offene oder wenigstens leicht deutbare, besprechen den nächsten Fortgang der Prozesse, ja sie lassen sich sogar in einzelnen Fällen überzeugen und nehmen die fremde Ansicht gern an. Allerdings dürfe man ihnen gerade in dieser letztem Hinsicht nicht allzu sehr vertrauen; so bestimmt sie ihre neue für die Verteidigung günstige Absicht auch aussprechen, gehen sie doch vielleicht geradewegs in ihre Kanzlei und geben für den nächsten Tag einen Gerichtsbeschluss, der gerade das entgegengesetzte enthält und vielleicht für den Angeklagten noch viel strenger ist, als ihre erste Absicht, von der sie gänzlich abgekommen zu sein behaupteten. Dagegen könne man sich natürlich nicht wehren, denn das was sie zwischen vier Augen gesagt haben, ist eben auch nur zwischen vier Augen gesagt und lasse keine öffentliche Folgerung zu, selbst wenn die Verteidigung nicht auch sonst bestrebt sein müsste sich die Gunst der Herren zu erhalten. Andererseits sei es allerdings auch richtig, dass die Herren nicht etwa nur aus Menschenliebe oder aus freundschaftlichen Gefühlen sich mit der Verteidigung, natürlich nur mit einer sachverständigen Verteidigung in Verbindung setzen, sie sind vielmehr in gewisser Hinsicht auch auf sie angewiesen. Hier mache sich eben der Nachteil einer Gerichtsorganisation geltend, die selbst in ihren Anfängen das geheime Gericht festsetzt. Den Beamten fehlt der Zusammenhang mit der Bevölkerung, für die gewöhnlichen mittleren Prozesse sind sie gut ausgerüstet, ein solcher Prozess rollt fast von selbst auf seiner Bahn ab und braucht nur hie und da einen Anstoß, gegenüber den ganz einfachen Fällen aber wie auch gegenüber den besonders schwierigen sind sie oft ratlos, sie haben, weil sie fortwährend Tag und Nacht in ihr Gesetz eingezwängt sind, nicht den richtigen Sinn für menschliche Beziehungen und das entbehren sie in solchen Fällen schwer. Dann kommen sie zum Advokaten um Rat und hinter ihnen trägt ein Diener die Akten, die sonst so geheim sind. An diesem Fenster hätte man manche Herren, von denen man es am wenigsten erwarten würde, antreffen können wie sie geradezu trostlos auf die Gasse hinaussahen, während der Advokat an seinem Tisch die Akten studierte, um ihnen einen guten

Rat geben zu können. Übrigens könne man gerade bei solchen Gelegenheiten sehen, wie ungemein ernst die Herren ihren Beruf nehmen und wie sie über Hindernisse, die sie ihrer Natur nach nicht bewältigen können, in große Verzweiflung geraten. Ihre Stellung sei auch sonst nicht leicht, man dürfe ihnen nicht Unrecht tun und ihre Stellung für leicht ansehen. Die Rangordnung und Steigerung des Gerichtes sei unendlich und selbst für den Eingeweihten nicht absehbar. Das Verfahren vor den Gerichtshöfen sei aber im Allgemeinen auch für die unteren Beamten geheim, sie können daher die Angelegenheiten, die sie bearbeiten in ihrem ferneren Weitergang kaum jemals vollständig verfolgen, die Gerichtssache erscheint also in ihrem Gesichtskreis, ohne dass sie oft wissen, woher sie kommt und sie geht weiter, ohne dass sie erfahren, wohin. Die Belehrung also, die man aus dem Studium der einzelnen Prozessstadien, der schließlichen Entscheidung und ihrer Gründe schöpfen kann, entgeht diesen Beamten. Sie dürfen sich nur mit jenem Teil des Prozesses befassen, der vom Gesetz für sie abgegrenzt ist und wissen von dem Weiteren, also von den Ergebnissen ihrer eigenen Arbeit meist weniger als die Verteidigung, die doch in der Regel fast bis zum Schluss des Prozesses mit dem Angeklagten in Verbindung bleibt. Auch in dieser Richtung also können sie von der Verteidigung manches Wertvolle erfahren. Wundere sich K. noch, wenn er alles dieses im Auge behalte über die Gereiztheit der Beamten, die sich manchmal den Parteien gegenüber in - jeder mache diese Erfahrung - beleidigender Weise äußert. Alle Beamten seien gereizt, selbst wenn sie ruhig scheinen. Natürlich haben die kleinen Advokaten besonders viel darunter zu leiden. Man erzählt z. B. folgende Geschichte die sehr den Anschein der Wahrheit hat. Ein alter Beamter, ein guter stiller Herr, hatte eine schwierige Gerichtssache, welche besonders durch die Eingaben des Advokaten verwickelt worden war, einen Tag und eine Nacht ununterbrochen studiert - diese Beamten sind tatsächlich fleißig wie niemand sonst. Gegen Morgen nun, nach vierundzwanzigstündiger wahrscheinlich nicht sehr ergiebiger Arbeit ging er zur Eingangstür, stellte sich dort in Hinterhalt und warf jeden Advokaten, der eintreten wollte, die Treppe hinunter Die Advokaten sammelten sich unten auf dem Treppenabsatz und berieten was sie tun sollten; einerseits haben sie keinen eigentlichen Anspruch darauf eingelassen zu werden, können daher rechtlich gegen den Beamten kaum etwas unternehmen und müssen sich, wie schon erwähnt auch hüten, die Beamtenschaft gegen sich aufzubringen. Andererseits aber ist jeder nicht bei Gericht verbrachte Tag für sie verloren und es lag ihnen also viel daran einzudringen. Schließlich einigten sie sich darauf dass sie den alten Herrn ermüden wollten. Immer wieder wurde ein Advokat ausgeschickt, der die Treppe hinauf lief und sich dann unter möglichstem allerdings passivem Widerstand hinunterwerfen ließ, wo er dann von den Kollegen aufgefangen wurde. Das dauerte etwa eine Stunde, dann wurde der alte Herr, er war ja auch von der Nachtarbeit schon erschöpft, wirklich müde und ging in seine Kanzlei zurück. Die unten wollten es zuerst gar nicht glauben und schickten zuerst einen aus, der hinter der Tür nachsehen sollte, ob dort wirklich leer war. Dann erst zogen sie ein und wagten wahrscheinlich nicht einmal zu murren. Denn den Advokaten - und selbst der kleinste kann doch die Verhältnisse wenigstens zum Teil übersehen - liegt es vollständig ferne bei Gericht irgendwelche Verbesserungen einführen oder durchsetzen zu wollen, während - und dies ist sehr bezeichnend - fast jeder Angeklagte, selbst ganz einfältige Leute, gleich beim allerersten Eintritt in den Prozess an Verbesserungsvorschläge zu denken anfangen und damit oft Zeit und Kraft verschwenden, die anders viel besser verwendet werden könnten. Das einzig Richtige sei es, sich mit den vorhandenen Verhältnissen abzufinden. Selbst wenn es möglich wäre, Einzelheiten zu verbessern - es ist aber ein unsinniger Aberglaube - hätte man bestenfalls für künftige Fälle etwas erreicht, sich selbst aber unermesslich dadurch geschadet, dass man die besondere Aufmerksamkeit der immer rachsüchtigen Beamtenschaft erregt hat. Nur keine Aufmerksamkeit erregen! Sich ruhig verhalten, selbst wenn es einem noch so sehr gegen den Sinn geht! Einzusehen versuchen, dass dieser große Gerichtsorganismus gewissermaßen ewig in Schwebe bleibt und dass man zwar, wenn man auf seinem Platz selbstständig etwas ändert, den Boden unter den Füßen sich wegnimmt und selbst abstürzen kann, während der große Organismus sich selbst für die kleine Störung leicht an einer andern Stelle - alles ist doch in Verbindung - Ersatz schafft und unverändert bleibt, wenn er nicht etwa, was sogar wahrscheinlich ist, noch geschlossener, noch aufmerksamer, noch strenger, noch böser wird. Man überlasse doch die Arbeit dem Advokaten, statt sie zu stören. Vorwürfe nützen ja nicht viel, besonders wenn man ihre Ursache in ihrer ganzen Bedeutung nicht begreiflich machen kann, aber gesagt müsse es doch werden wie viel K. seiner Sache durch das Verhalten gegenüber dem Kanzleidirektor geschadet habe. Dieser einflussreiche Mann sei aus der Liste jener, bei denen man für K. etwas unternehmen könne, schon fast zu streichen. Selbst flüchtige Erwähnungen des Prozesses überhöre er mit deutlicher Absicht. In manchem seien ja die Beamten wie Kinder. Oft können sie durch Harmlosigkeiten, unter die allerdings K.'s Verhalten leider nicht gehörte, derartig verletzt werden, dass sie selbst mit guten Freunden zu reden aufhören, sich von ihnen abwenden, wenn sie ihnen begegnen und ihnen in allem möglichen entgegenarbeiten. Dann aber einmal, überraschender Weise ohne besonderen Grund lassen sie sich durch einen kleinen Scherz, den man nur deshalb wagt, weil alles aussichtslos scheint, zum Lachen bringen und sind versöhnt. Es sei eben gleichzeitig schwer und leicht sich mit ihnen zu verhalten, Grundsätze dafür gibt es kaum. Manchmal sei es zum Verwundern, dass ein einziges Durchschnittsleben dafür hinreiche, um so viel zu erfassen, dass man hier mit einigem Erfolg arbeiten könne. Es kommen allerdings trübe Stunden, wie sie ja jeder hat, wo man glaubt, nicht das Geringste erzielt zu haben, wo es einem scheint, als hätten nur die von Anfang an für einen guten Ausgang bestimmten Prozesse ein gutes Ende genommen, wie es auch ohne Mithilfe geschehen wäre, während alle an dem verloren gegangen sind, trotz alles Nebenherlaufens, aller Mühe, aller kleinen scheinbaren Erfolge, über die man solche Freude hatte. Dann scheint einem allerdings nichts mehr sicher und man würde auf bestimmte Fragen hin nicht einmal zu leugnen wagen, dass man ihrem Wesen nach gut verlaufende Prozesse gerade durch die Mithilfe auf Abwege gebracht hat. Auch das ist ja eine Art Selbstvertrauen, aber es ist das Einzige das dann übrig bleibt. Solchen

Anfällen - es sind natürlich nur Anfälle nichts weiter - sind Advokaten besonders dann ausgesetzt, wenn ihnen ein Prozess, den sie weit genug und zufrieden stellend geführt haben, plötzlich aus der Hand genommen wird. Das ist wohl das Ärgste, das einem Advokaten geschehen kann. Nicht etwa durch den Angeklagten wird ihnen der Prozess entzogen, das geschieht wohl niemals, ein Angeklagter, der einmal einen bestimmten Advokaten genommen hat, muss bei ihm bleiben geschehe was immer. Wie könnte er sich überhaupt, wenn er einmal Hilfe in Anspruch genommen hat, allein noch erhalten. Das geschieht also nicht, wohl aber geschieht es manchmal, dass der Prozess eine Richtung nimmt, wo der Advokat nicht mehr mitkommen darf Der Prozess und der Angeklagte und alles wird dem Advokaten einfach entzogen; dann können auch die besten Beziehungen zu den Beamten nicht mehr helfen, denn sie selbst wissen nichts. Der Prozess ist eben in ein Stadium getreten, wo keine Hilfe mehr geleistet werden darf, wo ihn unzugängliche Gerichtshöfe bearbeiten, wo auch der Angeklagte für den Advokaten nicht mehr erreichbar ist. Man kommt dann eines Tages nach Hause und findet auf seinem Tisch alle die vielen Eingaben, die man mit allem Fleiß und mit den schönsten Hoffnungen in dieser Sache gemacht hat, sie sind zurückgestellt worden, da sie in das neue Prozessstadium nicht übertragen werden dürfen, es sind wertlose Fetzen. Dabei muss der Prozess noch nicht verloren sein, durchaus nicht, wenigstens liegt kein entscheidender Grund für diese Annahme vor, man weiß bloß nichts mehr von dem Prozess und wird auch nichts mehr von ihm erfahren. Nun sind ja solche Fälle glücklicher Weise Ausnahmen und selbst wenn K.'s Prozess ein solcher Fall sein sollte, sei er doch vorläufig noch weit von einem solchen Stadium entfernt. Hier sei also noch reichliche Gelegenheit für Advokatenarbeit gegeben und dass sie ausgenützt werde, dessen dürfe K. sicher sein. Die Eingabe sei wie erwähnt noch nicht überreicht, das eile aber auch nicht, viel wichtiger seien die einleitenden Besprechungen mit maßgebenden Beamten und die hätten schon stattgefunden. Mit verschiedenem Erfolg, wie offen zugestanden werden soll. Es sei viel besser vorläufig Einzelheiten nicht zu verraten, durch die K. nur ungünstig beeinflusst und allzu hoffnungsfreudig oder allzu ängstlich gemacht werden könnte, nur so viel sei gesagt, dass sich Einzelne sehr günstig ausgesprochen und sich auch sehr bereitwillig gezeigt haben, während andere sich weniger günstig geäußert aber doch ihre Mithilfe keineswegs verweigert haben. Das Ergebnis sei also im Ganzen sehr erfreulich, nur dürfe man daraus keine besonderen Schlüsse ziehen, da alle Vorverhandlungen ähnlich beginnen und durchaus erst die weitere Entwicklung den Wert dieser Vorverhandlungen zeigt. Jedenfalls sei noch nichts verloren und wenn es noch gelingen sollte, den Kanzleidirektor trotz allem zu gewinnen – es sei schon Verschiedenes zu diesem Zwecke eingeleitet – dann sei das Ganze, wie die Chirurgen sagen, eine reine Wunde und man könne getrost das Folgende erwarten.

In solchen und ähnlichen Reden war der Advokat unerschöpflich. Sie wiederholten sich bei jedem Besuch. Immer gab es Fortschritte, niemals aber konnte die Art dieser Fortschritte mitgeteilt werden. Immerfort wurde an der ersten Eingabe gearbeitet, aber sie wurde nicht fertig, was sich meistens beim nächsten Besuch als großer Vorteil herausstellte, da die letzte Zeit, was man nicht hatte voraussehen können, für ihre Übergabe sehr ungünstig gewesen wäre. Bemerkte K. manchmal, ganz ermattet von den Reden, dass es doch selbst unter Berücksichtigung aller Schwierigkeiten, sehr langsam vorwärts gehe, wurde ihm entgegnet, es gehe gar nicht langsam vorwärts, wohl aber wäre man schon viel weiter, wenn K. sich rechtzeitig an den Advokaten gewendet hätte. Das hatte er aber leider versäumt und dieses Versäumnis werde auch noch nicht nur zeitliche, weitere Nachteile bringen,

Die einzige wohltätige Unterbrechung dieser Besuche war Leni, die es immer so einzurichten wusste, dass sie dem Advokaten in Anwesenheit K.`s den Tee brachte. Dann stand sie hinter K., sah scheinbar zu, wie der Advokat mit einer Art Gier tief zur Tasse herabgebeugt den Tee eingoss und trank und ließ im Geheimen ihre Hand von K. erfassen. Es herrschte völliges Schweigen. Der Advokat trank, K. drückte Lenis Hand und Leni wagte es manchmal K.`s

Haare sanft zu streicheln. "Du bist noch hier?" fragte der Advokat, nachdem er fertig war. "Ich wollte das Geschirr wegnehmen", sagte Leni, es gab noch einen letzten Händedruck, der Advokat wischte sich den Mund und begann mit neuer Kraft auf K. einzureden.

War es Trost oder Verzweiflung, was der Advokat erreichen wollte? K. wusste es nicht, wohl aber hielt er es bald für feststehend, dass seine Verteidigung nicht in guten Händen war. Es mochte ja alles richtig sein, was der Advokat erzählte, wenn es auch durchsichtig war, dass er sich möglichst in den Vordergrund stellen wollte und wahrscheinlich noch niemals einen so großen Prozess geführt hatte, wie es K.'s Prozess seiner Meinung nach war. Verdächtig aber blieben die unaufhörlich hervorgehobenen persönlichen Beziehungen zu den Beamten. Mussten sie denn ausschließlich zu K.`s Nutzen ausgebeutet werden? Der Advokat vergaß nie zu bemerken, dass es sich nur um niedrige Beamte handelte, also um Beamte in sehr abhängiger Stellung, für deren Fortkommen gewisse Wendungen der Prozesse wahrscheinlich von Bedeutung sein konnten. Benützten sie vielleicht den Advokaten dazu, um solche für den Angeklagten natürlich immer ungünstige Wendungen zu erzielen? Vielleicht taten sie das nicht in jedem Prozess, gewiss, das war nicht wahrscheinlich, es gab dann wohl wieder Prozesse, in deren Verlauf sie dem Advokaten für seine Dienste Vorteile einräumten, denn es musste ihnen ja auch daran gelegen sein, seinen Ruf ungeschädigt zu erhalten. Verhielt es sich aber wirklich so, in welcher Weise würden sie bei K.`s Prozess eingreifen, der wie der Advokat erklärte ein sehr schwieriger also wichtiger Prozess war und gleich anfangs bei Gericht große Aufmerksamkeit erregt hatte? Es konnte nicht sehr zweifelhaft sein, was sie tun würden. Anzeichen dessen konnte man ja schon darin sehen, dass die erste Eingabe noch immer nicht überreicht war, trotzdem der Prozess schon Monate dauerte und dass sich alles den Angaben des Advokaten nach in den Anfängen befand, was natürlich sehr geeignet war, den Angeklagten einzuschläfern und hilflos zu erhalten, um ihn dann plötzlich mit der Entscheidung zu überfallen oder wenigstens mit der Bekanntmachung dass die zu seinen Ungunsten abgeschlossene Untersuchung an die höheren Behörden weitergegeben werde.

Es war unbedingt nötig, dass K. selbst eingriff. Gerade in Zuständen großer Müdigkeit, wie an diesem Wintervormittag, wo ihm alles willenlos durch den Kopf zog, war diese Überzeugung unabweisbar. Die Verachtung die er früher für den Prozess gehabt hatte galt nicht mehr Wäre er allein in der Welt gewesen, hätte er den Prozess leicht missachten können, wenn es allerdings auch sicher war, dass dann der Prozess überhaupt nicht entstanden wäre. Jetzt aber hatte ihn der Onkel schon zum Advokaten gezogen, Familienrücksichten sprachen mit; seine Stellung war nicht mehr vollständig unabhängig von dem Verlauf des Prozesses, er selbst hatte unvorsichtiger Weise mit einer gewissen unerklärlichen Genugtuung vor Bekannten den Prozess erwähnt, andere hatten auf unbekannte Weise davon erfahren, das Verhältnis zu Fräulein Bürstner schien entsprechend dem Prozess zu schwanken, kurz, er hatte kaum mehr die Wahl den Prozess anzunehmen oder abzulehnen, er stand mitten darin und musste sich wehren. War er müde dann war es schlimm.

Zu übertriebener Sorge war allerdings vorläufig kein Grund. Er hatte es verstanden, sich in der Bank in verhältnismäßig kurzer Zeit zu seiner hohen Stellung emporzuarbeiten und sich von allen anerkannt in dieser Stellung zu erhalten, er musste jetzt nur diese Fähigkeiten, die ihm das ermöglicht hatten, ein wenig dem Prozess zuwenden und es war kein Zweifel, dass es gut ausgehen musste. Vor allem war es, wenn etwas erreicht werden sollte, notwendig jeden Gedanken an eine mögliche Schuld von vornherein abzulehnen. Es gab keine Schuld. Der Prozess war nichts anderes, als ein großes Geschäft, wie er es schon oft mit Vorteil für die Bank abgeschlossen hatte, ein Geschäft, innerhalb dessen, wie dies die Regel war, verschiedene Gefahren lauerten, die eben abgewehrt werden mussten. Zu diesem Zwecke durfte man allerdings nicht mit Gedanken an irgendeine Schuld spielen, sondern den Gedanken an den eigenen Vorteil möglichst fest halten. Von diesem Gesichtspunkt aus war es auch unvermeidlich, dem Advokaten die Vertretung sehr bald, am besten noch an diesem Abend zu entziehen. Es war zwar nach seinen Erzählungen etwas Unerhörtes und wahrscheinlich sehr Beleidigendes, aber K. konnte nicht dulden, dass seinen Anstrengungen in dem Prozess Hindernisse begegneten, die vielleicht von seinem eigenen Advokaten veranlasst waren. War aber einmal der Advokat abgeschüttelt, dann musste die Eingabe sofort überreicht und womöglich jeden Tag darauf gedrängt werden, dass man sie berücksichtige. Zu diesem Zwecke würde es natürlich nicht genügen, dass K. wie die andern im Gang saß und den Hut unter die Bank stellte. Er selbst oder die Frauen oder andere Boten mussten Tag für Tag die Beamten überlaufen und sie zwingen, statt durch das Gitter auf den Gang zu schauen, sich zu ihrem Tisch zu setzen und K.'s Eingabe zu studieren. Von diesen Anstrengungen dürfte man nicht ablassen, alles müsste organisiert und überwacht werden, das Gericht sollte einmal auf einen Angeklagten stoßen, der sein Recht zu wahren verstand.

Wenn sich aber auch K. dies alles durchzuführen getraute, die Schwierigkeit der Abfassung der Eingabe war überwältigend. Früher, etwa noch vor einer Woche hatte er nur mit einem Gefühl der Scham daran denken können, dass er einmal genötigt sein könnte, eine solche Eingabe selbst zu machen, dass dies auch schwierig sein konnte, daran hatte er gar nicht gedacht. Er erinnerte sich, wie er einmal an einem Vormittag, als er gerade mit Arbeit überhäuft war, plötzlich alles zur Seite geschoben und den Schreibblock vorgenommen hatte, um versuchsweise den Gedankengang einer derartigen Eingabe zu entwerfen und ihn vielleicht dem schwerfälligen Advokaten zur Verfügung zu stellen und wie gerade in diesem Augenblick, die Tür des Direktionszimmers sich öffnete und der Direktor-Stellvertreter mit großem Gelächter eintrat. Es war für K. damals sehr peinlich gewesen, trotzdem der Direktor-Stellvertreter natürlich nicht über die Eingabe gelacht hatte, von der er nichts wusste, sondern über einen Börsenwitz, den er eben gehört hatte, einen Witz, der zum Verständnis eine Zeichnung erforderte, die nun der Direktor-Stellvertreter, über K.'s Tisch gebeugt mit K.'s Bleistift, den er ihm aus der Hand nahm, auf dem Schreibblock ausführte, der für die Eingabe bestimmt gewesen war.

Heute wusste K. nichts mehr von Scham, die Eingabe musste gemacht werden. Wenn er im Büro keine Zeit für sie fand, was sehr wahrscheinlich war, dann musste er sie zu Hause in den Nächten machen. Würden auch die Nächte nicht genügen, dann musste er einen Urlaub nehmen. Nur nicht auf halbem Wege stehen bleiben, das war nicht nur in Geschäften sondern immer und überall das Unsinnigste. Die Eingabe bedeutete freilich eine fast endlose Arbeit. Man musste keinen sehr ängstlichen Charakter haben und konnte doch leicht zu dem Glauben kommen, dass es unmöglich war die Eingabe jemals fertig zu stellen. Nicht aus Faulheit oder Hinterlist, die den Advokaten allein an der Fertigstellung hindern konnten, sondern weil in Unkenntnis der vorhandenen Anklage und gar ihrer möglichen Erweiterungen das Ganze Leben in den kleinsten Handlungen und Ereignissen in die Erinnerung zurückgebracht, dargestellt und von allen Seiten überprüft werden musste. Und wie traurig war eine solche Arbeit überdies. Sie war vielleicht geeignet einmal nach der Pensionierung den kindisch gewordenen Geist zu beschäftigen und ihm zu helfen, die langen Tage hinzubringen. Aber jetzt, wo K. alle Gedanken zu seiner Arbeit brauchte, wo jede Stunde, da er noch im Aufstieg war und schon für den Direktor-Stellvertreter eine Drohung bedeutete, mit größter Schnelligkeit verging und wo er die kurzen Abende und Nächte als junger Mensch genießen wollte, jetzt sollte er mit der Verfassung dieser Eingabe beginnen. Wieder ging sein Denken in Klagen aus. Fast unwillkürlich, nur um dem ein Ende zu machen, tastete er mit dem Finger nach dem Knopf der elektrischen Glocke, die ins Vorzimmer führte. Während er ihn niederdrückte blickte er zur Uhr auf. Es war elf Uhr, zwei Stunden, eine lange kostbare Zeit hatte er verträumt und war natürlich noch matter als vorher. Immerhin war die Zeit nicht verloren, er hatte Entschlüsse gefasst, die wertvoll sein konnten. Der Diener brachte außer verschiedener Post zwei Visitkarten von Herren, die schon längere Zeit auf K. warteten. Es waren gerade sehr wichtige Kundschaften der Bank, die man eigentlich auf keinen Fall hätte warten lassen sollen. Warum kamen sie zu so ungelegener Zeit und warum, so schienen wieder die Herren hinter der geschlossenen Tür zu fragen, verwendete der fleißige K. für Privatangelegenheiten die beste Geschäftszeit. Müde von dem Vorhergegangenen und müde das Folgende erwartend stand K. auf, um den Ersten zu empfangen.

Es war ein kleiner munterer Herr, ein Fabrikant, den K. gut kannte. Er bedauerte, K. in wichtiger Arbeit gestört zu haben und K. bedauerte seinerseits, dass er den Fabrikanten so lange hatte warten lassen. Schon dieses Bedauern aber sprach er in derartig mechanischer Weise und mit fast falscher Betonung aus, dass der Fabrikant, wenn er nicht ganz von der Geschäftssache eingenommen gewesen wäre, es hätte bemerken müssen. Stattdessen zog er eilig Rechnungen und Tabellen aus allen Taschen, breitete sie vor K. aus, erklärte verschiedene Posten, verbesserte einen kleinen Rechenfehler, der ihm sogar bei diesem flüchtigen Überblick aufgefallen war, erinnerte K. an ein ähnliches Geschäft, das er mit ihm vor etwa einem Jahr abgeschlossen hatte, erwähnte nebenbei, dass sich diesmal eine andere Bank unter größten Opfern um das Geschäft bewerbe und verstummte schließlich, um nun K.'s Meinung zu erfahren. K. hatte auch tatsächlich im Anfang die Rede des Fabrikanten gut verfolgt, der Gedanke an das wichtige Geschäft hatte dann auch ihn ergriffen, nur leider nicht für die Dauer, er war bald vom Zuhören abgekommen, hatte dann noch ein Weilchen zu den lauteren Ausrufen des Fabrikanten mit dem Kopf genickt, hatte aber schließlich auch das unterlassen und sich darauf eingeschränkt, den kahlen auf die Papiere hinab gebeugten Kopf anzusehen und sich zu fragen, wann der Fabrikant endlich erkennen werde, dass seine ganze Rede nutzlos sei. Als er nun verstummte, glaubte K. zuerst wirklich, es geschehe dies deshalb, um ihm Gelegenheit zu dem Eingeständnis zu geben, dass er nicht fähig sei zuzuhören. Nur mit Bedauern bemerkte er aber an dem gespannten Blick des offenbar auf alle Entgegnungen gefassten Fabrikanten, dass die geschäftliche Besprechung fortgesetzt werden müsse. Er neigte also den Kopf wie vor einem Befehl und begann mit dem

Bleistift langsam über den Papieren hin und herzufahren, hie und da hielt er inne und starrte eine Ziffer an. Der Fabrikant vermutete Einwände, vielleicht waren die Ziffern wirklich nicht feststehend, vielleicht waren sie nicht das Entscheidende, jedenfalls bedeckte der Fabrikant die Papiere mit der Hand und begann von neuem, ganz nahe an K. heranrückend, eine allgemeine Darstellung des Geschäftes. "Es ist schwierig", sagte K., rümpfte die Lippen und sank, da die Papiere, das einzig Fassbare, verdeckt waren, haltlos gegen die Seitenlehne. Er blickte sogar nur schwach auf, als sich die Tür des Direktionszimmers öffnete und dort nicht ganz deutlich, etwa wie hinter einem Gazeschleier der Direktor-Stellvertreter erschien. K. dachte nicht weiter darüber nach, sondern verfolgte nur die unmittelbare Wirkung, die für ihn sehr erfreulich war. Denn sofort hüpfte der Fabrikant vom Sessel auf und eilte dem Direktor-Stellvertreter entgegen, K. aber hätte ihn noch zehnmal flinker machen sollen, denn er fürchtete, der Direktor-Stellvertreter könnte wieder verschwinden. Es war unnütze Furcht, die Herren trafen sich, reichten einander die Hände und gingen gemeinsam auf K.`s Schreibtisch zu.

Der Fabrikant beklagte sich dass er beim Prokuristen so wenig Neigung für das Geschäft gefunden habe und zeigte auf K., der sich unter dem Blick des Direktor-Stellvertreters wieder über die Papiere beugte. Als dann die zwei sich an den Schreibtisch lehnten und der Fabrikant sich daran machte, nun den Direktor-Stellvertreter für sich zu erobern, war es K. als werde über seinem Kopf von zwei Männern, deren Größe er sich übertrieben vorstellte, über ihn selbst verhandelt. Langsam suchte er mit vorsichtig aufwärts gedrehten Augen zu erfahren, was sich oben ereignete, nahm vom Schreibtisch ohne hinzusehen eines der Papiere, legte es auf die flache Hand und hob es allmählich, während er selbst aufstand zu den Herren hinauf. Er dachte hierbei an nichts bestimmtes, sondern handelte nur in dem Gefühl, dass er sich so verhalten musste, wenn er einmal die große Eingabe fertig gestellt hätte, die ihn gänzlich entlasten sollte. Der Direktor-Stellvertreter, der sich an dem Gespräch mit aller Aufmerksamkeit beteiligte, sah nur flüchtig auf das

Papier, überlas gar nicht, was dort stand, denn was dem Prokuristen wichtig war, war ihm unwichtig, nahm es aus K.'s Hand, sagte: "Danke, ich weiß schon alles" und legte es ruhig wieder auf den Tisch zurück. K. sah ihn verbittert von der Seite an. Der Direktor-Stellvertreter aber merkte es gar nicht oder wurde, wenn er es merkte dadurch nur aufgemuntert, lachte öfter laut auf, brachte einmal durch eine schlagfertige Entgegnung den Fabrikanten in deutliche Verlegenheit, aus der er ihn aber sofort riss, indem er sich selbst einen Einwand machte und lud ihn schließlich ein, in sein Büro hinüber zu kommen, wo sie die Angelegenheit zu Ende führen könnten. "Es ist eine sehr wichtige Sache", sagte er zum Fabrikanten, "ich sehe das vollständig ein. Und dem Herrn Prokuristen" - selbst bei dieser Bemerkung redete er eigentlich nur zum Fabrikanten - "wird es gewiss lieb sein, wenn wir es ihm abnehmen. Die Sache verlangt ruhige Überlegung. Er aber scheint heute sehr überlastet zu sein, auch warten ja einige Leute im Vorzimmer schon stundenlang auf ihn." K. hatte gerade noch genügend Fassung sich vom Direktor-Stellvertreter wegzudrehen und sein freundliches aber starres Lächeln nur dem Fabrikanten zuzuwenden, sonst griff er gar nicht ein, stützte sich ein wenig vorgebeugt mit beiden Händen auf den Schreibtisch wie ein Kommis hinter dem Pult und sah zu, wie die zwei Herren unter weiteren Reden die Papiere vom Tisch nahmen und im Direktionszimmer verschwanden. In der Tür drehte sich noch der Fabrikant um, sagte, er verabschiede sich noch nicht, sondern werde natürlich dem Herrn Prokuristen über den Erfolg der Besprechung berichten, auch habe er ihm noch eine andere kleine Mitteilung zu machen.

Endlich war K. allein. Er dachte gar nicht daran irgendeine andere Partei vorzulassen und nur undeutlich kam ihm zu Bewusstsein, wie angenehm es sei, dass die Leute draußen in dem Glauben waren, er verhandle noch mit dem Fabrikanten und es könne aus diesem Grunde niemand, nicht einmal der Diener, bei ihm eintreten. Er ging zum Fenster, setzte sich auf die Brüstung, hielt sich mit einer Hand an der Klinke fest und sah auf den Platz hinaus. Der Schnee fiel noch immer, es hatte sich noch gar nicht aufgehellt.

Lange saß er so, ohne zu wissen, was ihm eigentlich Sorgen machte, nur von Zeit zu Zeit blickte er ein wenig erschreckt über die Schulter hinweg zur Vorzimmertür, wo er irrtümlicher Weise ein Geräusch zu hören geglaubt hatte. Da aber niemand kam, wurde er ruhiger, ging zum Waschtisch, wusch sich mit kaltem Wasser und kehrte mit freierem Kopf zu seinem Fensterplatz zurück. Der Entschluss, seine Verteidigung selbst in die Hand zu nehmen, stellte sich ihm nun als schwer wiegender dar, als er ursprünglich angenommen hatte. Solange er die Verteidigung auf den Advokaten überwälzt hatte, war er doch noch vom Prozess im Grunde wenig betroffen gewesen, er hatte ihn von der Ferne beobachtet und hatte unmittelbar von ihm kaum erreicht werden können, er hatte nachsehen können wann er wollte, wie seine Sache stand, aber er hatte auch den Kopf wieder zurückziehen können, wann er wollte. Jetzt hingegen wenn er seine Verteidigung selbst führen würde, musste er sich wenigstens für den Augenblick ganz und gar dem Gericht aussetzen, der Erfolg dessen sollte ja für später seine vollständige und endgültige Befreiung sein, aber um diese zu erreichen, musste er sich vorläufig jedenfalls in viel größere Gefahr begeben als bisher. Hätte er daran zweifeln wollen, so hätte ihn das heutige Beisammensein mit dem Direktor-Stellvertreter und dem Fabrikanten hinreichend vom Gegenteil überzeugen können. Wie war er doch dagesessen, schon vom bloßen Entschluss sich selbst zu verteidigen gänzlich benommen? Wie sollte es aber später werden? Was für Tage standen ihm bevor! Würde er den Weg finden, der durch alles hindurch zum guten Ende führte? Bedeutete nicht eine sorgfältige Verteidigung – und alles andere war sinnlos – bedeutete nicht eine sorgfältige Verteidigung gleichzeitig die Notwendigkeit sich von allem andern möglichst abzuschließen? Würde er das glücklich überstehen? Und wie sollte ihm die Durchführung dessen in der Bank gelingen? Es handelte sich ja nicht nur um die Eingabe, für die ein Urlaub vielleicht genügt hätte, trotzdem die Bitte um einen Urlaub gerade jetzt ein großes Wagnis gewesen wäre, es handelte sich doch um einen ganzen Prozess, dessen Dauer unabsehbar war. Was für ein Hindernis war plötzlich in K.'s Laufbahn geworfen worden!

Und jetzt sollte er für die Bank arbeiten? - Er sah auf den Schreibtisch hin. - Jetzt sollte er Parteien vorlassen und mit ihnen verhandeln? Während sein Prozess weiterrollte, während oben auf dem Dachboden die Gerichtsbeamten über den Schriften dieses Prozesses saßen, sollte er die Geschäfte der Bank besorgen? Sah es nicht aus, wie eine Folter, die vom Gericht anerkannt, mit dem Prozess zusammenhing und ihn begleitete? Und würde man etwa in der Bank bei der Beurteilung seiner Arbeit seine besondere Lage berücksichtigen? Niemand und niemals. Ganz unbekannt war ja sein Prozess nicht, wenn es auch noch nicht ganz klar war, wer davon wusste und wie viel. Bis zum Direktor-Stellvertreter aber war das Gerücht hoffentlich noch nicht gedrungen, sonst hätte man schon deutlich sehen müssen, wie er es ohne jede Kollegialität und Menschlichkeit gegen K. ausnützen würde. Und der Direktor? Gewiss er war K. gut gesinnt und er hätte wahrscheinlich, sobald er vom Prozess erfahren hätte, so weit es an ihm lag, manche Erleichterungen für K. schaffen wollen, aber er wäre damit gewiss nicht durchgedrungen, denn er unterlag jetzt, da das Gegengewicht das K. bisher gebildet hatte, schwächer zu werden anfing, immer mehr dem Einfluss des Direktor-Stellvertreters, der außerdem auch den leidenden Zustand des Direktors zur Stärkung der eigenen Macht ausnützte. Was hatte also K. zu erhoffen? Vielleicht schwächte er durch solche Überlegungen seine Widerstandskraft, aber es war doch auch notwendig, sich selbst nicht zu täuschen und alles so klar zu sehen, als es augenblicklich möglich war.

Ohne besonderen Grund, nur um vorläufig noch nicht zum Schreibtisch zurückkehren zu müssen, öffnete er das Fenster. Es ließ sich nur schwer öffnen, er musste mit beiden Händen die Klinke drehn. Dann zog durch das Fenster in dessen ganzer Breite und Höhe der mit Rauch vermischte Nebel in das Zimmer und füllte es mit einem leichten Brandgeruch. Auch einige Schneeflocken wurden hereingeweht. "Ein hässlicher Herbst", sagte hinter K. der Fabrikant, der vom Direktor-Stellvertreter kommend unbemerkt ins Zimmer getreten war. K. nickte und sah unruhig auf die Aktentasche des Fabrikanten, aus der dieser nun wohl die Papiere herausziehen würde um K. das Ergebnis der Verhandlungen mit dem Direktor-Stellvertreter mitzuteilen. Der Fabrikant aber folgte K.'s Blick, klopfte auf seine Tasche und sagte ohne sie zu öffnen: "Sie wollen hören, wie es ausgefallen ist. Mittelgut. Ich trage schon fast den Geschäftsabschluss in der Tasche. Ein reizender Mensch, ihr Direktor-Stellvertreter, aber durchaus nicht ungefährlich." Er lachte, schüttelte K. ‚s Hand und wollte auch ihn zum Lachen bringen. Aber K. schien es nun wieder verdächtig, dass ihm der Fabrikant die Papiere nicht zeigen wollte und er fand an der Bemerkung des Fabrikanten nichts zum Lachen. "Herr Prokurist", sagte der Fabrikant, "Sie leiden wohl unter dem Wetter. Sie sehen heute so bedrückt aus." "Ja", sagte K. und griff mit der Hand an die Schläfe, "Kopfschmerzen, Familiensorgen." "Sehr richtig", sagte der Fabrikant, der ein eiliger Mensch war und niemanden ruhig anhören konnte, "jeder hat sein Kreuz zu tragen." Unwillkürlich hatte K. einen Schritt gegen die Tür gemacht, als wolle er den Fabrikanten hinausbegleiten, dieser aber sagte: "Ich hätte Herr Prokurist noch eine kleine Mitteilung für Sie. Ich fürchte sehr, dass ich Sie gerade heute damit vielleicht belästige, aber ich war schon zweimal in der letzten Zeit bei Ihnen und habe jedesmal daran vergessen. Schiebe ich es aber noch weiterhin auf verliert es wahrscheinlich vollständig seinen Zweck. Das wäre aber schade, denn im Grunde ist meine Mitteilung vielleicht doch nicht wertlos." Ehe K. Zeit hatte zu antworten, trat der Fabrikant nahe an ihn heran, klopfte mit dem Fingerknöchel leicht an seine Brust und sagte leise: "Sie haben einen Prozess nicht wahr?" K. trat zurück und rief sofort: "Das hat Ihnen der Direktor-Stellvertreter gesagt." "Ach nein", sagte der Fabrikant, "woher sollte denn der Stellvertreter es wissen?" "Und Sie?" fragte K. schon viel gefasster. "Ich erfahre hie und da etwas von dem Gericht", sagte der Fabrikant. "Das betrifft eben die Mitteilung, die ich Ihnen machen wollte." "So viele Leute sind mit dem Gericht in Verbindung!" sagte K. mit gesenktem Kopf und führte den Fabrikanten zum Schreibtisch. Sie setzten sich wieder wie früher und der Fabrikant sagte: "Es ist leider nicht sehr viel, was ich Ihnen mitteilen kann. Aber in solchen Dingen soll man nicht das Geringste vernachlässigen. Außerdem drängt es mich aber Ihnen irgendwie zu helfen und sei meine Hilfe noch so bescheiden. Wir waren doch bisher gute Geschäftsfreunde, nicht? Nun also." K. wollte sich wegen seines Verhaltens bei der heutigen Besprechung entschuldigen, aber der Fabrikant duldete keine Unterbrechung, schob die Aktentasche hoch unter die Achsel, um zu zeigen, dass er Eile habe und fuhr fort: "Von Ihrem Prozess weiß ich durch einen gewissen Titorelli. Es ist ein Maler, Titorelli ist nur sein Künstlername, seinen wirklichen Namen kenne ich gar nicht. Er kommt schon seit Jahren von Zeit zu Zeit in mein Büro und bringt kleine Bilder mit, für die ich ihm - er ist fast ein Bettler - immer eine Art Almosen gebe. Es sind übrigens hübsche Bilder, Heidelandschaften und dergleichen. Diese Verkäufe - wir hatten uns schon beide daran gewöhnt - gingen ganz glatt vor sich. Einmal aber wiederholten sich diese Besuche doch zu oft, ich machte ihm Vorwürfe, wir kamen ins Gespräch, es interessierte mich, wie er sich allein durch Malen erhalten könne und ich erfuhr nun zu meinem Staunen, dass seine Haupteinnahmequelle das Porträtmalen sei. Er arbeite für das Gericht, sagte er. Für welches Gericht fragte ich. Und nun erzählte er mir von dem Gericht. Sie werden sich wohl am besten vorstellen können wie erstaunt ich über diese Erzählungen war. Seitdem höre ich bei jedem seiner Besuche irgendwelche Neuigkeiten vom Gericht und bekomme so allmählich einen gewissen Einblick in die Sache. Allerdings ist Titorelli geschwätzig und ich muss ihn oft abwehren, nicht nur weil er gewiss auch lügt, sondern vor allem weil ein Geschäftsmann wie ich, der unter den eigenen Geschäftssorgen fast zusammenbricht, sich nicht noch viel um fremde Dinge kümmern kann. Aber das nur nebenbei. Vielleicht - so dachte ich jetzt - kann Ihnen Titorelli ein wenig behilflich sein, er kennt viele Richter und wenn er selbst auch keinen großen Einfluss haben sollte, so kann er Ihnen doch Ratschläge geben, wie man verschiedenen einflussreichen Leuten beikommen kann. Und wenn auch diese Ratschläge an und für sich nicht entscheidend sein sollten, so werden sie doch meiner Meinung nach in Ihrem Besitz von großer Bedeutung sein. Sie sind ja fast ein Advokat. Ich pflege immer zu sagen: Prokurist K. ist fast ein Advokat. Oh, ich habe keine Sorgen wegen Ihres Prozesses.

Wollen Sie nun aber zu Titorelli gehen? Auf meine Empfehlung hin wird er gewiss alles tun, was ihm möglich ist. Ich denke wirklich Sie sollten hingehen. Es muss natürlich nicht heute sein, einmal, gelegentlich. Allerdings sind Sie - das will ich noch sagen - dadurch, dass gerade ich Ihnen diesen Rat gebe, nicht im Geringsten verpflichtet, auch wirklich zu Titorelli hinzugehen. Nein, wenn Sie Titorelli entbehren zu können glauben, ist es gewiss besser, ihn ganz beiseite zu lassen. Vielleicht haben Sie schon einen ganz genauen Plan und Titorelli könnte ihn stören. Nein, dann gehen Sie natürlich auf keinen Fall hin. Es kostet gewiss auch Überwindung sich von einem solchen Burschen Ratschläge geben zu lassen. Nun wie Sie wollen. Hier ist das Empfehlungsschreiben und hier die Adresse."

Enttäuscht nahm K. den Brief und steckte ihn in die Tasche. Selbst im günstigsten Falle war der Vorteil, den ihm die Empfehlung bringen konnte, unverhältnismäßig kleiner als der Schaden, der darin lag, dass der Fabrikant von seinem Prozess wusste und dass der Maler die Nachricht weiter verbreitete. Er konnte sich kaum dazu zwingen dem Fabrikanten, der schon auf dem Weg zur Türe war, mit ein paar Worten zu danken. "Ich werde hingehen", sagte er, als er sich bei der Tür vom Fabrikanten verabschiedete, "oder ihm, da ich jetzt sehr beschäftigt bin, schreiben, er möge einmal zu mir ins Büro kommen." "Ich wusste ja", sagte der Fabrikant, "dass Sie den besten Ausweg finden würden. Allerdings dachte ich, dass Sie es lieber vermeiden wollen, Leute wie diesen Titorelli in die Bank einzuladen, um mit ihm hier über den Prozess zu sprechen. Es ist auch nicht immer vorteilhaft Briefe an solche Leute aus der Hand zu geben. Aber Sie haben gewiss alles durchgedacht und wissen was Sie tun dürfen." K. nickte und begleitete den Fabrikanten noch durch das Vorzimmer. Aber trotz äußerlicher Ruhe war er über sich sehr erschrocken. Dass er Titorelli schreiben würde, hatte er eigentlich nur gesagt, um dem Fabrikanten irgendwie zu zeigen, dass er die Empfehlung zu schätzen wisse und die Möglichkeiten mit Titorelli zusammenzukommen sofort überlege, aber wenn er Titorellis Beistand für wertvoll angesehen hätte, hätte er auch nicht gezögert, ihm wirklich zu schreiben. Die Gefahren aber, die das zur Folge haben könnte, hatte er erst durch die Bemerkung des Fabrikanten erkannt. Konnte er sich auf seinen eigenen Verstand tatsächlich schon so wenig verlassen? Wenn es möglich war, dass er einen fragwürdigen Menschen durch einen deutlichen Brief in die Bank einlud, um von ihm nur durch eine Tür vom Direktor-Stellvertreter getrennt Ratschläge wegen seines Prozesses zu erbitten, war es dann nicht möglich und sogar sehr wahrscheinlich, dass er auch andere Gefahren übersah oder in sie hineinrannte? Nicht immer stand jemand neben ihm, um ihn zu warnen. Und gerade jetzt, wo er mit gesammelten Kräften auftreten sollte, mussten derartige ihm bisher fremde Zweifel an seiner eigenen Wachsamkeit auftreten. Sollten die Schwierigkeiten, die er bei Ausführung seiner Büroarbeit fühlte, nun auch im Prozess beginnen? Jetzt allerdings begriff er es gar nicht mehr wie es möglich gewesen war, dass er an Titorelli hatte schreiben und ihn in die Bank einladen wollen.

Er schüttelte noch den Kopf darüber, als der Diener an seine Seite trat und ihn auf drei Herren aufmerksam machte, die hier im Vorzimmer auf einer Bank saßen. Sie warteten schon lange darauf, zu K. vorgelassen zu werden. Jetzt da der Diener mit K. sprach, waren sie aufgestanden und jeder wollte eine günstige Gelegenheit ausnützen, um sich vor den andern an K. heranzumachen. Da man von Seiten der Bank so rücksichtslos war, sie hier im Wartezimmer ihre Zeit verlieren zu lassen, wollten auch sie keine Rücksicht mehr üben. "Herr Prokurist", sagte schon der eine. Aber K. hatte sich vom Diener den Winterrock bringen lassen und sagte, während er ihn mit Hilfe des Dieners anzog zu allen dreien: "Verzeihen Sie meine Herren, ich habe augenblicklich leider keine Zeit, Sie zu empfangen. Ich bitte Sie sehr um Verzeihung, aber ich habe einen dringenden Geschäftsgang zu erledigen und muss sofort weggehen. Sie haben ja selbst gesehen, wie lange ich jetzt aufgehalten wurde. Wären Sie so freundlich, morgen oder wann immer wiederzukommen? Oder wollen wir die Sachen vielleicht telefonisch besprechen? Oder wollen Sie mir vielleicht jetzt kurz sagen, um was es sich handelt und ich gebe Ihnen dann eine ausführliche schriftliche Antwort. Am besten wäre es allerdings Sie kämen nächstens." Diese Vorschläge K.`s brachten die Herren, die nun vollständig nutzlos gewartet haben sollten, in solches Staunen, dass sie einander stumm ansahen. "Wir sind also einig?" fragte K. der sich nach dem Diener umgewendet hatte, der ihm nun auch den Hut brachte. Durch die offene Tür von K.`s Zimmer sah man, wie sich draußen der Schneefall sehr verstärkt hatte. K. schlug daher den Mantelkragen in die Höhe und knöpfte ihn hoch unter dem Halse zu.

Da trat gerade aus dem Nebenzimmer der Direktor-Stellvertreter, sah lächelnd K. im Winterrock mit den Herren verhandeln und fragte: "Sie gehen jetzt weg Herr Prokurist?" "Ja", sagte K. und richtete sich auf, "ich habe einen Geschäftsgang zu machen." Aber der Direktor-Stellvertreter hatte sich schon den Herren zugewendet. "Und die Herren?" fragte er. "Ich glaube Sie warten schon lange." "Wir haben uns schon geeinigt", sagte K. Aber nun ließen sich die Herren nicht mehr halten, umringten K. und erklärten dass sie nicht stundenlang gewartet hätten, wenn ihre Angelegenheiten nicht wichtig wären und nicht jetzt und zwar ausführlich unter vier Augen besprochen werden müssten. Der Direktor-Stellvertreter hörte ihnen ein Weilchen zu, betrachtete auch K., der den Hut in der Hand hielt und ihn stellenweise von Staub reinigte und sagte dann: "Meine Herren es gibt ja einen sehr einfachen Ausweg. Wenn Sie mit mir vorlieb nehmen wollen, übernehme ich sehr gerne die Verhandlungen statt des Herrn Prokuristen. Ihre Angelegenheiten müssen natürlich sofort besprochen werden. Wir sind Geschäftsleute wie Sie und wissen die Zeit von Geschäftsleuten richtig zu bewerten. Wollen Sie hier eintreten?" Und er öffnete die Tür, die zu dem Vorzimmer seines Büros führte.

Wie sich doch der Direktor-Stellvertreter alles anzueignen verstand, was K. jetzt notgedrungen aufgeben musste! Gab aber K. nicht mehr auf, als unbedingt nötig war? Während er mit unbestimmten und wie er sich eingestehen musste sehr geringen Hoffnungen zu einem unbekannten Maler lief, erlitt hier sein Ansehen eine unheilbare Schädigung. Es wäre wahrscheinlich viel besser gewesen, den Winterrock wieder auszuziehen und wenigstens die zwei Herren, die ja nebenan doch noch warten mussten, für sich zurückzugewinnen. K. hätte es vielleicht auch versucht, wenn er nicht jetzt in seinem Zimmer den Direktor-Stellvertreter erblickt hätte, wie er im Bücherständer, als wäre es sein eigener, etwas suchte. Als K. sich erregt der Türe näherte, rief er: "Ah, Sie sind noch nicht weggegangen." Er wandte ihm sein Gesicht zu, dessen viele straffe Falten nicht Alter sondern Kraft zu beweisen schienen und fing sofort wieder zu suchen an. "Ich suche eine Vertragsabschrift", sagte er, "die sich wie der Vertreter der Firma behauptet, bei Ihnen befinden soll. Wollen Sie mir nicht suchen helfen?" K. machte einen Schritt, aber der Direktor-Stellvertreter sagte: "Danke ich habe es schon gefunden" und kehrte mit einem großen Paket Schriften, das nicht nur die Vertragsabschrift, sondern gewiss noch vieles andere enthielt, wieder in sein Zimmer zurück.

"Jetzt bin ich ihm nicht gewachsen", sagte sich K., "wenn aber meine persönlichen Schwierigkeiten einmal beseitigt sein werden, dann soll er wahrhaftig der Erste sein, der es zu fühlen bekommt und zwar möglichst bitter." Durch diesen Gedanken ein wenig beruhigt, gab K. dem Diener, der schon lange die Tür zum Korridor für ihn offen hielt, den Auftrag, dem Direktor gelegentlich die Meldung zu machen dass er sich auf einem Geschäftsgang befinde und verließ fast glücklich darüber sich eine Zeit lang vollständiger seiner Sache widmen zu können die Bank.

Er fuhr sofort zum Maler, der in einer Vorstadt wohnte, die jener in welcher sich die Gerichtskanzleien befanden vollständig entgegengesetzt war. Es war eine noch ärmere Gegend; die Häuser noch dunkler, die Gassen voll Schmutz, der auf dem zerflossenen Schnee langsam umhertrieb. Im Hause in dem der Maler wohnte war nur ein Flügel des großen Tores geöffnet, in den andern aber war unten an der Mauer eine Lücke gebrochen, aus der gerade als sich K. näherte eine widerliche gelbe rauchende Flüssigkeit herausschoss, vor der sich eine Ratte in den nahen Kanal flüchtete. Unten an der Treppe lag ein kleines Kind bäuchlings auf der Erde und weinte, aber man hörte es kaum infolge des alles übertönen den Lärms, der aus einer Klempnerwerkstätte auf der andern Seite des Torganges kam. Die Tür der Werkstätte war offen, drei Gehilfen standen im Halbkreis um irgendein Werkstück auf das sie mit den Hämmern schlugen. Eine große Platte Weißblech, die an der Wand hing, warf ein bleiches Licht das zwischen zwei Gehilfen eindrang und die Gesichter und Arbeitsschürzen erhellte. K. hatte für alles nur einen flüchtigen Blick, er wollte möglichst rasch hier fertig werden, nur den Maler mit paar Worten ausforschen und sofort wieder in die Bank zurückgehen. Wenn er hier nur den kleinsten Erfolg hatte, sollte das auf seine heutige Arbeit in der Bank noch eine gute Wirkung ausüben. Im dritten Stockwerk musste er seinen Schritt mäßigen, er war ganz außer Atem, die Treppen ebenso wie die Stockwerke waren übermäßig hoch und der Maler sollte ganz oben in einer Dachkammer wohnen. Auch war die Luft sehr drückend, es gab keinen Treppenhof, die enge Treppe war auf beiden Seiten von Mauern eingeschlossen, in denen nur hie und da fast ganz oben kleine Fenster angebracht waren. Gerade als K. ein wenig stehen blieb, liefen paar kleine Mädchen aus einer Wohnung heraus und eilten lachend die Treppe weiter hinauf. K. folgte ihnen langsam, holte eines der Mädchen ein, das gestolpert und hinter den andern zurückgeblieben war und fragte es, während sie nebeneinander weiterstiegen: "Wohnt hier ein Maler Titorelli?" Das Mädchen, ein kaum dreizehnjähriges etwas buckliges Mädchen, stieß ihn darauf mit dem Ellbogen an und sah von der Seite zu ihm auf Weder ihre Jugend noch ihr Körperfehler hatte verhindern können, dass sie schon ganz verdorben war. Sie lächelte nicht einmal sondern sah K. ernst mit scharfem auffordernden Blicke an. K. tat als hätte er ihr Benehmen nicht bemerkt und fragte: "Kennst du den Maler Titorelli?" Sie nickte und fragte ihrerseits: "Was wollen Sie von ihm?" K. schien es vorteilhaft sich noch schnell ein wenig über Titorelli zu unterrichten: "Ich will mich von ihm malen lassen", sagte er. "Malen lassen?" fragte sie, öffnete übermäßig den Mund, schlug leicht mit der Hand gegen K., als hätte er etwas außerordentlich überraschendes oder ungeschicktes gesagt, hob mit beiden Händen ihr ohnedies sehr kurzes Röckchen und lief so schnell sie konnte hinter den andern Mädchen, deren Geschrei schon undeutlich in der Höhe sich verlor. Bei der nächsten Wendung der Treppe aber traf K. schon wieder alle Mädchen. Sie waren offenbar von der Buckligen von K.`s Absicht verständigt worden und erwarteten ihn. Sie standen zu beiden Seiten der Treppe, drückten sich an die Mauer, damit K. bequem zwischen ihnen durchkomme und glätteten mit der Hand ihre Schürzen. Alle Gesichter wie auch diese Spalierbildung stellten eine Mischung von Kindlichkeit und Verworfenheit dar. Oben an der Spitze der Mädchen, die sich jetzt hinter K. lachend zusammenschlossen, war die Bucklige, welche die Führung übernahm. K. hatte es ihr zu verdanken, dass er gleich den richtigen Weg fand. Er wollte nämlich geradeaus weitersteigen, sie aber zeigte ihm dass er eine Abzweigung der Treppe wählen müsse um zu Titorelli zu kommen. Die Treppe die zu ihm führte, war besonders schmal, sehr lang, ohne Biegung, in ihrer ganzen Länge zu übersehen und oben unmittelbar von Titorellis Tür abgeschlossen. Diese Tür, die durch ein kleines, schief über ihr eingesetztes Oberlichtfenster im Gegensatz zur übrigen Treppe verhältnismäßig hell beleuchtet wurde, war aus nicht übertünchten Balken zusammengesetzt, auf die der Name Titorelli mit roter Farbe in breiten Pinselstrichen gemalt war. K. war mit seinem Gefolge noch kaum in der Mitte der Treppe, als oben, offenbar veranlasst durch das Geräusch der vielen Schritte, die Tür ein wenig geöffnet wurde und ein wahrscheinlich nur mit einem Nachthemd bekleideter Mann in der Türspalte erschien. "Oh!" rief er, als er die Menge kommen sah und verschwand. Die Bucklige klatschte vor Freude in die Hände und die übrigen Mädchen drängten hinter K., um ihn schneller vorwärtszutreiben.

Sie waren aber noch nicht einmal hinaufgekommen, als oben der Maler die Tür gänzlich aufriss und mit einer tiefen Verbeugung K. einlud einzutreten. Die Mädchen dagegen wehrte er ab, er wollte keine von ihnen einlassen, so sehr sie baten und so sehr sie versuchten, wenn schon nicht mit seiner Erlaubnis so gegen seinen Willen einzudringen. Nur der Buckligen gelang es unter seinem ausgestreckten Arm durchzuschlüpfen, aber der Maler jagte hinter ihr her, packte sie bei den Röcken, wirbelte sie einmal um sich herum und setzte sie dann vor der Tür bei den andern Mädchen ab, die es während der Maler seinen Posten verlassen hatte doch nicht gewagt hatten die Schwelle zu überschreiten. K. wusste nicht, wie er das Ganze beurteilen sollte, es hatte nämlich den Anschein, als ob alles in freundschaftlichem Einvernehmen geschehe. Die Mädchen bei der Tür streckten eines hinter dem andern die Hälse in die Höhe, riefen dem Maler Verschiedene scherzhaft gemeinte Worte zu, die K. nicht verstand und auch der Maler lachte, während die Bucklige in seiner Hand fast flog. Dann schloss er die Tür, verbeugte sich nochmals vor K., reichte ihm die Hand und sagte sich vorstellend: "Kunstmaler Titorelli. " K. zeigte auf die Tür, hinter der die Mädchen flüsterten und sagte: "Sie scheinen im Hause sehr beliebt zu sein." "Ach, die Fratzen!" sagte der Maler und suchte vergebens sein Nachthemd am Halse zuzuknöpfen. Er war im Übrigen bloßfüßig und nur noch mit einer breiten gelblichen Leinenhose bekleidet, die mit einem Riemen festgemacht war, dessen langes Ende frei hin- und herschlug. "Diese Fratzen sind mir eine wahre Last", fuhr er fort, während er vom Nachthemd dessen letzter Knopf gerade abgerissen war abließ, einen Sessel holte und K. zum Niedersetzen nötigte. "Ich habe eine von ihnen sie ist heute nicht einmal dabei - einmal gemalt und seitdem verfolgen mich alle. Wenn ich selbst hier bin kommen sie nur herein, wenn ich es erlaube, bin ich aber einmal weg, dann ist immer zumindest eine da. Sie haben sich einen Schlüssel zu meiner Tür machen lassen, den sie untereinander verleihen. Man kann sich kaum vorstellen wie lästig das ist. Ich komme z. B. mit einer Dame die ich malen soll nach Hause, öffne die Tür mit meinem Schlüssel und finde etwa die Bucklige dort beim Tischchen wie sie sich mit dem Pinsel die Lippen rot färbt, während ihre kleinen Geschwister, die sie zu beaufsichtigen hat, sich herumtreiben und das Zimmer in allen Ecken verunreinigen. Oder ich komme, wie es mir erst gestern geschehen ist, spät abends nach Hause - entschuldigen Sie bitte mit Rücksicht darauf meinen Zustand und die Unordnung im Zimmer - also ich komme spät abends nach Hause und will ins Bett steigen, da zwickt mich etwas ins Bein, ich schaue unter das Bett und ziehe wieder so ein Ding heraus. Warum sie sich so zu mir drängen weiß ich nicht, dass ich sie nicht zu mir zu locken suche, dürften Sie eben bemerkt haben. Natürlich bin ich dadurch auch in meiner Arbeit gestört. Wäre mir dieses Atelier nicht umsonst zur Verfügung gestellt, ich wäre schon längst ausgezogen." Gerade rief hinter der Tür ein Stimmchen, zart und ängstlich: "Titorelli, dürfen wir schon kommen?" "Nein", antwortete der Maler. "Ich allein auch nicht?" fragte es wieder. "Auch nicht", sagte der Maler, ging zur Tür und sperrte sie ab.

K. hatte sich inzwischen im Zimmer umgesehen, er wäre niemals selbst auf den Gedanken gekommen, dass man dieses elende kleine Zimmer ein Atelier nennen könnte. Mehr als zwei lange Schritte konnte man der Länge und Quere nach kaum hier machen. Alles, Fußboden, Wände und Zimmerdecke war aus Holz, zwischen den Balken sah man schmale Ritzen. K. gegenüber stand an der Wand das Bett, das mit verschiedenfarbigem Bettzeug überladen war. In der Mitte des Zimmers war auf einer Staffelei ein Bild, das mit einem Hemd verhüllt war, dessen Ärmel bis zum Boden baumelten. Hinter K. war das Fenster, durch das man im Nebel nicht weiter sehen konnte, als über das mit Schnee bedeckte Dach des Nachbarhauses.

Das Umdrehen des Schlüssels im Schloss erinnerte K. daran, dass er bald hatte weggehen wollen. Er zog daher den Brief des Fabrikanten aus der Tasche, reichte ihn dem Maler und sagte: "Ich habe durch diesen Herrn Ihren Bekannten von Ihnen erfahren und bin auf seinen Rat hin gekommen." Der Maler las den Brief flüchtig durch und warf ihn aufs Bett. Hätte der Fabrikant nicht auf das bestimmteste von Titorelli als von seinem Bekannten gesprochen, als von einem armen Menschen, der auf seine Almosen angewiesen war, so hätte man jetzt wirklich glauben können, Titorelli kenne den Fabrikanten nicht oder wisse sich an ihn wenigstens nicht zu erinnern. Überdies fragte nun der Maler: "Wollen Sie Bilder kaufen oder sich selbst malen lassen?" K. sah den Maler erstaunt an. Was stand denn eigentlich in dem Brief? K. hatte es als selbstverständlich angenommen, dass der Fabrikant in dem Brief den Maler davon unterrichtet hatte, dass K. nichts anderes wollte, als sich hier wegen seines Prozesses zu erkundigen. Er war doch gar zu eilig und unüberlegt hierhergelaufen! Aber er musste jetzt dem Maler irgendwie antworten und sagte mit einem Blick auf die Staffelei: "Sie arbeiten gerade an einem Bild?" "Ja", sagte der Maler und warf das Hemd, das über der Staffelei hing, dem Brief nach auf das Bett. "Es ist ein Porträt. Eine gute Arbeit, aber noch nicht ganz fertig." Der Zufall war K. günstig, die Möglichkeit vom Gericht zu reden, wurde ihm förmlich dargeboten, denn es war offenbar das Porträt eines Richters. Es war übrigens dem Bild im Arbeitszimmer des Advokaten auffallend ähnlich. Es handelte sich hier zwar um einen ganz andern Richter, einen dicken Mann mit schwarzem buschigen Vollbart, der seitlich weit die Wangen hinaufreichte, auch war jenes Bild ein Ölbild, dieses aber mit Pastellfarben schwach und undeutlich angesetzt. Aber alles Übrige war ähnlich, denn auch hier wollte sich gerade der Richter von seinem Thronsessel, dessen Seitenlehnen er fest hielt, drohend erheben. "Das ist ja ein Richter", hatte K. gleich sagen wollen, hielt sich dann aber vorläufig noch zurück und näherte sich dem Bild als wolle er es in den Einzelheiten studieren. Eine große Figur die in der Mitte über der Rückenlehne des Thronsessels stand konnte er sich nicht erklären und fragte den Maler nach ihr. "Sie muss noch ein wenig ausgearbeitet werden", antwortete der Maler; holte von einem Tischchen einen Pastellstift und strichelte mit ihm ein wenig an den Rändern der Figur, ohne sie aber dadurch für K. deutlicher zu machen. "Es ist die Gerechtigkeit", sagte der Maler schließlich. "Jetzt erkenne ich sie schon", sagte K., "hier ist die Binde um die Augen und hier die Wage. Aber sind nicht an den Fersen Flügel und befindet sie sich nicht im Lauf?" "Ja", sagte der Maler, "ich musste es über Auftrag so malen, es ist eigentlich die Gerechtigkeit und die Siegesgöttin in einem." "Das ist keine gute Verbindung", sagte K. lächelnd, "die Gerechtigkeit muss ruhen, sonst schwankt die Wage und es ist kein gerechtes Urteil möglich." "Ich füge mich darin meinem Auftraggeber", sagte der Maler. "Ja gewiss", sagte K., der mit seiner Bemerkung niemanden hatte kränken wollen. "Sie haben die Figur so gemalt, wie sie auf dem Thronsessel wirklich steht." "Nein", sagte der Maler, "ich habe weder die Figur noch den Thronsessel gesehen, das alles ist Erfindung, aber es wurde mir angegeben, was ich zu malen habe." "Wie?" fragte K., er tat absichtlich, als verstehe er den Maler nicht völlig, "es ist doch ein Richter, der auf dem Richterstuhl sitzt." "Ja", sagte der Maler, "aber es ist kein hoher Richter und er ist niemals auf einem solchen Thronsessel gesessen." "Und lässt sich doch in so feierlicher Haltung malen? Er sitzt ja da wie ein Gerichtspräsident." "Ja, eitel sind die Herren", sagte der Maler. "Aber sie haben die höhere Erlaubnis sich so malen zu lassen. Jedem ist genau vorgeschrieben, wie er sich malen lassen darf. Nur kann man leider gerade nach diesem Bild die Einzelheiten der Tracht und des Sitzes nicht beurteilen, die Pastellfarben sind für solche Darstellungen nicht geeignet." "Ja", sagte K., "es ist sonderbar, dass es in Pastellfarben gemalt ist." "Der Richter wünschte es so", sagte der Maler, "es ist für eine Dame bestimmt." Der Anblick des Bildes schien ihm Lust zur Arbeit gemacht zu haben, er krempelte die Hemdsärmel aufwärts, nahm einige Stifte in die Hand und K. sah zu, wie unter den zitternden Spitzen der Stifte anschließend an den Kopf des Richters ein rötlicher Schatten sich bildete, der strahlenförmig gegen den Rand des Bildes verging. Allmählich umgab dieses Spiel des Schattens den Kopf wie ein Schmuck oder eine hohe Auszeichnung. Um die Figur der Gerechtigkeit aber blieb es bis auf eine unmerkliche Tönung hell, in dieser Helligkeit schien die Figur besonders vorzudringen, sie erinnerte kaum mehr an die Göttin der Gerechtigkeit, aber auch nicht an die des Sieges, sie sah jetzt vielmehr vollkommen wie die Göttin der Jagd aus. Die Arbeit des Malers zog K. mehr an als er wollte; schließlich aber machte er sich doch Vorwürfe, dass er solange schon hier war und im Grunde noch nichts für seine eigene Sache unternommen hatte. "Wie heißt dieser Richter?" fragte er plötzlich. "Das darf ich nicht sagen", antwortete der Maler, er war tief zum Bild hinabgebeugt und vernachlässigte deutlich seinen Gast, den er doch zuerst so rücksichtsvoll empfangen hatte. K. hielt das für eine Laune und ärgerte sich darüber weil er dadurch Zeit verlor.

"Sie sind wohl ein Vertrauensmann des Gerichtes?" fragte er. Sofort legte der Maler die Stifte beiseite, richtete sich auf, rieb die Hände an einander und sah K. lächelnd an. "Nur immer gleich mit der Wahrheit heraus", sagte er, "Sie wollen etwas über das Gericht erfahren, wie es ja auch in Ihrem Empfehlungsschreiben steht und haben zunächst über meine Bilder gesprochen um mich zu gewinnen. Aber ich nehme das nicht übel, Sie konnten ja nicht wissen, dass das bei mir unangebracht ist. Oh bitte!" sagte er scharf abwehrend, als K. etwas einwenden wollte. Und fuhr dann fort: "Im übrigen haben Sie mit Ihrer Bemerkung vollständig Recht, ich bin ein Vertrauensmann des Gerichtes." Er machte eine Pause, als wolle er K. Zeit lassen, sich mit dieser Tatsache abzufinden. Man hörte jetzt wieder hinter der Tür die Mädchen. Sie drängten sich wahrscheinlich um das Schlüsselloch, vielleicht konnte man auch durch die Ritzen ins Zimmer hereinsehen. K. unterließ es sich irgendwie zu entschuldigen denn er wollte den Maler nicht ablenken, wohl aber wollte er nicht, dass der Maler sich allzu überhebe und sich auf diese Weise gewissermaßen unerreichbar mache, er fragte deshalb: "Ist das eine öffentlich anerkannte Stellung?" "Nein", sagte der Maler kurz, als sei ihm dadurch die weitere Rede verschlagen. K. wollte ihn aber nicht verstummen lassen und sagte: "Nun, oft sind derartige nicht anerkannte Stellungen einflussreicher als die anerkannten." "Das ist eben bei mir der Fall", sagte der Maler und nickte mit zusammengezogener Stirn. "Ich sprach gestern mit dem Fabrikanten über Ihren Fall, er fragte mich ob ich Ihnen nicht helfen wollte, ich antwortete: "Der Mann kann ja einmal zu mir kommen" und nun freue ich mich, Sie so bald hier zu sehen. Die Sache scheint Ihnen ja sehr nahe zu gehen, worüber ich mich natürlich gar nicht wundere. Wollen Sie vielleicht zunächst Ihren Rock ablegen?" Trotzdem K. beabsichtigte nur ganz kurze Zeit hier zu bleiben, war ihm diese Aufforderung des Malers doch sehr willkommen. Die Luft im Zimmer war ihm allmählich drückend geworden, öfter hatte er schon verwundert auf einen kleinen zweifellos nicht geheizten Eisenofen in der Ecke hingesehen, die Schwüle im Zimmer war unerklärlich. Während er den Winterrock ablegte und auch noch den Rock aufknöpfte, sagte der Maler sich entschuldigend: "Ich muss Wärme haben. Es ist hier doch sehr behaglich, nicht? Das Zimmer ist in dieser Hinsicht sehr gut gelegen." K. sagte dazu nichts, aber es war nicht eigentlich die Wärme, die ihm Unbehagen machte, es war vielmehr die dumpfe das Atmen fast behindernde Luft, das Zimmer war wohl schon lange nicht gelüftet. Diese Unannehmlichkeit wurde für K. dadurch noch verstärkt, dass ihn der Maler bat sich auf das Bett zu setzen, während er selbst sich auf den einzigen Stuhl des Zimmers vor der Staffelei niedersetzte. Außerdem schien es der Maler misszuverstehen, warum K. nur am Bettrand blieb, er bat vielmehr, K. möchte es sich bequem machen und ging, da K. zögerte, selbst hin und drängte ihn tief in die Betten und Pölster hinein. Dann kehrte er wieder zu seinem Sessel zurück und stellte endlich die erste sachliche Frage, die K. alles andere vergessen ließ. "Sind Sie unschuldig?" fragte er. "Ja", sagte K. Die Beantwortung dieser Frage machte ihm geradezu Freude, besonders da sie gegenüber einem Privatmann, also ohne jede Verantwortung erfolgte. Noch niemand hatte ihn so offen gefragt. Um diese Freude auszukosten, fügte er noch hinzu: "Ich bin vollständig unschuldig." "So", sagte der Maler, senkte den Kopf und schien nachzudenken. Plötzlich hob er wieder den Kopf und sagte: "Wenn Sie unschuldig sind, dann ist ja die Sache sehr einfach." K.`s Blick trübte sich, dieser angebliche Vertrauensmann des Gerichtes redete wie ein unwissendes Kind. "Meine Unschuld vereinfacht die Sache nicht", sagte K. Er musste trotz allem lächeln und schüttelte langsam den Kopf "Es kommt auf viele Feinheiten an, in denen sich das Gericht verliert. Zum Schluss aber zieht es von irgendwoher wo ursprünglich gar nichts gewesen ist, eine große Schuld hervor." "Ja, ja gewiss", sagte der Maler, als störe K. unnötiger Weise seinen Gedankengang. "Sie sind aber doch unschuldig?" "Nun ja", sagte K. "Das ist die Hauptsache", sagte der Maler. Er war durch Gegengründe nicht zu beeinflussen, nur war es trotz seiner Entschiedenheit nicht klar, ob er aus Überzeugung oder nur aus Gleichgültigkeit so redete. K. wollte das zunächst feststellen und sagte deshalb: "Sie kennen ja gewiss das Gericht viel besser als ich, ich weiß nicht viel mehr als was ich darüber, allerdings von ganz verschiedenen Leuten gehört habe. Darin stimmten aber alle überein, dass leichtsinnige Anklagen nicht erhoben werden und dass das Gericht, wenn es einmal anklagt, fest von der Schuld des Angeklagten überzeugt ist und von dieser Überzeugung nur schwer abgebracht werden kann." "Schwer?" fragte der Maler und warf eine Hand in die Höhe. "Niemals ist das Gericht davon abzubringen. Wenn ich hier alle Richter neben einander auf eine Leinwand male und Sie werden sich vor dieser Leinwand verteidigen, so werden Sie mehr Erfolg haben als vor dem wirklichen Gericht." "Ja", sagte K. für sich und vergaß, dass er den Maler nur hatte ausforschen wollen.

Wieder begann ein Mädchen hinter der Tür zu fragen: "Titorelli, wird er denn nicht schon bald weggehen." "Schweigt", rief der Maler zur Tür hin, "seht ihr denn nicht, dass ich mit dem Herrn eine Besprechung habe." Aber das Mädchen gab sich damit nicht zufrieden sondern fragte: "Du wirst ihn malen?" Und als der Maler nicht antwortete sagte sie noch: "Bitte mal' ihn nicht, einen so hässlichen Menschen." Ein Durcheinander unverständlicher zustimmender Zurufe folgte. Der Maler machte einen Sprung zur Tür, öffnete sie bis zu einem Spalt - man sah die bittend vorgestreckten gefalteten Hände der Mädchen - und sagte: "Wenn ihr nicht still seid, werfe ich euch alle die Treppe hinunter. Setzt euch hier auf die Stufen und verhaltet euch ruhig." Wahrscheinlich folgten sie nicht gleich, sodass er kommandieren musste. "Nieder auf die Stufen!" Erst dann wurde es still.

"Verzeihen Sie", sagte der Maler als er zu K. wieder zurückkehrte. K. hatte sich kaum zur Tür hingewendet, er hatte es vollständig dem Maler überlassen, ob und wie er ihn in Schutz nehmen wollte. Er machte auch jetzt kaum eine Bewegung, als sich der Maler zu ihm niederbeugte und ihm, um draußen nicht gehört zu werden ins Ohr flüsterte: "Auch diese Mädchen gehören zum Gericht." "Wie?" fragte K., wich mit dem Kopf zur Seite und sah den Maler an. Dieser aber setzte sich wieder auf seinen Sessel und sagte halb im Scherz halb zur Erklärung: "Es gehört ja alles zum Gericht." "Das habe ich noch nicht bemerkt", sagte K. kurz, die allgemeine Bemerkung des Malers nahm dem Hinweis auf die Mädchen alles Beunruhigende. Trotzdem sah K. ein Weilchen lang zur Tür hin, hinter der die Mädchen jetzt still auf den Stufen saßen. Nur eines hatte einen Strohhalm durch eine Ritze zwischen den Balken gesteckt und führte ihn langsam auf und ab.

"Sie scheinen noch keinen Überblick über das Gericht zu haben", sagte der Maler, er hatte die Beine weit auseinander gestreckt und klatschte mit den Fußspitzen auf den Boden. "Da Sie aber unschuldig sind, werden Sie ihn auch nicht benötigen. Ich allein hole Sie heraus. " "Wie wollen Sie das tun?" fragte K. "Da Sie doch vor kurzem selbst gesagt haben, dass das Gericht für Beweisgründe vollständig unzugänglich ist." "Unzugänglich nur für Beweisgründe, die man vor dem Gericht vorbringt", sagte der Maler und hob den Zeigefinger, als habe K. einen feinen Unterschied nicht bemerkt. "Anders verhält es sich aber damit, was man in dieser Hinsicht hinter dem öffentlichen Gericht versucht, also in den Beratungszimmern, in den Korridoren oder z. B. auch hier im Atelier." Was der Maler jetzt sagte schien K. nicht mehr so unglaubwürdig, es zeigte vielmehr eine große Übereinstimmung mit dem, was K. auch von andern Leuten gehört hatte. Ja, es war sogar sehr hoffnungsvoll. Waren die Richter durch persönliche Beziehungen wirklich so leicht zu lenken, wie es der Advokat dargestellt hatte, dann waren die Beziehungen des Malers zu den eitlen Richtern besonders wichtig und jedenfalls keineswegs zu unterschätzen. Dann fügte sich der Maler sehr gut in den Kreis von Helfern, die K. allmählich um sich versammelte. Man hatte einmal in der Bank sein Organisationstalent gerühmt, hier, wo er ganz allein auf sich gestellt war, zeigte sich eine gute Gelegenheit es auf das Äußerste zu erproben. Der Maler beobachtete die Wirkung, die seine Erklärung auf K. gemacht hatte und sagte dann mit einer gewissen Ängstlichkeit: "Fällt es Ihnen nicht auf dass ich fast wie ein Jurist spreche? Es ist der ununterbrochene Verkehr mit den Herren vom Gericht, der mich so beeinflusst. Ich habe natürlich viel Gewinn davon, aber der künstlerische Schwung geht zum großen Teil verloren." "Wie sind Sie denn zum ersten Mal mit den Richtern in Verbindung gekommen?" fragte K., er wollte zuerst das Vertrauen des Malers gewinnen, bevor er ihn geradezu in seine Dienste nahm. "Das war sehr einfach", sagte der Maler, "ich habe diese Verbindung geerbt. Schon mein Vater war Gerichtsmaler. Es ist das eine Stellung die sich immer vererbt. Man kann dafür neue Leute nicht brauchen. Es sind nämlich für das Malen der verschiedenen Beamtengrade so Verschiedene vielfache und vor allem geheime Regeln aufgestellt, dass sie überhaupt nicht außerhalb bestimmter Familien bekannt werden. Dort in der Schublade z. B. habe ich die Aufzeichnungen meines Vaters, die ich niemandem zeige. Aber nur wer sie kennt ist zum Malen von Richtern befähigt. Jedoch selbst wenn ich sie verlieren würde, blieben mir noch so viele Regeln, die ich allein in meinem Kopfe trage, dass mir niemand meine Stellung streitig machen könnte. Es will doch jeder Richter so gemalt werden wie die alten großen Richter gemalt worden sind und das kann nur ich." "Das ist beneidenswert", sagte K., der an seine Stellung in der Bank dachte, "Ihre Stellung ist also unerschütterlich?" "Ja unerschütterlich", sagte der Maler und hob stolz die Achseln. "Deshalb kann ich es auch wagen hie und da einem armen Mann, der einen Prozess hat, zu helfen." "Und wie tun Sie das?" fragte K., als sei es nicht er, den der Maler soeben einen armen Mann genannt hatte. Der Maler aber ließ sich nicht ablenken, sondern sagte: "In Ihrem Fall z.B. werde ich, da Sie vollständig unschuldig sind, Folgendes unternehmen." Die wiederholte Erwähnung seiner Unschuld wurde K. schon lästig. Ihm schien es manchmal als mache der Maler durch solche Bemerkungen einen günstigen Ausgang des Prozesses zur Voraussetzung seiner Hilfe, die dadurch natürlich in sich selbst zusammenfiel. Trotz dieser Zweifel bezwang sich aber K. und unterbrach den Maler nicht. Verzichten wollte er auf die Hilfe des Malers nicht, dazu war er entschlossen, auch schien ihm diese Hilfe durchaus nicht fragwürdiger als die des Advokaten zu sein. K. zog sie jener sogar bei weitem vor, weil sie harmloser und offener dargeboten wurde.

Der Maler hatte seinen Sessel näher zum Bett gezogen und fuhr mit gedämpfter Stimme fort: "Ich habe vergessen Sie zunächst zu fragen, welche Art der Befreiung Sie wünschen. Es gibt drei Möglichkeiten, nämlich die wirkliche Freisprechung, die scheinbare Freisprechung und die Verschleppung. Die wirkliche Freisprechung ist natürlich das Beste, nur habe ich nicht den geringsten Einfluss auf diese Art der Lösung. Es gibt meiner Meinung nach überhaupt keine einzelne Person, die auf die wirkliche Freisprechung Einfluss hätte. Hier entscheidet wahrscheinlich nur die Unschuld des Angeklagten. Da Sie unschuldig sind, wäre es wirklich möglich, dass Sie sich allein auf Ihre Unschuld verlassen. Dann brauchen Sie aber weder mich noch irgendeine andere Hilfe."

Diese geordnete Darstellung verblüffte K. anfangs, dann aber sagte er ebenso leise wie der Maler: "Ich glaube Sie widersprechen sich." "Wie denn?" fragte der Maler geduldig und lehnte sich lächelnd zurück. Dieses Lächeln erweckte in K. das Gefühl, als ob er jetzt daran gehe, nicht in den Worten des Malers sondern in dem Gerichtsverfahren selbst Widersprüche zu entdecken. Trotzdem wich er aber nicht zurück und sagte: "Sie haben früher die Bemerkung gemacht, dass das Gericht für Beweisgründe unzugänglich ist, später haben Sie dies auf das öffentliche Gericht eingeschränkt und jetzt sagen Sie sogar, dass der Unschuldige vor dem Gericht keine Hilfe braucht. Darin liegt schon ein Widerspruch. Außerdem aber haben Sie früher gesagt, dass man die Richter persönlich beeinflussen kann, stellen aber jetzt in Abrede, dass die wirkliche Freisprechung, wie Sie sie nennen, jemals durch persönliche Beeinflussung zu erreichen ist. Darin liegt der zweite Widerspruch." "Diese Widersprüche sind leicht aufzuklären", sagte der Maler. "Es ist hier von zwei verschiedenen Dingen die Rede, von dem was im Gesetz steht und von dem was ich persönlich erfahren habe, das dürfen Sie nicht verwechseln. Im Gesetz, ich habe es allerdings nicht gelesen, steht natürlich einerseits dass der Unschuldige freigesprochen wird, andererseits steht dort aber nicht, dass die Richter beeinflusst werden können. Nun habe aber ich gerade das Gegenteil dessen erfahren. Ich weiß von keiner wirklichen Freisprechung, wohl aber von vielen Beeinflussungen. Es ist natürlich möglich dass in allen mir bekannten Fällen keine Unschuld vorhanden war. Aber ist das nicht unwahrscheinlich? In so vielen Fällen keine einzige Unschuld? Schon als Kind hörte ich dem Vater genau zu, wenn er zu Hause von Prozessen erzählte, auch die Richter, die in sein Atelier kamen, erzählten vom Gericht, man spricht in unsern Kreisen überhaupt von nichts anderem, kaum bekam ich die Möglichkeit selbst zu Gericht zu gehen, nützte ich sie immer aus, unzählbare Prozesse habe ich in wichtigen Stadien angehört und so weit sie sichtbar sind verfolgt und - ich muss es zugeben - nicht einen einzigen wirklichen Freispruch erlebt." "Keinen einzigen Freispruch also", sagte K. als rede er zu sich selbst und zu seinen Hoffnungen. "Das bestätigt aber die Meinung die ich von dem Gericht schon habe. Es ist also auch von dieser Seite zwecklos. Ein einziger Henker könnte das ganze Gericht ersetzen." "Sie dürfen nicht verallgemeinern", sagte der Maler unzufrieden, "ich habe ja nur von meinen Erfahrungen gesprochen." "Das genügt doch", sagte K., "oder haben Sie von Freisprüchen aus früherer Zeit gehört?" "Solche Freisprüche", antwortete der Maler, "soll es allerdings gegeben haben. Nur ist es sehr schwer das festzustellen. Die abschließenden Entscheidungen des Gerichtes werden nicht veröffentlicht, sie sind nicht einmal den Richtern zugänglich, infolgedessen haben sich über alte Gerichtsfalle nur Legenden erhalten. Diese enthalten allerdings sogar in der Mehrzahl wirkliche Freisprechungen, man kann sie glauben, nachweisbar sind sie aber nicht. Trotzdem muss man sie nicht ganz vernachlässigen, eine gewisse Wahrheit enthalten sie wohl gewiss, auch sind sie sehr schön, ich selbst habe einige Bilder gemalt, die solche Legenden zum Inhalt haben." "Bloße Legenden ändern meine Meinung nicht", sagte K., "man kann sich wohl auch vor Gericht auf diese Legenden nicht berufen?" Der Maler lachte. "Nein, das kann man nicht", sagte er. "Dann ist es nutzlos darüber zu reden", sagte K., er wollte vorläufig alle Meinungen des Malers hinnehmen, selbst wenn er sie für unwahrscheinlich hielt und sie andern Berichten widersprachen. Er hatte jetzt nicht die Zeit alles was der Maler sagte auf die Wahrheit hin zu überprüfen oder gar zu widerlegen, es war schon das Äußerste erreicht, wenn er den Maler dazu bewog, ihm in irgendeiner, sei es auch in einer nicht entschiedenden Weise zu helfen. Darum sagte er: "Sehen wir also von der wirklichen Freisprechung ab, Sie erwähnten aber noch zwei andere Möglichkeiten." "Die scheinbare Freisprechung und die Verschleppung. Um die allein kann es sich handeln", sagte der Maler. "Wollen Sie aber nicht, ehe wir davon reden, den Rock ausziehen. Es ist Ihnen wohl heiß." "Ja", sagte K., der bisher auf nichts als auf die Erklärungen des Malers geachtet hatte, dem aber jetzt, da er an die Hitze erinnert worden war, starker Schweiß auf der Stirn ausbrach. "Es ist fast unerträglich." Der Maler nickte, als verstehe er K.'s Unbehagen sehr gut. "Könnte man nicht das Fenster öffnen?" fragte K. "Nein", sagte der Maler. "Es ist bloß eine fest eingesetzte Glasscheibe, man kann es nicht öffnen."Jetzt erkannte K., dass er die ganze Zeit über darauf gehofft hatte, plötzlich werde der Maler oder er zum Fenster gehen und es aufreißen. Er war darauf vorbereitet, selbst den Nebel mit offenem Mund einzuatmen. Das Gefühl hier von der Luft vollständig abgesperrt zu sein verursachte ihm Schwindel. Er schlug leicht mit der Hand auf das Federbett neben sich und sagte mit schwacher Stimme: "Das ist ja unbequem und ungesund." "Oh nein", sagte der Maler zur Verteidigung seines Fensters. "Dadurch dass es nicht aufgemacht werden kann, wird, trotzdem es nur eine einfache Scheibe ist, die Wärme hier besser fest gehalten als durch ein Doppelfenster. Will ich aber lüften, was nicht sehr notwendig ist, da durch die Balkenritzen überall Luft eindringt, kann ich eine meiner Türen oder sogar beide öffnen." K. durch diese Erklärung ein wenig getröstet blickte herum, um die zweite Tür zu finden. Der Maler bemerkte das und sagte: "Sie ist hinter Ihnen, ich musste sie durch das Bett verstellen." Jetzt erst sah K. die kleine Türe in der Wand. "Es ist eben hier alles viel zu klein für ein Atelier", sagte der Maler, als wolle er einem Tadel K.'s zuvorkommen. "Ich musste mich einrichten so gut es ging. Das Bett vor der Tür steht natürlich an einem sehr schlechten Platz. Der Richter z.B. den ich jetzt male, kommt immer durch die Tür beim Bett und ich habe ihm auch einen Schlüssel von dieser Tür gegeben, damit er auch wenn ich nicht zu Hause bin, hier im Atelier auf mich warten kann. Nun kommt er aber gewöhnlich früh am Morgen während ich noch schlafe. Es reißt mich natürlich immer aus dem tiefsten Schlaf wenn sich neben dem Bett die Türe öffnet. Sie würden jede Ehrfurcht vor den Richtern verlieren, wenn Sie die Flüche hören würden, mit denen ich ihn empfange, wenn früh er über mein Bett steigt. Ich könnte ihm allerdings den Schlüssel wegnehmen, aber es würde dadurch nur ärger werden. Man kann hier alle Türen mit der geringsten Anstrengung aus den Angeln brechen." Während dieser ganzen Rede überlegte K. ob er den Rock ausziehen sollte, er sah aber schließlich ein, dass er wenn er es nicht tat unfähig war, hier noch länger zu bleiben, er zog daher den Rock aus, legte ihn aber über die Knie, um ihn falls die Besprechung zu Ende wäre, sofort wieder anziehen zu können. Kaum hatte er den Rock ausgezogen, rief eines der Mädchen: "Er hat schon den Rock ausgezogen" und man hörte wie sich alle zu den Ritzen drängten, um das Schauspiel selbst zu sehen. "Die Mädchen glauben nämlich", sagte der Maler, "dass ich Sie malen werde und dass Sie sich deshalb ausziehn." "So", sagte K. nur wenig belustigt, denn er fühlte sich nicht viel besser als früher trotzdem er jetzt in Hemdsärmeln da saß. Fast mürrisch fragte er: "Wie nannten Sie die zwei andern Möglichkeiten?" Er hatte die Ausdrücke schon wieder vergessen. "Die scheinbare Freisprechung und die Verschleppung", sagte der Maler. "Es liegt an Ihnen, was Sie davon wählen. Beides ist durch meine Hilfe erreichbar, natürlich nicht ohne Mühe, der Unterschied in dieser Hinsicht ist der, dass die scheinbare Freisprechung eine gesammelte zeitweilige, die Verschleppung eine viel geringere aber dauernde Anstrengung verlangt. Zunächst also die scheinbare Freisprechung. Wenn Sie diese wünschen sollten, schreibe ich auf einem Bogen Papier eine Bestätigung Ihrer Unschuld auf. Der Text für eine solche Bestätigung ist mir von meinem Vater überliefert und ganz unangreifbar. Mit dieser Bestätigung mache ich nun einen Rundgang bei den mir bekannten Richtern. Ich fange also etwa damit an, dass ich dem Richter, den ich jetzt male, heute Abend wenn er zur Sitzung kommt, die Bestätigung vorlege. Ich lege ihm die Bestätigung vor, erkläre ihm dass Sie unschuldig sind und verbürge mich für Ihre Unschuld. Das ist aber keine bloß äußerliche, sondern eine wirkliche bindende Bürgschaft. "In den Blicken des Malers lag es wie ein Vorwurf, dass K.

ihm die Last einer solchen Bürgschaft auferlegen wolle. "Das wäre ja sehr freundlich", sagte K. "Und der Richter würde Ihnen glauben und mich trotzdem nicht wirklich freisprechen?" "Wie ich schon sagte", antwortete der Maler. "Übrigens ist es durchaus nicht sicher, dass jeder mir glauben würde, mancher Richter wird z.B. verlangen, dass ich Sie selbst zu ihm hinführe. Dann müssten Sie also einmal mitkommen. Allerdings ist in einem solchen Fall die Sache schon halb gewonnen, besonders da ich Sie natürlich vorher genau darüber unterrichten würde, wie Sie sich bei dem betreffenden Richter zu verhalten haben. Schlimmer ist es bei den Richtern, die mich - auch das wird vorkommen - von vornherein abweisen. Auf diese müssen wir, wenn ich es auch an mehrfachen Versuchen gewiss nicht fehlen lassen werde, verzichten, wir dürfen das aber auch, denn einzelne Richter können hier nicht den Ausschlag geben. Wenn ich nun auf dieser Bestätigung eine genügende Anzahl von Unterschriften der Richter habe, gehe ich mit dieser Bestätigung zu dem Richter, der Ihren Prozess gerade führt. Möglicherweise habe ich auch seine Unterschrift, dann entwickelt sich alles noch ein wenig rascher, als Sonst. Im Allgemeinen gibt es dann aber überhaupt nicht mehr viel Hindernisse, es ist dann für den Angeklagten die Zeit der höchsten Zuversicht. Es ist merkwürdig aber wahr, die Leute sind in dieser Zeit zuversichtlicher als nach dem Freispruch. Es bedarf jetzt keiner besonderen Mühe mehr. Der Richter besitzt in der Bestätigung die Bürgschaft einer Anzahl von Richtern, kann Sie unbesorgt freisprechen und wird es allerdings nach Durchführung verschiedener Formalitäten mir und andern Bekannten zu Gefallen zweifellos tun. Sie aber treten aus dem Gericht und sind frei." "Dann bin ich also frei", sagte K. zögernd. "Ja", sagte der Maler, "aber nur scheinbar frei oder besser ausgedrückt zeitweilig frei. Die untersten Richter nämlich, zu denen meine Bekannten gehören, haben nicht das Recht endgültig freizusprechen, dieses Recht hat nur das oberste, für Sie, für mich und für uns alle ganz unerreichbare Gericht. Wie es dort aussieht wissen wir nicht und wollen wir nebenbei gesagt auch nicht wissen. Das große Recht, von der Anklage zu befreien haben also unsere Richter nicht, wohl aber haben sie das Recht von der Anklage loszulösen. Das heißt, wenn Sie auf diese Weise freigesprochen werden, sind Sie für den Augenblick der Anklage entzogen, aber sie schwebt auch weiterhin über Ihnen und kann, sobald nur der höhere Befehl kommt, sofort in Wirkung treten. Da ich mit dem Gericht in so guter Verbindung stehe kann ich Ihnen auch sagen wie sich in den Vorschriften für die Gerichtskanzleien der Unterschied zwischen der wirklichen und der scheinbaren Freisprechung rein äußerlich zeigt. Bei einer wirklichen Freisprechung sollen die Prozessakten vollständig abgelegt werden, sie verschwinden gänzlich aus dem Verfahren, nicht nur die Anklage, auch der Prozess und sogar der Freispruch sind vernichtet, alles ist vernichtet. Anders beim scheinbaren Freispruch. Mit dem Akten ist keine weitere Veränderung vor sich gegangen, als dass er um die Bestätigung der Unschuld, um den Freispruch und um die Begründung des Freispruchs bereichert worden ist. Im Übrigen aber bleibt er im Verfahren, er wird wie es der ununterbrochene Verkehr der Gerichtskanzleien erfordert, zu den höheren Gerichten weitergeleitet, kommt zu den niedrigem zurück und pendelt so mit größeren und kleinem Schwingungen, mit größeren und kleinem Stockungen auf und ab. Diese Wege sind unberechenbar. Von außen gesehen kann es manchmal den Anschein bekommen, dass alles längst vergessen, der Akt verloren und der Freispruch ein vollkommener ist. Ein Eingeweihter wird das nicht glauben. Es geht kein Akt verloren, es gibt bei Gericht kein Vergessen. Eines Tages - niemand erwartet es - nimmt irgendein Richter den Akt aufmerksamer in die Hand, erkennt dass in diesem Fall die Anklage noch lebendig ist und ordnet die sofortige Verhaftung an. Ich habe hier angenommen, dass zwischen dem scheinbaren Freispruch und der neuen Verhaftung eine lange Zeit vergeht, das ist möglich und ich weiß von solchen Fällen, es ist aber ebenso gut möglich, dass der Freigesprochene vom Gericht nach Hause kommt und dort schon Beauftragte warten, um ihn wieder zu verhaften. Dann ist natürlich das freie Leben zu Ende." "Und der Prozess beginnt von neuem?" fragte K. fast ungläubig. "Allerdings", sagte der Maler, "der Prozess beginnt von neuem, es besteht aber wieder die Möglichkeit ebenso wie früher, einen scheinbaren Freispruch zu erwirken. Man muss wieder alle

Kräfte zusammennehmen und darf sich nicht ergeben." Das Letztere sagte der Maler vielleicht unter dem Eindruck, den K., der ein wenig zusammengesunken war, auf ihn machte. "Ist aber", fragte K. als wolle er jetzt irgendwelchen Enthüllungen des Malers zuvorkommen, "die Erwirkung eines zweiten Freispruches nicht schwieriger als die des Ersten?" "Man kann", antwortete der Maler, "in dieser Hinsicht nichts Bestimmtes sagen. Sie meinen wohl dass die Richter durch die zweite Verhaftung in ihrem Urteil zu Ungunsten des Angeklagten beeinflusst werden? Das ist nicht der Fall. Die Richter haben ja schon beim Freispruch diese Verhaftung vorhergesehen. Dieser Umstand wirkt also kaum ein. Wohl aber kann aus zahllosen sonstigen Gründen die Stimmung der Richter sowie ihre rechtliche Beurteilung des Falles eine andere geworden sein und die Bemühungen um den zweiten Freispruch müssen daher den veränderten Umständen angepasst werden und im Allgemeinen ebenso kräftig sein wie die vor dem ersten Freispruch." "Aber dieser zweite Freispruch ist doch wieder nicht endgültig", sagte K. und drehte abweisend den Kopf "Natürlich nicht", sagte der Maler, "dem zweiten Freispruch folgt die dritte Verhaftung, dem dritten Freispruch die vierte Verhaftung und so fort. Das liegt schon im Begriff des scheinbaren Freispruchs." K. schwieg. "Der scheinbare Freispruch scheint Ihnen offenbar nicht vorteilhaft zu sein", sagte der Maler, "vielleicht entspricht Ihnen die Verschleppung besser. Soll ich Ihnen das Wesen der Verschleppung erklären?" K. nickte. Der Maler hatte sich breit in seinem Sessel zurückgelehnt, das Nachthemd war weit offen, er hatte eine Hand darunter geschoben, mit der er über die Brust und die Seiten strich. "Die Verschleppung", sagte der Maler und sah einen Augenblick vor sich hin, als suche er eine vollständig zutreffende Erklärung, "die Verschleppung besteht darin, dass der Prozess dauernd im niedrigsten Prozessstadium erhalten wird. Um dies zu erreichen ist es nötig, dass der Angeklagte und der Helfer, insbesondere aber der Helfer in ununterbrochener persönlicher Fühlung mit dem Gerichte bleibt. Ich wiederhole, es ist hierfür kein solcher Kraftaufwand nötig wie bei der Erreichung eines scheinbaren Freispruchs, wohl aber ist eine viel größere Aufmerksamkeit nötig. Man darf den Prozess nicht aus dem Auge verlieren, man muss zu dem betreffenden Richter in regelmäßigen Zwischenräumen und außerdem bei besonderen Gelegenheiten gehen und ihn auf jede Weise sich freundlich zu erhalten suchen; ist man mit dem Richter nicht persönlich bekannt, so muss man durch bekannte Richter ihn beeinflussen lassen, ohne dass man etwa deshalb die unmittelbaren Besprechungen aufgeben dürfte. Versäumt man in dieser Hinsicht nichts, so kann man mit genügender Bestimmtheit annehmen, dass der Prozess über sein erstes Stadium nicht hinauskommt. Der Prozess hört zwar nicht auf, aber der Angeklagte ist vor einer Verurteilung fast ebenso gesichert, wie wenn er frei wäre. Gegenüber dem scheinbaren Freispruch hat die Verschleppung den Vorteil, dass die Zukunft des Angeklagten weniger unbestimmt ist, er bleibt vor dem Schrecken der plötzlichen Verhaftungen bewahrt und muss nicht fürchten, etwa gerade zu Zeiten, wo seine sonstigen Umstände dafür am wenigsten günstig sind, die Anstrengungen und Aufregungen auf sich nehmen zu müssen, welche mit der Erreichung des scheinbaren Freispruchs verbunden sind. Allerdings hat auch die Verschleppung für den Angeklagten gewisse Nachteile die man nicht unterschätzen darf. Ich denke hierbei nicht daran, dass hier der Angeklagte niemals frei ist, das ist er ja auch bei der scheinbaren Freisprechung im eigentlichen Sinne nicht. Es ist ein anderer Nachteil. Der Prozess kann nicht stillstehen, ohne dass wenigstens scheinbare Gründe dafür vorliegen. Es muss deshalb im Prozess nach außen hin etwas geschehen. Es müssen also von Zeit zu Zeit verschiedene Anordnungen getroffen werden, der Angeklagte muss verhört werden, Untersuchungen müssen stattfinden u.s.w. Der Prozess muss eben immerfort in dem kleinen Kreis, auf den er künstlich eingeschränkt worden ist, gedreht werden. Das bringt natürlich gewisse Unannehmlichkeiten für den Angeklagten mit sich, die Sie sich aber wiederum nicht zu schlimm vorstellen dürfen. Es ist ja alles nur äußerlich, die Verhöre beispielsweise sind also nur ganz kurz, wenn man einmal keine Zeit oder keine Lust hat hinzugehen, darf man sich entschuldigen, man kann sogar bei gewissen Richtern die Anordnungen für eine lange Zeit im Voraus gemeinsam festsetzen, es handelt sich im Wesen nur darum, dass man, da man Angeklagter ist, von Zeit zu Zeit bei seinem Richter sich meldet." Schon während der letzten Worte hatte K. den Rock über den Arm gelegt und war aufgestanden. "Er steht schon auf", rief es sofort draußen vor der Tür. "Sie wollen schon fortgehen?" fragte der Maler, der auch aufgestanden war. "Es ist gewiss die Luft, die Sie von hier vertreibt. Es ist mir sehr peinlich. Ich hätte Ihnen auch noch manches zu sagen. Ich musste mich ganz kurz fassen. Ich hoffe aber verständlich gewesen zu sein." "O ja", sagte K., dem von der Anstrengung mit der er sich zum Zuhören gezwungen hatte der Kopf schmerzte. Trotz dieser Bestätigung sagte der Maler alles noch einmal zusammenfassend, als wolle er K. auf den Heimweg einen Trost mitgeben:

"Beide Methoden haben das Gemeinsame, dass sie eine Verurteilung des Angeklagten verhindern." "Sie verhindern aber auch die wirkliche Freisprechung", sagte K. leise, als schäme er sich das erkannt zu haben. "Sie haben den Kern der Sache erfasst", sagte der Maler schnell. K. legte die Hand auf seinen Winterrock, konnte sich aber nicht einmal entschließen, den Rock anzuziehen. Am liebsten hätte er alles zusammengepackt und wäre damit an die frische Luft gelaufen. Auch die Mädchen konnten ihn nicht dazu bewegen sich anzuziehen, trotzdem sie verfrüht schon einander zuriefen, dass er sich anziehe. Dem Maler lag daran K.'s Stimmung irgendwie zu deuten, er sagte deshalb: "Sie haben sich wohl hinsichtlich meiner Vorschläge noch nicht entschieden. Ich billige das. Ich hätte Ihnen sogar davon abgeraten sich sofort zu entscheiden. Die Vorteile und Nachteile sind haarfein. Man muss alles genau abschätzen. Allerdings darf man auch nicht zu viel Zeit verlieren." "Ich werde bald wiederkommen", sagte K., der in einem plötzlichen Entschluss den Rock anzog, den Mantel über die Schulter warf und zur Tür eilte, hinter der jetzt die Mädchen zu schreien anfingen. K. glaubte die schreienden Mädchen durch die Tür zu sehen. "Sie müssen aber Wort halten", sagte der Maler, der ihm nicht gefolgt war, "sonst komme ich in die Bank, um selbst nachzufragen." "Sperren Sie doch die Tür auf", sagte K. und riss an der Klinke, die die Mädchen, wie er an dem Gegendruck merkte, draußen fest hielten. "Wollen Sie von den Mädchen belästigt werden?" fragte der Maler. "Benützen Sie doch lieber diesen Ausgang" und er zeigte auf die Tür hinter dem Bett. K. war damit einverstanden und sprang zum Bett zurück. Aber statt die Tür dort zu öffnen, kroch der Maler unter das Bett und fragte von unten: "Nur noch einen Augenblick. Wollen Sie nicht noch ein Bild sehen, das ich Ihnen verkaufen könnte?" K. wollte nicht unhöflich sein, der Maler hatte sich wirklich seiner angenommen und versprochen ihm weiterhin zu helfen, auch war infolge der Vergeblichkeit K.`s über die Entlohnung für die Hilfe noch gar nicht gesprochen worden, deshalb konnte ihn K. jetzt nicht abweisen und ließ sich das Bild zeigen, wenn er auch vor Ungeduld zitterte, aus dem Atelier wegzukommen. Der Maler zog unter dem Bett einen Haufen ungerahmter Bilder hervor, die so mit Staub bedeckt waren, dass dieser, als ihn der Maler vom obersten Bild wegzublasen suchte, längere Zeit atemberaubend K. vor den Augen wirbelte. "Eine Heidelandschaft", sagte der Maler und reichte K. das Bild. Es stellte zwei schwache Bäume dar, die weit von einander entfernt im dunklen Gras standen. Im Hintergrund war ein vielfarbiger Sonnenuntergang. "Schön", sagte K., "ich kaufe es." K. hatte unbedacht sich so kurz geäußert, er war daher froh, als der Maler statt dies übel zu nehmen, ein zweites Bild vom Boden aufhob. "Hier ist ein Gegenstück zu diesem Bild", sagte der Maler. Es mochte als Gegenstück beabsichtigt sein, es war aber nicht der geringste Unterschied gegenüber dem ersten Bild zu merken, hier waren die Bäume, hier das Gras und dort der Sonnenuntergang. Aber K. lag wenig daran. "Es sind schöne Landschaften", sagte er, "ich kaufe beide und werde sie in meinem Büro aufhängen." "Das Motiv scheint Ihnen zu gefallen", sagte der Maler und holte ein drittes Bild herauf, "es trifft sich gut, dass ich noch ein ähnliches Bild hier habe." Es war aber nicht ähnlich, es war vielmehr die völlig gleiche alte Heidelandschaft. Der Maler nützte diese Gelegenheit alte Bilder zu verkaufen, gut aus. "Ich nehme auch dieses noch", sagte K. "Wie viel kosten die drei Bilder?" "Darüber werden wir nächstens sprechen", sagte der Maler, "Sie haben jetzt Eile und wir bleiben doch in Verbindung. Im Übrigen freut es mich, dass Ihnen die Bilder gefallen, ich werde Ihnen alle Bilder mitgeben, die ich hier unten habe. Es sind lauter Heidelandschaften, ich habe schon viele Heidelandschaften gemalt. Manche Leute weisen solche Bilder ab, weil sie zu düster sind, andere aber und Sie gehören zu ihnen, lieben gerade das Düstere." Aber K. hatte jetzt keinen Sinn für die beruflichen Erfahrungen des Bettelmalers. "Packen Sie alle Bilder ein", rief er, dem Maler in die Rede fallend, "morgen kommt mein Diener und wird sie holen." "Es ist nicht nötig", sagte der Maler. "Ich hoffe ich werde Ihnen einen Träger verschaffen können, der gleich mit Ihnen gehen wird." Und er beugte sich endlich über das Bett und sperrte die Tür auf. "Steigen Sie ohne Scheu auf das Bett", sagte der Maler, "das tut jeder der hier hereinkommt." K. hätte auch ohne diese Aufforderung keine Rücksicht genommen, er hatte sogar schon einen Fuß mitten auf das Federbett gesetzt, da sah er durch die offene Tür hinaus und zog den Fuß wieder zurück. "Was ist das?" fragte er den Maler. "Worüber staunen Sie?" fragte dieser, seinerseits staunend. "Es sind die Gerichtskanzleien. Wussten Sie nicht, dass hier Gerichtskanzleien sind? Gerichtskanzleien sind doch fast auf jedem Dachboden, warum sollten sie gerade hier fehlen? Auch mein Atelier gehört eigentlich zu den Gerichtskanzleien, das Gericht hat es mir aber zur Verfügung gestellt." K. erschrak nicht so sehr darüber, dass er auch hier Gerichtskanzleien gefunden hatte, er erschrak hauptsächlich über sich, über seine Unwissenheit in Gerichtssachen. Als eine Grundregel für das Verhalten eines Angeklagten erschien es ihm, immer vorbereitet zu sein, sich niemals überraschen zu lassen, nicht ahnungslos nach rechts zu schauen, wenn links der Richter neben ihm stand - und gerade gegen diese Grundregel verstieß er immer wieder. Vor ihm dehnte sich ein langer Gang, aus dem eine Luft wehte, mit der verglichen die Luft im Atelier erfrischend war. Bänke waren zu beiden Seiten des Ganges aufgestellt, genau so wie im Wartezimmer der Kanzlei, die für K. zuständig war. Es schienen genaue Vorschriften für die Einrichtung von Kanzleien zu bestehen. Augenblicklich war der Parteienverkehr hier nicht sehr groß. Ein Mann saß dort halb liegend, das Gesicht hatte er auf der Bank in seine Arme vergraben und schien zu schlafen; ein anderer stand im Halbdunkel am Ende des Ganges. K. stieg nun über das Bett, der Maler folgte ihm mit den Bildern. Sie trafen bald einen Gerichtsdiener - K. erkannte jetzt schon alle Gerichtsdiener an dem Goldknopf, den diese an ihrem Zivilanzug unter den gewöhnlichen Knöpfen hatten - und der Maler gab ihm den Auftrag, K. mit den Bildern zu begleiten. K. wankte mehr als er ging, das Taschentuch hielt er an den Mund gedrückt. Sie waren schon nahe dem Ausgang, da stürmten ihnen die Mädchen entgegen, die also K. auch nicht erspart geblieben waren. Sie hatten offenbar gesehen, dass die zweite Tür des Ateliers geöffnet worden war und hatten den Umweg gemacht, um von dieser Seite einzudringen. "Ich kann Sie nicht mehr begleiten", rief der Maler lachend unter dem Andrang der Mädchen. "Auf Wiedersehen! Und überlegen Sie nicht zu lange!" K. sah sich nicht einmal nach ihm um. Auf der Gasse nahm er den ersten Wagen, der ihm in den Weg kam. Es lag ihm viel daran, den Diener loszuwerden, dessen Goldknopf ihm unaufhörlich in die Augen stach, wenn er auch sonst wahrscheinlich niemandem auffiel. In seiner Dienstfertigkeit wollte sich der Diener noch auf den Kutschbock setzen, K. jagte ihn aber herunter. Mittag war schon längst vorüber, als K. vor der Bank ankam. Er hätte gern die Bilder im Wagen gelassen, fürchtete aber, bei irgendeiner Gelegenheit genötigt zu werden, sich dem Maler gegenüber mit ihnen auszuweisen. Er ließ sie daher in sein Büro schaffen und versperrte sie in die unterste Lade seines Tisches, um sie wenigstens für die allernächsten Tage vor den Blicken des Direktor-Stellvertreters in Sicherheit zu bringen.

Kaufmann Block
Kündigung des Advokaten

Endlich hatte sich K. doch entschlossen, dem Advokaten seine Vertretung zu entziehen. Zweifel daran, ob es richtig war, so zu handeln, waren zwar nicht auszurotten, aber die Überzeugung von der Notwendigkeit dessen überwog. Die Entschließung hatte K. an dem Tage an dem er zum Advokaten gehen wollte, viel Arbeitskraft entzogen, er arbeitete besonders langsam, er musste sehr lange im Büro bleiben und es war schon zehn Uhr vorüber, als er endlich vor der Tür des Advokaten stand. Noch ehe er läutete überlegte er, ob es nicht besser wäre, dem Advokaten telefonisch oder brieflich zu kündigen, die persönliche Unterredung würde gewiss sehr peinlich werden. Trotzdem wollte K. schließlich auf sie nicht verzichten, bei jeder andern Art der Kündigung würde diese stillschweigend oder mit ein paar förmlichen Worten angenommen werden und K. würde, wenn nicht etwa Leni einiges erforschen könnte, niemals erfahren, wie der Advokat die Kündigung aufgenommen hatte und was für Folgen für K. diese Kündigung nach der nicht unwichtigen Meinung des Advokaten haben könnte. Saß aber der Advokat K. gegenüber und wurde er von der Kündigung überrascht, so würde K., selbst wenn der Advokat sich nicht viel entlocken ließ, aus seinem Gesicht und seinem Benehmen alles was er wollte, leicht entnehmen können. Es war sogar nicht ausgeschlossen, dass er überzeugt wurde, dass es doch gut wäre, dem Advokaten die Verteidigung zu überlassen und dass er dann seine Kündigung zurückzog.

Das erste Läuten an der Tür des Advokaten war, wie gewöhnlich, zwecklos. "Leni könnte flinker sein", dachte K. Aber es war schon ein Vorteil, wenn sich nicht die andere Partei einmischte, wie sie es gewöhnlich tat, sei es dass der Mann im Schlafrock oder sonst jemand zu belästigen anfing. Während K. zum zweiten Mal den Knopf drückte, sah er nach der andern Tür zurück, diesmal aber blieb auch sie geschlossen. Endlich erschienen an dem Guckfenster der Tür des Advokaten zwei Augen, es waren aber nicht Leni's Augen. Jemand schloss die Tür auf, stemmte sich aber noch vorläufig gegen sie, rief in die Wohnung zurück "Er ist es" und öffnete erst dann vollständig. K. hatte gegen die Tür gedrängt, denn schon hörte er wie hinter ihm in der Tür der andern Wohnung der Schlüssel hastig im Schloss gedreht wurde. Als sich daher die Tür vor ihm endlich öffnete, stürmte er geradezu ins Vorzimmer und sah noch, wie durch den Gang, der zwischen den Zimmern hindurchführte, Leni, welcher der Warnungsruf des Türöffners gegolten hatte, im Hemd davonlief Er blickte ihr ein Weilchen nach und sah sich dann nach dem Türöffner um. Es war ein kleiner dürrer

Mann mit Vollbart, er hielt eine Kerze in der Hand. "Sie sind hier angestellt?" fragte K. "Nein", antwortete der Mann, "ich bin hier fremd, der Advokat ist nur mein Vertreter, ich bin hier wegen einer Rechtsangelegenheit." "Ohne Rock?" fragte K. und zeigte mit einer Handbewegung auf die mangelhafte Bekleidung des Mannes. "Ach verzeihen Sie", sagte der Mann und beleuchtete sich selbst mit der Kerze, als sähe er selbst zum ersten Mal seinen Zustand. "Leni ist Ihre Geliebte?" fragte K. kurz. Er hatte die Beine ein wenig gespreizt, die Hände in denen er den Hut hielt, hinten verschlungen. Schon durch den Besitz eines starken Überrocks fühlte er sich dem magern Kleinen sehr überlegen. "Oh Gott", sagte der und hob die eine Hand in erschrockener Abwehr vor das Gesicht, "nein, nein, was denken Sie denn?" "Sie sehen glaubwürdig aus", sagte K. lächelnd, "trotzdem - kommen Sie." Er winkte ihm mit dem Hut und ließ ihn vor sich gehen. "Wie heißen Sie denn?" fragte K. auf dem Weg. "Block, Kaufmann Block", sagte der Kleine und drehte sich bei dieser Vorstellung nach K. um, stehen bleiben ließ ihn aber K. nicht. "Ist das ihr wirklicher Name?" fragte K. "Gewiss", war die Antwort, "warum haben Sie denn Zweifel?" "Ich dachte Sie könnten Grund haben Ihren Namen zu verschweigen", sagte K. Er fühlte sich so frei, wie man es sonst nur ist, wenn man in der Fremde mit niedrigen Leuten spricht, alles was einen selbst betrifft, bei sich behält, nur gleichmütig von den Interessen der andern redet, sie dadurch vor sich selbst erhöht aber auch nach Belieben fallen lassen kann. Bei der Tür des Arbeitszimmers des Advokaten blieb K. stehen, öffnete sie und rief dem Kaufmann, der folgsam weiter gegangen war, zu: "Nicht so eilig! Leuchten Sie hier." K. dachte, Leni könnte sich hier versteckt haben, er ließ den Kaufmann alle Winkel absuchen, aber das Zimmer war leer. Vor dem Bild des Richters hielt K. den Kaufmann hinten an den Hosenträgern zurück. "Kennen Sie den", fragte er und zeigte mit dem Zeigefinger in die Höhe. Der Kaufmann hob die Kerze, sah blinzelnd hinauf und sagte: "Es ist ein Richter." "Ein hoher Richter?" fragte K. und stellte sich seitlich vor den Kaufmann, um den Eindruck, den das Bild auf ihn machte, zu beobachten. Der Kaufmann sah bewundernd aufwärts. "Es ist ein hoher Richter", sagte er. "Sie haben keinen großen Einblick", sagte K. "Unter den niedrigen Untersuchungsrichtern ist er der niedrigste." "Nun erinnere ich mich", sagte der Kaufmann und senkte die Kerze, "ich habe es auch schon gehört. "Aber natürlich", rief K., "ich vergaß ja, natürlich müssen Sie es schon gehört haben." "Aber warum denn, warum denn?" fragte der Kaufmann, während er sich von K. mit den Händen angetrieben zur Tür fortbewegte. Draußen auf dem Gang sagte K.: "Sie wissen doch, wo sich Leni versteckt hat?" "Versteckt?" sagte der Kaufmann, "nein, sie dürfte aber in der Küche sein und dem Advokaten eine Suppe kochen." "Warum haben Sie das nicht gleich gesagt?" fragte K. "Ich wollte Sie ja hinführen, Sie haben mich aber wieder zurückgerufen", antwortete der Kaufmann, wie verwirrt durch die widersprechenden Befehle. "Sie glauben wohl sehr schlau zu sein", sagte K., "führen Sie mich also!" In der Küche war K. noch nie gewesen, sie war überraschend groß und reich ausgestattet. Allein der Herd war dreimal so groß wie gewöhnliche Herde, von dem übrigen sah man keine Einzelheiten, denn die Küche wurde jetzt nur von einer kleinen Lampe beleuchtet, die beim Eingang hing. Am Herd stand Leni in weißer Schürze wie immer und leerte Eier in einen Topf aus, der auf einem Spiritusfeuer stand. "Guten Abend Josef", sagte sie mit einem Seitenblick. "Guten Abend", sagte K. und zeigte mit einer Hand auf einen abseits stehenden Sessel, auf den sich der Kaufmann setzen sollte, was dieser auch tat. K. aber ging ganz nahe hinter Leni, beugte sich über ihre Schulter und fragte: "Wer ist der Mann?" Leni umfasste K. mit einer Hand, die andere quirlte die Suppe, zog ihn nach vorn zu sich und sagte: "Es ist ein bedauernswerter Mensch, ein armer Kaufmann, ein gewisser Block. Sieh ihn nur an." Sie blickten beide zurück. Der Kaufmann saß auf dem Sessel, auf den ihn K. gewiesen hatte, er hatte die Kerze, deren Licht jetzt unnötig war ausgepustet und drückte mit den Fingern den Docht, um den Rauch zu verhindern. "Du warst im Hemd", sagte K. und wendete ihren Kopf mit der Hand wieder dem Herd zu. Sie schwieg. "Er ist dein Geliebter?" fragte K. Sie wollte nach dem Suppentopf greifen, aber K. nahm ihre beiden Hände und sagte: "Nun antworte!" Sie sagte: "Komm ins Arbeitszimmer, ich werde dir alles erklären." "Nein", sagte K., "ich will dass du es hier erklärst." Sie hing sich an ihn und wollte ihn küssen, K. wehrte sie aber ab und sagte: "Ich will nicht, dass du mich jetzt küsst." "Josef", sagte Leni und sah K. bittend und doch offen in die Augen, "Du wirst doch nicht auf Herrn Block eifersüchtig sein." "Rudi", sagte sie dann sich an den Kaufmann wendend, "so hilf mir doch, du siehst ich werde verdächtigt, lass die Kerze." Man hätte denken können, er hätte nicht Acht gegeben, aber er war vollständig eingeweiht. "Ich wüsste auch nicht, warum Sie eifersüchtig sein sollten", sagte er wenig schlagfertig. "Ich weiß es eigentlich auch nicht", sagte K. und sah den Kaufmann lächelnd an. Leni lachte laut, benützte die Unaufmerksamkeit K.'s, um sich in seinen Arm einzuhängen und flüsterte: "Lass ihn jetzt, du siehst ja was für ein Mensch er ist. Ich habe mich seiner ein wenig angenommen, weil er eine große Kundschaft des Advokaten ist, aus keinem andern Grund. Und du? Willst du noch heute mit dem Advokaten sprechen? Er ist heute sehr krank, aber wenn du willst, melde ich dich doch an. Über Nacht bleibst du aber bei mir, ganz gewiss. Du warst auch schon solange nicht bei uns, selbst der Advokat hat nach dir gefragt. Vernachlässige den Prozess nicht! Auch ich habe dir Verschiedenes mitzuteilen, was ich erfahren habe. Nun aber zieh fürs Erste deinen Mantel aus!" Sie half ihm ihn auszuziehen, nahm ihm den Hut ab, lief mit den Sachen ins Vorzimmer sie anzuhängen, lief dann wieder zurück und sah nach der Suppe. "Soll ich zuerst dich anmelden oder ihm zuerst die Suppe bringen?" "Melde mich zuerst an", sagte K. Er war ärgerlich, er hatte ursprünglich beabsichtigt, mit Leni seine Angelegenheit insbesondere die fragliche Kündigung genau zu besprechen, die Anwesenheit des Kaufmanns hatte ihm aber die Lust dazu genommen. Jetzt aber hielt er seine Sache doch für zu wichtig, als dass dieser kleine Kaufmann vielleicht entscheidend eingreifen sollte und so rief er Leni, die schon auf dem Gang war, wieder zurück. "Bring ihm doch zuerst die Suppe", sagte er, "er soll sich für die Unterredung mit mir stärken, er wird es nötig haben." "Sie sind auch ein Klient des Advokaten", sagte wie zur Feststellung der Kaufmann leise aus seiner Ecke. Es wurde aber nicht gut aufgenommen. "Was kümmert Sie denn das?" sagte K. und Leni sagte: "Wirst du still sein." "Dann bringe ich ihm also zuerst die Suppe", sagte Leni zu K. und goss die Suppe auf einen Teller. "Es ist dann nur zu befürchten, dass er bald einschläft, nach dem Essen schläft er bald ein." "Das was ich ihm sagen werde, wird ihn wach halten", sagte K., er wollte immerfort durchblicken lassen, dass er etwas Wichtiges mit dem Advokaten zu verhandeln beabsichtige, er wollte von Leni gefragt werden, was es sei und dann erst sie um Rat fragen. Aber sie erfüllte pünktlich bloß die ausgesprochenen Befehle. Als sie mit der Tasse an ihm vorüberging, stieß sie absichtlich sanft an ihn und flüsterte: "Bis er die Suppe gegessen hat, melde ich dich gleich an, damit ich dich möglichst bald wieder bekomme." "Geh nur", sagte K., "geh nur." "Sei doch freundlicher", sagte sie und drehte sich in der Tür mit der Tasse nochmals ganz um.

K. sah ihr nach; nun war es endgültig beschlossen, dass der Advokat entlassen würde, es war wohl auch besser, dass er vorher mit Leni nicht mehr darüber sprechen konnte; sie hatte kaum den genügenden Überblick über das Ganze, hätte gewiss abgeraten, hätte möglicherweise K. auch wirklich von der Kündigung diesmal abgehalten, er wäre weiterhin in Zweifel und Unruhe geblieben und schließlich hätte er nach einiger Zeit seinen Entschluss doch ausgeführt, denn dieser Entschluss war allzu zwingend. Je früher er aber ausgeführt wurde, desto mehr Schaden wurde abgehalten. Vielleicht wusste übrigens der Kaufmann etwas darüber zu sagen.

K. wandte sich um, kaum bemerkte das der Kaufmann als er sofort aufstehen wollte. "Bleiben Sie sitzen", sagte K. und zog einen Sessel neben ihn. "Sind Sie schon ein alter Klient des Advokaten?" fragte K. "Ja", sagte der Kaufmann, "ein sehr alter Klient." "Wie viel Jahre vertritt er Sie denn schon?" fragte K. "Ich weiß nicht, wie Sie es meinen", sagte der Kaufmann, "in geschäftlichen Rechtsangelegenheiten - ich habe ein Getreidegeschäft - vertritt mich der Advokat schon seitdem ich das Geschäft übernommen habe, also etwa seit zwanzig Jahren, in meinem eigenen Prozess, auf den Sie wahrscheinlich anspielen, vertritt er mich auch seit Beginn, es ist schon länger als fünf Jahre. " "Ja, weit über fünf Jahre", fügte er dann hinzu und zog eine alte Brieftasche hervor, "hier habe ich alles aufgeschrieben, wenn Sie wollen sage ich Ihnen die genauen Daten. Es ist schwer alles zu behalten. Mein Prozess dauert wahrscheinlich schon viel länger, er begann kurz nach dem Tod meiner Frau und das ist schon länger als fünfeinhalb Jahre." K. rückte näher zu ihm. "Der Advokat übernimmt also auch gewöhnliche Rechtssachen?" fragte er. Diese Verbindung der Gerichte und Rechtswissenschaften schien K. ungemein beruhigend. "Gewiss", sagte der Kaufmann und flüsterte dann K. zu: "Man sagt sogar dass er in diesen Rechtssachen tüchtiger ist als in den andern." Aber dann schien er das Gesagte zu bereuen, er legte K. eine Hand auf die Schulter und sagte: "Ich bitte Sie sehr, verraten Sie mich nicht." K. klopfte ihm zur Beruhigung auf den Schenkel und sagte: "Nein, ich bin kein Verräter." "Er ist nämlich rachsüchtig", sagte der Kaufmann. "Gegen einen so treuen Klienten wird er gewiss nichts tun", sagte K. "Oh doch", sagte der Kaufmann, "wenn er aufgeregt ist kennt er keine Unterschiede, übrigens bin ich ihm nicht eigentlich treu." "Wieso denn nicht?" fragte K. "Soll ich es Ihnen anvertrauen", fragte der Kaufmann zweifelnd. "Ich denke, Sie dürfen es", sagte K. "Nun", sagte der Kaufmann, "ich werde es Ihnen zum Teil anvertrauen, Sie müssen mir aber auch ein Geheimnis sagen, damit wir uns gegenüber dem Advokaten gegenseitig fest halten." "Sie sind sehr vorsichtig", sagte K., "aber ich werde Ihnen ein Geheimnis sagen, das Sie vollständig beruhigen wird. Worin besteht also Ihre Untreue gegenüber dem Advokaten?" "Ich habe", sagte der Kaufmann zögernd und in einem Ton, als gestehe er etwas Unehrenhaftes ein, "ich habe außer ihm noch andere Advokaten." "Das ist doch nichts so schlimmes", sagte K. ein wenig enttäuscht. "Hier ja", sagte der Kaufmann, der noch seit seinem Geständnis schwer atmete, infolge K.'s Bemerkung aber mehr Vertrauen fasste. "Es ist nicht erlaubt. Und am allerwenigsten ist es erlaubt, neben einem so genannten Advokaten auch noch Winkeladvokaten zu nehmen. Und gerade das habe ich getan, ich habe außer ihm noch fünf Winkeladvokaten." "Fünf!" rief K., erst die Zahl setzte ihn in Erstaunen, "fünf Advokaten außer diesem?" Der Kaufmann nickte: "Ich verhandle gerade noch mit einem Sechsten." "Aber wozu brauchen Sie denn so viel Advokaten", fragte K. "Ich brauche alle", sagte der Kaufmann. "Wollen Sie mir das nicht erklären?" fragte K. "Gern", sagte der Kaufmann. "Vor allem will ich doch meinen Prozess nicht verlieren, das ist doch selbstverständlich. Infolgedessen darf ich nichts, was mir nützen könnte, außer Acht lassen; selbst wenn die Hoffnung auf Nutzen in einem bestimmten Fall nur ganz gering ist, darf ich sie auch nicht verwerfen. Ich habe deshalb alles was ich besitze auf den Prozess verwendet. So habe ich z. B. alles Geld meinem Geschäft entzogen, früher füllten die Büroräume meines Geschäftes fast ein Stockwerk, heute genügt eine kleine Kammer im Hinterhaus, wo ich mit einem Lehrjungen arbeite. Diesen Rückgang hat natürlich nicht nur die Entziehung des Geldes verschuldet, sondern mehr noch die Entziehung meiner Arbeitskraft. Wenn man für seinen Prozess etwas tun will, kann man sich mit anderem nur wenig befassen." "Sie arbeiten also auch selbst bei Gericht?" fragte K. "Gerade darüber möchte ich gern etwas erfahren." "Darüber kann ich nur wenig berichten", sagte der Kaufmann, "anfangs habe ich es wohl auch versucht, aber ich habe bald wieder davon abgelassen. Es ist zu erschöpfend und bringt nicht viel Erfolg. Selbst dort zu arbeiten und zu unterhandeln, hat sich wenigstens für mich als ganz unmöglich erwiesen. Es ist ja dort schon das bloße Sitzen und Warten eine große Anstrengung. Sie kennen ja selbst die schwere Luft in den Kanzleien." "Wieso wissen Sie denn, dass ich dort war?" fragte K. "Ich war gerade im Wartezimmer, als Sie durchgingen." "Was für ein Zufall das ist!" rief K. ganz hingenommen und ganz an die frühere Lächerlichkeit des Kaufmanns vergessend, "Sie haben mich also gesehen! Sie waren im Wartezimmer, als ich durchging. Ja ich bin dort einmal durchgegangen." "Es ist kein so großer Zufall", sagte der Kaufmann, "ich bin dort fast jeden Tag." "Ich werde nun wahrscheinlich auch öfter hingehen müssen", sagte K., "nur werde ich wohl kaum mehr so ehrenvoll aufgenommen werden wie damals. Alle standen auf Man dachte wohl, ich sei ein Richter." "Nein", sagte der Kaufmann, "wir grüßten damals den Gerichtsdiener. Dass Sie ein Angeklagter sind, das wussten wir. Solche Nachrichten verbreiten sich sehr rasch." "Das wussten Sie also schon", sagte K., "dann erschien Ihnen aber mein Benehmen vielleicht hochmütig. Sprach man sich nicht darüber aus?" "Nein", sagte der Kaufmann, "im Gegenteil. Aber das sind Dummheiten." "Was für Dummheiten denn?" fragte K. "Warum fragen Sie danach?" sagte der Kaufmann ärgerlich, "Sie scheinen die Leute dort noch nicht zu kennen und werden es vielleicht unrichtig auffassen. Sie müssen bedenken, dass in diesem Verfahren immer wieder viele Dinge zur Sprache kommen, für die der Verstand nicht mehr ausreicht, man ist einfach zu müde und abgelenkt für vieles und zum Ersatz verlegt man sich auf den Aberglauben. Ich rede von den andern, bin aber selbst gar nicht besser. Ein solcher Aberglaube ist es z. B. dass viele aus dem Gesicht des Angeklagten, insbesondere aus der Zeichnung der Lippen den Ausgang des Prozesses erkennen wollen. Diese Leute also haben behauptet, Sie würden nach Ihren Lippen zu schließen, gewiss und bald verurteilt werden. Ich wiederhole, es ist ein lächerlicher Aberglaube und in den meisten Fällen durch die Tatsachen auch vollständig widerlegt, aber wenn man in jener Gesellschaft lebt, ist es schwer sich solchen Meinungen zu entziehen. Denken Sie nur, wie stark dieser Aberglaube wirken kann. Sie haben doch einen dort angesprochen, nicht? Er konnte Ihnen aber kaum antworten. Es gibt natürlich viele Gründe um dort verwirrt zu sein, aber einer davon war auch der Anblick Ihrer Lippen. Er hat später erzählt, er hätte auf Ihren Lippen auch das Zeichen seiner eigenen Verurteilung zu sehen geglaubt." "Meine Lippen?" fragte K., zog einen Taschenspiegel hervor und sah sich an. "Ich kann an meinen Lippen nichts besonderes erkennen. Und Sie?" "Ich auch nicht", sagte der Kaufmann, "ganz und gar nicht." "Wie abergläubisch diese Leute sind", rief K. aus. "Sagte ich es nicht?" fragte der Kaufmann. "Verkehren sie denn so viel untereinander und tauschen sie ihre Meinungen aus?" sagte K. "Ich habe mich bisher ganz abseits gehalten." "Im Allgemeinen verkehren sie nicht miteinander", sagte der Kaufmann, "das wäre nicht möglich, es sind ja so viele. Es gibt auch wenig gemeinsame Interessen. Wenn manchmal in einer Gruppe der Glaube an ein gemeinsames Interesse auftaucht, so erweist er sich bald als ein Irrtum. Gemeinsam lässt sich gegen das Gericht nichts durchsetzen. Jeder Fall wird für sich untersucht, es ist ja das sorgfältigste Gericht. Gemeinsam kann man also nichts durchsetzen, nur ein Einzelner erreicht manchmal etwas im Geheimen; erst wenn es erreicht ist, erfahren es die andern; keiner weiß wie es geschehen ist. Es gibt also keine Gemeinsamkeit, man kommt zwar hie und da in den Wartezimmern zusammen, aber dort wird wenig besprochen. Die abergläubischen Meinungen bestehen schon seit Alters her und vermehren sich förmlich von selbst." "Ich sah die Herren dort im Wartezimmer", sagte K., "ihr Warten kam mir so nutzlos vor." "Das Warten ist nicht nutzlos", sagte der Kaufmann, "nutzlos ist nur das selbstständige Eingreifen. Ich sagte schon, dass ich jetzt außer diesem noch fünf Advokaten habe. Man sollte doch glauben - ich selbst glaubte es zuerst - jetzt könnte ich ihnen die Sache vollständig überlassen. Das wäre aber ganz falsch. Ich kann sie ihnen weniger überlassen, als wenn ich nur einen hätte. Sie verstehen das wohl nicht?" "Nein", sagte K. und legte, um den Kaufmann an seinem allzu schnellen Reden zu hindern, die Hand beruhigend auf seine Hand, "ich möchte Sie nur bitten, ein wenig langsamer zu reden, es sind doch lauter für mich sehr wichtige Dinge und ich kann Ihnen nicht recht folgen." "Gut dass Sie mich daran erinnern", sagte der Kaufmann, "Sie sind ja ein Neuer, ein Junger. Ihr Prozess ist ein halbes Jahr alt, nicht wahr? Ja ich habe davon gehört. Ein so junger Prozess! Ich aber habe diese Dinge schon unzählige Mal durchgedacht, sie sind mir das Selbstverständlichste auf der Welt." "Sie sind wohl froh, dass ihr Prozess schon so weit fortgeschritten ist?" fragte K., er wollte nicht geradezu fragen, wie die Angelegenheiten des Kaufmanns stünden. Er bekam aber auch keine deutliche Antwort. "Ja, ich habe meinen Prozess fünf Jahre lang fortgewälzt", sagte der Kaufmann und senkte den Kopf, "es ist keine kleine Leistung." Dann schwieg er ein Weilchen. K. horchte, ob Leni nicht schon komme. Einerseits wollte er nicht dass sie komme, denn er hatte noch vieles zu fragen und wollte auch nicht von Leni in diesem vertraulichen Gespräch mit dem Kaufmann angetroffen werden, andererseits aber ärgerte er sich darüber, dass sie trotz seiner Anwesenheit so lange beim Advokaten blieb, viel länger als zum Reichen der Suppe nötig war. "Ich erinnere mich noch genau an die Zeit", begann der Kaufmann wieder und K. war gleich voll Aufmerksamkeit, "als mein Prozess etwa so alt war wie jetzt ihr Prozess. Ich hatte damals nur diesen Advokaten, war aber nicht sehr mit ihm zufrieden." "Hier erfahre ich ja alles", dachte K. und nickte lebhaft mit dem Kopf als könne er dadurch den Kaufmann aufmuntern, alles Wissenswerte zu sagen. "Mein Prozess", fuhr der Kaufmann fort, "kam nicht vorwärts, es fanden zwar Untersuchungen statt, ich kam auch zu jeder, sammelte Material, erlegte alle meine Geschäftsbücher bei Gericht, was wie ich später erfuhr nicht einmal nötig war, ich lief immer wieder zum Advokaten, er brachte auch verschiedene Eingaben ein –" "Verschiedene Eingaben?" fragte K. "Ja, gewiss", sagte der Kaufmann. "Das ist mir sehr wichtig", sagte K., "in meinem Fall arbeitet er noch immer an der ersten Eingabe. Er hat noch nichts getan. Ich sehe jetzt, er vernachlässigt mich schändlich." "Dass die Eingabe noch nicht fertig ist, kann verschiedene berechtigte Gründe haben", sagte der Kaufmann. "Übrigens hat es sich bei meinen Eingaben später gezeigt, dass sie ganz wertlos waren. Ich habe sogar eine durch das Entgegenkommen eines Gerichtsbeamten selbst gelesen. Sie war zwar gelehrt, aber eigentlich inhaltslos. Vor allem sehr viel Latein, das ich nicht verstehe, dann seitenlange allgemeine Anrufungen des Gerichtes, dann Schmeicheleien für einzelne bestimmte Beamte, die zwar nicht genannt waren, die aber ein Eingeweihter jedenfalls erraten musste, dann Selbstlob des Advokaten, wobei er sich auf geradezu hündische Weise vor dem Gericht demütigte und endlich Untersuchungen von Rechtsfällen aus alter Zeit, die ähnlich dem meinigen sein sollten. Diese Untersuchungen waren allerdings, so weit ich ihnen folgen konnte, sehr sorgfältig gemacht. Ich will auch mit diesem allen kein Urteil über die Arbeit des Advokaten abgeben, auch war die Eingabe, die ich gelesen habe, nur eine unter mehreren, jedenfalls aber und davon will ich jetzt sprechen, konnte ich damals in meinem Prozess keinen Fortschritt sehen. " "Was für einen Fortschritt wollten Sie denn sehen?" fragte K. "Sie fragen ganz vernünftig", sagte der Kaufmann lächelnd, "man kann in diesem Verfahren nur selten Fortschritte sehen. Aber damals wusste ich das nicht. Ich bin Kaufmann und war es damals noch viel mehr als heute, ich wollte greifbare Fortschritte haben, das Ganze sollte sich zum Ende neigen oder wenigstens den regelrechten Aufstieg nehmen. Stattdessen gab es nur Einvernahmen, die meist den gleichen Inhalt hatten; die Antworten hatte ich schon bereit wie eine Litanei; mehrmals in der Woche kamen Gerichtsboten in mein Geschäft, in meine Wohnung oder wo sie mich sonst antreffen konnten, das war natürlich störend (heute ist es wenigstens in dieser Hinsicht viel besser, der telefonische Anruf stört viel weniger), auch unter meinen Geschäftsfreunden insbesondere aber unter meinen Verwandten fingen Gerüchte von meinem Prozess sich zu verbreiten an, Schädigungen gab es also von allen Seiten, aber nicht das geringste Anzeichen sprach dafür, dass auch nur die erste Gerichtsverhandlung in der nächsten Zeit stattfinden würde. Ich ging also zum Advokaten und beklagte mich. Er gab mir zwar lange Erklärungen, lehnte es aber entschieden ab, etwas in meinem Sinne zu tun, niemand habe Einfluss auf die Festsetzung der Verhandlung, in einer Eingabe darauf zu dringen - wie ich es verlangte - sei einfach unerhört und würde mich und ihn verderben. Ich dachte: Was dieser Advokat nicht will oder kann, wird ein anderer wollen und können. Ich sah mich also nach andern Advokaten um. Ich will es gleich vorwegnehmen: Keiner hat die Festsetzung der Hauptverhandlung verlangt oder durchgesetzt, es ist, allerdings mit einem Vorbehalt, von dem ich noch sprechen werde, wirklich unmöglich, hinsichtlich dieses Punktes hat mich also dieser Advokat nicht getäuscht; im Übrigen aber hatte ich es nicht zu bedauern, mich noch an andere Advokaten gewendet zu haben. Sie dürften wohl von Dr. Huld auch schon manches über die Winkeladvokaten gehört haben, er hat sie Ihnen wahrscheinlich als sehr verächtlich dargestellt und das sind sie wirklich. Allerdings unterläuft ihm immer, wenn er von Ihnen spricht und sich und seine Kollegen zu Ihnen in Vergleich setzt, ein kleiner Fehler, auf den ich Sie ganz nebenbei auch aufmerksam machen will. Er nennt dann immer die Advokaten seines Kreises zur Unterscheidung die "großen Advokaten". Das ist falsch, es kann sich natürlich jeder "groß" nennen, wenn es ihm beliebt, in diesem Fall aber entscheidet doch nur der Gerichtsgebrauch. Nach diesem gibt es nämlich außer den Winkeladvokaten noch kleine und große Advokaten. Dieser Advokat und seine Kollegen sind jedoch nur die kleinen Advokaten, die großen Advokaten aber, von denen ich nur gehört und die ich nie gesehen habe, stehen im Rang unvergleichlich höher über den kleinen Advokaten, als diese über den verachteten Winkeladvokaten. " "Die großen Advokaten?" fragte K. "Wer sind denn die? Wie kommt man zu ihnen?" "Sie haben also noch nie von ihnen gehört", sagte der Kaufmann. "Es gibt kaum einen Angeklagten, der nicht nachdem er von ihnen erfahren hat eine Zeit lang von ihnen träumen würde. Lassen Sie sich lieber nicht dazu verführen. Wer die großen Advokaten sind weiß ich nicht und zu ihnen kommen, kann man wohl gar nicht. Ich kenne keinen Fall, von dem sich mit Bestimmtheit sagen ließe, dass sie eingegriffen hätten. Manchen verteidigen sie, aber durch eigenen Willen kann man das nicht erreichen, sie verteidigen nur den, den sie verteidigen wollen. Die Sache deren sie sich annehmen muss aber wohl über das niedrige Gericht schon hinausgekommen sein. Im Übrigen ist es besser nicht an sie zu denken, denn sonst kommen einem die Besprechungen mit den andern Advokaten, deren Ratschläge und deren Hilfeleistungen so widerlich und nutzlos vor, ich habe es selbst erfahren, dass man am liebsten alles wegwerfen, sich zu Hause ins Bett legen und von nichts mehr hören wollte. Das wäre aber natürlich wieder das Dümmste, auch hätte man im Bett nicht lange Ruhe." "Sie dachten damals also nicht an die großen Advokaten?" fragte K. "Nicht lange", sagte der Kaufmann und lächelte wieder, "vollständig vergessen kann man leider an sie nicht, besonders die Nacht ist solchen Gedanken günstig. Aber damals wollte ich ja sofortige Erfolge, ich ging daher zu den Winkeladvokaten. "

"Wie ihr hier beieinander sitzt", rief Leni, die mit der Tasse zurückgekommen war und in der Tür stehen blieb. Sie saßen wirklich eng beisammen, bei der kleinsten Wendung mussten sie mit den Köpfen aneinanderstoßen, der Kaufmann, der abgesehen von seiner Kleinheit auch noch den Rücken gekrümmt hielt, hatte K. gezwungen, sich auch tief zu bücken, wenn er alles hören wollte. "Noch ein Weilchen", rief K. Leni abwehrend zu und zuckte ungeduldig mit der Hand, die er noch immer auf des Kaufmanns Hand liegen hatte. "Er wollte, dass ich ihm von meinem Prozess erzähle", sagte der Kaufmann zu Leni. "Erzähle nur, erzähle", sagte diese. Sie sprach mit dem Kaufmann liebevoll, aber doch auch herablassend, K. gefiel das nicht; wie er jetzt erkannt hatte, hatte der Mann doch einen gewissen Wert, zumindest hatte er Erfahrungen, die er gut mitzuteilen verstand. Leni beurteilte ihn wahrscheinlich unrichtig. Er sah ärgerlich zu, als Leni jetzt dem Kaufmann die Kerze, die er die ganze Zeit über fest gehalten hatte, abnahm, ihm die Hand mit ihrer Schürze abwischte und dann neben ihm niederkniete, um etwas Wachs wegzukratzen, das von der Kerze auf seine Hose getropft war. "Sie wollten mir von den Winkeladvokaten erzählen", sagte K. und schob ohne eine weitere Bemerkung Lenis Hand weg. "Was willst du denn?" fragte Leni, schlug leicht nach K. und setzte ihre Arbeit fort. "Ja, von den Winkeladvokaten", sagte der Kaufmann und fuhr sich über die Stirn, als denke er nach. K. wollte ihm nachhelfen und sagte: "Sie wollten sofortige Erfolge haben und gingen deshalb zu den Winkeladvokaten." "Ganz richtig", sagte der Kaufmann, setzte aber nicht fort. "Er will vielleicht vor Leni nicht davon sprechen", dachte K., bezwang seine Ungeduld das Weitere gleich jetzt zu hören und drang nun nicht mehr weiter in ihn.

"Hast du mich angemeldet?" fragte er Leni. "Natürlich", sagte diese, "er wartet auf dich. Lass jetzt Block, mit Block kannst du auch später reden, er bleibt doch hier." K. zögerte noch. "Sie bleiben hier?" fragte er den Kaufmann, er wollte dessen eigene Antwort, er wollte nicht, dass Leni vom Kaufmann wie von einem Abwesenden spreche, er war heute gegen Leni voll geheimen Ärgers. Und wieder antwortete nur Leni: "Er schläft hier öfter." "Schläft hier?" rief K., er hatte gedacht, der Kaufmann werde hier nur auf ihn warten, während er die Unterredung mit dem Advokaten rasch erledigen würde, dann aber würden sie gemeinsam fortgehen und alles gründlich und ungestört besprechen. "Ja", sagte Leni, "nicht jeder wird wie du, Josef zu beliebiger Stunde beim Advokaten vorgelassen. Du scheinst dich ja gar nicht darüber zu wundern, dass dich der Advokat trotz seiner Krankheit noch um elf Uhr nachts empfängt. Du nimmst das, was deine Freunde für dich tun, doch als gar zu selbstverständlich an. Nun deine Freunde oder zumindest ich tun es gerne. Ich will keinen andern Dank und brauche auch keinen andern, als dass du mich lieb hast. "Dich lieb haben?" dachte K. im ersten Augenblick, erst dann ging es ihm durch den Kopf "Nun ja, ich habe sie lieb." Trotzdem sagte er, alles andere vernachlässigend: "Er empfängt mich, weil ich sein Klient bin. Wenn auch dafür noch fremde Hilfe nötig wäre, müsste man bei jedem Schritt immer gleichzeitig betteln und danken. "Wie schlimm er heute ist, nicht?" fragte Leni den Kaufmann. "Jetzt bin ich der Abwesende", dachte K. und wurde fast sogar auf den Kaufmann böse, als dieser die Unhöflichkeit Lenis übernehmend sagte: "Der Advokat empfängt ihn auch noch aus andern Gründen. Sein Fall ist nämlich interessanter als der meine. Außerdem aber ist sein Prozess in den Anfängen, also wahrscheinlich noch nicht sehr verfahren, da beschäftigt sich der Advokat noch gern mit ihm. Später wird das anders werden." "Ja, ja", sagte Leni und sah den Kaufmann lachend an, "wie er schwatzt! Ihm darfst du nämlich", hierbei wandte sie sich an K., "gar nichts glauben. So lieb er ist, so geschwätzig ist er. Vielleicht mag ihn der Advokat auch deshalb nicht leiden. Jedenfalls empfängt er ihn nur, wenn er in Laune ist. Ich habe mir schon viel Mühe gegeben, das zu ändern, aber es ist unmöglich. Denke nur, manchmal melde ich Block an, er empfängt ihn aber erst am dritten Tag nachher. Ist Block aber zu der Zeit wenn er vorgerufen wird, nicht zur Stelle, so ist alles verloren und er muss von neuem angemeldet werden. Deshalb habe ich Block erlaubt hier zu schlafen, es ist ja schon vorgekommen, dass er in der Nacht um ihn geläutet hat. Jetzt ist also Block auch in der Nacht bereit. Allerdings geschieht es jetzt wieder, dass der Advokat, wenn sich zeigt, dass Block da ist, seinen Auftrag ihn vorzulassen, manchmal widerruft. " K. sah fragend zum Kaufmann hin. Dieser nickte und sagte so offen wie er früher mit K. gesprochen hatte, vielleicht war er zerstreut vor Beschämung: "Ja, man wird später sehr abhängig von seinem Advokaten. " "Er klagt ja nur zum Schein", sagte Leni. "Er schläft ja hier sehr gern, wie er mir schon oft gestanden hat." Sie ging zu einer kleinen Tür und stieß sie auf. "Willst du sein Schlafzimmer sehen?" fragte sie. K. ging hin und sah von der Schwelle aus in den niedrigen fensterlosen Raum, der von einem schmalen Bett vollständig ausgefüllt war. In dieses Bett musste man über den Bettpfosten steigen. Am Kopfende des Bettes war eine Vertiefung in der Mauer; dort standen peinlich geordnet eine Kerze, Tintenfass und Feder, sowie ein Bündel Papiere, wahrscheinlich Prozessschriften. "Sie schlafen im Dienstmädchenzimmer?" fragte K. und wendete sich zum Kaufmann zurück. "Leni hat es mir eingeräumt", antwortete der Kaufmann, "es ist sehr vorteilhaft." K. sah ihn lange an; der erste Eindruck, den er von dem Kaufmann erhalten hatte, war vielleicht doch der richtige gewesen; Erfahrungen hatte er, denn sein Prozess dauerte schon lange, aber er hatte diese Erfahrungen teuer bezahlt. Plötzlich ertrug K. den Anblick des Kaufmanns nicht mehr. "Bring ihn doch ins Bett", rief er Leni zu, die ihn gar nicht zu verstehen schien. Er selbst aber wollte zum Advokaten gehen und durch die Kündigung sich nicht nur vom Advokaten sondern auch von Leni und dem Kaufmann befreien. Aber noch ehe er zur Tür gekommen war, sprach ihn der Kaufmann mit leiser Stimme an: "Herr Prokurist." K. wandte sich mit bösem Gesichte um. "Sie haben an ihr Versprechen vergessen", sagte der Kaufmann und streckte sich von seinem Sitz aus bittend K. entgegen, "Sie wollten mir noch ein Geheimnis sagen." "Wahrhaftig", sagte K. und streifte auch Leni, die ihn aufmerksam ansah, mit einem Blick, "also hören Sie: es ist allerdings fast kein Geheimnis mehr. Ich gehe jetzt zum Advokaten um ihn zu entlassen." "Er entlässt ihn", rief der Kaufmann, sprang vom Sessel und lief mit erhobenen Armen in der Küche umher. Immer wieder rief er: "Er entlässt den Advokaten." Leni wollte gleich auf K. losfahren, aber der Kaufmann kam ihr in den Weg, wofür sie ihm mit den Fäusten einen Hieb gab. Noch mit den zu Fäusten geballten Händen lief sie dann hinter K., der aber einen großen Vorsprung hatte. Er war schon in das Zimmer des Advokaten eingetreten als ihn Leni einholte. Die Tür hatte er hinter sich fast geschlossen, aber Leni, die mit dem Fuß den Türflügel offen hielt, fasste ihn beim Arm und wollte ihn zurückziehen. Aber er drückte ihr Handgelenk so stark, dass sie unter einem Seufzer ihn loslassen musste. Ins Zimmer einzutreten wagte sie nicht gleich, K. aber versperrte die Tür mit dem Schlüssel.

"Ich warte schon sehr lange auf Sie", sagte der Advokat vom Bett aus, legte ein Schriftstück, das er beim Licht einer Kerze gelesen hatte, auf das Nachttischchen und setzte sich eine Brille auf, mit der er K. scharf ansah. Statt sich zu entschuldigen, sagte K.: "Ich gehe bald wieder weg." Der Advokat hatte K.´s Bemerkung, weil sie keine Entschuldigung war, unbeachtet gelassen und sagte: "Ich werde Sie nächstens zu dieser späten Stunde nicht mehr vorlassen. "Das kommt meinem Anliegen entgegen", sagte K. Der Advokat sah ihn fragend an. "Setzen Sie sich", sagte er. "Weil Sie es wünschen", sagte K., zog einen Sessel zum Nachttischchen und setzte sich. "Es schien mir, dass Sie die Tür abgesperrt haben", sagte der Advokat. "Ja", sagte K., "es war Leni's wegen." Er hatte nicht die Absicht irgendjemanden zu schonen. Aber der Advokat fragte: "War sie wieder zudringlich?" "Zudringlich?" fragte K. "Ja", sagte der Advokat, er lachte dabei, bekam einen Hustenanfall und begann nachdem dieser vergangen war, wieder zu lachen. "Sie haben doch wohl ihre Zudringlichkeit schon bemerkt?" fragte er und klopfte K. auf die Hand, die dieser zerstreut auf das Nachttischchen gestützt hatte und die er jetzt rasch zurückzog. "Sie legen dem nicht viel Bedeutung bei", sagte der Advokat, als K. schwieg, "desto besser. Sonst hätte ich mich vielleicht bei Ihnen entschuldigen müssen. Es ist eine Sonderlichkeit Lenis, die ich ihr übrigens längst verziehen habe und von der ich auch nicht reden würde, wenn Sie nicht eben jetzt die Tür abgesperrt hätten. Diese Sonderlichkeit, Ihnen allerdings müsste ich sie wohl am wenigsten erklären, aber Sie sehen mich so bestürzt an und deshalb tue ich es, diese Sonderlichkeit besteht darin, dass Leni die meisten Angeklagten schön findet. Sie hängt sich an alle, liebt alle, scheint allerdings auch von allen geliebt zu werden; um mich zu unterhalten, erzählt sie mir dann, wenn ich es erlaube, manchmal davon. Ich bin über das Ganze nicht so erstaunt wie Sie es zu sein scheinen. Wenn man den richtigen Blick dafür hat, findet man die Angeklagten wirklich oft schön. Das allerdings ist eine merkwürdige gewissermaßen naturwissenschaftliche Erscheinung. Es tritt natürlich als Folge der Anklage nicht etwa eine deutliche, genau zu bestimmende Veränderung des Aussehens ein. Es ist doch nicht wie in andern Gerichtssachen, die meisten bleiben in ihrer gewöhnlichen Lebensweise und werden, wenn sie einen guten Advokaten haben, der für sie sorgt, durch den Prozess nicht sehr behindert. Trotzdem sind diejenigen, welche darin Erfahrung haben, im Stande aus der größten Menge die Angeklagten Mann für Mann zu erkennen. Woran? werden Sie fragen. Meine Antwort wird Sie nicht befriedigen. Die Angeklagten sind eben die Schönsten. Es kann nicht die Schuld sein, die sie schön macht, denn - so muss wenigstens ich als Advokat sprechen - es sind doch nicht alle schuldig, es kann auch nicht die künftige Strafe sein, die sie jetzt schon schön macht, denn es werden doch nicht alle bestraft, es kann also nur an dem gegen sie erhobenen Verfahren liegen, das ihnen irgendwie anhaftet. Allerdings gibt es unter den Schönen auch besonders schöne. Schön sind aber alle, selbst Block, dieser elende Wurm."

K. war, als der Advokat geendet hatte, vollständig gefasst, er hatte sogar zu den letzten Worten auffallend genickt und sich so selbst die Bestätigung seiner alten Ansicht gegeben, nach welcher der Advokat ihn immer und so auch diesmal durch allgemeine Mitteilungen, die nicht zur Sache gehörten, zu zerstreuen und von der Hauptfrage, was er an tatsächlicher Arbeit für K.'s Sache getan hatte, abzulenken suchte. Der Advokat merkte wohl, dass ihm K. diesmal mehr Widerstand leistete als sonst, denn er verstummte jetzt, um K. die Möglichkeit zu geben, selbst zu sprechen und fragte dann, da K. stumm blieb: "Sind Sie heute mit einer bestimmten Absicht zu mir gekommen?" "Ja", sagte K. und blendete mit der Hand ein wenig die Kerze ab, um den Advokaten besser zu sehen, "ich wollte Ihnen sagen, dass ich Ihnen mit dem heutigen Tage meine Vertretung entziehe." "Verstehe ich Sie recht", fragte der Advokat, erhob sich halb im Bett und stützte sich mit einer Hand auf die Kissen. "Ich nehme es an", sagte K., der straff aufgerichtet wie auf der Lauer dasaß. "Nun wir können ja auch diesen Plan besprechen", sagte der Advokat nach einem Weilchen. "Es ist kein Plan mehr", sagte K. "Mag sein", sagte der Advokat, "wir wollen aber trotzdem nichts übereilen." Er gebrauchte das Wort "wir", als habe er nicht die Absicht K. freizulassen und als wolle er, wenn er schon nicht sein Vertreter sein dürfe, wenigstens sein Berater bleiben. "Es ist nichts übereilt", sagte K., stand langsam auf und trat hinter seinen Sessel, "es ist gut überlegt und vielleicht sogar zu lange. Der Entschluss ist endgültig. "Dann erlauben Sie mir nur noch einige Worte", sagte der Advokat, hob das Federbett weg und setzte sich auf den Bettrand. Seine nackten weißhaarigen Beine zitterten vor Kälte. Er bat K. ihm vom Kanapee eine Decke zu reichen. K. holte die Decke und sagte: "Sie setzen sich ganz unnötig einer Verkühlung aus." "Der Anlass ist wichtig genug", sagte der Advokat, während er mit dem Federbett den Oberkörper umhüllte und dann die Beine in die Decke einwickelte. "Ihr Onkel ist mein Freund und auch Sie sind mir im Laufe der Zeit lieb geworden. Ich gestehe das offen ein. Ich brauche mich dessen nicht zu schämen." Diese rührseligen Reden des alten Mannes waren K. sehr unwillkommen, denn sie zwangen ihn zu einer ausführlicheren Erklärung, die er gern vermieden hätte und sie beirrten ihn außerdem, wie er sich offen eingestand, wenn sie allerdings auch seinen Entschluss niemals rückgängig machen konnten. "Ich danke Ihnen für Ihre freundliche Gesinnung", sagte er, "ich erkenne auch an, dass Sie sich meiner Sache so sehr angenommen haben, wie es Ihnen möglich ist und wie es Ihnen für mich vorteilhaft scheint. Ich jedoch habe in der letzten Zeit die Überzeugung gewonnen, dass das nicht genügend ist. Ich werde natürlich niemals versuchen, Sie, einen so viel älteren und erfahreneren Mann von meiner Ansicht überzeugen zu wollen; wenn ich es manchmal unwillkürlich versucht habe so verzeihen Sie mir, die Sache aber ist, wie Sie sich selbst ausdrückten, wichtig genug und es ist meiner Überzeugung nach notwendig viel kräftiger in den Prozess einzugreifen, als es bisher geschehen ist." "Ich verstehe Sie", sagte der Advokat, "Sie sind ungeduldig." "Ich bin nicht ungeduldig", sagte K. ein wenig gereizt und achtete nicht mehr so viel auf seine Worte. "Sie dürften bei meinem ersten Besuch, als ich mit meinem Onkel zu Ihnen kam, bemerkt haben, dass mir an dem Prozess nicht viel lag; wenn man mich nicht gewissermaßen gewaltsam an ihn erinnerte, vergaß ich vollständig an ihn. Aber mein Onkel bestand darauf, dass ich Ihnen meine Vertretung übergebe, ich tat es, um ihm gefällig zu sein. Und nun hätte man doch erwarten sollen, dass mir der Prozess noch leichter fallen würde als bis dahin, denn man übergibt doch dem Advokaten die Vertretung, um die Last des Prozesses ein wenig von sich abzuwälzen. Es geschah aber das Gegenteil. Niemals früher, hatte ich so große Sorgen wegen des Prozesses, wie seit der Zeit, seitdem Sie mich vertreten. Als ich allein war unternahm ich nichts in meiner Sache, aber ich fühlte es kaum, jetzt dagegen hatte ich einen Vertreter, alles war dafür eingerichtet, dass etwas geschehe, unaufhörlich und immer gespannter erwartete ich ihr Eingreifen, aber es blieb aus. Ich bekam von Ihnen allerdings verschiedene Mitteilungen über das Gericht, die ich vielleicht von niemandem sonst hätte bekommen können. Aber das kann mir nicht genügen, wenn mir jetzt der Prozess, förmlich im Geheimen, immer näher an den Leib rückt." K. hatte den Sessel von sich gestoßen und stand, die Hände in den Rocktaschen aufrecht da. "Von einem gewissen Zeitpunkt der Praxis an", sagte der Advokat leise und ruhig, "ereignet sich nichts wesentlich Neues mehr. Wie viele Parteien sind in ähnlichen Stadien der Prozesse ähnlich wie Sie vor mir gestanden und haben ähnlich gesprochen." "Dann haben", sagte K., "alle diese ähnlichen Parteien ebenso Recht gehabt wie ich. Das widerlegt mich gar nicht." "Ich wollte Sie damit nicht widerlegen", sagte der Advokat, "ich wollte aber noch hinzufügen, dass ich bei Ihnen mehr Urteilskraft erwartet hätte als bei andern, besonders da ich Ihnen mehr Einblick in das Gerichtswesen und in meine Tätigkeit gegeben habe, als ich es sonst Parteien gegenüber tue. Und nun muss ich sehen, dass Sie trotz allem nicht genügend Vertrauen zu mir haben. Sie machen es mir nicht leicht." Wie sich der Advokat vor K. demütigte! Ohne jede Rücksicht auf die Standesehre, die gewiss gerade in diesem Punkte am empfindlichsten ist. Und warum tat er das? Er war doch dem Anschein nach ein viel beschäftigter Advokat und überdies ein reicher Mann, es konnte ihm an und für sich weder an dem Verdienstentgang noch an dem

Verlust eines Klienten viel liegen. Außerdem war er kränklich und hätte selbst darauf bedacht sein sollen, dass ihm Arbeit abgenommen werde.

Und trotzdem hielt er K. so fest. Warum? War es persönliche Anteilnahme für den Onkel oder sah er K.'s Prozess wirklich für so außerordentlich an und hoffte sich darin auszuzeichnen entweder für K. oder – diese Möglichkeit war eben niemals auszuschließen – für die Freunde beim Gericht? An ihm selbst war nichts zu erkennen, so rücksichtslos prüfend ihn auch K. ansah. Man hätte fast annehmen können, er warte mit absichtlich verschlossener Miene die Wirkung seiner Worte ab. Aber er deutete offenbar das Schweigen K.,s für sich allzu günstig, wenn er jetzt fortfuhr: "Sie werden bemerkt haben, dass ich zwar eine große Kanzlei habe aber keine Hilfskräfte beschäftige. Das war früher anders, es gab eine Zeit wo einige junge Juristen für mich arbeiteten, heute arbeite ich allein. Es hängt dies zum Teil mit der Änderung meiner Praxis zusammen, indem ich mich immer mehr auf Rechtssachen von der Art der Ihrigen beschränkte, zum Teil mit der immer tieferen Erkenntnis, die ich von diesen Rechtssachen erhielt. Ich fand, dass ich diese Arbeit niemandem überlassen dürfe, wenn ich mich nicht an meinen Klienten und an der Aufgabe, die ich übernommen hatte, versündigen wollte. Der Entschluss aber alle Arbeit selbst zu leisten hatte die natürlichen Folgen: ich musste fast alle Ansuchen um Vertretungen abweisen und konnte nur denen nachgeben, die mir besonders nahe gingen – nun es gibt ja genug Kreaturen und sogar ganz in der Nähe, die sich auf jeden Brocken stürzen, den ich wegwerfe. Und außerdem wurde ich vor Überanstrengung krank. Aber trotzdem bereue ich meinen Entschluss nicht, es ist möglich, dass ich mehr Vertretungen hätte abweisen sollen, als ich getan habe, dass ich aber den übernommenen Prozessen mich ganz hingegeben habe, hat sich als unbedingt notwendig herausgestellt und durch die Erfolge belohnt. Ich habe einmal in einer Schrift den Unterschied sehr schön ausgedrückt gefunden, der zwischen der Vertretung in gewöhnlichen Rechtssachen und der Vertretung in diesen Rechtssachen besteht. Es hieß dort: Der eine Advokat führt seinen Klienten an einem Zwirnfaden bis zum Urteil, der andere aber hebt seinen Klienten gleich auf die Schultern und trägt ihn zum Urteil und ohne ihn abzusetzen noch darüber hinaus. So ist es. Aber es war nicht ganz richtig wenn ich sagte, dass ich diese große Arbeit niemals bereue. Wenn sie, wie in Ihrem Fall, so vollständig verkannt wird, dann, nun dann bereue ich fast." K. wurde durch diese Reden mehr ungeduldig als überzeugt. Er glaubte irgendwie aus dem Tonfall des Advokaten herauszuhören, was ihn erwartete, wenn er nachgeben würde, wieder würden die Vertröstungen beginnen, die Hinweise auf die fortschreitende Eingabe, auf die gebesserte Stimmung der Gerichtsbeamten, aber auch auf die großen Schwierigkeiten, die sich der Arbeit entgegenstellten, - kurz das alles bis zum Überdruss Bekannte würde hervorgeholt werden, um K. wieder mit unbestimmten Hoffnungen zu täuschen und mit unbestimmten Drohungen zu quälen. Das musste endgültig verhindert werden, er sagte deshalb: "Was wollen Sie in meiner Sache unternehmen, wenn Sie die Vertretung behalten." Der Advokat fügte sich sogar dieser beleidigenden Frage und antwortete: "In dem, was ich für Sie bereits unternommen habe, weiter fortfahren." "Ich wusste es ja", sagte K., "nun ist aber jedes weitere Wort überflüssig. "Ich werde noch einen Versuch machen", sagte der Advokat, als geschehe, das was K. erregte, nicht K. sondern ihm. "Ich habe nämlich die Vermutung, dass Sie nicht nur zu der falschen Beurteilung meines Rechtsbeistandes, sondern auch zu Ihrem sonstigen Verhalten dadurch verleitet werden, dass man Sie, trotzdem Sie Angeklagter sind, zu gut behandelt oder richtiger ausgedrückt nachlässig, scheinbar nachlässig behandelt. Auch dieses Letztere hat seinen Grund; es ist oft besser in Ketten als frei zu sein. Aber ich möchte Ihnen doch zeigen, wie andere Angeklagte behandelt werden, vielleicht gelingt es Ihnen, daraus eine Lehre zu nehmen. Ich werde jetzt nämlich Block vorrufen, sperren Sie die Tür auf und setzen Sie sich hier neben den Nachttisch." "Gerne", sagte K. und tat was der Advokat verlangt hatte; zu lernen war er immer bereit. Um sich aber für jeden Fall zu sichern, fragte er noch: "Sie haben aber zur Kenntnis genommen, dass ich Ihnen meine Vertretung entziehe?" "Ja", sagte der Advokat, "Sie können es aber heute noch rückgängig machen." Er legte sich wieder ins Bett zurück, zog das Federbett bis zum Kinn und drehte sich der Wand zu. Dann läutete er.

Fast gleichzeitig mit dem Glockenzeichen erschien Leni, sie suchte durch rasche Blicke zu erfahren was geschehen war; dass K. ruhig beim Bett des Advokaten saß, schien ihr beruhigend. Sie nickte K., der sie starr ansah, lächelnd zu. "Hole Block", sagte der Advokat. Statt ihn aber zu holen, trat sie nur vor die Tür, rief: "Block! Zum Advokaten!" und schlüpfte dann, wahrscheinlich weil der Advokat zur Wand abgekehrt blieb und sich um nichts kümmerte, hinter K.`s Sessel. Sie störte ihn von nun ab, indem sie sich über die Sessellehne vorbeugte oder mit den Händen allerdings sehr zart und vorsichtig, durch sein Haar fuhr und über seine Wangen strich. Schließlich suchte K. sie daran zu hindern, indem er sie bei einer Hand erfasste, die sie ihm nach einigem Widerstreben überließ.

Block war auf den Anruf hin gleich gekommen, blieb aber vor der Tür stehen und schien zu überlegen ob er eintreten sollte. Er zog die Augenbrauen hoch und neigte den Kopf, als horche er ob sich der Befehl zum Advokaten zu kommen, wiederholen würde. K. hätte ihn zum Eintreten aufmuntern können, aber er hatte sich vorgenommen nicht nur mit dem Advokaten sondern mit allem was hier in der Wohnung war endgültig zu brechen und verhielt sich deshalb regungslos. Auch Leni schwieg. Block merkte, dass ihn wenigstens niemand verjage und trat auf den Fußspitzen ein, das Gesicht gespannt, die Hände auf dem Rücken verkrampft. Die Tür hatte er für einen möglichen Rückzug offen gelassen. K. blickte er gar nicht an, sondern immer nur das hohe Federbett, unter dem der Advokat, da er sich ganz nahe an die Wand geschoben hatte, nicht einmal zu sehen war. Da hörte man aber seine Stimme: "Block hier?" fragte er. Diese Frage gab Block, der schon eine große Strecke weitergerückt war, förmlich einen Stoß in die Brust und dann einen in den Rücken, er taumelte, blieb tief gebückt stehen und sagte: "Zu dienen." "Was willst du?" fragte der Advokat, "du kommst ungelegen." "Wurde ich nicht gerufen?" fragte Block, mehr sich selbst, als den Advokaten, hielt die Hände zum Schutze vor und war bereit wegzulaufen. "Du wurdest gerufen", sagte der Advokat, "trotzdem kommst du ungelegen." Und nach einer Pause fügte er hinzu: "Du kommst immer ungelegen." Seitdem der Advokat sprach, sah Block nicht mehr auf das Bett hin, er starrte vielmehr irgendwo in eine Ecke und lauschte nur, als sei der Anblick des Sprechers zu blendend, als dass er ihn ertragen könnte. Es war aber auch das Zuhören schwer, denn der Advokat sprach gegen die Wand und zwar leise und schnell. "Wollt ihr dass ich weggehe?" fragte Block. "Nun bist du einmal da", sagte der Advokat. "Bleib!" Man hätte glauben können, der Advokat habe nicht Blocks Wunsch erfüllt, sondern ihm etwa mit Prügeln gedroht, denn jetzt fing Block wirklich zu zittern an. "Ich war gestern", sagte der Advokat, "beim dritten Richter, meinem Freund und habe allmählich das Gespräch auf dich gelenkt. Willst du wissen, was er sagte? " "Oh bitte", sagte Block. Da der Advokat nicht gleich antwortete, wiederholte Block nochmals die Bitte und neigte sich als wolle er niederknien. Da fuhr ihn aber K. an: "Was tust du?" rief er. Da ihn Leni an dem Ausruf hatte hindern wollen, fasste er auch ihre zweite Hand. Es war nicht der Druck der Liebe, mit dem er sie fest hielt, sie seufzte auch öfter und suchte ihm die Hände zu entwinden. Für K.`s Ausruf aber wurde Block gestraft, denn der Advokat fragte ihn: "Wer ist denn dein Advokat?" "Ihr seid es", sagte Block. "Und außer mir?" fragte der Advokat. "Niemand außer euch", sagte Block. "Dann folge auch niemandem sonst", sagte der Advokat. Block erkannte das vollständig an, er maß K. mit bösen Blicken und schüttelte heftig gegen ihn den Kopf. Hätte man dieses Benehmen in Worte übersetzt so wären es grobe Beschimpfungen gewesen. Mit diesem Menschen hatte K. freundschaftlich über seine eigene Sache reden wollen! "Ich werde dich nicht mehr stören", sagte K. in den Sessel zurück-gelehnt. "Knie nieder oder krieche auf allen Vieren, tu was du willst, ich werde mich nicht darum kümmern." Aber Block hatte doch Ehrgefühl, wenigstens gegenüber K., denn er ging mit den Fäusten fuchtelnd auf ihn zu und rief so laut als er es nur in der Nähe des Advokaten wagte: "Sie dürfen nicht so mit mir reden, das ist nicht erlaubt. Warum beleidigen Sie mich? Und überdies noch hier vor dem Herrn Advokaten, wo wir beide, Sie und ich, nur aus Barmherzigkeit geduldet sind? Sie sind kein besserer Mensch als ich, denn Sie sind auch angeklagt und haben auch einen Prozess. Wenn Sie aber trotzdem noch ein Herr sind, dann bin ich ein ebensolcher Herr, wenn nicht gar ein noch größerer. Und ich will auch als ein solcher angesprochen werden, gerade von Ihnen. Wenn Sie sich aber dadurch für bevorzugt halten, dass Sie hier ruhig sitzen und ruhig zuhören dürfen, während ich, wie Sie sich ausdrücken, auf allen Vieren krieche, dann erinnere ich Sie an den alten Rechtsspruch: Für den Verdächtigen ist Bewegung besser als Ruhe, denn der welcher ruht kann immer, ohne es zu wissen auf einer Waagschale sein und mit seinen Sünden gewogen werden." K. sagte nichts, er staunte nur mit unbeweglichen Augen diesen verwirrten Menschen an. Was für Veränderungen waren mit ihm nur schon in der letzten Stunde vor sich gegangen! War es der Prozess, der ihn so hin und her warf und ihn nicht erkennen ließ, wo Freund und wo Feind war? Sah er denn nicht, dass der Advokat ihn absichtlich demütigte und diesmal nichts anderes bezweckte, als sich vor K. mit seiner Macht zu brüsten und sich dadurch vielleicht auch K. zu unterwerfen? Wenn Block aber nicht fähig war das zu erkennen, oder wenn er den Advokaten so sehr fürchtete, dass ihm jene Erkenntnis nichts helfen konnte, wie kam es dass er doch wieder so schlau oder so kühn war, den Advokaten zu betrügen und ihm zu verschweigen, dass er außer ihm noch andere Advokaten für sich arbeiten ließ. Und wieso wagte er es, K. anzugreifen, da dieser doch gleich sein Geheimnis verraten konnte. Aber er wagte noch mehr, er ging zum Bett des Advokaten und begann sich nun auch dort über K. zu beschweren: "Herr Advokat", sagte er, "habt gehört, wie dieser Mann mit mir gesprochen hat. Man kann noch die Stunden seines Prozesses zählen und schon will er mir, einem Mann, der fünf Jahre im Prozesse steht, gute Lehren geben. Er beschimpft mich sogar. Weiß nichts und beschimpft mich, der ich, so weit meine schwachen Kräfte reichen, genau studiert habe, was Anstand, Pflicht und Gerichtsgebrauch verlangt." "Kümmere dich um niemanden", sagte der Advokat, "und tue was dir richtig scheint."

"Gewiss", sagte Block, als spreche er sich selbst Mut zu und kniete unter einem kurzen Seitenblick nun knapp beim Bett nieder. "Ich knie schon, mein Advokat", sagte er. Der Advokat schwieg aber. Block streichelte mit einer Hand vorsichtig das Federbett. In der Stille, die jetzt herrschte, sagte Leni, indem sie sich von K.'s Händen befreite: "du machst mir Schmerzen. Lass mich. Ich gehe zu Block." Sie ging hin und setzte sich auf den Bettrand. Block war über ihr Kommen sehr erfreut, er bat sie gleich durch lebhafte aber stumme Zeichen sich beim Advokaten für ihn einzusetzen. Er benötigte offenbar die Mitteilungen des Advokaten sehr dringend aber vielleicht nur zu dem Zweck, um sie durch seine übrigen Advokaten ausnützen zu lassen. Leni wusste wahrscheinlich genau wie man dem Advokaten beikommen könne, sie zeigte auf die Hand des Advokaten und spitzte die Lippen wie zum Kuss. Gleich führte denn Block den Handkuss aus und wiederholte ihn auf eine Aufforderung Lenis hin noch zweimal. Aber der Advokat schwieg noch immer. Da beugte sich Leni über den Advokaten hin, der schöne Wuchs ihres Körpers wurde sichtbar als sie sich so streckte und strich tief zu seinem Gesicht geneigt über sein langes weißes Haar. Das zwang ihm nun doch eine Antwort ab. "Ich zögere es ihm mitzuteilen", sagte der Advokat und man sah, wie er den Kopf ein wenig schüttelte, vielleicht um des Drucks von Lenis Hand mehr teilhaftig zu werden. Block horchte mit gesenktem Kopf, als übertrete er durch dieses Horchen ein Gebot. "Warum zögerst du denn?" fragte Leni. K. hatte das Gefühl, als höre er ein einstudiertes Gespräch, das sich schon oft wiederholt hatte, das sich noch oft wiederholen würde und das nur für Block seine Neuheit nicht verlieren konnte. "Wie hat er sich heute verhalten?" fragte der Advokat statt zu antworten. Ehe sich Leni darüber äußerte, sah sie zu Block hinunter und beobachtete ein Weilchen, wie er die Hände ihr entgegenhob und bittend aneinander rieb. Schließlich nickte sie ernst, wandte sich zum Advokaten und sagte: "Er war ruhig und fleißig." Ein alter Kaufmann, ein Mann mit langem Bart, flehte ein junges Mädchen um ein günstiges Zeugnis an. Mochte er dabei auch Hintergedanken haben, nichts konnte ihn in den Augen eines Mitmenschen rechtfertigen. Er entwürdigte fast den Zuseher.

K. begriff nicht, wie der Advokat daran hatte denken können, durch diese Vorführung ihn zu gewinnen. Hätte er ihn nicht schon früher verjagt, er hätte es durch diese Szene erreicht. So wirkte also die Methode des Advokaten, welcher K. glücklicher Weise nicht lange genug ausgesetzt gewesen war, dass der Klient schließlich an die ganze Welt vergaß und nur auf diesem Irrweg zum Ende des Prozesses sich fortzuschleppen hoffte. Das war kein Klient mehr, das war der Hund des Advokaten. Hätte ihm dieser befohlen, unter das Bett wie in eine Hundehütte zu kriechen und von dort aus zu bellen, er hätte es mit Lust getan. Als sei K. beauftragt, alles was hier gesprochen wurde, genau in sich aufzunehmen, an einem höheren Ort die Anzeige davon zu erstatten und einen Bericht abzulegen, hörte er prüfend und überlegen zu. "Was hat er während des ganzen Tags getan?" fragte der Advokat. "Ich habe ihn", sagte Leni, "damit er mich bei der Arbeit nicht störe, in dem Dienstmädchenzimmer eingesperrt, wo er sich ja gewöhnlich aufhält. Durch die Luke konnte ich von Zeit zu Zeit nachsehen, was er machte. Er kniete immer auf dem Bett, hatte die Schriften, die du ihm geliehen hast, auf dem Fensterbrett aufgeschlagen und las in ihnen. Das hat einen guten Eindruck auf mich gemacht; das Fenster führt nämlich nur in einen Luftschacht und gibt fast kein Licht. Dass Block trotzdem las, zeigte mir, wie folgsam er ist." "Es freut mich das zu hören", sagte der Advokat. "Hat er aber auch mit Verständnis gelesen?" Block bewegte während dieses Gespräches unaufhörlich die Lippen, offenbar formulierte er die Antworten, die er von Leni erhoffte. "Darauf kann ich natürlich", sagte Leni, "nicht mit Bestimmtheit antworten. Jedenfalls habe ich gesehen, dass er gründlich las. Er hat den ganzen Tag über die gleiche Seite gelesen und beim Lesen den Finger die Zeilen entlanggeführt. Immer wenn ich zu ihm hineinsah, hat er geseufzt, als mache ihm das Lesen viel Mühe. Die Schriften, die du ihm geliehen hast, sind wahrscheinlich schwer verständlich. " "Ja", sagte der Advokat, "das sind sie allerdings. Ich glaube auch nicht, dass er etwas von ihnen versteht. Sie sollen ihm nur eine Ahnung davon geben, wie schwer der Kampf ist, den ich zu seiner Verteidigung führe. Und für wen führe ich diesen schweren Kampf? Für - es ist fast lächerlich es auszusprechen - für Block. Auch was das bedeutet soll er begreifen lernen. Hat er ununterbrochen studiert?" "Fast ununterbrochen", antwortete Leni, "nur einmal hat er mich um Wasser zum Trinken gebeten. Da habe ich ihm ein Glas durch die Luke gereicht. Um acht Uhr habe ich ihn dann herausgelassen und ihm etwas zu essen gegeben." Block streifte K. mit einem Seitenblick, als werde hier Rühmendes von ihm erzählt und müsse auch auf K. Eindruck machen. Er schien jetzt gute Hoffnungen zu haben, bewegte sich freier und rückte auf den Knien Hin und Her. Desto deutlicher war es, wie er unter den folgenden Worten des Advokaten erstarrte. "Du lobst ihn", sagte der Advokat. "Aber gerade das macht es mir schwer zu reden. Der Richter hat sich nämlich nicht günstig ausgesprochen, weder über Block selbst noch über seinen Prozess. "Nicht günstig?" fragte Leni. "Wie ist das möglich?" Block sah sie mit einem so gespannten Blick an, als traue er ihr die Fähigkeit zu, jetzt noch die längst ausgesprochenen Worte des Richters zu seinen Gunsten zu wenden. "Nicht günstig", sagte der Advokat. "Er war sogar unangenehm berührt, als ich von Block zu sprechen anfing. "Reden Sie nicht von Block", sagte er. "Er ist mein Klient", sagte ich. "Sie lassen sich missbrauchen", sagte er. "Ich halte seine Sache nicht für verloren", sagte ich. "Sie lassen sich missbrauchen", wiederholte er. "Ich glaube es nicht", sagte ich. "Block ist im Prozess fleißig und immer hinter seiner Sache her. Er wohnt fast bei mir um immer auf dem Laufenden zu sein. Solchen Eifer findet man nicht immer. Gewiss er ist persönlich nicht angenehm, hat hässliche Umgangsformen und ist schmutzig, aber in prozessualer Hinsicht ist er untadelhaft. "Ich sagte untadelhaft, ich übertrieb absichtlich. Darauf sagte er: "Block ist bloß schlau. Er hat viel Erfahrung angesammelt und versteht es den Prozess zu verschleppen. Aber seine Unwissenheit ist noch viel größer als seine Schlauheit. Was würde er wohl dazu sagen, wenn er erfahren würde, dass sein Prozess noch gar nicht begonnen hat, wenn man ihm sagen würde, dass noch nicht einmal das Glockenzeichen zum Beginn des Prozesses gegeben ist." Ruhig Block", sagte der Advokat, denn Block begann sich gerade auf unsicheren Knien zu erheben und wollte offenbar um Aufklärung bitten. Es war jetzt das erste Mal, dass sich der Advokat mit ausführlicheren Worten geradezu an Block wendete. Mit müden Augen sah er halb ziellos, halb zu Block hinunter, der unter diesem Blick wieder langsam in die Knie zurücksank. "Diese Äußerung des Richters hat für dich gar keine Bedeutung", sagte der Advokat. "Erschrick doch nicht bei jedem Wort. Wenn sich das wiederholt, werde ich dir gar nichts mehr verraten. Man kann keinen Satz beginnen, ohne dass du einen anschaust, als ob jetzt dein Endurteil käme. Schäme dich hier vor meinem Klienten! Auch erschütterst du das Vertrauen, das er in mich setzt. Was willst du denn? Noch lebst du, noch stehst du unter meinem Schutz. Sinnlose Angst! Du hast irgendwo gelesen, dass das Endurteil in manchen Fällen unversehens komme aus beliebigem Munde zu beliebiger Zeit. Mit vielen Vorbehalten ist das allerdings wahr, ebenso wahr aber ist es, dass mich deine Angst anwidert und dass ich darin einen Mangel des notwendigen Vertrauens sehe. Was habe ich denn gesagt? Ich habe die Äußerung eines Richters wiedergegeben. Du weißt, die verschiedenen Ansichten häufen sich um das Verfahren bis zur Undurchdringlichkeit. Dieser Richter z. B. nimmt den Anfang des Verfahrens zu einem andern Zeitpunkt an als ich. Ein Meinungsunterschied, nichts weiter. In einem gewissen Stadium des Prozesses wird nach altem Brauch ein Glockenzeichen gegeben. Nach der Ansicht dieses Richters beginnt damit der Prozess. Ich kann Dir jetzt nicht alles sagen, was dagegen spricht, du würdest es auch nicht verstehen, es genüge dir, dass viel dagegen spricht." Verlegen fuhr Block unten mit den Fingern durch das Fell des Bettvorlegers, die Angst wegen des Ausspruches des Richters ließ ihn zeitweise die eigene Untertänigkeit gegenüber dem Advokaten vergessen, er dachte dann nur an sich und drehte die Worte des Richters nach allen Seiten. "Block", sagte Leni in warnendem Ton und zog ihn am Rockkragen ein wenig in die Höhe. "Lass jetzt das Fell und höre dem Advokaten zu."

Im Dom

K. bekam den Auftrag, einem italienischen Geschäftsfreund der Bank, der für sie sehr wichtig war und sich zum ersten Mal in dieser Stadt aufhielt, einige Kunstdenkmäler zu zeigen. Es war ein Auftrag, den er zu anderer Zeit gewiss für ehrend gehalten hätte, den er aber jetzt, da er nur mit großer Anstrengung sein Ansehen in der Bank noch wahren konnte, widerwillig übernahm. Jede Stunde, die er dem Büro entzogen wurde machte ihm Kummer; er konnte zwar die Bürozeit bei Weitem nicht mehr so ausnützen wie früher, er brachte manche Stunden nur unter dem notdürftigsten Anschein wirklicher Arbeit hin, aber desto größer waren seine Sorgen, wenn er nicht im Büro war. Er glaubte dann zu sehen, wie der Direktor-Stellvertreter, der ja immer auf der Lauer gewesen war, von Zeit zu Zeit in sein Büro kam, sich an seinen Schreibtisch setzte, seine Schriftstücke durchsuchte, Parteien, mit denen K. seit Jahren fast befreundet gewesen war, empfing und ihm abspenstig machte, ja vielleicht sogar Fehler aufdeckte, von denen sich K. während der Arbeit jetzt immer aus tausend Richtungen bedroht sah und die er nicht mehr vermeiden konnte. Wurde er daher einmal sei es in noch so auszeichnender Weise zu einem Geschäftsweg oder gar zu einer kleinen Reise beauftragt - solche Aufträge hatten sich in der letzten Zeit ganz zufällig gehäuft - dann lag immerhin die Vermutung nahe, dass man ihn für ein Weilchen aus dem Büro entfernen und seine Arbeit überprüfen wolle oder wenigstens dass man ihn im Büro für leicht entbehrlich halte. Die meisten dieser Aufträge hätte er ohne Schwierigkeit ablehnen können, aber er wagte es nicht, denn, wenn seine Befürchtung auch nur im geringsten begründet war, bedeutete die Ablehnung des Auftrags Geständnis seiner Angst. Aus diesem Grunde nahm er solche Aufträge scheinbar gleichmütig hin und verschwieg sogar, als er eine anstrengende zweitägige Geschäftsreise machen sollte, eine ernstliche Verkühlung, um sich nur nicht der Gefahr auszusetzen, mit Berufung auf das gerade herrschende regnerische Herbstwetter von der Reise abgehalten zu werden. Als er von dieser Reise mit wütenden Kopfschmerzen zurückkehrte, erfuhr er, dass er dazu bestimmt sei, am nächsten Tag den italienischen Geschäftsfreund zu begleiten. Die Verlockung, sich wenigstens dieses eine Mal zu weigern, war sehr groß, vor allem war das was man ihm hier zugedacht hatte, keine unmittelbar mit dem Geschäft zusammenhängende Arbeit, die Erfüllung dieser gesellschaftlichen Pflicht gegenüber dem Geschäftsfreund war an sich zweifellos wichtig genug, nur nicht für K., der wohl wusste, dass er sich nur durch Arbeitserfolge erhalten könne und dass es, wenn ihm das nicht gelingen würde, vollständig wertlos war, wenn er diesen Italiener unerwarteter Weise sogar bezaubern sollte; er wollte nicht einmal für einen Tag aus dem Bereich der Arbeit geschoben werden, denn die Furcht nicht mehr zurückgelassen zu werden, war zu groß, eine Furcht, die er sehr genau als übertrieben erkannte, die ihn aber doch beengte. In diesem Fall allerdings war es fast unmöglich einen annehmbaren Einwand zu erfinden, K.`s Kenntnis des Italienischen war zwar nicht sehr groß, aber immerhin genügend; das Entscheidende aber war, dass K. aus früherer Zeit einige kunsthistorische Kenntnisse besaß, was in äußerst übertriebener Weise dadurch in der Bank bekannt geworden war, dass K. eine Zeit lang, übrigens auch nur aus geschäftlichen Gründen, Mitglied des Vereins zur Erhaltung der städtischen Kunstdenkmäler gewesen war. Nun war aber der Italiener, wie man gerüchteweise erfahren hatte, ein Kunstliebhaber und die Wahl K.`s zu seinem Begleiter war daher selbstverständlich.

Es war ein sehr regnerischer stürmischer Morgen, als K. voll Ärger über den Tag der ihm bevorstand schon um sieben Uhr ins Büro kam, um wenigstens einige Arbeit noch fertig zu bringen, ehe der Besuch ihn allem entziehen würde. Er war sehr müde, denn er hatte die halbe Nacht mit dem Studium einer italienischen Grammatik verbracht, um sich ein wenig vorzubereiten, das Fenster an dem er in der letzten Zeit viel zu oft zu sitzen pflegte, lockte ihn mehr als der Schreibtisch, aber er widerstand und setzte sich zur Arbeit. Leider trat gerade der Diener ein und meldete, der Herr Direktor habe ihn geschickt, um nachzusehen, ob der Herr Prokurist schon hier sei; sei er hier, dann möge er so freundlich sein und ins Empfangszimmer hinüberkommen, der Herr aus Italien sei schon da. "Ich komme schon", sagte K., steckte ein kleines Wörterbuch in die Tasche, nahm ein Album der städtischen Sehenswürdigkeiten, das er für den Fremden vorbereitet hatte unter den Arm und ging durch das Büro des Direktor-Stellvertreters in das Direktionszimmer. Er war glücklich darüber, so früh ins Büro gekommen zu sein und sofort zur Verfügung stehen zu können, was wohl niemand ernstlich erwartet hatte. Das Büro des Direktor-Stellvertreters war natürlich noch leer, wie in tiefer Nacht, wahrscheinlich hatte der Diener auch ihn ins Empfangszimmer berufen sollen, es war aber erfolglos gewesen. Als K. ins Empfangszimmer eintrat erhoben sich die zwei Herren aus den tiefen Fauteuils. Der Direktor lächelte freundlich, offenbar war er sehr erfreut über K.`s Kommen, er besorgte sofort die Vorstellung, der Italiener schüttelte K. kräftig die Hand und nannte lachend irgend jemanden einen Frühaufsteher, K. verstand nicht genau wen er meinte, es war überdies ein sonderbares Wort, dessen Sinn K. erst nach einem Weilchen erriet. Er antwortete mit einigen glatten Sätzen, die der Italiener wieder lachend hinnahm, wobei er mehrmals mit nervöser Hand über seinen graublauen buschigen Schnurrbart fuhr. Dieser Bart war offenbar parfümiert, man war fast versucht, sich zu nähern und zu riechen. Als sich alle gesetzt hatten und ein kleines einleitendes Gespräch begann, bemerkte K. mit großem Unbehagen, dass er den Italiener nur bruchstückweise verstand. Wenn er ganz ruhig sprach, verstand er ihn fast vollständig, das waren aber nur seltene Ausnahmen, meistens quoll förmlich ihm die Rede aus dem Mund, er schüttelte den Kopf wie vor Lust darüber. Bei solchen Reden aber verwickelte er sich regelmäßig in irgendeinen Dialekt, der für K. nichts Italienisches mehr hatte, den aber der Direktor nicht nur verstand sondern auch sprach, was K. allerdings hätte voraussehen können, denn der Italiener stammte aus Süditalien, wo auch der Direktor einige Jahre gewesen war. Jedenfalls erkannte K. dass ihm die Möglichkeit sich mit dem Italiener zu verständigen, zum größten Teil genommen war, denn auch dessen Französisch war nur schwer verständlich, auch verdeckte der Bart die Lippenbewegungen, deren Anblick vielleicht zum Verständnis geholfen hätte. K. begann viele Unannehmlichkeiten vorauszusehen, vorläufig gab er es auf, den Italiener verstehen zu wollen - in der Gegenwart des Direktors, der ihn so leicht verstand, wäre es unnötige Anstrengung gewesen - und er beschränkte sich darauf, ihn verdrießlich zu beobachten, wie er tief und doch leicht in dem Fauteuil ruhte, wie er öfter an seinem kurzen, scharf geschnittenen Röckchen zupfte und wie er einmal mit erhobenen Armen und lose in den Gelenken bewegten Händen irgendetwas darzustellen versuchte das K. nicht begreifen konnte, trotzdem er vorgebeugt die Hände nicht aus den Augen ließ. Schließlich machte sich bei K., der sonst unbeschäftigt nur mechanisch mit den Blicken dem Hin und Her der Reden folgte, die frühere Müdigkeit geltend und er ertappte sich einmal zu seinem Schrecken, glücklicherweise noch rechtzeitig, darauf, dass er in der Zerstreutheit gerade hatte aufstehen, sich umdrehen und weggehen wollen. Endlich sah der Italiener auf die Uhr und sprang auf. Nachdem er sich vom Direktor verabschiedet hatte, drängte er sich an K. und zwar so dicht, dass K. sein Fauteuil zurückschieben musste, um sich bewegen zu können. Der Direktor, der gewiss an K.`s Augen die Not erkannte, in der er sich gegenüber diesem Italienisch befand, mischte sich in das Gespräch und zwar so klug und so zart, dass es den Anschein hatte als füge er nur kleine Ratschläge bei, während er in Wirklichkeit alles was der Italiener, unermüdlich ihm in die Rede fallend vorbrachte, in aller Kürze K. verständlich machte. K. erfuhr von ihm, dass der Italiener vorläufig noch einige Geschäfte zu besorgen habe, dass er leider auch im Ganzen nur wenig Zeit haben werde, dass er auch keinesfalls beabsichtige in Eile alle Sehenswürdigkeiten abzulaufen, dass er sich vielmehr - allerdings nur wenn K. zustimme, bei ihm allein liege die Entscheidung - entschlossen habe nur den Dom, diesen aber gründlich zu besichtigen. Er freue sich ungemein diese Besichtigung in Begleitung eines so gelehrten und liebenswürdigen Mannes - damit war K. gemeint, der mit nichts anderem beschäftigt war, als den Italiener zu überhören und die Worte des Direktors schnell aufzufassen - vornehmen zu können und er bitte ihn, wenn ihm die Stunde gelegen sei, in zwei Stunden etwa um zehn Uhr sich im Dom einzufinden. Er selbst hoffe um diese Zeit schon bestimmt dort sein zu können. K. antwortete einiges Entsprechende, der Italiener drückte zuerst dem Direktor, dann K., dann nochmals dem Direktor die Hand und ging von beiden gefolgt, nur noch halb ihnen zugewendet, im Reden aber noch immer nicht aussetzend, zur Tür. K. blieb dann noch ein Weilchen mit dem Direktor beisammen, der heute besonders leidend aussah. Er glaubte sich bei K. irgendwie entschuldigen zu müssen und sagte - sie standen vertraulich nahe beisammen - zuerst hätte er beabsichtigt, selbst mit dem Italiener zu gehen, dann aber - er gab keinen nähern Grund an -habe er sich entschlossen, lieber K. zu schicken. Wenn er den Italiener nicht gleich im Anfang verstehe, so müsse er sich dadurch nicht verblüffen lassen, das Verständnis komme sehr rasch und wenn er auch viel überhaupt nicht verstehen sollte, so sei es auch nicht so schlimm, denn für den Italiener sei es nicht gar so wichtig verstanden zu werden. Übrigens sei K.`s Italienisch überraschend gut und er werde sich gewiss ausgezeichnet mit der Sache abfinden. Damit war K. verabschiedet. Die Zeit, die ihm noch freiblieb verbrachte er damit seltene Vokabeln, die er zur Führung im Dom benötigte, aus dem Wörterbuch herauszuschreiben. Es war eine äußerst lästige Arbeit, Diener brachten die Post, Beamte kamen mit verschiedenen Anfragen und blieben, da sie K. beschäftigt sahen, bei der Tür stehen, rührten sich aber nicht weg, bis sie K. angehört hatte, der Direktor-Stellvertreter ließ es sich nicht entgehen K. zu stören, kam öfter herein, nahm ihm das Wörterbuch aus der Hand und blätterte offenbar ganz sinnlos darin, selbst Parteien tauchten wenn sich die Türe öffnete im Halbdunkel des Vorzimmers auf und verbeugten sich zögernd, sie wollten auf sich aufmerksam machen, waren aber dessen nicht sicher ob sie gesehen wurden - das alles bewegte sich um K. als um seinen Mittelpunkt, während er selbst die Wörter die er brauchte, zusammenstellte, dann im Wörterbuch suchte, dann herausschrieb, dann sich in ihrer Aussprache übte und schließlich auswendig zu lernen versuchte. Sein früheres gutes Gedächtnis schien ihn aber ganz verlassen zu haben, manchmal wurde er auf den Italiener, der ihm diese Anstrengung verursachte, so wütend, dass er das Wörterbuch unter Papieren vergrub mit der festen Absicht sich nicht mehr vorzubereiten, dann aber sah er ein, dass er doch nicht stumm mit dem Italiener vor den Kunstwerken im Dom auf und abgehen könne und er zog mit noch größerer Wut das Wörterbuch wieder hervor.

Gerade um halb zehn als er weggehen wollte, erfolgte ein telefonischer Anruf, Leni wünschte ihm guten Morgen und fragte nach seinem Befinden, K. dankte eilig und bemerkte er könne sich jetzt unmöglich in ein Gespräch einlassen, denn er müsse in den Dom. "In den Dom?" fragte Leni. " Nun ja, in den Dom." "Warum denn in den Dom?" fragte Leni. K. suchte es ihr in Kürze zu erklären, aber kaum hatte er damit angefangen, sagte Leni plötzlich: "Sie hetzen dich." Bedauern, das er nicht herausgefordert und nicht erwartet hatte, vertrug K. nicht, er verabschiedete sich mit zwei Worten, sagte aber doch, während er den Hörer an seinen Platz hängte, halb zu sich, halb zu dem fernen Mädchen, das er nicht mehr hörte: "Ja, sie hetzen mich." Nun war es aber schon spät, es bestand schon fast die Gefahr, dass er nicht rechtzeitig ankam. Im Automobil fuhr er hin, im letzten Augenblick hatte er sich noch an das Album erinnert, das er früh zu übergeben keine Gelegenheit gefunden hatte und das er deshalb jetzt mitnahm. Er hielt es auf seinen Knien und trommelte darauf unruhig während der ganzen Fahrt. Der Regen war schwächer geworden, aber es war feucht, kühl und dunkel, man würde im Dom wenig sehen, wohl aber würde sich dort infolge des langen Stehens auf den kalten Fliesen K.'s Verkühlung sehr verschlimmern.

Der Domplatz war ganz leer, K. erinnerte sich, dass es ihm schon als kleinem Kind aufgefallen war, dass in den Häusern dieses engen Platzes immer fast alle Fenstervorhänge herabgelassen waren. Bei dem heutigen Wetter war es allerdings verständlicher als sonst. Auch im Dom schien es leer zu sein, es fiel natürlich niemandem ein, jetzt hierher zu kommen. K. durchlief beide Seitenschiffe, er traf nur ein altes Weib, das eingehüllt in ein warmes Tuch vor einem Marienbild kniete und es anblickte. Von weitem sah er dann noch einen hinkenden Diener in einer Mauertür verschwinden. K.

war pünktlich gekommen, gerade bei seinem Eintritt hatte es elf geschlagen, der Italiener war aber noch nicht hier. K. ging zum Haupteingang zurück, stand dort eine Zeit lang unentschlossen und machte dann im Regen einen Rundgang um den Dom, um nachzusehen, ob der Italiener nicht vielleicht bei irgendeinem Seiteneingang warte. Er war nirgends zu finden. Sollte der Direktor etwa die Zeitangabe missverstanden haben? Wie konnte man auch diesen Menschen richtig verstehen. Wie es aber auch sein mochte, jedenfalls musste K. zumindest eine halbe Stunde auf ihn warten. Da er müde war, wollte er sich setzen, er ging wieder in den Dom, fand auf einer Stufe einen kleinen teppichartigen Fetzen, zog ihn mit der Fußspitze vor eine nahe Bank, wickelte sich fester in seinen Mantel, schlug den Kragen in die Höhe und setzte sich. Um sich zu zerstreuen schlug er das Album auf, blätterte darin ein wenig, musste aber bald aufhören, denn es wurde so dunkel, dass er, als er aufblickte, in dem nahen Seitenschiff kaum eine Einzelheit unterscheiden konnte.

In der Ferne funkelte auf dem Hauptaltar ein großes Dreieck von Kerzenlichtern, K. hätte nicht mit Bestimmtheit sagen können, ob er sie schon früher gesehen hatte. Vielleicht waren sie erst jetzt angezündet worden. Die Kirchendiener sind berufsmäßige Schleicher, man bemerkt sie nicht. Als sich K. zufällig umdrehte, sah er nicht weit hinter sich eine hohe starke an einer Säule befestigte Kerze gleichfalls brennen. So schön das war, zur Beleuchtung der Altarbilder, die meistens in der Finsternis der Seitenaltäre hingen, war das gänzlich unzureichend, es vermehrte vielmehr die Finsternis.

Es war vom Italiener ebenso vernünftig als unhöflich gehandelt, dass er nicht gekommen war, es wäre nichts zu sehen gewesen, man hätte sich damit begnügen müssen mit K.`s elektrischer Taschenlampe einige Bilder zollweise abzusuchen. Um zu versuchen, was man davon erwarten könnte, ging K. zu einer nahen kleinen Seitenkapelle, stieg paar Stufen bis zu einer niedrigen Marmorbrüstung und über sie vorgebeugt beleuchtete er mit der Lampe das Altarbild. Störend schwebte das ewige Licht davor. Das Erste was

K. sah und zum Teil erriet, war ein großer gepanzerter Ritter; der am äußersten Rande des Bildes dargestellt war. Er stützte sich auf sein Schwert, das er in den kahlen Boden vor sich - nur einige Grashalme kamen hie und da hervor - gestoßen hatte. Er schien aufmerksam einen Vorgang zu beobachten, der sich vor ihm abspielte. Es war erstaunlich, dass er so stehen blieb und sich nicht näherte. Vielleicht war er dazu bestimmt, Wache zu stehen. K., der schon lange keine Bilder gesehen hatte, betrachtete den Ritter längere Zeit, trotzdem er immerfort mit den Augen zwinkern musste, da er das grüne Licht der Lampe nicht vertrug. Als er dann das Licht über den übrigen Teil des Bildes streichen ließ, fand er eine Grablegung Christi in gewöhnlicher Auffassung, es war übrigens ein neueres Bild. Er steckte die Lampe ein und kehrte wieder zu seinem Platz zurück.

Es war nun schon wahrscheinlich unnötig auf den Italiener zu warten, draußen war aber gewiss strömender Regen und da es hier nicht so kalt war, wie K. erwartet hatte, beschloss er vorläufig hier zu bleiben. In seiner Nachbarschaft war die große Kanzel, auf ihrem kleinen runden Dach waren halb liegend zwei leere goldene Kreuze angebracht, die sich mit ihrer äußersten Spitze überquerten. Die Außenwand der Brüstung und ihr Übergang zur tragenden Säule war von grünem Laubwerk gebildet in das kleine Engel griffen, bald lebhaft bald ruhend. K. trat vor die Kanzel und untersuchte sie von allen Seiten, die Bearbeitung des Steines war überaus sorgfältig, das tiefe Dunkel zwischen dem Laubwerk und hinter ihm schien wie eingefangen und fest gehalten, K. legte seine Hand in eine solche Lücke und tastete dann den Stein vorsichtig ab, von dem Dasein dieser Kanzel hatte er bisher gar nicht gewusst. Da bemerkte er zufällig hinter der nächsten Bankreihe einen Kirchendiener, der dort in einem hängenden faltigen schwarzen Rock stand, in der linken Hand eine Schnupftabakdose hielt und ihn betrachtete. "Was will denn der Mann?" dachte K. "Bin ich ihm verdächtig? Will er ein Trinkgeld?" Als sich aber nun der Kirchendiener von K. bemerkt sah, zeigte er mit der Rechten, zwischen zwei Fingern hielt er noch eine Prise Tabak, in irgendeiner unbestimmten Richtung. Sein Benehmen war fast unverständlich, K. wartete noch ein Weilchen, aber der Kirchendiener hörte nicht auf mit der Hand etwas zu zeigen und bekräftigte es noch durch Kopfnicken. "Was will er denn?" fragte K. leise, er wagte es nicht hier zu rufen; dann aber zog er die Geldtasche und drängte sich durch die nächste Bank, um zu dem Mann zu kommen. Doch dieser machte sofort eine abwehrende Bewegung mit der Hand, zuckte die Schultern und hinkte davon. Mit einer ähnlichen Gangart wie es dieses eilige Hinken war, hatte K. als Kind das Reiten auf Pferden nachzuahmen versucht. "Ein kindischer Alter", dachte K., "sein Verstand reicht nur noch zum Kirchendienst aus. Wie er stehen bleibt wenn ich stehe und wie er lauert, ob ich weitergehen will." Lächelnd folgte K. dem Alten durch das ganze Seitenschiff fast bis zur Höhe des Hauptaltars, der Alte hörte nicht auf, etwas zu zeigen, aber K. drehte sich absichtlich nicht um, das Zeigen hatte keinen andern Zweck als ihn von der Spur des Alten abzubringen. Schließlich ließ er wirklich von ihm, er wollte ihn nicht zu sehr ängstigen, auch wollte er die Erscheinung, für den Fall, dass der Italiener doch noch kommen sollte, nicht ganz verscheuchen.

Als er in das Hauptschiff trat, um seinen Platz zu suchen, auf dem er das Album liegen gelassen hatte, bemerkte er an einer Säule fast angrenzend an die Bänke des Altarchors eine kleine Nebenkanzel, ganz einfach aus kahlem bleichem Stein. Sie war so klein, dass sie aus der Ferne wie eine noch leere Nische erschien, die für die Aufnahme einer Statue bestimmt war. Der Prediger konnte gewiss keinen vollen Schritt von der Brüstung zurücktreten. Außerdem begann die steinerne Einwölbung der Kanzel ungewöhnlich tief und stieg zwar ohne jeden Schmuck aber derartig geschweift in die Höhe, dass ein mittelgroßer Mann dort nicht aufrecht stehen konnte, sondern sich dauernd über die Brüstung vorbeugen musste. Das Ganze war wie zur Qual des Predigers bestimmt, es war unverständlich wozu man diese Kanzel benötigte, da man doch die andere große und so kunstvoll geschmückte zur Verfügung hatte.

K. wäre auch diese kleine Kanzel gewiss nicht aufgefallen, wenn nicht oben eine Lampe befestigt gewesen wäre, wie man sie kurz vor einer Predigt bereitzustellen pflegt. Sollte jetzt etwa eine Predigt stattfinden? In der leeren Kirche? K. sah an der Treppe hinab, die an die Säule sich anschmiegend zur Kanzel führte und so schmal war, als solle sie nicht für Menschen, sondern nur zum Schmuck der Säule dienen. Aber unten an der Kanzel, K. lächelte vor Staunen, stand wirklich der Geistliche, hielt die Hand am Geländer, bereit aufzusteigen und sah auf K. hin. Dann nickte er ganz leicht mit dem Kopf, worauf K. sich bekreuzigte und verbeugte, was er schon früher hätte tun sollen. Der Geistliche gab sich einen kleinen Aufschwung und stieg mit kurzen, schnellen Schritten die Kanzel hinauf Sollte wirklich eine Predigt beginnen? War vielleicht der Kirchendiener doch nicht so ganz vom Verstand verlassen und hatte K. dem Prediger zutreiben wollen, was allerdings in der leeren Kirche äußerst notwendig gewesen war. Übrigens gab es ja noch irgendwo vor einem Marienbild ein altes Weib, das auch hätte kommen sollen. Und wenn es schon eine Predigt sein sollte, warum wurde sie nicht von der Orgel eingeleitet. Aber die blieb still und blinkte nur schwach aus der Finsternis ihrer großen Höhe.

K. dachte daran, ob er sich jetzt nicht eiligst entfernen sollte, wenn er es jetzt nicht tat, war keine Aussicht, dass er es während der Predigt tun könnte, er musste dann bleiben, solange sie dauerte, im Büro verlor er so viel Zeit, auf den Italiener zu warten war er längst nicht mehr verpflichtet, er sah auf seine Uhr, es war elf. Aber konnte denn wirklich gepredigt werden? Konnte K. allein die Gemeinde darstellen? Wie, wenn er ein Fremder gewesen wäre, der nur die Kirche besichtigen wollte? Im Grunde war er auch nichts anderes. Es war unsinnig daran zu denken dass gepredigt werden sollte, jetzt um elf Uhr, an einem Werktag bei gräulichstem Wetter. Der Geistliche - ein Geistlicher war es zweifellos, ein junger Mann mit glattem dunklem Gesicht - ging offenbar nur hinauf um die Lampe zu löschen, die irrtümlich angezündet worden war.

Es war aber nicht so, der Geistliche prüfte vielmehr das Licht und schraubte es noch ein wenig auf, dann drehte er sich langsam der Brüstung zu, die er vorn an der kantigen Einfassung mit beiden Händen erfasste. So stand er eine Zeit lang und blickte ohne den Kopf zu rühren umher. K. war ein großes Stück zurückgewichen und lehnte mit den Ellbogen an der vordersten Kirchenbank. Mit unsicheren Augen sah er irgendwo, ohne den Ort genau zu bestimmen, den Kirchendiener mit krummem Rücken friedlich wie nach beendeter Aufgabe sich zusammenkauern. Was für eine Stille herrschte jetzt im Dom! Aber K. musste sie stören, er hatte nicht die Absicht hier zu bleiben; wenn es die Pflicht des Geistlichen war zu einer bestimmten Stunde ohne Rücksicht auf die Umstände zu predigen, so mochte er es tun, es würde auch ohne K.'s Beistand gelingen, ebenso wie die Anwesenheit K.'s die Wirkung gewiss nicht steigern würde. Langsam setzte sich also K. in Gang, tastete sich auf den Fußspitzen an der Bank hin, kam dann in den breiten Hauptweg und ging auch dort ganz ungestört, nur dass der steinerne Boden unter dem leisesten Schritt erklang und die Wölbungen schwach aber ununterbrochen, in vielfachem gesetzmäßigem Fortschreiten davon widerhallten. K. fühlte sich ein wenig verlassen, als er dort vom Geistlichen vielleicht beobachtet zwischen den leeren Bänken allein hindurchging, auch schien ihm die Größe des Doms gerade an der Grenze des für Menschen noch Erträglichen zu liegen. Als er zu seinem früheren Platz kam, haschte er förmlich ohne weiteren Aufenthalt nach dem dort liegen gelassenen Album und nahm es an sich. Fast hatte er schon das Gebiet der Bänke verlassen und näherte sich dem freien Raum, der zwischen ihnen und dem Ausgang lag, als er zum Ersten Mal die Stimme des Geistlichen hörte. Eine mächtige geübte Stimme. Wie durchdrang sie den zu ihrer Aufnahme bereiten Dom! Es war aber nicht die Gemeinde, die der Geistliche anrief, es war ganz eindeutig und es gab keine Ausflüchte, er rief: "Josef K.!"

K. stockte und sah vor sich auf den Boden. Vorläufig war er noch frei, er konnte noch weitergehen und durch eine der drei kleinen dunklen Holztüren, die nicht weit vor ihm waren, sich davon machen. Es würde eben bedeuten, dass er nicht verstanden hatte oder dass er zwar verstanden hatte, sich aber darum nicht kümmern wollte. Falls er sich aber umdrehte, war er fest gehalten, denn dann hatte er das Geständnis gemacht, dass er gut verstanden hatte, dass er wirklich der Angerufene war und dass er auch folgen wollte. Hätte der Geistliche nochmals gerufen, wäre K. gewiss fortgegangen, aber da alles still blieb, solange K. auch wartete, drehte er doch ein wenig den Kopf, denn er wollte sehen, was der Geistliche jetzt mache. Er stand ruhig auf der Kanzel wie früher, es war aber deutlich zu sehen, dass er K.`s Kopfwendung bemerkt hatte. Es wäre ein kindliches Versteckspiel gewesen, wenn sich jetzt K. nicht vollständig umgedreht hätte. Er tat es und wurde vom Geistlichen durch ein Winken des Fingers näher gerufen. Da jetzt alles offen geschehen konnte, lief er - er tat es auch aus Neugierde und um die Angelegenheit abzukürzen - mit langen fliegenden Schritten der Kanzel entgegen. Bei den ersten Bänken machte er Halt, aber dem Geistlichen schien die Entfernung noch zu groß, er streckte die Hand aus und zeigte mit dem scharf gesenkten Zeigefinger auf eine Stelle knapp vor der Kanzel. K. folgte auch darin, er musste auf diesem Platz den Kopf schon weit zurückbeugen um den Geistlichen noch zu sehen. "Du bist Josef K.", sagte der Geistliche und erhob eine Hand auf der Brüstung in einer unbestimmten Bewegung. "Ja", sagte K., er dachte daran wie offen er früher immer seinen Namen genannt hatte, seit einiger Zeit war er ihm eine Last, auch kannten jetzt seinen Namen Leute, mit denen er zum ersten Mal zusammenkam, wie schön war es sich zuerst vorzustellen und dann erst gekannt zu werden. "Du bist angeklagt", sagte der Geistliche besonders leise. "Ja", sagte K., "man hat mich davon verständigt." "Dann bist du der, den ich suche", sagte der Geistliche. "Ich bin der Gefängniskaplan." "Ach so", sagte K. "Ich habe dich hierherrufen lassen", sagte der Geistliche, "um mit dir zu sprechen." "Ich wusste es nicht", sagte K. "Ich bin hierher gekommen, um einem Italiener den Dom zu zeigen." "Lass das Nebensächliche", sagte der Geistliche. "Was hältst du in der Hand? Ist es ein Gebetbuch?" "Nein", antwortete K., "es ist ein Album der städtischen Sehenswürdigkeiten." "Leg es aus der Hand", sagte der

Geistliche. K. warf es so heftig weg, dass es aufklappte und mit zerdrückten Blättern ein Stück über den Boden schleifte. "Weißt du, dass dein Prozess schlecht steht?" fragte der Geistliche. "Es scheint mir auch so", sagte K. "Ich habe mir alle Mühe gegeben, bisher aber ohne Erfolg. Allerdings habe ich die Eingabe noch nicht fertig. "Wie stellst du dir das Ende vor", fragte der Geistliche. "Früher dachte ich es müsse gut enden", sagte K., "jetzt zweifle ich daran manchmal selbst. Ich weiß nicht, wie es enden wird. Weißt du es?" "Nein", sagte der Geistliche, "aber ich fürchte es wird schlecht enden. Man hält dich für schuldig. Dein Prozess wird vielleicht über ein niedriges Gericht gar nicht hinauskommen. Man hält wenigstens vorläufig deine Schuld für erwiesen." "Ich bin aber nicht schuldig", sagte K. "Es ist ein Irrtum. Wie kann denn ein Mensch überhaupt schuldig sein. Wir sind hier doch alle Menschen, einer wie der andere." "Das ist richtig", sagte der Geistliche, "aber so pflegen die Schuldigen zu reden. "Hast auch du ein Vorurteil gegen mich?" fragte K. "Ich habe kein Vorurteil gegen dich", sagte der Geistliche. "Ich danke dir", sagte K. "Alle andern aber, die an dem Verfahren beteiligt sind haben ein Vorurteil gegen mich. Sie flößen es auch den Unbeteiligten ein. Meine Stellung wird immer schwieriger. "du missverstehst die Tatsachen", sagte der Geistliche. "Das Urteil kommt nicht mit einemmal, das Verfahren geht allmählich ins Urteil über." "So ist es also", sagte K. und senkte den Kopf "Was willst du nächstens in deiner Sache tun?" fragte der Geistliche. "Ich will noch Hilfe suchen", sagte K. und hob den Kopf um zu sehen wie der Geistliche es beurteile. "Es gibt noch gewisse Möglichkeiten, die ich nicht ausgenützt habe." "Du suchst zu viel fremde Hilfe", sagte der Geistliche missbilligend, "und besonders bei Frauen. Merkst du denn nicht, dass es nicht die wahre Hilfe ist." "Manchmal und sogar oft könnte ich dir Recht geben", sagte K., "aber nicht immer. Die Frauen haben eine große Macht. Wenn ich einige Frauen, die ich kenne, dazu bewegen könnte, gemeinschaftlich für mich zu arbeiten, müsste ich durchdringen. Besonders bei diesem Gericht, das fast nur aus Frauenjägern besteht. Zeig dem Untersuchungsrichter eine Frau aus der Ferne und er überrennt um nur rechtzeitig hinzukommen, den Gerichtstisch und den

Angeklagten." Der Geistliche neigte den Kopf zur Brüstung, jetzt erst schien die Überdachung der Kanzel ihn niederzudrücken. Was für ein Unwetter mochte draußen sein? Das war kein trüber Tag mehr, das war schon tiefe Nacht. Keine Glasmalerei der großen Fenster war im Stande, die dunkle Wand auch nur mit einem Schimmer zu unterbrechen. Und gerade jetzt begann der Kirchendiener die Kerzen auf dem Hauptaltar eine nach der andern auszulöschen. "Bist du mir böse", fragte K. den Geistlichen. "Du weißt vielleicht nicht, was für einem Gericht du dienst." Er bekam keine Antwort. "Es sind doch nur meine Erfahrungen", sagte K. Oben blieb es noch immer still. "Ich wollte dich nicht beleidigen", sagte K. Da schrie der Geistliche zu K. hinunter: "Siehst du denn nicht zwei Schritte weit?" Es war im Zorn geschrien, aber gleichzeitig wie von einem, der jemanden fallen sieht und weil er selbst erschrocken ist, unvorsichtig, ohne Willen schreit.

Nun schwiegen beide lange. Gewiss konnte der Geistliche in dem Dunkel das unten herrschte, K. nicht genau erkennen, während K. den Geistlichen im Licht der kleinen Lampe deutlich sah. Warum kam der Geistliche nicht herunter? Eine Predigt hatte er ja nicht gehalten, sondern K. nur einige Mitteilungen gemacht, die ihm, wenn er sie genau beachten würde, wahrscheinlich mehr schaden als nützen würden. Wohl aber schien K. die gute Absicht des Geistlichen zweifellos zu sein, es war nicht unmöglich, dass er sich mit ihm, wenn er herunterkäme, einigen würde, es war nicht unmöglich, dass er von ihm einen entscheidenden und annehmbaren Rat bekäme, der ihm z.B. zeigen würde, nicht etwa wie der Prozess zu beeinflussen war, sondern wie man aus dem Prozess ausbrechen, wie man ihn umgehen, wie man außerhalb des Prozesses leben könnte. Diese Möglichkeit musste bestehen, K. hatte in der letzten Zeit öfter an sie gedacht. Wusste aber der Geistliche eine solche Möglichkeit, würde er sie vielleicht, wenn man ihn darum bat, verraten, trotzdem er selbst zum Gericht gehörte und trotzdem er, als K. das Gericht angegriffen hatte, sein sanftes Wesen unterdrückt und K. sogar angeschrien hatte.

"Willst du nicht hinunterkommen?" sagte K. "Es ist doch keine Predigt zu halten. Komm zu mir hinunter. "Jetzt kann ich schon kommen", sagte der Geistliche, er bereute vielleicht sein Schreien. Während er die Lampe von ihrem Haken löste, sagte er: "Ich musste zuerst aus der Entfernung mit dir sprechen. Ich lasse mich sonst zu leicht beeinflussen und vergesse meinen Dienst." K. erwartete ihn unten an der Treppe. Der Geistliche streckte ihm schon von einer oberen Stufe im Hinuntergehen die Hand entgegen. "Hast du ein wenig Zeit für mich?" fragte K. "So viel Zeit als du brauchst", sagte der Geistliche und reichte K. die kleine Lampe damit er sie trage. Auch in der Nähe verlor sich eine gewisse Feierlichkeit aus seinem Wesen nicht. "Du bist sehr freundlich zu mir", sagte K. Sie gingen nebeneinander im dunklen Seitenschiff Auf und Ab. "Du bist eine Ausnahme unter allen, die zum Gericht gehören. Ich habe mehr Vertrauen zu dir, als zu irgend jemanden von ihnen, so viele ich schon kenne. Mit dir kann ich offen reden." "Täusche dich nicht", sagte der Geistliche. "Worin sollte ich mich denn täuschen?" fragte K. "In dem Gericht täuschst du dich", sagte der Geistliche, "in den einleitenden Schriften zum Gesetz heißt es von dieser Täuschung: Vor dem Gesetz steht ein Türhüter. Zu diesem Türhüter kommt ein Mann vom Lande und bittet um Eintritt in das Gesetz. Aber der Türhüter sagt, dass er ihm jetzt den Eintritt nicht gewähren könne. Der Mann überlegt und fragt dann, ob er also später werde eintreten dürfen. "Es ist möglich", sagt der Türhüter, "jetzt aber nicht." Da das Tor zum Gesetz offen steht wie immer und der Türhüter beiseite tritt, bückt sich der Mann, um durch das Tor in das Innere zu sehen. Als der Türhüter das merkt, lacht er und sagt: "Wenn es dich so lockt, versuche es doch trotz meines Verbotes hineinzugehen. Merke aber: Ich bin mächtig. Und ich bin nur der unterste Türhüter. Von Saal zu Saal stehen aber Türhüter einer mächtiger als der andere. Schon den Anblick des Dritten kann nicht einmal ich mehr ertragen." Solche Schwierigkeiten hat der Mann vom Lande nicht erwartet, das Gesetz soll doch jedem und immer zugänglich sein denkt er, aber als er jetzt den Türhüter in seinem Pelzmantel genauer ansieht, seine große Spitznase, den langen dünnen schwarzen tartarischen Bart, entschließt er sich doch lieber zu warten bis er die Erlaubnis zum Eintritt bekommt. Der Türhüter gibt ihm einen Schemel und lässt ihn seitwärts von der Tür sich niedersetzen. Dort sitzt er Tage und Jahre. Er macht viele Versuche eingelassen zu werden und ermüdet den Türhüter durch seine Bitten. Der Türhüter stellt öfter kleine Verhöre mit ihm an, fragt ihn über seine Heimat aus und nach vielem andern, es sind aber teilnahmslose Fragen wie sie große Herren stellen und zum Schlusse sagt er ihm immer wieder, dass er ihn noch nicht einlassen könne. Der Mann, der sich für seine Reise mit vielem ausgerüstet hat, verwendet alles und sei es noch so wertvoll um den Türhüter zu bestechen. Dieser nimmt zwar alles an, aber sagt dabei: "Ich nehme es nur an, damit du nicht glaubst, etwas versäumt zu haben." Während der vielen Jahre beobachtet der Mann den Türhüter fast ununterbrochen. Er vergisst die andern Türhüter und dieser Erste scheint ihm das einzige Hindernis für den Eintritt in das Gesetz. Er verflucht den unglücklichen Zufall, in den ersten Jahren laut, später als er alt wird brummt er nur noch vor sich hin. Er wird kindisch und da er in dem jahrelangen Studium des Türhüters auch die Flöhe in seinem Pelzkragen erkannt hat, bittet er auch die Flöhe ihm zu helfen und den Türhüter umzustimmen. Schließlich wird sein Augenlicht schwach und er weiß nicht ob es um ihn wirklich dunkler wird oder ob ihn nur seine Augen täuschen. Wohl aber erkennt er jetzt im Dunkel einen Glanz, der unverlöschlich aus der Türe des Gesetzes bricht. Nun lebt er nicht mehr lange. Vor seinem Tode sammeln sich in seinem Kopfe alle Erfahrungen der ganzen Zeit zu einer Frage die er bisher an den Türhüter noch nicht gestellt hat. Er winkt ihm zu, da er seinen erstarrenden Körper nicht mehr aufrichten kann.

Der Türhüter muss sich tief zu ihm hinunterneigen, denn die Größenunterschiede haben sich sehr zu Ungunsten des Mannes verändert. "Was willst du denn jetzt noch wissen", fragt der Türhüter, "du bist unersättlich. "Alle streben doch nach dem Gesetz", sagt der Mann, "wie so kommt es, dass in den vielen Jahren niemand außer mir Einlass verlangt hat." Der Türhüter erkennt, dass der Mann schon am Ende ist und um sein vergehendes Gehör noch zu erreichen brüllt er ihn an: "Hier konnte niemand sonst Einlass erhalten, denn dieser Eingang war nur für dich bestimmt. Ich gehe jetzt und schließe ihn."

"Der Türhüter hat also den Mann getäuscht", sagte K. sofort, von der Geschichte sehr stark angezogen. "Sei nicht übereilt", sagte der Geistliche, "übernimm nicht die fremde Meinung ungeprüft. Ich habe dir die Geschichte im Wortlaut der Schrift erzählt. Von Täuschung steht darin nichts." "Es ist aber klar", sagte K., "und deine erste Deutung war ganz richtig. Der Türhüter hat die erlösende Mitteilung erst dann gemacht, als sie dem Manne nichts mehr helfen konnte. "Er wurde nicht früher gefragt", sagte der Geistliche, "bedenke auch dass er nur Türhüter war und als solcher hat er seine Pflicht erfüllt." "Warum glaubst du dass er seine Pflicht erfüllt hat?" fragte K., "er hat sie nicht erfüllt. Seine Pflicht war es vielleicht alle Fremden abzuwehren, diesen Mann aber, für den der Eingang bestimmt war, hätte er einlassen müssen." "Du hast nicht genug Achtung vor der Schrift und veränderst die Geschichte", sagte der Geistliche. "Die Geschichte enthält über den Einlass ins Gesetz zwei wichtige Erklärungen des Türhüters, eine am Anfang, eine am Ende. Die eine Stelle lautet: "dass er ihm jetzt den Eintritt nicht gewähren könne" und die andere: "dieser Eingang war nur für dich bestimmt." Bestände zwischen diesen Erklärungen ein Widerspruch dann hättest du Recht und der Türhüter hätte den Mann getäuscht. Nun besteht aber kein Widerspruch. Im Gegenteil die erste Erklärung deutet sogar auf die Zweite hin. Man könnte fast sagen der Türhüter ging über seine Pflicht hinaus, indem er dem Mann eine zukünftige Möglichkeit des Einlasses in Aussicht stellte. Zu jener Zeit scheint es nur seine Pflicht gewesen zu sein, den Mann abzuweisen. Und tatsächlich wundern sich viele Erklärer der Schrift darüber, dass der Türhüter jene Andeutung überhaupt gemacht hat, denn er scheint die Genauigkeit zu lieben und wacht streng über sein Amt. Durch viele Jahre verlässt er seinen Posten nicht und schließt das Tor erst ganz zuletzt, er ist sich der Wichtigkeit seines Dienstes sehr bewusst, denn er sagt "ich bin mächtig", er hat Ehrfurcht vor den Vorgesetzten, denn er sagt "ich bin nur der unterste Türhüter", er ist wo es um Pflichterfüllung geht weder zu rühren noch zu erbittern, denn es heißt von dem Mann "er ermüdet den Türhüter durch seine Bitten", er ist nicht geschwätzig, denn während der vielen Jahre stellt er nur wie es heißt "teilnahmslose Fragen", er ist nicht bestechlich, denn er sagt über ein Geschenk "ich nehme es nur an, damit du nicht glaubst etwas versäumt zu haben", schließlich deutet auch sein Äußeres auf einen pedantischen Charakter hin, die große Spitznase und der lange dünne schwarze tartarische Bart. Kann es einen pflichttreueren Türhüter geben? Nun mischen sich aber in den Türhüter noch andere Wesenszüge ein, die für den, der Einlass verlangt, sehr günstig sind und welche es immerhin begreiflich machen, dass er in jener Andeutung einer zukünftigen Möglichkeit über seine Pflicht etwas hinausgehen konnte. Es ist nämlich nicht zu leugnen, dass er ein wenig einfältig und im Zusammenhang damit ein wenig eingebildet ist. Wenn auch seine Äußerungen über seine Macht und über die Macht der andern Türhüter und über deren sogar für ihn unerträglichen Anblick - ich sage wenn auch alle diese Äußerungen an sich richtig sein mögen, so zeigt doch die Art wie er diese Äußerungen vorbringt, dass seine Auffassung durch Einfalt und Überhebung getrübt ist. Die Erklärer sagen hierzu: Richtiges Auffassen einer Sache und Missverstehen der gleichen Sache schließen einander nicht vollständig aus. Jedenfalls aber muss man annehmen, dass jene Einfalt und Überhebung, so geringfügig sie sich vielleicht auch äußern, doch die Bewachung des Einganges schwächen, es sind Lücken im Charakter des Türhüters. Hierzu kommt noch dass der Türhüter seiner Naturanlage nach freundlich zu sein scheint, er ist durchaus nicht immer Amtsperson. Gleich in den ersten Augenblicken macht er den Spaß, dass er den Mann trotz des ausdrücklich aufrecht erhaltenen Verbotes zum Eintritt einladet, dann schickt er ihn nicht etwa fort, sondern gibt ihm wie es heißt einen Schemel und lässt ihn seitwärts von der Tür sich niedersetzen. Die Geduld mit der er durch alle die Jahre die Bitten des Mannes erträgt, die kleinen Verhöre, die Annahme der Geschenke, die Vornehmheit, mit der er es zulässt, dass der Mann neben ihm laut den unglücklichen Zufall verflucht, der den Türhüter hier aufgestellt hat

- alles dieses lässt auf Regungen des Mitleids schließen. Nicht jeder Türhüter hätte so gehandelt. Und schließlich beugt er sich noch auf einen Wink hin tief zu dem Mann hinab, um ihm Gelegenheit zur letzten Frage zu geben. Nur eine schwache Ungeduld - der Türhüter weiß ja dass alles zu Ende ist - spricht sich in den Worten aus: "du bist unersättlich". Manche gehen sogar in dieser Art der Erklärung noch weiter und meinen, die Worte "du bist unersättlich" drücken eine Art freundschaftlicher Bewunderung aus, die allerdings von Herablassung nicht frei ist. Jedenfalls schließt sich so die Gestalt des Türhüters anders ab, als du es glaubst." "Du kennst die Geschichte genauer als ich und längere Zeit", sagte K. Sie schweigen ein Weilchen. Dann sagte K.: "Du glaubst also der Mann wurde nicht getäuscht?" "Missverstehe mich nicht", sagte der Geistliche, "ich zeige dir nur die Meinungen, die darüber bestehen. Du musst nicht zu viel auf Meinungen achten. Die Schrift ist unveränderlich und die Meinungen sind oft nur ein Ausdruck der Verzweiflung darüber. In diesem Falle gibt es sogar eine Meinung nach welcher gerade der Türhüter der Getäuschte ist." "Das ist eine weit gehende Meinung", sagte K. "Wie wird sie begründet?" "Die Begründung", antwortete der Geistliche, "geht von der Einfalt des Türhüters aus. Man sagt, dass er das Innere des Gesetzes nicht kennt, sondern nur den Weg, den er vor dem Eingang immer wieder abgehen muss. Die Vorstellungen die er von dem Innern hat werden für kindlich gehalten und man nimmt an, dass er das wovor er dem Manne Furcht machen will, selbst fürchtet. Ja er fürchtet es mehr als der Mann, denn dieser will ja nichts anderes als eintreten, selbst als er von den schrecklichen Türhütern des Innern gehört hat, der Türhüter dagegen will nicht eintreten, wenigstens erfährt man nichts darüber. Andere sagen zwar, dass er bereits im Innern gewesen sein muss, denn er ist doch einmal in den Dienst des Gesetzes aufgenommen worden und das könne nur im Innern geschehen sein. Darauf ist zu antworten, dass er wohl auch durch einen Ruf aus dem Innern zum Türhüter bestellt worden sein könne und dass er zumindest tief im Innern nicht gewesen sein dürfte, da er doch schon den Anblick des dritten Türhüters nicht mehr ertragen kann. Außerdem aber wird auch nicht berichtet, dass er während der vielen Jahre außer der Bemerkung über die Türhüter irgendetwas von dem Innern erzählt hätte. Es könnte ihm verboten sein, aber auch vom Verbot hat er nichts erzählt. Aus alledem schließt man, dass er über das Aussehen und die Bedeutung des Innern nichts weiß und sich darüber in Täuschung befindet. Aber auch über den Mann vom Lande soll er sich in Täuschung befinden, denn er ist diesem Mann untergeordnet und weiß es nicht. Dass er den Mann als einen Untergeordneten behandelt, erkennt man an vielem, das dir noch erinnerlich sein dürfte. Dass er ihm aber tatsächlich untergeordnet ist, soll nach dieser Meinung ebenso deutlich hervorgehen. Vor allem ist der Freie dem Gebundenen übergeordnet. Nun ist der Mann tatsächlich frei, er kann hingehen wohin er will, nur der Eingang in das Gesetz ist ihm verboten und überdies nur von einem Einzelnen, vom Türhüter. Wenn er sich auf den Schemel seitwärts vom Tor niedersetzt und dort sein Leben lang bleibt, so geschieht dies freiwillig, die Geschichte erzählt von keinem Zwang. Der Türhüter dagegen ist durch sein Amt an seinen Posten gebunden, er darf sich nicht auswärts entfernen, allem Anschein nach aber auch nicht in das Innere gehen, selbst wenn er es wollte. Außerdem ist er zwar im Dienst des Gesetzes, dient aber nur für diesen Eingang, also auch nur für diesen Mann für den dieser Eingang allein bestimmt ist. Auch aus diesem Grunde ist er ihm untergeordnet. Es ist anzunehmen, dass er durch viele Jahre, durch ein ganzes Mannesalter gewissermaßen nur leeren Dienst geleistet hat, denn es wird gesagt, dass ein Mann kommt, also jemand im Mannesalter, dass also der Türhüter lange warten musste ehe sich sein Zweck erfüllte und zwar solange warten musste, als es dem Mann beliebte, der doch freiwillig kam. Aber auch das Ende des Dienstes wird durch das Lebensende des Mannes bestimmt, bis zum Ende also bleibt er ihm untergeordnet. Und immer wieder wird betont, dass von alledem der Türhüter nichts zu wissen scheint. Daran wird aber nichts Auffälliges gesehen, denn nach dieser Meinung befindet sich der Türhüter noch in einer viel schwererem Täuschung, sie betrifft seinen Dienst. Zuletzt spricht er nämlich vom Eingang und sagt "Ich gehe jetzt und schließe ihn", aber am Anfang heißt es, dass das Tor zum Gesetz offen steht wie immer, steht es aber immer offen, immer d.h. unabhängig von der Lebensdauer des Mannes für den es bestimmt ist, dann wird es auch der Türhüter nicht schließen können. Darüber gehen die Meinungen auseinander, ob der Türhüter mit der Ankündigung dass er das Tor schließen wird, nur eine Antwort geben oder seine Dienstpflicht betonen oder den Mann noch im letzten Augenblick in Reue und Trauer setzen will. Darin aber sind viele einig, dass er das Tor nicht wird schließen können. Sie glauben sogar, dass er wenigstens am Ende auch in seinem Wissen dem Manne untergeordnet ist, denn dieser sieht den Glanz der aus dem Eingang des Gesetzes bricht, während der Türhüter als solcher wohl mit dem Rücken zum Eingang steht und auch durch keine Äußerung zeigt, dass er eine Veränderung bemerkt hätte." "Das ist gut begründet", sagte K., der einzelne Stellen aus der Erklärung des Geistlichen halblaut für sich wiederholt hatte. "Es ist gut begründet und ich glaube nun auch dass der Türhüter getäuscht ist.

Dadurch bin ich aber von meiner früheren Meinung nicht abgekommen, denn beide decken sich teilweise. Es ist nicht entscheidend, ob der Türhüter klar sieht oder getäuscht wird. Ich sagte, der Mann wird getäuscht. Wenn der Türhüter klar sieht, könnte man daran zweifeln, wenn der Türhüter aber getäuscht ist, dann muss sich seine Täuschung notwendig auf den Mann übertragen. Der Türhüter ist dann zwar kein Betrüger, aber so einfältig, dass er sofort aus dem Dienst gejagt werden müsste. Du musst doch bedenken, dass die Täuschung in der sich der Türhüter befindet ihm nichts schadet, dem Mann aber tausendfach. "Hier stößt du auf eine Gegenmeinung", sagte der Geistliche. "Manche sagen nämlich, dass die Geschichte niemandem ein Recht gibt über den Türhüter zu urteilen. Wie er uns auch erscheinen mag, so ist er doch ein Diener des Gesetzes, also zum Gesetz gehörig, also dem menschlichen Urteil entrückt. Man darf dann auch nicht glauben, dass der Türhüter dem Manne untergeordnet ist. Durch seinen Dienst auch nur an den Eingang des Gesetzes gebunden zu sein ist unvergleichlich mehr als frei in der Welt zu leben. Der Mann kommt erst zum Gesetz, der Türhüter ist schon dort. Er ist vom Gesetz zum Dienst be-

stellt, an seiner Würde zu zweifeln, hieße am Gesetze zweifeln."
"Mit dieser Meinung stimme ich nicht überein", sagte K. kopfschüttelnd, "denn wenn man sich ihr anschließt, muss man alles was der Türhüter sagt für wahr halten. Dass das aber nicht möglich ist, hast du ja selbst ausführlich begründet." "Nein", sagte der Geistliche, "man muss nicht alles für wahr halten, man muss es nur für notwendig halten." "Trübselige Meinung", sagte K. "Die Lüge wird zur Weltordnung gemacht."

K. sagte das abschließend, aber sein Endurteil war es nicht. Er war zu müde, um alle Folgerungen der Geschichte übersehen zu können, es waren auch ungewohnte Gedankengänge in die sie ihn führte, unwirkliche Dinge, besser geeignet zur Besprechung für die Gesellschaft der Gerichtsbeamten als für ihn. Die einfache Geschichte war unförmlich geworden, er wollte sie von sich abschütteln und der Geistliche, der jetzt ein großes Zartgefühl bewies, duldete es und nahm K.´s Bemerkung schweigend auf, trotzdem sie mit seiner eigenen Meinung gewiss nicht übereinstimmte. Sie gingen eine Zeit lang schweigend weiter, K. hielt sich eng neben dem Geistlichen ohne in der Finsternis zu wissen, wo er sich befand. Die Lampe in seiner Hand war längst erloschen. Einmal blinkte gerade vor ihm das silberne Standbild eines Heiligen nur mit dem Schein des Silbers und spielte gleich wieder ins Dunkel über. Um nicht vollständig auf den Geistlichen angewiesen zu bleiben, fragte ihn K.: "Sind wir jetzt nicht in der Nähe des Haupteinganges?" "Nein", sagte der Geistliche, "wir sind weit von ihm entfernt. Willst du schon fortgehen?" Trotzdem K. gerade jetzt nicht daran gedacht hatte, sagte er sofort: "Gewiss, ich muss fortgehen. Ich bin Prokurist einer Bank, man wartet auf mich, ich bin nur hergekommen, um einem ausländischen Geschäftsfreund den Dom zu zeigen. "Nun", sagte der Geistliche und reichte K. die Hand, "dann geh." "Ich kann mich aber im Dunkel allein nicht zurechtfinden", sagte K. "Geh links zur Wand", sagte der Geistliche, "dann weiter die Wand entlang ohne sie zu verlassen und du wirst einen Ausgang finden." Der Geistliche hatte sich erst paar Schritte entfernt aber K. rief schon sehr laut: "Bitte, warte noch. "Ich warte", sagte der Geistliche. "Willst du nicht noch etwas von mir?" fragte K. "Nein", sagte der Geistliche. "Du warst früher so freundlich zu mir", sagte K., "und hast mir alles erklärt, jetzt aber entlässt du mich, als läge dir nichts an mir. "Du musst doch fortgehen", sagte der Geistliche. "Nun ja", sagte K., "sieh das doch ein." "Sieh du zuerst ein, wer ich bin", sagte der Geistliche. "du bist der Gefängniskaplan", sagte K. und ging näher zum Geistlichen hin, seine sofortige Rückkehr in die Bank war nicht so notwendig wie er sie dargestellt hatte, er konnte recht gut noch hier bleiben. "Ich gehöre also zum Gericht", sagte der Geistliche. "Warum sollte ich also etwas von dir wollen. Das Gericht will nichts von dir. Es nimmt dich auf wenn du kommst und es entlässt dich wenn du gehst."

Ende

Am Vorabend seines einunddreißigsten Geburtstages - es war gegen neun Uhr abends, die Zeit der Stille auf den Straßen - kamen zwei Herren in K.´s Wohnung. In Gehröcken, bleich und fett, mit scheinbar unverrückbaren Zylinderhüten. Nach einer kleinen Förmlichkeit bei der Wohnungstür wegen des ersten Eintretens wiederholte sich die gleiche Förmlichkeit in größerem Umfange vor K´s Tür. Ohne dass ihm der Besuch angekündigt gewesen wäre, saß K. gleichfalls schwarz angezogen in einem Sessel in der Nähe der Türe und zog langsam neue scharf sich über die Finger spannende Handschuhe an, in der Haltung wie man Gäste erwartet. Er stand gleich auf und sah die Herren neugierig an. "Sie sind also für mich bestimmt?" fragte er. Die Herren nickten, einer zeigte mit dem Zylinderhut in der Hand auf den andern. K. gestand sich ein, dass er einen andern Besuch erwartet hatte. Er ging zum Fenster und sah noch einmal auf die dunkle Straße. Auch fast alle Fenster auf der andern Straßenseite waren noch dunkel, in vielen die Vorhänge herabgelassen. In einem beleuchteten Fenster des Stockwerkes spielten zwei kleine Kinder hinter einem Gitter mit einander und tasteten, noch unfähig sich von ihren Plätzen fortzubewegen, mit den Händchen nach einander. "Alte untergeordnete Schauspieler schickt man um mich", sagte sich K. und sah sich um, um sich nochmals davon zu überzeugen. "Man sucht auf billige Weise mit mir fertig zu werden." K. wendete sich plötzlich ihnen zu und fragte: "An welchem Theater spielen Sie." "Theater?" fragte der eine Herr mit zuckenden Mundwinkeln den andern um Rat. Der andere gebärdete sich wie ein Stummer, der mit dem widerspenstigen Organismus kämpft. "Sie sind nicht darauf vorbereitet, gefragt zu werden", sagte sich K. und ging seinen Hut holen.

Schon auf der Treppe wollten sich die Herren in K. einhängen, aber K. sagte: "Erst auf der Gasse, ich bin nicht krank." Gleich aber vor dem Tor hängten sie sich in ihn in einer Weise ein, wie K. noch niemals mit einem Menschen gegangen war. Sie hielten die Schultern eng hinter den seinen, knickten die Arme nicht ein, sondern benützten sie, um K. ‚s Arme in ihrer ganzen Länge zu umschlingen, unten erfassten sie K.`s Hände mit einem schulmäßigen, eingeübten, unwiderstehlichen Griff. K. ging straff gestreckt zwischen ihnen, sie bildeten jetzt alle drei eine solche Einheit, dass wenn man einen von ihnen zerschlagen hätte, alle zerschlagen gewesen wären. Es war eine Einheit, wie sie fast nur Lebloses bilden kann. Unter den Laternen versuchte K. öfter, so schwer es bei diesem engen Aneinander ausgeführt werden konnte, seine Begleiter deutlicher zu sehen, als es in der Dämmerung seines Zimmers möglich gewesen war. Vielleicht sind es Tenöre dachte er im Anblick ihres schweren Doppelkinns. Er ekelte sich vor der Reinlichkeit ihrer Gesichter. Man sah förmlich noch die säubernde Hand, die in ihre Augenwinkel gefahren, die ihre Oberlippe gerieben, die die Falten am Kinn ausgekratzt hatte.

Als K. das bemerkte blieb er stehen, infolgedessen blieben auch die andern stehen; sie waren am Rand eines freien menschenleeren mit Anlagen geschmückten Platzes. "Warum hat man gerade Sie geschickt!" rief er mehr als er fragte. Die Herren wussten scheinbar keine Antwort, sie warteten mit dem hängenden freien Arm, wie Krankenwärter, wenn der Kranke sich ausruhen will. "Ich gehe nicht weiter", sagte K. versuchsweise. Darauf brauchten die Herren nicht zu antworten, es genügte dass sie den Griff nicht lockerten und K. von der Stelle wegzuheben versuchten, aber K. widerstand. "Ich werde nicht mehr viel Kraft brauchen, ich werde jetzt alle anwenden", dachte er. Ihm fielen die Fliegen ein, die mit zerreißenden Beinchen von der Leimrute wegstreben. "Die Herren werden schwere Arbeit haben." Da stieg vor ihnen aus einer tiefer gelegenen Gasse auf einer kleinen Treppe Fräulein Bürstner zum Platz empor. Es war nicht ganz sicher, ob sie es war, die Ähnlichkeit war freilich groß. Aber K. lag auch nichts daran, ob es bestimmt Fräulein Bürstner war, bloß die Wertlosigkeit seines Widerstandes kam ihm gleich zu Bewusstsein. Es war nichts Heldenhaftes wenn er widerstand, wenn er jetzt den Herren Schwierigkeiten bereitete, wenn er jetzt in der Abwehr noch den letzten Schein des Lebens zu genießen versuchte. Er setzte sich in Gang und von der Freude, die er dadurch den Herren machte, ging noch etwas auf ihn selbst über. Sie duldeten es jetzt, dass er die Wegrichtung bestimmte und er bestimmte sie nach dem Weg, den das Fräulein vor ihnen nahm, nicht etwa weil er sie einholen, nicht etwa weil er sie möglichst lange sehen wollte, sondern nur deshalb um die Mahnung, die sie für ihn bedeutete nicht zu vergessen. "Das einzige was ich jetzt tun kann", sagte er sich und das Gleichmaß seiner Schritte und der Schritte der drei andern bestätigte seine Gedanken, "das Einzige was ich jetzt tun kann ist, bis zum Ende den ruhig einteilenden Verstand behalten. Ich wollte immer mit zwanzig Händen in die Welt hineinfahren und überdies zu einem nicht zu billigenden Zweck. Das war unrichtig, soll ich nun zeigen, dass nicht einmal der einjährige Prozess mich belehren konnte? Soll ich als ein begriffsstutziger Mensch abgehen? Soll man mir nachsagen dürfen, dass ich am Anfang des Prozesses ihn beenden und jetzt an seinem Ende ihn wieder beginnen will. Ich will nicht, dass man das sagt. Ich bin dankbar dafür, dass man mir auf diesem Weg diese halbstummen verständnislosen Herren mitgegeben hat und dass man es mir überlassen hat, mir selbst das Notwendige zu sagen."

Das Fräulein war inzwischen in eine Seitengasse eingebogen, aber K. konnte sie schon entbehren und überließ sich seinen Begleitern. Alle drei zogen nun in vollem Einverständnis über eine Brücke im

Mondschein, jeder kleinen Bewegung, die K. machte, gaben die Herren jetzt bereitwillig nach, als er ein wenig zum Geländer sich wendete, drehten auch sie sich in ganzer Front dorthin. Das im Mondlicht glänzende und zitternde Wasser teilte sich um eine kleine Insel, auf der wie zusammengedrängt Laubmassen von Bäumen und Sträuchern sich aufhäuften. Unter ihnen jetzt unsichtbar führten Kieswege mit bequemen Bänken, auf denen K. in manchem Sommer sich gestreckt und gedehnt hatte. "Ich wollte ja gar nicht stehen bleiben", sagte er zu seinen Begleitern, beschämt durch ihre Bereitwilligkeit. Der eine schien dem andern hinter K.`s Rücken einen sanften Vorwurf wegen des missverständlichen Stehenbleibens zu machen, dann gingen sie weiter. Sie kamen durch einige ansteigende Gassen, in denen hie und da Polizisten standen oder gingen, bald in der Ferne, bald in nächster Nähe. Einer mit buschigem Schnurrbart, die Hand am Griff des Säbels trat wie mit Absicht nahe an die nicht ganz unverdächtige Gruppe. Die Herren stockten, der Polizeimann schien schon den Mund zu öffnen, da zog K. mit Macht die Herren vorwärts. Öfter drehte er sich vorsichtig um, ob der Polizeimann nicht Folge; als sie aber eine Ecke zwischen sich und dem Polizeimann hatten fing K. zu laufen an, die Herren mussten trotz großer Atemnot auch mitlaufen.

So kamen sie rasch aus der Stadt hinaus, die sich in dieser Richtung fast ohne Übergang an die Felder anschloss. Ein kleiner Steinbruch, verlassen und öde, lag in der Nähe eines noch ganz städtischen Hauses. Hier machten die Herren Halt, sei es dass dieser Ort von allem Anfang an ihr Ziel gewesen war, sei es dass sie zu erschöpft waren, um noch weiter zu laufen. Jetzt ließen sie K. los der stumm wartete, nahmen die Zylinderhüte ab und wischten sich, während sie sich im Steinbruch umsahen, mit den Taschentüchern den Schweiß von der Stirn. Überall lag der Mondschein mit seiner Natürlichkeit und Ruhe, die keinem andern Licht gegeben ist.

Nach Austausch einiger Höflichkeiten hinsichtlich dessen wer die nächsten Aufgaben auszuführen habe, - die Herren schienen die Aufträge ungeteilt bekommen zu haben - ging der eine zu K. und zog ihm den Rock, die Weste und schließlich das Hemd aus. K. fröstelte unwillkürlich, worauf ihm der Herr einen leichten beruhigenden Schlag auf den Rücken gab. Dann legte er die Sachen sorgfältig zusammen, wie Dinge die man noch gebrauchen wird, wenn auch nicht in allernächster Zeit. Um K. nicht ohne Bewegung der immerhin kühlen Nachtluft auszusetzen, nahm er ihn unter den Arm und ging mit ihm ein wenig auf und ab, während der andere Herr den Steinbruch nach irgendeiner passenden Stelle absuchte. Als er sie gefunden hatte winkte er und der andere Herr geleitete K. hin. Es war nahe der Bruchwand, es lag dort ein losgebrochener Stein. Die Herren setzten K. auf die Erde nieder, lehnten ihn an den Stein und betteten seinen Kopf obenauf Trotz aller Anstrengung, die sie sich gaben und trotz alles Entgegenkommens, das ihnen K. bewies, blieb seine Haltung eine sehr gezwungene und unglaubwürdige. Der eine Herr bat daher den andern ihm für ein Weilchen das Hinlegen K.`s allein zu überlassen, aber auch dadurch wurde es nicht besser. Schließlich ließen sie K. in einer Lage, die nicht einmal die beste von den bereits erreichten Lagen war. Dann öffnete der eine Herr seinen Gehrock und nahm aus einer Scheide, die an einem um die Weste gespannten Gürtel hing, ein langes dünnes beiderseitig geschärftes Fleischermesser, hielt es hoch und prüfte die Schärfen im Licht. Wieder begannen die widerlichen Höflichkeiten, einer reichte über K. hinweg das Messer dem andern, dieser reichte es wieder über K. zurück. K. wusste jetzt genau, dass es seine Pflicht gewesen wäre, das Messer, als es von Hand zu Hand über ihm schwebte, selbst zu fassen und sich einzubohren. Aber er tat es nicht, sondern drehte den noch freien Hals und sah umher. Vollständig konnte er sich nicht bewähren, alle Arbeit den Behörden nicht abnehmen, die Verantwortung für diesen letzten Fehler trug der, der ihm den Rest der dazu nötigen Kraft versagt hatte. Seine Blicke fielen auf das letzte Stockwerk des an den Steinbruch angrenzenden Hauses. Wie ein Licht aufzuckt, so fuhren die Fensterflügel eines Fensters dort auseinander, ein Mensch schwach und dünn in der Ferne und Höhe beugte sich mit einem Ruck weit vor und streckte die Arme noch weiter aus. Wer war es? Ein Freund? Ein guter Mensch? Einer der teilnahm? Einer der helfen wollte? War es ein einzelner? Waren es alle? War noch Hilfe? Gab es Einwände, die man vergessen hatte? Gewiss gab es solche. Die Logik ist zwar unerschütterlich, aber einem Menschen der leben will, widersteht sie nicht. Wo war der Richter den er nie gesehen hatte? Wo war das hohe Gericht bis zu dem er nie gekommen war? Er hob die Hände und spreizte alle Finger.

Aber an K.`s Gurgel legten sich die Hände des einen Herrn, während der andere das Messer ihm ins Herz stieß und zweimal dort drehte. Mit brechenden Augen sah noch K. wie nahe vor seinem Gesicht die Herren Wange an Wange aneinandergelehnt die Entscheidung beobachteten. "Wie ein Hund!" sagte er, es war, als sollte die Scham ihn überleben.

Fragmente

Frl. Bürstner

In der nächsten Zeit war es K. unmöglich mit Fräulein Bürstner auch nur einige wenige Worte zu sprechen. Er versuchte auf die verschiedenste Weise an sie heranzukommen, sie aber wusste es immer zu verhindern. Er kam gleich nach dem Büro nach Hause, blieb in seinem Zimmer ohne das Licht anzudrehn auf dem Kanapee sitzen und beschäftigte sich mit nichts anderem als das Vorzimmer zu beobachten. Ging etwa das Dienstmädchen vorbei und schloss die Tür des scheinbar leeren Zimmers, so stand er nach einem Weilchen auf und öffnete sie wieder. Des Morgens stand er um eine Stunde früher auf als sonst, um vielleicht Fräulein Bürstner allein treffen zu können, wenn sie ins Büro ging. Aber keiner dieser Versuche gelang. Dann schrieb er ihr einen Brief sowohl ins Büro als auch in die Wohnung, suchte darin nochmals sein Verhalten zu rechtfertigen, bot sich zu jeder Genugtuung an, versprach niemals die Grenzen zu überschreiten, die sie ihm setzen würde und bat nur ihm die Möglichkeit zu geben, einmal mit ihr zu sprechen, besonders da er auch bei Frau Grubach nichts veranlassen könne, solange er sich nicht vorher mit ihr beraten habe, schließlich teilte er ihr mit, dass er den nächsten Sonntag während des ganzen Tages in seinem Zimmer auf ein Zeichen von ihr warten werde, das ihm die Erfüllung seiner Bitte in Aussicht stelle oder das ihm wenigstens erklären solle, warum sie die Bitte nicht erfüllen könne, trotzdem er doch versprochen habe sich in allem ihr zu fügen. Die Briefe kamen nicht zurück, aber es erfolgte auch keine Antwort. Dagegen gab es Sonntag ein Zeichen, dessen Deutlichkeit genügend war. Gleich früh bemerkte K. durch das Schlüsselloch eine besondere Bewegung im Vorzimmer, die sich bald aufklärte. Eine Lehrerin des Französischen, sie war übrigens eine Deutsche und hieß Montag, ein schwaches blasses, ein wenig hinkendes Mädchen, das bisher ein eigenes Zimmer bewohnt hatte, übersiedelte in das Zimmer des Fräulein Bürstner. Stundenlang sah man sie durch das Vorzimmer schlürfen. Immer war noch ein Wäschestück, oder ein Deckchen oder ein Buch vergessen, das besonders geholt und in die neue Wohnung hinübergetragen werden musste.

Als Frau Grubach K. das Frühstück brachte - sie überließ seitdem sie K. so erzürnt hatte, auch nicht die geringste Bedienung dem Dienstmädchen - konnte sich K. nicht zurückhalten, sie zum ersten Mal seit fünf Tagen anzusprechen. "Warum ist denn heute ein solcher Lärm im Vorzimmer?" fragte er während er den Kaffee eingoss. "Könnte das nicht eingestellt werden? Muss gerade am Sonntag aufgeräumt werden?" Trotzdem K. nicht zu Frau Grubach aufsah, bemerkte er doch, dass sie wie erleichtert aufatmete. Selbst diese strengen Fragen K.`s fasste sie als Verzeihung oder als Beginn der Verzeihung auf. "Es wird nicht aufgeräumt, Herr K. " sagte sie, "Fräulein Montag übersiedelt nur zu Fräulein Bürstner und schafft ihre Sachen hinüber." Sie sagte nichts weiter, sondern wartete wie K. es aufnehmen und ob er ihr gestatten würde, weiter zu reden. K. stellte sie aber auf die Probe, rührte nachdenklich den Kaffee mit dem Löffel und schwieg. Dann sah er zu ihr auf und sagte: "Haben Sie schon Ihren früheren Verdacht wegen Fräulein Bürstner aufgegeben?" "Herr K. ", rief Frau Grubach die nur auf diese Frage gewartet hatte und hielt K. ihre gefalteten Hände hin, "Sie haben eine gelegentliche Bemerkung letzthin so schwer genommen. Ich habe ja nicht im Entferntesten daran gedacht, Sie oder irgendjemand zu kränken. Sie kennen mich doch schon lange genug Herr K., um davon überzeugt sein zu können. Sie wissen gar nicht wie ich die letzten Tage gelitten habe! Ich sollte meine Mieter verleumden! Und Sie Herr K. glaubten es! Und sagten ich solle Ihnen kündigen! Ihnen kündigen! " Der letzte Ausruf erstickte schon unter Tränen, sie hob die Schürze zum Gesicht und schluchzte laut.

"Weinen Sie doch nicht Frau Grubach", sagte K. und sah zum Fenster hinaus, er dachte nur an Fräulein Bürstner und daran dass sie ein fremdes Mädchen in ihr Zimmer aufgenommen hatte. "Weinen Sie doch nicht", sagte er nochmals als er sich ins Zimmer zurückwendete und Frau Grubach noch immer weinte. "Es war ja damals auch von mir nicht so schlimm gemeint. Wir haben eben einander gegenseitig missverstanden. Das kann auch alten Freunden einmal geschehen. " Frau Grubach rückte die Schürze unter die Augen, um zu sehen, ob K. wirklich versöhnt sei. "Nun ja, es ist so", sagte K. und wagte nun, da nach dem Verhalten der Frau Grubach zu schließen, der Hauptmann nichts verraten hatte, noch hinzuzufügen: "Glauben Sie denn wirklich, dass ich mich wegen eines fremden Mädchens mit Ihnen verfeinden könnte." "Das ist es ja eben Herr K. ", sagte Frau Grubach, es war ihr Unglück, dass sie sobald sie sich nur irgendwie freier fühlte gleich etwas Ungeschicktes sagte, "ich fragte mich immerfort: Warum nimmt sich Herr K. so sehr des Fräulein Bürstner an? Warum zankt er ihretwegen mit mir, trotzdem er weiß, dass mir jedes böse Wort von ihm den Schlaf nimmt? Ich habe ja über das Fräulein nichts anderes gesagt als was ich mit eigenen Augen gesehen habe." K. sagte dazu nichts, er hätte sie mit dem ersten Wort aus dem Zimmer jagen müssen und das wollte er nicht. Er begnügte sich damit den Kaffee zu trinken und Frau Grubach ihre Überflüssigkeit fühlen zu lassen. Draußen hörte man wieder den schleppenden Schritt des Fräulein Montag, welche das ganze Vorzimmer durchquerte.

"Hören Sie es?" fragte K. und zeigte mit der Hand nach der Tür. "Ja", sagte Frau Grubach und seufzte, "ich wollte ihr helfen und auch vom Dienstmädchen helfen lassen, aber sie ist eigensinnig, sie will alles selbst übersiedeln. Ich wundere mich über Fräulein Bürstner. Mir ist es oft lästig, dass ich Fräulein Montag in Miete habe, Fräulein Bürstner aber nimmt sie sogar zu sich ins Zimmer. "Das muss Sie gar nicht kümmern", sagte K. und zerdrückte die Zuckerreste in der Tasse. "Haben Sie denn dadurch einen Schaden?" "Nein", sagte Frau Grubach, "an und für sich ist es mir ganz willkommen, ich bekomme dadurch ein Zimmer frei und kann dort meinen Neffen den Hauptmann unterbringen. Ich fürchtete schon längst, dass er Sie in den letzten Tagen, während derer ich ihn nebenan im Wohnzimmer wohnen lassen musste, gestört haben könnte. Er nimmt nicht viel Rücksicht." "Was für Einfälle!" sagte K.

und stand auf, "davon ist ja keine Rede. Sie scheinen mich wohl für überempfindlich zu halten, weil ich diese Wanderungen des Fräulein Montag - jetzt geht sie wieder zurück - nicht vertragen kann." Frau Grubach kam sich recht machtlos vor. "Soll ich, Herr K., sagen, dass sie den restlichen Teil der Übersiedlung aufschieben soll? Wenn Sie wollen, tue ich es sofort." "Aber sie soll doch zu Fräulein Bürstner übersiedeln!" sagte K. "Ja", sagte Frau Grubach, sie verstand nicht ganz, was K. meinte. "Nun also", sagte K., "dann muss sie doch ihre Sachen hinübertragen." Frau Grubach nickte nur. Diese stumme Hilflosigkeit, die äußerlich nicht anders aussah als Trotz reizte K. noch mehr. Er fing an im Zimmer vom Fenster zur Tür auf- und abzugehen und nahm dadurch Frau Grubach die Möglichkeit sich zu entfernen, was sie sonst wahrscheinlich getan hätte.

Gerade war K. einmal wieder bis zur Tür gekommen, als es klopfte. Es war das Dienstmädchen, welches meldete, dass Fräulein Montag gern mit Herrn K. paar Worte sprechen möchte und dass sie ihn deshalb bitte ins Esszimmer zu kommen, wo sie ihn erwarte. K. hörte das Dienstmädchen nachdenklich an, dann wandte er sich mit einem fast höhnischen Blick nach der erschrockenen Frau Grubach um. Dieser Blick schien zu sagen, dass K. diese Einladung des Fräulein Montag schon längst vorausgesehen habe und dass sie auch sehr gut mit der Quälerei zusammenpasse, die er diesen Sonntagvormittag von den Mietern der Frau Grubach erfahren musste. Er schickte das Dienstmädchen zurück mit der Antwort dass er sofort komme, ging dann zum Kleiderkasten, um den Rock zu wechseln und hatte als Antwort für Frau Grubach, welche leise über die lästige Person jammerte, nur die Bitte, sie möge das Frühstücksgeschirr schon forttragen. "Sie haben ja fast nichts angerührt", sagte Frau Grubach. "Ach tragen Sie es doch weg", rief K., es war ihm, als sei irgendwie allem Fräulein Montag beigemischt und mache es widerwärtig.

Als er durch das Vorzimmer ging, sah er nach der geschlossenen Tür von Fräulein Bürstners Zimmer. Aber er war nicht dorthin eingeladen, sondern in das Esszimmer, dessen Tür er aufriss ohne zu klopfen. Es war ein sehr langes aber schmales einfenstriges Zimmer. Es war dort nur so viel Platz vorhanden, dass man in den Ecken an der Türseite zwei Schränke schief hatte aufstellen können, während der übrige Raum vollständig von dem langen Speisetisch eingenommen war, der in der Nähe der Tür begann und bis knapp zum großen Fenster reichte, welches dadurch fast unzugänglich geworden war. Der Tisch war bereits gedeckt und zwar für viele Personen, da am Sonntag fast alle Mieter hier zu Mittag aßen.

Als K. eintrat, kam Fräulein Montag vom Fenster her an der einen Seite des Tisches entlang K. entgegen. Sie grüßten einander stumm. Dann sagte Fräulein Montag, wie immer den Kopf ungewöhnlich aufgerichtet: "Ich weiß nicht, ob Sie mich kennen." K. sah sie mit zusammengezogenen Augen an. "Gewiss", sagte er, "Sie wohnen doch schon längere Zeit bei Frau Grubach. " "Sie kümmern sich aber, wie ich glaube, nicht viel um die Pension", sagte Fräulein Montag. "Nein", sagte K. "Wollen Sie sich nicht setzen", sagte Fräulein Montag. Sie zogen beide schweigend zwei Sessel am äußersten Ende des Tisches hervor und setzten sich einander gegenüber. Aber Fräulein Montag stand gleich wieder auf, denn sie hatte ihr Handtäschchen auf dem Fensterbrett liegen gelassen und ging es holen; sie schleifte durch das Ganze Zimmer. Als sie, das Handtäschchen leicht schwenkend, wieder zurückkam, sagte sie: "Ich möchte nur im Auftrag meiner Freundin ein paar Worte mit Ihnen sprechen. Sie wollte selbst kommen, aber sie fühlt sich heute ein wenig unwohl. Sie möchten sie entschuldigen und mich statt ihrer anhören. Sie hätte Ihnen auch nichts anderes sagen können, als ich Ihnen sagen werde. Im Gegenteil, ich glaube, ich kann Ihnen sogar mehr sagen, da ich wohl verhältnismäßig unbeteiligt bin. Glauben Sie nicht auch?" "Was wäre denn zu sagen!" antwortete K., der dessen müde war, die Augen des Fräulein Montag fortwährend auf seine Lippen gerichtet zu sehen. Sie maßte sich dadurch eine Herrschaft schon darüber an, was er erst sagen wollte. "Fräulein Bürstner will mir offenbar die persönliche Aussprache um die ich sie gebeten habe, nicht bewilligen." "Das ist es", sagte Fräulein Montag, "oder vielmehr so ist es gar nicht, Sie drücken es sonderbar scharf aus. Im Allgemeinen werden doch Aussprachen weder bewilligt noch geschieht das Gegenteil. Aber es kann geschehen, dass man Aussprachen für unnötig hält und so ist es eben hier. Jetzt nach Ihrer Bemerkung kann ich ja offen reden. Sie haben meine Freundin schriftlich oder mündlich um eine Unterredung gebeten. Nun weiß aber meine Freundin, so muss ich wenigstens annehmen, was diese Unterredung betreffen soll und ist deshalb aus Gründen die ich nicht kenne überzeugt, dass es niemandem Nutzen bringen würde, wenn die Unterredung wirklich zustandekäme. Im Übrigen erzählte sie mir erst gestern und nur ganz flüchtig davon, sie sagte hierbei dass auch Ihnen jedenfalls nicht viel an der Unterredung liegen könne, denn Sie wären nur durch einen Zufall auf einen derartigen Gedanken gekommen und würden selbst auch ohne besondere Erklärung wenn nicht schon jetzt so doch sehr bald die Sinnlosigkeit des Ganzen erkennen. Ich antwortete darauf, dass das richtig sein mag, dass ich es aber zur vollständigen Klarstellung doch für vorteilhaft halten würde, Ihnen eine ausdrückliche Antwort zukommen zu lassen. Ich bot mich an, diese Aufgabe zu übernehmen, nach einigem Zögern gab meine Freundin mir nach. Ich hoffe nun aber auch in Ihrem Sinne gehandelt zu haben, denn selbst die kleinste Unsicherheit in der geringfügigsten Sache ist doch immer quälend und wenn man sie, wie in diesem Falle leicht beseitigen kann, so soll es doch besser sofort geschehen. " "Ich danke Ihnen", sagte K. sofort, stand langsam auf, sah Fräulein Montag an, dann über den Tisch hin, dann aus dem Fenster - das gegenüberliegende Haus stand in der Sonne - und ging zur Tür. Fräulein Montag folgte ihm paar Schritte als vertraue sie ihm nicht ganz. Vor der Tür mussten aber beide zurückweichen, denn sie öffnete sich und der Hauptmann Lanz trat ein. K. sah ihn zum ersten Mal aus der Nähe. Es war ein großer etwa vierzigjähriger Mann mit braun gebranntem fleischigen Gesicht. Er machte eine leichte Verbeugung, die auch K. galt, ging dann zu Fräulein Montag und küsste ihr ehrerbietig die Hand. Er war sehr gewandt in seinen Bewegungen. Seine Höflichkeit gegen Fräulein Montag stach auffallend von der Behandlung ab, die sie von K. erfahren hatte. Trotzdem schien Fräulein Montag K. nicht böse zu sein, denn sie wollte ihn sogar wie K. zu bemerken glaubte, dem Hauptmann vorstellen. Aber K. wollte nicht vorgestellt werden, er wäre nicht im Stande gewesen, weder dem Hauptmann noch Fräulein Montag gegenüber irgendwie freundlich zu sein, der Handkuss hatte sie für ihn zu einer Gruppe verbunden, die ihn unter dem Anschein äußerster Harmlosigkeit und Uneigennützigkeit von Fräulein Bürstner abhalten wollte. K. glaubte jedoch nicht nur das zu erkennen, er erkannte auch dass Fräulein Montag ein gutes, allerdings zweischneidiges Mittel gewählt hatte. Sie übertrieb die Bedeutung der Beziehung zwischen Fräulein Bürstner und K., sie übertrieb vor allem die Bedeutung der erbetenen Aussprache und versuchte es gleichzeitig so zu wenden, als ob es K. sei, der alles übertreibe. Sie sollte sich täuschen, K. wollte nichts übertreiben, er wusste, dass Fräulein Bürstner ein kleines Schreibmaschinenfräulein war, das ihm nicht lange Widerstand leisten sollte. Hierbei zog er absichtlich gar nicht in Berechnung, was er von Frau Grubach über Fräulein Bürstner erfahren hatte. Das alles überlegte er, während er kaum grüßend das Zimmer verließ. Er wollte gleich in sein Zimmer gehen, aber ein kleines Lachen des Fräulein Montag, das er hinter sich aus dem Esszimmer hörte, brachte ihn auf den Gedanken, dass er vielleicht beiden, dem Hauptmann wie Fräulein Montag eine Überraschung bereiten könnte. Er sah sich um und horchte, ob aus irgendeinem der umliegenden Zimmer eine Störung zu erwarten wäre, es war überall still, nur die Unterhaltung aus dem Esszimmer war zu hören und aus dem Gang, der zur Küche führte, die Stimme der Frau Grubach. Die Gelegenheit schien günstig, K. ging zur Tür von Fräulein Bürstners Zimmer und klopfte leise. Da sich nichts rührte, klopfte er nochmals, aber es erfolgte noch immer keine Antwort. Schlief sie? Oder war sie wirklich unwohl? Oder verleugnete sie sich nur deshalb, weil sie ahnte, dass es nur K. sein konnte, der so leise klopfte? K. nahm an, dass sie sich verleugne und klopfte stärker, öffnete schließlich, da das Klopfen keinen Erfolg hatte, vorsichtig und nicht ohne das Gefühl, etwas unrechtes und überdies nutzloses zu tun, die Tür. Im Zimmer war niemand. Es erinnerte übrigens kaum mehr an das Zimmer wie es K. gekannt hatte. An der Wand waren nun zwei Betten hintereinander aufgestellt, drei Sessel in der Nähe der Tür waren mit Kleidern und Wäsche überhäuft, ein Schrank stand offen. Fräulein Bürstner war wahrscheinlich fortgegangen, während Fräulein Montag im Esszimmer auf K. eingeredet hatte. K. war davon nicht sehr bestürzt, er hatte kaum mehr erwartet Fräulein Bürstner so leicht zu treffen, er hatte diesen Versuch fast nur aus Trotz gegen Fräulein Montag gemacht. Umso peinlicher war es ihm aber, als er während er die Tür wieder schloss, in der offenen Tür des Esszimmers Fräulein Montag und den Hauptmann sich unterhalten sah. Sie standen dort vielleicht schon seitdem K. die Tür geöffnet hatte, sie vermieden jeden Anschein als ob sie K. etwa beobachteten, sie unterhielten sich leise und verfolgten K.'s Bewegungen mit den Blicken nur so wie man während eines Gespräches zerstreut umherblickt. Aber auf K. lagen diese Blicke doch schwer, er beeilte sich an der Wand entlang in sein Zimmer zu kommen.

Staatsanwalt

Trotz der Menschenkenntnis und Welterfahrung, welche K. während seiner langen Dienstzeit in der Bank erworben hatte, war ihm doch die Gesellschaft seines Stammtisches immer als außerordentlich achtungswürdig erschienen und er leugnete sich selbst gegenüber niemals, dass es für ihn eine große Ehre war einer solchen Gesellschaft anzugehören. Sie bestand fast ausschließlich aus Richtern, Staatsanwälten und Advokaten, auch einige ganz junge Beamte und Advokatursgehilfen waren zugelassen, sie saßen aber ganz unten am Tisch und durften sich in die Debatten nur einmischen, wenn besondere Fragen an sie gestellt wurden. Solche Fragestellungen aber hatten meist nur den Zweck die Gesellschaft zu belustigen, besonders Staatsanwalt Hasterer der gewöhnlich K.'s Nachbar war liebte es auf diese Weise die jungen Herren zu beschämen. Wenn er die große stark behaarte Hand mitten auf dem Tisch spreizte und sich zum unteren Tischende wandte, horchte schon alles auf Und wenn dann dort einer die Frage aufnahm aber entweder sie nicht einmal enträtseln konnte oder nachdenklich in sein Bier sah oder statt zu reden bloß mit den Kiefern schnappte oder gar - das war das Ärgste - in unaufhaltsamem Schwall eine falsche oder unbeglaubigte Meinung vertrat, dann drehten sich die älteren Herren lächelnd auf ihren Sitzen und es schien ihnen erst jetzt behaglich zu werden. Die wirklich ernsten fachgemäßen Gespräche blieben nur ihnen vorbehalten.

K. war in diese Gesellschaft durch einen Advokaten, den Rechtsvertreter der Bank gebracht worden. Es hatte eine Zeit gegeben, da K. mit diesem Advokaten in der Bank lange Besprechungen bis spät in den Abend hatte führen müssen und es hatte sich dann von selbst gefügt, dass er mit dem Advokaten an dessen Stammtisch gemeinsam genachtmahlt und an der Gesellschaft Gefallen gefunden hatte. Er sah hier lauter gelehrte, angesehene, in gewissem Sinne mächtige Herren, deren Erholung darin bestand, dass sie schwierige mit dem gewöhnlichen Leben nur entfernt zusammenhängende Fragen zu lösen suchten und hierbei sich abmühten. Wenn er selbst natürlich nur wenig eingreifen konnte, so bekam er doch die Möglichkeit vieles zu erfahren, was ihm früher oder später auch in der Bank Vorteil bringen konnte und außerdem konnte er zum Gericht persönliche Beziehungen anknüpfen, die immer nützlich waren. Aber auch die Gesellschaft schien ihn gern zu dulden. Als geschäftlicher Fachmann war er bald anerkannt und seine Meinung in solchen Dingen galt - wenn es dabei auch nicht ganz ohne Ironie abging - als etwas Unumstößliches. Es geschah nicht selten, dass zwei, die eine Rechtsfrage verschieden beurteilten, K. seine Ansicht über den Tatbestand abverlangten und dass dann K.`s Name in allen Reden und Gegenreden wiederkehrte und bis in die abstraktesten Untersuchungen gezogen wurde, denen K. längst nicht mehr folgen konnte. Allerdings klärte sich ihm allmählich vieles auf, besonders da er in Staatsanwalt Hasterer einen guten Berater an seiner Seite hatte, der ihm auch freundschaftlich näher trat. K. begleitete ihn sogar öfter in der Nacht nach Hause. Er konnte sich aber lange nicht daran gewöhnen Arm in Arm neben dem riesigen Mann zu gehen, der ihn in seinem Radmantel ganz unauffällig hätte verbergen können.

Im Laufe der Zeit aber fanden sie sich derartig zusammen, dass alle Unterschiede der Bildung, des Berufes, des Alters sich verwischten. Sie verkehrten mit einander, als hätten sie seit jeher zu einander gehört und wenn in ihrem Verhältnis äußerlich manchmal einer überlegen schien, so war es nicht Hasterer sondern K., denn seine praktischen Erfahrungen behielten meistens Recht, da sie so unmittelbar gewonnen waren, wie es vom Gerichtstisch aus niemals geschehen kann.

Diese Freundschaft wurde natürlich am Stammtisch bald allgemein bekannt, es geriet halb in Vergessenheit, wer K. in die Gesellschaft gebracht hatte, nun war es jedenfalls Hasterer der K. deckte; wenn K.`s Berechtigung hier zu sitzen auf Zweifel stoßen würde, konnte er sich mit gutem Recht auf Hasterer berufen. Dadurch aber erlangte K. eine besonders bevorzugte Stellung, denn Hasterer war ebenso angesehen als gefürchtet. Die Kraft und Gewandtheit seines juristischen Denkens waren zwar sehr bewundernswert, doch waren in dieser Hinsicht viele Herren ihm zumindest ebenbürtig, keiner jedoch reichte an ihn heran in der Wildheit, mit welcher er seine Meinung verteidigte. K. hatte den Eindruck, dass Hasterer, wenn er seinen Gegner nicht überzeugen konnte, ihn doch wenigstens in Furcht setzte, schon vor seinem gestreckten Zeigefinger wichen viele zurück. Es war dann als ob der Gegner vergessen würde, dass er in Gesellschaft von guten Bekannten und Kollegen war, dass es sich doch nur um theoretische Fragen handelte, dass ihm in Wirklichkeit keinesfalls etwas geschehen konnte - aber er verstummte und Kopfschütteln war schon Mut. Ein fast peinlicher Anblick war es, wenn der Gegner weit entfernt saß, Hasterer erkannte, dass auf die Entfernung hin keine Einigung zustandekommen könnte, wenn er nun etwa den Teller mit dem Essen zurückschob und langsam aufstand, um den Mann selbst aufzusuchen. Die in der Nähe beugten dann die Köpfe zurück, um sein Gesicht zu beobachten. Allerdings waren das nur verhältnismäßig seltene Zwischenfälle, vor allem konnte er fast nur über juristische Fragen in Erregung geraten und zwar hauptsächlich über solche, welche Prozesse betrafen, die er selbst geführt hatte oder führte. Handelte es sich nicht um solche Fragen, dann war er freundlich und ruhig, sein Lachen war liebenswürdig und seine Leidenschaft gehörte dem Essen und Trinken. Es konnte sogar geschehen, dass er der allgemeinen Unterhaltung gar nicht zuhörte, sich zu K. wandte, den Arm über dessen Sessellehne legte, ihn halblaut über die Bank ausfragte, dann selbst über seine eigene Arbeit sprach oder auch von seinen Damenbekanntschaften erzählte, die ihm fast so viel zu schaffen machten wie' das Gericht. Mit keinem andern in der Gesellschaft sah man ihn derartig reden und tatsächlich kam man oft, wenn man etwas von Hasterer erbitten wollte - meistens sollte eine Versöhnung mit einem Kollegen bewerkstelligt werden - zunächst zu K. und bat ihn um seine Vermittlung, die er immer gerne und leicht durchführte. Er war überhaupt, ohne etwa seine Beziehung zu Hasterer in dieser Hinsicht auszunützen, allen gegenüber sehr höflich und bescheiden und er verstand es, was noch wichtiger als Höflichkeit und Bescheidenheit war, zwischen den Rangabstufungen der Herren richtig zu unterscheiden und jeden seinem Range gemäß zu behandeln. Allerdings belehrte ihn Hasterer darin immer wieder, es waren dies die einzigen Vorschriften, die Hasterer selbst in der erregtesten Debatte nicht verletzte. Darum richtete er auch an die jungen Herren unten am Tisch, die noch fast gar keinen Rang besaßen, immer nur allgemeine Ansprachen, als wären es nicht einzelne, sondern bloß ein zusammengeballter Klumpen. Gerade diese Herren aber erwiesen ihm die größten Ehren und wenn er gegen elf Uhr sich erhob, um nach Hause zu gehen, war gleich einer da, der ihm beim Anziehen des schweren Mantels behilflich war und ein anderer der mit großer Verbeugung die Türe vor ihm öffnete und sie natürlich auch noch fest hielt wenn K. hinter Hasterer das Zimmer verließ.

Während in der ersten Zeit K. Hasterer oder auch dieser K. ein Stück Wegs begleitete, endeten später solche Abende in der Regel damit, dass Hasterer K. bat mit ihm in seine Wohnung zu kommen und ein Weilchen bei ihm zu bleiben. Sie saßen dann noch wohl eine Stunde bei Schnaps und Zigarren. Diese Abende waren Hasterer so lieb, dass er nicht einmal auf sie verzichten wollte, als er während einiger Wochen ein Frauenzimmer namens Helene bei sich wohnen hatte. Es war eine dicke ältliche Frau mit gelblicher Haut und schwarzen Locken, die sich um ihre Stirn ringelten. K. sah sie zunächst nur im Bett, sie lag dort gewöhnlich Recht schamlos, pflegte einen Lieferungsroman zu lesen und kümmerte sich nicht um das Gespräch der Herren. Erst wenn es spät wurde, streckte sie sich, gähnte und warf auch, wenn sie auf andere Weise die Aufmerksamkeit nicht auf sich lenken konnte, ein Heft ihres Romans nach Hasterer. Dieser stand dann lächelnd auf und K. verabschiedete sich. Später allerdings als Hasterer Helenes müde zu werden anfing, störte sie die Zusammenkünfte empfindlich. Sie erwartete nun immer die Herren vollständig angekleidet und zwar gewöhnlich in einem Kleid, das sie wahrscheinlich für sehr kostbar und kleidsam hielt, das aber in Wirklichkeit ein altes überladenes Ballkleid war und besonders unangenehm durch einige Reihen langer Fransen auffiel, mit denen es zum Schmuck behängt war. Das genaue Aussehen dieses Kleides kannte K. gar nicht, er weigerte sich gewissermaßen sie anzusehen und saß stundenlang mit halb gesenkten Augen da, während sie sich wiegend durch das Zimmer ging oder in seiner Nähe saß und später als ihre Stellung immer unhaltbarer wurde, in ihrer Not sogar versuchte, durch Bevorzugung K.`s Hasterer eifersüchtig zu machen. Es war nur Not, nicht Bosheit, wenn sie sich mit dem entblößten rundlichen fetten Rücken über den Tisch lehnte, ihr Gesicht K. näherte und ihn so zwingen wollte, aufzublicken. Sie erreichte damit nur, dass K. sich nächstens weigerte zu Hasterer zu gehen und als er nach einiger Zeit doch wieder hinkam, war Helene endgültig fortgeschickt; K. nahm das als selbstverständlich hin. Sie blieben an diesem Abend besonders lange beisammen, feierten auf Hasterers Anregung Bruderschaft und K. war auf dem Nach Hauseweg vom Rauchen und Trinken fast ein wenig betäubt.

Gerade am nächsten Morgen machte der Direktor in der Bank im Laufe eines geschäftlichen Gespräches die Bemerkung, er glaube gestern Abend K. gesehen zu haben. Wenn er sich nicht getäuscht habe, so sei K. Arm in Arm mit dem Staatsanwalt Hasterer gegangen. Der Direktor schien das so merkwürdig zu finden, dass er - allerdings entsprach dies auch seiner sonstigen Genauigkeit - die Kirche nannte, an deren Längsseite in der Nähe des Brunnens jene Begegnung stattgefunden habe. Hätte er eine Luftspiegelung beschreiben wollen, er hätte sich nicht anders ausdrücken können. K. erklärte ihm nun, dass der Staatsanwalt sein Freund sei und dass sie wirklich gestern Abend an der Kirche vorübergegangen wären. Der Direktor lächelte erstaunt und forderte K. auf, sich zu setzen. Es war einer jener Augenblicke, wegen deren K. den Direktor so liebte, Augenblicke, in denen aus diesem schwachen kranken hüstelnden mit der verantwortungsvollsten Arbeit überlasteten Mann eine gewisse Sorge um K.'s Wohl und um seine Zukunft ans Licht kam, eine Sorge, die man allerdings nach Art anderer Beamten, die beim Direktor Ähnliches erlebt hatten, kalt und äußerlich nennen konnte, die nichts war als ein gutes Mittel, wertvolle Beamte durch das Opfer von zwei Minuten für Jahre an sich zu fesseln - wie es auch sein mochte, K. unterlag dem Direktor in diesen Augenblicken. Vielleicht sprach auch der Direktor mit K. ein wenig anders als mit den andern, er vergaß nämlich nicht etwa seine übergeordnete Stellung, um auf diese Weise mit K. gemein zu werden - dies tat er vielmehr regelmäßig im gewöhnlichen geschäftlichen Verkehr - hier aber schien er gerade K.'s Stellung vergessen zu haben und sprach mit ihm wie mit einem Kind oder wie mit einem unwissenden jungen Menschen, der sich erst um eine Stellung bewirbt und aus irgendeinem unverständlichen Grunde das Wohlgefallen des Direktors erregt. K. hätte gewiss eine solche Redeweise w~ der von einem andern noch vom Direktor selbst geduldet, wenn ihm nicht die Fürsorge des Direktors wahrhaftig erschienen wäre oder wenn ihn nicht wenigstens die Möglichkeit dieser Fürsorge, wie sie sich ihm in solchen Augenblicken zeigte, vollständig bezaubert hätte. K. erkannte seine Schwäche; vielleicht hatte sie ihren Grund darin, dass in dieser Hinsicht wirklich noch etwas Kindisches in ihm war, da er die Fürsorge des eigenen Vaters, der sehr jung gestorben war, niemals erfahren hatte, bald von zu Hause fortgekommen war und die Zärtlichkeit der Mutter, die halb blind noch draußen in dem unveränderlichen Städtchen lebte und die er zuletzt vor etwa zwei Jahren besucht hatte, immer eher abgelehnt als hervorgelockt hatte.

"Von dieser Freundschaft wusste ich gar nichts", sagte der Direktor und nur ein schwaches freundliches Lächeln milderte die Strenge dieser Worte.

Zu Elsa

Eines Abends wurde K. knapp vor dem Weggehen telefonisch angerufen und aufgefordert sofort in die Gerichtskanzlei zu kommen. Man warne ihn davor ungehorsam zu sein. Seine unerhörten Bemerkungen darüber, dass die Verhöre unnütz seien, kein Ergebnis haben und keines haben können, dass er nicht mehr hinkommen werde, dass er telefonische oder schriftliche Einladungen nicht beachten und Boten aus der Türe werfen werde - alle diese Bemerkungen seien protokolliert und hätten ihm schon viel geschadet. Warum wolle er sich denn nicht fügen? Sei man nicht etwa ohne Rücksicht auf Zeit und Kosten bemüht in seine verwickelte Sache Ordnung zu bringen? Wolle er darin mutwillig stören und es zu Gewaltmaßregeln kommen lassen, mit denen man ihn bisher verschont habe? Die heutige Vorladung sei ein letzter Versuch. Er möge tun was er wolle, jedoch bedenken, dass das hohe Gericht seiner nicht spotten lassen könne.

Nun hatte K. für diesen Abend Elsa seinen Besuch angezeigt und konnte schon aus diesem Grunde nicht zu Gericht kommen, er war froh darüber, sein Nichterscheinen vor Gericht dadurch rechtfertigen zu können, wenn er auch natürlich niemals von dieser Rechtfertigung Gebrauch machen würde und außerdem sehr wahrscheinlich auch dann nicht zu Gericht gegangen wäre, wenn er für diesen Abend nicht die geringste sonstige Verpflichtung gehabt hätte. Immerhin stellte er im Bewusstsein seines guten Rechtes durch das Telefon die Frage, was geschehen würde, wenn er nicht käme. "Man wird Sie zu finden wissen", war die Antwort. "Und werde ich dafür bestraft werden, weil ich nicht freiwillig gekommen bin", fragte K. und lächelte in Erwartung dessen, was er hören würde. "Nein", war die Antwort. "Vorzüglich", sagte K., "was für einen Grund sollte ich dann aber haben, der heutigen Vorladung Folge zu leisten." "Man pflegt die Machtmittel des Gerichtes nicht auf sich zu hetzen", sagte die schwächer werdende und schließlich vergehende Stimme. "Es ist sehr unvorsichtig, wenn man das nicht tut", dachte K. im Weggehen, "man soll doch versuchen die Machtmittel kennen zu lernen."

Ohne zu zögern fuhr er zu Elsa. Behaglich in die Wagenecke gelehnt, die Hände in den Taschen des Mantels - es begann schon kühl zu werden - überblickte er die lebhaften Straßen. Mit einer gewissen Zufriedenheit dachte er daran, dass er dem Gericht, falls es wirklich in Tätigkeit war, nicht geringe Schwierigkeiten bereitete. Er hatte sich nicht deutlich ausgesprochen, ob er zu Gericht kommen würde oder nicht; der Richter wartete also, vielleicht wartete sogar die ganze Versammlung, nur K. würde zur besonderen Enttäuschung der Gallerie nicht erscheinen. Unbeirrt durch das Gericht fuhr er dorthin wohin er wollte. Einen Augenblick lang war er nicht sicher, ob er nicht aus Zerstreutheit dem Kutscher die Gerichtsadresse angegeben hatte, er rief ihm daher laut Elsas Adresse zu; der Kutscher nickte, ihm war keine andere gesagt worden. Von da an vergaß K. allmählich an das Gericht und die Gedanken an die Bank begannen ihn wieder wie in früheren Zeiten ganz zu erfüllen.

Kampf mit dem Direktor-Stellvertreter

Eines Morgens fühlte sich K. viel frischer und widerstandsfähiger als sonst. An das Gericht dachte er kaum; wenn es ihm aber einfiel, schien es ihm als könne diese ganz unübersichtlich große Organisation an irgend einer allerdings verborgenen im Dunkel erst zu ertastenden Handhabe leicht gefasst, ausgerissen und zerschlagen werden. Sein außergewöhnlicher Zustand verlockte K. sogar den Direktor-Stellvertreter einzuladen in sein Büro zu kommen und eine geschäftliche Angelegenheit, die schon seit einiger Zeit drängte, gemeinsam zu besprechen. Immer bei solchem Anlass tat der Direktor-Stellvertreter so, als hätte sich sein Verhältnis zu K. in den letzten Monaten nicht im Geringsten geändert. Ruhig kam er wie in den früheren Zeiten des ständigen Wettbewerbes mit K., ruhig hörte er K.`s Ausführungen an, zeigte durch kleine vertrauliche ja kameradschaftliche Bemerkungen seine Teilnahme und verwirrte K. nur dadurch, worin man aber keine Absicht sehen musste, dass er sich durch nichts von der geschäftlichen Hauptsache ablenken ließ, förmlich bis in den Grund seines Wesens aufnahmebereit für diese Sache war, während K.`s Gedanken vor diesem Muster von Pflichterfüllung sofort nach allen Seiten zu schwärmen anfingen und ihn zwangen, die Sache selbst fast ohne Widerstand dem Direktor-Stellvertreter zu überlassen. Einmal war es so schlimm, dass K. schließlich nur bemerkte, wie der DirektorStellvertreter plötzlich aufstand und stumm in sein Büro zurückkehrte. K. wusste nicht was geschehen war, es war möglich dass die Besprechung regelrecht abgeschlossen war, ebenso möglich aber war es, dass sie der Direktor-Stellvertreter abgebrochen hatte, weil ihn K. unwissentlich gekränkt oder weil er Unsinn gesprochen hatte oder weil es dem Direktor-Stellvertreter unzweifelhaft geworden war, dass K. nicht zuhörte und mit andern Dingen beschäftigt war. Es war aber sogar möglich, dass K. eine lächerliche Entscheidung getroffen oder dass der Direktor-Stellvertreter sie ihm entlockt hatte und dass er sich jetzt beeilte sie zum Schaden K.'s zu verwirklichen. Man kam übrigens auf diese Angelegenheit nicht mehr zurück, K. wollte nicht an sie erinnern und der Direktor-Stellvertreter blieb verschlossen; es ergaben sich allerdings vorläufig auch weiterhin keine sichtbaren Folgen. Jedenfalls war aber K. durch den Vorfall nicht abgeschreckt worden, wenn sich nur eine passende Gelegenheit ergab und er nur ein wenig bei Kräften war, stand er schon bei der Tür des Direktor-Stellvertreters um zu ihm zu gehen oder ihn zu sich einzuladen. Es war keine Zeit mehr sich vor ihm zu verstecken, wie er es früher getan hatte. Er hoffte nicht mehr auf einen baldigen entscheidenden Erfolg, der ihn mit einem Mal von allen Sorgen befreien und von selbst das alte Verhältnis zum Direktor-Stellvertreter herstellen würde. K. sah ein, dass er nicht ablassen dürfe, wich er zurück, so wie es vielleicht die Tatsachen forderten, dann bestand die Gefahr, dass er möglicherweise niemals mehr vorwärts kam. Der Direktor-Stellvertreter durfte nicht im Glauben gelassen werden, dass K. abgetan sei, er durfte mit diesem Glauben nicht ruhig in seinem Büro sitzen, er musste beunruhigt werden, er musste so oft als möglich erfahren dass K. lebte und dass er wie alles was lebte, eines Tages mit neuen Fähigkeiten überraschen konnte, so ungefährlich er auch heute schien. Manchmal sagte sich zwar K., dass er mit dieser Methode um nichts anderes als um seine Ehre kämpfe, denn Nutzen konnte es ihm eigentlich nicht bringen, wenn er sich in seiner Schwäche immer wieder dem Direktor-Stellvertreter entgegenstellte, sein Machtgefühl stärkte und ihm die Möglichkeit gab Beobachtungen zu machen und seine Maßnahmen genau nach den augenblicklichen Verhältnissen zu treffen. Aber K. hätte sein Verhalten gar nicht ändern können, er unterlag Selbsttäuschungen, er glaubte manchmal mit Bestimmtheit er dürfe sich gerade jetzt unbesorgt mit dem Direktor-Stell-vertreter messen, die unglückseligsten Erfahrungen belehrten ihn nicht, was ihm bei zehn Versuchen nicht gelungen war, glaubte er mit dem Elften durchsetzen zu können trotzdem alles immer ganz einförmig zu seinen Ungunsten abgelaufen war. Wenn er nach einer solchen Zusammenkunft erschöpft, in Schweiß, mit leerem Kopf zurückblieb, wusste er nicht, ob es Hoffnung oder Verzweiflung gewesen war, die ihn an den Direktor-Stellvertreter gedrängt hatte, ein nächstes Mal war es aber wieder vollständig eindeutig nur Hoffnung, mit der er zu der Türe des Direktor-Stellvertreters eilte.

So war es auch heute. Der Direktor-Stellvertreter trat gleich ein, blieb dann nahe bei der Tür stehen, putzte einer neu angenommenen Gewohnheit gemäß seinen Zwicker und sah zuerst K. und dann, um sich nicht allzu auffallend mit K. zu beschäftigen, auch das ganze Zimmer genauer an. Es war als benütze er die Gelegenheit, um die Sehkraft seiner Augen zu prüfen. K. widerstand den Blicken, lächelte sogar ein wenig und lud den Direktor-Stellvertreter ein sich zu setzen. Er selbst warf sich in seinen Lehnstuhl, rückte ihn möglichst nahe zum Direktor-Stellvertreter, nahm gleich die nötigen Papiere vom Tisch und begann seinen Bericht. Der Direktor Stellvertreter schien zunächst kaum zuzuhören. Die Platte von K.'s Schreibtisch war von einer niedrigen geschnitzten Balustrade umgeben. Der ganze Schreibtisch war vorzügliche Arbeit und auch die Balustrade saß fest im Holz. Aber der Direktor-Stellvertreter tat, als habe er gerade jetzt dort eine Lockerung bemerkt und versuchte den Fehler dadurch zu beseitigen, dass er mit dem Zeigefinger auf die Balustrade loshieb. K. wollte daraufhin seinen Bericht unterbrechen, was aber der Direktor-Stellvertreter nicht duldete, da er wie er erklärte, alles genau höre und auffasse. Während ihm aber vorläufig K. keine sachliche Bemerkung abnötigen konnte, schien die Balustrade besondere Maßregeln zu verlangen, denn der Direktor-Stellvertreter zog jetzt sein Taschenmesser hervor, nahm als Gegenhebel K.`s Lineal und versuchte die Balustrade hochzuheben, wahrscheinlich um sie dann leichter desto tiefer einstoßen zu können. K. hatte in seinen Bericht einen ganz neuartigen Vorschlag aufgenommen, von dem er sich eine besondere Wirkung auf den Direktor-Stellvertreter versprach und als er jetzt zu diesem Vorschlag gelangte, konnte er gar nicht innehalten, so sehr nahm ihn die eigene Arbeit gefangen oder vielmehr so sehr freute er sich an dem immer seltener werdenden Bewusstsein, dass er hier in der Bank noch etwas zu bedeuten habe und dass seine Gedanken die Kraft hatten, ihn zu rechtfertigen. Vielleicht war sogar diese Art sich zu verteidigen nicht nur in der Bank sondern auch im Prozess die beste, viel besser vielleicht als jede andere Verteidigung, die er schon versucht hatte oder plante. In der Eile seiner Rede hatte K. gar nicht Zeit, den Direktor-Stellvertreter ausdrücklich von seiner Arbeit an der Balustrade abzuziehn, nur zwei oder dreimal strich er während des Vorlesens mit der freien Hand wie beruhigend über die Balustrade hin, um damit, fast ohne es selbst genau zu wissen, dem Direktor-Stellvertreter zu zeigen, dass die Balustrade keinen Fehler habe und dass selbst wenn sich einer vorfinden sollte, augenblicklich das Zuhören wichtiger und auch anständiger sei als alle Verbesserungen. Aber den Direktor-Stellvertreter hatte, wie dies bei lebhaften nur geistig tätigen Menschen oft geschieht, diese handwerksmäßige Arbeit in Eifer gebracht, ein

Stück der Balustrade war nun wirklich hochgezogen und es handelte sich jetzt darum die Säulchen wieder in die zugehörigen Löcher hineinzubringen. Das war schwieriger als alles bisherige. Der Direktor-Stellvertreter musste aufstehen und mit beiden Händen versuchen die Balustrade in die Platte zu drücken. Es wollte aber trotz alles Kraftverbrauches nicht gelingen. K. hatte während des Vorlesens - das er übrigens viel mit freier Rede untermischte - nur undeutlich wahrgenommen, dass der Direktor-Stellvertreter sich erhoben hatte. Trotzdem er die Nebenbeschäftigung des Direktor-Stellvertreters kaum jemals ganz aus den Augen verlor, hatte er doch angenommen, dass die Bewegung des Direktor-Stellvertreters doch auch mit seinem Vortrag irgendwie zusammenhing, auch er stand also auf und den Finger unter eine Zahl gedrückt reichte er dem Direktor-Stellvertreter ein Papier entgegen. Der Direktor-Stellvertreter aber hatte inzwischen eingesehen, dass der Druck der Hände nicht genügte und so setzte er sich kurz entschlossen mit seinem ganzen Gewicht auf die Balustrade. Jetzt glückte es allerdings, die Säulchen fuhren knirschend in die Löcher, aber ein Säulchen knickte in der Eile ein und an einer Stelle brach die zarte obere Leiste entzwei. "Schlechtes Holz", sagte der Direktor-Stellvertreter ärgerlich, ließ vom Schreibtisch ab und setzte...

Das Haus

Ohne zunächst eine bestimmte Absicht damit zu verbinden, hatte K. bei verschiedenen Gelegenheiten in Erfahrung zu bringen gesucht, wo das Amt seinen Sitz habe, von welchem aus die erste Anzeige in seiner Sache erfolgt war. Er erfuhr es ohne Schwierigkeiten, sowohl Titorelli als auch Wolfhart nannten ihm auf die erste Frage hin die genaue Nummer des Hauses. Später vervollständigte Titorelli mit einem Lächeln, das er immer für geheime ihm nicht zur Begutachtung vorgelegte Pläne bereithatte, die Auskunft dadurch, dass er behauptete, gerade dieses Amt habe nicht die geringste Bedeutung, es spreche nur aus, was ihm aufgetragen werde und sei nur das äußerste Organ der großen Anklagebehörde selbst, die allerdings für Parteien unzugänglich sei. Wenn man also etwas von der Anklagebehörde wünsche - es gäbe natürlich immer viele Wünsche, aber es sei nicht immer klug, sie auszusprechen - dann müsse man sich allerdings an das genannte untergeordnete Amt wenden, doch werde man dadurch weder selbst zur eigentlichen Anklagebehörde dringen, noch seinen Wunsch jemals dorthin leiten.

K. kannte schon das Wesen des Malers, er widersprach deshalb nicht, erkundigte sich auch nicht weiter sondern nickte nur und nahm das Gesagte zur Kenntnis. Wieder schien ihm wie schon öfter in der letzten Zeit, dass Titorelli so weit es auf Quälerei ankam, den Advokaten reichlich ersetzte. Der Unterschied bestand nur darin, dass K. Titorelli nicht so preisgegeben war und ihn, wann es ihm beliebte, ohne Umstände hätte abschütteln können, dass ferner Titorelli überaus mitteilsam, ja geschwätzig war wenn auch früher mehr als jetzt und dass schließlich K. sehr wohl auch seinerseits Titorelli quälen konnte.

Und das tat er auch in dieser Sache, sprach öfter von jenem Haus in einem Ton, als verschweige er Titorelli etwas, als habe er Beziehungen mit jenem Amte angeknüpft, als seien sie aber noch nicht so weit gediehn, um ohne Gefahr bekannt gemacht werden zu können, suchte ihn dann aber Titorelli zu nähern Angaben zu drängen, lenkte K. plötzlich ab und sprach lange nicht mehr davon. Er hatte Freude von solchen kleinen Erfolgen, er glaubte dann, nun verstehe er schon viel besser diese Leute aus der Umgebung des Gerichts, nun könne er schon mit ihnen spielen, rücke fast selbst unter sie ein, bekomme wenigstens für Augenblicke die bessere Übersicht, welche ihnen gewissermaßen die erste Stufe des Gerichtes ermöglichte, auf der sie standen. Was machte es, wenn er seine Stellung hier unten doch endlich verlieren sollte? Dort war auch dann noch eine Möglichkeit der Rettung, er musste nur in die Reihen dieser Leute schlüpfen, hatten sie ihm infolge ihrer Niedrigkeit oder aus andern Gründen in seinem Prozesse nicht helfen können, so konnten sie ihn doch aufnehmen und verstecken, ja sie konnten sich, wenn er alles genügend überlegt und geheim ausführte, gar nicht dagegen wehren, ihm auf diese Weise zu dienen, besonders Titorelli nicht, dessen naher Bekannter und Wohltäter er doch jetzt geworden war.

Von solchen und ähnlichen Hoffnungen nährte sich K. nicht etwa täglich, im Allgemeinen unterschied er noch genau und hütete sich irgendeine Schwierigkeit zu übersehen oder zu überspringen, aber manchmal - meistens waren es Zustände vollständiger Erschöpfung am Abend nach der Arbeit nahm er Trost aus den geringsten und überdies vieldeutigsten Vorfällen des Tages. Gewöhnlich lag er dann auf dem Kanapee seines Büros - er konnte sein Büro nicht mehr verlassen, ohne eine Stunde lang auf dem Kanapee sich zu erholen - und fügte in Gedanken Beobachtung an Beobachtung. Er beschränkte sich nicht peinlich auf die Leute, welche mit dem Gericht zusammenhingen, hier im Halbschlaf mischten sich alle, er vergaß dann an die große Arbeit des Gerichtes, ihm war als sei er der einzige Angeklagte und alle andern gingen durcheinander wie Beamte und Juristen auf den Gängen eines Gerichtsgebäudes, noch die stumpfsinnigsten hatten das Kinn zur Brust gesenkt, die Lippen aufgestülpt und den starren Blick verantwortungsvollen Nachdenkens. Immer traten dann als geschlossene Gruppe die Mieter der Frau Grubach auf, sie standen beisammen Kopf an Kopf mit offenen Mäulern wie ein anklagender Chor. Es waren viele Unbekannte unter ihnen, denn K. kümmerte sich schon seit langem um die Angelegenheiten der Pension nicht im Geringsten. Infolge der vielen Unbekannten machte es ihm aber Unbehagen sich näher mit der Gruppe abzugeben, was er aber manchmal tun musste, wenn er dort Fräulein Bürstner suchte. Er überflog z. B. die Gruppe und plötzlich glänzten ihm zwei gänzlich fremde Augen entgegen und hielten ihn auf Er fand dann Fräulein Bürstner nicht, aber als er dann, um jeden Irrtum zu vermeiden nochmals suchte, fand er sie gerade in der Mitte der Gruppe, die Arme um zwei Herren gelegt, die ihr zur Seite standen. Es machte unendlich wenig Eindruck auf ihn, besonders deshalb da dieser Anblick nichts neues war, sondern nur die unauslöschliche Erinnerung an eine Fotografie vom Badestrand, die er einmal in Fräulein Bürstners Zimmer gesehen hatte. Immerhin trieb dieser Anblick K. von der Gruppe weg und wenn er auch noch öfter hierher zurückkehrte so durcheilte er nun mit langen Schritten das Gerichtsgebäude kreuz und quer. Er kannte sich immer sehr gut in allen Räumen aus, verlorene Gänge, die er nie gesehen haben konnte, erschienen ihm vertraut, als wären sie seine Wohnung seit jeher, Einzelheiten drückten sich ihm mit schmerzlichster Deutlichkeit immer wieder ins Hirn, ein Ausländer z. B. spazierte in einem Vorsaal, er war gekleidet ähnlich einem Stierfechter, die Taille war eingeschnitten wie mit Messern, sein ganz kurzes ihn steif umgebendes Röckchen bestand aus gelblichen grobfädigen Spitzen und dieser Mann ließ sich, ohne sein Spazierengehen einen Augenblick einzustellen, unaufhörlich von K. bestaunen. Gebückt umschlich ihn K. und staunte ihn mit angestrengt aufgerissenen Augen an. Er kannte alle Zeichnungen der Spitzen, alle fehlerhaften Fransen, alle Schwingungen des Röckchens und hatte sich doch nicht satt gesehen. Oder vielmehr er hatte sich schon längst satt gesehen oder noch richtiger er hatte es niemals ansehen wollen aber es ließ ihn nicht. "Was für Maskeraden bietet das Ausland!" dachte er und riss die Augen noch stärker auf Und im Gefolge dieses Mannes blieb er bis er sich auf dem Kanapee herumwarf und das Gesicht ins Leder drückte.

Fahrt zur Mutter

Plötzlich beim Mittagessen fiel ihm ein er solle seine Mutter besuchen. Nun war schon das Frühjahr fast zu Ende und damit das dritte Jahr seitdem er sie nicht gesehen hatte. Sie hatte ihn damals gebeten an seinem Geburtstag zu ihr zu kommen, er hatte auch trotz mancher Hindernisse dieser Bitte entsprochen und hatte ihr sogar das Versprechen gegeben jeden Geburtstag bei ihr zu verbringen, ein Versprechen, das er nun allerdings schon zweimal nicht gehalten hatte. Dafür wollte er aber jetzt nicht erst bis zu seinem Geburtstag warten, obwohl dieser schon in vierzehn Tagen war, sondern sofort fahren. Er sagte sich zwar, dass kein besonderer Grund vorlag gerade jetzt zu fahren, im Gegenteil, die Nachrichten, die er regelmäßig alle zwei Monate von einem Vetter erhielt, der in jenem

Städtchen ein Kaufmannsgeschäft besaß und das Geld, welches K. für seine Mutter schickte, verwaltete, waren beruhigender als jemals früher Das Augenlicht der Mutter war zwar am Erlöschen, aber das hatte K. nach den Aussagen der Ärzte schon seit Jahren erwartet, dagegen war ihr sonstiges Befinden ein besseres geworden, verschiedene Beschwerden des Alters waren statt stärker zu werden zurückgegangen, wenigstens klagte sie weniger. Nach der Meinung des Vetters hing dies vielleicht damit zusammen, dass sie seit den letzten Jahren - K. hatte schon bei seinem Besuch leichte Anzeichen dessen fast mit Widerwillen bemerkt - unmäßig fromm geworden war. Der Vetter hatte in einem Brief sehr anschaulich geschildert, wie die alte Frau, die sich früher nur mühselig fortgeschleppt hatte, jetzt an seinem Arm Recht gut ausschritt, wenn er sie Sonntags zur Kirche führte. Und dem Vetter durfte K. glauben, denn er war gewöhnlich ängstlich und übertrieb in seinen Berichten eher das Schlechte als das Gute.

Aber wie es auch sein mochte, K. hatte sich jetzt entschlossen zu fahren; er hatte neuerdings unter anderem Unerfreulichem eine gewisse Wehleidigkeit an sich festgestellt, ein fast haltloses Bestreben allen seinen Wünschen nachzugeben - nun, in diesem Fall diente diese Untugend wenigstens einem guten Zweck. Er trat zum Fenster, um seine Gedanken ein wenig zu sammeln, ließ dann gleich das Essen abtragen, schickte den Diener zu Frau Grubach um seine Abreise ihr anzuzeigen und die Handtasche zu holen, in die Frau Grubach einpacken möge was ihr notwendig scheine, gab dann Herrn Kühne einige geschäftliche Aufträge für die Zeit seiner Abwesenheit, ärgerte sich diesmal kaum darüber, dass Herr Kühne in einer Unart die schon zur Gewohnheit geworden war, die Aufträge mit seitwärts gewendetem Gesicht entgegennahm, als wisse er ganz genau was er zu tun habe und erdulde diese Auftragserteilung nur als Zeremonie und ging schließlich zum Direktor. Als er diesen um einen zweitägigen Urlaub ersuchte, da er zu seiner Mutter fahren müsse, fragte der Direktor natürlich, ob K.'s Mutter etwa krank sei. "Nein", sagte K. ohne weitere Erklärung. Er stand in der Mitte des Zimmers, die Hände hinten verschränkt. Mit zusammengezogener Stirn dachte er nach. Hatte er vielleicht die Vorbereitungen zur Abreise übereilt? War es nicht besser hier zu bleiben? Was wollte er dort? Wollte er etwa aus Rührseligkeit hinfahren? Und aus Rührseligkeit hier möglicherweise etwas Wichtiges versäumen, eine Gelegenheit zum Eingriff, die sich doch jetzt jeden Tag jede Stunde ergeben konnte, nachdem der Prozess nun schon wochenlang scheinbar geruht hatte und kaum eine bestimmte Nachricht an ihn gedrungen war? Und würde er überdies die alte Frau nicht erschrecken, was er natürlich nicht beabsichtigte, was aber gegen seinen Willen sehr leicht geschehen konnte, da jetzt vieles gegen seinen Willen geschah. Und die Mutter verlangte gar nicht nach ihm. Früher hatten sich in den Briefen des Vetters die dringenden Einladungen der Mutter regelmäßig wiederholt, jetzt schon lange nicht. Der Mutter wegen fuhr er also nicht hin, das war klar. Fuhr er aber in irgendeiner Hoffnung seinetwegen hin, dann war er ein vollkommener Narr und würde sich dort in der schließlichen Verzweiflung den Lohn seiner Narrheit holen. Aber als wären alle diese Zweifel nicht seine eigenen, sondern als suchten sie ihm fremde Leute beizubringen, verblieb er, förmlich erwachend, bei seinem Entschluss zu fahren. Der Direktor hatte sich indessen zufällig oder was wahrscheinlicher war aus besonderer Rücksichtnahme gegen K. über eine Zeitung gebeugt, jetzt hob auch er die Augen, reichte aufstehend K. die Hand und wünschte ihm, ohne eine weitere Frage zu stellen, glückliche Reise.

K. wartete dann noch, in seinem Büro auf und abgehend, auf den Diener, wehrte fast schweigend den Direktor-Stellvertreter ab, der mehrere Male hereinkam um sich nach dem Grund von K.'s Abreise zu erkundigen und eilte, als er die Handtasche endlich hatte, sofort hinunter zu dem schon vorherbestellten Wagen. Er war schon auf der Treppe, da erschien oben im letzten Augenblicke noch der Beamte Kullych, in der Hand einen angefangenen Brief, zu dem er offenbar von K. eine Weisung erbitten wollte. K. winkte ihm zwar mit der Hand ab, aber begriffsstützig, wie dieser blonde großköpfige Mensch war, missverstand er das Zeichen und raste das Papier schwenkend in lebensgefährlichen Sprüngen hinter K.

her. Dieser war darüber so erbittert, dass er, als ihn Kullych auf der Freitreppe einholte, den Brief ihm aus der Hand nahm und zerriss. Als K. sich dann im Wagen umdrehte, stand Kullych, der seinen Fehler wahrscheinlich noch immer nicht eingesehen hatte, auf dem gleichen Platz und blickte dem davonfahrenden Wagen nach, während der Portier neben ihm tief die Mütze zog. K. war also doch noch einer der obersten Beamten der Bank, wollte er es leugnen, würde ihn der Portier widerlegen. Und die Mutter hielt ihn sogar trotz aller Widerrede für den Direktor der Bank und dies schon seit Jahren. In ihrer Meinung würde er nicht sinken, wie auch sonst sein Ansehen Schaden gelitten hatte. Vielleicht war es ein gutes Zeichen, dass er sich gerade vor der Abfahrt davon überzeugt hatte, dass er noch immer einem Beamten, der sogar mit dem Gericht Verbindungen hatte, einen Brief wegnehmen und ohne jede Entschuldigung zerreißen durfte. Das allerdings was er am liebsten getan hätte, hatte er nicht tun dürfen, Kullych zwei laute Schläge auf seine bleichen runden Wangen zu geben.

Das Urteil

Für Fräulein Felice B.

Es war an einem Sonntagvormittag im schönsten Frühjahr. Georg Bendeman, ein junger Kaufmann, saß in seinem Privatzimmer im ersten Stock eines der niedrigen, leicht gebauten Häuser, die entlang des Flusses in einer langen Reihe, fast nur in der Höhe und Färbung unterschieden, sich hinzogen. Er hatte gerade einen Brief an einen sich im Ausland befindenden Jugendfreund beendet, verschloss ihn in spielerischer Langsamkeit und sah dann, den Ellbogen auf den Schreibtisch gestützt, aus dem Fenster auf den Fluss, die Brücke und die Anhöhen am anderen Ufer mit ihrem schwachen Grün. Er dachte darüber nach, wie dieser Freund, mit seinem Fortkommen zu Hause unzufrieden, vor Jahren schon nach Russland sich förmlich geflüchtet hatte. Nun betrieb er ein Geschäft in Petersburg, das anfangs sich sehr gut angelassen hatte, seit langem aber schon zu stocken schien, wie der Freund bei seinen immer seltener werdenden Besuchen klagte. So arbeitete er sich in der Fremde nutzlos ab, der fremdartige Vollbart verdeckte nur schlecht das seit den Kinderjahren wohlbekannte Gesicht, dessen gelbe Hautfarbe auf eine sich entwickelnde Krankheit hinzudeuten schien. Wie er erzählte, hatte er keine rechte Verbindung mit der dortigen Kolonie seiner Landsleute, aber auch fast keinen gesellschaftlichen Verkehr mit einheimischen Familien und richtete sich so für ein endgültiges Junggesellentum ein.
Was sollte man einem solchen Manne schreiben, der sich offenbar verrannt hatte, den man bedauern, dem man aber nicht helfen konnte. Sollte man ihm vielleicht raten, wieder nach Hause zu kommen, seine Existenz hierher zu verlegen, alle die alten freundschaftlichen Beziehungen wieder aufzunehmen - wofür ja kein Hindernis bestand - und im Übrigen auf die Hilfe der Freunde zu vertrauen? Das bedeutete aber nichts anderes, als dass man ihm gleichzeitig, ja schonender, desto kränkender, sagte, dass seine bisherigen Versuche misslungen seien, dass er endlich von ihnen ab-

lassen solle, dass er zurückkehren und sich als ein für immer Zurückgekehrter von allen mit großen Augen anstaunen lassen müsse, dass nur seine Freunde etwas verstünden und dass er ein altes Kind sei, das den erfolgreichen, zu Hause und im Übrigen auf die gebliebenen Freunden einfach zu folgen habe. Und war es dann noch sicher, dass alle die Plage, die man ihm antun müsste, einen Zweck hätte? Vielleicht gelang es nicht einmal, ihn überhaupt nach Hause zu bringen – er sagte Ja selbst, dass er die Verhältnisse in der Heimat nicht mehr verstünde – und so bliebe er dann trotz allem in seiner Fremde, verbittert durch die Ratschläge und den Freunden noch ein Stück mehr entfremdet. Folgte er aber wirklich dem Rat und würde hier – natürlich nicht mit Absicht, aber durch die Tatsachen – niedergedrückt, fände sich nicht in seinen Freunden und nicht ohne sie zurecht, litte an Beschämung, hätte jetzt wirklich keine Heimat und keine Freunde mehr, war es da nicht viel besser für ihn, er blieb in der Fremde, so wie er war? Konnte man denn bei solchen Umständen daran denken, dass er es hier tatsächlich vorwärts bringen würde?

Aus diesen Gründen konnte man ihm, wenn man noch überhaupt die briefliche Verbindung aufrecht erhalten wollte, keine eigentlichen Mitteilungen machen, wie man sie ohne Scheu auch den entferntesten Bekannten machen würde. Der Freund war nun schon über drei Jahre nicht in der Heimat gewesen und erklärte dies sehr notdürftig mit der Unsicherheit der politischen Verhältnisse in Russland, die demnach also auch die kürzeste Abwesenheit eines kleinen Geschäftsmannes nicht zuließen, während Hunderttausende Russen ruhig in der Welt herumfuhren. Im Laufe dieser drei Jahre hatte sich aber gerade für Georg vieles verändert. Von dem Todesfall von Georgs Mutter, der vor etwa zwei Jahren erfolgt war und seit welchem Georg mit seinem alten Vater in gemeinsamer Wirtschaft lebte, hatte der Freund wohl noch erfahren und sein Beileid in einem Brief mit einer Trockenheit ausgedrückt, die ihren Grund nun darin haben konnte, dass die Trauer über ein solches Ereignis in der Fremde ganz unvorstellbar wird. Nun hatte aber Georg seit jener Zeit, so wie alles andere, auch sein Geschäft mit größerer Entschlossenheit angepackt. Vielleicht hatte ihn der Vater bei Lebzeiten der Mutter dadurch, dass er im Geschäft nur seine Ansicht gelten lassen wollte, an einer wirklichen eigenen Tätigkeit gehindert, vielleicht war der Vater seit dem Tode der Mutter, trotzdem er noch immer im Geschäfte arbeitete, zurückhaltender geworden, vielleicht spielten - was sogar sehr wahrscheinlich war - glückliche Zufälle eine weit wichtigere Rolle, jedenfalls aber hatte sich das Geschäft in diesen zwei Jahren ganz unerwartet entwickelt, das Personal hatte man verdoppeln müssen, der Umsatz hatte sich verfünffacht, ein weiterer Fortschritt stand zweifellos bevor.

Der Freund aber hatte keine Ahnung von dieser Veränderung. Früher, zum letzten Mal vielleicht in jenem Beileidsbrief, hatte er Georg zur Auswanderung nach Russland überreden wollen und sich über die Aussichten verbreitet, die gerade für Georgs Geschäftszweig in Petersburg bestanden. Die Ziffern waren verschwindend gegenüber dem Umfang, den Georgs Geschäft jetzt angenommen hatte. Georg aber hatte keine Lust gehabt, dem Freund von seinen geschäftlichen Erfolgen zu schreiben, und hätte er es jetzt nachträglich getan, es hätte wirklich einen merkwürdigen Anschein gehabt.

So beschränkte sich Georg darauf, dem Freund immer nur über bedeutungslose Vorfälle zu schreiben, wie sie sich, wenn man an einem ruhigen Sonntag nachdenkt, in der Erinnerung ungeordnet aufhäufen. Er wollte nichts anderes, als die Vorstellung ungestört lassen, die sich der Freund von der Heimatstadt in der langen Zwischenzeit wohl gemacht und mit welcher er sich abgefunden hatte. So geschah es Georg, dass er dem Freund die Verlobung eines gleichgültigen Menschen mit einem ebenso gleichgültigen Mädchen dreimal in ziemlich weit auseinanderliegenden Briefen anzeigte, bis sich dann allerdings der Freund, ganz gegen Georgs Absicht, für diese Merkwürdigkeit zu interessieren begann.

Georg schrieb ihm aber solche Dinge viel lieber, als dass er zugestanden hätte, dass er selbst vor einem Monat mit einem Fräulein

Frieda Brandenfeld, einem Mädchen aus wohlhabender Familie, sich verlobt hatte. Oft sprach er mit seiner Braut über diesen Freund und das Besondere Korrespondenzverhältnis, in welchem er zu ihm stand. "Da wird er gar nicht zu unserer Hochzeit kommen", sagte sie, "und ich habe doch das Recht, alle deine Freunde kennen zu lernen." "Ich will ihn nicht stören", antwortete Georg, "verstehe mich Recht, er würde wahrscheinlich kommen, wenigstens glaube ich es, aber er würde sich gezwungen und geschädigt fühlen, vielleicht mich beneiden und sicher unzufrieden und unfähig, diese Unzufriedenheit jemals zu beseitigen, allein wieder zurückfahren. Allein - weißt du, was das ist?" "Ja, kann er denn von unserer Heirat nicht auch auf andere Weise erfahren?" "Das kann ich allerdings nicht verhindern, aber es ist bei seiner Lebensweise unwahrscheinlich." "Wenn du solche Freunde hast, Georg, hättest du dich überhaupt nicht verloben sollen." "Ja, das ist unser beider Schuld; aber ich wollte es auch jetzt nicht anders haben." Und wenn sie dann, rasch atmend unter seinen Küssen, noch vorbrachte: "Eigentlich kränkt es mich doch", hielt er es wirklich für unverfänglich, dem Freund alles zu schreiben. "So bin ich und so hat er mich hinzunehmen", sagte er sich, "Ich kann nicht aus mir einen Menschen herausschneiden, der vielleicht für die Freundschaft mit ihm geeigneter wäre, als ich es bin."

Und tatsächlich berichtete er seinem Freunde in dem langen Brief, den er an diesem Sonntagvormittag schrieb, die erfolgte Verlobung mit folgenden Worten: "Die beste Neuigkeit habe ich mir bis zum Schluss aufgespart. Ich habe mich mit einem Fräulein Frieda Brandenfeld verlobt, einem Mädchen aus einer wohlhabenden Familie, die sich hier erst lange nach deiner Abreise angesiedelt hat, die du also kaum kennen dürftest. Es wird sich noch Gelegenheit finden, dir Näheres über meine Braut mitzuteilen, heute genüge dir, dass ich Recht glücklich bin und dass sich in unserem gegenseitigem Verhältnis nur insofern etwas geändert hat, als du jetzt in mir statt eines ganz gewöhnlichen Freundes einen glücklichen Freund haben wirst. Außerdem bekommst du in meiner Braut, die dich herzlich grüßen lässt, und die dir nächstens selbst schreiben wird, eine aufrichtige Freundin, was für einen Junggesellen nicht ganz ohne Bedeutung ist. Ich weiß, es hält dich vielerlei von einem Besuche bei uns zurück, wäre aber nicht gerade meine Hochzeit die richtige Gelegenheit, einmal alle Hindernisse über den Haufen zu werfen? Aber wie dies auch sein mag, handle ohne alle Rücksicht und nur nach deiner Wohlmeinung."

Mit diesem Brief in der Hand war Georg lange, das Gesicht dem Fenster zugekehrt, an seinem Schreibtisch gesessen. Einem Bekannten, der ihn im Vorübergehen von der Gasse aus gegrüßt hatte, hatte er kaum mit einem abwesenden Lächeln geantwortet.

Endlich steckte er den Brief in die Tasche und ging aus seinem Zimmer quer durch einen kleinen Gang in das Zimmer seines Vaters, in dem er schon seit Monaten nicht gewesen war. Es bestand auch sonst keine Nötigung dazu, denn er verkehrte mit seinem Vater ständig im Geschäft, das Mittagessen nahmen sie gleichzeitig in einem Speisehaus ein, abends versorgte sich zwar jeder nach Belieben, doch saßen sie dann meistens, wenn nicht Georg, wie es am häufigsten geschah, mit Freunden beisammen war oder jetzt seine Braut besuchte, noch ein Weilchen, jeder mit seiner Zeitung, im gemeinsamen Wohnzimmer.

Georg staunte darüber, wie dunkel das Zimmer des Vaters selbst an diesem sonnigen Vormittag war. Einen solchen Schatten warf also die hohe Mauer, die sich jenseits des schmalen Hofes erhob. Der Vater saß beim Fenster in einer Ecke, die mit verschiedenen Andenken an die selige Mutter ausgeschmückt war, und las die Zeitung, die er seitlich vor die Augen hielt, wodurch er irgendeine Augenschwäche auszugleichen suchte. Auf dem Tisch standen die Reste des Frühstücks, von dem nicht viel verzehrt zu sein schien.

"Ah, Georg!" sagte der Vater und ging ihm gleich entgegen. Sein schwerer Schlafrock öffnete sich im Gehen die Enden umflatterten ihn – "mein Vater ist noch immer ein Riese", sagte sich Georg. "Hier ist es ja unerträglich dunkel", sagte er dann. "Ja, dunkel ist es

schon", antwortete der Vater. "Das Fenster hast du auch geschlossen?" "Ich habe es lieber so." "Es ist ja ganz warm draußen", sagte Georg wie im Nachhang zu dem Früheren, und setzte sich.
Der Vater räumte das Frühstücksgeschirr ab und stellte es auf einen Kasten. "Ich wollte dir eigentlich nur sagen", fuhr Georg fort, der den Bewegungen des alten Mannes ganz verloren folgte, "dass ich nun doch nach Petersburg meine Verlobung angezeigt habe." Er zog den Brief ein wenig aus der Tasche und ließ ihn wieder zurückfallen. "Wieso nach Petersburg?" fragte der Vater.

"Meinem Freunde doch", sagte Georg und suchte des Vaters Augen - "Im Geschäft ist er doch ganz anders", dachte er, "wie er hier breit sitzt und die Arme über der Brust kreuzt." "Ja. Deinem Freunde", sagte der Vater mit Betonung. "Du weißt doch, Vater, dass ich ihm meine Verlobung zuerst verschweigen wollte. Aus Rücksichtnahme, aus keinem anderen Grunde sonst. Du weißt selbst, er ist ein schwieriger Mensch. Ich sagte mir, von anderer Seite kann er von meiner Verlobung wohl erfahren, wenn das auch bei seiner einsamen Lebensweise kaum wahrscheinlich ist - das kann ich nicht hindern -, aber von mir selbst soll er es nun einmal nicht erfahren."

"Und jetzt hast du es dir wieder anders überlegt?" fragte der Vater, legte die große Zeitung auf den Fensterbord und auf die Zeitung die Brille, die er mit der Hand bedeckte.

"Ja, jetzt habe ich es mir wieder überlegt. Wenn er mein guter Freund ist, sagte ich mir, dann ist meine glückliche Verlobung auch für ihn ein Glück. Und deshalb habe ich nicht mehr gezögert, es ihm anzuzeigen. Ehe ich jedoch den Brief einwarf, wollte ich es dir sagen."

"Georg", sagte der Vater und zog den zahnlosen Mund in die Breite "hör' einmal! Du bist wegen dieser Sache zu mir gekommen, um dich mit mir zu beraten. Das ehrt dich ohne Zweifel. Aber es ist nichts, es ist ärger als nichts, wenn du mir jetzt nicht die volle Wahrheit sagst. Ich will nicht Dinge aufrühren, die nicht hierher gehören. Seit dem Tode unserer teueren Mutter sind gewisse unschöne Dinge vorgegangen. Vielleicht kommt auch für sie die Zeit und vielleicht kommt sie früher, als wir denken. Im Geschäft entgeht mir manches, es wird mir vielleicht nicht verborgen - ich will jetzt gar nicht die Annahme machen, dass es mir verborgen wird -, ich bin nicht mehr kräftig genug, mein Gedächtnis lässt nach, ich habe nicht mehr den Blick für alle die vielen Sachen. Das ist erstens der Ablauf der Natur, und zweitens hat mich der Tod unseres Mütterchens viel mehr niedergeschlagen als dich. - Aber weil wir gerade bei dieser Sache halten, bei diesem Brief, so bitte ich dich, Georg, täusche mich nicht. Es ist eine Kleinigkeit, es ist nicht des Atems wert, also täusche mich nicht. Hast du wirklich diesen Freund in Petersburg?"

Georg stand verlegen auf. "Lassen wir meine Freunde sein. Tausend Freunde ersetzen mir nicht meinen Vater. Weißt du, was ich glaube? Du schonst dich nicht genug. Aber das Alter verlangt seine Rechte. Du bist mir im Geschäft unentbehrlich, das weißt du ja sehr genau, aber wenn das Geschäft deine Gesundheit bedrohen sollte, sperre ich es noch morgen für immer. Das geht nicht. Wir müssen da eine andere Lebensweise für dich einführen. Aber von Grund aus. Du sitzt hier im Dunkel und im Wohnzimmer hättest du schönes Licht. Du nippst vom Frühstück, statt dich ordentlich zu stärken. Du sitzt bei geschlossenem Fenster und die Luft würde dir so gut tun. Nein, mein Vater! Ich werde den Arzt holen und seinen Vorschriften werden wir folgen. Die Zimmer werden wir wechseln, du wirst ins Vorderzimmer ziehen, ich hierher. Es wird keine Veränderung für dich sein, alles wird mit übertragen werden. Aber das alles hat Zeit, jetzt lege dich noch ein wenig ins Bett, du brauchst unbedingt Ruhe. Komm, ich werde dir beim Ausziehn helfen, du wirst sehn, ich kann es. Oder willst du gleich ins Vorderzimmer gehn, dann legst du dich vorläufig in mein Bett. Das wäre übrigens sehr vernünftig."

Georg stand knapp neben seinem Vater, der den Kopf mit dem struppigen weißen Haar auf die Brust hatte sinken lassen. "Georg", sagte der Vater leise, ohne Bewegung. Georg kniete sofort neben dem Vater nieder, er sah die Pupillen in dem milden Gesicht des Vaters übergroß in den Winkeln der Augen auf sich gerichtet. "Du hast keinen Freund in Petersburg. Du bist immer ein Spaßmacher gewesen und hast dich auch mir gegenüber nicht zurückgehalten. Wie solltest du denn gerade dort einen Freund haben! Das kann ich gar nicht glauben." "Denk doch noch einmal nach, Vater", sagte Georg, hob den Vater vom Sessel und zog ihm, wie er nun doch Recht schwach dastand, den Schlafrock aus, "jetzt wird es bald drei Jahre her sein, da war ja mein Freund bei uns zu Besuch. Ich erinnere mich noch, dass du ihn nicht besonders gern hattest. Wenigstens zweimal habe ich ihn vor dir verleugnet, trotzdem er gerade bei mir im Zimmer saß. Ich konnte ja deine Abneigung gegen ihn ganz gut verstehn, mein Freund hat seine Eigentümlichkeiten. Aber dann hast du dich doch auch wieder ganz gut mit ihm unterhalten. Ich war damals noch so stolz darauf, dass du ihm zuhörtest, nicktest und fragtest. Wenn du nachdenkst, musst du dich erinnern. Er erzählte damals unglaubliche Geschichten von der russischen Revolution. Wie er z.B. auf einer Geschäftsreise in Kiew bei einem Tumult einen Geistlichen auf einem Balkon gesehen hatte, der sich ein breites Blutkreuz in die flache Hand schnitt, diese Hand erhob und die Menge anrief. du hast ja selbst diese Geschichte hier und da wieder erzählt."

Währenddessen war es Georg gelungen, den Vater wieder niederzusetzen und ihm die Trikothose, die er über den Leinenunterhosen trug, sowie die Socken vorsichtig auszuziehn. Beim Anblick der nicht besonders reinen Wäsche machte er sich Vorwürfe, den Vater vernachlässigt zu haben. Es wäre sicherlich auch seine Pflicht gewesen, über den Wäschewechsel seines Vaters zu wachen. Er hatte mit seiner Braut darüber, wie sie die Zukunft des Vaters einrichten wollten, noch nicht ausdrücklich gesprochen, denn sie hatten stillschweigend vorausgesetzt, dass der Vater allein in der alten Wohnung bleiben würde. Doch jetzt entschloss er sich kurz mit aller Bestimmtheit, den Vater in seinen künftigen

Haushalt mitzunehmen. Es schien ja fast, wenn man genauer zusah, dass die Pflege, die dort dem Vater bereitet werden sollte, zu spät kommen könnte.

Auf seinen Armen trug er den Vater ins Bett. Ein schreckliches Gefühl hatte er, als er während der paar Schritte zum Bett hin merkte, dass an seiner Brust der Vater mit seiner Uhrkette spielte. Er konnte ihn nicht gleich ins Bett legen, so fest hielt er sich an dieser Uhrkette. Kaum war er aber im Bett, schien alles gut. Er deckte sich selbst zu und zog dann die Bettdecke noch besonders weit über die Schulter. Er sah nicht unfreundlich zu Georg hinauf. "Nicht wahr, du erinnerst dich schon an ihn?" fragte Georg und nickte ihm aufmunternd zu. "Bin ich jetzt gut zugedeckt?" fragte der Vater, als könne er nicht nachschauen, ob die Füße genug bedeckt seien. "Es gefällt dir also schon im Bett", sagte Georg und legte das Deckzeug besser um ihn. "Bin ich gut zugedeckt?" fragte der Vater noch einmal und schien auf die Antwort besonders aufzupassen. "Sei nur ruhig, du bist gut zugedeckt."

"Nein!" rief der Vater, dass die Antwort an die Frage stieß, warf die Decke zurück mit einer Kraft, dass sie einen Augenblick im Fluge sich ganz entfaltete, und stand aufrecht im Bett. Nur eine Hand hielt er leicht an den Plafond. "Du wolltest mich zudecken, das weiß ich, mein Früchtchen, aber zugedeckt bin ich noch nicht. Und ist es auch die letzte Kraft, genug für dich, zu viel für dich. Wohl kenne ich deinen Freund. Er wäre ein Sohn nach meinem Herzen. Darum hast du ihn auch betrogen die ganzen Jahre lang. Warum sonst? Glaubst du, ich habe nicht um ihn geweint? Darum doch sperrst du dich in dein Büro, niemand soll stören, der Chef ist beschäftigt - nur damit du deine falschen Briefchen nach Russland schreiben kannst. Aber den Vater muss glücklicherweise niemand lehren, den Sohn zu durchschauen. Wie du jetzt geglaubt hast, du hättest ihn untergekriegt, so untergekriegt, dass du dich mit deinem Hintern auf ihn setzen kannst und er rührt sich nicht, da hat sich mein Herr Sohn zum Heiraten entschlossen!"

Georg sah zum Schreckbild seines Vaters auf. Der Petersburger Freund, den der Vater plötzlich so gut kannte, ergriff ihn, wie noch nie. Verloren im weiten Russland sah er ihn. An der Türe des leeren, ausgeraubten Geschäftes sah er ihn. Zwischen den Trümmern der Regale, den zerfetzten Waren, den fallenden Gasarmen stand er gerade noch. Warum hatte er so weit wegfahren müssen!

"Aber schau mich an!" rief der Vater, und Georg lief, fast zerstreut, zum Bett, um alles zu fassen, stockte aber in der Mitte des Weges. "Weil sie die Röcke gehoben hat", fing der Vater zu flöten an, "weil sie die Röcke so gehoben hat, die widerliche Gans", und er hob, um das darzustellen, sein Hemd so hoch, dass man auf seinem Oberschenkel die Narbe aus seinen Kriegsjahren sah, "weil sie die Röcke so und so und so gehoben hat, hast du dich an sie herangemacht, und damit du an ihr ohne Störung dich befriedigen kannst, hast du unserer Mutter Andenken geschändet, den Freund verraten und deinen Vater ins Bett gesteckt, damit er sich nicht rühren kann. Aber kann er sich rühren oder nicht?" Und er stand vollkommen frei und warf die Beine. Er strahlte vor Einsicht.

Georg stand in einem Winkel, möglichst weit vom Vater. Vor einer langen Weile hatte er sich fest entschlossen, alles vollkommen genau zu beobachten, damit er nicht irgendwie auf Umwegen, von hinten her, von oben herab überrascht werden könne. Jetzt erinnerte er sich wieder an den längst vergessenen Entschluss und vergaß ihn, wie man einen kurzen Faden durch ein Nadelöhr zieht. "Aber der Freund ist nun doch nicht verraten!" rief der Vater, und sein hin- und herbewegter Zeigefinger bekräftigte es. "Ich war sein Vertreter hier am Ort." "Komödiant!" konnte sich Georg zu rufen nicht enthalten, erkannte sofort den Schaden und biss, nur zu spät, - die Augen erstarrt - in seine Zunge, dass er vor Schmerz einknickte. "Ja, freilich habe ich Komödie gespielt! Komödie! Gutes Wort! Welcher andere Trost blieb dem alten verwitweten Vater? Sag - und für den Augenblick der Antwort sei du noch mein lebender Sohn -, was blieb mir übrig, in meinem Hinterzimmer, verfolgt vom ungetreuen Personal, alt bis in die Knochen? Und mein Sohn ging im Jubel durch die Welt, schloss Geschäfte ab, die ich vorbereitet hatte, überpurzelte sich vor Vergnügen und ging vor seinem Vater mit dem verschlossenen Gesicht eines Ehrenmannes davon! Glaubst du, ich hätte dich nicht geliebt, ich, von dem du ausgingst?"

"Jetzt wird er sich vorbeugen", dachte Georg, "wenn er fiele und zerschmetterte!" Dieses Wort durchzischte seinen Kopf. Der Vater beugte sich vor, fiel aber nicht. Da Georg sich nicht näherte, wie er erwartet hatte, erhob er sich wieder. "Bleib, wo du bist, ich brauche dich nicht! Du denkst, du hast noch die Kraft, hierher zu kommen und hältst dich bloß zurück, weil du so willst. Dass du dich nicht irrst! Ich bin noch immer der viel Stärkere. Allein hätte ich vielleicht zurückweichen müssen, aber so hat mir die Mutter ihre Kraft abgegeben, mit deinem Freund habe ich mich herrlich verbunden, deine Kundschaft habe ich hier in der Tasche!"

"Sogar im Hemd hat er Taschen!" sagte sich Georg und glaubte, er könne ihn mit dieser Bemerkung in der ganzen Welt unmöglich machen. Nur einen Augenblick dachte er das, denn immerfort vergaß er alles. "Häng dich nur in deine Braut ein und komm mir entgegen! Ich fege sie dir von der Seite weg, du weißt nicht wie!" Georg machte Grimassen, als glaube er das nicht. Der Vater nickte bloß, die Wahrheit dessen, was er sagte, beteuernd, in Georgs Ecke hin.

"Wie hast du mich doch heute unterhalten, als du kamst und fragtest, ob du deinem Freund von der Verlobung schreiben sollst. Er weiß doch alles, dummer Junge, er weiß doch alles! Ich schrieb ihm doch, weil du vergessen hast, mir das Schreibzeug wegzunehmen. Darum kommt er schon seit Jahren nicht, er weiß ja alles hundertmal besser als du selbst, deine Briefe zerknüllt er ungelesen in der linken Hand, während er in der Rechten meine Briefe zum Lesen sich vorhält!" Seinen Arm schwang er vor Begeisterung über dem Kopf. "Er weiß alles tausendmal besser!" rief er. "Zehntausendmal!" sagte Georg, um den Vater zu verlachen, aber noch in seinem Munde bekam das Wort einen todernsten Klang. "Seit Jahren passe ich schon auf, dass du mit dieser Frage kämest!

Glaubst du, mich kümmert etwas anderes? Glaubst du, ich lese Zeitungen? Da!" und er warf Georg ein Zeitungsblatt, das irgendwie mit ins Bett getragen worden war, zu. Eine alte Zeitung, mit einem Georg schon ganz unbekannten Namen.

"Wie lange hast du gezögert, ehe du reif geworden bist! Die Mutter musste sterben, sie konnte den Freudentag nicht erleben, der Freund geht zu Grunde in seinem Russland, schon vor drei Jahren war er gelb zum Wegwerfen, und ich, du siehst ja, wie es mit mir steht. Dafür hast du doch Augen!" "Du hast mir also aufgelauert!" rief Georg. Mitleidig sagte der Vater nebenbei: "Das wolltest du wahrscheinlich früher sagen. Jetzt passt es ja gar nicht mehr."

Und lauter: "Jetzt weißt du also, was es noch außer dir gab, bisher wusstest du nur von dir! Ein unschuldiges Kind warst du ja eigentlich, aber noch eigentlicher warst du ein teuflischer Mensch! - Und darum wisse; Ich verurteile dich jetzt zum Tode des Ertrinkens!" Georg fühlte sich aus dem Zimmer gejagt, den Schlag, mit dem der Vater hinter ihm aufs Bett stürzte, trug er noch in den Ohren davon. Auf der Treppe, über deren Stufen er wie über eine schiefe Fläche eilte, überrumpelte er seine Bedienerin, die im Begriffe war hinaufzugehen, um die Wohnung nach der Nacht aufzuräumen.

"Jesus!" rief sie und verdeckte mit der Schürze das Gesicht, aber er war schon davon. Aus dem Tor sprang er, über die Fahrbahn zum Wasser trieb es ihn. Schon hielt er das Geländer fest, wie ein Hungriger die Nahrung. Er schwang sich über, als der ausgezeichnete Turner, der er in seinen Jugendjahren zum Stolz seiner Eltern gewesen war. Noch hielt er sich mit schwächer werdenden Händen fest, erspähte zwischen den Geländerstangen einen Autoomnibus, der mit Leichtigkeit seinen Fall übertönen würde, rief leise: "Liebe Eltern, ich habe euch doch immer geliebt", und ließ sich hinabfallen.

In diesem Augenblick ging über die Brücke ein geradezu unendlicher Verkehr.

Reisetagebücher

Friedländer Reise Januar 1911
Reichenberger Februar 1911

Ich müsste die Nacht durchschreiben, so viel kommt über mich, aber es ist nur unreines. Was für eine Macht dieses über mich bekommen hat, während ich ihm früher so viel ich mich erinnere mit einer Wendung, einer kleinen Wendung, die mich an und für sich noch glücklich machte, auszuweichen im Stande war.

Reichenberger Jude im Koupe macht sich zuerst durch kleine Ausrufe über Schnellzüge, die es nur dem Fahrpreis nach sind bemerkbar. Unterdessen isst ein magerer Reisender, das was man Windbeutel nennt, mit raschem Schlucken Schinken, Brot und zwei Würste, deren Haut er mit einem Messer durchsichtig kratzt, bis er schließlich alle Reste und Papiere unter die Bank hinter das Heizungsrohr wirft. Während des Essens hat er in dieser unnötigen mir so sympathischen, aber erfolglos nachgeahmten Hitze und Eile zwei Abendblätter mir zugewendet ausgelesen. Abstehende Ohren. Nur verhältnismäßig breite Nase. Wischt mit den fetten Händen Haare und Gesicht, ohne sich schmutzig zu machen, was ich auch nicht darf Das scheinbar umfangreiche Glied macht in den Hosen einen starken Wulst.

Mir gegenüber dünnstimmiger, schwachhöriger Herr mit Spitz und Schnauzbart lacht zuerst still ohne sich zu demaskieren in einer höhnischen Weise den Reichenberger Juden aus, wobei ich immer mit einigem Widerwillen, aber aus irgendeinem Respekt nach Verständigungen durch Blicke mich beteilige. Später stellt sich heraus, dass dieser Mann, der das Montagsblatt liest, irgendetwas isst, auf einer Station Wein einkauft und in meiner Weise schluckweise trinkt, nicht das Geringste wert ist.

Von dem magern Reisenden wird dann ein hochbrüstiger kleiner Reisender eingeführt der sich neben mich setzt und zu schwer und selbstbewusst ist, als dass er sich durch anderes als lautes (übrigens nicht höhnisches) Lächeln und hie und da ein Wort bemerkbar machen sollte. Witz mit Protiwin. Er steigt übrigens später aus.

Dann noch ein junger rotwangiger Bursch, der viel im interessanten Blatt liest, das er zwar rücksichtslos mit der Handkante aufreißt, um es aber schließlich mit der immer von mir bewunderten Sorgfalt unbeschäftigter Menschen als wäre es ein Seidentuch mit vielfachem Zusammendrücken, Eindrücken der Kanten von innen, Festmachen, Abklopfen der Flächen von außen zusammenzulegen und dick wie es ist in die Brusttasche zu stopfen. Er wird es also noch zu Hause lesen. Ich weiß gar nicht wo er ausgestiegen ist.

Das Hotel in Friedland. Die große Diele. Ich erinnere mich an einen Christus am Kreuz, der vielleicht gar nicht war. Kein Wasserklosett, der Schneesturm kam von unten herauf. Eine Zeit lang war ich der einzige Gast. Die meisten Hochzeiten der Umgebung werden im Hotel gefeiert. Ganz unsicher erinnere ich mich eines Blickes in einen Saal am Morgen nach einer Hochzeitsfeier. Auf der Diele und auf dem Gang war überall sehr kalt. Mein Zimmer war über der Hauseinfahrt; mir fiel gleich die Kälte auf, wie erst als ich den Grund bemerkte. Vor meinem Zimmer war eine Art Nebenzimmer der Diele; auf einem Tisch standen dort von einer Hochzeit her zwei vergessene Sträuße in Vasen. Verschluss der Fenster nicht durch Klinken sondern durch Haken oben und unten. Jetzt fällt mir ein, dass ich einmal Musik hörte, ein Weilchen lang. In dem Gastzimmer war aber kein Klavier, vielleicht in jenem Hochzeitszimmer. Immer wenn ich das Fenster schloss, sah ich auf der andern Marktseite ein Delikatessengeschäft. Geheizt wurde mit großen Holzstücken. Stubenmädchen mit großem Mund, einmal trotz der Kälte mit freiem Hals und Brustansatz; bald abweisend bald überraschend anhänglich, ich immer gleich respektvoll und verlegen, wie meist vor allen freundlichen Leuten. Als ich mir für das Arbeiten am Nachmittag und Abend eine stärkere Glühlampe hatte einsetzen lassen, war sie ganz froh als sie das beim Einheizen sah "ja, bei dem frühern Licht könne man nicht arbeiten", sagte sie. "Bei diesem Licht auch nicht" sagte ich nach einigen lebhaften Ausrufen, wie sie mir in der Verlegenheit leider immer in den Mund kommen. Und ich wusste nichts anderes als meine schon auswendig gelernte Meinung herzusagen, dass das elektrische Licht sowohl zu grell als zu schwach sei. Sie heizte daraufhin schweigend weiter ein. Erst als ich sagte "übrigens habe ich nur die frühere Lampe stärker angezündet" lachte sie ein wenig und wir waren einer Meinung.

Dagegen kann ich solche Dinge: ich hatte sie immer als Fräulein behandelt und sie hatte sich danach eingerichtet; einmal kam ich zu ungewöhnlicher Zeit nach Hause und sehe sie in der kalten Diele den Boden waschen. Da machte es mir nicht die geringste Mühe, durch Gruß und eine Bitte rücksichtlich des Einheizens sie vor jeder Beschämung zu bewahren.

Auf der Rückfahrt von Raspenau nach Friedland neben mir dieser steife totenähnliche Mensch, dem der Bart über den offen gehaltenen Mund heranging und der, als ich ihn nach einer Station fragte, freundlich zu mir gewendet mir die lebhafteste Auskunft gab.

Das Schloss in Friedland. Die vielen Möglichkeiten, es zu sehen: aus der Ebene, von einer Brücke aus, aus dem Park, zwischen entlaubten Bäumen, aus dem Wald zwischen großen Tannen durch. Das überraschend übereinander gebaute Schloss, das sich wenn man in den Hof tritt lange nicht ordnet da der dunkle Efeu, die grauschwarze Mauer, der weiße Schnee, das schieferfarbene Abhänge überziehende Eis die Mannigfaltigkeit vergrößert. Das Schloss ist eben nicht auf einem breiten Gipfel aufgebaut, sondern der ziemlich spitze Gipfel ist umbaut. Ich ging unter fortwährendem Rutschen einen Fahrweg hinauf, während der Kastellan, mit dem ich weiter oben zusammentraf, über zwei Treppen leicht hinaufkam. Überall Efeu. Von einem spitz vorspringenden Plätzchen großer Ausblick. Eine Treppe an der Mauer hört in halber Höhe nutzlos auf. Die Ketten der Zugbrücke hängen vernachlässigt an den Haken herab.

Schöner Park. Weil er terrassenförmig am Abhang, aber auch teilweise unten um einen Teich herum mit verschiedenartiger Baumgruppierung liegt kann man sich sein Sommeraussehen gar nicht vorstellen. Im eiskalten Teichwasser sitzen zwei Schwäne (ihren Namen habe ich erst in Prag erfahren), eine steckt Hals und Kopf ins Wasser. Ich Folge zwei Mädchen die sich immerfort unruhig und neugierig auf mich unruhigen und neugierigen überdies aber unentschlossenen umsehen, lasse mich von ihnen den Berg entlang über eine Brücke eine Wiese, unter einem Eisenbahndamm durch in eine überraschende vom Waldabhang und Eisenbahndamm gebildete Rotunde weiter hoch hinauf in einen scheinbar nicht so bald endenden Wald führen. Die Mädchen gehen zuerst langsam, als ich mich über die Größe des Waldes zu wundern anfange gehen sie rascher, da sind wir auch schon auf einer Hochebene mit starkem Wind paar Schritte vom Ort.

Kaiserpanorama. Einzige Vergnügung in Friedland. Habe keine rechte Bequemlichkeit darin, weil ich mich einer solchen schönen Einrichtung wie ich sie dort antraf, nicht versehen hatte, mit schneebehängten Stiefeln eingetreten war und nun vor den Gläsern sitzend nur mit den Fußspitzen den Teppich berührte. Ich hatte die Einrichtung der Panoramas vergessen und fürchtete einen Augenblick lang von einem Sessel zum andern gehen zu müssen. Ein alter Mann bei einem beleuchteten Tischchen, der einen Band illustrierte Welt liest, führt das ganze. Lässt nach einer Weile für mich ein Ariston spielen. Später kommen noch 2 alte Damen, setzen sich rechts von mir, dann noch eine links. Brescia, Kremona, Verona. Menschen drin wie Wachspuppen an den Sohlen im Boden im Pflaster befestigt. Grabdenkmäler: eine Dame mit über eine niedrige Treppe schleifender Schleppe öffnet ein wenig eine Tür und schaut noch zurück dabei. Eine Familie, vorn liest ein Junge eine Hand an der Schläfe, ein Knabe rechts spannt einen unbesaiteten Bogen. Denkmal des Helden Tito Spen: verwahrlost und begeistert wehen ihm die Kleider um den Leib. Bluse, breiter Hut. Die Bilder lebendiger als im Kinematografen, weil sie dem Blick die Ruhe der Wirklichkeit lassen. Der Kinematograf gibt dem Angeschauten die Unruhe ihrer Bewegung, die Ruhe des Blickes scheint wichtiger. Glatter Boden der Kathedralen vor unserer Zunge. Warum gibt es keine Vereinigung von Kinema und Stereoskop in dieser Weise? Plakate mit Pilsen Wihrer aus Brescia bekannt. Die Entfernung zwischen bloßem Erzählenhören und Panorama sehen ist größer, als die Entfernung zwischen Letzterem und dem Sehen der Wirklichkeit. Alteisenmarkt in Kremona. Wollte am Schluss dem alten Herrn sagen, wie gut es mir gefallen hatte, wagte es nicht. Bekam das nächste Programm. Offen von 10 Uhr bis 10 Uhr.

Ich hatte in der Auslage des Buchladens den "literarischen Ratgeber" des Dürerbundes bemerkt. Beschloss ihn zu kaufen, änderte ihn dann wieder, kam nochmals darauf zurück, während dessen ich oftmals zu allen Tageszeiten vor der Auslage stehen blieb. So verlassen schien mir der Buchladen, die Bücher so verlassen. Den Zusammenhang der Welt mit Friedland fühlte ich nur hier und da war er so dünn. Aber wie jede Verlassenheit mir wieder Wärme erzeugt, so fühlte ich rasch auch das Glück dieses Buchladens und einmal ging ich hinein, schon um das Innere zu sehen. Weil man dort wissenschaftliche Werke nicht braucht, sah es in den Regalen fast belletristischer aus als in den städtischen Buchläden. Eine alte Dame saß unter einer grün überdachten Glühlampe. Vier, fünf eben ausgepackte Kunstwarthefte erinnerten mich daran, dass es Monatsanfang war. Die Frau zog meine Hilfe ablehnend das Buch, von dessen Dasein sie kaum wusste aus der Auslage heraus, gab es mir in die Hand, wunderte sich dass ich es hinter der vereisten Scheibe bemerkt hatte (ich hatte es ja schon früher gesehen) und fing in den Geschäftsbüchern den Preis zu suchen an, denn sie kannte ihn nicht und ihr Mann war weg. Ich werde später abend kommen, sagte ich (es war 5 Uhr nachmittag) hielt aber mein Wort nicht.

Reichenberg:
Über die eigentliche Absicht von Personen, die am Abend in einer Kleinstadt rasch gehen, ist man ganz im Unklaren. Wohnen sie außerhalb, dann müssen sie doch die Elektrische benützen weil die

Entfernungen zu groß sind. Wohnen sie aber im Ort selbst, dann gibt es ja wieder keine Entfernungen und keinen Grund zum schnellen Gehen. Und doch kreuzen Leute mit gestreckten Beinen diesen Ringplatz, der für ein Dorf nicht zu groß wäre und dessen Rathaus durch seine unvermittelte Größe ihn noch kleiner macht (mit seinem Schafften kann es ihn reichlich bedecken) während man von dem kleinen Platze aus der Größe des Rathauses nicht Recht glauben will und den ersten Eindruck seiner Größe mit der Kleinheit des Platzes erklären möchte.

Ein Polizeimann weiß die Adresse der Arbeiterkrankenkasse, ein anderer jene der Anstaltsexpositur nicht, ein Dritter weiß nicht einmal wo die Johannesgasse ist. Sie erklären es damit, dass sie erst kurze Zeit im Dienste sind. Wegen einer Adresse muss ich auf die Wachstube, wo genug Polizeileute auf verschiedene Art sich ausruhen, alle in Uniformen, deren Schönheit, Neuheit und Farbigkeit überrascht, da man sonst überall auf der Gasse nur die dunklen Wintermäntel sieht.

In den engen Gassen konnte nur ein Geleise gelegt werden. Die Elektrische zum Bahnhof fährt daher durch andere Gassen, als jene vom Bahnhof. Vom Bahnhof durch die Wiener Straße, dort wohnte ich im Hotel Eiche, zum Bahnhof durch die Schückerstraße.

Im Theater dreimal immer ausverkauft: Des Meeres u. der Liebe Wellen: ich saß auf dem Balkon, ein allzu guter Schauspieler macht mit dem Naukleros zu viel Lärm, ich hatte mehrmals Tränen in den Augen so beim Schluss des ersten Aktes als die Augen Heros und Leanders von einander nicht los können. Hero tritt aus der Tempeltür, durch die man etwas sieht was nichts anderes als ein Eiskasten sein kann. Im zweiten Akt Wald wie in früheren Prachtausgaben, er geht ans Herz, Lianen schlingen sich von Baum zu Baum. Alles moosig und dunkelgrün. Die Hintergrundmauer des Turmgemaches kehrt an einem nächsten Abend in Miss Dudelsack wieder. Vom dritten Akt ab Niedergang des Stückes, als sei ein Feind dahinter her

Reise August / September 1911

Abfahrt 26. 08. 11 Mittag

Die schlechte Idee: Gleichzeitige Beschreibung der Reise und der innerlichen Stellungnahme zu einander die Reise betreffend. Ihre Unmöglichkeit durch einen vorüberfahrenden Wagen mit Bäuerinnen erwiesen. Die heroische Bäuerin (delfische Sibylle). Einer lachenden schläft im Schoß eine, die aufwachend winkt. Durch die Beschreibung von Magens Gruß wäre falsche Feindschaft in die Beschreibung gekommen.

Ein Mädchen, die spätere Alice Rehberger, steigt in Pilsen ein. Der während der Fahrt bestellte Kaffee wird für den Restaurateur durch grüne kleine Zettel, die an die Fenster geklebt werden angezeigt. Man muss ihn aber mit Zettel nicht nehmen und bekommt ihn auch ohne. Zuerst kann ich sie nicht sehen weil sie neben mir sitzt. Erste gemeinschaftliche Tatsache: ihr eingepackter Hut fliegt auf Max hinunter. So kommen Hüte schwer durch die Wagontüren herein und leicht durch die großen Fenster wieder heraus. - Max zerstört wahrscheinlich die Möglichkeit einer spätem Beschreibung, indem er als Ehemann um der Erscheinung die Gefährlichkeit zu nehmen, etwas sagen muss, dabei das Wichtige auslässt, das Lehrhafte hervorhebt und ein wenig verhässlicht. -"tadellos, herausfeuern O Koma 5 Beschleunigung, prompt", Nesthäkchen im Büro, Ansichten über Militär, Witze im Büro (Verwechseln der Hüte im Büro, Annageln der Kipfel), unser Witz mit der Karte, die sie in München schreiben, die wir von Zürich an ihr Büro schicken werden und in der es heißt: "Das Vorausgesagte ist leider eingetroffen falscher Zug. jetzt in Zürich. 2 Tage vom Ausflug verloren. "Ihre Freude. Sie erwartet aber von uns als Ehrenmännern, dass wir nichts zuschreiben. Automobil in München. Regen, rasche Fahrt (2O Min.) Kellerwohnungperspektive, Führer ruft die Namen der unsichtbaren Sehenswürdigkeiten aus, die Pneumatiks rauschen auf dem nassen Asphalt wie der Apparat im Kinematografen, das deutlichste: die unverhängten Fenster "der vier Jahreszeiten", die Spiegelung der Lampen im Asphalt wie im Fluss.

Waschen der Hände und Gesichter in einer "Kabine" auf dem Bahnhof in München.

Koffer im Wagon gelassen. Die Angela in einem Wagon untergebracht, wo eine Dame, die mehr zu fürchten war als wir, ihr ihren Schutz anbietet, was mit Begeisterung angenommen wird. Verdächtig.

Maxens Schlaf im Coupee. Die 2 Franzosen, der eine dunkle lacht immerfort, einmal darüber, dass ihn Max kaum sitzen lässt (so streckt er sich aus) dann darüber dass er einen Augenblick benützt und Max nicht liegen lässt. Max im Baldachin seines Havelocks. Die Zigaretten des andern mächtigem Franzosen. Essen in der Nacht. Eindringen dreier Schweizer. Einer raucht. Einer, der dann auch nach dem Aussteigen der andern zwei zurückbleibt, ist zuerst unwesentlich klärt sich erst gegen Morgen auf. Bodensee. Leichtsinnig wie vom Kai aus gesehen. – Die Schweiz während der ersten Morgenstunden sich selbst überlassen. Ich wecke Max beim Anblick einer derartigen Brücke wecke ich Max und verschaffe mir dadurch den ersten starken Eindruck von der Schweiz trotzdem ich sie schon lange aus innerer in äußerer Dämmerung anschaue. – Der Eindruck aufrechter, selbstständiger Häuser in Gallen ohne Gassenbildung. – Winterthur. – Mann in der beleuchteten Villa in Württemberg, der um 2 Uhr in der Nacht auf der Veranda sich über das Geländer beugt. Tür ins Schreibzimmer geöffnet. – Die schon wachen Rinder in der schlafenden Schweiz. – Telegrafenstangen Querschnitt von Kleiderhaken. – Erbleichen der Matten bei steigender Sonne – Erinnerung an das strafhausfähnliche Stationsgebäude in Cham, dessen Aufschrift in biblischem Ernst ausgeführt ist. Fensterschmuck scheint trotz seiner Armut gegen Vorschriften zu verstoßen. In zwei weit auseinander liegenden Fenstern des großen Hauses stehen vom Wind bewegt dort ein großes hier ein kleines Bäumchen.

Lump auf dem Bahnhof in Winterthur mit Stöckchen, Gesang und einer Hand in der Hosentasche.

Anfrage im Fenster: Wie wird Zürich die erste große schweizerische Stadt aus den Einzelhäusern gebildet sein?

Geschäftliche Unternehmungen in Villen.

Viel Gesang in Lindau auf dem Bahnhof in der Nacht.

Patriotische Statistik: Flächeninhalt einer in der Ebene auseinandergezogenen Schweiz.

fremde Schokoladenfirmen

(Verlorengegangenes)

<u>Zürich</u>

Heraussteigen des Bahnhofs aus einigen ineinandergegangenen Bahnhöfen der letzten Erinnerung - (Max nimmt es für a + x in Besitz)

Historischer Eindruck fremden Militärs. Fehlen dieses Eindrucks beim eigenen - Argument des Antimilitarismus.

Schützen in Zürich auf dem Bahnhof. Unsere Furcht vor dem Losgehen der Gewehre wenn sie laufen.

Plan von Zürich wird gekauft.

Auf einer Brücke hin- und zurück wegen Unentschlossenheit über die zeitliche Aufeinanderfolge von kaltem, warmem Baden und Frühstücken.

Limmatrichtung, Uraniasternwarte.

Hauptverkehrsader, leere Elektrische, Pyramiden von Röllchen im Vordergrund einer Auslage eines italienischen Herrenmodewarengeschäftes

Nur Künstlerplakate (Kurhotels, Festspiel "Marigagno" von Wiegand, Musik von Jermoli.)

Erweiterungsbau eines Warenhauses. Beste Reklame. Jahrelanges Aufpassen der ganzen Bevölkerung. (Dufayel)

Briefträger als erste Kuttenträger des herankommenden Südens und Westens schauen wie in Nachthemden aus. Kästchen vor sich hergetragen, Briefe geordnet wie die Planeten auf dem Weihnachtsmarkt, hoch gehäuft darüber.

Seeanblick. Starkes Sonntagsgefühl bei der Einbildung hier Bewohner zu sein. Luftreservoir des Sees, nicht zu bebauen. Reiter. Aufgescheuchtes Pferd. Erzieherische Inschrift vielleicht Relief der Rebekka am Brunnen, die Ruhe der Inschrift und des Reliefs über der förmlich stark geblasenen Glasform des fließenden Wassers.

Altstadt: Enge steile Gasse, die ein Mann in blauer Bluse schwer herunterläuft. Über Stiegen.

Erinnerung an das vom Verkehr bedrohte Kloset vor Samt Roche in Paris.

Frühstück im alkoholfreien Restaurant. Butter wie Eidotter. Zürcher Zeitung

Großmünster: alt oder neu? Männer gehören an die Seiten. Der Küster weist uns bessere Plätze an. Wir folgen ihm da es in unserer Richtung des Hinausgehens ist. Da er, als wir schon beim Ausgang sind, zu glauben scheint, wir finden diese Plätze nicht kommt er quer durch die Kirche auf uns los. Wir stoßen einander heraus. Viel Lachen.

Max: Verwirrung der Sprachen als Lösung nationaler Schwierigkeiten. Der Chauvinist kennt sich nicht mehr aus.

Bad in Zürich: Nur Männerbad. Einer am andern. Schweizerisch. Mit Blei aus gegossenes Deutsch. Zum Teil keine Kabinen, republikanische Freiheit des Sichausziehens vor seinem Kleiderhaken, ebenso Freiheit des Schwimmmeisters mit einer Löschspritze das volle Sonnenbad zu leeren. Dieses leer Machen wird übrigens nicht grundloser gewesen sein, als die Sprache unverständlich ist. Springer: mit auf dem Geländer auseinandergespreizten Füßen springt er erst aus Sprungbrett und erhöht dadurch den Schwung. – Einrichtung einer Badeanstalt erst bei längerer Benützung zu würdigen. Kein Schwimmunterricht. Irgend ein Naturheilkundiger mit langem Haar benimmt sich einsam. Niedrige Seeufer.

Freikonzert des Offiziersverkehrsverein. Unter den Zuhörern ein Schriftsteller mit Begleiter, der in ein mit kleinen Zeilen gefülltes Notizbuch schreibt und nach Beendigung einer Programmnummer von seinem Begleiter fortgezogen wird. Keine Juden. Max: Die Juden haben sich dieses große Geschäft entgehen lassen. Anfang: Bersaglien Marsch. Ende:
Propatria Marsch. Freikonzerte ihrer selbst wegen gibt es in Prag nicht (Luxembourgpark) nach Max republikanisch, in Paris Militär.

Kellerzimmer versperrt. Verkehrsbüro. Helles Haus hinter dunkler Gasse. Terrassenhäuser am rechten Ufer der Limmat. Blau-weiß geflammte Fensterläden. Langsam gehende Soldaten sind Polizisten. Tonhalle. Polytechnikum nicht gesucht und nicht gefunden. Stadthaus. Mittagessen im ersten Stock. Meilener Wein (Sterilisierter Wein frischer Trauben). Eine Kellnerin aus Luzern nennt uns die Züge dahin. Erbsensuppe mit Sago, Bohnen mit geröst. Kart., Zitronencreme. – Anständige, kunstgewerbliche Häuser. Abfahrt ca. 3 Uhr nach Luzern um den See. Die leeren, dunklen hügeligen, waldigen Ufer des Zuger Sees in vielen Landzungen. Amerikanischer Anblick. Widerwillen auf der Reise gegen Vergleiche mit noch nicht gesehenen Ländern. Große Panoramen im Luzerner Bahnhof. Rechts vom Bahnhof Skiting-Rink. Wir treten unter die Diener und rufen Rebstock. Ist das Hotel unter den Hotels wie der Diener unter den Dienern? Brücke (nach Max) teilt wie in Zürich See von

Fluss. Wo ist die deutsche Bevölkerung, welche die deutschen Aufschriften rechtfertigt? Kursaal. Die sichtbaren Schweizer in Zürich schienen nicht Hoteliertalente zu sein, hier, wo sie es sind, verschwinden sie, vielleicht sind sogar die Hoteliers Franzosen. Die leere Ballonhalle gegenüber. Das Hineingleiten des Luftschiffs schwer vorstellbar. Roller-Rink. Berlinisches Aussehen. Obst. Das Dunkel der Strandpromenade bleibt am Abend abgegrenzt unter den Baumwipfeln. Herren mit Töchtern oder Dirnen. Schaukeln der bis zur untersten scharfen Kante sichtbaren Boote. Lächerliche Empfangsdame im Hotel, lachendes Mädchen führt immerfort weiter hinauf ins Zimmer, ernstes, rotwangiges Stubenmädchen. Kleines Treppenhaus. Versperrter eingemauerter Kasten im Zimmer. Froh, aus dem Zimmer heraus zu sein. Hätte gern Obst genachtmahlt. Gotthard-Hotel, Mädchen in Schweizer Tracht. Aprikosenkompott, Meilener Wein. Zwei ältere Frauen und ein Herr sprechen über das Altern. Entdeckung des Spielsaales in Luzern. 1 fr. Entrée. 2 lange Tische. Wirkliche Sehenswürdigkeiten sind hässlich zu beschreiben, weil es förmlich vor Wartenden geschehen muss. An jedem Tisch ein Ausrufer in der Mitte mit 2 Wächtern nach beiden Seiten hin.

Höchsteinsatz 5 f "Die Schweizer werden gebeten, den Fremden den Vortritt zu lassen, da das Spiel zur Unterhaltung der Gäste bestimmt ist." Ein Tisch mit Kugel, einer mit Pferdchen. Croupiers in Kaiserrock. Messieurs <u>faites votre jeu</u> - marquez le jeu - les jeux sont faits - sont marques - rien ne va plus. Croupiers mit vernickelten Rechen an Holzstangen. Was sie damit können: Ziehen das Geld auf die richtigen Felder, sondern es, ziehen Geld an sich, fangen von ihnen auf die Gewinnfelder geworfenes Geld auf Einfluss der verschiedenen Croupiers auf Gewinnchancen oder besser der Croupier, bei dem man gewinnt, gefällt einem. Aufregung vor dem gemeinsamen Entschluss zu spielen, man fühlt sich im Saal allein. Das Geld (10 fr) verschwindet auf einer sanft geneigten Ebene. Der Verlust von 10 fr. wird als eine zu schwache Verlockung zum Weiterspielen empfunden, aber doch als Verlockung. Wut über alles. Ausdehnung des Tages durch dieses Spiel.

Montag 28 August 1911

Mann in hohen Stiefeln frühstückt an der Wand. Dampfer zweiter Klasse. Luzern am Morgen. Schlechteres Aussehen der Hotels. Ehepaar liest Briefe vom Hause mit Zeitungsausschnitten über Cholera in Italien. Die schönen Wohnsitze nur sichtbar von einer Seefahrt aus, man fährt auch auf ihrem Niveau. Wechselnde Gestalt der Berge. Vitznau Rigibahn. See durch Blätter gesehen, südlicher Eindruck. Überraschung durch die plötzliche Ebene des Zuger Sees. Bouquet mit Rigi, worauf wartet das? Heimatliche Wälder. Bahn 75 erbaut, nachschauen im alten über Land und Meer. Historischer engl. Boden, hier gingen sie noch kariert und mit Favoris. Fernrohr. Jungfrau weit, Rotunde des Mönches, schwankende heiße Luft bewegt das Bild. Hingelegte Handfläche des Titlis. Durchschnittener Brotlaib eines Schneefeldes. Von oben wie von unten falsche Beurteilung der Höhen. Unentschiedener Streit über die schräge oder ebene Lage des Bahnhofes von Arth-Goldau. Table d' hote. Schwarze Frau ernst, scharfer Mundanfang, schon unten neben dem Wagon gesehen, sitzt in der Halle. Englisches Mädchen bei der Abfahrt, jeder Zahn rings herum gleich. Kleine Französin steigt in das Nebencoupee, erklärt mit ausgestrecktem Arm unser volles Coupee für nicht "komplett" und treibt ihren Vater zum Einsteigen und ihre unschuldig und dirnenhaft aussehende ältere kleine Schiester, die mich mit ihren Ellbogen an der Hüfte kitzelt. Mehr mit den Zähnen gesprochenes Englisch der alten Dame rechts von Max, für das man den Namen einer Grafschaft sucht. Fahrt Vitznau-Fluelen. Gersau, Beckenried, Brunnen (lauter Hotels) Schillerstein, Tellplatte, ausgelassenes Rütli, 2 Loggien in der Axenstraße (Max dachte sich hier mehrere, weil man auf Fotografien immer diese 2 sieht) Urner Becken, Fluelen. Hotel Sternen.

Dienstag 29. August 1911

Dieses schöne Zimmer mit Balkon. Die Freundlichkeit. Zu sehr eingesperrt von Bergen. Ein Mann und 2 Mädchen, in Wettermänteln, hintereinander, gehen am Abend durch die Halle mit Bergstöcken, als sie schon alle auf der Treppe sind, werden sie durch eine Frage des Zimmermädchens aufgehalten. Sie danken, sie wissen schon Bescheid. Auf eine weitere Frage über ihre Bergpartie: Es war aber auch nicht so leicht, das kann ich Ihnen sagen. In der Halle schienen sie mir aus Miss Dudelsack, auf der Treppe Max aus Ibsen, mir dann auch. Vergessener Gucker. Auf der Bahn erfährt man dass sogar eine alte Dame nach Genua fährt. Jungen mit Schweizer Fahne. Seebad im Vierwaldstätter See. Ehepaar.

Rettungsring. Spaziergänger auf der Axenstraße. Schönstes Bad, weil man sich selbstständig einrichten konnte. Fischerinnen in weißgelbem Kleid. Einsteigen in die Gotthardbahn. Reuß. Milchgemischtes Wasser unserer Flüsse. Die ungarische Blume. Die dicken Lippen. Exotische Linie vom Rücken zum Hintern. Der schöne Mann dort bei den Ungarn. Bespuckt in Italien den Boden mit Weintraubenschalen, die aber dem Süden zu verschwinden. Jesuitengeneral auf dem Bahnhof in Göschenen. Plötzliches Italien, hingeworfene Tische vor den Osterien, ein junger Mann in allen Farben, der sich nicht halten konnte, Handbewegungen der Abschied nehmenden Frauen (Nachahmung einer Art Zwickens), schwarze hoch gekämmte zur Seite eines Bahnhofes, hellrosa Häuser, verwischte Aufschriften. Später verschwindet das Italienische oder der Schweizer Kern tritt vor. Frauen in den Bahnwächterhäuschen, erinnert an Kampf Tessinfälle, ruckweise Fälle überall. Deutsches Lugano. Lärmende Palästra. Post neu gebaut. Hotel Belvedere. Konzert im Kurhaus. Kein Obst.
30. August. Von 4 bis 11h Nachts mit Max an einem Tisch, zuerst im Garten, dann im Lesezimmer, dann in meinem Zimmer. Vormittag war Bad, Post.
31. August. Uhrzeigerhaftes Auftauchen der Schneeberge auf dem Rigi

Freitag 01. September 1911

Abfahrt 1015 von place Guglielmo Tell. -Schablonenhafte Analogie des Rücksitzes im Wagen und im Schiff Gerüst für Tuchbespannung auf den Booten wie bei Milchwagen - Jede Schiffslandung ein Angriff

Fahrt ohne Gepäck, Hand frei um den Kopf zu halten - Gandria ein Haus hinter dem andern aufgesteckt, Loggien mit farbigen Tüchern, keine Vogelperspektive, Gassen und keine Gassen - S. Margeritha mit Springbrunnen auf der Landungsstelle. Villa mit 12 Cypressen bei Oria.

Balkoneingang im Hemd - Man kann und wagt sich in Oria ein Haus nicht vorzustellen, dessen Front eine Terrasse mit griechischen Säulen hat - ausgebrannte Häuser nur im Brand richtig - Mamette: mittelalterl. Zauberhut auf einem Glockenturm - Esel u. dem Laubengang früher eine Hafenplatzseite entlang - am Vierwaldstättersee hat man zu viel an sich gedacht - Osteno - Der Geistliche in Damengesellschaft.

Besondere Unverständlichkeit der Ausrufe. Bei Sätzen kann das Unverständnis drin herumkriechen. Kind im Fenster hinter dem Pissoirtunnel. Kitzelnder Anblick der Eidechsenbewegung an einer Mauer - Fallendes Haar der Psyche - Auf Rädern vorüberfahrende Soldaten und als Matrosen verkleidete Diener der Hotels - Bad zwischen Cadenabbia. Im Wagen Vorüberfahrende zeigen einander die ital. Jungen. Zurückweichen nach der Landung vor der Abfahrt.

Carlotta - Ilex Stein Eiche abgezogene Haut von kleinen Tieren - Passiflora physikalisches Balancierkunststück - Bambus - mit Greisenscalps umwickelte Palmenstämme - Bux (Myrthe) Aloe (Doppelsäge) Ceder (eine von ihren Ästen umquirlte Lärche) hängende schlaffe ausgeläutete Glocken (Fuchsien) Jubäa (Nashornstamm) Platane - Kakteen Magnolien (unzerreißbare Blätter) Australische Farren (Palmen) - Myrthe (zarter Bux) - Zarter Lorbeer Kuppelförmiger Rododendr. Eukalyptus - entblößter Muskelstamm - Zitronen Papyrus dreikantiger Schaft oben binsenförmig sich selbst umschlingende Glycinie - riesige Platane - Banane.

Kinder auf der Landungsbrücke in Menaggio, Vater, der auf ihre Kinder stolze Körper der Frau.

Staatsmann mit halb offenem Mund (Villa Carlota)

Französin mit der Stimme meiner Tante und Strohsonnenschirm mit zerfaserter dichter Umrandung schreibt in ein kleines Notizbuch über Montagne u.s.w. - schwarzer Mann im Boot in der Umrahmung der Reifen stehend über die Ruder gebeugt. Zollbeamte überschaut und durchkramt rasch ein Körbchen, als sei alles ein Geschenk für ihn. - Italiener im Zug Porlezza Menaggio. Jedes an einen gerichtete italienische Wort dringt in den großen Raum der eigenen Unkenntnis und beschäftigt daher ob verstanden oder unverstanden durch lange Zeit. Das eigene unsichere Italien. kann sich gegenüber der Sicherheit des Italieners nicht halten und wird ob verstanden oder nicht verstanden leicht überhört. - Witz des rückfahrenden Zuges vor Menaggio hübscher Gesprächsstoff - Bootshäuser aus Stein mit Terrassen und Schmuck jenseits der Straße vor den Villen - Große Geschäfte mit Altertümern. - Bootsführer: peu de commerce - Zollkutter (Erzählung von Kapitän Nemo und Reise durch die Sonnenwelt).

<u>2. September 1911. Samstag</u>

Zittern des Gesichts im kleinen Dampfer - geschürzte Vorhänge (braun mit weißer Randzeichnung) vor den Läden (Cadenabbia) - Bienen im Honig - einsame verdrießliche Frau mit kurzem Oberleib Sprachlehrerin - korrekter Herr mit hochgezogenen Hosen. Seine Unterarme schweben über dem Tisch, als umfassten die Hände statt Messer- und Gabelgriff das Ende einer Lehne. - Hört den Wirt an - Bein an Bein - Kinder im Anblick der schwachen Raketen: encore un -Zischen - Arme ausstrecken - Schlechte Fahrt im kleinen Dampfer. Mitbeteiligung an der Bewegung zu groß - zu wenig hoch, um die frische Luft zu spüren und die Gegend frei zu überblicken - der Lage der Heizer angenähert - Bad zwischen Cassagnola und Gandria auf von uns erbauten Sitzen - Vorbeiziehende Gruppe, Mann Kuh und Frau. Sie erzählt. Schwarzer Turban, loses Kleid. - Herzklopfen der Eidechsen - Aufwand von Energie eines Herrn: spätes Servieren im Lesezimmer, gleichzeitig Bier, Wein, Fernet branca, Ansichtskarten, leichtes Seufzen - Kleiner Junge des Wirtes streckt mir, ohne dass ich früher mit ihm gesprochen hätte, auf Ermahnung seiner Mutter den Mund zum Gutenachtkuss hin. Hat mir geschmeckt - Gandria statt Gassen Kellertreppen und Kellerkorridore - ein Junge wird geschlagen, dumpfer Klang geklopfter Betten - von Efeu überwachsenes, am Rand mit Efeu bespritztes Haus - in Gandria Näherin am Fenster ohne Jalousien, Vorhänge und Scheiben - Wir stützen einander auf dem Weg vom Badeplatz nach Gandria, so müde sind wir - feierlicher Zug von Booten hinter einem kleinen schwarzen Dampfer - junge Herrn in Betrachtung von Bildern kniend hockend auf dem Landungssteg in Gandria, einer ganz weiß, als Mädchenfreund und Lustigmacher uns wohl bekannt - In Porlezza am Abend auf dem Kai. - Ein schon vergessener Franzose mit Vollbart bringt beim Wilhelm Tell Denkmal seine Merkwürdigkeit wieder in Erinnerung - Dieses Denkmal mit Ausflussrohr einer Küchenwasserleitung, Messing aus Stein.

<u>3 September 1911 Sonntag</u>

Ein Deutscher mit Goldzahn, an dem sich ein Beschreiber auch bei sonstiger Unklarheit des Eindrucks fest halten kann, bekommt um dreiviertel 12 noch eine Eintrittskarte in die Schwimmanstalt, trotzdem sie um 12 gesperrt, worauf ihn gleich im Innern der Schwimmmeister in unverständlichem, daher etwas strengen Italienisch aufmerksam macht. Durch dieses Italienisch auch innerhalb seiner Muttersprache verwirrt fragt der Deutsche staunend warum man ihm dann eine Fahrkarte bei der Kassa verkauft habe und beklagt sich dass man ihm eine Fahrkarte verkauft hat und führt an, man hätte ihm keine Fahrkarte mehr verkaufen dürfen. Aus der italienischen Antwort hört man durch, dass er ja noch fast eine Viertelstunde zum Baden und Anziehen Zeit habe. Tränen geweint. - Auf dem Fass im See gesessen. - Hotel Belvedere "Alle Anerkennung dem Wirt, aber das Essen miserabel"

4 September 1911

Cholerainformationen: Verkehrsbüro, Corriere della Sera, Norddeutscher Lloyd, Berliner Tageblatt, Stubenmädchen bringt Informationen eines Berliner Arztes, je nach der Gruppierung und dem eigenen körperlichen Zustand ändert sich der durchschnittliche Charakter dieser Nachrichten, bei der Abfahrt von Lugano nach Porte Ceresio 1 O5 ist er ziemlich günstig. - Flüchtige Begeisterung für Paris, im Wind der den vor uns gehaltenen Excelsior vom 3 Sept. 11 bläht, mit dem wir zu einer Bank laufen. - Auf der Brücke über den Luganosee sind noch einige Plätze für Reklametafeln zu vermieten. - ad Freitag die drei Kerle treiben uns von der Schiffspitze weil vielleicht der Steuermann freien Ausblick auf das Licht vorn haben muss, schieben dann aber eine Bank heran und setzen sich selbst - Ich hätte gern gesungen.

Freitag 1. September

Unter den Augen des Italieners, der uns zur Reise nach Turin (Ausstellung) rät und dem wir zunicken, durch Handschlag bekräftigter gemeinsamer Entschluss um keinen Preis nach Turin zu fahren - Lob der reduzierten Karten. Radfahrer macht Rundfahrten auf der Seeterrasse eines Hauses in P. Ceresio - Peitsche die statt des Riemens nur ein kleines Schwänzchen aus Rosshaar hat - Fahrender Radfahrer hält ein neben ihm trabendes Pferd an einem Strick.

Mailand: Führer in einem Geschäft vergessen. Zurückgegangen u. gestohlen - im Hofe der Mercanti Apfelstrudel gegessen - Gesundheitskuchen - Theatro Fossati - Alle Hüte und Fächer in Bewegung - Lachen eines Kindes in der Höhe - Programm verklebt durch einen Reklamezettel - eine ältere Dame im Männerorchester - Poltrone - Ingresso - Orchester in einer Ebene mit dem Zuschauerraum - Reklame von Lancia aufgenommen in die Plafondekoration eines Salons - alle Fenster der Rückwand offen - großer starker Schauspieler mit zart getupften Nasenlöchern, deren Schwarz auffallend bestehen bleibt, wenn auch die Ränder des zurückgebogenen Gesichtes im Licht verschwimmen - Mädchen mit hohem dünnen Hals läuft mit kurzen Schritten und steifen Ellenbogen aus dem Zimmer und lässt die zum hohen Halse passenden hohen Stöckel ahnen. Überschätzung des Lachens, denn vom nichtverstehenden Ernstsein zum Lachen ist es weiter als vom eingeweihten Ernstsein - Bedeutung jedes Möbelstückes -5 Türen in beiden Stücken für jeden Fall - Nase und Mund eines Mädchens niedergeleuchtet von den gemalten Augen. - Herr in der Loge öffnet beim Lachen den Mund bis zu einem rückwärtigen Goldzahn, der dann den Mund ein Weilchen so offen hält. Auf andere Weise nicht zu erreichende Einheit zwischen Bühne und Zuschauerraum, wie es jene ist, die sich für und gegen den Zuschauer bildet, der die Sprache nicht versteht.

- Junge Italienerin mit sonst jüdischem Gesicht das sich im Profil ins Unjüdische verschiebt - Wie sie aufstand die Hände zur Brüstung vorstreckte und nur der schmale Körper zu sehen war ohne die Verbreiterung der Arme und Schultern, wie sie zu den Fensterpfosten die Arme ausbreitete, wie sie sich mit beiden Händen an einem Pfosten fest hielt im Zugwind wie an einem Baum. - Sie las eine Detektivbroschüre, um die sie ihr kleiner Bruder lange umsonst gebeten hat. - ihr Vater nebenan mit scharf gekrümmter Nase während ihre an der gleichen Stelle eben sanft darum jüdischer gebogen war - sie sah mich öfter an, aus Neugierde ob ich mit meinem lästigen Hinsehen nicht doch endlich aufhören möchte - ihr Kleid aus Rohseide - dicke große duftende Dame neben mir die ihr Parfum mit dem Fächer in der Luft verteilt - ihr vieles Fleisch hält es im flachen Fuß nicht aus und steigt gleich hinter den Zehen in die Höhe - ich fühle mich neben ihr eintrocknen - im Gepäckraum hat der Blechschirm der Gasflamme die Form eines flachen Mädchenhutes - unterhaltend verschiedene Gitter in den Häusern - unter den Bogen der Einfahrt zur Skala haben wir sie gesucht und waren gegenüber ihrer einfachen abgekratzten Fassade über diesen Irrtum auch dann nicht erstaunt als wir auf den Platz hinaustraten - wachsende Billigung des sich ins Innere der Stadt hin steigernden Verkehrs bis man auf dem Domplatz nichts sieht als langsam das Denkmal Vittorio Emanuels umfahrende Elektrische, sich abwendet und ein Hotel sucht - Freude über die Verbindung zwischen den 2 Zimmern, die durch eine Doppeltür hergestellt ist. Jeder kann eine Tür öffnen. Max hält dies auch für Ehepaare passend. - Zuerst einen Gedanken niederschreiben, dann vorlesen, nicht vorlesend schreiben, da dann nur der im Innern vollzogene Anlauf gelingt, während das weiter noch zu schreibende sich losmacht. - Gespräch über Scheintod und Herzstich an einem Kaffeehaustischchen auf dem Domplatz. Mahler hat auch den Herzstich verlangt. Die beabsichtigte Zeit des Aufenthaltes in Mailand schrumpft unter diesem Gespräch trotz eines kleinen Widerstandes von meiner Seite sehr zusammen. - Der Dom belästigt mit seinen vielen Spitzen. - Entwicklung des Entschlusses nach Paris zu fahren: der Augenblick in Lugano über dem Excelsior, Reise nach Mailand infolge des nicht ganz freiwilligen Einkaufes der Karten nach Mailand über Porte Ceresio, von Mailand nach Paris aus Angst vor der Cholera und aus dem Verlangen nach Belohnung für diese Angst. Überdies Berechnung der finanziellen und zeitlichen Vorteile dieser Reise

I Rimini - Ostende - Genua Nervi (Prag)
II Oberital. Seen, Mailand (Prag) Genua (Schwanken zwischen Locarno u. Lugano)
III Maggiore auslassen, Lugano Mailand, Städtereise bis Bologna
IV in (Lugano) Lugano - Paris
V Lugano - Mailand (mehrere Tage) - Maggiore
VI in Mailand: direkt nach Paris (ev. Fontainebleau)
VII ausgestiegen in Stresa.

Damit bekommt die Reise zum ersten Mal einen guten Rückblick und Vorblick, sie ist ausgewachsen und wird deshalb um die Taille gefasst - so klein wie in der Galerie habe ich Menschen niemals gesehen -Max behauptet, die Galerie sei nur so hoch, als man auch im Freien Häuser sieht, ich leugne es mit einem vergessenen Einwand, wie ich mich überhaupt immer für diese Gallerie einsetzen werde. - Sie hat fast keinen überflüssigen Schmuck, hält den Blick nicht auf, scheint infolgedessen sowie auch infolge ihrer Höhe kurz, erträgt aber auch das - sie bildet ein Kreuz, durch das die Luft frei weht - vom Dach des Domes aus scheinen die Menschen gegenüber der Gallerie größer geworden - ich kann mich mit der Gallerie vollständig darüber trösten, dass ich die alt-römischen Überbleibsel nicht gesehen habe- Transparente Überschrift in der Tiefe des Flurs über dem Bordell: Al vero Eden. Starker Verkehr mit der Gasse meist durch Einzelne. Hin- und Her in den schmalen Gassen der Umgebung. Sie sind rein, haben trotz ihrer Schmalheit mehrere Bürgersteige, einmal sehen wir aus einer schmalen Gasse in einer andern rechtwinklig einbiegenden im Letzten Stockwerk eines Hauses eine Frau am Fenstergitter lehnen - Ich war damals zu allem leicht entschlossen und fühlte wie immer in solcher Laune meinen Körper schwerer geworden. - Die Mädchen sprachen ihr Französisch wie Jungfrauen. - Mailänder Bier riecht wie Bier, schmeckt wie Wein. - Max bedauert Geschriebenes nur während des Schreibens, später niemals. Max führt aus Angst eine Katze im Lesezimmer spazieren.

Das Mädchen, dessen Bauch im Sitzen über und zwischen den auseinander gereckten Beinen unter dem durchscheinenden Kleid zweifellos unförmlich war, während er als sie aufstand sich zerzog wie eine Theaterdekoration hinter Schleiern und einen schließlich erträglichen Mädchenleib bildete. Die Französin, deren Süßigkeit für den abschließenden Blick sich vor allem in den runden und doch detaillierten, plauderhaften und anhänglichen Knien zeigte - Eine befehlshaberische Denkmalsfigur, die das eben verdiente Geld in den Strumpf schiebt. - Der Greis, der auf einem Knie die beiden Hände übereinander legt. - Die bei der Tür, deren böses Gesicht spanisch, deren Einlegen der Hände in die Hüften spanisch ist und die sich in einem miederartigen Kleid aus Preservativseide streckt. Die Haare wandern ihr dicht vom Nabel zur Scham. - Bei uns entfremden die deutschen Mädchen in den Bordellen ihre Gäste auf ein Weilchen ihrer Nation, hier tun es die französischen. Vielleicht ungenügende Kenntnis dieser heimischen Verhältnisse. - Bestrafte Leidenschaft für Eis- Getränke: 1 Grenadine, 2 Aranciata im Theater, 1 im Bar am Corso Emanuele, 1 Sorbet im Kaffeehaus in der Gallerie, 1 französisches Mineralwasser Thierry, das mit einemmal die Wirkungen alles früheren enthüllt, trauriges Schlafengehen im Anblick eines stark italienischen weit greifenden Prospektes vom Bett aus, der durch ein etwas vorspringendes Fenster einer Seitenfront erzeugt wird, trostloses Erwachen mit dem trockenen Druck gegen alle Rachenwände. - Gar nicht beamtenmäßige Eleganz der Wachleute, wenn sie die ausgezogenen Zwirnhandschuhe in der einen Hand, das Stöckchen in der andern einen Dienstweg machen. - Dirnen gelaufen auf dem Domplatz und in der Gallerie - Entschuldigung bei Max wegen des Bordells am Morgen.

<u>5 September 1911</u>

Banca Commerciale auf dem Skalaplatz - Brief von zu Hause. - Ziemlicher Stuhl. - Karte an den Chef "Mit dieser und noch mit einer zweiten Karte suche ich Ihnen mit it. Marken zu dienen und erlaube mir unter diesem Vorwand Sie herzlich zu grüßen" - Staunender Eintritt in den Dom zwischen Portieren, braun wie in Cadenabbia. - Verlangen ein Architekturbild des Doms zu liefern, weil der Dom rund herum eine reine Darstellung der Architektur ist, im größten Teil keine Bänke, wenig Standbilder an den Säulen, wenige und immer dunkle Bilder an den fernen Wänden hat und die einzelnen Besucher auf den Bodenplatten als Maßstäbe seiner Größe aufgestellt sind oder als Maßstäbe seiner Ausdehnung sich bewegen. - Erhaben, aber viel zu rasch an die Gallerie erinnert. - Unverantwortlich ohne Notizen zu reisen, selbst zu leben. Das tödliche Gefühl des gleichförmigen Vergehens der Tage ist unmöglich. - Aufstieg zum Domdach. Ein vorausgehender junger Italiener erleichtert uns den Aufstieg indem er eine Melodie summt, den Rock auszuziehen versucht, durch Ritzen schaut, durch die nur Sonnendunst zu sehen ist und immer auf die Ziffern tippt, welche die Stufenanzahl anzeigen. - Ausblick von der vordem Dachgallerie. Der Mechanismus der Elektr. unten ist etwas verdorben, so schwach rollen sie, nur durch die Biegung der Geleise geführt. Ein Schaffner eilt schief und niedergedrückt von unserem Standpunkt aus gesehen, zu seiner Elektr. und springt auf - Ein Wasserspeier in Mannsgestalt, dem Wirbelsäule und Gehirn herausgenommen, damit das Regenwasser einen Weg hat. - In jedem der großen farbigen Fenster herrscht die in den Einzelbildern immer wiederkehrende Farbe eines Kleides vor.

Max: Bahnhof in der Auslage eines Spielzeuggeschäftes, Schienen, die sich zum Kreis schließen und nirgends hinführen, ist und bleibt der stärkste Eindruck von Mailand. In der Auslage wäre die Zusammenstellung des Bahnhofs mit dem Dom durch das Streben die Mannigfaltigkeit des Lagers zu zeigen, erklärlich. - Von der Hinterfront des Doms schaut man einer großen Dachuhr gerade ins Gesicht. - Max: Weg zum Kastell durch dessen Anblick erspart. - Teatro Fossati - Fahrt nach Stresa. Die Reliefbewegungen der im gefüllten Coupe' Schlafenden - Liebespaar

Nachmittag in Stresa, Mittw. 6 Sept. Bösewerden, abend Erfindungen u. Hotels. Donnerst. 7 Sept. Bad, Briefe, Abfahrt. - Schlaf in der Öffentlichkeit - Freitag 8 Sept. <u>Reise</u> Italienerpaar, angebliche Frau Salus - Geistlicher - Amerikaner - die 2 kleinen Französinnen mit viel Fleisch um den Popo, Montreux.

Die Beine gehen einem auseinander auf den großen Pariser Straßen - Fußbad von der Kante des Bettpfostens aus - Nachtlämpchen der Sommerlokale - Kerne von gewöhnlichen u. von Polstersesseln in den Champs Elisees - die Anlage des Place de la Concorde der die Attraktionen in die Ferne schiebt wo sie der Blick leicht findet aber nur wenn er sie sucht

e'cole Florentine (XV Jahrhundert) Apfelszene

Tintor - Suzanne

Simone Martini 1285 (Ecole de Sienne) Jesus Christ marchant au Calvaire

Mantegna La sagesse victorieuse des Vices 1431-1506 e'cole Venetienne

Titian Le concile de Trente 1477-1576

Rafael: Apollo und Marsyas

Velasquez 1599-1660 Port. de Philippe IV roi d'Espagne

Jakob Jordaens 1593-1678 Le concert apres le repas

Rubens Kermesse

Confiserie de l'enfant gate' rue de petits champs

Wäscherinnen in Morgennegligée

rue de pet. champs, so eng dass sie ganz im Schatten bleibt, selbst wenn die eine Häuserreihe ganz beschienen ist, dieser Unterschied in der Beleuchtung so nah an einander gerückter Häuser

Le sou du soldat
societe' anonyme
Avenue de l'Opera Capital 1 Mill

Robert - Samuel -

Ambassadeur - Trommelwirbel mit einer im Doppel-s sich ankündigenden Blasmusik vor der im eur die Trommlerstäbe noch im Schwung sich heben und still sind.

Gare de Lion - Compteur francaises. - Hosenträgerersatz der Erdarbeiter sind Schärpen in vielen Farben um den Leib - ich wusste nicht Recht, ob ich verschlafen war und beschäftigte mich im Wagen und den ganzen Vormittag damit - Acht geben, dass man die Kindermädchen nicht für französische Gouvernanten deutscher

Kinder hält - Missverständnis über den Umfang einer kleinen Morgentoilette begründet durch Maxens innerste Natur - dadurch dass die französischen Unsicherheit über den Charakter einer auf der Bühne vor dem Vorhang stehenden Person, welche den Kapellmeister dirigiert.

Probe (oft unterbrochen) vor dem Publikum. Für welche Vorstellung wird geprobt
Bivouak de Napoleon sur le champ de bataille de Wagram nuit du 5 au 6 juillet 1809. N. sitzt allein das eine Bein auf einen niedrigen Tisch gelegt. Hinter ihm ein rauchendes Lagerfeuer. Die Schatten seines rechten Beines und der Tisch- und Sesselbeine liegen vorn strahlenförmig um ihn. Stiller Mond. Die Generäle in entferntem Halbkreis schauen ins Feuer und auf ihn.

Boden mit kleinen Steinchen

Prise de Salins 17V 1668 par Mr. Lafaye
2 Freunde, ein rot gekleideter auf weißem, ein dunkler auf dunklem Pferd erholen sich von der Belagerung einer Stadt im Hintergrunde auf einem Ausritt bei heranziehendem Gewitter

voyage de Louis XVI ä Cherbourg 23Juin 1786 das Boot mit Ludwig wird während er mit der gegen Cherbourg ausgestreckten Hand eine lebhafte Bemerkung zu 2 hinter ihm stehenden Höflingen macht, vor allem zu einem der die Hände auf die Brust legt, von den Bootsleuten je 3 Reihen an jeder Seite auf den zusammengebundenen Rudern ans Land getragen. Frauen leicht gekleidet schwingen sich vom Land entgegen, ein Mann schaut durch ein Teleskop. Der Wagen wartet. Aus andern Booten wird man auf Stegen aussteigen müssen, einer wird gerade hervorgezogen.

Die charakteristische Flächenlage: Hemden, Wäsche überhaupt, Servietten im Restaurant, Zucker, große Räder der meist 2rädrigen Wagen, Pferde einzeln hintereinandergespannt, flächige Dampfer auf der Seine, die Balkone teilen die Häuser in die Quere und verbreitern diese flächigen Querschnitte der Häuser, die flachgedrückten breiten Kamine, die zusammengelegten Zeitungen.

Das gestrichelte Paris:
Die aus den flachen Kaminen herauswachsenden hohen dünnen Kamine (mit den vielen kleinen blumentopfartigen), die äußerst stummen alten Gaskandelaber, die Querstriche der Jalousien, denen sich in den Vorstädten die gestrichelten Schmutzabdrücke auf der Hauswand anfügen, die dünnen Leisten auf den Dächern, die wir in der rue Rivoh sahen, das gestrichelte Glasdach des Grand Palais des Art, die strichweise geteilten Fenster der Geschäftsräume, die Gitter der Balkone, der aus Strichen sich bildende Eifelturm, die größere Strichwirkung der Seiten- und Mittelleisten der Balkontüren gegenüber unsern Fenstern, die Sesselchen im Freien und die Kaffeehaustischchen, deren Beine Striche sind, die goldspitzigen Gitter der öffentlichen Gärten

Betrachtung über Warenhäuser

Wie leicht Grenadine mit Seltz beim Lachen durch die Nase geht (Bar vor der Opera comique)

Nachahmenswertes: Café Biard, herumfahrende Händler, Duval, die Züge in der Bahnhoshalle sind im Freien, Peitschenhieb am Boulev., Max hat Schnupfen, aufheben einer Spielmarke, damit man sie nicht bekommt.

Aeroplan

Perronkarte, dieser rohe Eingriff ins Familienleben ist unbekannt

rue de Cle'ry steigt in den Himmel und fällt in ihn.

Colonel Arthur Boucher
La france viktoneuse dans la guerre du demain. L'auteur ancien chef des operations militaires à l'Etat major de l'armee demontre

que si la France etait ataque'e elle saurait se defendre avec la certitude absolue de la victoire

Allein im Lesezimmer mit einer schwerhörigen Dame der ich mich als sie anderswohin schaute, nutzlos vorgestellt habe und die den von mir angezeigten Regen draußen für noch weiter andauernde Schwüle hält. Sie legt Karten nach einem seitwärts liegenden Buch in das sie angestrengt schaut, den Kopf auf die zur Faust geschlossene Hand gestützt, in der wohl 1OO noch unverbrauchte kleine beiderseitig bedruckte Miniaturkarten liegen. Neben mir den Rücken mir zugewendet liest ein alter schwarz gekleideter Herr die Münchner neuesten Nachrichten. - Ein starker dickflüssiger Regen. - Gefahren mit einem jüdischen Goldarbeiter. Er ist aus Krakau, etwas über 2O Jahre alt, war 2fi Jahre in Amerika, hat jetzt in Paris 2 Monate gelebt und nur 14 Tage Arbeit gehabt. Schlecht gezahlt (nur 1O fr täglich) schlechter Geschäftsboden. Wenn einer neu in eine Stadt kommt, weiß er nicht, was seine Arbeit wert ist. Schönes Leben in Amsterdam. Lauter Krakauer. Man weiß jeden Tag was in Krakau neues ist, denn immer fährt einer hin oder kommt einer von dort. Gassenlang wird nur polnisch gesprochen. Großer Verdienst in New York, denn dort verdienen alle Mädchen viel und Können sich putzen. Damit kann sich Paris nicht vergleichen, der erste Schritt auf die Boulevards zeigt das. Aus New York weggefahren, weil seine Leute doch hier sind und weil sie ihm geschrieben haben, wir leben in Krakau und verdienen auch, wie lange wirst du eigentlich noch in Amerika bleiben? Ganz richtig. Begeisterung für das Leben der Schweizer. Das müssen ja riesenstarke Leute werden, wenn sie so auf dem Land leben und Viehwirtschaft treiben. Und die Flüsse! Die Hauptsache ist doch, dass man nach dem Austehen in fließendes Wasser kommt. - Er hat langes, geringeltes, nur gelegentlich von den Fingern durcharbeitetes Haar, starken Glanz in den Augen, langsam gekrümmte Nase, Höhlungen unten in den Wangen, amerikanisch geschnittenen Anzug, zerfranstes Hemd, überhängende Socken. Sein Koffer ist klein, er trägt ihn aber beim Aussteigen wie eine Last. Sein Deutsch unruhig gemacht von englischen Betonungen und Wendungen, der Jargon kann sich ausruhn so stark ist das Englische. Lebhaftigkeit nach der durchfahrenen Nacht. "Sie sind ein Österreicher? Ja Sie haben auch so einen Regenkragen. Das haben alle Österreicher. "Ich beweise durch Vorzeigen der Ärmel dass es kein Kragen sondern ein Mantel ist. Er bleibt weiter dabei, dass alle Österreicher Krägen haben. Sie werfen ihn so über. - Er wendet sich dabei zu einem Dritten und zeigt ihm wie sie das machen. Er tut so, als befestige er etwas hinten am Hemdkragen, zuckt mit dem Körper um zu sehen ob es hält, zieht dann dieses etwas zuerst über den rechten, dann über den linken Arm und hüllt sich schließlich ganz ein, bis ihm, wie man erkennt, gerade angenehm warm wird. Bewegungen der Beine zeigen, trotzdem er sitzt, wie leicht und geradezu sorgenlos ein Österreicher in so einem Kragen gehen kann. Es ist fast gar kein Spott dabei, es wird vielmehr vorgebracht wie von einem der Reisen gemacht und daher einiges gesehen hat. Etwas Kindlichkeit mischt sich zu.

Mein Spaziergang im dunklen Gärtchen vor dem Sanatorium.

Morgenturnen mit Absingen eines Wunderhorn Liedes, das einer auf dem Piston vorbläst.

Der Sekretär der jeden Winter Fußreisen macht nach Budapest, Südfrankreich, Italien. Bloßfüßig, nährt sich dann nur von Rohkost (Schrotbrot, Feigen, Datteln) wohnte mit 2 andern 14 Tage lang in der Gegend um Nizza meist nackt in einem verlassenen Hause.

Dickes kleines Mädel, das sich häufig in der Nase bohrt, gescheit aber nicht besonders hübsch ist, eine Nase ohne Zukunft hat, Waltraute heißt und von der ein Fräulein sagt dass sie etwas Strahlendes habe.

Die Säulen im Speisesaal, über die ich im Prospekt nach der Abbildung (hoch, glänzend, Marmor durch und durch) erschrak, derentwegen ich mich während der Überfahrt auf dem kleinen Dampfer verwünschte und die schließlich sehr bürgerlich, aus Ziegeln gebaut waren, schlechte Marmorzeichnung tragen und auffallend niedrig sind.

Lustiges Gespräch eines Mannes im Birnbaum meinem Fenster gegenüber mit einem mir nicht sichtbaren Mädchen im Erdgeschoss. Angenehmes Gefühl als der Arzt wieder und wieder mein Herz abhorchte, den Körper immer wieder anders gelegt haben wollte und nicht ins Reine kommen konnte. Besonders lange betastete er die Herzgegend, es dauerte so lang, dass es fast gedankenlos schien.

Streit der Frauen nachts im Coupee, dessen Lampe sie verhängt haben. Wie die liegende Französin aus dem Dunkel schrie und die von ihren Füßen an die Wand gedrückte schlecht französisch sprechende ältere Frau sich nicht zu helfen wusste. Nach der Meinung der Französin sollte sie von diesem Platz weggehen, ihr vieles Gepäck auf die andere Seite, den Rücksitz transportieren und sie dort ausstrecken lassen. Der griechische Arzt aus meinem Coupee gab ihr in schlechtem klaren scheinbar auf der deutschen Sprache basierten Französisch ausdrücklich Unrecht. Ich holte den Schaffner der sie auseinander setzte.

Schon wieder mit jener Dame beisammen, die übrigens auch eine Schreibnärrin ist. Sie trägt eine Schreibmappe bei sich mit viel Briefpapier, Karten, Federn und Bleistiften, was im Ganzen sehr anfeuernd ist.

Jetzt ist es hier, wie in einer Familie. Draußen regnet es, die Mutter legt Karten und der Sohn schreibt. Sonst ist niemand im Zimmer. Da sie schwerhörig ist, könnte ich ihr auch Mutter sagen.

Trotz meines äußersten Widerwillens gegen das Wort "Typus" halte ich es doch für wahr, dass durch die Naturheilkunde und was damit zusammenhängt ein neuer Typus entsteht, den z. B. Hr. Fellenberg, den ich allerdings nur oberflächlich kenne, repräsentiert. Leute mit dünner Haut, ziemlich kleinem Kopf, übertrieben reinlich aussehend, mit ein, zwei kleinen nicht zu ihnen gehörigen Einzelheiten (bei Hr. F. fehlende Zähne, Bauchansatz), größere Magerkeit, als sie zur Anlage ihres Körpers passend scheint d.h. unterdrücktes Fett, Behandlung ihrer Gesundheit, als wenn es eine Krankheit wäre oder zumindest ein Verdienst (womit ich nicht tadle) mit allen sonstigen Folgen eines so forcierten Gesundheitsgefühls.

In der Opera comique auf der Gallerie. In der ersten Reihe ein Herr im Gehrock und Zylinder, in einer der Letzten ein Mann im Hemd (das er vorn noch eingelegt hat, um die Brust frei zu bekommen), bereit ins Bett zu steigen.

Der Trompetenbläser, den ich für einen lustigen, glücklichen Menschen gehalten hätte [denn er ist beweglich, hat scharfe Einfälle, sein Gesicht ist von blondem Bart niedrig umwachsen und endet in einem Spitzbart, er hat gerötete Wangen, blaue Augen, ist praktisch angezogen, hat mich heute im Gespräch über seine Verdauungsbeschwerden mit einem Blick angesehen, der auffallend mit gleicher Stärke aus beiden Augen kam, die Augen förmlich spannte, mich traf und schief in die Erde ging.

Nationale Streitigkeiten in der Schweiz. Biel eine vor paar Jahren ganz deutsche Stadt ist durch Einwanderung vieler französischer Uhrmacher in Gefahr französiert zu werden. Der Tessiner Canton der Einzige italienische will von der Schweiz los. Es gibt eine Irridenta. Die Ital. haben nämlich im 7 gliedrigen Bundesrat keine Vertretung, sie käme ihnen bei ihrer kleinen Zahl (vielleicht 180000) nur in einem 9 gliedr. zu. Man will aber die Zahl nicht ändern. Die Gotthardbahn war deutsches Privatunternehmen, hatte deutsche Beamte, die gründeten eine deutsche Schule in Bellinzona, jetzt da sie staatlich ist, wollen die Italiener italienische Beamte und Aufhebung der deutschen Schule. Und über das Schulwesen hat tatsächlich nur die Cantonalregierung zu entscheiden. Gesamtbevölkerung fi Deutsche, "/3 Franzosen u. Italiener.

Der kranke griechische Arzt, der mich mit seinem Husten mitten in der Nacht aus dem Coupe vertrieb, kann wie er behauptet nur

Hammelfleisch vertragen. Da er in Wien übernachten muss, bat er mich ihm den deutschen Ausdruck aufzuschreiben.

Trotzdem es regnete, ich später ganz allein war, mein Unglück mir immer gegenwärtig ist, im Speisesaal Gesellschaftsspiele gespielt wurden, an denen ich mich wegen Unfähigkeit nicht beteiligte, ja trotzdem ich endlich nur Schlechtes schrieb fühlte ich doch weder das Hässliche noch das Entehrende weder das Traurige noch das Schmerzliche dieses übrigens organischen Alleinseins, wie wenn ich nur aus Knochen bestünde. Wobei es mir Freude machte dass ich oben auf dem Block meiner verstopften Därme ein bisschen Appetit zu spüren glaubte. Die Dame die sich in einem Zinngeschirr Milch holte, kam zurück und fragte mich, ehe sie sich in ihre Karten wieder einarbeitete: Was schreiben Sie eigentlich? Beobachtungen? Tagebuch? und da sie wusste dass sie meine Antwort nicht verstehen würde, fragte sie gleich weiter "Sind Sie Student?" Ich antwortete ohne an ihre Schwerhörigkeit zu denken: "Nein, aber ich habe studiert" während sie schon wieder Karten legte, ich mit diesem Satz allein blieb und durch sein Gewicht gezwungen, sie noch eine Weile ansah.

Wir sind zwei Männer an einem Tisch mit 6 oder 7 Schweizer Frauen. Wie sich da die entferntesten Schüsseln, wenn ich nur halbwegs den Teller leer habe oder aus Langweile im Saal herumschaue, erheben, in den Händen der Frauen (ich rede sie Frau und Fräulein durch einander an) sich rasch nähern und wenn ich danke und nichts mehr will auf dem gleichen Weg langsam zurückgehen.

Le siege de Paris
par Francisque Sarcey
19. Juli 1870 Kriegserklärung. Die wechselnden Berühmtheiten einiger Tage. - wechselnder Charakter des Buches selbst, während es den wechselnden Charakter von Paris beschreibt. - Lob und Tadel gleicher Dinge. Die Ruhe von Paris nach Niederlagen ist einmal der französische Leichtsinn einmal die franz. Widerstands-

fähigkeit - 4 Sept. nach Sedan Republik - Arbeiter und Nationalgarden schlagen auf Leitern mit Hämmern das N von den öffentl. Gebäuden - Noch 8 Tage nach Proklamierung der Republik war die Begeisterung so groß, dass man für die Befestigungsarbeiten keine Leute bekommen konnte - Die Deutschen sind im Anmarsch. Pariser Witze: Mac-Mahon war bei Sedan gefangen, Bazaine hatte Metz übergeben, endlich haben die 2 Armeen ihre Vereinigung vollzogen - die befohlene Zerstörung der Vorstädte - 3 Monate keine Nachrichten - Niemals hatte Paris einen solchen Appetit wie am Anfang der Belagerung - Gambetta organisierte die Erhebung der Provinz. Einmal glückte es einen Brief von ihm zu bekommen. Statt aber genaue Daten mitzuteilen nach denen alles brannte schrieb er nur que la resistance de Paris faisait l'admiration de l'univers. - Thiers bereist die Höfe - Verrückte Klubversammlungen. Eine Frauenversammlung au gymnase Triat. "Wie sollen die Frauen ihre Ehre gegenüber den Feinden schützen?" Mit dem doigt de Dieu oder besser le doigt prussique. Il consiste en une sorte de de' en caoutchouc que les femmes se mettent au doigt. Au bout de ce dc' est un petit tube contenant de l'acide prussique. Kommt ein deutscher Soldat, wird ihm die Hand gereicht, er wird gestochen und angespritzt - Das Institut schickt mit Luftballon einen Gelehrten aus zur Untersuchung der Sonnenfinsternis in Algier - Man aß Kastanien vom vorigen Jahr, die Tiere des jardin des plantes - Es gab paar Restaurants, wo man bis zum Letzten Tag alles bekommen konnte - Dieser sergent Hoff der wegen seiner Preußenmorde als Rächer seines Vaters so berühmt geworden war, dann verschwand und für einen Spion gehalten wurde - Zustand der Armee: einzelne Vorposten tranken Brüderschaft mit den Deutschen - Louis Blanc vergleicht die Deutschen mit Mohikanern die Technik studiert haben - am 5 1 beginnt das Bombardement. Macht nicht viel. Es war befohlen wenn man Granaten zischen hört sich niederzuwerfen. Straßenjungen auch Erwachsene stellten sich zu Pfützen und rufen von Zeit zu Zeit "Gare l'obus" - Eine Zeit lang war General Chanzy in Paris die Hoffnung, er verlor wie alle andern, man wusste auch schon damals keinen Grund für seine Berühmtheit, trotzdem war die Begeisterung in Paris so stark, dass Sarcey noch als er sein Buch schreibt eine vague grundlose Bewunderung für Chanzy in sich fühlt – Ein Tag aus dem damaligen Paris: Auf den Boulevards war sonnig und schön, ruhige Spaziergänger, gegen Hotel de Ville verändert sich es, dort ist eine Revolte der Kommunarden mit vielen Toten, Truppen kommen. Am linken Ufer zischen die preuß. Granaten. Quai und Brücken sind still. Zurück zum The'a'tre Francais. Das Publikum kommt aus einer Vorstellung der Mariage de Figaro. Die Abendblätter erscheinen gerade, dieses Publikum sammelt sich in Gruppen um die Kioske, in den Champs Elysees spielen Kinder, Sonntagsspaziergänger sehen neugierig einer Kavallerie Eskadron zu, welche mit Trompeten vorüberreitet. Aus dem deutschen Brief an die Mutter: Tu n'imagines pas, comme ce Paris est immense mais les Parisiens sont de drôles degens; ils trompettent route lajourne'e. – 14 Tage war kein warmes Wasser in Paris – Ende Jänner Ende der 4fi monatl. Belagerung

20. September 1911

Kameradschaftlicher Verkehr alter Frauen im Coupee. Erzählungen von alten Frauen, die von Automobilen überfahren wurden, ihre Mittel auf der Reise:

Niemals Soße essen, das Fleisch herausnehmen, die Augen während der Fahrt geschlossen halten, aber dabei reden, zum Obst Brot essen, kein hartes Kalbfleisch, Herren bitten, einen über die Gassen hinüber zu führen, Kirschen sind das schwerste Obst, die Rettung der alten Frau.

Siamesenkoupee im Mailänder Bahnhof

Junges italienisches Ehepaar im Zug nach Stresa mischt sich mit einem andern im Zug nach Paris. Ein Ehemann ließ sich nur küssen und gab beim Hinausschaun aus dem Fenster nur seine Schulter für ihre Wange her. Als er in der Hitze den Rock auszog und die Augen schloss schien sie ihn genauer anzusehen. Hübsch war sie nicht, sie hatte nur dünnes Lockenhaar um das Gesicht. Die andere aber mit dem Schleier, von dessen blauen Tupfen einer öfter ein Auge verdeckte, deren Nase zu bald abgeschnitten schien, deren Falten um den Mund jugendliche Falten waren, für die Zwecke ihrer jugendlichen Lebhaftigkeit. Ihre Augen fuhren, wenn sie das Gesicht senkte, hin und her, wie ich es bei uns nur bei Leuten mit Augengläsern gesehen habe.

Bemühungen aller Franzosen mit denen man in Berührung kommt, schlechtes Französisch wenigstens für den Augenblick zu verbessern.

Junger, schlecht rasierter Geistlicher mit dem Ansichtskartenreisenden, der zu Dutzenden gepackte Karten vorzeigt, die der Geistliche bespricht. Ich schaue ihn, auch ein wenig durch die Hitze beeinflusst so aufmerksam an, dass ich ihm schließlich mit dem ganzen Stiefelabsatz in die Kutte trete. Niente sagt er und spricht weiter immer mit starkem durch italienische Ah! angezeigtem Atemzusetzen.

Mit den unsichern Entschlüssen bezüglich des Hotels im Innern unseres Wagens sitzend scheinen wir auch den Wagen unsicher zu kutschieren, einmal in eine Nebengasse zu führen, dann ihn wieder in die Hauptrichtung zurückzuziehn und das im Vormittagsverkehr der rue de Rivoh in der Nähe der Halles.

Erstes Heraustreten auf meinen Balkon und Umblick, wie wenn ich

Darstellung der allmählichen Verbesserungen der Cafe Biard Frühstücke

Euripides - König von Griechenland

Bettina und Oberst im Theater: Darf Bettina den Kopf auf deinen Arm legen? Wenn Bettina keine Läuse hat.

Erstes Heraustreten auf meinen Balkon und Umblick wie wenn ich jetzt in diesem Zimmer erwacht wäre, während ich doch von der Nachtfahrt so müde bin, dass ich nicht weiß, ob ich es im Stande sein werde für den ganzen Tag in diese Gassen hinauszulaufen, besonders wie ich sie jetzt von oben aus, noch ohne mich sehe.

Anfang der Pariser Missverständnisse. Max kommt in mein Hotelzimmer herauf und ist darüber aufgeregt, dass ich noch nicht fertig bin und mir das Gesicht wasche, während ich früher doch gesagt hätte, dass wir uns nur ein wenig waschen und gleich weg gehen sollen. Da ich mit Wenigwaschen nur das Waschen des ganzen Körpers ausgeschlossen, dagegen damit gerade das Waschen des Gesichtes gemeint habe und damit eben noch nicht fertig bin, verstehe ich seine Vorwürfe nicht und wasche das Gesicht weiter wenn auch nicht so genau wie früher, während sich Max mit dem ganzen Schmutz der Nachtfahrt in seinen Kleidern auf mein Bett setzt, um zu warten. Er hat die Gewohnheit und führt sie auch jetzt vor beim Vorwürfemachen den Mund aber auch das ganze Gesicht süßlich zusammenzuziehn, als suche er dadurch einerseits das Verständnis seiner Vorwürfe zu befördern und als wolle er andererseits zeigen, dass nur dieses süßliche Gesicht, das er gerade hat, ihn davon abhalte mir eine Ohrfeige zu geben. Darin dass ich ihn zu diesem Heuchlerischen gegen seine Natur zwinge liegt noch ein eigener Vorwurf, den er mir dann zu machen scheint wenn er verstummt und sein Gesicht um sich von dem Süßlichen zu erholen, in der entgegengesetzten Richtung also vom Mund weg sich auseinanderspannt, was natürlich viel stärker wirkt als das erste Gesicht. Ich dagegen verstehe es - so war es auch in Paris - so vor Müdigkeit in mich zurückgefallen zu sein, dass mich der Einfluss solcher Gesichter überhaupt nicht erreicht, weshalb ich dann in meinem Jammer so mächtig sein kann, geradewegs aus der vollkommensten Gleichgültigkeit und ohne jedes Schuldgefühl mich ihm gegenüber entschuldigen zu können. Das beruhigte ihn damals in Paris wenigstens scheinbar so, dass er mit mir auf den Balkon trat und die Aussicht besprach, vor allem, wie pariserisch sie sei. Ich sah eigentlich nur wie frisch er war, wie er sicher zu irgendeinem Paris passte das ich gar nicht bemerkte, wie er jetzt aus seinem dunklen Hinterzimmer kommend zum ersten Mal seit einem Jahr in der Sonne auf einen Pariser Balkon trat und sich dessen würdig bewusst war, während ich leider deutlich müder war, als bei meinem ersten Hinaustreten auf den Balkon ein Weilchen vor Maxens Kommen. Und meine Müdigkeit in Paris kann nicht durch Ausschlafen sondern nur durch Wegfahren beseitigt werden. Manchmal halte ich das sogar für eine Eigentümlichkeit von Paris.

Ich habe das eigentlich ohne Widerwillen geschrieben, auf den Fersen war er mir aber bei jedem Wort.

Ich bin zuerst gegen die Cafe Biard, weil ich glaube dass man dort nur schwarzen Kaffee bekommt. Es zeigt sich dass auch Milch zu haben ist, wenn auch nur mit schlechtem schwammigem Gebäck. Es ist fast die einzige Verbesserung die mir für Paris eingefallen ist, dass man besseres Gebäck in diesen Cafes anschaffen soll. Später komme ich darauf vor dem Frühstück, während Max schon sitzt, in den Seiten- Gassen herumzulaufen und Obst zu suchen. Auf dem Weg zum Cafe esse ich immer ein bisschen weg, damit Max nicht zu sehr staunt. Als wir in einem guten Kaffeehaus bei der Station der Vers. Dampfbahn den gelungenen Versuch machen Apfelstrudel und Mandelgebäck aus einer Bäckerei unter den Augen eines über uns in der Tür lehnenden Kellners aufzuessen, führen wir das auch im Cafe Biard ein und finden, dass man dadurch abgesehen vom Genuss des feinen Gebäcks zum deutlicheren Genuss des eigentlichen Vorteils dieser Cafee kommt, nämlich des vollständigen Unbeachtetseins bei ziemlich leerem Lokal, guter Bedienung, nahe allen Menschen hinter dem Pult und vor der immer geöffneten Ladentür. Nur muss man sich damit abfinden, wenn der Boden gekehrt wird, was wegen des unmittelbar von der Gasse hereinkommenden an dem Pult sich hin und herschiebenden Besuches häufig geschieht und wobei auch von der Gewohnheit nicht abgesehen wird die Gäste nicht zu beachten.

Beim Anblick der kleinen Bars auf der Versailler Dampfbahnstrecke scheint es für ein junges Ehepaar leicht, eine solche Bar zu eröffnen und dabei ein ausgezeichnetes interessantes, risikoloses nur zu bestimmten Tageszeiten anstrengendes Leben zu führen. Sogar auf den Boulevards werden zwischen zwei Seitengassen an der Spitze eines keilförmigen Häuserblocks solche billige Bars im Seitendunkel herangeschoben.

Die Gäste in kalkbespritzten Hemden um die Tischchen der Vorstadtgasthäuser.

Das Rufen einer Frau mit einem kleinen Bücherhandwagen am Abend auf dem Boulevard Poissoniere: Blättert, blättert meine Herren, sucht euch aus, alles was daliegt wird verkauft. Ohne zum Einkaufen zu drängen ohne auch aufdringlich hinzusehen nennt sie innerhalb ihres Rufens gleich den Preis des Buches, das einer der Umstehenden in die Hand nimmt. Sie scheint nur zu verlangen dass rascher geblättert wird, rascher die Bücher in den Händen wechseln, was man verstehen kann wenn man zusieht, wie hie und da einer, z.B. ich, langsam ein Buch aufhebt, langsam und wenig drin blättert, langsam es hinlegt und endlich langsam weggeht. Das ernste Nennen der Preise von Büchern, deren Unanständigkeit so lächerlich ist, dass man sich einen Kaufabschluss unter den Augen des ganzen Publikums zuerst nicht vorstellen kann.

Um wie viel mehr Entschlusskraft das Kaufen eines Buches vor dem Laden als drinnen verlangt, weil dieses Aussuchen eigentlich nur ein freies Überlegen ist bei zufälliger Gegenwart der ausliegenden Bücher

Sitzen auf den zwei einander zugewendeten Sesselchen in den Champs Elysees. Viel zu lang aubleibende Kinder spielen noch im Halbdunkel, in dem sie die von ihnen in den Sand gezogenen Striche nicht mehr gut sehen.

Die geschlossene Badeanstalt mit einer in der Erinnerung türkisch wirkenden Außenbemalung. Sie ist eisengrau beleuchtet mitten am

Nachmittag, weil Sonnenlicht nur durch die Lücken der oben ausgespannten Tücher in einer Ecke mit einzelnen Strahlen kommt und unten das Flusswasser das Ganze verdunkeln hilft. Großer Raum. In einer Ecke eine Bar. Die Schwimmmeister jagen hier und drüben das Bassin entlang laufend einander die Kundschaften ab. Sie treten an den Besucher vor seiner Kabine von der Seite drohend heran und verlangen mit unverständlichen aber beharrlichen Reden ein Sperrgeld. Ein Verlangen in unverständlicher Sprache scheint mir diskret vorgebracht. Grand bains du pont Royal. In den Ecken stehen auf den Stufen Leute die sich gründlich mit Seife abwaschen. Das Seifenwasser um sie herum rührt sich nicht. Man sieht durch die Lücken zum Fluss zu etwas sich vorbeibewegen, es sind Dampfer. Die Ärmlichkeit dieses Schwimmvergnügens zeigt sich, als zwei mit einem alten Seelentränker sich unterhalten, der von einer Wand weggeschoben schon an die gegenüberliegende stößt. Kellergeruch. Schöne grüne Gartenbänke. Viel Deutsch. In einer Schwimmschule hängt über Wasser ein Knotenstrick zum beliebigen Turnen herunter. Wir fragen nach Musee Balzac, ein hübscher Junge mit von der Nässe aufgebauschter Frisur erklärt uns dass wir das Musee Grevin (ein Panoptikum) meinen. Dienstbereit lässt er sich seine Kabine aufmachen, bringt einen kleinen Führer (vielleicht Neujahrsgeschenk eines Etablissements) und findet auch dort das Musee Balzac nicht. Wir haben uns schon innerlich fortwährend bedankt, da wir das voraussahen; und auch dringend abgeraten, es zu suchen. Es steht ja auch im Bottin nicht.

Warum saß am Vormittag im Kassenraum des Theatre Francais ein Polizeimann Gendarm oder Soldat?

Eine dicke Placeuse in der Kom. Oper nimmt uns ziemlich von oben herab etwas Trinkgeld ab. Ich dachte, es liege daran, dass wir mit unsern Theaterkarten in der Hand etwas zu sehr Schritt für Schritt hintereinander heraufgekommen waren und nahm mir vor am nächsten Abend in der Komödie der Placeuse in ihre Augen hinein das Trinkgeld zu verweigern, während ich jetzt vor ihr und mir mich schämend ein großes Trinkgeld gab. Gar als alle andern ohne Trinkgeld hineinkamen. Ich brachte in der Komödie auch meinen Satz heraus, in dem ich das Trinkgeld etwas meiner Meinung nach "nicht unumgängliches" nannte, musste aber wieder zahlen als die diesmal magere Placeuse klagte, sie sei von der Verwaltung nicht entlohnt und das Gesicht zur Schulter neigte

Stiefelputzszene am Anfang. Wie die Kinder, die die Wache begleiten, im gleichen Schritt, die Treppe hinuntergehen.

Eindruck der obenhin gespielten Ouverture, sodass die zu spät Kommenden einen leichten Eintritt haben, so pflegt man sonst nur Operetten herzunehmen. Richtige Einfalt der Inszenierung. Schläfrige Statisten, wie bei allen Vorstellungen die ich in Paris gesehen während sie bei uns oft schlecht zurückgehaltene Lebendigkeit haben. Der Esel für den ersten Akt Carmen vor dem Theatereingang in der engen Gasse von Theaterleuten und etwas Straßenpublikum umgeben, wartet im Halbdunkel, bis die kleine Eingangstür frei wird. Ich kaufe auf der Freitreppe fast mit Bewusstsein eines jener falschen Programme, wie sie vor allen Theatern verkauft werden. Eine Ballerina tanzt für Carmen in der Schmugglerkneipe. Wie ihr stummer Körper beim Gesang Carmens arbeitet. Später aus Einzelheiten zusammengesetzter Tanz Carmens, der aber doch wegen ihrer Verdienste in der bisherigen Vorstellung eigentlich viel schöner ist. Es sieht aus als hätte sie vor der Vorstellung einige eilige Lektionen bei der Hauptballerina genommen. Das Rampenlicht macht ihre Sohlen weiß, wenn sie am Tisch lehnt, jemandem zuhört und die Füße unter dem grünen Rock gegeneinander spielen lässt.

Ein Mensch der kein Tagebuch hat, ist einem Tagebuch gegenüber in einer falschen Position. Wenn dieser z. B. in Goethes Tagebuch liest, dass dieser am 11Januar 1797 den ganzen Tag zu Hause mit verschiedenen Anordnungen beschäftigt, so scheint es diesem Menschen, dass er selbst noch niemals so wenig gemacht hat.

Für den letzten Akt sind wir schon zu müde (ich war es schon für den Vorletzten) gehen weg und setzen uns in eine Bar gegenüber der Opera comique wo Max in seiner Müdigkeit mich mit Sodawasser ganz bespritzt und ich in meiner Müdigkeit vor Lachen mich nicht halten kann und mir die Grenadine durch die Nase jage. Inzwischen fängt wohl der letzte Akt an, wir wandern nach Hause.

Auf diesem Platz wurde mir nach der Hitze im Theater, wo ich die heiße Luft durch das offene Hemd an meine Brust gefächelt hatte, die Nachtluft, das Sitzen im Freien, das Ausstrecken der Beine auf einen städtischen Platz hinaus besonders bewusst, trotzdem die erleuchtete große Theaterfassade mit den Seitenlichtern der Kaffeehäuser des Theaters ausreichte, den kleinen Platz, besonders seinen Boden bis unter die Tischchen hin wie ein Zimmer zu beleuchten.

Herr im Foyer, der zwei Damen unterhält, in einem Frackanzug, der etwas lose hängt und der wenn er nicht neu wäre nicht hier getragen würde und besser passte historisch sein könnte. Monokel fallen gelassen und wieder aufgenommen. Klopft wenn das Gespräch stockt, unsicher mit seinem Stock auf Steht immer mit Armzuckungen, wie wenn er jeden Augenblick die Absicht hätte mit ausgestrecktem Arm seinen Damen mitten durch die Menge Platz zu machen. Ausgezogene, abgenützte Gesichtshaut.

Eigenschaft der deutschen Sprache im Munde von Ausländern, die sie nicht beherrschen und meist auch nicht beherrschen wollen, schön zu werden. So weit wir Franzosen beobachtet haben, konnten wir niemals sehen, dass sie sich über unsere Fehler im französischen freuten oder auch nur diese Fehler hörenswert fanden und selbst wir deren Französisch nur wenig französisches Sprachgefühl hervorbringen kann, fortzusetzen!

Die von mir aus glücklichen Köche und Kellner die nach dem allgemeinen Essen Salat Bohnen und Erdäpfel essen, Mischungen davon in großen Schüsseln machen, von jeder Speise nur wenig nehmen, trotzdem ihnen viel gereicht wird und von der Ferne so aussehen wie Köche und Kellner bei uns. - Kellner dessen Mund und

Bärtchen elegant zusammengezogen ist und der mich an einem Tag meiner Meinung nach nur deshalb bedient, weil ich müde, ungeschickt, gedankenlos und unsympathisch bin und daher selbst mir kein Essen verschaffen könnte, während er es mir bringt fast ohne es zu merken.

Bei Düval am Boulevard Sebastopol in der Abenddämmerung. Drei Gäste im Lokal verstreut. Die Kellnerinnen leise miteinander redend. Die Kassa noch leer. Ich bestelle einen Jogurt dann noch einen. Die Kellnerin bringt es still, das Halb dunkel des Lokals trägt zu der Stille auch bei, sie nimmt auch still die Bestecke weg, die für das Abendessen auf meinem Platz vorbereitet waren und mich beim Trinken hindern könnten. Es war mir sehr angenehm, Duldung und Verständnis für meine Leiden bei einer Frau ahnen zu können, die so still war.

Lächerliches Restaurant in der Rue Richelieu. Gedrängt voll. Hässlicher Anblick des Rauches vor Spiegelscheiben. Regelmäßig verteilte mit Hüten vollgehängte Kleiderrechen wie Bäume. Sitte der Geländer zwischen Tischen. Gleich nachdem die Täuschung des ungeschickten Ausländers, wo ein geländerartiger Rahmen sei müsse auch eine Glasscheibe stecken, dadurch aufgeklärt wird, dass man frech in die Scheibe schaut in der man das Spiegelbild entfernter Gäste zu sehen meint und durch den Gegenblick einsieht, dass man es mit wirklichen Gesichtern zu tun hat - fühlt man wie solche Geländer zwischen aneinander gestellten Tischen gerade viel für die Annäherung tun.

Im Louvre von einer Bank zur andern. Schmerz, wenn eine ausgelassen wird.

Gedränge im Salon Carré, erregte Stimmung, gruppenweises Stehen wie wenn die Mona Lisa gerade gestohlen worden wäre.

Annehmlichkeit der Querstangen vor den Bildern, an denen man lehnen kann, besonders im Saal der Primitiven.

Dieser Zwang mit Max seine Lieblingsbilder anzusehen, da ich zu müde bin, selbst herumzuschauen. Bewundernder Ausblick.

Die Kraft einer großen jungen Engländerin, die mit ihrem Begleiter im längsten Saal von einem Ende aus zum andern geht.

Anblick Maxens, wie er vor Aristide unter einer Straßenlaterne Phädra liest und sich bei dem kleinen Druck die Augen verdirbt. Warum folgt er mir niemals. Ich profitiere leider noch davon, da er mir auf dem Weg zum Theater alles erzählt, was er auf der Gasse, während ich genachtmahlt habe aus seiner Phädra herausgelesen hat. Kurzer Weg, Anstrengung Maxens mir alles, alles zu erzählen, auch Anstrengung meinerseits.

Militärisches Schauspiel im Foyer. Soldaten regeln nach militärischen Grundsätzen das Vortreten des einige Meter von der Kassa zurückgedrängten Publikums.

Vermeintliche Claqueurin in unserer Reihe. Ihr Applaus scheint dem Stockausschlagen des über uns im Letzten Rang beschäftigten Oberclaqueurs zu folgen. Sie klatscht mit so weit vorgebeugtem abwesendem Gesicht, dass sie, wenn der Applaus zu Ende ist, erstaunt besorgt die Innenfläche ihrer durchbrochenen Handschuhe anschaut. Fängt aber gleich wieder an wenn es nötig wird. Klatscht aber schließlich auch selbstständig und ist gar keine Claqueurin.

Das Gefühl der Ebenbürtigkeit gegenüber dem Stück, das die Theaterbesucher haben müssen, um gegen Ende des ersten Aktes anzukommen und reihenlang Leute zum Aufstehen zu bringen. Eine Dekoration die 5 Akte durch stehen bleibt, trägt viel zum Ernst bei und ist, selbst wenn sie nur aus Papier besteht, solider als eine wechselnde aus Holz und Stein.

Eine gegen das Meer und die blaue Luft gehaltene Säulengruppe in der Höhe von Schlingpflanzen überwachsen. Unmittelbarer Einfluss des Gastmahles von Veronese, auch Claude Lorrains.

Der ob geschlossen, sich öffnend oder offen gleich ruhig geschwungene Mund Hypolits.

Oenone, leicht in dauernde Stellungen geratend, einmal aufgerichtet, die Beine eng vom Tuch umbunden, den Arm gehoben, mit ruhiger Faust, trägt sie einen Vers vor. Viele langsame Verhüllungen der Gesichter mit den Händen. Graue Farbe der Berater der Hauptpersonen.

Unzufriedenheit mit der Darstellerin der Phädra in der Erinnerung an die Befriedigung die ich über die Rachel als Mitgl. der Comedie Francais hatte, wann immer ich von ihr gelesen habe.

Bei so überraschendem Anblick wie es die erste Szene ist, wo Hypolite den unbewegten manneslangen Bogen neben sich hält, mit der Absicht dem Pädagogen sich anzuvertrauen und den ruhigen stolzen Blick ins Publikum gerichtet seine Verse wie ein Festgedicht ausagt, hatte ich wie oft schon früher den allerdings sehr schwachen Eindruck dass es zum ersten Mal geschieht und in meine übrige Bewunderung mischte sich die Bewunderung des gleich erstmaligen Gelingens.

Erinnerung an die Aufführung von "Des M. u. d. L. Wellen" in Reichenberg. Es waren dort zartere, schwächere Schauspieler, wird fortgesetzt

Rationell eingerichtete Bordelle. Die reinen Jalousien der großen Fenster des ganzen Hauses herabgelassen. In der Portierloge statt eines Mannes ehrbar angezogene Frau, die überfall zu Hause sein könnte. Schon in Prag habe ich immer den amazonenmäßigen Charakter der Bordelle flüchtig bemerkt. Hier ist es noch deutlicher. Der weibliche Portier der sein elektr. Läutewerk in Bewegung setzt, der uns in seiner Loge zurückhält, weil ihm gemeldet wird, dass gerade Gäste die Treppe herabkommen, die zwei ehrbaren Frauen oben (warum zwei?) die uns empfangen, das Aufdrehen des elektr. Lichtes im Nebenzimmer in dem die unbeschäftigten

Mädchen im Dunkel oder Halbdunkel saßen, der fl Kreis (wir ergänzen ihn zum Kreis) in dem sie um uns in aufrechten auf ihren Vorteil bedachten Stellungen stehen, der große Schritt, mit dem die Erwählte vortritt, der Griff der Madame mit dem sie mich auffordert... ich mich zum Ausgang gezogen fühle. Unmöglich mir vorzustellen wie ich auf die Gasse kam, so rasch war es. Schwer ist die Mädchen dort genauer anzusehen, weil sie zu viele sind, mit den Augen blinzeln, vor allem zu nahe stehen. Man müsste die Augen aufreißen und dazu gehört Übung. In der Erinnerung habe ich eigentlich nur die, welche gerade vor mir stand. Sie hatte lückenhafte Zähne, streckte sich in die Höhe, hielt mit der über der Scham geballten Faust ihr Kleid zusammen und öffnete und schloss gleich und schnell die großen Augen und den großen Mund. Ihr blondes Haar schien zerrauft. Sie war mager.

Angst davor nicht zu vergessen den Hut nicht abzunehmen. Man muss sich die Hand von der Krempe reißen. Einsamer, langer sinnloser Nachhauseweg.

Ansammlung der Besucher vor dem Öffnen des Louvre. Die Mädchen sitzen zwischen den hohen Säulen, lesen im Baedeker, schreiben Ansichtskarten.

Venus von Mib, deren Anblick bei dem langsamsten Umgehen schnell und überraschend wechselt. Leider eine erzwungene (über Taille und Hülle) aber einige wahre Bemerkungen gemacht, zu deren Erinnerung ich eine plastische Reproduktion nötig hätte, besonders darüber wie das gebogene linke Knie den Anblick von allen Seiten mitbestimmt, manchmal aber nur sehr schwach. Die erzwungene Bemerkung: Man erwartet, dass über der aufhörenden Hülle der Leib sich gleich verjüngt, er wird aber zunächst sogar noch breiter. Das fallende vom Knie gehaltene Kleid.

Der Borghesische Fechter, dessen Vorderblick nicht der Hauptanblick ist, denn er bringt den Beschauer zum Zurückweichen und ist zerstreuter. Von hinten aber gesehen, dort wo der Fuß zuerst auf dem Boden ansetzt, wird der überraschte Blick das fest gezogene Bein entlang gelockt und fliegt geschützt über den unaufhaltsamen Rücken zu dem nach vorn gehobenen Arm und Schwert.

Die Metro schien mir damals sehr leer, besonders wenn ich es mit jener Fahrt vergleiche, als ich krank und allein zum Rennen gefahren bin. Das Aussehen der Metro unterliegt auch abgesehen vom Besuch dem Einfluss des Sonntags. Die dunkle Stahlfarbe der Wände überwog. Die Arbeit der die Wagontüren auf- und zuschiebenden und dazwischen sich hinein und herausschwingenden Schaffner stellte sich als eine Sonntagnachmittagsarbeit heraus. Die langen Wege zur Correspondence wurden langsam gegangen. Die unnatürliche Gleichgültigkeit der Passagiere mit der sie die Fahrt in der Metro hinnehmen wurde deutlicher. Das sich gegen die Glastüre wenden, das Aussteigen Einzelner an unbekannten Stationen weit von der Oper wird als launenhaft empfunden. Sicher ist in den Stationen trotz der elektr. Beleuchtung das wechselnde Tageslicht zu bemerken, besonders wenn man gerade heruntergestiegen ist, merkt man es, besonders dieses Nachmittagslicht, knapp vor der Verdunkelung. Die Einfahrt in die leere Endstation der porte Dauphine, Menge von sichtbar werdenden Röhren, Einblick in die Schleife, wo die Züge die einzige Kurve machen dürfen nach so langer geradlinigere Fahrt. Tunnelfahrten in der Eisenbahn sind viel ärger, keine Spur von der Bedrückung, die der Passagier unter dem wenn auch zurückgehaltenen Druck der Bergmassen fühlt. Man ist auch nicht weit von den Menschen sondern eine städtische Einrichtung, wie z. B. das Wasser in den Leitungen. Das Zurückspringen beim Aussteigen, mit dem dann folgenden verstärkten Vorgehen. Dieses Aussteigen auf ein gleiches Niveau. Meist verlassene kleine Schreibzimmer mit Telefon und Läutewerk dirigieren den Betrieb. Max schaut gern hinein. Schrecklich war der Lärm der Metro, als ich mit ihr zum ersten Mal im Leben vom Montmartre auf die großen Boulevards gefahren bin. Sonst ist er nicht arg, verstärkt sogar das angenehme ruhige Gefühl der Schnelligkeit. Die Reklame von Dubonnet ist sehr geeignet von traurigen und unbeschäftigten Passagieren gelesen, erwartet und beobachtet zu werden.

Ausschaltung der Sprache aus dem Verkehr, da man weder beim Zahlen, noch beim Ein- u. Aussteigen zu reden hat. Die Metro ist wegen ihrer leichten Verständlichkeit für einen erwartungsvollen und schwächlichen Fremden, die beste Gelegenheit, sich den Glauben zu verschaffen, richtig und rasch im ersten Anlauf in das Wesen von Paris eingedrungen zu sein.

Die Fremden erkennt man daran, dass sie oben schon auf dem letzten Absatz der Metrotreppe sich nicht mehr auskennen, sie verlieren sich nicht, wie die Pariser, aus der Metro übergangslos in das Straßenleben. Auch stimmt beim Herauskommen die Wirklichkeit erst langsam mit der Karte überein, da wir auf diesen Platz, wo wir jetzt nach dem Heraufkommen hingestellt sind, niemals zu Fuß oder zu Wagen gekommen wären, ohne Führung der Karte. Die Erinnerung an Spaziergänge in Anlagen ist immer schön. Freude daran, dass es noch so hell ist, aufpassen, dass es nicht rasch dunkel wird, davon und von der Müdigkeit ist Gangart und Herumschauen beherrscht. Die straffe Fahrt der Automobile auf der großen glatten Straße. Das rot gekleidete Orchester das im Lärm der Automobile im kleinen Gartenrestaurant unhörbar nur zum Genuss der nächsten Umgebung auf den Instrumenten arbeitet. Nie gesehene Pariser führen einander an der Hand. Verbranntes erdfarbenes Gras. Männer in Hemdsärmeln mit ihren Familien im Halbdunkel der Bäume in Beeten zu denen der Zutritt schon vorher verboten war. Hier war das Fehlen der Juden am auffallendsten. Der Rückblick zur kleinen Dampfbahn, die sich aus einem Karussell abgewickelt und weggefahren zu sein scheint. Der Weg zum See. Meine stärkste Erinnerung vom ersten Anblick dieses Sees ist der gebeugte Rücken des Mannes, der zu uns ins Boot unter das gespannte Tuchdach geneigt, uns die Fahrkarten reichte. Wahrscheinlich infolge meiner Sorge um die Karte und meiner Unfähigkeit, den Mann zu einer Erklärung zu zwingen, ob das Boot den See umfahre oder zur Insel übersetze und ob es Haltestellen habe. Deshalb habe ich mich so in ihn verschaut, dass ich ihn manchmal allein über den See gerade so stark aber ohne Boot gebeugt sehe. Viele Leute in Sommerkleidern auf der Landungsstelle. Boote mit ungeschickten Ruderern. Niedriges Seeufer ohne Geländer. Langsame Fahrt, erinnert mich an Spaziergänge, die ich vor einigen Jahren jeden Sonntag allein gemacht habe. Herausziehen der Füße aus dem Wasser auf dem Bootsgrund. Beim Anhören unseres Tschechisch Erstaunen der Passagiere, sich mit derartig Fremden in ein Boot gesetzt zu haben. Viele Menschen auf den Abhängen des Westufers, eingepflanzte Stöcke, ausgebreitete Zeitungen, Mann mit seinen Töchtern flach im Gras, wenig Lachen, niedriges Ostufer, bei uns schon seit langem abgeschaffte Wegbegrenzung aus kleinen, aneinander gefügten gebogenen Hölzchen, geeignet Schoßhündchen vom Rasen abzuhalten, ein wilder Hund lauft über die Wiesen, ernst arbeitende Ruderer mit einem Mädchen in ihrem schweren Boot. Ich lasse Max besonders einsam bei einer Grenadine im Dunkel am Rande eines halb leeren Kaffeegartens, wo nahe eine Straße vorübergeht, die wieder von einer andern unbekannten förmlich flüchtig gekreuzt wird. Automobile und Wagen fahren von dieser dunklen Kreuzungsstelle in noch wüstere Gegenden. Ein großes eisernes Gitter gehört vielleicht zum Verzehrungssteueramt, ist aber geöffnet und lässt jeden durch. In der Nähe sieht man das grelle Licht des Lunaparks das die Unordnung dieses Halbdunkels vergrößert. So viel Licht und so leer. Auf dem Weg zum Lunapark und zu Max zurück stolpere ich vielleicht fünf Mal.

<u>Montag 11. September 1911</u>

Auf dem Asphaltpflaster sind die Automobile leichter zu dirigieren aber auch schwerer einzuhalten. Besonders wenn ein einzelner Privatmann am Steuer sitzt, der die Größe der Straßen, den schönen Tag, sein leichtes Automobil, seine Chauffeurkenntnisse für eine kleine Geschäftsfahrt ausnützt und dabei an Kreuzungsstellen sich mit dem Wagen so winden soll, wie die Fußgänger auf dem Trottoir. Darum fährt ein solches Automobil knapp vor der Einfahrt in eine kleine Gasse noch auf dem großen Platz in ein Tricykle hinein, hält aber elegant, tut ihm nicht viel, tritt ihm förmlich nur auf den Fuß, aber während ein Fußgänger mit einem solchen Fußtritt desto rascher weiter eilt, bleibt das Tricykle stehen und hat das Vorderrad verkrümmt. Der Bäckergehilfe, der auf diesem der Firma gehörenden Wagen bisher vollständig sorglos mit jenem den Dreirädern eigentümlichen schwerfälligen Schwanken dahingefahren ist, steigt ab, trifft den Automobilisten, der ebenfalls absteigt und macht ihm Vorwürfe, die durch den Respekt vor einem Automobilbesitzer gedämpft und durch die Furcht vor seinem Chef angefeuert werden. Es handelt sich nun zuerst darum zu erklären, wie es zu dem Unfall gekommen. Der Automobilbesitzer stellt mit seinen erhobenen Handflächen das heranfahrende Automobil dar, da sieht er das Trycykle das ihm in die Quere kommt, die rechte Hand löst sich ab und warnt durch Hin- und Herfuchteln das Tricykle, das Gesicht ist besorgt, denn welches Automobil kann auf diese Entfernung bremsen. Wird es das Tricykle einsehen und dem Automobil den Vortritt lassen? Nein, es ist zu spät, die Linke lässt vom Warnen ab, beide Hände vereinigen sich zum Unglücksstoß, die Knie knicken ein, um den letzten Augenblick zu beobachten. Es ist geschehen und das still dastehende verkrümmte Tricykle kann schon bei der weiteren Beschreibung mithelfen. Dagegen kann der Bäckergehilfe nicht gut aufkommen. Erstens ist der Automobilist ein gebildeter lebhafter Mann, zweitens ist er bis jetzt im Automobil gesessen, hat sich ausgeruht, kann sich bald wieder hineinsetzen und weiter ausruhen und drittens hat er von der Höhe des Automobils den Vorgang wirklich besser gesehen. Einige Leute haben sich inzwischen angesammelt und stehen wie es die Darstellung des Automobilisten verdient nicht eigentlich im Kreise um ihn, sondern mehr vor ihm. Der Verkehr muss sich inzwischen ohne den Platz behelfen, den diese Gesellschaft einnimmt, die überdies nach den Einfällen des Automobilisten hin und her rückt. So ziehen z.B. einmal alle zum Tricykle um den Schaden von dem so viel gesprochen worden ist, einmal genauer anzusehen. Der Autom. hält ihn nicht für arg, (einige halten in mäßig lauten Unterredungen zu ihm) trotzdem er sich nicht mit dem bloßen Hinschauen begnügt sondern rund herumgeht, oben hinein und unten durch schaut. Einer, der schreien will, setzt sich, da der Aut. Schreien nicht braucht, für das Tricykle ein; er bekommt aber sehr gute und sehr laute Antworten von einem neu auftretenden fremden Mann, der wenn man sich nicht beirren lässt, der Begleiter des Aut. gewesen ist. Einigemale müssen einige Zuhörer zusammen lachen, beruhigen sich aber immer mit neuen sachl. Einfällen. Nun besteht eigentlich keine große Meinungsversch. zwischen Aut. u. Bäck., der Aut. sieht sich von einer kleinen freundlichen Menschenmenge umgeben, die er überzeugt hat, der Bäckerjunge lässt von seinem einförmigen Armeausstrecken und Vorwürfemachen langsam ab, der Aut. leugnet ja nicht dass er einen kleinen Schaden angerichtet hat, gibt auch durchaus dem Bäck. nicht alle Schuld, beide haben Schuld, also keiner, solche Dinge kommen eben vor u.s.w. Kurz die Angelegenheit würde schließlich in Verlegenheit ablaufen, die Stimmen der Zuschauer, die schon über den Preis der Reparatur beraten, müssten abverlangt werden, wenn man sich nicht daran erinnern würde, dass man einen Polizeimann holen könnte. Der Bäckerjunge der in eine immer untergeordnetere Stellung zum Au. geraten ist, wird von ihm einfach um einen Pol. geschickt und vertraut sein Tricykle dem Schutz des Aut. Nicht mit böser Absicht, denn er hat es nicht nötig, eine Partei für sich zu bilden, hört er auch in Abwesenheit des Gegners mit seinen Beschreibungen nicht auf Weil man rauchend besser erzählt, dreht er sich eine Zigarette. In seiner Tasche hat er ein Tabaklager. Neu ankommende Uninformierte und wenn es auch nur Geschäftsdiener sind werden systematisch zuerst zum Automobil, dann zum Tricykle geführt und dann erst über die Details unterrichtet. Hört er aus der Menge von einem weiter hinten Stehenden einen Einwand, beantwortet er ihn auf den Fußspitzen, um dem ins Gesicht sehen zu können. Es zeigt sich, dass es zu umständlich ist, die Leute zwischen Aut. u. T. hin und herzuführen, deshalb wird das Automobil mehr zum Trottoir in die Gasse hineingefahren. Ein ganzes Tricykle hält und der Fahrer sieht sich die Sache an. Wie zur Belehrung über die Schwierigkeiten des Automobilfahrens ist ein großer Motoromnibus mitten auf dem Platz stehen geblieben. Man arbeitet vorn am Motor. Die Ersten die sich um den Wagen niederbeugen sind seine ausgestiegenen Passagiere im richtigen Gefühl ihrer nähern Beziehung. Inzwischen hat der Aut. ein wenig Ordnung gemacht und auch das Tr. mehr zum Trottoir geschoben. Die Sache verliert ihr öffentl. Interesse. Neu Ankommende müssen schon erraten, was eigentlich geschehen ist. Der Aut. hat sich mit einigen alten Zusch. die als Zeugen Wert haben, förmlich zurückgezogen und spricht mit ihnen leise. Wo wandert aber inzwischen der arme Junge herum? Endlich sieht man ihn in der Ferne, wie er mit dem Pol. den Platz zu durchqueren anfängt. Man war nicht ungeduldig aber das Interesse zeigt sich sogleich aufgefrischt. Viele neue Zuschauer treten auf die auf billige Weise den äußersten Genuss der Protokollaufnahme haben werden. Der Aut. löst sich von seiner Gruppe und geht dem Pol. entgegen, der die Angeleg. sofort mit der gleichen Ruhe aufnimmt, welche die Beteiligten erst durch halbstündiges Warten sich verschafft haben. Die Prot. aufnahme beginnt ohne lange Untersuch. Der P. zieht aus seinem Notizbuch mit der Schwerfälligkeit eines Bauarbeiters einen alten schmutzigen aber leeren Bogen Papier, notiert die Namen der Beteiligten, schreibt die Bäckerfirma auf und geht um dies genau zu machen schreibend um das Tricykle herum. Die unbewusste unverständige Hoffnung aller Anwesenden auf eine sofortige sachliche Beendigung der ganzen Angel. durch den Pol. geht in eine Freude an den Einzelheiten der Prot.auf. über. Diese Pr. stockt bisweilen. Der Pol. hat sein Prot. etwas in Unord. gebracht und in der Anstrengung es wieder herzustellen, hört und sieht er weilchenweise nichts anderes. Er hat nämlich den Bogen an einer Stelle zu beschreiben angefangen, wo er aus irgend einem Grunde nicht hätte anfangen dürfen. Nun ist es aber doch geschehen und sein Staunen darüber erneuert sich öfter. Er muss den Bogen immerfort wieder umdrehen, um den schlechten Prot.anfang zu glauben. Da er aber von diesem schlechten Anfang bald abgelassen und auch anderswo zu schreiben angefangen hat, kann er, wenn eine Spalte zu Ende ist, ohne großes Auseinanderfalten und Untersuchen unmöglich wissen, wo er richtigerweise fortzusetzen hat. Die Ruhe die dadurch die Angeleg. gewinnt, lässt sich mit jener früheren durch die Bet. allein erreichten gar nicht vergleichen.

Reise Juni /Juli 1912

Reise Weimar-Jungborn
vom 28. Juni 1912 - 29. Juli

<u>Freitag 28. Juni 1912</u>

Abfahrt Staatsbahn. Gut beisammen. Sokoln verzögern die Zugabfahrt. Ausgezogen in ganzer Länge auf der Bank gelegen. Elbufer. Schöne Lage der Orte und Villen, ähnlich den Seeufern. Dresden. Mengen der frischen Waren überall. Reinliche korrekte Bedienung. Ruhig gesetzte Worte. Massives Aussehen der Bauten infolge der Betontechnik, die doch z. B. in Amerika nicht so wirkt. Das sonst ruhige von Wirbelringen marmorierte Elbewasser.

Leipzig. Gespräch mit unserem Dienstmann. Max fragt ihn trotzdem er wie unser Großvater aussieht nach Mädchen. Opels Hotel. Der halbe neue Bahnhof Schöne Ruine des alten. Gemeinsames Zimmer. Von 4 Uhr ab lebendig begraben, weil Max wegen des Lärms die Fenster zumachen muss. Großer Lärm. Dem Gehör nach zieht ein Wagen den andern hinter sich. Die Pferde wegen des Asphalts wie laufende Reitpferde anzuhören. Das sich entfernende durch seine Unterbrechungen Gassen und Plätze andeutende Läuten der Elektrischen. Abend in Leipzig. Maxens topografischer Instinkt, mein Verlorensein. Dagegen stelle ich, später vom Führer bestätigt, einen schönen Erker am Fürstenhaus fest. Nachtarbeit auf einem Bauplatz, wahrscheinlich auf der Stelle von Auerbachs Keller. Nicht zu beseitigende Unzufriedenheit mit Leipzig. Unentschlossenheit in den Bordellgässchen. Mein Schuhbandbinden wird von der Gasse zum Fenster hin besprochen. Lockendes Café Oriental. "Taubenschlag" Bierstube. Der schwer bewegliche langbärtige Biervater. Seine Frau schenkt ein. Zwei große starke Töchter bedienen. Fächer in den Tischen. Lichtenhainer in Holzkrügen.

Schandgeruch wenn man den Deckel öffnet. Ein schwächlicher Stammgast, rötliche magere Wangen, faltige Nase sitzt mit großer

Gesellschaft, bleibt dann allein zurück, das Mädchen setzt sich mit ihrem Bierglas zu ihm. Das Bild des vor 12 Jahren verstorbenen Stammgastes, der 14 Jahre lang hergegangen ist. Er hebt das Glas, hinter ihm ein Gerippe. Viele stark verbundene Studenten in Leipzig. Viel Monokel. Kurzer Besuch in einem B. Ein Mädchen mit Brustschmuck nachtmahlt ein Rippchen. Unsere undeutliche Auskunft über den Grund unseres sofortigen Weggehens.

Freitag (Samstag) 2. Juni 1912

Frühstück. Verkennung einer Annäherung zwischen dem Hotelier und seiner Tochter. Der Herr, der Samstag die Quittung einer Geldsendung nicht unterschreibt. Spaziergang. Max zu Rohwolt. Buchgewerbemuseum. Kann mich vor den vielen Büchern nicht halten. Die altertümlichen Straßen dieses Verlagsviertels, trotz gerader Straßen und neuerer allerdings schmuckloser Häuser. Öffentliche Lesehalle. Mittagmahl im "Manna". Schlecht. Brandeis dort getroffen. Rendezvous mit Max vor dem Goethedenkmal um 2. Verabschiedung Brandeis. Wilhelms Weinstube, dämmeriges Lokal in einem Hof Rohwolt. Jung rotwangig, stillstehender Schweiß Zwischen Nase und Wangen, erst von den Hüften an beweglich. Graf Bassewitz, Verfasser von "Judas" groß, nervös, trockenes Gesicht, Spiel in der Taille, gut behandelter starker Körper. Hasendever, jüdisch, laut, viel Schatten und Helligkeit im kleinen Gesicht, auch bläuliche Farben. Alle 3 schwenken Stöcke und Arme. Eigentümliches tägliches Mittagessen in der Weinstube. Große breite Weinbecher mit Zitronenscheiben. Pinthus, Korrespondent des B. T., dick, flacheres Gesicht, korrigiert dann im Café Francais die Schreibmaschinenniederschrift einer Kritik der "Johanna v. Neapel" (Uraufführung am Abend vorher). Vorschlag des Hasend. den Nachmittagskaffee in einem B. zu trinken. Nicht eingelassen, weil die Damen bis 4 Uhr schlafen. Zusammenlauf der Wirtschafterinnen aus dem Dunkel. Café Francais. R. will ziemlich ernsthaft ein Buch von mir. Persönliche Verpflichtungen der Verleger und ihr Einfluss auf den Tagesdurchschnitt der deutschen Literatur. Im Verlag. - Abfahrt nach Weimar 5 Uhr. Das ältere Fräulein im Coupé.

Dunkle Haut. Schöne Rundungen an Kinn und Wangen. Wie sich die Nähte der Strümpfe um ihre Beine drehten, sie hatte das Gesicht mit der Zeitung verdeckt und wir sahen die Beine an. Weimar. Auch sie steigt dort aus, nachdem sie einen großen alten Hut angezogen hatte. Ich sah sie später einmal, als ich vom Marktplatz aus das Goethehaus beobachtete. Langer Weg zum Hotel Chemnitius. Fast den Mut verloren. Suchen der Badeanstalten. Dreiteilige Appartements, die man uns anweist. Max soll in einem Loch mit einer Luke schlafen. Freibad am Kirschberg. Schwanensee. Gang in der Nacht zum Goethehaus. Sofortiges Erkennen. Gelbbraune Farbe des Ganzen. Fühlbare Beteiligung unseres ganzen Vorlebens an dem augenblicklichen Eindruck. Das Dunkel der Fenster der unbewohnten Zimmer. Die helle Junobüste. Anrühren der Mauer. Ein wenig herabgelassene weiße Rollos in allen Zimmern. 14 Gassenfenster. Die vorgehängte Kette. Kein Bild gibt das Ganze wieder. Der unebene Platz, der Brunnen, die dem ansteigenden Platz folgende gebrochene Baulinie des Hauses. Die dunklen etwas länglichen Fenster in das Braungelbe eingelegt. Das auch an und für sich auffallendste bürgerliche Wohnhaus in Weimar.

<u>Sonntag 30 Juni 1912</u>

Vormittag. Schillerhaus. Verwachsene Frau, die vortritt und mit ein paar Worten, hauptsächlich durch die Tonart das Vorhandensein dieser Andenken entschuldigt. Auf der Treppe Klio als Tagebuchführerin. Bild der 100jähr. Geburtstagsfeier 10 Nov. 1859, das ausgeschmückte, verbreiterte Haus. Italienische Ansichten, Bellagio, Geschenke Goethes. Nicht mehr menschliche Haarlocken, gelb und trocken wie Grannen. Maria Pawlovna, zarter Hals, Gesicht nicht breiter, große Augen. Die verschiedensten Schillerköpfe. Gute Anlage einer Schriftstellerwohnung. Wartezimmer, Empfangszimmer, Schreibzimmer, Schlafalkoven. Frau Junot, seine Tochter ihm ähnlich. "Baumzucht im Großen nach Erfahrungen in Kleinen", Buch seines Vaters.

Goethehaus. Repräsentationsräume. Flüchtiger Anblick des Schreib- und Schlafzimmers. Trauriger an tote Großväter erinnernder Anblick. Dieser seit Goethes Tod fortwährend wachsende Garten. Die sein Arbeitszimmer verdunkelnde Buche. Schon als wir im Treppenhaus unten saßen, lief sie mit ihrer kleinen Schwester an uns vorüber. Der Gipsabguss eines Windspiels, der unten im Treppenhaus steht, gehört in meiner Erinnerung mit zu diesem Laufen. Dann sahen wir sie wieder im Junozimmer, dann beim Ausblick aus dem Gartenzimmer. Ihre Schritte und ihre Stimme glaubte ich noch öfter zu hören. Zwei Nelken durch das Balkongeländer gereicht. Zu später Eintritt in den Garten. Max sieht sie oben auf einem Balkon. Sie kommt herunter, später erst, mit einem jungen Mann. Ich danke im Vorübergehen dafür, dass sie uns auf den Garten aufmerksam gemacht hat. Wir gehen aber noch nicht weg. Die Mutter kommt, es entsteht Verkehr im Garten. Sie steht bei einem Rosenstrauch. Ich gehe von Max gestoßen hin, erfahre von dem Ausflug nach Tiefurt. Ich werde auch hingehen. Sie geht mit ihren Eltern. Sie nennt ein Gasthaus, von dem aus man die Tür des Goethehauses beobachten kann. Gasthaus zum Schwan. Wir sitzen zwischen Efeugestellen. Sie tritt aus der Haustür. Ich laufe hin, stelle mich allen vor, bekomme die Erlaubnis mitzugehen und laufe wieder zurück. Später kommt die Familie ohne Vater. Ich will mich anschließen, nein, sie gehen erst zum Kaffee, ich soll mit dem Vater nachkommen. Sie sagt, ich soll um 4 ins Haus hineingehen. Ich hole den Vater nach Abschied von Max. Gespräch mit dem Kutscher vor dem Tor. Weg mit dem Vater. Gespräch über Schlesien, Großherzog, Goethe, Nationalmuseum, Fotografieren und Zeichnen und das nervöse Zeitalter. Halt vor dem Haus, wo sie Kaffee trinken. Er läuft hinauf, um alle zum Erkerfenster zu rufen, weil er fotografieren wird. Aus Nervosität mit einem kleinen Mädchen Ball gespielt. Weg mit den Männern, vor uns die zwei Frauen, vor ihnen die 3 Mädchen. Ein kleiner Hund läuft zwischen uns hin und her. Schloss in Tiefurt. Besichtigung mit den 3 Mädchen. Sie hat vieles von den Sachen auch im Goethehaus und besser. Erklärungen vor den Wertherbildern. Zimmer des Fräulein von Göchhausen. Die zugemauerte Tür. Der nachgemachte Pudel. Dann Aufbruch mit den Eltern. Zweimaliges Fotografieren im Park. Eines auf einer Brücke, das nicht gelingen will. Endlich auf dem Rückweg endgültiger Anschluss ohne rechte Beziehung. Regen. Die Erzählungen von Breslauer Karnevalsscherzen beim Archiv. Abschied vor dem Haus. Mein Herumstehen in der Seifengasse. Max hat inzwischen geschlafen. Abend 3-maliges unverständliches Treffen. Sie mit ihrer Freundin. Zum ersten Mal begleiten wir sie. Ich kann abend nach 6 immer in den Garten kommen. Jetzt muss sie nach Hause. Dann wieder Zusammentreffen auf dem für ein Duell vorbereiteten Rundplatz. Sie sprechen mit einem jungen Mann mehr feindlich, als freundlich. Warum sind sie aber nicht schon zu Hause geblieben, da wir sie doch bis auf den Goetheplatz begleitet hatten. Sie hatten doch eiligst nach Hause müssen. Warum rannten sie aber jetzt, offenbar ohne überhaupt zu Hause gewesen zu sein, von dem jungen Mann verfolgt oder um ihm zu begegnen aus der Schillerstraße heraus, die kleine Treppe hinab, auf den abseits gelegenen Platz? Warum drehten sie sich dort, nachdem sie auf 10 Schritte Entfernung mit dem jungen Mann paar Worte gesprochen und scheinbar seine Begleitung abgelehnt hatten, wieder um und liefen allein zurück? Hatten wir sie gestört, die wir nur mit einfachem Gruß vorüber gegangen waren? Später gingen wir langsam zurück; als wir auf den Goetheplatz kamen, liefen sie uns schon wieder aus einer andern Gasse offenbar sehr erschreckt fast in die Hände. Wir drehten uns aus Schonung um. Aber sie hatten also schon wieder einen Umweg gemacht.

<u>Montag, 1. Juli 1912</u>

Gartenhaus am Stern. Im Gras davor gezeichnet. Den Vers auf dem Ruhesitz auswendig gelernt. Kofferbett. Schlaf Papagei im Hof der Grete ruft. Nutzlos in die Erfurter Allee gegangen, wo sie nähen lernt. Baden.

Dienstag, 2. Juli 1912

Goethehaus. Mansarden. Beim Hausmeister die Fotografien angesehen. Herumstehende Kinder. Fotografiegespräche. Fortwährendes Aufpassen auf eine Gelegenheit mit ihr zu sprechen. Sie geht ins Nähen mit einer Freundin. Wir bleiben zurück. - Nachmittag Liszthaus. Virtuosenhaft. Die alte Pauline. Liszt von 5-8 Uhr gearbeitet, dann Kirche, dann zweiter Schlaf von 11 an Besuche. Max im Bad, ich hole die Fotografien, treffe sie vorher, komme mit ihr vors Tor. Der Vater zeigt mir die Bilder, ich bringe Fotografieständer, endlich muss ich doch gehen. Sie lächelt mir sinnlos nutzlos hinter dem Rücken des Vaters zu. Traurig. Einfall, die Fotografien vergrößern zu lassen. In die Drogerie. Wieder zurück ins Goethehaus wegen des Negativs. Sie sieht mich vom Fenster aus und öffnet. - Vielfaches Treffen der Grete. Beim Erdbeeressen; vor Werthers Garten, wo ein Konzert ist. Ihre Beweglichkeit des Körpers im losen Kleid. Die großen Offiziere, die aus dem "russischen Hof" kommen. Vielerlei Uniformen. Die schlanken, starken in den dunklen Kleidern. - Die Rauferei in der entlegenen Gasse. "du musst schon der schönste Dreckarsch sein!" Die Leute an den Fenstern. Die abgehende Familie, ein Betrunkener, eine alte Frau mit Rückenkorb und 2 Burschen als Anhängsel. - Dass ich bald wegfahren muss, drückt mich in der Kehle. Entdeckung von "Tivoli". Tische an der Wand heißen "Seitenbalkon". Die alte Schlangendame, ihr Mann, der als Zauberer dient. Die weiblichen Deutschmeister.

Mittwoch, 3. Juli 1912

Goethehaus. Es soll im Garten fotografiert werden. Sie ist nicht zu sehen, ich darf sie dann holen. Sie ist immer ganz zittrig von Bewegung, bewegt sich aber erst, wenn man zu ihr spricht. Es wird fotografiert. Wir zwei auf der Bank. Max zeigt dem Mann, wie es zu machen ist. Sie gibt mir ein Rendezvous für den nächsten Tag. - Öttingen schaut durchs Fenster und verbietet Max und mir, die wir gerade allein beim Apparat stehen, das Fotografieren. Wir fotografieren doch nicht! - Damals war die Mutter noch freundlich. Abgesehen von den Schulen und den Nichtzahlenden kommen 30000 Menschen im Jahr. - Bad. Ernste, ruhige Ringkämpfe der Kinder. - Großherzogliche Bibliothek am Nachmittag. Trippelbüste. Das Lob des Führers. Der immer zu erkennende Großherzog. Massives Kinn und starke Lippen. Hand im zugeknöpften Rock. Goethebüste von David, mit nach hinten gesträubtem Haar und großem gespannten Gesicht. Die durch Goethe vorgenommene Umwandlung eines Palais in eine Bibliothek. Büsten von Passow (hübscher kraushaariger Junge), Zach. Werner, schmales, prüfendes, vordringendes Gesicht. Gluck. "Abgegossen vom Leben". Die Löcher im Mund von den Röhren, durch die er geatmet hat. Goethes Arbeitszimmer. Durch eine Tür tritt man gleich in den Garten der Frau v. Stein. Die von einem Sträfling aus einer Rieseneiche ohne einen einzigen Nagel gearbeitete Treppe. - Spaziergang im Park mit dem Zimmermannsohn Fritz Wenski. Seine ernsten Reden. Er schlägt dabei mit einem Zweig in die Büsche. Er wird auch Zimmermann werden und wandern. Jetzt wandert man nicht mehr so, wie zu seines Vaters Zeiten, die Eisenbahn verwöhnt. Um Fremdenführer zu werden, müsste man Sprachen kennen, also entweder sie in der Schule lernen oder solche Bücher kaufen. Was er vom Park weiß, hat er entweder in der Schule gelernt oder von den Führern gehört. Auffallende Führerbemerkungen, die zu dem sonstigen nicht passen z. B. über das römische Haus nichts, als: Die Tür war für die Lieferanten bestimmt. Borkenhäuschen. Shakespearedenkmal. - Kinder um mich auf dem Karlsplatz. Gespräche über die Marine. Der Ernst der Kinder. Besprechung von Schiffsuntergängen. Überlegenheit der Kinder. Versprechen eines Balles. Verteilung der Kakes. Gartenkonzert Carmen. Ganz durchdrungen davon.

<u>Donnerstag, 4. Juli 1912</u>

Goethehaus. Bestätigung des versprochenen Rendezvous mit lautem Ja. Sie sah aus dem Tor. Falsche Erklärung dessen, denn auch während unserer Anwesenheit sah sie heraus. Ich fragte noch einmal: "Auch bei Regen?" "Ja." Max fährt nach Jena zu Diederichs.

Ich Fürstengruft. Mit den Offizieren. Über Goethes Sarg goldner Lorbeerkranz gestiftet von den deutschen Frauen Prags 1882. Alle auf dem Friedhof wieder gefunden. Grab der goetheschen Familie. Walter von Goethe geb. Weimar 9 Apr. 1818, † Leipzig 15 Apr. 1885 "mit ihm erlosch Goethes Geschlecht, dessen Name alle Zeiten überdauert", Grabinschrift der Fr. Karoline Falk: "Während Gott ihr 7 der eigenen Kinder nahm, wurde sie fremden Kindern eine Mutter. Gott wird abwischen alle Tränen von ihren Augen." Charlotte von Stein: 1742-1827. - Bad - Nachmittag nicht geschlafen, um das unsichere Wetter nicht aus den Augen zu lassen. Sie kam nicht zum Rendezvous. - Treffe Max angekleidet im Bett. Beide unglücklich. Wenn man das Leid aus dem Fenster schütten könnte. - Abend Hiller mit seiner Mutter. - Ich laufe vom Tisch weg, weil ich sie zu sehen glaubte. Täuschung. Dann alle vors Goethehaus. Sie gegrüßt.

Freitag, 5. Juli 1912

Vergeblicher Gang zum Goethehaus. - Goethe-Schiller-Archiv. Briefe von Lenz. - Brief der Frankfurter Bürger an Goethe 28 August 1830: "Einige Bürger der alten Maynstadt, seit langem hier gewöhnt, den 28. August mit dem Becher in der Faust zu begrüßen, würfen die Gunst des Himmels preisen, könnten sie den seltenen Frankfurter, den dieser Tag gebracht, im Weichbild der Freistadt selbst willkommen heißen.

Weil es aber von Jahr zu Jahr bei Hoffen und Harren und Wünschen bleibt, so reichen sie einstweilen über Wälder und Fluren, Marken und Mauten den schimmernden Pokal nach der glücklichen Ilmstadt hinüber und bitten ihren verehrten Landsmann um die Gunst in Gedanken mit ihm anstoßen und singen zu dürfen:

Willst du Absolution deinen Treuen geben
Wollen wir nach deinem Wink Unablässig streben
Uns vom Halben zu entwöhnen und im Ganzen Guten Schönen
resolut zu leben."

1757 "Erhabene Großmama! ..."

Jerusalem an Kestner: "Dürfte ich Ew. Wohlgeboren wohl zu einer vorhabenden Reise um Ihre Pistolen gehorsamst ersuchen?"

Lied der Mignon ohne einen Strich. Fotografien geholt. Hingebracht. Nutzlos herumgestanden, nur 3 Fotografien von den 6 abgegeben. Und gerade die schlechtem in der Hoffnung, dass der Hausmeister um sich zu rechtfertigen, von neuem fotografieren wird. Keine Spur. - Bad - Direkt von dort in die Erfurter Straße. Max zum Mittagmahl. Sie kommt mit 2 Freundinnen. Ich greife sie heraus. Ja sie musste gestern 10 Min. früher weggehen, hat erst jetzt von ihren Freundinnen von meinem gestrigen Warten erfahren. Sie hatte auch Ärger wegen der Tanzstunden. Sie liebt mich sicher nicht, einigen Respekt aber hat sie. Ich gebe ihr die mit dem Herzchen und der Kette umwundene Schokoladenschachtel und begleite sie ein Stück. Paar Worte Hin und Her über ein Rendezvous. Morgen um 11 vor dem Goethehaus. Das kann nur eine Ausrede sein, sie muss ja kochen und dann vor dem Goethehaus, aber ich nehme es doch an. Traurige Annahme. Gehe ins Hotel, sitze ein Weilchen bei Max, der im Bett liegt. Nachmittag Ausflug nach Belvedere. Hiller und Mutter. Schöne Fahrt im Wagen durch eine einzige Allee. Überraschende Anordnung des Schlosses, das aus einem Hauptteil und 4 seitlich angeordneten Häuschen besteht, alles niedrig und zart gefärbt. Ein niedriger Springbrunnen in der Mitte. Blick vorwärts nach Weimar. Der Großherzog war schon seit einigen Jahren nicht hier. Er ist Jäger und hier ist keine Jagd. Der ruhige entgegenkommende Bediente mit glattrasiertem eckigen Gesicht, traurig wie vielleicht alles Volk, das sich unter Herrschaften bewegt. Trauer der Haustiere. Maria Pawlovna, Schwiegertochter des Großherzogs Karl August, Tochter der Maria Feodorowna und des Kaisers Paul, der erdrosselt wurde. Viel russisches. Cloisone' Kupfergefäße mit aufgehämmerten Drähten, zwischen die das Email gegossen wird. Die Schlafzimmer mit Himmelskuppel. Fotografien in den noch bewohnbaren Zimmern die einzige Modernisierung. Wie sie sich unbeobachtet auch einordnen werden! Zimmer Goethes, ein unteres Eckzimmer. Einige Deckenbilder Oesers, bis zur Unkenntlichkeit aufgefrischt. Viel Chinesisches. Das "dunkle Kammerfrauenzimmer". Das Naturtheater mit den zwei Zuschauerreihen. Der aus mit den Lehnen aneinandergestellten Bänken bestehende Wagen, dos a' dos, in dem die Damen saßen, während die begleitenden Kavaliere neben ihnen ritten. Der schwere Wagen, in dem Maria Pawlovna mit ihrem Mann in 26 Tagen dreispännig von Petersburg nach Weimar auf der Hochzeitsreise fuhr. Naturtheater und Park von Goethe eingerichtet. - Abend zu Paul Ernst. Auf der Gasse 2 Mädchen nach der Wohnung des Schriftstellers P. E. gefragt. Sie schauen uns zuerst nachdenklich an, dann stößt eine die andere, als wolle sie sie an einen Namen erinnern, der ihr gerade nicht einfällt. Meinen Sie Wildenbruch? fragt uns dann die andere. - Paul Ernst. Über den Mund gehender Schnurrbart und Spitzbart. Hält sich am Sessel fest oder an den Knien, trotzdem er auch bei Erregung (wegen seiner Kritiker) nicht losgeht. - Wohnt am Horn. Eine Villa scheinbar ganz mit seiner Familie angefüllt. Eine Schüssel stark riechender Fische, welche die Treppe hinaufgetragen werden sollte, wird bei unserem Anblick wieder in die Küche zurückgebracht. - Eintritt des Pater Expeditus-Schmitt, mit dem ich schon einmal auf der Hoteltreppe zusammengestoßen bin. Arbeitet im Archiv an einer Otto Ludwig Ausgabe. Will Nargileh ins Archiv einführen. Schimpft eine Zeitung "fromme Giftkröte" weil sie die vom ihm herausgegebenen "Heiligenlegenden" angegriffen hat.

Samstag, 6. Juli 1912

Zu Schlaf Alte ihm ähnliche Schwester empfängt uns. Er ist nicht zu Hause. Wir kommen abend wieder. - Einstündiger Spaziergang mit Grete. Sie kommt scheinbar im Einverständnis mit ihrer Mutter, mit der sie noch von der Gasse aus durchs Fenster spricht. Rosa Kleid, mein Herzchen. Unruhe wegen des großen Balles am Abend. Ohne jede Beziehung zu ihr gewesen. Abgerissenes, immer wieder angefangenes Gespräch. Einmal besonders rasches, dann wieder besonders langsames Gehen. Anstrengung, um keinen Preis deutlich werden zu lassen, wie wir mit keinem Fädchen

zusammenhängen. Was treibt uns gemeinsam durch den Park? Nur mein Trotz? - Gegen Abend bei Schlaf Vorher Besuch bei Grete. Sie steht vor der ein wenig geöffneten Küchentür in dem lange vorher gepriesenen Ballkleid, das gar nicht so schön ist, wie ihr gewöhnliches. Schwer verweinte Augen, offenbar wegen ihres Haupttänzers, der ihr schon überhaupt viel Sorgen gemacht hat. Ich verabschiede mich für immer. Sie weiß es nicht und wenn sie es wüsste, läge ihr auch nichts daran. Ein Weib, das Rosen bringt, stört noch den kleinen Abschied. - Auf den Gassen von allen Seiten Tanzstundenherren und - Damen. - Schlaf. Wohnt nicht gerade in einer Dachstube, wie es Ernst, der mit ihm zerfallen ist, uns einreden wollte. Lebhafter Mann, den starken Oberkörper von einem fest zugeknöpften Rock umspannt. Nur die Augen zucken nervös und krank. Spricht hauptsächlich von Astronomie und seinem geozentrischen System. Alles andere Literatur, Kritik, Malerei hängt nur noch so an ihm weil er es nicht abwirft. Weihnachten wird sich übrigens alles entscheiden. Er zweifelt an seinem Sieg nicht im Geringsten. Max sagt, seine Lage gegenüber den Astronomen sei "der Lage Goethes gegenüber den Optikern ähnlich." "Ähnlich" antwortet er immer mit Handgriffen auf dem Tisch, "aber viel günstiger, denn ich habe unbestreitbare Tatsachen für mich." Sein kleines Fernrohr für 400 M. Zu seiner Entdeckung braucht er es gar nicht, auch Mathematik nicht. Er lebt in vollem Glück. Sein Arbeitsgebiet ist endlos, da seine Entdeckung einmal anerkannt, ungeheuere Folgen
in allen Gebieten (Religion, Ethik, Ästhetik u.s.w.) Hafen wird und er natürlich zuerst zu ihrer Bearbeitung berufen ist. - Als wir kamen, hat er gerade Besprechungen die anlässlich seines 50ten Geburtstages erschienen waren, in ein großes Buch geklebt. "Bei solchen Gelegenheiten machen sie es milde." - Vorher Spaziergang mit Paul Ernst im Webbich. Seine Verachtung unserer Zeit, Hauptmanns, Wassermanns, Thomas Manns. Ohne Rücksicht auf unsere mögliche Meinung wird Hauptmann in einem kleinen Nebensatz, den man erst lange nachdem er ausgesprochen ist, auffasst, ein Schmierer genannt. Sonst vage Äußerungen über Juden, Zionismus, Rassen u. 5. w., in allem nur bemerkenswert, dass es ein Mann ist,

der seine ganze Zeit mit allen Kräften gut angewendet hat. - Trockenes, automatisches "Ja, ja" in kleinen Zwischenräumen, wenn der andere spricht. Einmal ging es so weit, dass ich es nicht mehr glaubte.

7. Juli 1912

27 Nr. des Packträgers in Halle. - Jetzt 1/2 7 in der Nähe des Gleimdenkmals auf die schon lange gesuchte Bank niedergefallen. Wäre ich ein Kind, so müsste ich mich abtransportieren lassen, so schmerzen mich die Beine. - Nach dem Abschied von dir mich noch lange nicht allein gefühlt. Und dann wieder so dumpf geworden, dass es noch kein Alleinsein war. - Halle, kleines Leipzig. Diese Kirchenturmpaare hier und in Halle, die durch kleine Holzbrücke oben am Himmel verbunden sind. - Schon das Gefühl, dass du diese Sachen nicht gleich sondern erst später lesen wirst, macht mich so unsicher. - Der Radfahrklub, der sich am Markt in Halle zu einem Ausflug versammelt. Die Schwierigkeit allein eine Stadt oder auch nur eine Gasse anzusehen. - Gutes vegetarisches Mittagessen. Zum Unterschied von den sonstigen Gastwirten schlägt gerade den veg. Wirten das Vegetarische nicht gut an. Ängstliche Leute, die von der Seite an einen herankommen.

Fahrt von Halle mit 4 Prager Juden: zwei angenehmen lustigen älteren starken Männern, einer dem Dr. Klemens ähnlich, einer meinem Vater nur viel kleiner, dann ein schwacher, von der Hitze hingeschlagener junger Ehemann und seine abscheuliche gut gebaute junge Frau, deren Gesicht irgendwie aus der Selcherfamilie Berg herkommt. Sie liest einen 3 M Ullstein Roman von Ida-Boy-Ed, mit dem ausgezeichneten, wahrscheinlich von Ullstein erfundenen Titel "Ein Augenblick im Paradies". Ihr Mann fragt sie, wie es ihr gefällt. Sie hat aber erst angefangen, "Bis dato kann man nichts sagen." Ein guter Deutscher mit trockener Haut und schön über Wangen und Kinn verteiltem weißlich blonden Bart nimmt an allem, was bei den 4 vorgeht, einen merkwürdig freundlichen Anteil. - Eisenbahnhotel, Zimmer unten an der Straße mit einem Gärtchen davor. Wer will kann im Vorübergehen, mich im Zimmer alle meine Geschäfte nackt besorgen sehen. Weg in die Stadt. Eine ganz und gar alte Stadt. Fachwerkbau scheint die für die größte Dauer berechnete Bauart zu sein. Die Balken verbiegen sich überall, die Füllung sinkt ein oder haucht sich aus, das Ganze bleibt und fällt höchstens mit der Zeit ein wenig zusammen und wird dadurch noch fester. So schön habe ich Menschen in den Fenstern noch nicht lehnen sehen. Meist sind auch die Mittelleisten der Fenster festgemacht. Man legt die Schulter an sie, Kinder drehn sich um sie. In einem tiefen Flur sitzen auf den ersten Stufen starke Mädchen, in ihren Sonntagskleidern ausgebreitet.

Drachenweg. Katzenplan.

Im Park mit kleinen Mädchen auf einer Bank, die wir als Mädchenbank gegen Jungen verteidigen. Polnische Juden.

Die Kinder rufen ihnen Itzig zu und wollen sich nach ihnen nicht gleich auf die Bank setzen. Jüdische Gastwirtschaft Nathan Eisellsberg mit hebräischer Auschrift. Es ist ein verwahrlostes schlossartiges Gebäude mit großem Treppenaufbau, das aus engen Gassen frei hervortritt. Ich gehe hinter einem Juden, der aus der Wirtschaft kommt und spreche ihn an. Nach 9. Ich will etwas über die Gemeinde wissen. Erfahre nichts. Bin ihm zu verdächtig. Immerfort schaut er auf meine Füße. Aber ich bin doch auch Jude. Dann kann ich bei Eiselsberg logieren. – Nein ich habe schon eine Wohnung. – So. – Plötzlich geht er nahe an mich heran. Ob ich nicht vor 1 Woche in Schöppenstedt gewesen bin. Vor seinem Haustor verabschieden wir uns; er ist glücklich, dass er mich losgeworden ist; ohne dass ich danach frage, sagt er mir noch, wie man zur Synagoge geht. – Leute im Schlafrock auf der Türstufe. Alte sinnlose Inschriften. Die Möglichkeiten durchdacht, auf diesen Gassen, Plätzen, Gartenbänken, Bachufern aus dem Vollen unglücklich zu sein. Wer weinen kann, soll am Sonntag herkommen. Abend nach 5 stündigem Herumgehen in meinem Hotel auf der Terrasse vor einem kleinen Gärtchen. Am Tisch nebenan die Wirtsleute mit einer jungen, witwenhaft aussehenden, lebhaften Frau. Wangen unnötig mager. Frisur geteilt und aufgebauscht.

8. Juli 1912

Mein Haus heißt "Ruth". Praktisch eingerichtet. 4 Luken, 4 Fenster, 1 Tür. Ziemlich still. Nur in der Ferne spielen sie Fußball, die Vögel singen stark, einige Nackte liegen still vor meiner Tür. Alles bis auf mich ohne Schwimmhosen. Schöne Freiheit. Im Park, Lesezimmer u. 5. w. bekommt man hübsche, fette Füßchen zu sehen.

9. Juli 1912

Gut geschlafen in der nach 3 Seiten freien Hütte. Ich kann an meiner Türe lehnen wie ein Hausbesitzer.

Zu den verschiedensten Zeiten in der Nacht aufgekommen und immer Ratten oder Vögel gehört, die um die Hütte herum im Gras kollerten oder flatterten. Der leopardartig gefleckte Herr. Gestern Abend Vortrag über Kleidung. Den Chinesinnen wurden die Füße verkrüppelt, damit sie einen großen Hintern bekommen.

Der Arzt, früherer Offizier, geziertes, irrsinnig, weinerlich, burschikos aussehendes Lachen. Geht schwunghaft. Anhänger von Mazdaznan. Ein für den Ernst geschaffenes Gesicht. Glatt rasiert, Lippen zum an einanderpressen. Er tritt aus seinem Ordinationszimmer, man geht an ihm vorüber hinein, "Bitte einzutreten" lacht er einem nach. Verbietet mir das Obstessen mit dem Vorbehalt, dass ich ihm nicht folgen muss. Ich bin ein gebildeter Mann, soll seine Vorträge anhören, die auch gedruckt sind, soll die Sache studieren, mir meine Meinung bilden und mich dann danach verhalten. (Aus seinem gestrigen Vortrag: "Wenn man selbst vollständig verkrüppelte Zehen hat, an einer solchen Zehe aber zieht und dabei tief atmet, so kann man sie mit der Zeit gerade machen." Nach einer bestimmten Übung wachsen die Geschlechtsteile. Aus den Verhaltungsmaßregeln: "Luftbäder in der Nacht sind sehr zu empfehlen (ich gleite einfach wenn es mir passt aus meinem Bett und trete in die Wiese vor meiner Hütte) nur soll man sich dem Mondlicht nicht zu sehr aussetzen, das ist schädlich") Unsere gegenwärtigen Kleider kann man gar nicht waschen!! Heute früh: Waschen, Mülflern, gemeinsames Turnen (ich heiße der Mann mit den Schwimmhosen), Singen einiger Choräle, Ballspiel im großen Kreis. 2 schöne schwedische Jungen mit langen Beinen, die so geformt und gespannt sind, dass man nur mit der Zunge richtig an ihnen hinfahren könnte. Konzert einer Militärkapelle aus Goslar. Nachmittag Heu gewendet. Abend mir den Magen so verdorben, dass ich vor Verdruss keinen Schritt machen will. Ein alter Schwede spielt mit einigen kleinen Mädchen Fangen und ist so am Spiel beteiligt, dass er einmal im Laufen ausruft: Wartet, ich werde euch diese Dardanellen sperren. Meint den Durchgang zwischen 2 Gebüschen. Als ein altes nicht hübsches Kindermädchen vorüberging: es ist doch etwas, an das man anklopfen könnte (der Rücken im schwarzen weiß punktierten Kleid). Das immer während grundlose Bedürfnis, sich anzuvertrauen. Jeden Menschen daraufhin ansehen, ob es bei ihm möglich ist und ob er für sich eine Gelegenheit hat.

10 Juli 1912

Fuß verstaucht, Schmerzen, Grünfutter aufgeladen. Nachmittag Spaziergang nach Ilsenburg mit einem ganz jungen Gymnasialprofessor Lutz aus Nauheim; kommt nächstes Jahr vielleicht nach Wickersdorf Koedukation, Naturheilkunde, Kohen, Freud. Geschichte von dem von ihm geführten Ausflug der Mädchen und Knaben. Gefeiter, alle durchnässt, müssen sich in der nächsten Herberge in einem Zimmer vollständig ausziehn. - In der Nacht Fieber vom geschwollenen Fuß her. Der Lärm den die vorüberlaufenden Kaninchen machen. Als ich in der Nacht aufstehe, sitzen auf der Wiese vor meiner Türe 3 solche Kaninchen. Ich träume, dass ich Goethe deklamieren höre, mit einer unendlichen Freiheit und Willkür.

11. Juli 1912

Gespräch mit einem Dr. Friedrich Schiller, Magistratsbeamter Breslau, der lange in Paris gewesen ist, um die städtischen Einrichtungen zu studieren. Gewohnt in einem Hotel mit der Aussicht in den Hof des Palais Royal. Früher in einem Hotel beim Observatoire. Eines Nachts war im Nebenzimmer ein Liebespaar. Das Mädchen schrie vor Glück in unverschämter Weise. Erst bis er sich durch die Wand anbot, einen Arzt zu holen, wurde sie still und er konnte schlafen. – Meine beiden Freunde stören mich, ihr Weg geht an meiner Hütte vorüber und da bleiben sie immer ein Weilchen an meiner Tür stehen zu einer kleinen Unterhaltung oder Einladung zu einem Spaziergang. Ich bin ihnen aber auch dankbar dafür. – In der "Evangelischen Missionszeitung" Juli 1912 über Missionen in Java: "So viel sich auch gegen die dilettantische ärztliche Tätigkeit der Missionare, die sie in größtem Umfange ausüben, mit Recht einwenden lässt, so ist sie doch wiederum das Haupthilfsmittel ihrer Missionstätigkeit und nicht zu entbehren."

Hie und da bekomme ich leichte oberflächliche Übelkeiten, wenn ich, meistens allerdings in einiger Entfernung, diese gänzlich Nackten langsam zwischen den Bäumen sich vorbeibewegen sehe. Ihr Laufen macht es nicht besser. – Jetzt ist an meiner Tür ein ganz fremder Nackter stehen geblieben und hat mich langsam und freundlich gefragt, ob ich hier in meinem Hause wohne, woran doch kein Zweifel ist. – Sie kommen auch so unhörbar heran. Plötzlich steht einer da, man weiß nicht, woher er gekommen ist. – Auch alte Herren, die nackt über Heuhaufen springen, gefallen mir nicht. – Abend Spaziergang nach Stapelburg. Mit den zweien, die ich einander vorgestellt und empfohlen habe. Ruine. Rückkehr 10 Uhr. Zwischen den Heuhaufen auf der Wiese vor meiner Hütte einige schleichende Nackte, die in der Ferne vergehen. In der Nacht, als ich durch die Wiese nach dem Kloset wandere, schlafen drei im Gras.

12. Juli 1912

Erzählungen des Dr. Schiller. Ein Jahr auf Reisen. Dann lange Debatte im Gras über das Christentum. Der alte blauäugige Adolf Just, der alles mit Lehm heilt und mich vor dem Arzt warnt, der mir Obst verboten hat. Die Verteidigung Gottes und der Bibel durch ein Mitglied der "Christlichen Gemeinschaft"; liest als Beweis, der gerade gebraucht wird, einen Psalm vor. Mein Dr. Schiller blamiert sich mit seinem Atheismus. Die Fremdwörter Illusion, Autosuggestion, helfen ihm nichts. Ein Unbekannter fragt, warum es den Amerikanern so gut geht, trotzdem sie bei jedem zweiten Wort fluchen. - Bei den meisten ist es nicht möglich, ihre wirkliche Meinung festzustellen, trotzdem sie sich lebhaft beteiligen. Der, welcher so überstürzt vom Blumentag sprach und wie sich gerade die Methodisten zurückhielten. Der aus der "Christl. Gem." der mit seinem schönen kleinen Jungen aus einer kleinen Tüte Kirschen und trockenes Brot mittagmahlt und sonst den ganzen Tag im Gras liegt, drei Bibeln vor sich aufgeschlagen hat und Notizen macht. Er ist erst seit 3 Jahren auf dem rechten Weg. Die Ölskizzen des Dr. Sch. aus Holland. Pont neuf. - Heu aufgefallen. - An den Eckarplätzen. - Zwei Schwestern. Kleine Mädchen. Eine mit schmalem Gesicht, nachlässiger Haltung, übereinander beweglichen Lippen, zart in eine Spitze verlaufender Nase, nicht ganz offenen, klaren Augen. Aus dem Gesicht leuchtet eine Gescheitheit, dass ich sie schon minutenlang aufgeregt angeschaut habe. Es weht mich etwas an, wenn ich sie anschaue. Ihre weiblichere kleine Schwester fängt meine Blicke ab. - Ein neu angekommenes steifes Fräulein mit bläulichem Schein. - Die Blonde mit kurzem zerrauftem Haar. Biegsam und mager wie ein Lederriemen. Rock, Bluse und Hemd, sonst nichts. Der Schritt! - Mit Dr. Sch. (43 Jahre) abend auf der Wiese. Spazieren gehen, sich strecken, reiben, schlagen und kratzen. Ganz nackt. Schamlos. - Der Duft, als ich abend aus dem Schreibzimmer trat.

13. Juli 1912

Kirschen gepflückt. Lutz liest mir Kinkel "Die Seele" vor. - Nach dem Essen lese ich immer ein Kapitel aus der Bibel, die hier in jedem Zimmer liegt. Abend, die Kinder beim Spiel. Die kleine Susanne von Puttkammer. 9jahre, in rosa Höschen.

14. Juli 1912

Kirschen gepflückt auf der Leiter mit Körbchen. Hoch im Baum oben gewesen. Vormittag Gottesdienst an den Eckerplätzen. Der ambrosianische Lobgesang. Nachmittag die 2 Freunde nach Ilsenburg geschickt. - Ich liege im Gras, da geht der aus der "Christl. Gemeinschaft" (lang, schöner Körper, braun gebrannt, spitzer Bart, glückliches Aussehen) von seinem Studierplatz in die Ankleidehütte, ich folge ihm nichts ahnend mit den Augen, er kommt aber, statt auf seinen Platz zurückzukehren, auf mich zu, ich schließe die Augen, er stellt sich aber schon vor: Hitzer, Landvermesser und gibt mir 4 Schriftchen als Sonntagslektüre. Im Weggehen spricht er noch von "Perlen" und "vorwerfen" womit er andeuten will, dass ich die Schriften dem Dr. Schiller nicht zeigen soll. Es sind "der verlorene Sohn", "Erkauft oder Nicht mehr mein (für ungläubige Gläubige)" mit kleinen Geschichten, "Warum kann der Gebildete nicht der Bibel glauben?" und "Hoch die Freiheit! aber: Was ist wahre Freiheit?" Ich lese ein wenig und gehe dann zu ihm zurück und versuche, unsicher durch den Respekt, den ich vor ihm habe, ihm klar zu machen, warum gegenwärtig keine Aussicht auf Gnade für mich besteht. Darauf redet er 11/2 Stunden zu mir (gegen Schluss gesellt sich ein alter weißhaariger, magerer, rotnasiger Herr im Leintuch mit einigen undeutlichen Bemerkungen zu uns) mit schöner nur aus Wahrhaftigkeit möglicher Beherrschung jedes Wortes. Der unglückliche Goethe, der so viel Existenzen unglücklich gemacht hat. Viele Geschichten. Wie er, Hitzer, dem Vater das Wort verbot, als er in seinem Hause Gott lästerte. "Mögest du Vater darüber entsetzt sein und vor Schrecken nicht weiter reden, mir ist es Recht." Wie der Vater Gottes Stimme auf dem Sterbebette hörte. - Er sieht mir an dass ich nahe an der Gnade bin. - Wie ich selbst alle seine Beweise abbreche und ihn an die innere Stimme verweise. Gute Wirkung.

<u>15. Juli 1912</u>

Kühnemann "Schiller" gelesen. - Der Herr, der immer eine Karte an seine Frau in der Tasche trägt, für den Fall eines Unglücks. - Buch Ruth - Ich lese "Schiller". Unweit liegt ein nackter alter Herr im Gras, einen Regenschirm über dem Kopf ausgespannt, mir den Hintern zugekehrt und prallt einige Male laut in der Richtung gegen meine Hütte hin. - Das braune und das blaue Kleid des zuerst weiß gekleideten steifen Fräuleins und wie sich ihre Gesichtshaut unter dem Einfluss dieser Farben so deutlich, schulmäßig förmlich, verwandelt.

<u>15. Juli 1912</u>

Plato "Der Staat" - Modell gestanden für Dr. Schiller. Ohne Schwimmhosen. Exhibitionistisches Erlebnis. - Die Seite in Flaubert über die Prostitution. - Die große Beteiligung des nackten Körpers am Gesamteindruck des Einzelnen. - Ein Traum: Die Luftbadegesellschaft vernichtet sich mittelst einer Rauferei. Nachdem die in zwei Gruppen geteilte Gesellschaft mit einander gespaßt hat, tritt aus der einen Gruppe einer vor und ruft der andern zu:

"Lustron und Kastron!" Die andern: "Wie? Lustron und Kastron?" Der eine: "Allerdings." Beginn der Rauferei.

<u>16. Juli 1912</u>

Kühnemann. - Herr Guido von Gillhausen, Hauptm. a. D., dichtet und komponiert "An mein Schwert" u. ä. Schöner Mann. Wage aus Respekt vor seinem Adel nicht zu ihm aufzuschauen, habe Schweißausbruch (wir sind nackt) und rede zu leise. Sein Siegelring. - Die Verbeugungen der schwedischen Jungen. Das durch Angewöhnung schweratmige Sprechen des Älteren, Rothaarigen. - Rede im Park angezogen mit einem Angezogenen. Er prallt so viel und laut, dass ich kein Wort von dem, was er redet, verstehen kann. - Versäumter Massenausflug nach Harzburg. - Abend. Schützenfest in Stapelburg. Mit Dr. Schiller und einem Berliner Friseurmeister. Die große sanft zum Stapelburger Burgberg aufsteigende von alten Linden geführte, von einem Bahndamm falsch durchschnittene Ebene. Das Schützenhäuschen, aus dem geschossen wird. Alte Bauern machen die Eintragung ins Schützenbuch. Die 3 Pfeifer mit Frauenkopftüchern die ihnen vom Rücken herabhängen. Alter unerklärlicher Brauch. Einige in alten einfachen blauen ererbten Kitteln, die aus feinstem Leinen sind und 15 M kosten. Fast jeder hat seine Büchse. Ein Vorderlader. Man hat den Eindruck dass alle von der Feldarbeit irgendwie krumm sind, besonders als sie sich in zwei Reihen aufstellen. Einige alte Anführer in Zylinderhut mit umgeschnalltem Säbel. Rossschweife und noch einige alte Symbole werden herbeigetragen, Aufregung, dann Spiel der Musikkapelle, größere Aufregung, dann Stille und Trommeln und Pfeifen, noch größere Aufregung, endlich werden ins letzte Trommeln und Pfeifen drei Fahnen herausgebracht, letzte Aufregung, Kommando und Abmarsch. Der Alte in schwarzem Anzug, schwarzer Mütze, etwas gedrücktem Gesicht und nicht zu langem, rings um das Gesicht gehenden, dichten, seidigen, unübertrefflich weißem Bart. Der vorige Schützenkönig, auch mit Zylinder, mit einer portiersähnlichen Schärpe um den Leib, die mit lauter kleinen Metallschildchen benäht ist, auf deren jedem der Schützenkönig eines Jahres eingraviert ist mit dem entsprechenden Handwerkszeichen. (Der Bäckermeister hat dort ein Laib Brot u.s.f.) Der Abmarsch mit Musik im Staub und der wechselnden Beleuchtung des stark bewölkten Himmels. Puppenhaftes Aussehen eines mitmarschierenden Soldaten (ein Schütze, der gerade dient) und sein hüpfender Schritt. Volksheere und Bauernkriege. Wir folgen ihnen durch die Gassen. Sie sind bald näher, bald ferner, da sie bei den einzelnen Schützenmeistern Halt machen, vorspielen und ein wenig bewirtet werden. Gegen das Ende des Zuges löst sich der Staub gleichmäßig auf Das letzte Paar ist das klarste. Zeitweilig verlieren wir sie ganz aus den Augen. Der lange Bauer mit etwas eingesunkener Brust, endgültigem Gesicht, Stulpenstiefeln, Kleidern wie aus Leder, wie umständlich er sich vom Pfosten des Tores ablöste. Die 3 Frauen die vor ihm standen, eine vor der andern. Die mittlere dunkel und schön. Die zwei Frauen am Tor des gegenüberliegenden Bauernhofes. Die 2 riesigen Bäume in beiden Höfen, die sich über der breiten Straße vereinigten. Die großen Scheiben an den Häusern früherer Schützenkönige. Der Tanzboden, zweigeteilt, in der Mitte abgeteilt in einem zweireihigen Verschlag die Musikkapelle. Vorläufig leer, kleine Mädchen lassen sich über die glatten Bretter gleiten. (Ausrufende redende Schachspieler stören mich im Schreiben) Ich biete ihnen meine "Brause" an, sie trinken, die Älteste zuerst. Mangel einer wahren Verkehrssprache. Ich frage, ob sie schon genachtmahlt haben, vollständiges Unverständnis, Dr. Sch. fragt, ob sie schon Abendbrot gegessen haben, beginnende Ahnung, (er spricht nicht deutlich, atmet zu viel) erst bis der Friseur fragt, ob sie gefuttert haben, können sie antworten. Eine zweite Brause, die ich für sie bestelle, wollen sie nicht mehr, aber Karusselfahren wollen sie, ich mit den 6 Mädchen (von 6-l3 Jahren) um mich fliege zum Karussel. Am Weg rühmt sich die eine, die zum Karusselfahren geraten hat, dass das Karussel ihren Eltern gehört. Wir setzen uns und drehn uns in einer Kutsche. Die Freundinnen um mich, eine auf meinen Knien. Sich hinzudrängende Mädchen, welche mein Geld mitgenießen wollen, werden gegen meinen Willen von den Meinigen weggestoßen. Die Besitzerstochter kontrolliert die Rechnung, damit ich nicht für die Fremden zahle. Ich bin bereit, wenn man Lust hat, noch einmal zu fahren, die Besitzerstochter selbst sagt aber, dass es genug ist, jedoch will sie ins Zuckerzeugzelt. Ich in meiner Dummheit und Neugierde führe sie zum Glücksrad. Sie gehen, so weit es möglich ist, sehr bescheiden mit meinem Geld um. Dann zum Zuckerzeug. Ein Zelt mit einem großen Vorrat, der so rein und geordnet ist, wie in der Hauptstraße einer Stadt. Dabei sind es billige Waren, wie auf unseren Märkten auch. Dann gehen wir zum Tanzboden zurück. Ich fühlte das Erlebnis der Mädchen stärker als mein Schenken. Jetzt trinken sie auch wieder die Brause und danken schön, die Älteste für alle und jede für sich. Bei Beginn des Tanzes müssen wir weg, es ist schon 3/4 10. Der unaufhörlich redende Friseur. 30 Jahre alt, eckigen Bart und ausgezogenen Schnurrbart. Hinter Mädchen her, liebt aber seine Frau, die zu Hause das Geschäft führt und nicht verreisen kann, weil sie dick ist und das Fahren nicht verträgt. Selbst wenn sie einmal nach Rixdorf fahren, muss sie zweimal aus der Elektrischen steigen, um ein wenig zu Fuß zu gehen und sich zu erholen. Sie braucht keine Ferien, sie ist schon zufrieden, wenn sie paar Mal länger schlafen kann. Er ist ihr treu, hat bei ihr alles was er braucht. Versuchungen, denen ein Friseur ausgesetzt ist. Die junge Restaurateursfrau. Die Schwedin, die alles teurer bezahlen muss. Haare kauft er von einem böhmischen Juden, namens Puderbeutel. Als eine sozialdemokratische Abordnung zu ihm kam und verlangte, dass auch der Vorwärts aufgelegt werde, sagte er "Wenn Sie das verlangen, dann habe ich Sie nicht gerufen." Gab aber schließlich nach. Als "junger Mann" (Gehilfe) war er in Görlitz. Er ist organisierter Kegler. War vor einer Woche auf dem großen Keglertag in Braunschweig. Es gibt an 20000 organisierte deutsche Kegler. Auf 4 Ehrenbahnen wurde 3 Tage lang von früh bis tief in die Nacht geschoben. Man kann aber nicht sagen, dass jemand der beste deutsche Kegler ist. - Als ich abends in meine Hütte kam, fand ich die Zündhölzchen nicht, borgte mir sie in der Nachbarhütte aus und leuchtete unter den Tisch, ob sie nicht vielleicht heruntergefallen wären. Dort waren sie nicht, dagegen stand dort das Wasserglas. Allmählich zeigte sich, dass die Sandalen hinter dem Wandspiegel, die Zündhölzchen auf einem Fensterbrett waren, der Handspiegel an einer vorspringenden Ecke hing. Der Nachttopf stand auf dem Schrank, die Education sentimental war im Kopfkissen, ein Kleiderhaken unter dem Leintuch, mein Reisetintenfass und ein nass gemachter Waschlappen im Bett u. 5. w. Alles zur Strafe, weil ich nicht nach Harzburg gegangen war.

19. Juli 1912

Regentag. Man liegt im Bett und das laute Klopfen des Regens auf das Dach der Hütte ist so, als ginge es gegen die eigene Brust. Auf der Kante des vorspringenden Daches erscheinen die Tropfen mechanisch wie Lichter die eine Straßenzeile entlang angezündet werden. Dann fallen sie. Wie ein wildes Tier jagt plötzlich ein Greis über die Wiese und nimmt ein Regenbad. Das Anschlagen der Tropfen in der Nacht. Man sitzt wie in einem Violinkasten. Am Morgen das Laufen, die weiche Erde unter sich.

20. Juli 1912

Vormittag mit Dr. Schiller im Wald. Der rote Boden und das von ihm aus sich verbreitende Licht. Das Sichauschwingen der Stämme. Die schwebenden breiten flachbelaubten Äste der Buchen. - Nachmittag Ankunft Eifer Maskerade aus Stapelburg. Der Riese mit dem tanzenden als Bären verkleideten Mann. Das Schwingen seiner Schenkel und des Rückens. Das Marschieren durch den Garten hinter der Musik. Das Laufen der Zuschauer über die Rasen, durch die Gebüsche. Der kleine Hans Eppe, wie er sie erblickt. Walter Eppe auf dem Briefkasten. Die mit Gardinen ganz verschleierten als Frauen verkleideten Männer. Der unanständige Anblick, wenn sie mit den Küchenmädchen tanzen und diese dem scheinbar unbekannten Verkleideten sich hingeben.

Vormittag Dr. Sch. das erste Kapitel der Edukation vorgelesen. Nachmittag Spaziergang mit ihm. Erzählungen von seiner Freundin. Er ist ein Freund von Morgenstern, Baluschek, Brandenburg, Poppenberg. Sein schreckliches Jammern abends in der Hütte in Kleidern auf dem Bett. Erstes Gespräch mit Frl. Pollinger, sie weiß aber schon alles Wissenswerte über mich. Prag kennt sie an den "Zwölf aus d. Steiermark". Weißblond, 22 jährig, Aussehen einer 17 jährigen, immer in Sorge um ihre schwerhörige Mutter; verlobt und kokett. - Mittags Abreise jener lederriemenartigen schwedischen Witwe Frau von Wasman. Über ihrer gewöhnlichen Kleidung nur ein graues Jäckchen, ein graues Hütchen mit kleinem Schleier. In dieser Umrahmung wird ihr braunes Gesicht sehr zart, über den Eindruck regelmäßiger Gesichter entscheidet nur Entfernung und Einfühlung. Ihr Gepäck ist ein kleiner Rucksack, viel mehr als ein

Nachthemd ist nicht drin. So reist sie unaufhörlich, kam aus Ägypten, geht nach München. - Heute nachmittag, als ich im Bett war, machten mir die Menschen hier heiß, so interessieren mich manche. - Ein Lied des H. v. Gillhausen heißt: "Weißt du, Mamalein, du bist so lieb." - Abend Tanz in Stapelburg. Das Fest dauert 4 Tage, es wird kaum gearbeitet. Wir sehen den neuen Schützenkönig und lesen auf seinem Rücken die Namen der Schützenkönige aus dem Anfang des 19. Jahrhunderts ab. Beide Tanzböden voll. Rund um den Saal steht Paar hinter Paar. Jedes kommt nur alle Viertelstunden zu einem kurzen Tanz. Die meisten sind stumm, nicht aus Verlegenheit oder sonst einem besonderen Grund, sondern einfach stumm. Ein Betrunkener steht am Rand, kennt alle Mädchen, greift sie an oder streckt wenigstens den Arm zur Umarmung aus. Die betreffenden Tänzer rühren sich nicht. Lärm ist genug durch die Musik und das Schreien der unten bei den Tischen Sitzenden und den beim Ausschank Stehenden. Wir gehen lange nutzlos herum (ich und Dr. Sch.) Ich bin es, der ein Mädchen anspricht. Sie ist mir schon draußen aufgefallen, als sie und 2 Freundinnen Halberstädter Würstchen mit Senf gegessen haben. Sie hat eine weiße Bluse mit blumengeschmückter Einlage, die über Arme und Schultern geht. Das Gesicht hat sie lieb und trüb sinnig geneigt, wodurch sie den Oberkörper ein wenig gedrückt und die Bluse aufgebauscht hat. Die kleine aufgestülpte Nase vermehrt bei dieser geneigten Haltung die Trauer. Wahlloses Rotbraun über das Ganze Gesicht hin. Ich spreche sie gerade an, als sie die 2 Stufen vom Tanzboden heruntersteigt. Wie wir Brust an Brust stehen und sie umkehrt. Wir tanzen. Sie heißt Auguste, ist aus Wolfenbüttel und ist in der Wirtschaft eines gewissen Klaude in Appenroda seit 1 1/2 Jahren beschäftigt. Meine Eigentümlichkeit, Eigennamen selbst bei mehrfachem Vorsagen nicht zu verstehen und dann auch nicht zu behalten. Sie ist Waise und wird am 1 Oktober in ein Kloster eintreten. Ihren Freundinnen hat sie es noch nicht gesagt. Sie wollte schon im April, aber ihre Herrschaft wollte sie nicht lassen. Sie geht ins Kloster wegen der schlechten Erfahrungen, die sie gemacht hat. Erzählen kann sie sie nicht. Wir gehen vor dem Tanzsaal im Mondschein auf und ab, meine kleinen Freundinnen von letzthin verfolgen mich und meine "Braut". Trotz ihrer Trauer tanzt sie aber sehr gerne, wie sich besonders zeigt als ich sie später dem Dr. Seh. borge. Sie ist Feldarbeiterin. Um 10h musste sie nach Hause fahren.

22. Juli 1912

Frl. Gerloff, Lehrerin, eulenähnliches junges frisches Gesicht, voll lebhafter gespannter Züge. Der Körper ist nachlässiger. - Hr. Eppe Privatschulleiter aus Braunschweig. Ein Mensch, dem ich unterliege. Beherrschendes, wenn notwendig feuriges, durchdachtes, musikalisches, auch zum Schein schwankendes Sprechen. Zartes Gesicht, zarter aber das ganze Gesicht überwachsender Backen- und Spitzbart. Zimperlicher Gang. Ich saß ihm schief gegenüber als er gleichzeitig mit mir zum ersten Mal sich zum gemeinsamen Tische setzte. Eine still kauende Gesellschaft. Er warf Worte hin und her. Blieb es doch still, so blieb es eben still. Sagte aber ein Entfernter ein Wort, so hielt er ihn schon, aber nicht mit Überanstrengung sondern er sprach zu sich, als sei er angeredet und werde angehört und schaute dabei auf die Tomate, die er schälte. Alle wurden aufmerksam, außer die welche sich gedemütigt fühlten und trotzten wie ich. Niemanden lachte er aus, sondern ließ jedes Meinung auf seinen Worten schaukeln. Rührte sich nichts, so sang er leise beim Nüsseknacken oder den vielen Handreichungen, die bei Rohkost nötig sind. (Der Tisch ist voll Schüsseln und man mischt nach Belieben) Schließlich beteiligte er alle an seinen Angelegenheiten, indem er vorgab alle Speisen notieren und das Verzeichnis seiner Frau schicken zu müssen. Nachdem er einige Tage uns mit seiner Frau entzückt hatte, fingen neue Geschichten von ihr an. Sie sei gemütskrank, müsse in ein Sanatorium in Goslar, werde nur aufgenommen, wenn sie sich für 8 Wochen verpflichte, eine Wärterin mitbringe u.s.w., das Ganze werde, wie er ausgerechnet hat und wie er wiederum bei Tisch vorrechnet über 1800 M kosten. Aber keine Ahnung einer Absicht, Mitleid zu erregen. Aber immerhin will eine so teuere Sache überlegt werden, alle überlegen. Paar Tage später hören wir, dass die Frau kommen wird, vielleicht genügt ihr dieses Sanatorium. Während des Essens bekommt er die Nachricht, dass die Frau mit ihren 2 Jungen eben angekommen ist und ihn erwartet. Er freut sich, isst aber ruhig bis zu Ende, trotzdem es bei diesem Essen ein Ende nicht gibt, da alle Speisen gleichzeitig auf dem Tisch stehen. Die Frau ist jung, dick, mit nur in der Kleidung angedeuteter Taille, klugen blauen Augen, hoch frisiertem blondem Haar, versteht das Kochen, die Marktverhältnisse u. 5. w. ganz genau. Beim Frühstück - seine Familie war noch nicht bei Tisch - erzählt er während des Nüsseknackens Frl. Gerloff und mir: Seine Frau ist gemütskrank, hat die Nieren angegriffen, ihre Verdauung ist schlecht, sie leidet an Platzangst, schläft erst gegen 5 Uhr in der Nacht ein, wird sie dann früh um 8 geweckt, "ärgert sie sich natürlich wüst" und wird "fuchswild". Ihr Herz ist in größter Unordnung, sie hat ein schweres Asthma. ihr Vater ist im Irrenhaus gestorben,

Reise September 1913

am 1O. Sept. 1913

Zwischen den Säulen der Vorhalle des Parlamentes. Warte auf meinen Direktor. Großer Regen. Vor mir Athene Parthenos mit Goldhelm.

Fahrt nach Wien. Dummes Literaturgeschwätz mit Pick. Ziemlicher Widerwillen. So (wie P.) hängt man an der Kugel der Literatur und kann nicht los, weil man die Fingernägel hineingebohrt hat, im Übrigen aber ist man ein freier Mann und zappelt mit den Beinen zum Erbarmen. Seine Nasenblaskunststücke. Er tyrannisiert mich, indem er behauptet, ich tyrannisiere ihn. - Der Beobachter in der Ecke. - Bahnhof Heiligenstadt, leer mit leeren Zügen. In der Ferne sucht ein Mann den plakatierten Fahrplan ab. (Jetzt sitze ich auf der Stufe der Herme eines Teophil Hansen) Gebeugt, im Mantel, das Gesicht vergeht gegen das gelbe Plakat gehalten. Vorbeifahren an einem kleinen Terrassengasthaus. Gehobener Arm eines Gastes. Wien. Dumme Unsicherheiten, die ich schließlich alle respektiere. Hotel Matschakerhof. 2 Zimmer mit einem Zugang. Wähle das Vordere. Unerträgliche Wirtschaft. Muss mit P. noch auf die Gasse. Laufe angeblich zu sehr, laufe noch stärker. Windige Luft. Erkenne alles Vergessene wieder. Schlechter Schlaf voll Sorgen. Ein widerlicher Traum (Malek). (Die Frage des Tagebuches ist gleichzeitig die Frage des Ganzen, enthält alle Unmöglichkeiten des Ganzen. In der Eisenbahn überlegte ich es unter dem Gespräch mit P. Es ist unmöglich, alles zu sagen und es ist unmöglich, nicht alles zu sagen. Unmöglich die Freiheit zu bewahren, unmöglich sie nicht zu bewahren. Unmöglich das einzig mögliche Leben zu führen, nämlich beisammen leben, jeder frei, jeder für sich, weder äußerlich noch wirklich verheiratet sein, nur beisammen sein und damit den letzten möglichen Schritt über Männerfreundschaft hinaus getan haben, ganz knapp an die mir gesetzte Grenze, wo sich schon der Fuß aufrichtet. Aber auch das ist eben unmöglich. Letzte Woche fiel mir das einmal vormittag als Ausweg ein, ich wollte es nachmittag schreiben. Nachmittag bekam ich eine Biografie Grillparzers. Er hat das getan, gerade das. (Eben betrachtet ein Herr den Theophil Hansen, ich sitze wie seine Klio) Aber wie unerträglich, sündhaft, widerlich war dieses Leben und doch gerade noch so, wie ich es vielleicht unter größeren Leiden, als er, denn ich bin viel schwächer in manchem, zu Stande brächte. (Später noch darauf zurückkommen - Traum) Abend noch Lise Weltseh getroffen.

Widerwillen vor P. Ein sehr braver Mensch im Ganzen. Hat immer eine kleine unangenehme Lücke in seinem Wesen gehabt und gerade aus dieser kriecht er, wenn man jetzt dauernd zuschaut, in seiner Gänze heraus.

Früh im Parlament. Vorher im Residenzkaffee Eintrittskarten zum Zionistenkongress von Lise W. geholt. Zu Ehrenstein gefahren. Ottakring. Mit seinen Gedichten weiß ich nicht viel anzufangen. (Ich bin sehr unruhig und infolgedessen auch ein wenig unwahr und das, weil ich dieses nicht für mich allein schreibe) In der Thalisia mit beiden. Mit ihnen und Lise W. im Prater. Mitleid und Langweile. Sie kommt nach Berlin ins zionistische Büro. Klagt über die Sentimentalität ihrer Familie, windet sich doch nur wie eine festgenagelte Schlange. Ihr ist nicht zu helfen. Mitgefühl mit solchen Mädchen (auf irgendeinem Umweg über mich) ist vielleicht mein stärkstes soziales Gefühl. Fotografieren, Schießen, "Ein Tag im Urwalde" Karussel (wie sie hilflos oben sitzt, das sich bauschende Kleid, gut gemacht, elend getragen).

Mit ihrem Vater im Praterkaffee. Gondelteich. Unaufhörliche Kopschmerzen. Die W. gehen zu Monna Vanna. Liege 10 Stunden im Bette, schlafe 5. Verzicht auf die Theaterkarte.

<u>8. September 1913</u>

Zionistischer Kongress. Der Typus kleiner runder Köpfe, fester Wangen. Der Arbeiterdelegierte aus Palästina, ewiges Geschrei. Tochter Herzls. Der frühere Gymnasialdirektor von Jaffa. Aufrecht auf einer Treppenstufe, verwischter Bart, bewegter Rock. Ergebnislose deutsche Reden, viel hebräisch, Hauptarbeit in den kleinen Sitzungen. Lise W. lässt sich vom Ganzen nur mitschleppen, ohne dabei zu sein, wirft Papierkügelchen in den Saal, trostlos. Frau Thein.

Die Aphorismen

Betrachtungen über Sünde, Leid, Hoffnung und den wahren Weg

1 Der wahre Weg geht über ein Seil, das nicht in der Höhe gespannt ist, sondern knapp über dem Boden. Es scheint mehr bestimmt stolpern zu machen, als begangen zu werden.

2 Alle menschlichen Fehler sind Ungeduld, ein vorzeitiges Abbrechen des Methodischen, ein scheinbares Einpfählen der scheinbaren Sache.

3 Es gibt zwei menschliche Hauptsünden, aus welchen sich alle andern ableiten: Ungeduld und Lässigkeit. Wegen der Ungeduld sind sie aus dem Paradiese vertrieben worden, wegen der Lässigkeit kehren sie nicht zurück. Vielleicht aber gibt es nur eine Hauptsünde: die Ungeduld. Wegen der Ungeduld sind sie vertrieben worden, wegen der Ungeduld kehren sie nicht zurück.

4 Viele Schatten der Abgeschiedenen beschäftigen sich nur damit, die Fluten des Totenflusses zu belecken, weil er von uns herkommt und noch den salzigen Geschmack unserer Meere hat. Vor Ekel sträubt sich dann der Fluss, nimmt eine rückläufige Strömung und schwemmt die Toten ins Leben zurück. Sie aber sind glücklich, singen Danklieder und streicheln den Empörten.

5 Von einem gewissen Punkt an gibt es keine Rückkehr mehr. Dieser Punkt ist zu erreichen.

6 Der entscheidende Augenblick der menschlichen Entwicklung ist immer während. Darum sind die revolutionären geistigen Bewegungen, welche alles Frühere für nichtig erklären, im Recht, denn es ist noch nichts geschehen.

7 Eines der wirksamsten Verführungsmittel des Bösen ist die Aufforderung zum Kampf.

8 Er ist wie der Kampf mit Frauen, der im Bett endet.

9 A. ist sehr aufgeblasen, er glaubt, im Guten weit vorgeschritten zu sein, da er, offenbar als ein immer verlockender Gegenstand, immer mehr Versuchungen aus ihm bisher ganz unbekannten Richtungen sich ausgesetzt fühlt.

10 Die richtige Erklärung ist aber die, dass ein großer Teufel in ihm Platz genommen hat und die Unzahl der kleineren herbeikommt, um dem Großen zu dienen.

11/12 Verschiedenheit der Anschauungen, die man etwa von einem Apfel haben kann: die Anschauung des kleinen Jungen, der den Hals strecken muss, um noch knapp den Apfel auf der Tischplatte zu sehn, und die Anschauung des Hausherrn, der den Apfel nimmt und frei dem Tischgenossen reicht.

13 Ein erstes Zeichen beginnender Erkenntnis ist der Wunsch zu sterben. Dieses Leben scheint unerträglich, ein anderes unerreichbar. Man schämt sich nicht mehr, sterben zu wollen; man bittet, aus der alten Zelle, die man hasst, in eine neue gebracht zu werden, die man erst hassen lernen wird. Ein Rest von Glauben wirkt dabei mit, während des Transportes werde zufällig der Herr durch den Gang kommen, den Gefangenen ansehen und sagen: "Diesen sollt ihr nicht wieder einsperren. Er kommt zu mir."

14 Gingest du über eine Ebene, hättest den guten Willen zu gehen und machtest doch Rückschritte, dann wäre es eine verzweifelte Sache; da du aber einen steilen Abhang hinaufkletterst, so steil etwa, wie du selbst von unten gesehen bist, können die Rückschritte auch nur durch die Bodenbeschaffenheit verursacht sein, und du musst nicht verzweifeln.

15 Wie ein Weg im Herbst: Kaum ist er rein gekehrt, bedeckt er sich wieder mit den trockenen Blättern.

16 Ein Käfig ging einen Vogel suchen.

17 An diesem Ort war ich noch niemals: Anders geht der Atem, blendender als die Sonne strahlt neben ihr ein Stern.

18 Wenn es möglich gewesen wäre, den Turm von Babel zu erbauen, ohne ihn zu erklettern, es wäre erlaubt worden.

19 Lass dich vom Bösen nicht glauben machen, du könntest vor ihm Geheimnisse haben.

20 Leoparden brechen in den Tempel ein und saufen die Opferkrüge leer; das wiederholt sich immer wieder; schließlich kann man es vorausberechnen, und es wird ein Teil der Zeremonie.

21 So fest wie die Hand den Stein hält. Sie hält ihn aber fest, nur um ihn desto weiter zu verwerfen. Aber auch in jene Weite führt der Weg.

22 du bist die Aufgabe. Kein Schüler weit und breit.

23 Vom wahren Gegner fährt grenzenloser Mut in dich.

24 Das Glück begreifen, dass der Boden, auf dem du stehst, nicht größer sein kann, als die zwei Füße ihn bedecken.

25 Wie kann man sich über die Welt freuen, außer wenn man zu ihr flüchtet?

26 Verstecke sind unzählige, Rettung nur eine, aber Möglichkeiten der Rettung wieder so viele wie Verstecke. Es gibt ein Ziel, aber keinen Weg; was wir Weg nennen, ist Zögern.

27 Das Negative zu tun, ist uns noch auferlegt; das Positive ist uns schon gegeben.

28 Wenn man einmal das Böse bei sich aufgenommen hat, verlangt es nicht mehr, dass man ihm glaube.

29 Die Hintergedanken, mit denen du das Böse in dir aufnimmst, sind nicht die deinen, sondern die des Bösen. Das Tier entwindet dem Herrn die Peitsche und peitscht sich selbst, um Herr zu werden, und weiß nicht, dass das nur eine Fantasie ist, erzeugt durch einen neuen Knoten im Peitschenriemen des Herrn.

30 Das Gute ist in gewissem Sinne trostlos.

31 Nach Selbstbeherrschung strebe ich nicht. Selbstbeherrschung heißt: an einer zufälligen Stelle der unendlichen Ausstrahlungen meiner geistigen Existenz wirken wollen. Muss ich aber solche Kreise um mich ziehen, dann tue ich es besser untätig im bloßen Anstaunen des ungeheuerlichen Komplexes und nehme nur die Stärkung, die e contrario dieser Anblick gibt, mit nach Hause.

32 Die Krähen behaupten, eine einzige Krähe könnte den Himmel zerstören. Das ist zweifellos, beweist aber nichts gegen den Himmel, denn Himmel bedeuten eben: Unmöglichkeit von Krähen.

33 Die Märtyrer unterschätzen den Leib nicht, sie lassen ihn auf dem Kreuz erhöhen. Darin sind sie mit ihren Gegnern einig.

34 Sein Ermatten ist das des Gladiators nach dem Kampf, seine Arbeit war das Weißtünchen eines Winkels in einer Beamtenstube.

35 Es gibt kein Haben, nur ein Sein, nur ein nach letztem Atem, nach Ersticken verlangendes Sein.

36 Früher begriff ich nicht, warum ich auf meine Frage keine Antwort bekam, heute begreife ich nicht, wie ich glauben konnte, fragen zu können. Aber ich glaubte ja gar nicht, ich fragte nur.

37 Seine Antwort auf die Behauptung, er *besitze* vielleicht, *sei* aber nicht, war nur Zittern und Herzklopfen.

38 Einer staunte darüber, wie leicht er den Weg der Ewigkeit ging; er raste ihn nämlich abwärts.

39a Dem Bösen kann man nicht in Raten zahlen - und versucht es unaufhörlich.
Es wäre denkbar, dass Alexander der Große trotz den kriegerischen Erfolgen seiner Jugend, trotz dem ausgezeichneten Heer, das er ausgebildet hatte, trotz den auf Veränderung der Welt gerichteten Kräften, die er in sich fühlte, am Hellespont stehen geblieben und ihn nie überschritten hätte, und zwar nicht aus Furcht, nicht aus Unentschlossenheit, nicht aus Willensschwäche, sondern aus Erdenschwere.

39b Der Weg ist unendlich, da ist nichts abzuziehen, nichts zuzugeben und doch hält jeder noch seine eigene kindliche Elle daran. "Gewiss, auch diese Elle Wegs musst du noch gehen, es wird dir nicht vergessen werden."

40 Nur unser Zeitbegriff lässt uns das Jüngste Gericht so nennen, eigentlich ist es ein Standrecht.

41 Das Missverhältnis der Welt scheint tröstlicherweise nur ein zahlenmäßiges zu sein.

42 Den ekel- und hasserfüllten Kopf auf die Brust senken.

43 Noch spielen die Jagdhunde im Hof, aber das Wild entgeht ihnen nicht, so sehr es jetzt schon durch die Wälder jagt.

44 Lächerlich hast du dich aufgeschirrt für diese Welt.

45 Je mehr Pferde du anspannst, desto rascher gehts - nämlich nicht das Ausreißen des Blocks aus dem Fundament, was unmöglich ist, aber das Zerreißen der Riemen und damit die leere fröhliche Fahrt.

46 Das Wort "sein" bedeutet im Deutschen beides: Dasein und Ihmgehören.

47 Es wurde ihnen die Wahl gestellt, Könige oder der Könige Kuriere zu werden. Nach Art der Kinder wollten alle Kuriere sein. Deshalb gibt es lauter Kuriere, sie jagen durch die Welt und rufen, da es keine Könige gibt, einander selbst die sinnlos gewordenen Meldungen zu. Gerne würden sie ihrem elenden Leben ein Ende machen, aber sie wagen es nicht wegen des Diensteides.

48 An Fortschritt glauben heißt nicht glauben, dass ein Fortschritt schon geschehen ist. Das wäre kein Glauben.

49 A. ist ein Virtuose und der Himmel ist sein Zeuge.

50 Der Mensch kann nicht leben ohne ein dauerndes Vertrauen zu etwas Unzerstörbarem in sich, wobei sowohl das Unzerstörbare als auch das Vertrauen ihm dauernd verborgen bleiben können. Eine der Ausdrucksmöglichkeiten dieses Verborgenbleibens ist der Glaube an einen persönlichen Gott.

51 Es bedurfte der Vermittlung der Schlange: das Böse kann den Menschen verführen, aber nicht Mensch werden.

52 Im Kampf zwischen dir und der Welt sekundiere der Welt.

53 Man darf niemanden betrügen, auch nicht die Welt um ihren Sieg.

54 Es gibt nichts anderes als eine geistige Welt - was wir sinnliche Welt nennen, ist das Böse in der geistigen, und was wir böse nennen, ist nur eine Notwendigkeit eines Augenblicks unserer ewigen Entwicklung. Mit stärkstem Licht kann man die Welt auflösen. Vor schwachen Augen wird sie fest, vor noch schwächeren bekommt sie Fäuste, vor noch schwächeren wird sie schamhaft und zerschmettert den, der sie anzuschauen wagt.

55 Alles ist Betrug: das Mindestmaß der Täuschungen suchen, im üblichen bleiben, das Höchstmaß suchen. Im ersten Fall betrügt man das Gute, indem man sich dessen Erwerbung zu leicht machen will, das Böse, indem man ihm allzu ungünstige Kampfbedingungen setzt. Im zweiten Fall betrügt man das Gute, indem man also nicht einmal im Irdischen nach ihm strebt. Im dritten Fall betrügt man das Gute, indem man sich möglichst weit von ihm entfernt, das Böse, indem man hofft, durch seine Höchststeigerung es machtlos zu machen. Vorzuziehen wäre also hiernach der zweite Fall, denn das Gute betrügt man immer, das Böse in diesem Fall, wenigstens dem Anschein nach, nicht.

56 Es gibt Fragen, über die wir nicht hinwegkommen könnten, wenn wir nicht von Natur aus von ihnen befreit wären.

57 Die Sprache kann für alles außerhalb der sinnlichen Welt nur andeutungsweise, aber niemals auch nur annähernd vergleichsweise gebraucht werden, da sie, entsprechend der sinnlichen Welt, nur vom Besitz und seinen Beziehungen handelt.

58 Man lügt möglichst wenig, nur wenn man möglichst wenig lügt, nicht wenn man möglichst wenig Gelegenheit dazu hat.

59 Eine durch Schritte nicht tief ausgehöhlte Treppenstufe ist, von sich selber aus gesehen, nur etwas öde zusammengefügtes Hölzernes.

60 Wer der Welt entsagt, muss alle Menschen lieben, denn er entsagt auch ihrer Welt. Er beginnt daher, das wahre menschliche Wesen zu ahnen, das nicht anders als geliebt werden kann, vorausgesetzt, dass man ihm ebenbürtig ist.

61 Wer innerhalb der Welt seinen Nächsten liebt, tut nicht mehr und nicht weniger Unrecht, als wer innerhalb der Welt sich selbst liebt. Es bliebe nur die Frage, ob das erstere möglich ist.

62 Die Tatsache, dass es nichts anderes gibt als eine geistige Welt, nimmt uns die Hoffnung und gibt uns die Gewissheit.

63 Unsere Kunst ist ein von der Wahrheit Geblendet-Sein: Das Licht auf dem zurückweichenden Fratzengesicht ist wahr, sonst nichts.

64/65 Die Vertreibung aus dem Paradies ist in ihrem Hauptteil ewig: Es ist also zwar die Vertreibung aus dem Paradies endgültig, das Leben in der Welt unausweichlich, die Ewigkeit des Vorganges aber (oder zeitlich ausgedrückt: die ewige Wiederholung des Vorgangs) macht es trotzdem möglich, dass wir nicht nur dauernd im Paradiese bleiben könnten, sondern tatsächlich dort dauernd sind, gleichgültig ob wir es hier wissen oder nicht.

66 Er ist ein freier und gesicherter Bürger der Erde, denn er ist an eine Kette gelegt, die lang genug ist, um ihm alle irdischen Räume frei zu geben, und doch nur so lang, dass nichts ihn über die Grenzen der Erde reißen kann. Gleichzeitig aber ist er auch ein freier und gesicherter Bürger des Himmels, denn er ist auch an eine ähnlich berechnete Himmelskette gelegt. Will er nun auf die Erde, drosselt ihn das Halsband des Himmels, will er in den Himmel, jenes der Erde. Und trotzdem hat er alle Möglichkeiten und fühlt es; ja, er weigert sich sogar, das Ganze auf einen Fehler bei der ersten Fesselung zurückzuführen.

67 Er läuft den Tatsachen nach wie ein Anfänger im Schlittschuhlaufen, der überdies irgendwo übt, wo es verboten ist.

68 Was ist fröhlicher als der Glaube an einen Hausgott!

69 Theoretisch gibt es eine vollkommene Glücksmöglichkeit: An das Unzerstörbare in sich glauben und nicht zu ihm streben.

70/71 Das Unzerstörbare ist eines; jeder einzelne Mensch ist es und gleichzeitig ist es allen gemeinsam, daher die beispiellos untrennbare Verbindung der Menschen.

72 Es gibt im gleichen Menschen Erkenntnisse, die bei völliger Verschiedenheit doch das Gleiche Objekt haben, sodass wieder nur auf verschiedene Subjekte im gleichen Menschen rückgeschlossen werden muss.

73 Er frisst den Abfall vom eigenen Tisch; dadurch wird er zwar ein Weilchen lang satter als alle, verlernt aber, oben vom Tisch zu essen; dadurch hört dann aber auch der Abfall auf.

74 Wenn das, was im Paradies zerstört worden sein soll, zerstörbar war, dann war es nicht entscheidend; war es aber unzerstörbar, dann leben wir in einem falschen Glauben.

75 Prüfe dich an der Menschheit. Den Zweifelnden macht sie zweifeln, den Glaubenden glauben.

76 Dieses Gefühl: "hier ankere ich nicht" - und gleich die wogende, tragende Flut um sich fühlen! Ein Umschwung. Lauernd, ängstlich, hoffend umschleicht die Antwort die Frage, sucht verzweifelt in ihrem unzugänglichen Gesicht, folgt ihr auf den sinnlosesten, das heißt von der Antwort möglichst wegstrebenden Wegen.

77 Verkehr mit Menschen verführt zur Selbstbeobachtung.

78 Der Geist wird erst frei, wenn er aufhört, Halt zu sein.

79 Die sinnliche Liebe täuscht über die himmlische hinweg; allein könnte sie es nicht, aber da sie das Element der himmlischen Liebe unbewusst in sich hat, kann sie es.

80 Wahrheit ist unteilbar, kann sich also selbst nicht erkennen; wer sie erkennen will, muss Lüge sein.

81 Niemand kann verlangen, was ihm im letzten Grunde schadet. Hat es beim einzelnen Menschen doch diesen Anschein - und den hat es vielleicht immer -, so erklärt sich dies dadurch, dass jemand im Menschen etwas verlangt, was diesem Jemand zwar nützt, aber einem zweiten Jemand, der halb zur Beurteilung des Falles herangezogen wird, schwer schadet. Hätte sich der Mensch gleich anfangs, nicht erst bei der Beurteilung auf Seite des zweiten Jemand gestellt, wäre der erste Jemand erloschen und mit ihm das Verlangen.

82 Warum klagen wir wegen des Sündenfalles? Nicht seinetwegen sind wir aus dem Paradiese vertrieben worden, sondern wegen des Baumes des Lebens, damit wir nicht von ihm essen.

83 Wir sind nicht nur deshalb sündig, weil wir vom Baum der Erkenntnis gegessen haben, sondern auch deshalb, weil wir vom Baum des Lebens noch nicht gegessen haben. Sündig ist der Stand, in dem wir uns befinden, unabhängig von Schuld.

84 Wir wurden geschaffen, um im Paradies zu leben, das Paradies war bestimmt, uns zu dienen. Unsere Bestimmung ist geändert worden; dass dies auch mit der Bestimmung des Paradieses geschehen wäre, wird nicht gesagt.

85 Das Böse ist eine Ausstrahlung des menschlichen Bewusstseins in bestimmten Übergangsstellungen. Nicht eigentlich die sinnliche Welt ist Schein, sondern ihr Böses, das allerdings für unsere Augen die sinnliche Welt bildet.

86 Seit dem Sündenfall sind wir in der Fähigkeit zur Erkenntnis des Guten und Bösen im Wesentlichen gleich; trotzdem suchen wir gerade hier unsere besonderen Vorzüge. Aber erst jenseits dieser Erkenntnis beginnen die wahren Verschiedenheiten. Der gegenteilige Schein wird durch Folgendes hervorgerufen: Niemand kann sich mit der Erkenntnis allein begnügen, sondern muss sich bestreben, ihr gemäß zu handeln. Dazu aber ist ihm die Kraft nicht mitgegeben, er muss daher sich zerstören, selbst auf die Gefahr hin, sogar dadurch die notwendige Kraft nicht zu erhalten, aber es bleibt ihm nichts anderes übrig, als dieser letzte Versuch. (Das ist auch der Sinn der Todesdrohung beim Verbot des Essens vom Baume der Erkenntnis; vielleicht ist das auch der ursprüngliche Sinn des natürlichen Todes.) Vor diesem Versuch nun fürchtet er sich; lieber will er die Erkenntnis des Guten und Bösen rückgängig machen (die Bezeichnung "Sündenfall" geht auf diese Angst zurück); aber das Geschehene kann nicht rückgängig gemacht, sondern nur getrübt werden. Zu diesem Zweck entstehen die Motivationen. Die ganze Welt ist ihrer voll, ja die ganze sichtbare Welt ist vielleicht nichts anderes als eine Motivation des einen Augenblick lang ruhen wollenden Menschen. Ein Versuch, die Tatsache der Erkenntnis zu fälschen, die Erkenntnis erst zum Ziel zu machen.

87 Ein Glaube wie ein Fallbeil, so schwer, so leicht.

88 Der Tod ist vor uns, etwa wie im Schulzimmer an der Wand ein Bild der Alexanderschlacht. Es kommt darauf an, durch unsere Taten noch in diesem Leben das Bild zu verdunkeln oder gar auszulöschen.

89 Ein Mensch hat freien Willen, und zwar dreierlei: Erstens war er frei, als er dieses Leben wollte; jetzt kann er es allerdings nicht mehr rückgängig machen, denn er ist nicht mehr jener, der es damals wollte, es wäre denn insoweit, als er seinen damaligen Willen ausführt, indem er lebt. Zweitens ist er frei, indem er die Gangart und den Weg dieses Lebens wählen kann. Drittens ist er frei, indem er als derjenige, der einmal wieder sein wird, den Willen hat, sich unter jeder Bedingung durch das Leben gehen und auf diese Weise zu sich kommen zu lassen, und zwar auf einem zwar wählbaren, aber jedenfalls derartig labyrinthischen Weg, dass er kein Fleckchen dieses Lebens unberührt lässt. Das ist das Dreierlei des freien Willens, es ist aber auch, da es gleichzeitig ist, ein Einerlei und ist im Grunde so sehr Einerlei, dass es keinen Platz hat für einen Willen, weder für einen freien noch unfreien.

90 Zwei Möglichkeiten: sich unendlich klein machen oder es sein. Das Zweite ist Vollendung, also Untätigkeit, das erste Beginn, also Tat.

91 Zur Vermeidung eines Wortirrtums: Was tätig zerstört werden soll, muss vorher ganz fest gehalten worden sein; was zerbröckelt, zerbröckelt, kann aber nicht zerstört werden.

92 Die erste Götzenanbetung war gewiss Angst vor den Dingen, aber damit zusammenhängend Angst vor der Notwendigkeit der Dinge und damit zusammenhängend Angst vor der Verantwortung für die Dinge. So ungeheuer erschien diese Verantwortung, dass man sie nicht einmal einem einzigen Außermenschlichen aufzuerlegen wagte, denn auch durch Vermittlung eines Wesens wäre die menschliche Verantwortung noch nicht genug erleichtert worden, der Verkehr mit nur einem Wesen wäre noch allzu sehr von Verantwortung befleckt gewesen, deshalb gab man jedem Ding die Verantwortung für sich selbst, mehr noch, man gab diesen Dingen auch noch eine verhältnismäßige Verantwortung für den Menschen.

93 Zum letzten Mal Psychologie!

94 Zwei Aufgaben des Lebensanfangs: deinen Kreis immer mehr einschränken und immer wieder nachprüfen, ob du dich nicht irgendwo außerhalb deines Kreises versteckt hältst.

95 Das Böse ist manchmal in der Hand wie ein Werkzeug, erkannt oder unerkannt lässt es sich, wenn man den Willen hat, ohne Widerspruch zur Seite legen.

96 Die Freuden dieses Lebens sind nicht die seinen, sondern unsere Angst vor dem Aufsteigen in ein höheres Leben; die Qualen dieses Lebens sind nicht die seinen, sondern unsere Selbstqual wegen jener Angst.

97 Nur hier ist Leiden Leiden. Nicht so, als ob die, welche hier leiden, anderswo wegen dieses Leidens erhöht werden sollen, sondern so, dass das, was in dieser Welt leiden heißt, in einer andern Welt, unverändert und nur befreit von seinem Gegensatz, Seligkeit ist.

98 Die Vorstellung von der unendlichen Weite und Fülle des Kosmos ist das Ergebnis der zum Äußersten getriebenen Mischung von mühevoller Schöpfung und freier Selbstbesinnung.

99 Wie viel bedrückender als die unerbittlichste Überzeugung von unserem gegenwärtigen sündhaften Stand ist selbst die schwächste Überzeugung von der einstigen, ewigen Rechtfertigung unserer Zeitlichkeit. Nur die Kraft im Ertragen dieser zweiten Überzeugung, welche in ihrer Reinheit die Erste voll umfasst, ist das Maß des Glaubens. Manche nehmen an, dass neben dem großen Urbetrug noch in jedem Fall eigens für sie ein kleiner besonderer Betrug veranstaltet wird, dass also, wenn ein Liebesspiel auf der Bühne aufgeführt wird, die Schauspielerin außer dem verlogenen Lächeln für ihren Geliebten auch noch ein besonders hinterhältiges Lächeln für den ganz bestimmten Zuschauer auf der letzten Galerie hat. Das heißt zu weit gehen.

100 Es kann ein Wissen vom Teuflischen geben, aber keinen Glauben daran, denn mehr Teuflisches, als da ist, gibt es nicht.

101 Die Sünde kommt immer offen und ist mit den Sinnen gleich zu fassen. Sie geht auf ihren Wurzeln und muss nicht ausgerissen werden.

102 Alle Leiden um uns müssen auch wir leiden. Wir alle haben nicht einen Leib, aber ein Wachstum, und das führt uns durch alle Schmerzen, ob in dieser oder jener Form. So wie das Kind durch alle Lebensstadien bis zum Greis und zum Tod sich entwickelt (und jenes Stadium im Grunde dem früheren, im Verlangen oder in Furcht unerreichbar scheint) ebenso entwickeln wir uns (nicht weniger tief mit der Menschheit verbunden als mit uns selbst) durch alle Leiden dieser Welt. Für Gerechtigkeit ist in diesem Zusammenhang kein Platz, aber auch nicht für Furcht vor den Leiden oder für die Auslegung des Leidens als eines Verdienstes.

103 du kannst dich zurückhalten von den Leiden der Welt, das ist dir freigestellt und entspricht deiner Natur, aber vielleicht ist gerade dieses Zurückhalten das einzige Leid, das du vermeiden könntest.

105 Das Verführungsmittel dieser Welt sowie das Zeichen der Bürgschaft dafür, dass diese Welt nur ein Übergang ist, ist das Gleiche. Mit Recht, denn nur so kann uns diese Welt verführen und es entspricht der Wahrheit. Das Schlimmste ist aber, dass wir nach geglückter Verführung die Bürgschaft vergessen und so eigentlich das Gute uns ins Böse, der Blick der Frau in ihr Bett gelockt hat.

106 Die Demut gibt jedem, auch dem einsam Verzweifelnden, das stärkste Verhältnis zum Mitmenschen, und zwar sofort, allerdings nur bei völliger und dauernder Demut. Sie kann das deshalb, weil sie die wahre Gebetsprache ist, gleichzeitig Anbetung und festeste Verbindung. Das Verhältnis zum Mitmenschen ist das Verhältnis des Gebetes, das Verhältnis zu sich das Verhältnis des Strebens; aus dem Gebet wird die Kraft für das Streben geholt. Kannst du denn etwas anderes kennen als Betrug? Wird einmal der Betrug vernichtet, darfst du ja nicht hinsehen oder wirst zur Salzsäule.

107 Alle sind zu A. sehr freundlich, so etwa wie man ein ausgezeichnetes Billard selbst vor guten Spielern sorgfältig zu bewahren sucht, solange bis der große Spieler kommt, das Brett genau untersucht, keinen vorzeitigen Fehler duldet, dann aber, wenn er selbst zu spielen anfängt, sich auf die rücksichtsloseste Weise auswütet.

108 "Dann aber kehrte er zu seiner Arbeit zurück, so wie wenn nichts geschehen wäre." Das ist eine Bemerkung, die uns aus einer unklaren Fülle alter Erzählungen geläufig ist, obwohl sie vielleicht in keiner vorkommt.

109 "Dass es uns an Glauben fehle, kann man nicht sagen. Allein die einfache Tatsache unseres Lebens ist in ihrem Glaubenswert gar nicht auszuschöpfen." "Hier wäre ein Glaubenswert? Man kann doch nicht nicht-leben." "Eben in diesem 'kann doch nicht' steckt die wahnsinnige Kraft des Glaubens; in dieser Verneinung bekommt sie Gestalt." Es ist nicht notwendig, dass du aus dem Hause gehst. Bleib bei deinem Tisch und horche. Horche nicht einmal, warte nur. Warte nicht einmal, sei völlig still und allein. Anbieten wird sich dir die Welt zur Entlarvung, sie kann nicht anders, verzückt wird sie sich vor dir winden.

Inhalt

Vorwort 3
Betrachtung **4**
Kinder auf der Landstraße 4
Entlarvung eines Bauernfängers 7
Der plötzliche Spaziergang 9
Entschlüsse 10
Der Ausflug ins Gebirge 11
Das Unglück eines Junggesellen 11
Der Kaufmann 12
Zerstreutes Hinausschauen 14
Der Nachhauseweg 14
Die Vorüberlaufenden 15
Der Fahrgast 15
Kleider 16
Die Abweisung 17
Zum Nachdenken für Herrenreiter 17
Das Gassenfenster 18
Wunsch, Indianer zu werden 19
Die Bäume 19
Unglücklichsein 19
Ein Landarzt **24**
Der neue Advokat 24
Ein Landarzt 25
Auf der Galerie 31
Ein altes Blatt 32
Vor dem Gesetz 34
Schakale und Araber 36
Ein Besuch im Bergwerk 40
Das nächste Dorf 43
Ein kaiserliche Botschaft 43
Die Sorge des Hausvaters 44
Elf Söhne 46
Ein Brudermord 51
Ein Traum 53
Ein Bericht für eine Akademie 55
Ein Hungerkünstler - Vier Geschichten **66**
Erstes Lied 66
Eine kleine Frau 69
Ein Hungerkünstler 77
Josephine, die Sängerin oder Das Volk der Mäuse 87

In der Strafkolonie **106**
Die Verwandlung **136**
Der Jäger Gracchus **193**
Das Schweigen der Sirenen **198**
Brief an den Vater **199**
Weitere zu Lebzeiten Kafkas veröffentlichte Texte **249**
Ein Damenbrevier 249
Gespräch mit dem Beter 250
Gespräch mit einem Betrunkenen 257
Die Aeroplane in Brescia 261
Ein Roman der Jugend 269
Eine entschlafene Zeitschrift 271
Die erste lange Eisenbahnfahrt 272
Großer Lärm 287
Der Kübelreiter 287
Blumfeld, ein älterer Junggeselle **290**
Der Prozess **315**
Verhaftung 315
Gespräch mit Frau Grubach / Dann Fräulein Bürstner 329
Erste Untersuchung 341
Im leeren Sitzungssaal 357
Der Prügler 379
Der Onkel 385
Advokat - Fabrikant - Maler 404
Kaufmann Block - Kündigung des Advokaten 452
Im Dom 481
Ende 503
Fragmente **509**
Frl. Bürstner 509
Staatsanwalt 516
Zu Elsa 522
Kampf mit dem Direktor-Stellvertreter 523
Das Haus 527
Fahrt zur Mutter 530
Das Urteil **534**
Reisetagebücher **546**
Friedländer / Reichenberger 546
Reise August / September 1911 552
Reise: Juni / Juli 1912 596
Reise: September 1913 621
Die Aphorismen **624**